KOREA

MARITIME

RESEARCH

INSTITUTE

국제 기구 연구

박영선 저

재단법인
한국해사문제연구소
KOREA MARITIME RESEARCH INSTITUTE

박영선(朴玲先)

1. 학력

한국해양대학교 항해학과 (1979년)
한국외국어대학교 무역대학원 해운경영학과 (경영학석사, 1987년)
State University of New York, Maritime College
(MS in Transportation Management, 1994년)
University of Rhode Island, Marine Affairs 박사과정 (IMF사태로 미수료)
경희대학교 국제법무대학원 보험해상법무학과 (법학석사, 2004년)
한국해양대학교 해사법학과 (법학박사, 2007년)

2. 주요 경력

2009 ~ 2012 주영한국대사관 국토해양관
2007 ~ 2008 한국해양대학교 해사수송과학부 초빙교수
2005 ~ 2007 Tokyo MOU Committee Chairman
2004 ~ 2007 해양수산부 해사기술담당관
1998 ~ 2000 미국 Woods Hole 해양연구소 파견
1997 ~ 1998 중앙해양안전심판원 조사관
1988 ~ 1990 울산지방항만청 해무과장
1979 ~ 1984 현대상선(주) 항해사

머리말

저자가 1996년 10월에 국제해사기구(IMO)를 소개하는 「IMO 업무해설」이란 책을 발간하였으니 벌써 17년이 지났다. 지금 생각하면 당시 저자의 만용이 대단하였다. 모든 것이 부족한 상태에서 어떻게 그런 책을 발간할 용기를 내었는지 지금 생각하면 얼굴이 화끈거릴 정도이다. 이제 와 보니 전체적인 구성이 제대로 체제를 잡지 못하였고, 내용도 대단히 미흡하였다. 그럼에도 불구하고 그 책이 당시 거의 불모지였던 이 분야에서 나름대로 지침서 역할을 해온 점에 대하여는 나름대로 자부심을 가지고 있다. 이후 나온 관련 서적들은 저자가 채택한 틀과 내용을 상당부분 그대로 사용하고 있다.

「IMO 업무해설」 발간 이후 상당한 시간이 경과함에 따라 주변으로부터 수정판을 내라는 압력을 많이 받았다. 그러나 저자는 자신이 없어 차일피일 미루었고, 계속 시간만 흘러갔다. 그러던 중 저자는 주영 한국대사관에서 3년여를 근무할 수 있었으며, 이때 국제기구 업무에 관하여 많은 실무경험을 쌓을 수 있었다. 말로만 듣던 국제회의 대표의 신임장과 조약의 가입서를 직접 다룰 수 있었고, 많은 국제회의 참석을 통하여 조약이 만들어지는 과정을 현장에서 체험할 수 있었다. 이후 영국 근무를 마치고 귀국하여 우여곡절 끝에 보직대기를 하게 되었고, 이 시간은 저자가 IMO 업무는 물론 국제조약법과 국제회의 의사규칙까지 범위를 넓혀 정리할 수 있는 계기가 되었다. 그러나 작업은 쉽지 않았다. 각종 조약의 국문번역이 미흡하여 관련 용어가 제대로 통일되지 않은 상태에 있었으며, 참조할 수 있는 교과서도 매우 부족하였기 때문이다. 저자는 거의 모든 것을 새로 시작할 수밖에 없었고, 특히 UN과 IMO에서 발간된 문서를 찾는 일은 엄청나게 많은 시간이 소요되었다. 만일 보직대기라는 기회가 주어지지 않았더라면 이 책은 당분간 나올 수 없었을 것이다.

과거 국제관계는 거의 국가가 주도하였으나 최근에는 국제기구의 역할이 계속 증대되고 있다. 특히 UN 및 UN의 전문기구들은 많은 국제협약의 채택에 주도적인 역할을 수행함으로써 새로운 국제질서 정립에 기여하고 있다. 이에 따라 국제기구에 의하여 매년 수많은 국제회의가 개최되고 있으며, 여기에서 새로운 규범이 속속 탄생하고 있다. 이러한 다자 국제회의에 잘 대응하려면 우리나라 대표는 여러 가지 지식으로 중무장되어야 한다. 기본적으로 회의장에서 다른 국가대표들과 원활하게 소통할 수 있는 어학실력이 필요하고, 세부적인 문제에 대하여 상호 토론을 할 수 있을 정도의 전문지식을 갖추어야 한다. 특히 국제조약을 만드는 회의에 참석하려면 ①조약법(law of treaties)에 대한 이해가 필수적이다. 조약이 어떻게 만들어지고, 향후 어떻게 국내외적으로 시행되는지를 알아야 회의상황의 변동에 따라 능동적으로 대응할 수 있기 때문이다. 또 회의장에서 자신의 의사를 충분히 피력하려면 ②국제회의 의사규칙(rules of procedure)에 대한 지식이 필요하며, 해당 ③국제기구의 운영방식, ④국제기구가 그간 채택한 국제조약의 개요에 대하여도 잘 알고 있어야 한다. 이 책에서는 어학실력과 전문지식은 기본적인 사항으로 보아 논의를 제외하고 ①내지 ④에 해당되는 사항에 대하여 검토하고자 한다. 물론 국제회의에서는 이밖에도 협상(negotiation)에서 우위를 차지하기 위한 전략, 상대를 압도할 수 있는 토론(debate)기법, 지적 매력을 발산할 수 있는 문화적 소양 등도 중요하지만 이에 대한 논의도 생략하기로 한다.

이 책의 제1장은 총론으로서, 그간 저자가 주로 참석한 IMO 국제회의 경험 등을 바탕으로 우리나라의 IMO 활동 개선방안을 간단히 논의한다. 제2장은 비에나협약(Vienna Convention on the Law of Treaties)으로 대표되는 국제조약법의 내용을 다룬다. 비에나협약의 조문 순서에 따라 조약의 준비부터 폐지·종료·탈퇴까지 전 과정에 대하여 비교적 상세하게 설명한다. 조약의 종류가 다양하다 보니 다자조약은 물론 양자조약에 관한 설명도 함께 이루어지게 된다. 제3장은 국제회의의 의사규칙에 관하여 논의한다. 국제기구가 주관하는 국제회의는 대부분 UN의 의사규칙을 변형시킨 의사규칙에 따라 진행되는 바, 의사규칙의 내용은 큰 차이가 없다. 여기에서는 주로 IMO의 의사규칙을 중심으로 국제회의의 진행절차를 설명한다. 제4장은 IMO의 운영에 관한 사항을 다룬다. UN의 전문기구들은 UN의 공통체제(common system)를 따르고 있기 때문에 직원의 봉급, 사회보장, 감사제도는 동일한 방식을 사용하고 있다. 그러나 업무의 특성상 IMO의 조직, 일하는 방식, 정책결정과정은 다른 기구와 다소 차이가 있다. 제5장은 그간 IMO가 설립 이래 채택한 모든 국제협약의 채택 배경, 개요 및 현재까지의 개정사항을 정리하였다. 과거의 역사를 알 수 있으면 현재의 작업을 이해하기 쉽고, 미래도 예측하기가 용이할 것이다.

이 책의 제목으로는 여러 가지를 생각해 보았다. 그냥 쉽게 「IMO 업무해설」개정판으로 갈까 하는 생각도 있었다. 그러나 이 책의 많은 부분을 차지하는 국제조약법과 국제회의 의사규칙에 관한 사항은 기존의 우리나라의 책에서는 보기 어려운 내용이다. 따라서 이러한 내용이 IMO는 물론 다른 국제회의에 참석하는 사람들에게도 도움이 될 수 있도록 보다 넓은 개념을 가진 「국제기구 연구」로 정했다. 국제화시대를 맞이하여 정부는 물론 지자체, 연구기관, 대학 등에서 수많은 사람들이 국제기구 주관의 국제회의에 참석하고 있으나 이들이 국제조약법 및 의사규칙에 관하여 참고할 수 있는 책은 매우 드문 것이 현실이다. 물론 각종 국제법 교과서에서 국제조약법에 대하여 일부 설명하고는 있으나 이 정도의 내용으로 실전에 대처하기에는 너무 부족하다고 생각한다. 국제회의는 상황에 따라 다양한 경우가 발생할 수 있기 때문이다. 국제회의를 서울에서 부산까지 가는 여정이라고 가정할 경우 경부고속도로 정보에만 의존하여 운전할 수는 없다. 길이 막히면 지방도는 물론 심지어 농로까지 이용할 수 있는 충분한 정보가 필요하다. 저자는 적절한 기회가 오면 이 책 제2장(국제조약법)의 내용을 보강하여 단행본으로 발행할 계획이다.

저자는 이 책의 저술에 많은 분들의 도움을 받았다. 저자가 런던에 근무할 때는 IMO 직원으로 근무하고 계신 민경래, 김성진 국장님의 많은 지도를 받았다. 이분들이 현장에서 체득한 지식을 나누어주지 않았더라면 저자는 IMO의 속사정을 깊이 이해할 수 없었을 것이다. 또 저자의 런던

근무기간 대부분을 함께 하며 많은 일을 도와준 김창균·김현태 IMO 파견관과 최성용 사무관께도 이 자리를 빌려 감사의 말씀을 전하고자 한다. 이들의 헌신적인 지원에 힘입어 저자는 보다 많은 일을 할 수 있었으며, 나름대로 많은 성과도 이루었다고 생각한다. 또한 귀국하여 집필작업을 할 때 김종길 전 부산지방해운항만청장님은 저자의 용기를 계속 북돋아 주셨다. 오랜 공직경험을 바탕으로 한 이분의 격려는 저자에게 큰 힘이 되었다.

저자가 이 책을 마무리함에 있어 가족에 대한 감사도 빼놓을 수 없다. 처 남순희님은 인생의 동지로서 저자의 저술활동에 광범위한 지원을 아끼지 않았다. 또 너무 무리하여 일하지 말라는 충고는 이 기간 동안 저자의 정신적·육체적 균형을 유지할 수 있는 바탕이 되었다. 딸 시현과 아들 병훈은 항상 든든한 정신적 지원세력으로서 이들과의 대화는 힘들 때마다 새로운 힘의 원천이 되었다. 장모 박금자님과 처제 남순옥님은 우리 집 살림을 도맡아서 해 주심으로서 저자는 저술에 매진할 수 있었다. 형 박장선님은 저자의 다소 애매한 입장을 긍정적으로 받아들이도록 많은 권고를 해 주셨다. 이외에도 헤아릴 수 없이 많은 분들의 지원과 격려를 받았으나 지면 관계로 일일이 열거하지 못해 죄송하다. 양해를 바란다.

이 책은 저자가 대부분 스스로 개척하며 쓴 내용이라서 내용 중에 잘못된 사항이나 오해를 일으킬 수 있는 부분도 상당히 있을 것이다. 이에 대한 책임은 온전히 저자에게 있으며, 저자가 소속된 해양수산부와는 아무런 관련이 없다. 잘못되거나 설명이 미흡한 부분이 있으면 저자에게 알려 주시면 추후 기회가 될 때 바로 잡도록 하겠다. 다소 부족하다고 하더라도 아무쪼록 이 책이 국제기구 회의에 참석하는 모든 사람들에게 참고가 되길 기대한다.

2014년 1월
관악산과 청계산을 바라보며 저자 박영선
sammypark@naver.com

목 차

제 I 장

총 론

KOREA MARITIME RESEARCH INSTITUTE

제1장 총론

제1절 국제해사기구 현황 및 우리나라의 대응방안1)

1. 서론

국제 해운산업과 조선산업을 운영하는 사람은 국제해사기구(IMO)의 영향력을 절대 무시할 수 없을 것이다. IMO는 규제창설기구(rule-making body)로서 설립 이래 해운에 관한 수많은 국제협약을 제정하여 안전하고 깨끗한 바다를 만들기 위하여 노력하여 왔다. 즉, 선원과 여객의 안전을 위한 각종의 안전기준을 도입하는 한편, 선박의 운항 중 발생하는 오염을 최소화하기 위한 각종의 기준을 도입하였다. 특히 IMO는 외국선박이 자국의 항만에 머무는 동안 점검을 행하는 제도, 즉 항만국통제(Port State Control: PSC) 제도를 통하여 IMO 기준을 준수하지 않는 선박에 대하여는 출항정지(detention)라는 강력한 제재조치를 취하고 있다. 따라서 IMO 기준을 따르지 않는 선박은 항만당국의 규제 때문에 국제항해가 실질적으로 불가능하며, 당장 사고가 발생하지 않는다고 하여도 화물운송계약, 선박보험계약 등 많은 계약에서 계약조건 위반이 될 수 있다.

더욱이 IMO는 새로운 기술을 해운분야에 도입하기 위하여 계속적으로 협약을 개정할 뿐만 아니라 묵시적 수락절차(tacit acceptance procedure)를 통하여 개정된 협약을 빠른 시일 내에 발효시키고 있다. 따라서 개정된 협약을 자국의 법령에 제대로 수용하지 못하는 국가는 적기에 협약기준을 지키기가 쉽지 않다. 따라서 각국 정부는 IMO 활동에 많은 관심을 기울이고 있다. 특히 해운산업과 조선산업에 많은 이해관계를 가진 우리나라로서는 개정된 IMO 협약의 준수는 물론 IMO의 입법과정(rule-making process)에 적극 참여하여 우리에게 유리하게 협약이 개정되도록 유도할 필요가 있다. 이것이 가능하려면 IMO가 어떻게 운영되어 왔는지를 자세히 알아야 하고, 이를 바탕으로 전향적으로 대응해야 할 것이다. 다음에는 총론적으로 IMO의 과거와 미래 동향에 대하여 살펴보고자 한다.

2. 국제해사기구(IMO) 개요

2.1 IMO의 설립배경

해운은 바다를 매개로 한 사업이기 때문에 그 속성상 각종 기준의 국제적 통일이 필요하다. 예컨대 개별 국가가 각자의 안전기준이나 출입항 절차를 요구할 경우 각국의 항만을 출입항하는 개별 선박은 이들 모두를 만족시키기가 매우 어렵기 때문이다. 또 선박의 경우 국적의 이동이 자유스러운데 국가별로 기준이 다를 경우 기준이 약한 국가의 경우 강력한 국가에 비하

---

1) 이 부분은 저자가 2012년 12월 월간 「해양한국」에 기고한 “지난 3년간 국제해사기구 활동을 돌아보며”라는 원고를 수정·보완하였다.

여 공정하지 못한 이익(unfair advantage)을 취할 수 있기 때문이다.[2] 이러한 이유 때문에 해운계에서는 국제해사기구가 설립되기 전부터 각종 기준의 국제적 통일작업을 진행해 왔었다.[3]

선박안전에 관한 국제기준의 통일화 작업에 분수령이 된 사건은 1912년 4월 15일 북대서양에서 발생한 여객선 타이태닉(Titanic)호의 침몰사건이다.[4] 이 사건을 계기로 국제 해운계는 국제간을 항해하는 선박의 안전기준을 엄격하게 정할 필요성을 인식하였으며, 그 결과 선박의 국제적 안전기준을 정하는 1914년 해상인명안전협약(SOLAS)을 체결하였다. 이 협약은 해사관련 국제협약의 기본적인 협약이 되었으며, 이후 1929년, 1948년, 1960년, 1974년에 각각 대폭적으로 개정된 바 있다.

제2차 세계대전 이후 국제적인 평화를 확보하기 위하여 1945년에 국제연합(UN)이 설립되었고, 1948년에는 해운에 관한 문제를 다루기 위하여 UN의 전문기구(specialized agency)로서 IMO를 설립하는 협약이 채택되었다.[5] 해운문제에 대하여는 UN이 직접 다루기보다는 업무에 전문성을 가진 전문기구가 다루는 것이 더 효율적으로 판단되었기 때문이다. 이 협약은 각국의 관심부족으로 지연되다가 11년이 지난 1958년에 발효되었다. 우리나라는 1962년 4월 10일, 북한은 1986년 4월 16일 각각 가입하였다. IMO는 총 25개인 국제연합(UN) 전문기구(specialized agency)중의 하나로서 UN의 경제사회이사회(ECOSOC)와 긴밀한 협조관계를 유지하고 있다(UN헌장 제57조). IMO는 본부를 영국 London에 두고 있으며, 직원은 약 400명이다.

2.2 IMO의 주요 성과

1967년 토리 캐년(Torrey Canyon)호의 좌초사고로 인한 해양오염이 국제적으로 큰 이슈가 되었다. 이에 따라 당초 해상안전을 주요 목적으로 하던 IMO는 해양환경보호 분야에도 그 활동범위를 넓혔다. 즉, 선박으로부터 해양오염을 방지하기 위하여 1973년 해양오염방지협약(MARPOL)을 제정하였으며, 대형사고 시 추가적인 오염을 방지하기 위하여 공해(high seas)상 개입에 관한 협약(Intervention)도 제정하였다. 해양오염방지협약의 경우 시행초기에는 주로 유조선에서 배출되는 선박평형수(Ballast water)에 포함된 기름성분의 한도, 유수분리기의 작동기준 등을 제정하였다. 이후 점차 그 기준을 강화시켜 현재는 선박평형수의 경우 화물탱크와 분리된 별도의 탱크에 적재하도록 그 기준을 강화하였다. 더욱이 미국에서 발생한 Exxon Valdez

2) Jens-Uwe Schröder and Anish Arvind Hebbar, "International Standard Setting through the IMO," *Baltic Master Issue Brief*, World Maritime University, Malmö, Sweden, p. 9.

3) 국제기준의 통일작업에는 만국해법회(CMI)가 주도적인 역할을 담당하여 왔으며, 그 결과 탄생한 협약으로는 선박충돌에 관한 국제협약(International Convention for the Unification of Certain Rules of Law with Respect to Collisions Between Vessels, 1910), 해난구조에 관한 국제협약(International Convention for the Unification of Certain Rules of Law relating to Salvage and Assistance at Sea, 1910), 헤이그비스비규칙(International Convention for the Unification of Certain Rules of Law relating to Bills of Lading, 1924), 선주책임제한협약(International Convention for the Unification of Certain Rules Relating to the Limitation of Liability of Owners of Sea-going Vessels, 1924) 등이 있다.

4) 영국의 사우스앰튼(Southamton) 항을 처녀 출항하여 미국의 뉴욕(New York)항을 향하던 타이태닉호는 1912년 4월 15일 대서양에서 유빙(iceberg)과 부딪혀 침몰하였다. 이 사고로 인하여 전체 여객 및 선원 2,224명 중 1,502명이 사망하였다. Wikipedia, http://en.wikipedia.org/wiki/RMS_Titanic [2013.12.17.].

5) 설립 당시 IMO는 정부간 해사자문기구(IMCO)였으나 1982년부터 현재의 명칭으로 변경되었다.

오염사고 이후에는 선박에 Double Hull 설치를 의무화하였다. 아울러 선박으로부터 해양오염방지를 위한 대상도 기름 외에 하수, 쓰레기, 대기오염 등으로 계속 확대되었다.

국제적인 기준의 통일과 관련된 IMO의 주요 업적으로는 해상운송과 관련된 선주의 책임제한제도이다. 즉, IMO는 화물과 여객의 운송과정에서 사고가 발생하여 화물이 멸실되거나 여객이 사상한 경우 선주가 부담해야 하는 최저금액을 정하였다(해상클레임에 대한 책임제한협약: LLMC 76). 또 선박운송 중 여객과 수화물에 사고가 발생한 경우 선주의 책임한도도 정하였다(1974 아테네협약).

이밖에 운송과 관련된 IMO의 주요 업적으로는 원유, 핵물질, 연료유, 유해유독물질의 운송과 관련한 사고로 인한 피해자에 대한 보상제도의 확립이다. 예컨대 1969년 민사책임협약(CLC 1969)의 경우 유조선의 선주는 유류오염 피해에 대비하여 보험가입을 의무화하고 있다. 또 1971년 기금협약(Fund 1971)의 경우 CLC 협약의 책임한도를 초과하는 대형오염사고가 발생한 경우 정유사 등 화주의 추가적인 기금기여를 통하여 피해자에 대한 보상한도를 확대하였다. 이러한 법적 정비를 통하여 피해자는 신속하게 보상을 받을 수 있게 되었고, 선주는 사고가 발생해도 큰 어려움 없이 영업활동을 계속할 수 있다.

한편, IMO는 해양에 관한 UN의 전문기구로서 1982년에 채택된 UN해양법협약(UNCLOS)의 제정작업에 많은 기여를 하였다. 이 협약이 제정되기 전 IMO는 이미 해양과 관련된 많은 국제협약을 제정하여 운영하고 있었다. 따라서 UNCLOS가 제정될 때 이 협약과 기존의 IMO 협약들이 상충되지 않도록 잘 조화를 이룰 필요가 있었다. 이에 따라 UNCLOS 규정에는 UNCLOS 당사국들이 기존의 IMO 협약에 포함되어 있는 강행규정을 이행할 의무를 지도록 하는 내용을 포함시켰다. 예컨대 무해통항을 향유하는 외국 선박은 충돌예방에 관한 모든 일반적으로 승인된 국제규칙(all generally accepted international regulations)을 준수하도록 규정하고 있는 바(UNCLOS 제21조 제4항), 이러한 규칙은 IMO가 채택한 1972년 국제해상충돌예방규칙(COLREG 1972)을 말한다. 또 전통적인 국제법과는 다소 차이가 있지만 이미 IMO 협약에 수용된 항만국통제(PSC) 제도를 UNCLOS에 도입하였다(제226조). 또한 UNCLOS의 채택으로 기존의 협약 등 합의에 의한 권리와 의무에 영향을 받지 않도록 규정하였다(UNCLOS 제311조 제2항, 제237조 제1항 등).[6)]

2.3 IMO 내 한국의 위상

우리나라의 경우 '80년대 초까지는 IMO활동이 비교적 미미하였다. 심지어 정부 내에 영어에 능통한 사람이 별로 없다 보니 IMO에서 보내주는 각종 회의의 의제문서조차 제대로 정리하지 못하는 실정이었다.[7)] 따라서 주요 회의에 참가하는 경우도 매우 적고, 실제 회의에 참가해도 어학능력 부족, IMO 운영에 대한 이해부족 등으로 인하여 대표로서 제대로 된 역할을 수행하

---

6) "Implications of the United Nations Convention on the Law of the Sea for the International Maritime Organization," LEG/MISC.6, 10 September 2008, p. 11.

7) 당시 IMO는 의제문서 및 각종 회람문서를 당시 주무부처인 해운항만청에 우편으로 송부하고 있었다. 해당 업무 담당자들은 영문으로 된 문서를 이해하기도 어렵고 상사가 보면 이를 요약·번역하여 보고하라고 할 우려 때문에 문서가 해당 과에 도착하자마자 쓰레기통에 버리기도 하였다고 한다.

기 어려웠다. 그러나 80년대 후반 이후 IMO 파견관의 현지 근무, IMO 사무국에 우리나라 인사의 진출, 해운·조선산업의 발전 등에 따라 한국의 IMO 활동은 점차 활발해졌다. 또 회의참가자가 증가함에 따라 관련지식도 계속 축적되고 있다. 이제 우리나라는 거의 모든 IMO 회의에 참석하고 있고, 제출되는 의제문서의 양과 질도 크게 개선되었다. 이에 따라 우리나라 인사가 각종 회의에서 의장[8] 등의 임원으로 활동하고 있기도 하다.

한편, 우리나라는 IMO와의 기술협력사업에 주도적으로 참여하고 있다. 과거 이 사업을 주도하던 유럽의 각국들이 경제적 어려움 때문에 주춤하는 사이 우리나라는 조금씩 기여금을 늘려 국제적인 관심을 받고 있다. 더욱이 한국국제협력단(KOICA)은 IMO와 양해각서를 체결하여 동아시아기후변화사업(EACP) 등 추가적인 협력사업을 진행하고 있기도 하다. 특히 우리나라는 그간 도움을 받던 나라에서 도움을 주는 나라로 변신한 거의 유일무이한 국가로서 많은 개도국들의 희망이 되고 있다. 또 우리는 경제개발 초기의 인력들이 아직도 그 경험을 그대로 간직하고 있는 바, 이러한 경험전수는 개도국들에게 실질적인 도움을 줄 수 있을 것으로 기대되고 있다.

3. IMO의 최근 동향

IMO는 UN 전문기구의 하나로서 많은 문제에 있어 UN과 보조를 맞추어 활동하고 있다. 특히 IMO가 국제사회의 관심을 불러일으킬 수 있는 사안으로는 해운분야의 온실가스 감축, 해적에 대한 대책 등이다. 다음은 IMO가 최근 추진하고 있는 사항을 중심으로 최근 동향을 정리해 보았다.

3.1 온실가스 감축

최근 IMO의 가장 큰 현안은 온실가스[9] 배출 감축과 관련, 시장기반방식(market-based mechanism)[10]의 도입이다. 2011년 7월의 제62차 해양환경보호위원회(MEPC)에서 해양오염방지협약의 개정을 통하여 선박의 에너지효율설계지수(EEDI) 등에 관하여는 도입이 결정되었다. 즉, 400톤 이상의 신조선에 대하여는 선박건조 시 EEDI를 표시하게 하고, 기존 선박(existing ships)[11]에 대하여는 선박에너지효율관리계획(Ship Energy Efficiency Management Plan: SEEMP)의 비치가 강제화 되었다.

---

8) 국제회의에서 의장은 영문으로 president 및 chairman이 혼용되고 있다. 저자는 전자를 "의장"으로, 후자를 "위원장"으로 사용하고자 한다. 그러나 일반적으로 회의를 주재하는 사람을 통상 "의장"으로 널리 활용되는 현실을 감안하여 전자와 후자를 굳이 구분할 필요가 없을 경우에는 "의장"을 사용한다.

9) 온실가스의 종류로는 이산화탄소 외에도 메탄, 아산화질소, 수소불화탄소, 과불화탄소, 육불화황 등이 있다.

10) 시장기반방식은 온실가스의 배출감축을 위하여 온실가스의 배출량을 시장에서 사고팔 수 있도록 유도하는 방식을 말한다. 이 방식은 수요공급의 원리에 의하여 과다배출자는 더 많은 경제적 부담을 하고, 절감하는 자는 경제적 이득을 얻게 함으로써 절감에 관한 신기술 도입을 용이하게 하는 장점이 있다.

11) 선박에 새로운 규정을 적용할 경우 기존 선박(existing ships)인지 신조선(new ship)인지는 매우 중요한 요소가 된다. 통상 새로운 규정은 기존 선박에는 적용하지 않는 것이 관례이다. 일부에서는 "현존선"이라고도 표현하나 이 책에서는 "기존 선박"을 사용하기로 한다..

한편, MBM 도입에 대하여는 시간부족으로 제대로 논의되지 못하였고 2012-13년 중 계속되는 MEPC 회의에서도 토의되지 못하고 있는 형편이다. MBM의 구체적인 방법으로는 여러 가지 제안이 있으나 선진국의 경우 배출권거래제(Emission Trading Scheme: ETS)를 선호하고 있으며, 그리스 등 선주국가의 경우 연료유에 대한 과세(Bunker Levy)를 선호하고 있는 형편이다. 한편 MBM의 도입방법과 관련하여 중국, 인도 등 개도국들은 UN기후변화협약(UNFCCC)[12] 정신에 따라 공통의 차별화된 책임 원칙(CBDR)을 주장하고 있으며, 선진국들은 IMO의 일반원칙인 무차별원칙(NFT)에 따라 국적에 관계없이 모든 선박에 동일한 기준을 적용해야 한다고 주장하고 있다. 한편, 2011.12. 남아공의 Durban에서 개최된 제17차 UNFCCC 당사국 회의에서는 GHG Funds로 1,000억 불을 조성하기로 하고, 국제해운 및 항공분야에서 일부 부담을 결정한 바 있다.[13]

3.2 해적방지활동

소말리아 해적의 활동반경 확장에 따라[14] IMO는 UN과의 활발한 협조관계 형성을 통하여 해적방지활동에 적극 참여하고 있다. 그간 국제선주단체들과 협조를 통하여 BMP의 최신화(updating)에 노력해 왔으며, Contact Group 활동에도 많은 기여를 하고 있다.[15] 특히 해상보안업체의 잠정지침[16]과 소말리아 해적대응을 위한 기국의 잠정지침[17]을 회람한 바 있다. 최근에는 국제표준화기구(ISO)와 협조를 통하여 국제기준의 제정에도 노력하고 있다.[18] 한편, 영국을

---

12) 이 협약의 영문 명칭은 United Nations Framework Convention on Climate Change이며, 정식명칭은 「기후변화에 관한 기본협약」이다. 기후변화협약은 생물다양성협약과 함께 1992년 6월 리우회의(유엔환경개발회의:UNCED)에서 채택되었고, 19494년 3월 21일 발효되었다. 이 협약에는 대부분의 국가가 가입하였으며, 우리나라는 1993년 12월에 47번째로 이 협약에 가입, 1994년 3월부터 적용받기 시작했다. 기후변화협약은 △각국의 온실가스 배출, 흡수 현황에 대한 국가통계 및 정책이행에 관한 국가보고서 작성 △온실가스 배출 감축을 위한 국내 정책 수립 및 시행 △온실가스 배출량 감축 권고 등을 주요 내용으로 하고 있다. 네이버 지식백과, http://terms.naver.com/entry.nhn?docId=71065&cid=503&categoryId=503 [2013.11.29.].

13) 우리나라는 저탄소 녹색성장 기본법에 따라 2020년까지 탄소배출량을 현재 전망치 8억 1,300만 이산화탄소톤(tCO2)보다 30% 줄인 5억7000만 이산화탄소톤(2005년 수준)으로 되돌린다는 목표를 설정했으며, 이를 달성하기 위해 내놓은 탄소배출권 거래제 시행령이 2012년 5월 국회를 통과해 11월 15일부터 본격적으로 시행되었다. MK 뉴스, 2012.11.12. http://news.mk.co.kr/newsRead.php?year=2012&no=744070 [2012.11.21.].

14) 소말리아 해적은 납치한 선박을 활용하여 소말리아 연안으로부터 1,000 마일 이상 떨어진 인도양 해상으로 진출하여 해적행위를 하고 있다.

15) 소말리아 해적퇴치를 위한 UN의 Contact Group on Piracy off the Coast of Somalia는 5개의 작업반으로 구성되어 있으며, 이는 WG1(해적방지 군사활동 조정 및 정보공유), WG2(법률적인 측면), WG3(해운계의 역량강화), WG4(외교적 및 공적 정보제공), WG5(해적배후세력 차단)로 구성되어 있다.

16) MSC.1/Circ.1443, INTERIM GUIDANCE TO PRIVATE MARITIME SECURITY COMPANIES PROVIDING PRIVATELY CONTRACTED ARMED SECURITY PERSONNEL ON BOARD SHIPS IN THE HIGH RISK AREA, 2012.5.25.

17) MSC.1/Circ.1444, INTERIM GUIDANCE FOR FLAG STATES ON MEASURES TO PREVENT AND MITIGATE SOMALIA-BASED PIRACY, 2012.5.25.

18) ISO의 Publicly Available Specification (PAS) 28007은 2012.11. IMO의 제91차 MSC에 MSC 91/17/1 문서로 제출되었으며, 92차 MSC에도 MSC 92/INF.14로 해상보안업체의 무력사용규칙(Rules for the Use of Force)을 포함한 내용을 보고하였다.

중심으로 한 해상보안업체들은 해상보안협회(SAMI)를 설립하여 자체 인증제도 도입 등을 추진하고 있다.[19] 이 밖에도 IMO는 해적문제의 해결을 위하여 다양한 활동을 전개하고 있다.[20] 그러나 해적문제의 가장 본질적인 문제는 소말리아의 정정불안 및 빈곤이라고 할 수 있다. 이를 해결하는 방안은 결국 UN안보리 등의 정치적 결정이 필요한 바, IMO로서는 역할 수행에 일정한 한계가 있다고 할 것이다.

3.3 MAS의 강제적 시행

IMO는 그간 자발적으로 시행하던 회원국감사제도(IMO Voluntary Member State Audit Scheme: MAS)를 2015년부터 강제화할 계획이다. 향후 이를 위하여 IMO는 감사에 필요한 충분한 감사관(auditors) 확보는 물론 관련 규정의 개정 등의 절차를 단계적으로 진행하고 있다. 한편, 현재는 감사결과 부적합 판정을 받은 국가에 대한 별도의 불이익 처분이 없는 바, 향후 이러한 국가에 불이익을 주기 위하여 관련 협약의 개정도 추진될 것으로 예상된다.

3.4 GMDSS의 재정비

IMO의 다른 현안으로는 전세계해상안전 및 조난제도(Global Maritime Distress and Safety System: GMDSS)의 전면적인 정비가 있다. GMDSS는 1980년대의 무선통신기술에 기반을 둔 조난제도였으나 이후 관련 기술은 비약적인 발전을 거듭하였다.[21] 특히 누구나 소지하고 있는 휴대폰은 컴퓨터와 무선통신을 융합한 제품으로서 향후 조난통신제도의 큰 변화를 가져올 잠재력을 가지고 있다고 하겠다. 또 선박-연안당국-항해정보를 결합한 e-Navigation 도입에 관한 토의는 궁극적으로 GMDSS의 대폭적인 변화도 예고하고 있다. 우리나라의 경우 무선통신기술의 선진국으로서 많은 기술적 기여를 할 수 있을 것으로 예상되는 바, 이 분야의 논의동향에 많은 관심을 기울일 필요가 있다고 하겠다.

3.5 e-Navigation의 추진

현재 IMO에서 야심차게 진행하는 사업 중의 하나로 e-Navigation이 있다. 이는 선박운항에 필요한 정보, 화물정보, 기상정보 등 선박과 관련된 모든 정보를 항만당국, 선박, 선박교통관제(Vessel Traffic Service: VTS) 센터 등에서 공유하면서 선박운항의 안전과 효율성을 확보하려는 시스템이다. 그러나 e-Navigation이 제대로 작동하려면 엄청난 데이터를 처리할 수 있는 무

---

19) 영국 런던 템스 강의 Wellington 호에 본부를 둔 SAMI(Security Association for the Maritime Industry)는 2011.4. 설립되었으며, 해상보안업체 약 180개가 SAMI에 등록되어 있다. *SAMI Annual Review*, October 2013, p. 3.

20) IMO는 연안국의 능력배양(capacity building), 피랍된 선원의 복지 등 비교적 명확하게 IMO의 관할(remit)에 속하는 사업들을 추진하고 있다.

21) 1988년 GMDSS 도입 당시에는 모스 부호(Morse Code)의 폐지, 디지털 선택 호출(digital selective calling) 활용 등 당시로는 최첨단의 통신기술을 활용하였으나 이제는 Navtex 등 많은 장비들이 시대에 뒤떨어진 것으로 평가되고 있다.

선통신기술이 확보되어야 하는 바, 아직은 이에 미치지 못하고 있다. 향후 관련기술의 발달에 따라 통합선교시스템(IBS), GMDSS, 싱글윈도시스템[22](Single-Window System) 등 관련 시스템이 모두 통합될 가능성도 있다. 우리나라는 시스템통합(System Integration)에 많은 강점을 가지고 있는 바, 적극적으로 참여하여 기술표준의 채택 및 원천기술 확보에 노력할 필요가 있다고 할 것이다.

4. 향후 IMO 활동 개선방안

우리나라는 변화의 속도가 빠르다 보니 IMO 활동에서도 단기간에 놀라운 발전을 이룩하였으며, 현재도 계속 진화 중이다. 그럼에도 불구하고 문화적 차이, 국제회의에 대한 이해 부족 등으로 인하여 아직도 개선한 사항이 많다. 이하에서는 IMO 활동과 관련하여 우리가 개선할 사항에 대하여 검토하여 보기로 한다.

4.1 회의에 대한 기본지식 숙지

회의란 대화(verbal interaction)를 통하여 공동목적 달성을 위하여 2인 이상의 모임으로 정의될 수 있다.[23] 국제회의란 회의에 참석하는 사람의 국적의 수가 2개국 이상인 경우라고 할 수 있다. 따라서 국제회의에 참석하고자 하는 사람은 먼저 회의에 대한 참석요령을 알아야 한다. 그러나 안타깝게도 우리나라 사람들은 대부분 회의에 대한 훈련을 제대로 받지 못하다 보니 국제회의에서 교양인으로서의 대응을 제대로 못하고 있는 것이 현실이다. 성공적인 회의운영의 요건으로서 몇 가지 사항을 고르면 다음과 같다.

4.1.1 의제(agenda)의 확정 및 사전 통보

의제는 회의시작부터 끝까지 토의되어야 할 항목의 목록을 말한다. 효율적인 회의가 되려면 회의에서 다룰 의제가 회의참석자에게 공지되어 사전에 충분한 검토가 이루어져야 한다. 회의는 의제를 중심으로 이루어져야 하며, 치열한 토론을 통하여 보다 나은 대안이 만들어지게 된다. 통상 우리나라에서는 일단 회의를 소집하여 현장에서 안건이 공지되고, 사전 결정된 사항을 통보하거나 이를 추인하고 있다. 이러한 체제는 사전 검토할 기회가 거의 없기 때문에 회의의 품질이 떨어질 수밖에 없다. 효율적인 회의를 위하여 이러한 관행은 시급히 개선되어야 할 것이다.

---

22) 선박이 외국의 항구에 도착하여 컴퓨터 화면에서 하나의 창을 열어 입출항에 필요한 사항을 신고하면 이후 인접한 다른 국가의 항만에서는 다른 창을 열 필요 없이 해당 입출항 신고가 유효하도록 하는 체제이다. 국가가 인접하고 문화적 전통이 유사한 유럽 쪽에서 이에 대한 논의가 활발하게 진행되고 있다.

23) A meeting is a gathering of two or more people that has been convened for the purpose of achieving a common goal through verbal interaction, such as sharing information or reaching agreement. Wikipedia, http://en.wikipedia.org/wiki/Meeting [2013.11.18.].

4.1.2 참석자의 권한수임(authorization)

회의의 참석자는 일정 부분 자신이 속한 조직을 대표하게 된다. 따라서 회의에 참석하게 될 경우에는 자신의 조직으로부터 해당 회의에 관한 입장표명의 방향과 회의결과에 기속된다는 일정한 권한수임이 필요하다. 또 회의 결과 다수의견과 다른 경우에는 회의록에 그 입장을 명확하게 기록해 두어야 나중에 법적 책임문제가 명확해 진다. 회의에 참석하고도 권한이 없으니 그냥 보고만 있겠다거나, 회의결과에 대하여 아무런 책임이 없다고 한다면 회의개최의 의미가 없어지게 된다.

4.1.3 발언의 자발성

회의에 참가한 사람에 대하여 강제로 발언을 강제할 수는 없다. 그러나 회의의 목적은 참석자의 의견을 종합함으로써 보다 나은 의사결정을 내리고자 하는 것이므로 회의에서 계속 침묵을 유지하는 것은 바람직하지 못하다. 통상 회의에서 발언을 하지 않는 것은 동의(찬성)로 간주된다. 따라서 참석자로서 회의에 기여하는 방법은 자발적으로 자신의 의견을 개진하고, 다른 참석자와 의견의 차이를 좁히고자 노력하는 것이다. 이런 과정을 통하여 새로운 방안이 모색되고, 처음에는 생각하지 못하였던 좋은 대안이 도출될 수 있다.

4.1.4 토론에 기여하는 대안의 제시

회의는 단순히 개인 간의 대화가 아니고 공동의 목표달성을 위하여 전체가 참여하는 대화이므로 토론할 경우에는 대화가 단절되지 않도록 여지를 남겨 두어야 한다. 따라서 토론과정에서 특정 의견에 찬성하거나 반대할 경우 그 이유와 그에 대한 대안을 명확하게 제시하는 것이 바람직하다. 특별한 설명 없이 찬성·반대의 의사표시는 개인적 선호의 표현이므로 이에 관하여 더 이상 토론이 어려워진다. 반면에 대안이 제시될 경우에는 그에 대한 다른 대안의 제시나 절충이 쉬어져 보다 나은 대안에 대한 토론이 계속 진행될 수 있다.

4.1.5 기록의 중요성

기록의 중요성은 아무리 강조해도 지나치지 않을 것이다. 회의의 결과는 결국 기록으로 남겨져 후일의 참고자료로 활용되게 된다. 회의에 참석하지 않은 많은 사람이 회의에 관한 정보를 얻을 수 있는 것은 회의결과 기록밖에 없다. 따라서 회의가 끝나면 주최 측은 결과를 기록해 두어야 한다. 또 참석자는 회의기록을 확인하고, 내용에 착오가 있을 경우 수정을 요구해야 한다. 기록되지 아니한 역사는 신화에 불과하다. IMO 회의에서 각국 대표들이 많은 시간을 들여 회의결과를 상세하게 검토하는 것은 이러한 기록의 중요성을 잘 알기 때문이다.

4.1.6 회의절차규정 및 선례(precedents)의 숙지

IMO의 모든 회의에는 회의의 종류별로 의사규칙(rules of procedures)이 정해져 있다. 전문위원회(Sub-committee) 등 하부기구의 경우 그 하부기구가 속한 이사회 또는 위원회(Committee)의 의사규칙을 준용하여 사용하고 있다. 또 각 회의에는 의사규칙에 나오지 않는 과거의 선례가 있다. 예컨대 이사회의 경우 과거 IMO의 기금을 특정 단체에게 대여한 경우 다음에 유사한 사례에서는 해당 행위의 적법성에 대하여는 더 이상 토론되지 아니한다. 만일 이에 대하여 토론을 시작할 경우 과거 행했던 것과 동일한 토론을 다시 반복하게 될 우려가 있기 때문이다.[24) 이밖에도 IMO 내부규정으로서 절차에 관한 각종 지침이 있어 이를 따르지 않으면 아니 된다.[25) 따라서 이러한 사전 지식이 충분하지 못할 경우 엉뚱한 다리를 긁는 격이 될 수 있으니 유의할 필요가 있다.

IMO의 대표적 회의라고 할 수 있는 MSC의 의사규칙(rules of procedure) 중 특히 유념해야 할 주요 내용을 간추리면 다음과 같다.

① IMO 회의는 공개회의가 아니고 비공개(private) 회의임(Rule 8).
② 실질적 의제의 경우 적어도 24시간 이전에 위원회에 보고되어야 함(Rule 13).
③ 결정에는 과반수 찬성 필요(Rule 26.1)
④ 투표는 통상 손을 들어 찬반을 표시하되, 어느 국가라도 지명투표(roll-call vote)를 요청하면 지명투표를 시행해야 하며, 그 결과는 회의록에 첨부되어야 함(Rule 27 & 28).
⑤ 의사규칙위반지적(point of order)은 아무 때나 가능(Rule 36).
⑥ 제안의 토의순서(Rule 37)

4.2 적절한 외국어의 구사

IMO의 회의는 공식언어(official language)인 아랍어, 중국어, 영어, 불어, 러시아어 및 스페인어로 진행된다. 또 실무회의는 실무언어(working language)인 영어, 불어, 페인어로 진행된다. 한국인의 경우 대부분 외국어에 익숙하지 않은데 회의장에서는 외국어(주로 영어)로 발언하다 보니 의사전달에 여러 가지 아쉬움이 발생하곤 한다. 특히 언어는 단순히 의사소통을 위한 도구(tool)일 뿐만 아니라 문화의 공유라는 속성을 가지고 있다. 따라서 한국어로 말할 때는 한국의 문화에 맞게 발언해야 하고, 영어로 발언할 때는 그 문화에 맞게 발언해야 한다. 이러한 문화적 차이를 감안하지 않으면 정확한 의사전달이 어렵다. 그간 저자의 경험을 바탕으로 한국인이 회의장에서 발언 시 개선해야 할 사항은 다음과 같다.

---

24) 의사규칙에서 일단 결정된 사항을 다시 토론하는 것을 재의(reconsideration)라고 한다. 통상 과거의 결정을 뒤엎으려면 2/3 다수의 찬성이 필요하다. IMO 의사규칙에서는 단순 과반수의 찬성을 요한다.

25) 이러한 지침에는 Guidelines on the Application of the Strategic Plan and the High-level Action Plan of the Organization(A 26/Res. 1013), Strategic Plan for the organization (For the Six-year Period 2010 to 2015) (A 26/Res. 1011), Guidelines on the Organization and method of Work(각 위원회 및 이사회) 등이 있다.

4.2.1 감사표현

외교적 성격을 가진 회의에서 발언을 시작하면서 의제문서를 제출한 국가, 이를 준비한 사무국 등에 대한 감사표현은 거의 관례화되었다. 물론 회의시간을 줄이기 위하여 이러한 감사표현을 억제하자는 주장도 많이 나왔지만 관행은 쉽게 깨어지지 않고 있다. 우리나라의 경우 이러한 감사표현에 익숙하지 못하여 바로 본론에 들어가는 경우가 많다. 이 경우 상당히 무례해 보일 수 있다. 실제 이런 감사표현이 지나치게 의례적이라는 느낌도 들지만 다른 국가들이 우리에게 감사를 표시할 경우 감사표시의 중요성을 깨닫게 된다.

4.2.2 적절한 속도로 발언

보통 사람의 경우 대규모 회의장에서 발언할 경우 약간 긴장하기 마련이다. 더욱이 수백 명의 외국인 앞에서 영어로 발언하는 경우는 흔치 않다. 따라서 발언문을 미리 준비했다고 하더라도 읽다보면 긴장되어 점점 빨라지는 것이 보통이다. 일반적으로 외국인들은 한국인의 영어 발음을 이해하기 어려운데 속도까지 빨라지면 더욱 어려워진다. 긴장되더라도 가급적 속도를 낮추어 천천히 발언하는 것이 소통의 효율을 높일 수 있다.

4.2.3 발언의 머리 부분에 발언자의 찬성과 반대의사를 명확히 표명

우리말의 특징은 문장의 맨 마지막에 중요한 말(key words)이 들어있어 끝까지 들어보아야 결론을 알 수 있다. 그러나 영어는 먼저 결론이 나오고 이후 이에 대한 보충설명이 이어지는 것이 보통의 어법이다. 따라서 영어로 발언할 경우에는 이해하기 쉽도록 이들의 관습에 따라 결론을 미리 말하는 것이 좋다. 만일 보충설명이 상당히 길 경우에는 끝부분에 "결론적으로(In summary, In conclusion...)"라는 용어를 사용하여 결론을 다시 한 번 강조하는 것이 이해하기 쉽다.

4.2.4 발언문의 문장은 짧게

일반적으로 우리 대표 발언문의 문장은 매우 길다. 통상 우리말로 준비된 발언문을 영작하다 보면 복문 형태의 복잡한 문장이 되기 쉽다. 전반적으로 영어실력이 부족한 한국인들은 발언문의 문장을 짤막짤막한 단문으로 작성하는 것이 바람직하다. 문장이 짧으면 발언도 쉽고, 외국인들이 이해하기도 쉽다.

4.2.5 사전 충분한 발언연습

영문 발언문의 내용을 충분히 알고 있다고 하더라도 머리에서 생각하는 것과 입을 통하여 말로써 표현되는 것은 다르다. 충분한 준비가 되어 있지 않으면 실제 회의장에서 발언할 때 혀가 꼬여 실수하는 경우가 많이 있다. 사전에 충분히 연습해 두면 회의장에서는 보다 여유를 가지고 발언할 수 있다. 연습하면 잘 할 수 있다(Practice makes perfect!).

4.2.6 회의 분위기에 따른 순발력 발휘

실제 회의에서는 당초 준비했던 발언문과는 다른 상황이 많이 발생하게 된다. 예컨대 찬성하려고 했는데 바로 자기 앞의 발언자가 강력하게 반대하는 발언을 했을 경우 이에 대한 언급을 해야 하는 비상상황이 발생하게 된다. 또 우리가 발언하려고 하는 요점(point)을 앞의 발언자가 모두 언급해 버리는 경우도 있다. 이런 경우는 해당 발언에 대한 우리의 입장 정리가 필요해져 발언문의 수정은 불가피하다. 따라서 발언순서를 기다릴 때는 계속 다른 발언자의 내용을 경청하고 필요시 순발력을 발휘하여 적절히 대응하여야 한다.

4.3 전문가의 지속적인 회의참석

우리나라 IMO 활동에 있어 가장 큰 애로사항은 담당하는 사람이 자주 바뀌는 데에 있다고 할 수 있다. 가뜩이나 국제회의에는 어려움이 많은데 참석하는 사람조차 바뀌면 새 사람은 모든 것을 새로 시작해야 한다. 국제적으로 우리나라와 같이 국제회의에서 회의대표가 자주 바뀌는 나라는 없다.[26] 외국의 경우 선진국, 후진국을 가리지 않고 대부분 동일한 사람이 국제회의에 계속 참석하고 있다.[27]

국제관계에 있어 인맥(human network)의 중요성은 아무리 강조해도 지나치지 않을 것이다. 국제관계가 국가 간의 관계라고는 하나 자세히 들어가면 결국 국가를 대표한 인간 간의 관계이다. 개인적 만남을 통하여 인간적인 신뢰가 깊어지고, 이러한 개인 간의 신뢰는 국가 간 신뢰로 승화될 수 있다. 그러나 자주 바뀌는 사람 간에 신뢰관계를 쌓을 수는 없다. 우리도 이제는 국제적 규범에 맞게 동일한 업무를 계속할 수 있도록 제도를 개선해야 한다.

IMO는 정부간 기구(inter-governmental organization)다 보니 회의 참석자는 주로 각국의 공무원이다. 우리나라 공무원이 이들의 핵심그룹(core group)에 들어가기 위한 방법은 동일한 IMO 회의에 계속 참가하여 이들과의 연대를 강화하는 것이다. 그러나 공무원은 순환보직 제도에 의하여 1년이나 1년 반 근무하면 다른 보직으로 옮겨가야 하기 때문에 이것이 어렵다. 이를 개선하려면 현행 국가공무원법에 의한 전문관 제도(공무원임용령 제43조의3)를 적극 활용하여야 한다. 다만, 현행과 같이 형식적으로 운영할 것이 아니라 해당 전문관이 동일 직위에 5년 이상 장기간 근무할 수 있어야 하며, 인사·보수 상 혜택도 주어져야 할 것이다.

만일 공무원이 계속 참석할 수 없을 경우에는 차선책으로서 민간 전문가를 적극 활용하여야 한다. 그러나 현재와 같이 민간 전문가가 개인차원으로 국제회의에 참석할 경우 역시 승진, 보직변경 등 개인사정에 따라 참석자가 변경될 우려가 있다. 따라서 민간전문가 활용에 관한 기

26) 일본, 중국, 싱가포르 등 동아시아 국가의 경우 우리와 유사하게 공무원이 순환보직을 하고 있다고는 하나 저자가 보기에 우리와 같이 회의마다 참석자가 바뀌는 국가는 없는 것 같다.

27) 2011년 저자가 IMO에서 만난 폴란드 대표는 동일한 회의에 60년째 참석하였다고 하며, 기회가 되면 다음 회의에도 참석하겠다고 하였다.

준을 정립할 필요가 있다. 즉, 해양수산부장관은 어학능력, 전문성 등 엄격한 요건을 적용하여 민간전문가를 선발하고, 민간 전문가가 소속된 기관의 장은 해당 전문가가 계속 국제회의에 참석할 수 있도록 기관보증이 필요하다고 본다. 이를 위하여 해양수산부장관과 민간기관의 장 사이에 양해각서(MOU)의 체결 등도 검토해 볼 수 있을 것이다. 또 선발된 민간 전문가가 우리 정부를 대표하여 국제회의에 참석할 경우 이에 필요한 비용은 국가가 부담하는 것이 바람직하다.

4.4 IMO에서 정책적 주도권 확보

IMO의 모든 의사결정은 각종 위원회를 통하여 토의되고, 이러한 내용은 IMO 이사회(Council) 및 총회에 보고되어 최종 의사결정이 내려지게 된다. 특히 IMO의 예산은 2년 단위로 편성되며, 그 내용은 향후 2년간 IMO의 활동 방향을 결정하는 매우 중요한 사항이기도 하다. 그럼에도 불구하고 우리나라의 대표단은 IMO의 정책적인 문제에 대하여는 비교적 관심이 없는 편이다. 저자가 보기에 이와 같이 정책적 사항에 대한 대응이 미흡한 원인은 실무자들이 주로 기술적인 검토를 하다 보니 예산과 정책의 수립 등 정책결정기관에 대한 추적(follow up)은 상대적으로 소홀하기 때문이다.[28)]

우리나라가 IMO에서 주도적 역할을 하려면 IMO 직원의 인사, 예산의 결산 및 편성, 국제회의 운영, 외부기관과의 관계 등 IMO의 정책적인 사항에 관심을 기울여야 한다. IMO의 기술적인 의제를 검토하는 실무진이라도 기술적인 검토가 향후 어떻게 정책과 연결되는지를 알아야 하며, 지속적으로 동일한 직위에 근무함으로써 업무에 대한 지식이 축적되어야 한다. 특히 IMO의 모든 정책은 이사회에서 결정되며, 총회는 사실상 이를 추인하는 기관이다. 따라서 IMO에서 우리가 주도권을 확보하려면 IMO 이사회 업무에 정통하여야 하며, 이사회에 정책적 의제문서를 많이 제출하여야 한다.

실무자가 IMO 정책 문제에 대하여 심도 있는 검토를 할 수 있을 정도의 능력을 배양한다면 향후 자신이 속한 기관의 책임자로 성장하는데 많은 도움이 될 것이다. 또 이를 위하여 IMO업무 담당자 간 서로 정보를 공유하고 토의할 수 있는 온라인 포럼(forum) 마련도 바람직하다고 판단된다.

4.5 주요 의제에 대한 전략적 대응

국제관계의 문제도 중요한 의제가 있고 가벼운 의제가 있다. 선진국과 개도국의 가장 큰 차이는 중요한 의제에 대한 접근 방식의 차이에 있는 것으로 보인다. 선진국의 경우 자국에 다소 경제적 손해가 나더라도 세계적 의제(global agenda)에 대하여는 강력하게 추진한다. 그러나 개도국은 당장 자국에 이익이 되는 쪽으로 결정을 내리는 경향이 있다. 우리나라의 경우 워낙 빠른 시간 내에 경제성장을 이룩하다 보니 우리가 과연 선진국인지 개도국인지 잘 인식하지 못하여 세계적 의제에서 애매한 태도를 취하는 경우가 많다. 그러나 이제 우리나라는 산업화 단

28) 이사회나 총회의 경우 고위직들이 참석하다 보니 의제에 대한 정책적 검토보다 이들의 의전 등에 더 많은 신경을 쓰는 경우도 많다.

계, 국민소득 수준 등의 기준으로 보아 이미 선진국에 진입하였으며, 이는 우리가 OECD 회원국인 점으로도 입증된다고 할 것이다. 이제는 선진국으로서 스스로 세계적 의제를 제안하여 국격을 높이는 한편, IMO의 주요 의제에 대하여 보다 시야를 넓혀 전략적으로 대응할 시기가 되었다. 이하에서는 우리나라가 세계적 의제에서 다소 혼란을 보이는 몇 가지 사항에 대해 검토하기로 한다.

4.5.1 선박으로부터 온실가스 감축

현재 IMO에서 가장 치열하게 토론되는 의제 중의 하나는 선박으로부터 온실가스의 감축에 관한 사항이다. 온실가스 감축은 원래 1992년에 채택된 UN기후변화협약(UNFCCC) 및 1997년의 교토의정서(Kyoto Protocol)에 따라 추진되고 있으며, 자발적으로 감축을 시행하는 나라는 교토의정서 부속서I에 포함된 선진국들이다. 우리나라의 경우 교토의정서 채택 당시 부속서 I에 포함되지 않았기 때문에 이 기준에 따르면 개도국으로 분류될 수 있다. 그러나 선박의 온실가스 감축에 관하여는 이를 달성할 수 있는 조선기술력이 관건인 바, 국제적으로 우리나라는 세계 제1의 조선국가로 인정되고 있다. 조선국가의 경우 기준을 강화하면 기존의 선박들이 기준에 적합한 선박으로 대체되어 영업기회(business opportunity)가 많아지므로 찬성하는 것이 당연하다고 할 수 있다. 그러나 우리나라는 그간 계속 애매한 태도를 취해 왔다. 2011년 7월 제62차 해양환경보호위원회(MEPC)에서 우리나라는 저자의 주장에 따라 선진국과 보조를 맞추어 선박의 에너지효율설계지수(EEDI)를 의무화하는 해양오염방지협약 부속서 VI 개정안에 대하여 찬성하였지만 아직도 애매한 부분이 많다. 이러한 어정쩡한 태도는 앞으로 온실가스 감축을 위한 시장기반방식(MBM) 도입 시에도 재개될 소지가 높다.

4.5.2 각종 안전환경 기준

과거 선진국들은 국제협약의 안전환경 기준을 자국 해운보호 및 조선산업의 이익확보에 적절히 활용해 왔다. 예컨대 국제협약이 강화되어 유수분리기(oily water separator)나 방수복(immersion suit)의 설치가 의무화될 때면 이미 선진국들은 이를 이미 개발하여 시장에 내놓기 때문에 개도국은 울며 겨자 먹기로 이를 비싼 가격에 구입할 수밖에 없었다. 또 이렇게 고가의 장비를 선박에 설치하다 보면 선박의 가격이 상승하게 되고, 자본이 부족한 개도국들의 해운진출은 더욱 어려워질 수밖에 없었다. 과거 이런 어려움을 겪은 우리나라 해운계는 반사적으로 새로운 설비의 설치를 의무화하는 국제협약의 개정에 대하여 거부반응을 보이고 있는 실정이다.

그러나 이제는 시대가 많이 바뀌었다. 우리나라는 세계적으로 손꼽히는 해운산업과 조선산업을 거느리고 있다. 또 우리는 새로운 변화에 대응하는 속도가 빨라 협약개정에 따라 필요한 설비를 단기간 내에 산업화할 수 있는 거의 유일한 나라이다. 선박평형수처리설비의 경우 우리나라가 세계에서 가장 많은 형식승인을 받았으며, 우리나라의 기술력으로 달성하지 못할 정도의 높은 수준이면 국제기준으로 채택될 수 없을 정도이다. 따라서 이제는 과거 선진국이 행했던 것과 마찬가지로 우리나라도 안전환경기준의 강화에 적극 찬성할 때가 된 것으로 판단된다. 우리나라로서는 사람의 생명을 보호하고, 환경을 보호하겠다는 대의명분에 동참하는 한편, 실질적으로 기준강화에 따른 실리를 챙길 가능성이 높기 때문이다. 실제 다른 선진국의 제조업은 대부분 몰락하여 우리나라보다 경쟁력 있는 설비를 생산할 수 있는 나라는 거의 없다. 아울러 이러한 각종 기준의 강화는 일종의 사다리 걷어차기(kicking away the ladder kicking)효과를 나타나게 될 것이다.29)

4.5.3 어선의 안전기준

일반적인 상선의 안전환경기준과 달리 어선의 안전기준에 관한 논의는 약간 차원이 달라 보인다. 1912년에 발생한 타이타닉(Titanic)호 침몰사건 이후 일반 선박의 안전 확보를 위하여 채택된 해상인명안전협약(SOLAS)은 그 역사가 길며, 이제 완전히 정착된 것으로 파악된다. 반면에 어선의 안전기준을 정하는 토레몰리노스협약은 어선을 많이 보유한 중국, 일본, 한국 등 동아시아국가의 반대로 그 발효가 계속 지연되고 있다.30) 이러한 동아시아국가의 태도를 잘 들여다보면 대부분 국가의 경우 상선을 담당하는 부처와 어선을 담당하는 부처가 다르며, 어선을 담당하는 부처의 경우 선박의 안전보다는 어선 선주의 이익을 더 많이 반영하려는 경향이 있다.

물론 현실적인 문제가 있다고는 하지만 이와 같이 자국의 이익, 그중에도 사업상의 이익을 안전보다 우선시하려는 태도는 국제 보편적 기준으로 보아 인정되기 어렵다. 통계적으로 대부분의 사고는 어선에서 발생하며, 선원 사망사고의 대부분은 상선보다는 어선에서 발생하고 있기 때문이다. 또 경제적 약자인 어선에 승무하는 선원이나 그 가족의 입장에서 볼 때 선주의 반대로 안전성이 부족한 어선에서 근무할 수밖에 없는 현실은 매우 불공평하기 때문이다. 따라서 이제 우리 정부는 어선의 안전문제에 관한 토의에 있어 어선 선주의 입장은 물론 이에 승무하는 선원의 입장도 충분히 고려하여야 한다. 또 어선안전에 관한 다른 선진국의 입장은 어떠한지 등 국제적 논의과정에 대한 균형 잡힌 시각을 가질 필요가 있다. 선진국에서 안전은 다른 어떤 가치보다도 우선되고 있다.

5. 결론

IMO는 그간 많은 성과를 이룩하였으며 앞으로도 그 역할은 더욱 증대될 것으로 예상된다. 그러나 최근 IMO는 새로운 사무총장의 지휘 하에 새로운 도전에 직면하고 있다. 세계경제의 악화로 해운계가 어려움을 겪고 있으며, IMO도 이러한 경제상황으로부터 결코 자유스럽지 못하기 때문이다. 실제 일부 국가의 경우 경제적 어려움 때문에 자국 외교관의 봉급을 삭감하였

29) 사다리 걷어차기는 사다리를 이용하여 일단 지붕에 오른 선진국들은 개도국들이 올라오지 못하도록 사다리를 걷어찬다는 의미로서, 장하준 교수의 책 제목이기도 하다. 저자는 안전환경기준의 강화가 개도국들의 자본소요 증가로 결국 선진 해운국 추격에 장애물로 작용할 수 있다는 의미에서 이 용어를 차용하였다.

30) 당초 토레몰리노스 협약은 1977년 스페인 지중해 연안의 소도시 Torremolinos에서 채택되었으나 소형어선에 대한 안전기준이 너무 높다는 이유로 발효가 지연되었으며, 이를 완화한 1993년 의정서도 역시 반대가 많음에 따라 다시 그 기준을 완화하는 내용의 의정서가 2012.10. 남아공의 케이프타운에서 채택되었다.

으며, 향후 IMO 분담금 납부도 어려운 상황에 처할 수도 있다. 이에 따라 IMO는 예산편성에 있어 명목상 영성장(nominal zero growth)을 표방하고 있으며, 비용절감을 위하여 여러 가지 방안을 모색하고 있다. 현재 토의되고 있는 사항으로는 일부 전문위원회의 통폐합, 회의기간의 단축, 직원의 감축, 일하는 방식의 변화 등이다. 이와 같은 IMO의 변화는 결국 종래와는 다른 새로운 의사결정 시스템으로 나타날 것이므로 우리는 이에 지속적인 관심을 가지고 적절히 대응해야 할 것이다.

저자는 3년여의 영국생활을 통하여 IMO 업무에 관하여 많은 경험과 지식을 쌓을 수 있었으며, 그 결과 좀 더 넓은 시각에서 IMO를 바라볼 수 있게 되었다고 자부한다. 특히 그간 책에서만 보던 정부대표의 임명, 신임장의 제출, 훈령의 이행, 회의의 진행 등 국제적 절차에 대한 이해를 크게 높일 수 있었다. 사실 우리나라의 경우 주로 실질적인 문제(substantial matters)에만 집중하다 보니 절차적인 문제(procedural matters)에 대하여는 비교적 소홀한 것이 사실이었다. 특히 권위적인 우리나라의 문화적 전통에 따라 회의는 상급자의 일방적인 지시로 끝나는 경우가 일반적이다 보니 정상적인 회의운영에 대하여 훈련을 받을 기회도 부족하였다. 그러나 국제무대에서는 적정절차(due process) 원칙에 따라 절차 또한 매우 중요한 것이 사실이다. 심지어 아무리 좋은 실질적인 문제라고 하더라도 절차에 가로막혀 결정되지 못하는 사례도 많다. 따라서 절차에 대한 충분한 지식 없이 IMO 회의에 잘 대응하기는 쉽지 않다. 향후 IMO 회의에 참석하는 우리나라 정부대표들은 실질적인 문제는 물론 절차문제에 대하여도 많은 관심을 가지길 기대해 본다.

제2절 우리나라의 IMO 대응역량 강화방안

1. 우리나라의 IMO 대응현황 및 수준

1.1 국제해사분야 우리나라 위상

우리나라는 1960년대 이후 빠른 경제성장을 이룩하면서 1945년 일본으로부터 해방 이후 미미했던 해운산업과 조선산업도 비약적으로 발전하였다. 우리나라의 경우 수출주도의 경제성장 전략에 따라 외국의 원자재를 들여와 가공하여 수출하다 보니 수출입 물동량이 비약적으로 증가하였다. 이에 따라 우리나라의 수출입 금액은 세계 6위에 해당하는 1조 675억 미불에 달하고 있다.[31] 또 1970년대 중반 이후 우리 화물을 우리나라 선박으로 수송하겠다는 국가적 전략에 따라 우리나라의 선박 보유량도 지속적으로 증가하였다. 우리나라에 등록된 선박은 1,915만 재화중량톤(DWT)으로서 세계 14위에 해당된다.[32] 그러나 실제 사실상의 지배선대 기준으로

31) Largest countries by total international trade, Wikipedia, http://en.wikipedia.org/wiki/International_trade [2013.10.30.].

32) Table 2.7., *The 35 Flags of Registration with the largest registered deadweight tonnage (ranked by deadweight tonnage), as of 1 January 2012*, UNCTAD, *REVIEW OF MARITIME TRANSPORT* 2012, p. 44.

보면 5,000 만 DWT를 초과하여 그리스, 일본, 독일, 중국에 이어 세계 제4위에 해당된다.[33]

또 우리나라의 조선산업은 중국과 치열한 선두경쟁을 벌이고 있다. 2012년 건조량을 기준으로 할 경우 중국은 38,924천 총톤(GT)을 건조하여 1위를 차지하였고, 우리나라는 31,383 천 총톤, 일본은 17,428 천 총톤으로 그 뒤를 따르고 있다.[34] 그러나 우리나라는 천연가스운반선, 석유시추선 등 고부가가치 선박의 수주에 주력하고 있어 그 기술력에 있어서는 세계 1위로 인정받고 있다.

국가의 해운력을 평가할 때 중요한 요소 중의 하나는 유능한 선원의 공급이다. 과거 세계유수의 해운국이었던 영국, 프랑스, 독일, 일본 등의 국가는 선원직업의 기피로 인하여 충분한 수의 선원을 제대로 공급하지 못하고 있다. 이러한 공백을 메우는데 가장 중요한 역할을 담당하고 있는 국가는 필리핀이다. 필리핀은 세계 선원시장에서 사관(officer)의 12.39%, 부원선원(ratings)의 21.86%를 공급하고 있으며, 인도네시아와 중국이 그 뒤를 잇고 있다.[35] 그러나 이들 국가의 경우 관련 행정이 투명하지 못하여 선원 자질은 크게 인정받지 못하고 있다. 반면에 우리나라는 신뢰할 수 있는 대학에서 우수한 사관이 지속적으로 배출되고 있다. 이들은 일정기간 선박에서 경험을 획득한 후 정부, 선급, 선박회사 등에 근무하며 자신의 실력을 발휘하고 있기 때문에 우리나라 해운계 전체의 경쟁력 강화에 일조하고 있다고 판단된다.

1.2 국내 대응체제 현황[36]

1.2.1 외교부

외교부에서는 IMO 업무내용에 따라 대응하는 조직이 다르다. 국제기구국 UN과의 경우 IMO의 전반적인 업무를 다루며, IMO 회의 대부분에 대한 정부대표의 임명, 훈령조치를 담당한다. 국제기구국 국제안보과는 해적문제, 국제법률국의 국제법규과는 IMO 법률위원회 업무를, 국제경제국의 기후변화환경과는 IMO 해양환경국의 온실가스 감축에 관한 업무를 담당한다. 물론 외교부 각과의 담당자는 전적으로 IMO 업무만을 담당하는 것이 아니고 다른 업무와 병행하여 일하기 때문에 IMO의 구체적인 내용을 파악하기에는 어려움이 많다. 더욱이 외교부 본부 실무자들은 대개 이제 막 수습이나 유학을 마치고 돌아 온 초보 공무원들이기 때문에 업무 익히기에 바쁘다. 또 이들은 1년 내지 1년 반이 지나면 재외공관으로 파견되어 나가기 때문에 전문성 축적은 매우 어려운 실정이다.[37]

---

33) Figure 2.6., *Ibid.*, p. 48.

34) Top shipbuilding nations in 2012, based on completions in gross tonnage (in 1,000s), http://www.statista.com/statistics/263895/shipbuilding-nations-worldwide-by-cgt/ [2013.10.30.].

35) Stipe Galić et al., *Seafarers Market*, International Journal of New Trends in Arts, Sports & Science Education, 2012, volume 1, issue 3, p. 34.

36) 이 부분은 김영석, “국제해사업무 Mechanism 이해 및 우리나라 대응역량강화를 위한 제안,” 2000.5.을 기초로 저자가 수정·보완한 것이다. 이 문서는 주영대한민국대사관의 공문서로 외교부와 해양수산부에 보고되어 이후 IMO팀의 신설, 의제문서 검토수준 향상, 예산의 추가확보 등의 개선조치가 이루어진 바 있다. 이 자료를 활용할 수 있도록 허락하여 주신 김영석 당시 해양수산관(현 청와대 비서관)께 감사의 말씀을 전하고자 한다.

37) 외교부 직원의 전문성 부족은 문제가 대단히 심각하지만 이 책의 주제가 아니므로 자세한 내용은 생략

1.2.2 해양수산부

해양수산부에서 IMO 업무는 주로 해사안전국 해사안전정책과에서 담당하고 있다. 즉, 이 과에는 4급을 팀장으로 하는 국제해사팀이 있어 IMO 업무 전반을 총괄하고 있다. 이 팀은 IMO 총회, 이사회 및 각종 위원회의 의제검토 및 회의참가를 지원하고 있다. 이를 위하여 이 팀은 의제별로 담당자를 지정하여 검토하도록 하고, 사전 대책회의의 개최, 훈령안 초안 및 영문발언문 작성, 외교부에 대한 정부대표 추천업무 등을 행하고 있다. 따라서 이 팀은 IMO업무에 관하여 우리나라의 총 지휘사령부 역할을 하고 있다고 볼 수 있다. 또 공무원의 순환보직제도에도 불구하고 담당자는 유사업무를 담당하다 온 경우가 대부분이라 비교적 업무의 연속성과 업무개선이 이루어지고 있다.

해사안전국 해사산업기술과는 IMO 해사안전위원회(MSC) 및 해양환경보호위원회(MEPC) 산하의 전문위원회(sub-committees)의 의제검토 및 회의참가를 지원하고 있다. 전문위원회는 위원회의 위임을 받아 선박설계 및 설비, 선박복원성, 만재흘수선, 방화설비 등 기술적인 문제를 검토하기 때문에 참석자에게는 고도의 전문성이 요구되고 있다. 다행히 해사산업기술과는 일상적으로 다루는 업무가 이러한 업무이기 때문에 담당자들은 자신의 업무를 수행하면서 IMO 업무를 병행하기가 용이하다. 해사안전국 항해지원과는 선박보안 및 해적방지에 관한 IMO 업무를 담당하고 있다.

해운물류국 선원정책과는 IMO MSC 산하의 인적요소·훈련·당직전문위원회(HTW) 업무를, 해운물류국 항만운영과는 IMO 간소화위원회 업무를 담당하고 있다. 해양정책실 해양보전과는 육상폐기물의 해양투기에 관한 업무를 담당하고 있다.[38)]

해양수산부의 경우 직원의 인사이동으로 인하여 여러 가지 어려움이 있으나 해당 업무를 장기간 담당하고 있는 일부 직원과 한국해양수산연수원, 한국해양과학기술원 등 민간 전문기관의 지원을 활용하여 비교적 잘 대응하고 있다고 판단된다.

1.2.3 법무무

법무부는 IMO 업무와는 직접적인 관련이 없다. 그러나 IMO 법률위원회에서 제정하는 선주책임제한협약이나 제3자 피해보상에 관한 협약은 추후 국내 입법과 관련이 있어 법무실 소속 검사가 법률위원회에 참석하고 있다. 그러나 회의마다 참석자가 계속 교체되고 있어 해당 업무에 별로 기여하지 못하고 있는 형편이다.

한다. 참고로 칸 로스(Carne Ross)는 외교관의 엘리트주의 및 폐쇄성 극복을 위하여 외교관 집단을 폐지해야 한다는 극단적인 주장을 한다. 칸 로스 지음, 강혜정 옮김, 「독립외교관(Independent Diplomat)」(서울: 에이지21, 2008), 296-304쪽.

38) 육상폐기물의 해양투기에 관한 런던협약 당사국회의 업무는 원래 IMO 업무가 아니나 IMO에서 그 사무국 업무를 수락하였으므로 통상 IMO 업무로 간주되고 있다.

1.2.4 해양경찰청

해양경찰청 경비안전국 수색구조과는 IMO 무선통신 및 수색구조전문위원회(COMSAR) 업무 중 수색구조에 관한 업무를 담당하고 있다. 그러나 담당자의 잦은 교체로 인하여 업무개선에 크게 기여하지 못하고 있다고 판단된다.

1.2.5 민간조직

IMO 대응업무에 민간조직은 많은 기여를 하고 있으며, 그 중 가장 대표적인 조직으로는 한국선급(KR)이 있다. 한국선급은 직접 거의 모든 IMO 회의에 자문관(advisor)으로 참석하고 있으며, 의제에 대한 기술적인 검토에 정부를 적극 지원하고 있다. KR의 업무 담당자는 대부분 전문성과 어학능력을 갖추고 있으며, 지속적으로 동일한 회의에 계속 참석함으로써 전문성 축적은 물론 다른 나라 대표와의 유대관계를 넓히고 있다. 따라서 실제 회의에서 많은 기여를 하고 있으며, 정부보다 주도적인 역할을 하는 경우도 많다. 또 선박안전기술공단(KST)도 정부대행검사기관으로서 선박의 구조·설비 등과 관련된 분야에서 한국선급과 함께 많은 기여를 하고 있다. 또한 한국해양수산연수원은 STW와 관련된 업무에 대하여 지속적으로 회의에 참가하며 상당한 기여를 하고 있다.

이밖에 한국해양환경관리공단, 한국해사위험물검사원, 한국해양과학기술원, 한국선주협회 등의 민간조직과 한국해양대학교, 목포해양대학교 교수들도 관련 IMO 회의에 참석하고 있다. 그러나 이들은 조직적 차원에서의 대응에는 개선이 필요한 실정이다.

1.3 현지 대응체제 현황

IMO 본부가 위치하고 있는 영국 런던의 대응체제는 크게 주영 한국대사관의 해양수산관과 IMO 파견관을 들 수 있다. 해양수산관은 국장급 고위공무원으로서 IMO의 교체상주대표(Alternate Permanent Representative to IMO)를 겸하고 있다.[39] 해양수산관은 우리나라를 대표하여 IMO와 업무협의를 행하고 있으며, 각종 IMO 회의의 수석대표(Representative)로 임명되어 회의에 참석하고 있다. 회의에서는 중요 사항에 대하여 직접 발언하기도 하고, 발언자의 지정이나 훈령에서 명확하지 아니한 안건에 대한 우리나라의 입장정리 등을 행한다. 또 IMO에 대한 정부대표 신임장(credential)의 제출, 회의 결과보고서의 제출 등의 업무를 행한다. 이 밖에도 외국 해무관(maritime attaché)이나 IMO 사무국 직원과의 접촉을 통하여 필요한 정보를 수집·보고한다. 따라서 해양수산관은 IMO업무에 관한 현장 사령관이라고 할 수 있다.

IMO 파견관은 해양수산부 4급 공무원으로서 런던에 파견되어 IMO 회의 참석, 대표단의 지휘 등 각종 실무적인 업무를 담당하고 있다. 즉, IMO 사무국 직원과의 업무연락, 각종 회의나 리셉션 일정의 예약, 관련 정보의 수집 및 전파 업무를 행한다. 특히 IMO 파견관은 각종 실무 작업반(working group) 회의까지 모두 참석해야 하므로 관련 분야에 대한 전문적인 지식이 필

39) 우리나라의 IMO 상주대표(Permanent Representative to IMO)는 주영 한국대사이다.

요하다. 실무작업반 회의에서는 기술적인 내용이 거론되고, 많은 영문약어가 사용되기 때문에 전문지식이 부족하면 회의자체를 이해하기 어렵다.40)

런던에서 실무를 지원할 수 있는 조직으로는 KR 런던지부 직원(2명)이 있다. 이들은 사무실을 IMO 파견관과 같이 사용하며, 전문지식을 보유하고 있기 때문에 IMO 회의에 참석할 수 있으며, 우리나라가 주최하는 각종 행사에 실질적인 도움을 주고 있다. 다만, 이들은 선박검사 등의 자체 업무로 출장일정이 많아 IMO 파견관 등을 지원할 수 없는 경우도 많아 다소 아쉬움이 있다.

이밖에 런던에는 우리나라 해운 및 조선업체의 많은 직원들이 파견되어 있다. 그러나 이들의 업무는 주로 현지의 영업과 관련되어 있어 IMO 회의에 참석 등을 통한 실질적인 기여는 기대하기 어렵다.

1.4 우리나라의 대응체제 분석

1.4.1 회의 대응형태

영국, 미국, 네덜란드, 노르웨이 등 해운선진국 대표의 경우 대부분 영어를 모국어 수준으로 자유롭게 사용하고 있으며, 장기간 회의에 참석함으로써 일단 전문성을 기반으로 하고 있다. 또 거의 모든 의제에 대해 충분히 준비된 검토서와 구체적으로 마련된 훈령에 의하여 발언하고 있다. 또한 당초 훈령과 달리 논의가 진행될 경우 분야별 전문성에 기초하여 국제적 기준의 향상이라는 보편성에 따라 탄력적으로 대응하고 있다. 러시아, 중국, 프랑스 등은 모국어로 발언할 수 있으며, 동시통역을 통하여 모국어로 들을 수 있어 회의 대응에 매우 유리한 형편에 있다.

이에 반하여 우리 대표단은 대부분 어학능력 부족으로 의사전달에 어려움이 많다. 또 잦은 인사이동으로 인하여 자신의 업무에 정통하지 못하기 때문에 의제문서에 대한 검토가 충분치 못하다. 그러다 보니 우리 대표의 발언은 훈령에 따른 영문발언문을 읽는 정도로서 상황변화에 대한 대처 능력이 현저히 떨어지고 있다. 더욱이 의사규칙 및 토론방법에 대한 이해부족으로 다른 나라 대표와 토론이 벌어질 경우 우리의 주장 관철이 매우 어려운 형편에 있다. 다행히 그간 우리나라는 어학능력과 전문지식을 모두 갖춘 임기택 FSI 위원장(현 부산항만공사 사장), 채이식 법률위원회 위원장(고대 교수) 등 걸출한 정부대표를 배출하여 우리의 발언권 강화에 크게 기여하였으나, 이는 개인적 노력에 크게 의존하는 체제라서 항시 인사이동에 의해 공백발생의 우려가 상존하고 있다.41)

---

40) 현재 해양수산부에서 IMO 업무를 위하여 파견된 공무원은 해양수산관과 IMO 파견관이다. 이들은 현지에서 우리 대표단을 지휘하면서 상황에 따라 적시에 적절한 판단을 내려야 할 경우가 많다. 그럼에도 불구하고 2명 모두 이 분야에 전문지식이 부족한 사람으로 파견하고 있는 현실은 상당한 우려를 자아내고 있다. 전문지식이 부족할 경우 회의 분위기 파악이 어렵고, 다른 나라 공무원들과 눈높이를 맞출 수 없기 때문이다. 더욱이 IMO에 대해 전혀 경험이 없던 사람이 현지에 3년간 근무하고 돌아온 후 다시 전혀 관련 없는 업무에 종사하고 있는 현실은 더욱 더 심각하다. 조속한 개선이 필요하다고 하겠다.

41) 이들이 위원장의 직을 떠난 2013.11. 현재 우리나라는 국가위상에 불구하고 아무도 IMO 회의에서 임원직을 수행하지 못하고 있다.

참고로 일본의 경우 참석자의 어학수준은 우리와 별 차이가 없는 것으로 판단된다. 그러나 업무 담당자가 장기간 재직하여 업무에 정통하고, 의제문서에 대한 철저한 검토 및 상황에 따른 충분한 영문발언문을 준비하여 옴으로써 일부 토론에서 주도권을 활보하고 있다. 특히 일본대표 중에는 정말 알아듣기 어려운 영어를 구사하는 사람도 있지만 발언내용 중에 토론에 상당히 기여하는 부분이 있을 경우 모든 회의참석자가 경청하곤 한다.

주요 국가의 IMO 회의 대응형태는 다음의 표1과 같이 분류할 수 있다.

<표1 : 주요 국가의 IMO 회의 대응형태>

회의 대응형태	해당 국가
1. 훈령에 따라 발언하고, 수시발언은 비교적 적음	Russia, China, 북한
2. 훈령 위주로 발언하되, 체계적 전문성에 입각하여 상당부분 대표에게 판단이 위임된 복합형	UK, USA, Netherlands, Denmark, Norway, Australia, Japan, France
3. 훈령은 비교적 적으며, 주로 현장에서 회의에 참석한 대표의 판단에 의존	Spain, Mexico, Chile, Poland, Thailand, Indonesia
4. 특별한 훈령 없이 상주대표의 판단에 의존	Ghana, Nigeria, South Africa, Liberia
5. 경험과 전문성을 갖춘 외국인을 자국 대표로 채용하여 그에 판단에 의존	Bahamas, Vanuatu, Marshall Islands, Cook Islands
6. 해사전문가를 상주대표로 장기 파견하여 그의 판단에 의존	Cyprus

출처: 2000.5. 김영석 주영한국대사관 해양수산관(현 청와대 비서관)이 작성한 표를 기초로 하여 저자가 일부를 수정 및 추가하였음.[42)]

1.4.2 의제문서 제출수준

의제문서는 회의의 결정을 위하여 토의를 이끌어 가는 문서로서, 의제문서의 제출수준은 제출국가의 IMO 업무에 대한 관심, 정책의지 및 기여도를 평가할 수 있는 좋은 척도가 될 수 있다. 실제 문서를 제출하려면 관련 의제에 대한 역사적 배경, 논의동향, 기술발전 단계, 향후 발전방향, 자국의 입장 등을 종합적으로 고려하여야 하기 때문이다.[43)] 의제문서를 제출하면 해당 분야의 토론에서 주도권을 차지하기가 용이하며, 자국에게 유리한 방향으로 결정을 이끌어 낼 수 있다. 또 의제문서를 자주 제출하면 해당 분야의 토론 및 발전이 촉진됨으로써 궁극적으로 국제적인 기여를 하게 된다. 따라서 해운선진국들은 꾸준히 의제문서를 제출하여 국제사회에 기여도 하고, 자연스럽게 자국의 영향력도 확대시키고 있다. 실제 자문지위가 부여된 비정부간 국제기구(NGIO)의 경우 2년마다 자격유지 평가에 있어 IMO에 대한 의제문서의 제출은 회의의 참석과 함께 중요한 평가항목이다.[44)]

우리나라는 1990년대 연간 10건 미만의 의제문서를 제출하다가 점차 증가하여 2012년 현재

42) 2000.5. 당시에는 우리나라를 3번 유형에 유사한 것으로 분류하였으나 현재 저자는 1번이나 2번 유형에 가까운 것으로 판단하고 있다.

43) 이러한 능력이 부족하면 실질적으로 의제문서를 제출할 수 없다. 실제 대부분의 아프리카와 아시아 국가의 경우 각종 IMO 회의에 의제문서 제출 실적이 거의 없다.

44) Guidelines of Rule 10, Rules and Guidelines for Consultative Status of Non-governmental International Organizations with the International Maritime Organization.

전체 10위권 이내에 진입하였다. 그럼에도 불구하고 아직 상위국 국가의 수준에는 미치지 못하고 있으며, 내용에 있어 영향력이 큰 기본 제안문서나 이에 대한 대안제시 등을 하는 보충문서 제출은 상당히 미흡한 편이다. 해운 및 조선의 국제적 지위를 고려할 때 적어도 세계 5위 수준까지는 올려야 할 것이다. 2005년 이후 세계 주요 국가의 의제문서 제출현황은 다음 표2와 같다.

<표2 : 주요 국가의 IMO 의제문서 제출 현황>

국가명	2005	2006	2007	2008	2009	2010	2011	2012	계	평균
USA	61	74	101	108	92	100	101	115	752	94.0
Japan	77	105	96	74	53	79	124	81	689	86.1
UK	101	85	92	81	57	77	69	69	631	78.9
Germany	55	66	62	69	51	65	87	71	526	65.8
Norway	37	67	56	52	50	65	61	47	435	54.4
Denmark	29	37	52	60	56	51	49	42	376	47.0
Sweden	23	47	41	46	41	46	34	26	304	38.0
Korea	**29**	**40**	**31**	**29**	**33**	**40**	**59**	**38**	**299**	**37.4**
Netherlands	21	34	36	45	39	39	32	42	288	36.0
France	19	25	37	42	37	44	40	42	286	35.8
Australia	40	32	29	32	23	28	31	37	252	31.5
China	8	13	20	16	16	44	37	47	201	25.1
합계	500	625	653	654	548	678	724	657	5039	629.9

출처: 해양수산부 해사안전정책과 내부 자료

1.4.3 부가적 기여수준

부가적 기여란 회원국으로서 공식적인 분담금 이외에 국제해사분야의 발전에 대한 지원이라는 차원에서의 기여를 말한다. 그 방법으로는 ① 기술협력기금의 기여, ② 국제회의의 개최, ③ 공익성을 가진 연구개발사업의 시행, ④ 교육훈련시설의 제공, ⑤ 개도국에 대한 장학지원, ⑥ IMO에 실습전문관(apprentice professional officer: APO)의 파견을 통한 업무지원 등이 있다. 우리나라는 이 중 ①과 ⑥을 수행하고 있다. ①과 관련, 우리나라는 2003년 6월 2일 당시 허성관 해양수산부 장관과 오닐(W. O'Neil) IMO 사무총장 간에 IMO와 기술협력에 관한 양해각서를 체결하고 자발적으로 개도국에 대한 기술협력 기금을 제공하고 있다. 당초에는 금액이 비교적 적었지만 최근에는 매년 50만 미불 정도를 제공하고 있다. 이 기금은 크게 보아 세계해사대학(WMU) 학생에 대한 장학금 지원 및 개도국 기술지원을 위한 각종 세미나 개최 등에 사용되고 있다. 이 기금의 액수는 크다고 할 수 없지만 그간 적극적으로 지원하던 유럽 국가들의 지원이 축소됨에 따라 우리의 기여는 상대적으로 커 보이고 있다.

⑥과 관련, 우리나라는 2003년 4월 9일 당시 주영 한국대사와 IMO 사무총장 간에 한국 APO의 IMO 파견에 관한 양해각서를 체결하였다. 이에 따라 그해 9월부터 당시 김영소 사무관은 IMO 해사안전국에서 근무를 시작하였다. 이러한 APO의 IMO 근무는 파견 국가로서는 APO를 통하여 IMO 업무를 이해할 수 있게 되며, IMO에서 정식 직원을 채용할 경우 APO로서의 근무 경험을 살려 채용에 유리한 지위를 얻게 된다. 반면에 IMO로서는 경제적 부담 없이 고급 인력을 활용할 수 있으며, 필요시 APO를 통하여 APO 출신 국가와 신속한 의사소통을 할 수 있는 장점이 있다. 2013년 11월 현재 IMO에 근무하는 APO는 총 12명이며, 중국 및 터키 각

3명, 독일 및 한국 2명, 일본, 덴마크, 프랑스가 각각 1명이다.[45] 한국 APO 2명 중 1명은 해양수산부에서, 다른 1명은 해양경찰청에서 각각 파견되어 근무하고 있다.

1.4.4 우리나라 대응수준에 대한 평가

위에서 살펴본 바와 같이 의제문서의 제출 및 부가적 기여수준에서는 비교적 잘하고 있다고 평가할 수 있으나, 회의에 대한 대응수준에서는 우리나라의 해운 및 조선산업의 국제적 위상에 비하여 상당히 미흡한 것으로 평가될 수 있다. 따라서 우리의 경우 언어능력과 전문성에 절대적인 취약성이 있으므로 이를 보완하기 위한 제도적 장치마련이 시급하다고 하겠다.

2. 각국별 대응유형 비교

2.1 행정부처 주관의 현지 출장 대응(영국, 미국, 서유럽국가 등)

영국과 미국은 각각 해양경비대(MCA) 및 해안경비대(USCG)가 IMO의 모든 회의를 주관하고 있으며, 이들은 현지에 출장을 와서 회의에 참석한다. 서유럽 국가들도 이와 유사하게 주무부처를 중심으로 IMO 문제에 대응하고 있다. 이들은 통상 의제문서의 제출도 많고, 훈령에 대한 철저한 검토를 통하여 회의에서 토의를 주도하고 있다. 회의에는 고정적으로 참석하는 대표 1-2명을 두고, 여기에 회의 별로 학계나 민간의 전문가를 참석시켜 각각의 전문분야에서 활동하도록 하고 있다. 또 전문가들은 해당 회의에 매년 고정적으로 참석하므로 논의의 배경에 대한 충분한 이해는 물론 역시 매년 동일한 회의에 참석하는 다른 참석자와 친밀한 관계를 유지하고 있다. 서로 이름(first name)을 부를 정도의 친밀한 관계는 토론을 할 때 상호 지원을 통하여 훨씬 더 큰 목소리를 낼 수 있다.[46]

2.2 주재관 및 현지의 민간지원(일본)

우리나라와 같이 언어소통에 취약성을 가지고 있는 현지의 민간 인력을 적극적으로 활용하고 있다. 즉, 일본은 국토교통성에서 주영 일본대사관에 파견된 2명의 직원(법학전공 참사관 1명, 기술직 출신 일등서기관 1명)에 총 4명의 민간인력(일본조선연구협회 2명, 인본선주협회 1명, 일본해난방지협회 1명)이 함께 대응하고 있다. 기본적으로 일본은 본국에서 의제에 대한 충분한 검토가 이루어져 훈령이 만들어지며, 회의에는 업계, 연구소, 학계의 대규모 대표단이 참석하고 있다. 여기에 현지의 인력이 가세하여 현지 동향파악, 영문발언문의 준비 등의 업무를 행하고 있다. 특히 현지의 민간 인력은 회의종료 후 회의내용의 국내전파에도 중요한 역할을 하고 있다.

---

45) Staff complement for 2014 and 2015, Appendix 3 of the Draft Resolution, RESULTS-BASED BUDGET FOR THE 2014-2015 BIENNIUM, RESOURCE MANAGEMENT, A 28/19(c), 21 October 2013.

46) 다자회의에서 몇몇 국가가 토론을 선도하고, 일부 국가들이 이에 대해 계속 강력한 지지의사를 표명하면 반대의사 개진이 매우 어려워지게 된다.

일본은 어학 상의 어려움을 극복하기 위하여 계속 IMO 사무국에 2-3명의 APO를 파견하여 업무파악 및 어학훈련을 진행하고 있다. APO 근무 후 이들은 자국에 돌아가 IMO 관련 업무에서 중요한 역할을 하게 된다. 또 일부는 IMO 사무국에 채용되기도 하고, IMO 회의에 참석하여 실무작업반(working group)이나 통신작업반(correspondence group) 위원장의 역할을 담당하기도 한다.

2.3 주재관이 모든 대응(상기의 국가를 제외하고 주재관이 있는 거의 모든 국가)

행정부처에서 영국 대사관에 파견된 주재관이 거의 모든 회의에 참가하며 대응조치를 하는 국가로서, 러시아, 멕시코, 프랑스. 이태리, 필리핀, 가나, 라이베리아 등의 국가가 이에 해당된다. 국내에서 충분한 의제검토가 되지 않으므로 주재관 혼자 모든 것을 결정해야 한다. 주재관이 열정이 있을 경우 나름대로 목소리를 낼 수 있으나, 그렇지 않을 경우 존재감이 거의 없다.

2.4 외국인 용병을 이용한 대응(편의치적[47] 국가)

IMO 결정사항은 국제적인 선박등록산업에 매우 중요한 영향을 미치기 때문에 편의치적 국가들은 IMO 업무에 많은 관심을 가지고 있다. 특히 편의치적 국가 간에는 집단이익을 위한 협력관계와 선박등록 유치를 위한 경쟁관계의 이중 구조를 가지고 있어 의사결정이 간단하지 않다. 그러나 이에 대응할 인력이 없는 일부 편의치적 국가는 주로 은퇴한 영국의 선장출신 등을 자국의 대표로 임명하여 IMO 업무에 대응하고 있다. 편의치적 국가의 대표들은 본국의 특별한 지원이 없으므로 개인적인 경험과 판단에 따라 대응하고 있다.[48]

2.5 주재관이 없이 일부 회의참석(주재관이 없는 국가)

현지에 주재관이 없이 본국에서 간헐적으로 출장을 와서 회의에 참석하는 유형이다. 아시아 국가로는 태국, 베트남, 방글라데시 등이, 아프리카 국가의 대부분의 여기에 해당된다. IMO 회의는 상호 연계되어 있는데 부분적으로 참석하다 보니 전체적인 흐름을 파악하기도 어렵고, 의제에 대한 분석도 어려워 훈령 없이 참석하는 경우도 많다. 이런 체제에서는 전문지식을 축적할 수도 없고, 회의에 참석해도 존재감을 줄 수도 없다. 1980년대 이전 우리나라의 모습으로 볼 수 있을 것이다.

---

47) 편의치적(flag of convenience) 제도란 선주의 편의에 따라 선박의 국적을 자유롭게 변경할 수 있는 제도를 말한다. 과거 선박의 국적은 해당 국가의 보호를 받을 수 있다는 장점이 있었으나 현재의 해운시장은 거의 완전경쟁시장이기 때문에 전통적인 해운국가에 등록하여 고비용을 지불할 이유가 거의 없어졌다. 한편, 파나마, 라이베리아, 사이프러스, 바하마스 등 상당수의 편의치적 국가들은 저렴한 세금 및 느슨한 규제를 제시하여 외국 선박의 자국 등록을 유인하고 있다.

48) 예외적으로 사이프러스는 다른 편의치적 국가와 달리 자국의 전문 인력을 장기간 런던 현지에 주재시킴으로써 경험과 전문성이 축적되어 토의에서 상당한 영향력을 발휘하고 있다. 이러한 지식과 경험을 바탕으로 사이프러스 출신은 IMO의 해양환경보호위원회(MEPC) 위원장을 장기 재임하고 있으며, IMO 사무국의 주요 보직을 차지하고 있다. 국제사회에서 장기 재직의 중요성을 입증하는 좋은 사례라고 할 수 있을 것이다.

2.6 각국별 대응유형에 대한 평가

우리가 나아가야 할 가장 바람직한 모델은 전담부처 소속의 전문가가 활동하는 영국, 미국 등의 대응유형이라고 판단된다. 그러나 현실적으로 우리나라 사람의 언어소통 상 어려움을 감안할 때 일본의 대응유형은 우리에게 시사 하는 바가 많다고 할 것이다. 반면에 일본식의 대응방식은 현지 민간 지원인력의 체제비 등 많은 비용이 소요되는 단점이 있다. 따라서 우리는 이 두 가지 모델을 절충하여 우리의 대응역량 강화를 위한 최적의 방향을 찾아야 할 것으로 판단된다.

3. 우리나라 대응역량 강화방안

3.1 기본 방향

우리나라 해운·조선산업의 국제적 위상을 감안할 때 현재의 대응수준은 개선할 점이 많은 것이 사실이다. 특히 IMO 업무는 이를 담당하는 조직과 사람의 능력에 크게 좌우되는 점을 감안할 때 장기적인 차원에서 정부에 전담조직을 확충하는 한편, 전문 인력을 체계적으로 양성하고, 관리하여야 한다. 즉, 선발된 전문 인력은 가능한 한 동일 또는 유사한 보직에서 계속 근무할 수 있게 하고, 우리의 대응능력 강화를 위한 전문연구기관의 설립도 적극 검토할 수 있을 것이다. 또한 런던 현지에서 각종 정보의 수집 및 현장 대응을 위하여 IMO 대표부의 설립도 추진하여야 한다. 아울러 IMO 업무의 활성화를 위하여 (가칭) IMO 업무활동 지원법과 같은 특례법 제정도 적극 검토할 수 있을 것이다. 이 법에는 관련 국제협약의 신속한 수용방안, IMO 담당자에 대한 국가공무원법의 특례적용, 전문연구기관의 설립 및 지원 등에 관한 내용이 포함될 수 있을 것이다. 이와 같은 논의를 정리한 향후 우리나라의 IMO 업무 대응능력 강화원칙은 다음의 표3과 같다.

<표 3 : IMO 업무 대응능력 강화 원칙>

▣ 중장기적인 IMO 대응능력 강화방안 추진 – 전담조직의 신설 및 전문 연구기관 설립 – 분야별 전문 인력을 체계적으로 양성 및 관리 ⇒ 필요시 (가칭) IMO 업무활동지원법 제정 추진

3.2 세부 추진방안

3.2.1 해양수산부에 과 단위 IMO 전담조직의 부활

행정기관의 정책의지는 결국 조직과 여기에 소속된 사람을 통하여 구현될 수 있다. 따라서 정책에 우선순위를 두어 많은 자원이 투입되면 해당 분야에서 보다 많은 성과를 거둘 수 있다. IMO 업무의 경우 우리나라 해운·조선정책과 관련된 많은 의사결정을 내리고 있는 바, 이에 효율적인 대응을 위하여 정부의 각별한 관심은 필수적이며, 가장 우선적인 사항은 전담조직의 신설이라고 할 수 있다.

과거 해운항만청 및 국토해양부로 통합되기 전의 해양수산부에는 과장급이 책임자로 있는 국제해사과 또는 국제해사팀이 존재하였다. 그러나 해양수산부가 통폐합되면서 국제해사팀은 해사안전정책과와 통합되었으며, 2013년 2월 해양수산부가 부활되었어도 아직 과내 소단위 팀으로 존재하고 있다. 이와 같은 체제에서 국제해사팀은 정식 조직이 아니기 때문에 충분한 자원을 확보할 수 없고, 또한 정책의 우선순위에서도 밀리기 쉽다. 이에 해양수산부 부활을 맞이하여 종래와 같은 과 단위 전담조직의 부활이 시급하다고 하겠다. 해양의 속성 상 외부진출은 필수적이며, 국제해사과의 부활과 같은 대외활동의 강화는 해양수산부의 부활목적과도 부응할 수 있기 때문이다.

3.2.2 IMO 전문 연구기관의 설립

최근 행정은 종래에 비하여 점차 전문화, 복잡화 되어가고 있다. 따라서 정책을 수립하는 행정공무원이 개인차원에서 업무를 파악하여 스스로 결정내리기가 점점 어려워지고 있다. 이에 따라 행정부는 정책결정 시 도움을 받기 위하여 전문연구기관(think tank)을 속속 설립하고 있다. 해양수산부의 경우 해운에 관한 지원을 위한 해운산업연구원, 수산의 경우 아예 공무원 조직인 수산과학원 등이 있다. 그러나 IMO 업무에 관한 전문 연구기관은 아직 없는 실정이다.

IMO의 경우 국가가 당사국으로서 이행책임을 져야 하는 60여 개의 국제협약을 제정하였으며, 연간 3만여 쪽의 의제문서 등을 생산하고 있다. 우리나라가 이에 적절하게 대응하지 못할 경우 협약 미이행국가로서 국제적 이미지가 실추될 위험이 있으며, 우리나라 선주는 항만국통제 등을 통하여 선박운항에 큰 피해를 입을 수도 있다. 그럼에도 불구하고 관련 공무원이 개인적인 차원에서 막대한 양의 문서를 연구하고 대응전략을 마련하는 것은 현실적으로 거의 불가능한 상태에 있다. 이 같은 어려움을 극복할 수 있는 방안으로서 IMO 업무에 관한 민간 전문 연구기관의 설립은 필수적이다. 그 첫 단계로서 현재 비법인 형태로 활동 중인 한국해사센타(Korea Maritime Center: KMC)[49]를 법인화 하면서 이를 연구기관화 하는 것이 바람직하다.[50]

49) 한국해사센터(KMC)는 당초 런던에 파견된 IMO 파견관의 사무실 확보차원에서 해양수산부 및 관련 단체 공동으로 설립되었으며, 2007.11.21. 런던 현지에서 사무실을 개소하였다. 그러나 2013.11.초 현재까지 비법인 형태로 소식지 발간 등의 업무를 행하고 있다.

50) 우리나라에는 그 중요성에도 불구하고 해양안전문제에 대한 정책적 검토를 지원할 수 있는 국책연구기관이 부재한 실정이다. 특히 해양안전문제는 그 성격 상 민간이 수행하기 어려운 바, 국가의 정책적 개

KMC가 법인화 하면 여기에서 IMO 의제문서의 개발, IMO 동향의 전파 등 평소 미흡했던 분야에 대한 활동을 추진할 수 있게 될 것이다. 이후 여건이 성숙되면 선박안전기술공단의 해사안전센타 등 관련 조직을 통합하여 특수법인화 하는 방안도 적극 검토하여야 할 것이다.

3.2.3 IMO 전문 인력 양성 및 활용[51)]

IMO 전문 인력의 양성 및 활용에 있어 가장 핵심적인 사항은 동일한 보직에서 장기간 근무할 수 있는 여건을 마련해 주는 것이다. 외국의 경우 동일직위에서 장기근무는 기본적인 사항으로 인정되고 있다.[52)] 그러나 우리나라 공무원의 경우 순환보직제도에 따라 1년에서 1년 반 정도 근무하면 전보되어 업무의 연속성이 단절되고 있는 실정이다. 민간의 경우도 이 정도는 아니지만 역시 잦은 보직변경으로 전문성 축적이 어려운 실정에 있다.[53)] 또 사람의 변경은 그간 IMO 업무수행을 통하여 쌓았던 인적 관계(human network)를 모두 단절시킴으로써 IMO에서 위원장 등 임원으로서 책임 있는 직위에 보임될 수 없으며, 따라서 국제적 영향력도 키워나갈 수 없다.

이를 개선하려면 IMO 업무를 담당하는 정부 및 민간조직에서 해당 담당자에 대한 별도의 인사규칙을 만들어 최소한 3년 이상의 보임기간을 보장해 주어야 한다. 아울러 부득이 한 경우 보직 변경을 하더라도 가급적 관련 부서에서 근무하게 하고, 일정 기간이 지나면 다시 동일하거나 유사한 업무를 담당하게 할 수 있도록 하여야 한다. 이들은 동일보직에서 장기 근무하는 대신 인사상의 인센티브(incentive)를 부여하는 방법도 고려하여야 한다. 전문성을 가지고 있다는 것이 승진 등의 인사상 불이익으로 돌아와서는 아니 될 것이다.[54)] 이를 위하여 해양수산부에서는 훈령으로 IMO 업무 담당자에 대한 인사상의 특례를 규정하는 한편, 민간조직에게도 이를 적극 권장해야 한다. 장기적으로는 특례법을 제정하여 제도적으로 전문가를 양성 및 활용하는 방안이 바람직하다고 할 것이다.

3.2.4 IMO 대표부의 설립

주영대사관의 해양수산관은 IMO 업무 외에도 주재관의 고유 업무로서 대사관 내에 각종 행사에 참석해야 하는 한편, 업무 분장에 따라 영국대사관에 주재하지 않는 부처의 업무로 동시

입은 불가피하다고 하겠다. 참고로 일본은 독립행정법인 해상기술안전연구소(National Maritime Research Institute)가 IMO 업무 등 해양안전문제를 전문적으로 연구하고 있다.

51) 이 부분은 제1절의 “전문가의 지속적인 회의참석”과 일맥상통하는 내용이지만 원래의 내용을 살린다는 의미 및 그 중요성을 강조한다는 의미에서 약간의 중복이 있어도 이 글에 포함시켰다.

52) 일본의 요시오 사사무라 씨는 사망 전까지 IMO 관련 업무에 총 41년간 종사하였다고 한다.

53) 2010년 기준으로 IMO의 한 회의에 6년 동안 계속 참석한 특정의제 전문가는 극소수(3명)에 불과하다고 한다. 한국해사센터(KMC) 운영위원회, “한국해사센터 (KMC) 발전전략 수립을 위한 연구보고서,” 2011. 11., 124쪽.

54) 우리나라에서는 다양한 보직을 거친 사람이 인사에서 우대받는 것이 보편적이다. 이는 균형 잡힌 시각을 가진 관리자를 양성할 수 있는 장점이 있는 반면에 전문가가 양성되지 않는 단점이 있다. 그간 일반관리자(generalist)는 충분히 양성되었다고 보이는 바, 이제는 조직운영에 있어 양자를 모두 포용하는 인사정책의 도입이 시급한 실정에 있다.

에 담당해야 한다. 따라서 해당 분야에 대한 정기 및 부정기적 보고를 하여야 하며, 현지 출장자에 대한 지원업무도 행해야 한다. 이에 따라 해양수산관은 주영국대사관에서 가장 바쁜 외교관으로서 충실한 국제해사업무 대응을 기대하기는 상당히 어려운 실정에 있다. 물론 IMO 파견관이 현지에서 근무하기 때문에 IMO 업무에 관하여 일정 부분은 그의 지원을 받는다고 하여도 그는 정식 외교관 신분이 아니기 때문에 대외 교섭 및 대사관 내에서의 문서처리에 상당한 제한을 받고 있다.

이러한 어려움을 타개하기 위한 대책으로서 가장 바람직한 방안은 주영대사관과 별도로 IMO 대표부를 설립하여 IMO 업무를 독자적으로 처리하는 것이다. 중요한 국제기구에 대표부를 설립하는 것은 자연스럽고, 우리나라의 경우 UN대표부, OECD 대표부 등 총 5개의 독립된 대표부를 두고 있으며, 국제민간항공기구(ICAO) 대표부는 몬트리올 총영사관과 함께 두고 있다. 외국의 경우 러시아, 프랑스 등 많은 국가가 대사관과 별도로 IMO 대표부를 두고 있다. 따라서 우리나라도 IMO 업무를 전담할 IMO 대표부를 신설하여야 하며, 필요시 주영국대사관과 함께 통합하여 운영하는 방안도 검토할 수 있을 것이다. 대표부에는 대사의 휘하에 총 4명의 인원을 두고, 그중 2명은 기존의 해양수산관 및 IMO 파견관 정원을 활용할 수 있을 것이다. 과거 IMO 대표부가 거의 성사단계에서 좌절된 경우도 있는 바, 이는 그 당시에도 이미 IMO 업무의 중요성이 인정된 것이라고 해도 과언이 아니다.[55] 특히 IMO 대표부 설립은 해양수산부와 외교부 모두 상생(win-win)할 수 있는 사안인 바, 적극적인 검토가 필요하다고 할 것이다.

3.2.5 관련 특례법의 제정 추진

위에서 논의한 사항들은 대부분 정책결정자의 의지에 의하여 추진 가능하다. 그러나 우리나라의 경우 장·차관 등 고위직 인사의 재임기간이 짧으며, 실·국장의 잦은 인사이동으로 인하여 정책의 안정성이 매우 부족한 실정에 있다. 특히 장·차관의 경우 취임하면 인사발령이나 새로운 정책의 채택을 통하여 자신의 권한을 과시하고자 하는 성향이 강하다. 그 결과 전임자가 결정하였던 각종 정책들은 수시로 번복되거나 폐기될 가능성이 높다. 따라서 정책의 안정성 확보라는 차원에서 IMO 업무 대응을 위한 별도의 특례법 제정(또는 해사안전법 등 기존 법률에 필요한 일부 조항의 신설)은 매우 바람직하다고 할 것이다.

해당 특례법에 포함될 사항으로는 첫째, IMO 협약의 신속한 국내 수용을 위한 내용을 들 수 있다. 현재 우리나라는 아직도 많은 IMO 협약을 가입하지 않고 있다. 예컨대 공해상 개입에 관한 협약(INTERVENTION)[56]은 1969년에 채택되었으나 우리나라는 가입하지 않고 있으며, 언제 가입이 가능할지도 모르는 상태에 있다. 이러한 이유로는 여러 가지가 있을 수 있지만 가장 큰

55) 2003년 경 IMO 대표부의 설립이 최종 성사단계에서 마지막으로 주영대사관의 의견을 조회하였는데 당시 이태식 대사가 반대하여 좌절된 것으로 알려지고 있다. 주영대사관에서 해양수산관의 업무가 차지하는 비중이 워낙 높아 IMO 대표부가 만들어질 경우 주영대사관의 위상이 추락할지 모른다는 위기감이 반영되었다고 한다. 그러나 대승적인 차원에서 우리 부는 IMO 대표부 설립을 통하여 IMO 대응능력을 강화할 수 있고, 외교부는 자체 정원을 늘릴 수 있는 좋은 기회이므로 양 기관이 연합하여 다시 추진하는 것이 바람직할 것이다.

56) 이 협약은 공해상에서 대형 유조선의 오염이 계속될 경우 연안국이 해당 선박을 폭격하는 등 피해를 최소화하기 위한 법적 근거의 마련, 절차 등을 규정하고 있다. 자세한 내용은 제5장 제3절 3. 이하 참조.

이유는 이 협약의 주관부처가 불명확하기 때문이다. 특례법에서는 IMO 협약의 가입에 관한 주관부처를 해양수산부로 명시하고, 관련 부처가 모두 참석하는 실무협의회를 구성하여 가입에 필요한 정책적인 결정을 하도록 정할 수 있다.

둘째는 KMC를 법인화 하였을 경우 그 설립근거를 민법에서 이 특례법으로 변경하는 것이다. 이 때 선박안전기술공단의 해사안전센타 등의 유사조직을 통폐합할 수도 있을 것이다. 또 특례법에 적절한 규정을 둘 경우 전문연구기관은 필요시 국유재산을 무상으로 사용할 수 있으며, 각종 세제상의 혜택을 받을 수도 있을 것이다.

셋째는 관련 공무원 및 민간기관의 IMO 업무 담당자의 최소 보임기간을 3년 내지 5년으로 연장하는 것이다. 이 규정은 국가공무원법의 특례규정이 되어 우선적으로 적용되므로 해당 공무원들은 보다 더 오래 동일보직에서 근무할 수 있게 될 것이다. 민간기관의 경우 민간의 자율성을 인정하여 특례법에서는 장기간 근무할 수 있도록 훈시규정만을 두어도 소기의 목적은 달성될 수 있을 것이다. 굳이 법으로 강제화하지 않더라도 공무원부터 전문화를 위하여 시범을 보이는데 민간에서 이에 반하여 자주 순환보직을 하지 않을 것으로 예상되기 때문이다.

4. 결론

IMO는 각종 기술기준을 만들고 있고, 이러한 결정에 따라 모든 국가는 나름대로 영향을 받게 된다. 따라서 해운 선진국들은 이러한 결정과정에 적극 개입하여 자국의 이익을 극대화하는 한편 피해를 최소화하기 위하여 최선의 노력을 경주하고 있다. 이를 위하여 이들은 의제에 대한 철저한 분석과 대응전략을 마련하고 있으며, 다른 국가와 연합을 통하여 회의장에서 다수의 견(majority)을 형성하기 위하여 다양한 전술을 구사하고 있다. 또 이들은 최대한 우아하고 세련된 매너로서 회의를 주도하고 있다. 이에 따라 IMO 회의는 외교적 수사로 장식되어 매끄럽게 진행되고, 각국 대표들은 모두 신사로서 행동하고 있지만 실제 내막을 자세히 들여다보면 전문 "회의꾼들"이 치열한 전쟁을 치루고 있다고 해도 과언이 아니다. 이제 해운 선진국으로 발돋움하고 있는 우리나라로서는 우리의 국제회의 대응수준도 국제적 규범(norm)에 맞추어 이들 해운 선진국 수준으로 향상시켜 나가야 할 것이다.

IMO의 업무에 대하여 그간 우리나라는 계속적으로 아마추어적인 대응을 해왔다. 즉, 국제조약법과 IMO 회의에 대한 충분한 이해가 부족하였으며, 의제에 대한 철저한 연구가 부족하였다. 또 어학능력과 전문지식을 갖추지 못한 사람이 회의에 참석하였고, 그 사람은 다음 회의에서 다른 사람으로 교체되는 행동을 반복해 왔다. 이러한 관행은 이제 타파되어야 한다. 우리 해운산업 및 조선산업의 국제경쟁력을 유지하고, 우리의 국제적 위상을 제고시키려면 선진 해운국과 유사한 IMO 대응태세를 갖추어야 한다. 이를 위하여 저자는 여러 가지 방안을 위에서 제시하였으며, 그 핵심은 전문 인력 확보와 조직적 대응능력 배양이다. 그러나 이러한 방안들은 새로운 것이 아니며 그간 오랫동안 논의되어 왔다. 그럼에도 불구하고 아직 제대로 이루어지지 못하고 있는 것은 많은 장애요인 때문에 추진과정에서 좌초되었기 때문이다. 그러나 끊임없이 도전할 경우 길은 결국 열리게 되어 있다. 이에 관한 관계관들의 지속적인 관심과 추진을 기대해 본다.

제 II 장

국제조약법

제2장 국제조약법

제1절 국제법의 개념

1. 국제법의 정의

일반적으로 국제법(國際法, international law)은 국가와 국가 간의 관계를 규율하는 법으로 이해되고 있다. 여기에서 "규율"이란 해당 법이 당사자 사이를 기속(binding)한다는 의미인 바, 국제법은 국제관계에서 기속되는 것으로서 일반적으로 간주되고 승인된 일단의 규칙으로 정의될 수 있다.[57] 국제법은 흔히 "국가 간의 법(law among nations)"으로 표현되기도 하고, 국제법이 주로 공법을 다룬다는 의미에서 국제공법(國際公法, public international law)으로 표현되기도 한다.[58]

전통적으로 국가 이외의 존재(entity)는 국제법의 규율대상으로 인정되지 않았다. 그러나 국제연합(United Nations: UN)을 비롯한 많은 국제기구가 국제사회에서 많은 활약과 기여를 함은 물론 수많은 법률관계를 생성함에 따라 오늘 날에는 국제기구(정부간기구(International Governmental Organizations) 및 비정부간기구(Non-Governmental International Organizations))도 국제법의 당사자로서 인정되고 있다. 또 국제적으로 인권보장에 관한 관심이 높아짐에 따라 개인의 인권보호를 위하여 국제법원(international courts or tribunal)에서 피해자로서의 제소권 인정 등 개인의 당사자 적격이 점차 확대되고 있다. 또한 최근 체결되는 많은 자유무역협정(FTA) 및 양자투자보장협정(Bilateral Investment Treaty: BIT)에서 투자자-국가소송(Investor-State Dispute: ISD)[59]제도를 도입함으로써 개인(투자자)도 국가를 상대로 소송을 제기할 수 있게 되었다.

한국국제협력단(KOICA)의 국제법적 성격

한국국제협력단(KOICA)은 한국국제협력단법에 의해 설립된 특수법인으로서, 개도국의 빈곤감소 및 삶의 질 향상을 위하여 다양한 사업을 행하고 있다. KOICA는 정부차원의 대외무상협력사업을 위한 공적개발원조(Official Development Assistance: ODA) 자금의 집행기관으로서 프로젝트 사업, 국내초청연수, 해외봉사단 파견, 해외재난긴급구호, 국제기구를 통한 지원 사

57) International law is the set of rules generally regarded and accepted as binding in relations between states and nations. Wikipedia, http://en.wikipedia.org/wiki/International_law [2013.11.7.].

58) 국제사법(private international law, conflict of law)은 외국적 요소가 있는 법률관계에 관하여 국제재판 관할권에 대한 원칙과 준거법을 정한 법을 말한다. 두산백과, http://terms.naver.com/entry.nhn?cid=200000000&docId=1067219&mobile&categoryId=200000284 [2013.11.7.].

59) ISD는 외국에 투자한 투자자가 상대국가로부터 협정상의 의무나 투자계약을 어겨 손해를 입었을 경우 상대국 정부를 상대로 제3자의 민간 기구에 국제중재를 신청해 손해배상을 받을 수 있도록 하는 제도이다. 이를 통해 해외투자자는 부당한 현지의 정책이나, 법으로 인한 재산상의 피해를 실효적으로 보호받을 수 있다. 1966년 맺어진 '국가와 다른 국가의 국민 간 투자분쟁해결에 관한 협약(워싱턴협약)'에 의해 도입되기 시작했다. 네이버 지식백과, http://terms.naver.com/entry.nhn?docId=1381338&cid=200000000&categoryId=200002724 [2013.11.13.].

업 등을 행하고 있다. ODA 예산은 지속적으로 증가하고 있으며, 2013년에 2조원을 넘어섰고, 2014년에는 2조 3천억 원에 달할 전망이다.[60)]

KOICA는 2012년 4월 21일 영국 런던에서 IMO와 '동아시아 지역 선박온실가스 저감 역량 강화 사업'에 대한 협정서(Agreement)를 체결했다. 이 사업은 동아시아기후파트너십 국제기구 협력사업의 일환으로 IMO의 선박 온실가스 배출규제에 대한 개도국의 대응 역량 강화를 위해 추진되고 있다. 그러나 KOICA가 이러한 국제적 활동을 할 수 있는 권한을 갖추고 있는지는 의문이다. KOICA는 정부기관도 아니고, NGIO도 아니기 때문에 국제법의 규율대상으로 인정되기 어렵다. 실제 KOICA는 정부의 지원금을 받아 정부를 대행하여 사업을 진행하고 있다. 따라서 KOICA가 이러한 협정의 당사자로서 직접 서명하는 것 보다는 대사관의 담당관이 우리 정부를 대신하여 서명하는 것이 바람직하다. 대사관 관계관이 참석하지 못할 경우에는 KOICA가 협정에 서명하되, 서명 란에는 "정부를 대신하여(on behalf of the Republic of Korea)"를 추가시켜야 할 것이다.

한편, KOICA가 국제적으로 활동하려면 법적 근거가 명확해야 한다. 일부에서는 KOICA의 국제협력사업의 근거로서 "외국의 원조 관련 기관 및 국제기구와의 협력"(한국국제협력단법 제7조 제2호 나목)을 주장하기도 하나 이러한 종류의 규정은 다른 많은 공공기관의 업무에 일반적으로 포함되어 있는 규정이다. 현행의 한국국제협력단법은 KOICA 설립의 법적 근거로 보아 무방하다. 따라서 실질적으로 국가의 국제협력 업무를 대행하고 있는 KOICA로서는 국가를 대행한 ODA 사업 수행에 관한 명확한 수권규정이 필요하다고 할 것이다. 현재 민간기관에게 정부업무를 위탁하는 방법으로는 개별 법률에 근거를 두고 이를 대통령령에서 정하거나, 정부조직법에 근거를 둔 행정권한의 위임 및 위탁에 관한 규정에서 민간위탁에 관한 사항을 정하는 방법이 있다. 위탁기관은 민간위탁사무의 처리에 대하여 민간수탁기관을 지휘·감독하여야 한다(행정권한의 위임 및 위탁에 관한 규정 제14조 제1항). 현재 ODA 사업에 관한 구체적 법률이 없는 점을 감안할 때 외교부는 (가칭) 국제협력법을 제정하여 ODA 사업의 내용 및 절차 등을 정하는 한편, 여기에서 KOICA에 대한 민간위탁 근거를 마련하는 것이 바람직해 보인다.

2. 국내법의 정의

국내법(domestic law, municipal law)은 국제법과 대치되는 개념으로서 개별국가(sovereign state) 내부에서 규율되는 법이다. 특수한 경우를 제외하고 대부분의 이원론(dualist)[61)] 국가에서는 국제법이 국내에서 적용되려면 수용절차를 거쳐야 한다. 수용절차를 거쳐 국제법의 내용이 국내에 적합하도록 번역되고, 법집행(law enforcement) 기관이 지정되고, 위반자에 대한 처벌규정이 도입되게 된다. 따라서 국제법의 규정이 국내법으로 수용되었을 경우 그 국가에서 적용되는 규정은 국제법의 규정이 아니고 그 국제법이 수용된 해당 국가의 국내법이다. 다만, 조약에서 모든 국가의 국내법을 직접 규정하기는 현실적으로 불가능하므로 많은 조약은 조약규정의 국내법 수용, 집행 등 필요한 조치를 하도록 하는 당사국의 의무를 규정하고 있다.

한편, 세계 각국의 항구나 공항에서 외국 선박이나 항공기에 적용되는 출입국, 관세, 검역 관련 법령은 국제협약을 체결을 통하여 국제적으로 통일되어 있다. 국제협약은 통상 국제적 최소기준(international minimum standards)을 정하고 있다. 따라서 필요할 경우 각국은 국내법으로

60) 이투데이, 2013.11.12. http://www.etoday.co.kr/news/section/newsview.php?idxno=819836 [2013.11.15.].
61) 국제법과 국내법의 구분에 관하여 일원론(monism)은 양자 간 차이가 없이 동일한 법적 효력을 가진다는 것이며, 이원론(dualism)은 전자가 국내적 효력을 가지려면 국내법으로 수용 등 적절한 변형이 이루어져야 한다는 입장이다.

이를 초과하는 기준을 정하여 자국의 선박이나 항공기에 적용할 수도 있다. 이 경우 외국 선박이나 항공기에는 기준이 상대적으로 낮은 국제협약 기준이 적용되고, 국내 선박이나 항공기에는 상대적으로 높은 국내기준이 적용되게 된다. 다만, 선박이나 항공기 내부에서 발생하는 문제에 대하여는 해당 선박이나 항공기 소속국가의 법령이 적용된다.

제2절 조약법에 관한 비에나협약 (1969 Vienna Convention of the Law of Treaties)

1. 소개

종래 국제조약(international treaty)의 체결이나 조약규정의 해석은 국제관습법(customary international law)에 따라 규율되었다. 그러나 국제관습은 그 존재 자체를 확인하기 어려우며, 내용도 명확하지 않은 경우가 대부분이다. 이러한 문제점을 해결하기 위하여 국제관습법을 법전화(codification)하기 위한 노력은 1815년의 비에나 회의(Vienna Congress)[62]까지 거슬러 올라갈 수 있다. 당시 참가국들은 국제하천(international rivers), 노예제도 금지(prohibition of slavery), 국제관계(diplomatic relations) 등의 분야를 법전화할 필요가 있다고 주장하였다.[63] 이후 국제연합(United Nations: UN)이 설립한 국제법위원회(International Law Commission: ILC)[64]는 많은 국제관습법을 법전화 하여 조약으로 탄생시켰으며,[65] 조약법에 관한 비에나협약도 그 중의 하나이다.[66][67] 이 협약은1969년 5월 22일 채택되어, 1980년 1월 27일 국제적으로 발효되었으며, 2013년 11월 7일 현재 협약당사국은 우리나라를 포함하여 총 113개국이다.[68]

62) 오스트리아(Austria)의 수도인 빈(Wien)은 현지 공용어인 독일어에 의한 표기이며, 비에나(Vienna)는 영어식 표기이다. 그러나 우리 정부의 공식문서에서는 “조약법에 관한 비엔나협약” 라고 번역함으로써 다소 그 정체가 불명한 “비엔나”라는 표기를 사용하고 있다. 일반적으로 국제회의에서 영어사용이 우세한 바, 이 책에서는 “비엔나” 대신 “비에나”라는 영어식 표기를 사용하기로 한다.

63) Alina Kaczorowska, *Public International Law*, 4th ed.(Oxon, UK: Routledge, 2010), p. 70.

64) UN헌장 제13조(국제협력 증진 등을 위한 UN총회의 연구 및 권고)의 목적을 달성하기 위하여 UN총회는 1947.11.21. ILC규정(Statute of International Law Commission)을 결의서 174호(II)로 채택하였다. 이 규정에 따라 ILC는 UN총회에서 선출되는 총 34명(설립당시는 25명)으로 구성되며, 임기는 5년이다. 우리나라는 오랜 동안 ILC에 참여하지 못하다가 지정일 교수(한양대)가 처음으로 ILC 위원으로 당선되었으며(2002-06년), 박기갑 교수(고려대)가 두 번째로 ILC 위원이 되었다(2012-16년).

65) ILC가 법전화한 협약으로는 국가의 권리와 책임에 관한 1949년 선언(1949 Declaration of Rights and Duties of States), 1961년 영사관계에 관한 비에나협약(1961 Vienna Convention on Consular Relations), 해양법에 관한 각종 협약, 국가책임에 관한 규정초안(2001 Draft Articles of State Responsibility) 등이 있다. Alina Kaczorowska, *Ibid*., p. 72.

66) 오스트리아의 수도 비에나에서 체결되어 비에나협약이라고 불리는 협약은 그 수도 많고, 외교관계, 육상교통, 오존층 보호 등 다양한 분야를 다루고 있다. 이 책에서 별도로 언급하지 않고 비에나협약이라 함은 조약법에 관한 비에나협약을 말한다.

67) 여기에서 “Law of Treaties”는 “조약법”으로 번역하였으나 “Treaty Law"도 역시 동일하게 번역될 수 있다. 그러나 양자는 다소 차이가 있다. 즉, 전자는 어떻게 조약이 만들어지고 어떻게 조약의 체결과 관리절차가 통제될 것인가를 다루는 반면, 후자는 조약의 특정 문제, 즉, 조약이 해양법이나 추방수단에 대해 어떻게 규정하고 있는지를 다룬다. http://www.treatylaw.org/whatisatreaty.asp [2013.11.5.].

68) United Nations Treaty Collection,

비에나협약은 조약의 정의, 체결절차, 발효, 적용, 해석, 폐지 등 조약의 기본적인 특질을 규정하고 있는 바, 조약에 관한 조약(the treaty on treaties)이라고 불리기도 한다. 기본적으로 이 협약은 국가 간에 체결한 조약만을 적용대상으로 한다(비에나협약 제1조). 그러나 국제기구(international organization)의 설립문서가 되는 조약(constituent instrument), 국제기구 내부에서 국가 간에 체결한 조약에 대하여는 국제기구의 관계규칙을 침해하지 않으며(without prejudice to any relevant rules of the organization) 이 협약이 적용된다. 한편, 국가와 국제기구, 국제기구와 다른 국제기구 사이에 체결된 조약을 규율하기 위하여 1986년 국제기구와 국가 또는 국제기구 간의 조약법에 관한 비에나협약이 채택되었다.69) 그러나 이 협약은 국제관습법을 법전화(codification))하였고, 대부분의 문제는 비에나협약의 규정을 적용하여도 해결이 가능하기 때문에 각국의 관심이 적어 발효가 지연되고 있으며, 앞으로 당분간 발효될 전망도 없다.

2. 조약법의 기본원칙

비에나협약의 전문(preamble) 세 번째 문장에서는 다음 3가지의 원칙이 세계적으로(universally) 인정되고 있음을 규정하고 있다.

2.1 자유동의(free consent)의 원칙

자유동의의 원칙은 자유로운 상태에서 기속되기로 동의를 표시한 국가들 사이에만 조약이 적용된다는 원칙이다. 따라서 동의를 하지 아니한 제3국에 대하여는 조약에 따른 의무 또는 권리가 창설되지 않는다(비에나협약 제34조). 그러나 조약의 규정에 따라 체약국들이 의도하고(intend) 제3국이 이에 동의할 경우에는 제3국에게 의무 또는 권리가 생길 수 있다(동 협약 제35조 및 제36조).

조약에 대한 국가의 기속적 동의는 서명(signature), 조약을 구성하는 문서의 교환(exchange of instruments), 비준(ratification), 수락(acceptance), 승인(approval) 또는 가입(accession) 또는 합의된 기타의 방법으로 표시될 수 있다(동 협약 제11조). 기속적 동의는 일단 표시하면 계속 유효하지만 조약상의 착오(error),

다른 교섭국의 사기(fraud), 국가대표의 부패(corruption)가 있었던 경우에는 이를 이유로 더 이상 유효하지 않다고 원용할 수 있다(동 협약 제48조 내지 50조).

2.2 신의성실(good faith)의 원칙

국제법의 일반 원칙으로서 신의성실(good faith, 라틴어로는 *bona fide*)의 원칙은 국제법의 기반으로 인정되고 있다. 이 원칙에 따라 국가와 국가 이외의 당사자들은 조약, 관습법 등 그

---

http://treaties.un.org/Pages/ViewDetailsIII.aspx?&src=TREATY&mtdsg_no=XXIII~1&chapter=23&Temp=mtdsg3&lang=en [2013.11.7.].

69) 이 협약의 영문 명칭은 Vienna Convention on the Law of Treaties between States and International Organizations or between International Organizations 1986이다.

법원(source)에 관계없이 기속되는 국제적 의무를 성실히 이행하여야 한다. 이러한 신의성실의 원칙은 다른 협약에서도 많이 규정하고 있다.[70)]

다음에 설명하는 약속이행의 원칙은 약속의 이행에 주안점이 주어지는 반면에 신의성실의 원칙은 이행의 방법(즉, 성실하게)에 대하여 강조하고 있다. 또 약속이행의 원칙은 유효한 조약에만 적용되는데 반하여, 신의성실의 원칙은 유효한 조약은 물론 아직 비준하지 아니한 조약의 경우에도 적용된다. 즉, 국가는 기속적 동의를 표시한 경우 조약이 발효되기 전까지 조약의 대상과 목적을 저해하게 되는 행위를 삼가야 하는 의무를 진다(동 협약 제18조). 또 조약의 해석에 있어서도 이 원칙이 적용된다(동 협약 제31조 제1항).

2.3 약속이행(*pacta sunt servanda*)의 원칙

*pacta sunt servanda*는 로마법의 법언으로서 "합의는 지켜져야 한다(agreements must be kept)"는 의미로서 국가 간 약속의 구속성에 대하여 설명할 때 흔히 인용된다. 이 내용은 *pacta sunt servanda*라는 제명 하에 "유효한 모든 조약(every treaty in force)은 그 당사국을 구속하며 또한 당사국에 의하여 성실하게 이행되어야 한다"라고 규정되어 있다(비에나협약 제26조). 이 규정을 통하여 *pacta sunt servanda*와 신의성실의 원칙은 긴밀하게 연관되어 있음을 알 수 있다. 또 이 원칙은 "유효한 모든 조약"에 대하여 적용되므로 무효, 중단, 폐기된 조약에 대하여는 적용되지 않는다.

조약은 이행되어야 하므로 당사국은 자국 국내법을 이유로 조약을 이행할 수 없다고 원용할 수 없다(동 협약 제27조). 따라서 조약의 이행을 위한 국내법 정비가 필요할 경우 교섭국(negotiating state)은 조약이 발효되기 전까지 필요한 입법 작업을 마쳐야 한다. 만일 이러한 작업을 소홀히 할 경우 해당 국가는 협약의무 위반이 될 수 있으며 경우에 따라서는 이로 인한 국가배상의 책임문제가 발생할 수 있다. 조약 당사국의 조약의무 위반이 중대할(material) 경우 다른 조약 당사국은 이를 근거로 조약의 전부 또는 일부에 대하여 폐기 또는 정지를 원용할 수 있다(동 협약 제60조).

3. 비에나협약의 주요 개념

비에나협약에서는 협약의 주요 개념에 대한 정의를 하고 있는 바, 그중 중요한 개념은 다음과 같다. 특히 비에나협약은 이러한 협약 상의 개념정의가 "어느 국가의 국내법상 그러한 용어의 사용 또는 그러한 용어에 부여될 수 있는 의미를 침해하지 아니 한다(without prejudice)"고 규정함으로써(제2조 제2항) 혹시 있을지 모르는 국내법과의 충돌을 예방하고 있다. 아울러 양해각서와 행정협정은 비에나협약에 등장하지 않는 개념이나 실무적으로 아주 많이 활용되고 있는 바, 그 중요성을 감안하여 설명을 추가하였다.

---

70) 이러한 예로는 UN헌장(제2조 제2항), 우호관계선언(제7원칙), UN해양법협약(제300조) 등을 들 수 있다. 김대순, 「국제법론」, 제12판, (서울: 삼영사, 2007), 287쪽.

without prejudice (to)
prejudice는 통상 명사로는 "편견," 동사로는 "편견을 갖게 하다," "악영향을 미치다"는 말로 번역된다. 국제조약 조문 등에 많이 등장하는 이 용어는 통상 "~을 침해하지 않고," "~에 불이익이 되지 않게"라는 뜻으로 해석된다. 새로운 조약이 채택되면 관련된 이해당사자 간의 법률관계가 변화되기 때문에 큰 법적 혼란이 발생할 수 있다. 이러한 문제를 예방하기 위하여 새로운 법의 도입에도 불구하고 기존의 법질서는 현행대로 유지된다(Law without dismissing or detracting from an existing right or claim)는 의미에서 이 용어가 흔히 사용된다. 따라서 "(기존의 권리관계를) 변화시키거나 손상을 주지 않고"라고 해석하는 것이 가장 타당할 것으로 판단된다.

3.1 조약(treaty)

조약이란 한 개 또는 2개 이상의 문서로 되어 있으며 그 명칭이 무엇이든지 간에 국가 간에 서면(in writing)으로 체결되고 국제법의 규율을 받는 국제적 합의를 의미한다(비에나협약 2조 제1항 (a)). 따라서 국가와 국제기구 또는 국제기구 간의 국제적 합의(international agreements) 및 서면으로 이루어지지 아니한 국제적 합의는 이 협약의 적용대상이 아니다. 또 정부간에 체결되더라도 특정 국가의 국내법에 따라 운영되는 구매(purchase)와 리스(lease)와 같은 상업적 계약(commercial arrangement)에도 역시 적용되지 않는다.[71] 그러나 이러한 사실이 그러한 합의의 법적 효력, 국제관습법에 따른 적용 등에 영향을 미치는 않는다(동 협약 제3조).

조약을 표현하는 용어에는 여러 가지가 있다. 가장 일반적으로는 주로 양자 간 합의에 사용되는 조약(treaty)과 다자간 합의에 사용되는 협약(convention)이 있다. 이외에도 협정(agreement, accord), 규약(covenant), 의정서(protocol), 교환각서(exchange of notes), 교환서한(exchange of letters), 헌장(charter), 선언(declaration) 등이 있으며, 이러한 용어는 거의 40개에 달한다고 한다.[72] 다음 표4는 주로 사용되는 조약의 명칭 및 사용사례를 정리한 것이다.

〈표4: 조약의 주요 명칭 및 사용사례〉

조약 (Treaty)	◦ 가장 격식을 따지는 것으로서 정치적·외교적 기본관계나 지위에 관한 실질적인 합의를 기록 예) 한·러시아 기본관계에 관한 조약(1993), 한·인도 범죄인 인도조약(2005)
규약(Covenant) 헌장(Charter) 규정(Statute)	◦ 주로 국제기구를 구성하거나 특정제도를 규율하는 국제적 합의에 사용 예) 국제연맹 규약, UN헌장, 국제사법재판소(ICJ) 규정 등
협정 (Agreement)	◦ 비정치적인 전문적, 기술적인 주제를 다루는 경우 예) 한·호주 자원협력협정(2005)
협약 (Convention)	◦ 양자조약에서 특정분야·기술적 사항에 관한 입법적 성격의 합의에 사용 예) 한·요르단 이중과세방지협약(2005) ◦ 국제기구 주관 하에 개최되는 국제회의 또는 외교회의에서 체결하는 다자조약에 사용 예) 담배규제기본협약(2005)

71) Ian Brownlie, Principles of Public International Law, 7th ed., (Oxford: Oxford University Press, 2008), p. 609.

72) D.P. Myers, "The Names and Scope of Treaties," *American Journal of International Law 51*(1957): *574*–605를 Richard Gardiner, *Treaty Interpretation*(Oxford: Oxford University Press, 2008), p. 20에서 재인용.

의정서 (Protocol)	◦ 기본적인 문서에 대한 개정 또는 보충적인 성격을 띠는 조약에 사용 예) 한·루마니아 경제과학기술협정 개정의정서(2005) 제네바 제협약에 대한 추가 및 국제적 무력충돌의 희생자 보호에 관한 의정서 (1949)
교환각서 (Exchange of Notes)	◦ 조약의 서명절차를 체결주체 간의 각서교환으로 간소화함으로써 기술적 성격의 합의에 있어 폭주하는 행정수요에 부응하기 위해 사용 예) 한·칠레 사증면제 교환각서(2004)
양해각서 (Memorandum of Understanding)	◦ 이미 합의된 사항 또는 조약 본문에 사용된 용어의 개념을 명확히 하기 위해 당사자 간 외교교섭의 결과 상호 양해된 사항을 확인·기록하는 경우에 사용 ◦ 최근에는 독자적인 전문적·기술적 내용의 합의에도 많이 사용 예) WTO DDA 국제신탁기금 출연에 관한 한-WTO 양해각서(2005)

출처: 외교통상부, 「알기 쉬운 조약 업무」, 서울, 2006. 3., 18쪽.

3.2 비준(ratification)·수락(acceptance)·승인(approval)·가입(accession)

비준, 수락, 승인 및 가입은 각각의 경우 국제적 측면에서 국가가 조약에 기속되겠다는 동의를 입증(establish)하는 국제적 행위를 의미한다(동 협약 제2조 제1항 (b)). 이러한 행위의 용어와 절차는 다소 상이하지만 이러한 행위로 인한 법률적 효과는 동일하다. 따라서 기속적 동의에 있어 어떠한 방법을 사용할 지의 여부는 각국의 의사에 달려있다.

3.3 전권위임장(full powers)

전권위임장은 조약문의 교섭(negotiating)·채택(adopting) 또는 정본인증(authenticating)하거나, 조약에 대한 국가의 기속적 동의(consent to be bound by the treaty)를 표시하거나, 또는 조약에 관한 기타의 행위를 달성하기 위하여 권한 있는 당국(competent authority)이 국가의 대표로 지정하는 문서를 말한다(동 협약 제2조 제1항 (c)). 전권위임장의 양식은 국가마다 다른 수 있지만 그 내용 중에는 전권을 위임받은 자의 성명, 권한의 범위, 관련 조약의 명칭, 교부자의 서명, 서명한 날짜 및 장소가 명시되어야 한다. 전권위임장에 명시되지 아니한 자는 누구도 전권을 행사할 수 없으므로, 유사시를 대비하여 전권위임장에 2인 이상을 지명하는 것이 안전하다.[73] 전권위임장은 회의 개최 전 사무국에 원본을 제출하는 것이 원칙이지만, 이후 즉시 원본 제출을 조건으로 스캔 본(scanned copy)을 이메일의 첨부물로 제출해도 인정되고 있다.[74]

전권위임장은 국제회의(international conference) 참가를 위하여 개최국 정부 또는 국제기구에 제출하는 신임장(credentials)과 그 성격에 다소 차이가 있다. 전권위임장은 비에나협약에 따라 권한 있는 당국이 교부하지만, 신임장은 국제회의 의사진행규칙에 따라 국가원수, 정부수반, 외교부장관[75] 또는 이들의 위임을 받은 자가 교부한다.[76] 또 전권대표(plenipotentiary)는 상기의 모든 조약업무를 행할 수 있는 반면, 신임장에 의한 대표(representatives)는 조약문의 채택

73) Anthony Aust, *Modern Treaty Law and Practice*, 2nd ed., (Cambridge: Cambridge University Press, 2007), p. 81.
74) *Ibid*., p. 82.
75) 외교가에서는 국가원수, 정부수반, 외교부장관 3인을 통상 "Big 3"라고 부른다.
76) 조약문제에 관하여 권한 있는 당국은 국가의 최고위층이므로 결국 Big 3와 거의 동일한 결과가 발생한다.

및 최종의정서(final act)에 대한 서명으로 행위가 제한된다. 필요할 경우 전권위임장과 신임장을 통합하여 하나의 문서로 교부할 수도 있다.[77)]

3.4 유보(reservation)

유보란 자구(phrased) 또는 명칭(named)에 관계없이 국가가 조약에 대한 서명·비준·수락·승인 또는 가입 시 조약을 자국에 적용함에 있어 일부 규정의 법적효과를 배제하거나 또는 수정하고자 의도하는 경우 그 국가가 행하는 일방적 성명(unilateral statement)을 의미한다(동 협약 제2조 제1항 (d)). 일반적으로는 "유보(reservation)," "선언(declaration)," "양해(understanding)," "해석선언(interpretative declaration)," "해석성명(interpretative statement)" 등이 사용된다. 그러나 자구나 명칭에 관계없이 그 성명이 조약규정에 관하여 법적효과를 배제하거나 수정할 경우는 사실상 유보에 해당된다. 유보제도로 인하여 조약에 가입할 의사가 없거나 가입할 수 없는 국가도 당사국이 될 수 있다.[78)]

3.5 양해각서(memorandum of understanding: MOU)

MOU는 국제법 당사자가 양자 간 또는 다자 간 협의를 통하여 합의(agreement)된 내용이 기재한 문서를 말한다. MOU는 제2차 세계대전 이후 이태리와의 평화조약(Treaty of Peace)과 관련하여 처음 사용되었는바,[79)] 비에나협약에는 이에 관한 규정이 포함되어 있지 않다. MOU는 통상 국제간의 합의(조약 등)를 바탕으로 실무적, 기술적인 내용을 정하는 데 사용된다. MOU는 비밀보장이 용이하고, 제·개정이 용이하기 때문에 국방, 무역, 지원, 운송, 외교 등 거의 모든 분야에서 사용되고 있다.

그러나 MOU라는 명칭만으로는 그 법적 성격을 판단하기 어렵다. MOU라는 명칭을 사용한다고 하더라도 그 내용 상 법적으로 합의 당사국을 기속할 경우에는 조약으로 해석될 수 있기 때문이다.[80)] 따라서 많은 국가들은 조약에 해당된다고 판단할 경우 UN헌장 제102조의 규정에 따라 해당 MOU를 UN에 통보하여 조약으로 등록하고 있다. 실제 UN 조약과(Treaty Section)는 통보된 모든 MOU에 대하여 실제 조약으로서의 성격을 가지고 있는지에 대하여 상세한 검토를 행하고 있다.

3.6 행정협정(Executive Agreements)

행정협정은 미국만의 독특한 제도로서 행정부가 다른 국가와 체결하는 국제적 합의이다. 미국의 헌법상 행정부가 체결하는 조약을 비준하려면 상원의 동의(advice and consent)를 받아야

77) Anthony Aust, *Ibid.*, p. 76.
78) United Nations, *Treaty Handbook*, 2012, p. 12.
79) Anthony Aust, *Ibid.*, pp. 25-6.
80) MOU 이외에도 당사국 간 합의에 사용되는 모든 용어는 제명보다는 그 내용이 조약여부를 판단하는 기준이 된다. 따라서 해당 합의에 따라 권리와 의무가 발생하고 당사국이 이에 기속될 경우에는 제명에 관계없이 조약으로 보아야 한다.

한다(제2조 제2항 제2호). 그러나 미국에서 행정협정은 그 내용 상 국가를 법적으로 기속한다고 하더라도 대통령이 체결하고 상원에 그 내용을 통보하는 것이 관례로 정착되었다. 따라서 미국은 행정협정이라는 이름으로 행정부 단독으로 외국과 조약을 체결할 수 있다. 대표적인 행정협정으로는 주둔군 지위에 관한 협정(status of the forces agreement: SOFA)을 들 수 있다. 그러나 미국과 행정협정을 체결한 국가는 자국의 헌법에 따라 해당 행정협정에 대한 의회의 비준여부를 결정해야 한다.[81]

현존하는 가장 오래된 조약은?

기원전 1259년 경 이집트의 파라오 람세스 2세(Ramesses II)와 히타이트의 왕 하쯔실리 3세(Hattusili III) 사이에 체결된 이집트-히타이트 간 평화조약(The Egyptian-Hittite Peace Treaty)은 현존하는 가장 오래된 조약이다(기록상 가장 오래된 조약은 기원 전 2550년 경 메실림조약(The Treaty of Mesilim)으로 알려져 있다).[82]

이 조약은 기원전 1274년에 양국 간에 발생한 카데시 전투(Battle of Kadesh) 이후 양 당사국 간 평화적 관계를 설립하기 위한 목적으로 체결되었다. 조약의 구체적인 내용은 양국이 상호 평화를 유지하며, 한 당사국이 다른 나라로부터 공격을 받을 경우 지원을 한다는 것이다. 당초 이 조약의 내용은 은판(silver tablet)에 새겨져 히타이트의 외교관이 람세스 2세에게 전달하는 형식으로 체결되었으나 이후 은판은 분실되었다. 그러나 분실 전 이 은판에 의거하여 그 내용이 이집트 사원의 벽에 새겨졌으며, 히타이트의 유적지(현재는 터키)에서도 동일한 내용이 점토판에 새겨진 형태로 발굴되었다.

출처: Wikipedia, http://en.wikipedia.org/wiki/Ramses-Hattusili_Treaty#cite_ref-2[2013.11.7.]

4. 비에나협약의 적용범위

4.1 일반적인 적용범위

비에나협약은 모든 조약에 대하여 적용되는 것이 아니고 국가 간의 조약(treaties between states)에 대하여만 적용된다(제1조). 이 경우 "조약"은 위에서 정의한 바와 같이 문서로 되어 있으며 그 명칭이 무엇이든지 간에 국가 간에 서면(in writing)으로 체결되고 국제법의 규율을 받는 국제적 합의를 의미한다(비에나협약 2조 제1항 (a)). 또 여기에서 "국가(state)"가 무엇인지에 대하여 비에나협약은 별도로 정의하지 않고 있다. 따라서 국가는 일반적인 국가의 개념에 따라 "국민, 영토, 주권을 보유하고 독립적으로 정치적 의사를 형성할 수 있는 단체"로 해석될 수 있을 것이다. 한편, 옥스퍼드영어사전(Oxford English Dictionary)에서 국가(state)는 "1개의 정부 아래 조직된 정치적 공동체로 간주되는 국가나 영토(a nation or territory considered as an organized political community under one government)"로 정의하고 있다.[83] 이러한 국가와 국가 간의 법적 관계는 조약을 통하여 구체화되는 바, 여기에서 국가라 함은 다른 국가와 조약

81) 우리나라와 미국은 1966.7.9. "대한민국과 아메리카합중국간의 상호방위조약 제4조에 의한 시설과 구역 및 대한민국에서의 합중국 군대의 지위에 관한 협정(SOFA)"을 체결하였으며, 우리나라는 1966.10.14. 제58회 정기국회의 비준동의를 받았다.

82) http://www.duhaime.org/LawMuseum/LawArticle-1313/2550-BC--The-Treaty-of-Mesilim.aspx [2013.11.7.].

83) http://oxforddictionaries.com/definition/english/state?q=state[2013.4.29.].

을 체결할 능력을 보유한 국가로 해석될 수 있을 것이다(비에나협약 제6조: 조약을 체결할 국가의 능력).

비에나협약은 국가(states) 간의 조약에만 적용되므로 국가와 국제기구, 국제기구 상호 간의 조약에는 적용되지 아니한다. 물론 당초 1962년의 초안에서는 국제기구가 관련된 조약도 적용대상으로 포함한 바 있다. 그러나 국제기구가 체결한 조약에는 특별한 성격을 가진 조항이 많이 포함되어 있어 조약제정 작업이 복잡해지고 지연되는 것을 우려하여 해당 내용이 삭제되었다.[84] 국가와 국제기구, 국제기구와 국제기구 간의 조약을 규율하기 위하여 「국가와 국제기구 간 또는 국제기구 상호간의 조약법에 관한 비에나협약(Vienna Convention on the Law of Treaties between States and International Organizations or between International Organizations 1986)」이 체결되었으나 현재 미발효 상태에 있다.

4.2 비에나협약과 다른 국제적 합의와의 관계

원칙적으로 비에나협약에서 정한 조약의 정의(제2조 제1항 (a))에 해당되지 않는 ①구두합의(oral agreements), ②국가와 국제법의 다른 주체(other subjects of international law: 즉 국제기구) 간의 합의, ③국제법의 다른 주체 간의 합의는 비에나협약이 적용되지 않는다. 그러나 이러한 국제적 합의는 현재도 존재하고 있으며, 체결을 금지할 수 있는 규정도 없다. 따라서 이러한 국제적 합의와 비에나협약 간의 관계를 명확히 정립하기 위하여 비에나협약은 이러한 국제적 합의에 적용되지 않는다는 사실이 다음 세 가지 사항에 대하여 영향을 미치지 않는다고 규정하고 있다(제3조). 따라서 비에나협약이 적용되지 않는다고 하더라도 법적 효력에는 변화가 없고, 이러한 합의에 비에나협약의 규칙을 적용할 수도 있다.

① 이러한 합의의 법적 효력(legal force)
② 이 협약과 별도로 국제법에 따라 비에나협약 규칙을 적용하는 일
③ 국제기구가 당사자인 국제적 합의에 따라 비에나협약을 국가 간의 관계에 적용하는 일

4.3 비에나협약의 불소급(Non-retroactivity of the present Convention)

국제법에 따라 독립적으로 조약이 따라야 하는 이 협약에 규정된 규칙의 적용을 침해하지 않고(Without prejudice to the application of any rules set forth in the present Convention to which treaties would be subject under international law independently of the Convention), 이 협약은 이 협약 발효 후 국가에 의하여 체결되는 조약에 대해서만 해당 국가에 대하여 적용된다(비에나협약 제4조). 즉, 비에나협약은 이 협약이 발효한 이후 국가가 체결한 조약에 대하여 적용되며, 발효 이전의 조약에 대하여는 소급하여 적용할 수 없다. 다만, 이 경우에도 독립적으로 다른 조약에서 국제법에 따라 이 협약을 적용하기로 하였다면 이를 침해할 수 없다. 따라서 국제관습법을 반영하는 비에나협약의 규정은 이 협약의 발효 전에 체결된 조약 또는 비에나협

84) United Nations, *Yearbook of the International Law Commission*, 1966, Vol. II, p. 187.

약 발효 후에 체결되었더라도 해당 조약의 당사국에게 비에나협약이 아직 발효하지 아니한 경우의 조약에 대하여 적용된다.[85] 이러한 경우 해당 조약들은 이 협약의 발효에 앞서 체결되었고, 이후 이 협약이 발효되었다 하더라도 국제관습법을 반영하는 이 규칙의 적용을 침해할 수 없기 때문이다.

4.4 비에나협약과 국제관습(international custom)의 관계

국제관습은 국제법의 법원(sources of law) 중의 하나로서, "법으로 인정되는 일반관행의 증거(evidence of general practice accepted as law)"로 정의된다(국제사법재판소(ICJ)규정 제38조 제1항 (b)). 즉, 이 요건은 ①일반관행의 증거(evidence of general practice)라는 객관적 요소와 ②법으로 인정되어야 하는(accepted as law) 주관적요소로 구성되어 있다. 객관적 요건으로서 관행은 통일성(uniformity)과 일관성(consistency)을 유지해야 하며, 주관적 요건으로서 국가가 특별한 경우에 법적으로 기속된다고 판단하여 행동하는 확신이 있어야 한다. 이와 같은 주관적 확신을 법적 확신(*opinio juris*)이라고 한다. 이와 같은 두 조건을 충족할 경우 국제관습은 마치 조약과 같이 국가 간의 관계에서 강행적 효력을 가지게 된다.

> **법적 확신(*opinio juris*)**
>
> *opinio juris*(an opinion of law)는 라틴어인 *opinio juris sive necessitatis*(an opinion of law or necessity)를 줄인 말로서, 특정한 행위가 법적 의무인 것으로 믿는 의견 또는 확신을 말한다. *opinio juris*는 법원(source of law)으로서 관습의 주관적 요소이다. 다른 요소로는 국가의 관행(state practice)이 있으며, 이는 보다 객관적으로 인식하기 쉽다. 국가의 관행으로 인정되려면 행위가 일관적이며(consistent) 일반적인 국제관행(general international practice)이 되어야 한다.
>
> *opinio juris*가 국가적 관행으로 적용될 수 있는 분야로는 자위권(self-defense)이 있다. 일반적으로 무력의 사용은 제한되지만 공격자(attacker)에게 반격하기 위한 무력의 사용은 일정한 제한 하에 인정되고 있다. 국제적으로 *opinio juris*가 거의 모든 국가의 관행으로 일관될 경우 국제관습법(customary international law)이 탄생할 수 있다. 예컨대 외국의 외교관을 기소하게 되면 해당 국가의 반발이 일어날 것이라는 것을 기대할 수 있다. 이와 같은 경우 국제법적으로 외교관의 면책(diplomatic immunity)이라는 *opinio juris*가 존재한다고 할 수 있다. 그러나 opinio juris는 국가적 행위를 행하는 자의 심리적, 주관적 판단이므로 이를 입증하기가 쉽지 않아 국제법계에서는 이에 대한 많은 논란이 일고 있다.
>
> 출처: Wikipedia, http://en.wikipedia.org/wiki/Opinio_juris_sive_necessitatis [2013.12.16.].

비에나협약은 조약에 관한 국제관습을 법전화(codification)한 조약으로서 조약에 관한 모든 문제를 비에나협약에 포함시킬 수 없는 한계를 안고 있었다. 따라서 비에나협약의 전문(preamble)에서는 이 협약의 규정으로 규율할 수 없는 문제에 대하여는 국제관습법이 계속 적용된다는 점을 인정하였다(8번째 문장). 한편, 비에나협약에서는 조약 불소급을 규정(제4조)하

85) Anthony Aust, *Ibid.*, p. 10.

고 있기 때문에 비에나협약 발효 전에 체결된 조약에 대하여는 이 협약이 적용될 수 없다. 그러나 만일 이 협약의 규정이 기존의 국제관습을 법전화 하였다면 해당 규정은 이 협약의 발효 여부에 관계없이 적용할 수 있게 된다. 따라서 비에나협약의 특정규정이 관습법을 법전화한 것인지 아닌지는 매우 중요한 요소가 될 수 있다. 이와 관련, 국제법원은 이에 관하여 상당수의 판결을 하였으나 비에나협약의 규정이 국제관습을 반영하지 않았다고 판결한 사례는 없다.[86] 또 비에나협약이 체결된 후 상당한 시간이 흘러 비에나협약의 모든 규정은 이미 국제관습으로의 지위를 차지하였기 때문에 이러한 논란은 그 의미가 거의 없어졌다.[87]

4.5 국제기구를 설립시키는 조약 및 국제기구 내에서 채택되는 조약(Treaties constituting international organizations and treaties adopted within the international organization)

국제기구의 관계규칙(relevant rules)을 침해하지 않고 이 협약은 국제기구의 설립문서(constituent instrument)인 모든 조약(any treaty)과 국제기구 내에서 채택되는 모든 조약에 적용된다(비에나협약 제5조). 여기에서 국제기구의 설립문서라 함은 UN을 설립하는 UN헌장, 세계무역기구를 설립하는 협정(Agreement Establishing the World Trade Organization), 국제해사기구(IMO)를 설립하는 IMO협약 등을 말한다. 또 이 협약이 국제기구의 관계규칙을 침해하지 않도록 한 이유는 국제기구의 성격에 따라 조약의 체결 및 개정절차, 유보의 불인정 등 독특한 조약관련 규정이 있을 수 있기 때문이다.

역사적으로 가장 오래된 국제기구는?

현존하는 가장 오래된 국제기구는 라인강항해중앙위원회(The Central Commission for Navigation on the Rhine: CCNR)이다. CCNR의 기능은 라인 강의 항해와 환경을 보호함으로써 유럽국가의 경제적 번영을 촉진하는 것이다. CCNR의 법적 권한은 나폴레옹 전쟁 이후 1915년 비에나회의(Congress of Vienna)에서 채택된 협약에 기반하고 있다. 최초의 회의는 1816.8.15. 독일의 마인쯔(Mainz)에서 개최되었다. 1831년에는 마인쯔협약(the Convention of Mainz)이 채택되어 라인강 항해에 관한 많은 규칙들이 정해졌다. 1861년에는 CCNR의 본부는 독일의 만하임(Mannheim)으로, 1920년에는 프랑스의 스트라스부르그(Strasbourg)로 각각 이전하였다. 현재 CCNR의 회원국은 독일, 벨기에, 프랑스, 네덜란드, 스위스의 5개국이다.[88]

CCNR의 항해규정에 따라 오늘날 라인강을 항해하는 선박들은 항해사가 후방을 볼 수 있도록 선교(Bridge: 선박의 조종실) 좌우에 커다란 거울을 달고 있다(Article 7.02.3, Rhine Vessels Inspection Regulations).

86) *Ibid.*, p. 13.

87) *Ibid.*

88) Wikipedia, http://en.wikipedia.org/wiki/Central_Commission_for_Navigation_on_the_Rhine [2013.11.7.].

제3절 조약의 체결

1. 협상(negotiation)

1.1 국가의 조약체결 능력

조약의 체결을 위한 첫 번째 단계는 국가 간의 협상으로부터 시작된다. 따라서 협상에 참가하려면 해당 국가가 조약을 체결할 능력을 가지고 있어야 하는 바, 비에나협약은 모든 국가(every State)가 조약을 체결할 능력(capacity)을 가진다고 규정하고 있다(제6조). 여기에서 국가(State)는 독립된 주권국가(independent sovereign State)를 의미하는 바, 주권이 없는 해외영토(overseas territories)는 포함되지 않는다. 그러나 실무적으로 특정 국가가 조약을 체결할 능력을 가진 독립된 주권국가인지 여부를 판단하기는 쉽지 않다. 통상 UN의 회원국일 경우 국가로서 인정할 수 있으나 그렇지 않을 경우 세밀한 검토가 필요하다.

> **작은 국가의 조약체결 능력**
>
> 쿡제도(Cook Islands, 2006년 인구 약 20,000)와 니우에(Niue, 2009년 인구 1,400)는 UN의 회원국이나 옵서버국가도 아니면서 UN을 비롯한 많은 국가에서 국가로서 인정되고 있으며, UNESCO, FAO, IMO의 정회원이다. 또 바티칸시(Vatican City)도 그 크기는 작지만 국가로 인정되고 있으며 많은 국제조약의 당사국이다. 대만(Taiwan)의 경우 세계무역기구(WTO), APEC 등 일부 조약의 당사국 지위를 가지고 있다. 팔레스타인(Palestine)은 2012.11.29 UN 총회에서 종래의 옵서버 개체(observer entity)에서 비회원국 옵서버국가(Non-member Observer State)로 지위가 격상됨으로써 묵시적으로 국가로서의 지위가 승인되었다. 한편, 북사이프러스(Turkish Republic of Northern Cyprus)는 세계에서 유일하게 터키만이 국가로 승인하고 있다.

1.2 전권위임장(full powers)

조약의 확정을 위한 협상은 국가로부터 위임을 받은 대표(delegation, representatives)에 의하여 진행된다. 우리나라는 "정부대표"라는 용어를 사용하며, 그 의미는 정부를 대표하여 외국정부 또는 국제기구와 교섭하거나 국제회의에 참석하거나 조약에 서명 또는 머리글자 서명(initialing)[89]하는 권한을 가진 사람을 말한다(정부대표 및 특별사절의 임명과 권한에 관한 법률 제1조). 대표는 비에나협약 제7조의 규정에 따라 전권위임장(full powers)을 교부 받는 것이 원칙이지만,[90] 관례나 당사자의 직위에 따라 전권위임장이 불필요한 경우도 있다. 전권위임장에

89) 이 법에서는 머리글자 서명(initialling)을 "가서명"으로 표현하고 있으나 통상적으로 "가"는 가처분, 가석방, 가압류, 가계약, 가등기 등 완전하지 아니한 법률적 행위를 표현하는데 사용되고 있다 따라서 가서명은 법률적 효력이 완전하지 아니한 임시적인 서명으로 오해할 소지가 있으므로 저자는 이를 대신하여 이해하기 쉬운 "머리글자 서명"을 사용하기로 한다.

90) 국제회의의 경우 대표는 전권위임장 대신 신임장(credential)을 교부받아야 한다.

는 전권위임장을 받은 사람이 해당 정부를 대신하여 서명할 수 있는 전권이 위임되어 있다는 문구가 포함되어 있다. 전권위임장의 양식은 다음 표 5와 같다.

<표5: 전권위임장의 양식>

Sir Michael Hastings Jay, KCMG, Her Majesty's Ambassador at Paris, is hereby granted full powers to sign, on behalf of the Government of the United Kingdom of Great Britain and Northern Ireland, the Agreement between the Government of the United Kingdom of Great Britain and Northern Ireland and the Governments of the French Republic and the Federal Republic of Germany concerning scientific personnel at the Max Von Laue-Paul Langevin Institute. In witness whereof I, Robin Cook, Her Majesty's Principal Secretary of State for Foreign and Commonwealth Affairs, have signed these presents. Signed and sealed at the Foreign and Commonwealth Office, London, the Fourth day of September, One thousand Nine hundred and Ninety-seven. 출처: Anthony Aust, *Modern Treaty Law and Practice*, 2nd ed., (Cambridge: Cambridge University Press, 2007), p. 498.

전권위임장을 제시하지 못하는 자는 국가 권한의 위임여부를 확인할 수 없으므로 국제회의에서 상기의 조약업무를 행할 수 없다. 그럼에도 불구하고 관례 또는 기타의 사정으로 인하여 전권위임장을 제시하지 않더라도 전권위임장의 교부가 예상되는 자는 국가를 대표하여 조약업무를 행하는 자로 간주된다(동 협약 제7조 제1항 (b)). 또 국가원수, 정부수반, 외교부장관, 외교공관장, 국제회의나 국제기구에 파견된 대표는 그 기능을 고려하여 전권위임장을 제시하지 않아도 자국을 대표하는 것으로 간주된다(동 협약 제7조 제2항).

실무적으로 대표는 협상에 앞서 전권위임장과 함께 훈령을 받아 이에 따라 행동하는 것이 일반적이다. 훈령은 사전 배부된 의제에 대한 검토내용 및 대표의 대응방향에 대하여 규정하고 있다. 대표는 훈령에 따라 행동하되, 훈령에 포함되지 않은 사안에 대하여는 현장에서 자신의 책임 하에 적의 대처할 수 있다. 그러나 중요한 사안에 대하여 당초 예상하지 못했던 상황이 전개되거나 훈령이 현저하게 상황에 맞지 않을 경우 본국에 새로운 훈령을 요청하여야 한다.

1.3 권한 없이 행한 행위의 추인(subsequent confirmation of an act performed without authorization)

제7조에 따라 조약체결의 목적으로 국가를 대표하기 위하여 권한을 부여받은 것으로 간주될 수 없는 자가 행한 조약체결에 관한 행위는 그 국가에 의하여 추후 확인되지 아니하는 한 법적 효과를 가지지 아니한다(비에나협약 제8조). 실제 전권위임장을 받은 국가의 대표가 착오로 다른 조약에 서명하거나, 한 국가의 전권위임장이 결여된 상태에서 해당 국가의 대표로서 조약에 서명한 사례도 있다.[91] 이 경우 해당 국가는 해당 대표가 한 행위를 부인할 수 있으며, 이 경우 해당 대표가 행한 행위로 인한 법적 효과는 없다. 반면에 당초에 권한위임이 없었음에도 불

구하고 국가가 그 행위를 추인할 수 있으며 이 경우 국가는 해당 조약에 기속될 수 있다.

2. 조약문의 채택(adoption of the text)

국제관습법에 따라 양자회의 및 참가국가의 수가 적은 국제회의에서 조약문의 채택은 그 작성에 참석한 모든 국가의 동의에 의하여 이루어진다(비에나협약 제9조 제1항). 그러나 많은 국가가 참석하는 국제회의의 경우 만장일치의 찬성을 기대하기는 기대하기 어려우므로 3분의 2 다수 또는 별도로 정한 채택방법에 따라 채택된다(동 협약 제9조 제2항). 그러나 실제 많은 다자회의에서는 반대국가의 의사를 최대한 수용하여 총의(consensus)로 채택하고 있다. 총의로 채택된 안은 모두를 만족시키는 최적의 안은 아니지만 회의참석자 간에 조금씩 양보하여 만든 절충안이므로 표결 없이 거의 만장일치의 형태로 채택된다.

투표로 결정할 경우 조약문에 반대하는 국가는 회의장에서 유보의사를 표시하고 회의록에 그 내용을 기록으로 남기는 것이 보통이다. 그렇지 않을 경우 찬성한 다수 국가에 포함되는 것으로 오해될 수 있기 때문이다.[92] 회의록은 회의장에서 실제 발생한 사실만 기록하기 때문에 회의장에서 아무런 의사표시를 하지 않고 추후에 회의록에 반대의사를 기록해 달라는 요청은 허용될 수 없다.

조약문의 구성

조약문은 우선 제명(title), 전문(Preamble), 본문(main text), 종결조항(final clauses), 인증 및 서명부분(testimonium and signature block), 부속서(annex) 등으로 구성된다.

제명에는 조약의 내용을 포괄하는 문구를 사용하며, 전문에는 협약체결의 배경과 목적을 표시한다. 본문은 협약의 실질적인(substantive) 내용이며, 종결조항은 협약의 수정 및 개정절차, 효력발생, 조약의 기간 등을 규정하는 부분이다. 인증 및 서명부분은 "In witness whereof"로 시작하여 참석자가 조약내용을 확인하고 정당한 권한을 위임받았다는 내용 하에 서명하며, 이하에는 서명한 날짜 및 장소를 기재한다. 기술적 규정이나 부수적 규정은 조약이 너무 방대해지는 것을 막기 위해 보통 부속서에 포함시킨다. 부속서도 본문과 함께 조약의 일체적 부분(integral part)을 이루며 통상 조약본문과 마찬가지로 강제력을 갖는다. 일반적으로 부속서에는 기술적이거나 전문적인 내용이 수록되며, 본문에 비하여 그 개정요건이 용이하도록 되어 있다.

3. 조약문의 확정(authentication of the treaty)

조약문이 채택되면 당사국들은 제안된 조약문이 정본이고 확정적으로(authentic and definitive) 작성되었는지를 확인하는 절차가 필요하다. 최종본(final text)이 확정되지 않으면 기

91) United Nations, *Yearbook of the International Law Commission*, 1966, Vol. II, p. 194.

92) 실무적으로 다자회의에서 가끔 당초 우리나라의 훈령과 다른 조약문이 채택될 경우가 있다. 내용이 중요하고 향후 논란의 소지가 있다고 판단될 경우 대표단은 반드시 이에 대해 유보의사를 발언하도록 하는 훈령을 미리 준비하는 것이 바람직하다고 생각한다. 조약문 채택 당시에는 아무런 의사표시가 없다가(이 경우 동의로 추정됨), 나중에 조약을 비준하면서 특정 조항에 유보를 하게 되면 논리적 일관성이 부족해 보인다.

속에 대한 동의 등 이후의 절차가 무의미해지기 때문이다. 조약문의 확정은 조약문에서 정하거나 당사국들이 정하는 방법에 따라 행해질 수 있지만(비에나협약 제10조 (a)), 이밖에도 다음과 같은 방법을 사용할 수 있다(동 협약 제10조 (b)).

국제기구에 의한 국제회의의 경우 참석국가 수가 많으며, 여러 개의 언어로 번역되어야 하는 문제가 있어 상기의 전통적인 방법에 의한 조약문의 확정은 쉽지 않다. 더욱이 국제회의의 마지막 날이 되면 폐회시간에 맞추어 모든 일을 마무리해야 하기 때문에 그간 계속 수정된 조약문의 편집, 정리 및 번역작업에 착오가 생길 우려가 매우 높다. 따라서 국제기구에서는 결의서 채택 또는 사무총장 등 특정인에 대한 위임 등을 통하여 조약문을 확정하는 것이 일반적인 관행이다.[93] UN총회는 자체적으로 설립한 기구가 조약문을 확정하도록 하고 이를 의정서로 채택하고 있다.[94]

3.1 서명(signature)

대표가 확정된 조약문에 서명함으로써 조약문은 확정된다. 분량이 많을 경우 위조나 변조를 막기 위하여 각각의 모든 페이지에 서명하기도 한다. 아래에서 설명하듯이 서명하였다고 국가가 바로 기속되지 않는다. 다자조약의 경우 서명식은 일종의 의식(ceremony)이므로 대표는 부담 없이 동참하여 서명하면 된다. 통상 서명하는 대표의 수는 정해지지 않지만 너무 많으면 행사가 지연될 수 있으므로 3-4명 이내면 무방하다.

3.2 조건부 서명(signature ad referendum)

대표가 조약 원본에 서명하며, 서명 다음에 *ad referendum* (영어로는 for reference) 또는 이러한 의미의 단어(ad ref. 등)를 추가하는 방법이다. 이러한 단어를 추가함으로써 대표의 서명행위가 국가의 기속동의 표현이 아니라는 점을 명확히 하는 효과가 있다. 당사국에 의하여 추후 승인되면 조약에 대한 완전한 서명이 된다.

3.3 머리글자 서명(initialing)

확정된 조약문이나 조약문을 포함하는 국제회의의 최종의정서(final act)에 대표가 자신의 성명 첫 글자를 모든 쪽에 직접 기재한다.

---

93) 비에나협약은 국제기구의 관련 규칙을 침해하지 않고 국제기구의 설립협약 및 국제기구가 채택한 협약에 적용된다(제5조). 따라서 국제기구의 규칙에 따른 조약문 확정방법은 비에나협약의 방법을 따르지 않더라도 유효하다.

94) United Nations, *Final Clauses of Multilateral Treaties Handbook*, 2003, p. 2.

최종의정서(final act)

최종의정서는 외교회의의 공식성명(formal statement)이나 회의록(summary of the proceedings)이다. 여기에는 회의의 목적, 참석국가, 전체회의 및 위원회 위원장의 성명, 회의 진행과정 등 회의의 기본적인 사항이 모두 기록된다. 조약문, 결의서(resolutions), 권고(recommendations) 등은 최종의정서에 첨부되게 된다. 최종의정서에는 교섭국가 모두가 서명하는 것이 관례이며, 서명 시 전권위임장은 필요 없고 신임장으로 족하다(통상 신임장은 회의 참가 전 주최국가 또는 국제기구 사무국에 이미 제출). 최종의정서에 대한 회의참석 국가의 서명은 조약문의 확정에 불과하기 때문에 서명만으로 조약상의 의무가 발생하지 않는다.

4. 기속을 받겠다는 동의(consent to be bound)

"기속을 받겠다는 동의"는 조약 당사자가 조약문 규정의 기속을 받겠다는 서약행위이며, 이 행위로서 조약규정은 법규범으로 확정된다. 동의표시 방법으로는 서명(signature), 조약을 구성하는 문서의 교환(exchange of instrument constituting a treaty), 비준(ratification), 수락(acceptance), 승인(approval), 가입(accession), 기타의 방법(any other means if so agreed)이 있으나(비에나협약 제11조), 국제법상 그 효과는 동일하다.[95)]

4.1 서명(signature)

통상 서명은 당사국이 되는 첫 번째 절차이다. 서명에는 서명만으로 조약에 기속되는 효과가 발생하는 확정적 서명(definitive signature)과 추후 비준 등 추가적인 기속적 동의를 조건으로 하는 단순서명(simple signature)의 2가지가 있다.[96)] 확정적 서명은 양자 간 조약이나 몇몇 국가 간 조약에서 참석자가 서명하면 바로 발효되는 경우에 적용된다. 그러나 이것이 가능하려면 해당 국가의 헌법에서 조약에 대한 국회의 승인을 받지 않아도 되거나 별도의 입법조치가 필요 없는 경우로 국한되므로 그 적용은 비교적 제한된다. 단순서명은 조약의 확정방법으로 사용되고 있으며, 서명국가(signatory state)로서 비준 등 조약형성 절차를 계속 진행하겠다는 대내외적 의사표시가 된다. 교섭국가의 수가 많고 발효에 시간이 많이 소요되는 다자간 협약의 경우 기속적 동의 방법으로서 확정적 서명은 거의 사용되지 않으며, 일부 협약에서는 아예 단순서명조차 제외하고 있다.[97)]

---

95) 국제법에서는 국가가 기속동의를 표시한 후 해당 조약에 기속되는 것이 원칙이지만, 평화와 안보에 관한 UN안보리의 결의서, EU Directives 등은 기속동의가 없어도 자동적으로 기속됨에 유의할 필요가 있다. Laurence R. Helfer, "Nonconsensual International Lawmaking," University of Illinois Law Review, 2008 U. Ill. L. Rev. 71, p. 75.

96) Anthony Aust, *Ibid.*, p. 96.

97) 이러한 예로는 Agreement to Promote Compliance with International Conservation and Management Measures by Fishing Vessels on the High Seas, 1993(acceptance 사용), the Protocol relating to the Status of Refugees, 1967, the Convention on the Privileges and Immunities of the Specialized Agencies, 1947, the Convention on the Privileges and Immunities of the United Nations, 1946(상기 3개는 모두 accession 사용)을 들 수 있다.

서명이 조약에 대한 기속적 동의로 인정되려면 [확정적] 서명에 의하여 기속된다고 조약에서 규정하거나, 교섭국이 동의하거나, 대표가 그런 취지로 말하거나, 대표의 신임장에 그런 의사가 기재되어 있어야 한다(비에나협약 제12조 제1항). 교섭국이 동의할 경우 조약문에 대한 머리글자 서명은 조약에 대한 [확정적] 서명이 되며, 조건부 서명(signature ad referendum)도 해당 국가가 승인(confirm)할 경우 온전한 [확정적] 서명(full signature)이 된다(동 협약 제12조 제2항).

4.2 조약을 구성하는 문서의 교환(exchange of instrument constituting a treaty)

간단히 문서의 교환으로 기속적 동의를 표시하는 방법은 널리 사용되고 있으며, 흔히 사용되는 것은 외교 각서(diplomatic notes)나 외교서한(diplomatic letter)이다. 외교 각서나 외교서한은 실제 비준절차를 거치는 정식 조약과 구분하여 약식 조약이라고도 한다. UN에 매년 등록되는 조약의 약 3분의 1은 이러한 방식에 의한 것이다.[98] 기속적 동의의 방법은 문서의 교환행위(act of exchange)이다. 교환행위로 법적 효과를 발생시키려면 문서내용에 교환으로 기속 동의의 효과가 생긴다고 정하거나 당사국이 이러한 내용에 대하여 동의하여야 한다(비에나협약 13조). 일반적으로 문서교환으로 인한 합의는 당사국의 헌법적 절차(또는 내부절차)가 완료된 후 발효된다고 규정한다. 여기에서의 헌법적 절차는 각국의 국내 조약처리 절차를 의미하는 바, 일종의 비준절차로 볼 수 있을 것이다.

최근 정식 조약 대신 간이 조약이 많이 활용되는 이유로는 다음을 들 수 있다. 첫째, 조약의 내용이 전문적이고 기술적인 내용을 포함할 경우 전통적인 비준절차는 단지 통과의례에 지나지 않아 별 의미가 없어지며, 둘째, 의회의 동의가 불요하여 절차가 보다 간단하며, 셋째, 행정부의 권한확대에 따라 행정부가 자신의 책임 하에 조약을 체결하려고 하기 때문이다. 그러나 간이 조약의 경우 행정부의 서명만으로 조약의 효력이 발생하기 때문에 행정부의 외교업무에 입법부가 견제할 수 없어 민주주의라는 측면에서 다소의 문제점이 내포되어 있다.[99]

문서의 교환은 3개국 이상 간에 불가능한 것은 아니지만 여러 가지 기술적 문제가 발생할 소지가 많으므로 대부분 양자 간에 이루어진다. 또 문서의 교환은 그 자체가 조약으로 성립하기도 하지만 다른 조약의 보조역할을 하기도 한다.[100] 당사국은 문안 및 내용에 대하여 사전 충분한 협의를 거쳐 합의한 이후에 문서교환을 진행하는 것이 일반적이며, 문서교환에 의한 합의의 발효일은 제안에 대하여 회신국이 회신을 하는 날짜(date of reply)가 된다.[101] 각서에 대한 서명은 통상 대사나 관계 공무원이 하지만 경우에 따라 정부각료 또는 해당 권한을 보유한 자가 행하기도 한다.

---

98) Anthony Aust, *Ibid.*, p. 102.

99) 최원목, "한·미 쇠고기협상 합의문에 대한 국제법적 평가와 대책방향," 「통상법률」, vol. 82, 2008, 각주 6, 13쪽.

100) 예컨대 1984년 한-영 항공협정 제14조에서는 교환각서로 동 협정의 개정이 가능하도록 규정하고 있는 바, 이에 따라 필요한 협정개정은 교환각서로 행하고 있다.

101) 일반적으로 문서의 효력은 문서가 도달한 때로부터 시작되지만, 문서교환의 경우 청약(offer) 및 승낙(acceptance)과 유사한 관계에 있으므로 회신국가가 회신문서를 발송한 날로부터 효력이 발생한다. 우리 민법 제531조(원격지자간의 계약성립 시기)도 동일한 취지로 규정하고 있다.

4.3 비준(ratification)

비준은 한 국가가 국제사회에 대하여 조약의 내용을 수락하고 이를 준수하겠다고 공식적으로 선언하는 행위를 말한다. 조약에 대한 국가의 기속적 동의를 비준으로 표시하는 경우로는 조약에서 그렇게 규정하거나, 당사국 간에 정하거나, 대표들이 비준조건으로(subject to ratification) 서명할 때[102] 등이다(비에나협약 제14조 제1항).

대부분의 조약은 비준을 통하여 효력이 발효되지만 국제법은 구체적으로 비준절차에 대하여 규정하고 있지 않다. 통상 비준에는 국내절차와 국제절차 모두가 필요하다. 국내절차는 개별 국가의 헌법에 따라 관련 법령의 정비, 조약문의 공포, 의회의 승인 등을 받는 절차를 말한다. 비준에 필요한 국내 정치적 요건을 만족시키지 못하면 절차가 더 이상 진행될 수 없다. 국제절차는 국내절차를 마치고 해당 조약에 대한 기속적 동의를 표시함으로써 비준하는 국가에 대하여 조약이 발효되도록 하는 절차를 말한다.[103] 양자조약의 경우 양국은 비준서(instrument of ratification)를 상호 교환하여야 하고, 다자조약의 경우는 이를 기탁소(depositary) 역할을 담당하는 국가 또는 국제기구에 기탁하여야 한다.

미국의 비준제도
미국의 경우 조약에 관한 책임은 행정부와 의회(상원)로 분리되어 있다. 행정부는 조약문을 작성하고, 협상을 진행하지만, 조약이 미국의 국내법과 동일한 효력을 가지려면 상원에서 조약에 대한 비준이나 가입에 대한 동의(advice and consent)를 받아야 한다(미국 헌법 제2조 제2항 제2호). 이때 상원의 동의를 받으려면 2/3 이상의 찬성을 받아야 한다. 실질적으로 상원은 민주당과 공화당이 거의 5:5로 구성되어 있는 바, 충분한 타당성이 인정되지 않으면 2/3 동의를 받는 것은 쉽지 않다. 또 상원이 동의를 하더라도 여기에 조건을 붙일 경우 행정부와 합의되지 않으면 비준이 장기간 지연되게 된다.

4.4 수락(acceptance) 및 승인(approval)

국가의 조약에 대한 기속적 동의 방법으로서 수락 및 승인은 모든 면에서 비준과 같다(비에나협약 제14조제2항). 따라서 조약문 확정을 위한 서명을 할 경우 “비준을 조건으로(subject to ratification)” 대신에 “수락을 조건으로(subject to acceptance)” 또는 “승인의 조건으로(subject to approval)”라는 형식을 사용한다. 원래 수락 및 승인은 헌법에 따라 모든 조약을 “비준”하려면 의회의 동의를 받아야 하는 국가의 편의를 위하여 개발되었다.[104] 이에 따라 이들 국가는 비준 대신 수락이나 승인이라는 용어를 사용하여 의회절차를 적절히 생략할 수 있다.

102) 최근 교섭국들은 양자 및 다자조약에 대하여 비준조건부 서명을 하는 것이 보편적이다.
103) 만일 발효요건 미비 등으로 인하여 조약이 발효되지 않았다면 비준한 국가에 대하여 조약이 정하는 권리·의무가 발생하지 않는다. 이후 협약이 발효하면 비준국가는 당사국(party)이 된다(비에나협약 제2조 제1항 (g)).
104) Anthony Aust, *Ibid.*, p. 109-110.

4.5 가입(accession)

조약에 대한 국가의 기속적 동의는 가입에 의하여 표시될 수 있는 바(비에나협약 제15조), 가입하려는 국가는 가입서(instrument of accession)를 기탁소에 기탁하여야 한다. 그러나 그 성격 상 가입은 다자조약의 경우에 한하여 적용되며, 그 법률적 효과는 비준, 수락 및 승인과 동일하다. 다만, 비준, 수락 및 승인은 서명(signature) 후에 하는 행위인 반면, 가입은 서명을 하지 않고 행하는 점에 차이가 있다. 즉, 가입은 비서명국(non-signatories)에게도 조약의 당사국이 될 수 있는 길을 열어주고 있다. 다만, 가입은 조약에 대한 서명기간이 종료된 후에 허용하는 것이 확립된 관행이다.105) 다음의 그림 1은 우리나라 유명환 외교부(당시는 외교통상부)장관이 서명하여 IMO에 제출한 국영문 각각의 협약 가입서이다.106)

<그림 1: 협약 가입서>

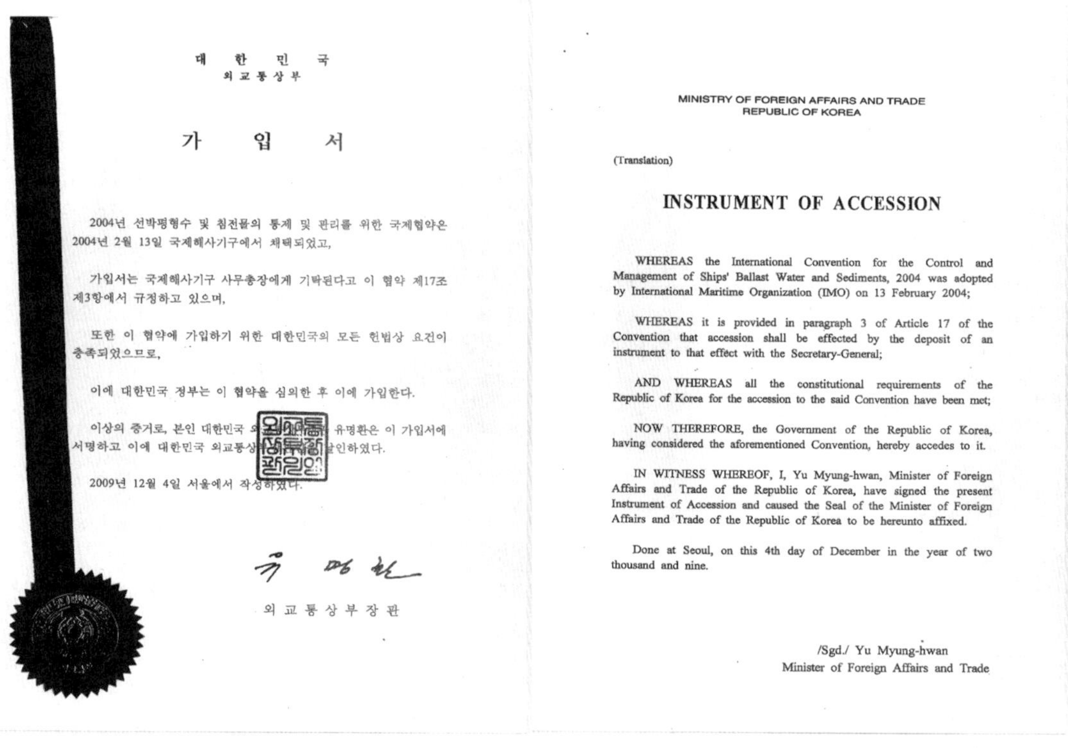

대 한 민 국
외교통상부

가 입 서

2004년 선박평형수 및 침전물의 통제 및 관리를 위한 국제협약은 2004년 2월 13일 국제해사기구에서 채택되었고,

가입서는 국제해사기구 사무총장에게 기탁된다고 이 협약 제17조 제3항에서 규정하고 있으며,

또한 이 협약에 가입하기 위한 대한민국의 모든 헌법상 요건이 충족되었으므로,

이에 대한민국 정부는 이 협약을 심의한 후 이에 가입한다.

이상의 증거로, 본인 대한민국 외[illegible] 유명환은 이 가입서에 서명하고 이에 대한민국 외교통상[illegible]날인하였다.

2009년 12월 4일 서울에서 작성하였다.

외교통상부장관

MINISTRY OF FOREIGN AFFAIRS AND TRADE
REPUBLIC OF KOREA

(Translation)

INSTRUMENT OF ACCESSION

WHEREAS the International Convention for the Control and Management of Ships' Ballast Water and Sediments, 2004 was adopted by International Maritime Organization (IMO) on 13 February 2004;

WHEREAS it is provided in paragraph 3 of Article 17 of the Convention that accession shall be effected by the deposit of an instrument to that effect with the Secretary-General;

AND WHEREAS all the constitutional requirements of the Republic of Korea for the accession to the said Convention have been met;

NOW THEREFORE, the Government of the Republic of Korea, having considered the aforementioned Convention, hereby accedes to it.

IN WITNESS WHEREOF, I, Yu Myung-hwan, Minister of Foreign Affairs and Trade of the Republic of Korea, have signed the present Instrument of Accession and caused the Seal of the Minister of Foreign Affairs and Trade of the Republic of Korea to be hereunto affixed.

Done at Seoul, on this 4th day of December in the year of two thousand and nine.

/Sgd./ Yu Myung-hwan
Minister of Foreign Affairs and Trade

4.6 기타의 방법(any other means if so agreed)

국가의 조약에 대한 기속적 동의는 상기의 방법은 물론 교섭국이 합의할 경우 다른 어떤 방법도 사용할 수 있다(비에나협약 제10조). 따라서 합의할 경우 서명이 없이 조약이 체결될 수 있으며, 조약을 채택한 국가에 대하여 바로 효력을 발효할 수도 있다.107)

105) United Nations, *Final Clauses of Multilateral Treaties Handbook*, 2003, p. 39.
106) 국문 협약 가입서에 나타난 검은 물체는 위조를 방지하기 위하여 끈을 달고, 봉인(seal)한 표시이다.

5. 당사국이 되기 위한 자격

5.1 소개

많은 다자조약에서는 종결조항(final clause)에서 당사국(party)이 될 수 있는 국가(state) 또는 국제기구(international organization)를 규정하고 있다. 따라서 한 개체(entity)가 조약에 기속적 동의를 위한 문서에 서명하거나 비준서를 기탁할 경우 기탁소(depositary)는 해당 조직이 당사자가 될 수 있는 자격이 있는지를 확인할 필요가 있다. 다자조약에서는 모든 국가(all states or any state)에게 그 자격을 개방하는 것이 보편적이지만 그 구체적인 자격은 조약에 따라 다소 차이가 있다. 비에나협약의 경우 당사국이 되려면 UN, UN전문기구 또는 국제원자력기구(IAEA)의 회원국, 국제사법재판소규정의 당사국, 회원국이 되도록 UN총회의 초청을 받은 국가 중의 하나에 해당되어야 한다(제81조). 해당 규정의 영문 원문은 다음과 같다.

Signature

The present Convention shall be open for signature by all States Members of the United Nations or of any of the specialized agencies or of the International Atomic Energy Agency or parties to the Statute of the International Court of Justice, and by any other State invited by the General Assembly of the United Nations to become a party to the Convention...

위와 같은 당사국의 자격규정에도 불구하고 해당 문서를 제출한 개체에 대하여 의문이 있을 경우 기탁소(depositary)는 공정하게(impartially) 자신의 의견을 제시하지 않는 것이 바람직하다. 즉, 이 경우에는 총회(assembly) 등 자체 의사결정기관의 결정에 따르거나 해당 문서를 회람하여 다른 국가의 의견에 따라 결정하는 것이 관례이다.

5.2 당사국 자격에 관한 공식

상기의 비에나협약의 예에서 보듯이 만일 서명이 모든 국가(all State)에게 개방되었다면 서명이나 비준을 하고자 하는 해당 개체(entity)가 국가인지는 어떻게 판단할 것인가? 그 개체가 UN회원국이나 국제사법재판소의 당사국이라면 기탁소는 별 고민할 필요가 없을 것이다. 그러나 어려운 문제는 정치적 이유, UN안보리의 거부권(veto) 등으로 인하여 UN에서 국가로 인정받지 못하고 있는 개체로 인하여 발생된다(예: 팔레스타인(Palestine), 대만(Republic of China), 통일 전 북베트남(Democratic Republic of Viet Nam) 등). 이들에게 당사국으로서의 자격을 부여하는 방법으로서 UN에서는 다음과 같은 2개의 공식이 거론되었다.[108]

107) Anthony Aust, *Ibid.*, p. 113.

108) paras. 79-81, United Nations, *Summary of the Practice of the Secretary-General as Depositary of Multilateral Treaties*, 1999, pp. 22-23.

5.2.1 비에나 공식(Vienna Formula)

UN안보리의 거부권(veto) 때문에 국가로 인정받지 못하고 있는 개체일지라도 거부권이 없는 UN전문기구에서는 보다 많은 참여를 위하여 이들을 국가로 인정하는 경우가 많다. 이러한 점을 반영하여 비에나협약에서는 당사국 자격으로서 UN회원국은 물론 UN전문기구의 회원국도 인정하는 내용의 조문을 두었다. 이와 같이 조약에서 UN전문기구 회원국에게도 당사국이 될 수 있도록 개방하는 조문을 비에나 공식이라고 한다.

5.2.2 모든 국가 공식(all State formula)

UN총회에서는 비에나 공식과 달리 아무런 제약조건 없이 모든 국가(all States 또는 any State)에게 당사국 자격을 개방하는 내용의 조문이 포함된 다수의 조약을 채택하였다. 이와 같은 조문을 모든 국가 공식이라고 한다. 조약에서 모든 국가 공식을 채택한 경우 실무적으로 UN총회는 모든 국가의 범주에 해당하는 국가의 목록을 UN사무총장에게 제공하고, UN사무총장은 이에 따라 기탁소 업무를 행한다.

5.3 UN총회의 관행(practice of the UN General Assembly)109)

UN사무총장은 가입서 등을 제출하려는 특정 개체(entity)가 국가인지의 여부를 판단하기가 어려우며, 이에 대한 판단은 대단히 정치적인 성격을 가지고 있기 때문에 이는 자신의 권한 밖이라며 주장하였다. 이에 따라 모든 국가 공식(all State formula)이 포함된 조약의 기탁소 역할을 할 경우 UN사무총장은 UN총회의 관행을 따르도록 하며, 서명이나 가입서의 접수 전 필요시 UN총회의 의견을 요청하도록 결정되었다(UN총회 제2,202차 전체회의, 1973.12.14.). 이후 비에나 공식에 해당하지 않는 개체들도 UN에서 당사국의 자격이 있는 것으로 인정되기 시작하였다. 이러한 UN총회의 관행은 UN 전문기구에서도 따르고 있다.

6. 조약 발효 전 권리와 의무

한 국가가 조약의 형성과정에 참여하여 조약문의 채택 등 일련의 행위를 하는 것은 그 국가가 조약의 목적에 찬동하고, 향후 이 조약의 당사자가 되겠다는 의사를 묵시적으로 표현하는 것으로 해석될 수 있다. 일단 조약이 채택되면 기탁소(depositary)의 기능, 조약문의 확정(authentication), 기속적 동의(consent to be bound), 유보 등 조약의 완성을 위하여 필수적인 규정이 작동하게 된다. 이 경우 아직 조약에 따른 권리와 의무가 발생하지 않았더라도 해당 국가는 신의성실의 원칙에 따라 일정한 의무를 지게 된다.

---

109) paras. 82-83, United Nations, *Summary of the Practice of the Secretary-General as Depositary of Multilateral Treaties*, 1999, p. 23.

6.1 조약발효 전 조약의 목적[110]을 저해(defeat)하지 않을 의무

국가는 조약이 발효되기 전까지 다음의 경우 조약의 목적을 저해하게 되는 행위를 삼가 해야 하는 의무를 진다(동 협약 제18조).

6.1.1 비준·수락 또는 승인을 조건으로 조약에 서명하였거나 또는 그 조약을 구성하는 문서를 교환한 경우(동 협약 제18조 (a))

이 경우에는 그 조약의 당사국이 되지 않겠다는 의사를 명백히 표시할 때까지 조약의 목적을 저해하는 행위를 삼갈 의무를 진다. 따라서 기존에 조약에 단순서명(simple signature)하였던 국가가 서명을 취소(un-sign)하는 것은 조약의 목적을 저해하는 행위로 간주될 소지가 있다. 따라서 서명을 취소하려면 그 조약의 당사국이 되지 않겠다는 의사를 명백히 표시해야 한다. 실제로 미국의 부시 행정부는 이전의 행정부가 서명한 국제형사법원조약(Rome Statute of International Criminal Court)[111]이 마음에 들지 않자 2002년 5월 6일 이 조약에 가입할 의사가 없다는 내용의 외교노트를 기탁소(depositary)인 UN에 보내 종전의 서명을 취소한 바 있다.[112]

6.1.2 그 조약에 대한 기속적 동의를 표시한 경우(동 협약 제18조 (b))

이 경우에는 조약의 발효가 부당하게 지연되지(unduly delayed) 않을 것을 조건으로 조약의 발효 시까지 조약의 목적을 저해하는 행위를 삼갈 의무를 진다. 이러한 의무는 조약의 기본적인 목적을 저해하는 행위를 자제(refrain)하는 것이라고 할 수 있다. 그러나 구체적으로는 그 의무의 내용이 다소 불명확하므로 실제 적용 시에는 당시의 모든 상황을 고려해야 한다. 이 규정에 따른 의무의 위반으로 판단되는 사례는 다음과 같다.[113]

- 조약에서는 특정 물품의 반환을 규정하고 있으나 이를 소유한 국가는 조약발효 전 이를 파괴하는 경우
- 조약에서는 영토의 일부를 다른 국가에게 양여하도록 하고 있으나 해당 국가는 조약발효 전 이를 제 3국에 양여

---

110) 비에나협약의 많은 조항에서 object and purpose는 결합되어 사용되고 있는 바, 여기에서 object와 purpose는 모두 "목적" 또는 이와 유사한 의미를 가지고 있다. 따라서 비슷한 의미의 두 단어를 나누어 해석하기 보다는 결합된 하나의 단어로 보아 광범위하게 조약의 목적(goal)과 이를 달성하기 위한 수단의 의미로 해석된다. David S Jonas, & Thomas N. Saunders, "The Object and Purpose of a Treaty: Three Interpretive Methods," *Vanderbilt Journal of Transnational Law*, vol. 43, No. 3, p. 580.

111) 일부에서 ICC는 국제형사재판소로 번역하고 있으나 일본과 달리 우리나라는 court를 법원으로 부르고 있으므로 저자는 국제형사법원이 올바른 번역이라고 생각한다. 일본은 우리의 대법원을 최고재판소로 부르는 등 재판소라는 명칭을 널리 사용하고 있다. 따라서 저자는 우리의 헌법재판소의 명칭도 헌법법원 또는 헌법원이 더 타당하고 생각한다.

112) United Nations, *Multilateral Treaties*, Ch. XVIII 10, notes No. 8.

113) Anthony Aust, *Modern Treaty Law and Practice*, 2nd ed., (Cambridge: Cambridge University Press, 2007), p. 118-9.

- 많은 국가들이 자국의 병력을 3분의 1로 감축하자는 조약에 서명한 상태에서, 이를 비준한 국가가 조약발효 전 자국의 장기계획으로 병력을 2배 증강시키겠다는 선언을 하는 경우

6.2 조약 발효 전 기속적 동의의 철회

별도로 금지하는 규정이 없으므로 국가는 협약발효 전 기속적 동의에 관한 문서를 철회할 수 있다. 비에나협약 제18조의 규정에 따른 의무는 조약의 실질적 내용(substance)에 관한 것이지 기속적 동의나 조약의 발효 등 절차에 관한 사항이 아니기 때문이다. 실제 많은 국가들은 이를 행하고 있다. 비준하면서 유보가 빠진 경우는 기속적 동의를 철회하고 유보를 추가하여 다시 비준할 수도 있다. 조약발효 전에는 국가가 기속되지 않으므로 조약발효 전 기속적 동의의 철회는 UN의 확립된 관행으로 인정되고 있다.[114] 철회서를 받은 경우 UN 사무총장은 이를 관련 국가에 회람하고 있다. 조약이 발효된 이후에는 임의로 조약에서 탈퇴[115]할 수 없고, 개별 조약 또는 비에나협약(제56조)에서 정하는 바에 따라 탈퇴할 수 있다.

제4절 조약의 유보(reservation) 및 선언(declarations)

1. 유보의 배경

최근 다자조약의 경우 교섭에 참석하는 국가가 많으며, UN에서 토의되는 다자조약의 경우 193개 회원국(2013.11. 현재)의 거의 대부분이 참석하고 있다. 따라서 조약채택 후 조약의 성공 여부는 가급적 많은 교섭국의 비준에 달려있다고 할 수 있을 것이다. 이에 따라 교섭국 간 이견이 있을 경우 합의를 위하여 조약문(text)은 수시로 변경된다. 심지어 보다 많은 국가를 만족시키기 위하여 의도적으로 애매한 표현을 사용하기도 한다. 이후 조약문은 총의(consensus)로 채택하는 것이 일반적이지만 끝내 교섭국 간 이견이 해소되지 않을 경우에는 표결(voting)을 통하여 최종문안이 결정된다. 그 결과 채택된 조약문은 교섭국 모두를 만족시키기는 거의 불가능하다.

다양한 사정으로 인하여 조약내용에 불만인 국가들이 비준을 미루거나 당사국이 되길 포기하면 조약의 발효는 계속 지연되게 된다. 이러한 사태를 예방하기 위하여 조약의 일부 내용에 반대하는 국가도 체약국가(contracting state)로 수용하기 위하여 고안된 방법이 유보(reservation)이다. 즉, 유보는 "그 명칭에 관계없이(however phrased or named) 조약을 자국에 적용함에 있어 일부 규정의 법적효과를 배제하거나 또는 수정"(비에나협약 제2조 제1항 (d)) 할 수 있도록 허용하는 제도이다. 이에 따라 해당 국가는 자국의 선택에 따라 조약의 내용 중 일부를 유보하고 당사국이 될 수 있다. 유보는 국제법상 널리 활용되는 매우 중요한 개념으로

114) *Ibid.*, p. 120.

115) 영어로 withdrawal은 철회, 탈퇴 등의 의미로 해석될 수 있다. 따라서 저자는 문맥에 따라 "비준의 철회", "조약으로부터 탈퇴" 등 각각 다른 용어로 해석하여 사용하고 있다.

서 비에나협약에서도 5개조(제19조 내지 제23조)에 걸쳐 다루고 있다.

양자조약의 경우 유보는 허용되기 어렵다. 양자조약의 당사국은 두 국가에 불과하므로 마치 계약의 경우처럼 조약의 모든 내용에 대하여 합의하지 않으면 양 당사국이 기속되지 않는다. 따라서 한 국가가 조약의 일부 내용을 유보하면 이는 협상을 통하여 합의된 조약에 대한 개정 요청과 같은 의미가 되며, 이에 대해 상대국이 동의하지 않으면 조약이 양 당사국을 기속하지 않기 때문이다(결국 재협상 필요). UN이 발간한 유보의 실무지침에서도 양자조약의 유보는 포함시키지 않고 있다.116)

유보제도는 그 장점에도 불구하고 많은 문제점을 가지고 있다. 즉, 유보의 법적 효과는 다른 국가가 이를 수용하는지 여부에 달려 있어 조약의 안정성을 침해할 소지가 있다. 유보를 하게 되면 협상을 통하여 조약에 반영된 권리가 흔들릴 수 있으며, 각국의 비준이 어려워질 수 있다. 또 유보와 이에 대한 이의제기 등으로 인하여 하나의 조약이지만 조약규정의 적용이 복잡해지는 문제도 있다. 이에 따라 최근에 체결된 많은 조약들은 유보를 금지하고 있다.

2. 유보의 표현(formulation of reservation)117)

유보는 한 국가의 일방적인 행위이므로 다른 국가의 승인이나 동의가 필요 없으며, 개별 국가의 실정에 따라 다른 국가와 동일한 내용의 유보도 가능하다. 모든 국가에게 유보가 자유롭게 허용되는 것과 마찬가지로 유보에 대한 이의제기(objection)도 자유롭게 행할 수 있다. 그러나 특별한 경우가 아니면 유보에 대한 이의제기는 표시하지 않는 것이 외교적 관례이다. 조약에 대한 각국의 유보와 이의제기는 UN이 발간하는 다자조약현황에 모두 기재된다.118)

비에나협약에서는 유보를 할 수 있는 경우를 다음 각항과 같이 제한하고 있다(제19조).

2.1 조약에서 유보가 금지되지 않는 경우(제19조 (a))

조약에서 명시적으로 유보를 금지하는 경우는 유보를 할 수 없다. 유보를 금지하는 조약의 예로는 국제형사법원규정(Rome Statute of International Criminal Court), 잔류성 유기오염물질(POPs) 감소를 위한 스톡홀름협약, (The Stockholm Convention on Persistent Organic Pollutants, 2001), 오존층 파괴물질에 관한 몬트리올 의정서(The Montreal Protocol on Substances that Deplete the Ozone Layer, 1987), UN기후변화협약(United Nations Framework Convention on Climate Change,1992) 등이 있다.119)

---

116) para. 1.6.1, United Nations, *Guide to Practice on Reservations to Treaties*, 2011, p. 4.

117) 외교부의 비에나협약 번역문에서는 "formulation of reservation"을 "유보의 형성"으로 해석하고 있다. 그러나 formulate의 사전적 의미는 생각을 말로 표현하다, 수학의 공식처럼 표현하다 또는 고안하다(to put into or express in systematic terms; express in or as if in a formula, to devise) 등이므로 저자는 이해하기 쉽도록 "유보의 표현"이라는 번역을 사용하기로 한다.

118) United Nations, *Multilateral Treaties Deposited With the Secretary-General*, 2009, 참조.

119) United Nations, *Final Clauses of Multilateral Treaties Handbook*, 2003, p. 47.

2.2 특정한 유보만 가능하도록 조약에서 정한 경우(제19조 (b))

조약은 특정한 사항에 대하여만 유보가 가능하도록 규정할 수 있다. 선박가압류에 관한 국제협약(The International Convention on Arrest of Ships, 1999)은 항양선이 아닌 선박(ships which are not seagoing), 협약당사국 소속 선박이 아닌 선박 등에 대하여는 조약적용을 제외할 수 있는 유보를 허용하고 있다(제 10조 제1항). 또 UN해양법협약의 경우 다른 조항에서 명시적으로 허용하지 않는 한 유보나 예외(exceptions)를 허용하지 않고 있다(제309조).

2.3 위의 두 경우에 해당되지는 않지만 유보가 조약의 목적(object and purpose of the treaty)에 부적합하지 않는 경우(적합성 시험: compatability test)(제19조 (c))

위의 두 경우에 해당되지 않는 경우 유보는 개별 국가에 대한 조약의 일부 수정을 가져오므로 조약적용의 일관성(coherence)을 해칠 소지가 있다. 따라서 조약이 계속 일관성을 유지하려면 해당 유보가 조약의 목적에 부합하는지에 대한 시험, 즉 적합성 시험을 받도록 하여 적합하지 아니한 유보를 금지할 필요가 있다. 국제사법재판소(International Court of Justice: ICJ)는 집단살해죄의 방지와 처벌에 관한 협약(Convention on the Prevention and Punishment of the Crime of Genocide)에 대한 유보 사건에서 유보는 무한정 허용되는 것이 아니고 일정한 한계가 있으며, 그 한계가 적합성 시험이라고 결정한 바 있다.[120] 이후 이 내용은 비에나협약에 수용되었다. 이에 따라 유보가 이 시험을 통과하지 못한다고 판단될 경우 관련 국가는 이 조항을 근거로 해당 유보국가에 대하여 반대 등 필요한 대응조치를 취할 수 있다. 적합성 시험이 법적인 효력을 발휘하려면 국제사법재판소(ICJ) 등 국제법원의 판단을 받아야 한다.

적합성 시험에 관한 좋은 사례로는 여성차별철폐협약(Convention on the Elimination of All Forms of Discrimination Against Women: CEDAW)을 들 수 있다. 이 협약에 따라 당사국은 여성에 대한 차별을 두는 관련 법령을 개정하기 위하여 적절한 모든 조치를 취해야 한다(제2조 (f) 및 제16조). 또 협약의 목적에 부합하지 않는 유보는 금지된다(제28조 제2항). 그러나 상당수의 이슬람 국가에서는 CEDAW를 비준하면서 이슬람율법(Islam Sharia)에 위배되는 내용에 대하여는 유보하였다. 이에 대해 많은 다른 당사국은 이 유보에 대하여 반대하였다. 즉, 이슬람율법이 유지될 경우 여성차별은 철폐될 수 없고, 이는 기존의 법령개정을 통하여 여성에 대한 차별을 철폐하겠다는 조약의 목적에 부합하지 않다는 것이었다. 이러한 반대에 따라 일부 국가는 유보를 철회하거나 유보의 내용을 완화하였다. 그럼에도 불구하고 여성차별철폐위원회(the Committee on the Elimination of Discrimination against Women)는 아직도 유보를 계속 유지하고 있는 국가의 수와 그 범위에 대하여 우려를 표시하고 있다.[121]

120) International Court of Justice, *Reservations To The Convention On The Prevention And Punishment Of The Crime Of Genocide*, Advisory Opinion, 1951.5.28.

121) United Nations, *Report of the Committee on the Elimination of Discrimination against Women (Eighteenth and nineteenth sessions),* 1998, p. 47.

3. 유보에 대한 수락과 이의제기(Acceptance of and objection to reservation)

3.1 명시적으로 유보가 허용된 경우

일반적으로 유보국가(reserving state)는 유보를 이용하여 유보에 명시된 조건으로 조약에 기속되겠다는 의사를 표시한다. 따라서 유보는 다른 체약국의 수락을 조건으로 하는 일종의 청약(offer)으로 볼 수 있다. 따라서 다른 체약국이 이 청약을 수락하지 않으면 유보는 양국(청약국과 다른 체약국) 간에 법적 효력이 없다. 그러나 조약에서 명시적으로 유보가 허용된 경우에는 별도의 규정이 없는 한 다른 국가의 수락이 필요 없이 유보가 성립된다(비에나협약 제20조 제1항).

3.2 교섭국 수가 적은 경우

교섭국의 수가 적으며, 조약의 목적에 비추어 조약 전체가 모든 당사국 간에 적용되는 것이 기속적 동의의 필수조건으로 판단되는 경우 모든 유보는 모든 당사국의 수락을 필요로 한다(동 협약 제20조 제2항).

3.3 국제기구 설립조약

조약이 국제기구를 설립하는 조약인 경우 개별 국가의 유보는 국제기구 운영의 통일성을 해칠 수 있다. 이를 예방하기 위하여 조약이 국제기구의 설립문서(constituent instrument)인 경우로서 그 조약이 달리 규정하지 아니하는 한 유보는 그 기구의 권한 있는 기관에 의한 수락을 필요로 한다(동 협약 제20조 제3항). 여기에서 권한 있는 기관이라 함은 통상 회원국으로 구성되는 총회(assembly) 등을 말한다.

3.4 기타의 경우

비에나협약 제20조 제4항에서는 위의 3가지가 아닌 경우를 규정하고 있다. 즉, 조약에서 유보가 명시적으로 규정되었거나, 교섭국 수가 적거나, 또는 국제기구의 설립조약이 아닌 경우를 규정하고 있다. 이러한 규정은 유보국과 다른 체약국 간 입장 모두를 수용하는 탄력적인 수단으로 고안되었다.[122)]

3.4.1 유보의 수락

다른 체약국에 의한 유보의 수락은 다른 국가와의 관계에 있어서 유보국이 조약의 당사국이 되도록 한다. 이 경우 조약은 이들 국가들에게 유효하여야 한다(비에나협약 제20조 제4항 (a)). 즉, 다른 체약국이 유보국의 유보라는 청약을 수락하면 유보에도 불구하고 다른 국가와의 관계에서는 조약의 당사국이 되어 조약에 따른 법적 권리와 의무의 주체가 된다. 물론 조약에 대한

122) Anthony Aust, *Ibid.*, p. 141.

기속적 동의를 행하지 아니하였거나 철회한 국가는 조약의 당사국이 아니므로 이들과는 아무런 법적 효과가 발생하지 않는다.

3.4.2 유보에 대한 반대

조약에 기속을 동의하는 국가가 유보를 자유롭게 할 수 있듯이 다른 체약국은 자유롭게 아무런 이유로도 유보에 이의제기를 할 수 있으며, 그 이유를 설명할 필요도 없다. 유보에 대한 다른 체약국의 이의제기(objection)에도 불구하고 반대국(objecting state)이 확정적으로(definitely) 다른 의사(양 국가 간 조약이 발효되지 않는다는)를 표시하지 아니하는 한 이의제기국과 유보국 간 조약의 발효를 배제하지 아니한다(제20조 제4항 (b)). 그러나 실무에 있어 이의제기국이 명백하게(explicitly) 조약의 발효를 거부하는 경우는 드물고, 통상 이의제기는 하되 양 국가 간에 조약이 발효된다고 명백하게 표시하는 것이 대부분이다.[123)]

3.4.3 다른 체약국의 수락

조약에 대한 국가의 기속적 동의를 표시하며 유보를 포함시키는 행위는 적어도 하나의 다른 체약국이 그 유보를 수락한 경우에 유효하다(비에나협약 제20조 제4항 (c)). 여기서의 수락은 명시적은 물론 이의제기 의사를 표현하지 않는 묵시적 수락(다음의 비에나협약 제20조 제5항)을 포함한다. 모든 체약국이 한 국가의 유보에 반대하는 것은 현실적으로 거의 불가능한 점을 감안할 때 모든 유보는 일단 유효하다고 해석할 수 있을 것이다.

4. 묵시적 수락(tacit acceptance)

비에나협약에서는 유보에 대한 묵시적 수락을 인정하고 있다. 즉, 조약에서 별도로 정하지 않는 한 유보의 통보를 받은 후 12개월 이내 또는 그 조약에 대한 기속적 동의를 표시하는 날짜 중 나중의 시기까지 그 유보에 대하여 반대를 제기하지 아니할 경우 그 유보는 수락된 것으로 간주된다(동 협약 제20조 제5항). 따라서 유보에 대한 반대국(objecting state)은 이의제기를 표시하여야 하며, 양국 간에 법적인 효력이 발생하기를 원하지 않는 경우는 이를 명시적으로 표시하여야 한다(비에나협약 제20조 제4항 (b)). 이를 소홀히 할 경우에는 이 규정에 따라 묵시적으로 수락한 것으로 간주된다.

집단살해죄의 방지와 처벌에 관한 협약(Convention on the Prevention and Punishment of the Crime of Genocide)의 경우 제9조(조약의 해석, 적용 등에 관한 분쟁해결)에 대한 일부 국가의 유보가 쟁점이 된 바 있다. 네덜란드의 경우 이에 대한 유보의 조약의 목적(object and purpose of the treaty)에 위배된다며 유보한 국가를 당사국을 간주하지 않는다고 선언하였다.[124)] 반면에 다른 많은 국가들은 유보를 받아들일 수 없다(...not accept the reservation

123) *Ibid.*, p. 142.

124) The Government of the Kingdom of the Netherlands declares that it considers the reservations made

made by...)고 선언하였다.

그러나 실무적으로 많은 국가들이 유보에 대하여 반대를 표명하는 것은 아니다. UN의 다자조약현황을 살펴보면 명확히 이의를 제기할 사안으로 보이는 유보에 대하여도 실제 이의를 제기한 국가는 그렇게 많지 않다. 대부분의 국가는 다른 업무로 인하여 바쁘고, 다른 국가의 유보에 대하여 정치적으로 관심이 낮고 또 시급성이 없기 때문에 큰 관심을 기울이지 않는 것이 현실이라고 하겠다.

5. 유보 및 이에 대한 이의제기의 법적 효과

5.1 유보에 따른 조약의 수정(modification)

비에나협약 제19조의 규정에 따라 금지되지 않는 유보, 제20조의 규정에 따라 다른 당사국의 이의제기를 받지 않은 유보, 제23조의 규정에 따른 절차를 따른 유보를 행한 경우 유보국과 다른 당사국과의 사이에 다음과 같은 법률적 효과를 발생하게 된다(동 협약 제21조 제1항 본문). 이는 집단살해죄의 방지와 처벌에 관한 협약(Convention on the Prevention and Punishment of the Crime of Genocide)에 대한 유보 사건에서 국제사법재판소(International Court of Justice: ICJ)의 판결취지를 비에나협약에 수용한 결과이다.[125] 한편, 유보를 행하지 아니한 국가 사이에는 유보국가의 유보에 영향 받지 않고 조약에서 정하는 바에 따른 법적 효과가 발생한다.

5.1.1 유보국에게는 유보내용 적용

유보국에 대해서는 유보국과 그 다른 당사국과의 관계에 있어 유보에 관련되는 조약규정을 그 유보의 범위 내에서 수정한다(동 협약 제21조 제1항 (a)). 따라서 유보국은 조약의 당사국임에도 불구하고 유보국과 다른 당사국과의 관계에 있어 조약의 규정이 적용되는 것이 아니라 유보의 내용이 적용된다. 따라서 유보국에는 조약의 해당 규정이 수정되어 적용되는 결과가 발생하게 된다.

---

by Albania, Algeria...in respect of article IX of the Convention on the Prevention and Punishment of the Crime of Genocide,..to be incompatible with the object and purpose of the Convention. The Government of the Kingdom of the Netherlands therefore does not deem any State which has made or which will make such reservation a party to the Convention. United Nations, *Multilateral Treaties Deposited With the Secretary-General*, 2009, vol. 1, Ch. IV., p. 151.

125) 동 재판소는 "유보가 조약의 취지ㆍ목적과 양립하는 경우, 이의제기국이 있어도 유보국은 조약 당사국으로 인정할 수 있다. 이 경우 이의제기국은 유보국을 조약 당사국이 아니라고 인정할 수 있으며, 유보수락국은 유보국을 조약 당사국으로 인정할 수 있다"라는 판시를 내려 조약유보제도에 대한 기초를 확립하였다. 네이버 지식백과, http://terms.naver.com/entry.nhn?cid=192&docId=729419&mobile&categoryId=192 [2013.11.7.].

5.1.2 다른 당사국도 유보국과의 관계에서는 유보내용 적용

다른 당사국에 대해서는 다른 당사국과 유보국과의 관계에 있어 그러한 조약규정을 동일한 범위 내에서 수정한다(동 협약 제21조 제1항 (b)). 즉, 유보국에는 조약이 수정되어 적용되는 것과 동일하게 다른 당사국에게도 유보국과의 관계에서는 수정된 내용이 적용된다.

5.2 유보에 대한 이의제기의 법적 효과(legal effects)

유보에 대하여 이의를 제기하는 국가가 이의제기국과 유보국 간 조약의 발효에 반대하지 아니하는 경우 유보에 관련된 규정은 그 유보의 범위 내에서 양국 간에 적용되지 아니한다(동 협약 제21조 제3항). 즉, 조약의 다른 규정은 이의제기국과 유보국 사이에 적용되고, 유보된 사항은 적용되지 않게 된다. 한편, 양국 간 조약의 법적인 효력이 발생하기를 원하지 않는 경우는 이를 명시적으로 표시하여야 한다(비에나협약 제20조 제4항 (b)). 이를 소홀히 할 경우에는 묵시적으로 수락한 것으로 간주된다.

다자조약의 경우 이해당사국이 많고, 유보와 이의제기의 내용이 다양하다 보니 다양한 법적 효과가 발생되는 경우가 일반적이다. 예컨대 A, B, C의 3개국이 각각 조약의 제1조, 제2조, 제3조를 유보하였다고 하자. 이 때 조약당사국 D국이 아무런 유보를 하지 않았다면 D국은 다른 A, B, C 국가와의 관계에서 조약에 따른 모든 법률적 효과가 발생하지만 A국과는 1조, B국과는 2조, C국과는 3조가 각각 유보된 내용으로 조약이 수정되어 적용된다. 만일 D국이 A국의 유보에 이의를 제기하였으면 양국 사이에 조약의 다른 내용은 법률적 효과가 발생하지만 제1조의 법률적 효과는 완전히 배제된다. 또 A국과 B국 사이에는 각각 1조와 2조가 유보의 내용으로 수정되어 적용되고, B국과 C국 사이에는 제2조와 제3조가 각각 유보의 내용으로 수정되어 적용되게 된다. 결국 1개의 조약임에도 불구하고 당사국의 유보 및 이의제기에 따라 실제 국가 간 적용에 있어서는 다양한 조합의 법률관계가 발생하게 된다.

5.3 유보 및 이의제기의 철회(withdrawal)

각국의 판단에 따라 유보를 자유롭게 표현할 수 있는 것처럼 조약에서 달리 규정하지 아니하는 한 유보는 언제든지 철회될 수 있으며, 또한 그 철회를 위하여 동 유보를 수락한 국가의 동의가 필요하지 아니하다(비에나협약 제22조 제1항). 또 조약이 달리 규정하지 아니하는 한 유보에 대한 이의제기는 언제든지 철회될 수 있다(동 협약 동조 제2항). 유보나 이의제기의 철회는 전체를 대상으로 하거나 또는 일부에 한할 수 있다. 또한 조약이 달리 규정하거나 달리 합의되지 않는 한 유보 또는 그 철회에 관한 통보가 다른 체약국 또는 유보국에 접수된 때에 한하여 시행된다(동 협약 동조 제3항: 도달주의 원칙).

5.4 유보 및 이의제기의 절차(procedures)

5.4.1 서면통보의 원칙

유보 및 유보에 대한 이의제기가 법적 효과를 가져 오려면 해당 유보 및 이의제기가 비에나협약 제23조의 규정에 따른 적정한 절차를 거쳐야 한다(동 협약 제21조 제1항 본문). 유보, 유보의 명시적 수락 및 유보에 대한 이의제기는 서면(in writing)으로 표현되어야 하며, 또한 체약국 및 조약의 당사국이 될 수 있는 권리를 가진 국가에게 통보되어야 한다(동 협약 제23조 제1항). 서면통보 시 해당 문서에 서명하는 자가 소위 “Big 3”가 아닐 경우는 전권위임장이 필요하다.[126] UN이 기탁소(depositary)의 역할을 하는 경우 각국은 유보 및 이에 대한 이의제기를 UN 사무국에 통보하고, UN사무국은 다시 이를 해당 국가에 통보하게 된다. UN사무국은 이에 대한 각국의 반응을 모두 다자간조약 현황(Multilateral Treaties Deposited With the Secretary-General)에 등재하고 있다.

5.4.2 조건부 서명 시 행한 유보

비준·수락 또는 승인을 조건으로 조약에 서명할 때에 표현된 유보는 유보국이 그 조약에 대한 기속적 동의를 표시하는 때에 공식적으로(formally) 확인(confirm)되어야 한다. 이 경우 유보는 그 확인일자에 표현된 것으로 간주된다(동 협약 제23조 제2항). 이 날짜는 묵시적 수락(12개월)의 기산일이 된다(동 협약 제20조 제5항).

5.4.3 늦은 유보(late reservation)

비에나협약에서는 협약을 비준한 이후 유보의 표현여부에 대하여 명확한 규정을 하고 있지 않다. 비준 후 유보는 체약당사국이 명시적 또는 묵시적으로 수락하지 않는 한 효력이 없다. 종래 UN에서는 지체된 유보에 대한 이의제기 기한을 90일로 제한하였으나 현실적으로 조약의 내용 중에는 법적, 정치적으로 복잡한 문제가 포함되어 있음을 감안하여 이 기간은 너무 짧다는 지적이 많았다. 이에 따라 UN의 법률자문관은 UN 사주대표부에 대한 2000년 4월 4일 자 공한을 통하여 늦은 유보통보에 대한 이의제기 기한을 기탁소로부터 통보를 받은 날로부터 12개월로 연장한다고 통보하였다.[127] 회람 후 12개월 이내에 아무런 반대가 없으면 그 유보는 유효한 것으로 취급된다.

아무런 유보 없이 비준한 후 유보의 필요가 있을 경우 해당 국가는 조약에서 탈퇴하였다가 재가입하면서 유보를 행할 수 있다(해당 조약에서 탈퇴를 허용할 경우에 한함). 이 경우에도 이의제기 기한은 위와 같이 12개월이 적용된다. 그러나 유보의 내용이 조약의 목적에 부합하지 않을 경우에는 다른 당사국의 이의제기를 야기할 수 있으므로 유의할 필요가 있다.

---

126) Anthony Aust, *Ibid.*, p. 155.
127) United Nations, *Treaty Handbook*, 2012, p. 13.

5.4.4 유보의 확인 이전에 행한 수락 및 이의제기

유보의 확인 이전에 표현된 유보의 명시적 수락 또는 유보에 대한 이의제기는 그 자체 확인(confirmation)을 필요로 하지 아니한다(동 협약 제23조 제3항).

5.4.5 유보 또는 유보에 대한 이의제기의 철회

유보 또는 유보에 대한 이의제기를 서면으로 행하는 것처럼 이에 대한 철회도 서면(in writing)으로 표현되어야 한다(동 협약 제23조 제4항).

6. 선언(declarations)

6.1 선언의 개념

선언은 통신(communications), 해석적 선언(interpretative declarations), 정치적 선언(political declarations), 양해(understandings) 등 그 명칭에 관계없이 조약에 대한 서명 또는 기속적 동의의 기탁 시 이루어지는 선언을 말한다. 선언은 UN의 다자간조약 현황에서 유보와 함께 혼합되어 등재되지만 그 성격에 있어 조약의 법률적 효과를 배제하거나 수정하고자 하는 유보(reservation)와는 다소 차이가 있다. 선언의 목적은 원칙적으로 조약의 규정을 보다 명확히 하고자 하는데 있다. 그러나 선언은 조약의 채택에 대한 만족, 특정 조항이 조약에 포함된데 대한 불만 등 정치적 색채를 보다 많이 가지고 있다.[128)]

6.1.1 해석적 선언(interpretative declarations)

다자조약의 협상과정에서 특정규정에 대하여 국가 간에 이견의 발생할 수 있다. 이러한 이견이 적절히 해소되지 않으면 일부 대표는 특정 규정이 자국에게 유리하게 해석되도록 하는 공식선언을 할 수 있다. 즉, 해석적 선언의 목적은 선언을 하는 국가의 입장에서 해당 조약이나 특정 규정의 의미와 범위를 명확하게 해두는 것이다. 이러한 해석적 선언은 회의의 기록으로 남게 되며, 이후 교섭에 관한 준비작업기록(travaux)이 된다.

해석적 선언은 향후 조약의 해석(interpretation)에 있어 조약체결 당시 당사국들의 의사를 파악하는데 좋은 자료가 된다. 이에 대해 다른 국가가 상반된 선언을 하거나 반대하는 의견을 표시하지 않는 한 이는 묵시적으로 수락된 것으로 해석될 수 있다.

해석적 선언에 대하여는 다른 국가는 이를 찬성할 경우 승인(approval)하거나 반대할 경우 반대(opposition)선언을 할 수 있다. 반대선언의 경우 유보에 대한 이의제기(objections to

128) para. 217, United Nations, *Summary of Practice of the Secretary-General as depositary of Multilateral Treaties*, 1999, p. 64.

reservations)와 비슷하나 법적 효과는 차이가 있다. 반대선언은 조약의 발효에 반대하는 것이 아니고 해석적 선언에 따른 해석이 정착되는 것을 반대한다는 의미를 가진다.129)

6.1.2 정치적 선언(political declarations)

다자간 협약에 대해 서명하거나 비준하면서 국가는 조약의 내용에 대한 자국의 일반적인 정책, 자국의 서명 등이 특정 국가를 당사국으로 인정하는 것이 아니라는 등 조약의 법적 효과에 변화를 가져오지 않는 정치적 선언을 행할 수 있다. 이러한 예로는 여러 국가들이 이스라엘이 비준한 조약에 대해 서명 등을 행하면서 이러한 행위가 이스라엘을 인정하거나 이스라엘과 새로운 관계를 맺는다는 것으로 해석되어서는 안 된다고 선언한 경우들이다. 또 영국이 각종 조약이 자국의 해외영토(overseas territories)인 포클랜드 섬(Falkland Islands) 등에도 적용된다고 선언할 경우 아르헨티나는 이에 대응하여 이들 섬의 관할권은 자국에 있다고 주장하는 선언을 할 수 있다.

6.2 위장된 유보(disguised reservations)

위장된 유보는 실제로는 유보의 내용이지만 외견상으로는 마치 선언처럼 위장된 유보를 말한다. 위장된 유보를 사용하는 이유는 유보가 조약에서 금지되었거나, 정치적으로 유보를 하지 않는 것처럼 보이는 것이 유리할 경우이다.130) 따라서 외견상 선언으로 보이더라도 그 내용이 조약의 법률적 효과를 배제하거나 수정하고자 하는 경우 이는 유보로 취급되어야 한다. 유보가 금지된 조약임에도 불구하고 일부 국가가 위장된 유보를 행하는 경우 다른 당사국들은 이에 이의제기를 행하는 것이 일반적이다. 이 때 반대에도 불구하고 철회하지 않은 위장된 유보는 유효하지 않으며, 유보국가의 법적 지위는 자국의 결정에 따라 유보의 이익이 없이(without the benefit of the reservation) 당사국이 되거나, 아예 조약에 기속되지 않을 수 있다.131)

우리나라의 국제조약 미비준 관행에 대한 아쉬움

우리나라는 실제 많은 조약을 비준하지 않고 조약의 규정을 활용하고 있다. 예컨대 선주의 보상책임한도를 정하는 1976년 해사채권의 책임제한에 관한 협약(LLMC 1976)의 경우 1인당 보상한도는 46,666 SDR이다. 우리나라 상법의 보상한도는 1996년 LLMC 의정서에 따른 175,000 SDR을 규정하고 있다(제770조 제1항 제1호). 그럼에도 불구하고 우리나라는 이 조약의 기탁소인 국제해사기구(IMO)에 아무런 비준통보 등을 행하지 않았다. 따라서 국제적 기준으로는 해당 조약을 비준한 국가라고 볼 수 없다.

129) Richard Gradiner, *Treaty Interpretation* (Oxford: Oxford University Press, 2008), pp. li-lii.
130) Anthony Aust, *Ibid.*, pp. 129-130.
131) para. 4.5.3.1, United Nations, *Summary of Practice*, 2011, p. 24.

반면에 많은 선진국들은 유보와 선언을 적극 활용하여 조약들을 비준하고 있다. 즉, 자국의 법령이 해당 조약의 기준에 못 미칠 경우 조약의 해당 조항을 유보하거나, 자국 법령의 기준으로 해석하겠다고 선언하는 것이다. 비준 후 조약의 기준에 적합하게 된 경우에는 종전의 유보와 선언을 취소하면 된다. 이에 따라 제3국은 기탁소의 조약현황을 살펴보면 해당 국가의 조약시행 현황을 바로 알 수 있다. 세계가 점차 좁아지고 있으며, 우리나라는 국제사회의 일원으로서 국제규범을 당연히 따라야 한다. 현행과 같이 국제조약에 대해 비준도 유보도 하지 않고 그냥 지나가는 관행은 바람직하지 않다. 다른 대부분의 국가들이 행하는 업무를 우리가 못하고 있는 것은 어떠한 변명으로도 정당화되기 어렵다고 본다. (가칭)조약체결절차법 등을 제정하여 우리나라가 국제규범에 적극 동참할 수 있는 제도적 장치 마련이 시급하다고 하겠다.

제5절 조약의 발효, 기탁(deposit), 등록(registration) 및 발간(publication)

1. 조약의 발효(entry into force)

1.1 개요

특별히 정한 경우가 아니면 양자조약의 경우 양국이 각각 그 조약에 기속되기로 동의하면 조약이 발효한다. 그러나 다자조약의 경우는 교섭국의 수가 많으며 기속적 동의를 표시하는 방법이 다양해서 그 절차가 복잡해진다. 또 교섭에 참여한 모든 국가가 조약을 비준한 후 조약을 발효시키기는 현실적으로 쉽지 않다. 따라서 이러한 경우 특정한 숫자의 국가가 비준하거나 특정한 요건을 충족시키면 조약이 발효되도록 규정하는 것이 일반적이다. 조약의 발효 전에 조약에 기속적 동의를 표시한 국가는 체약국(contracting State)이 된다(비에나협약 제2조 제1항 (f)). 발효에 필요한 최소한도의 비준국 숫자가 충족되면 조약은 비준한 국가 사이에서 발효하고, 이들 국가는 조약의 당사국(party)이 된다(비에나협약 제2조 제1항 (g)). 조약이 발효된 후에 비준, 승인, 수락, 가입 등을 하는 국가들은 그들이 비준 등을 하는 때로부터 당사국이 되어 조약에 따른 기속을 받게 된다.

1.2 조약의 발효방법

조약은 조약이 규정하거나 또는 교섭국이 합의하는 방법으로 특정 날짜가 되면 발효한다(비에나협약 제24조 제1항). 조약의 발효요건은 매우 다양한 바, 다자조약에서 채택하는 방법의 예는 다음과 같다.[132)]

① 모든 서명국가의 비준

132) Anthony Aust, *Ibid.*, pp. 163-166.

② 교섭국의 최소 숫자의 비준

③ 숫자, 명칭, 종류별로 정한 일정한 국가의 조건부 비준

④ 위의 ②와 ③의 조건에 부가하여 재정적, 경제적 또는 과학적 요건의 추가[133)]

⑤ 조약에서 정한 날짜에 발효

⑥ 조약에서 정한 요건에 따라 특정 날짜에 발효하되 이 조건이 충족되지 못할 경우 기속적 동의를 표시한 국가들이 모여 이들 국가 간에 발효여부 결정

1.3 조약에서 발효를 명시하지 않은 경우

조약에서 발효에 관하여 명시적으로 규정하지 않고, 교섭국간에 이에 대한 합의가 없을 경우 모든 교섭국들이 조약에 기속되기로 동의하자마자 발효된다(비에나협약 제24조 제2항).

1.4 조약의 발효요건 계산

만일 한 국가가 기탁한 기속적 동의 문서를 철회하면 이 국가는 조약의 발효요건 계산에 산입하지 않는다. 그러나 일단 발효요건이 충족되면 조약은 발효되고, 이후에 몇몇 국가가 기속적 동의를 철회해도 조약이 미발효상태로 돌아가지 않는다.[134)] 해당 국가가 더 이상 존재하지 않는(cease to exist) 경우도 문서의 철회와 동일한 효과를 가진다. 즉, 국가가 기속적 동의를 표시한 후 조약발효 전 소멸되면 발효요건에 산입하지 않으며, 조약발효 후 소멸되면 이를 이유로 조약이 미발효로 돌아가지 않는다.[135)]

1.5 조약발효일(date of entry into force)

조약의 발효요건이 충족되었을 경우 과연 어느 시점부터 발효하는지는 중요한 사항이다. 조약의 발효시점부터 당사국에 대한 법률적 효과가 발생하기 때문이다. 일부 조약의 경우 발효요건을 충족하는 날로부터 발효하도록 하고 있으나(예: IMO 협약), 대부분은 발효요건이 충족된 후 30일 내지 12개월이 지나 발효하도록 규정하고 있다. 이와 같은 기간을 이용하여 기탁소(depositary)는 조약이 발효되었음을 관련 국가에 통보하고, 각국은 조약의 발효에 대비하여 필요한 준비를 할 수 있다.

조약의 발효요건 충족 후 일정 날짜가 경과한 후 발효하도록 정해져 있을 경우는 발효일 계

133) 예컨대 IMO 협약 제70조는 총톤수 100만 톤 이상의 선박 보유량을 보유한 7개국을 포함하여 총 21개국이 협약당사국이 된 날짜에 발효한다고 규정하였다.

134) para. 233, United Nations, *Summary of Practice of the Secretary-General as depositary of Multilateral Treaties*, 1999, p. 69.

135) para. 235, *Ibid.*, pp. 69-70.

산에 주의를 요한다. 이 경우 날짜의 계산은 우리 민법과 같이 초일불산입의 원칙(민법 제157조 본문)이 적용된다. 예컨대 문서의 기탁 후 30일이 지나 발효한다고 규정되어 있을 경우 기탁이 3월 15일에 이루어졌다면 3월 16일부터 계산하여 30일째가 되는 4월 14일에 발효하게 된다.[136)]

그러나 "3개월 후"와 같이 일정 기간을 정한 경우에는 초일을 산입한다. 따라서 위의 사례에서 조약의 발효일은 3개월 후인 6월 15일이 된다. 만일 최종 기탁이 3월 31일에 이루어졌을 경우 정확히 3개월 후인 6월 31일은 없으므로 6월의 마지막 날인 6월 30일에 발효하게 된다. 또 만일 11월 30일에 최종 기탁이 이루어진 경우에는 2월의 마지막 날인 28일 또는 29일에 발효하게 된다.[137)] 이러한 계산방법은 역에 의한 계산을 규정하고 있는 우리 민법의 내용과 동일하다(제160조).

조약이 발효한 후 조약에 대한 국가의 기속적 동의가 이루어지는 경우에는 그 조약에서 달리 규정하지 아니하는 한 조약은 그 동의가 이루어지는 날짜로부터 그 국가에 대하여 발효한다(비에나협약 제24조 제3항). IMO협약의 경우 협약발효 후 협약 당사국이 될 수 있는 방법은 수락(acceptance)밖에 없으며, 이러한 수락은 UN에 문서(instrument)를 기탁하는 날로부터 발효하게 된다(제76조). 그러나 다른 대부분의 다자조약의 경우 문서를 기탁하고 일정한 기간이 경과한 후에 발효하도록 규정하고 있다(UN해양법협약 30일, 해상인명안전협약(SOLAS), 해양오염방지협약(MARPOL) 3개월; 민사책임협약(CLC), 기금협약(FUND), 해사노동 협약(MLC) 12개월).

1.6 조약발효 전 절차적 준비행위에 관한 적용

원칙적으로 조약은 발효한 이후에 그 법률적 효력을 가진다. 그러나 문서의 기탁 등 조약의 발효에 필수적인 행위에 아무런 법률적 효력이 없다면 조약 자체가 성립할 수 없게 된다. 이에 대비하여 비에나협약은 절차적 준비행위에 관한 조항은 조약문의 채택(adoption) 시부터 적용하도록 규정하고 있다(제24조 제4항). 이에 해당하는 행위로는 조약문의 정본인증(authentication, 제10조), 조약에 대한 국가의 기속적 동의의 확정(제11조 내지 제18조), 조약의 발효방법 또는 일자(제24조), 유보(reservation, 제19조 내지 제23조), 기탁소의 기능, 기타 조약의 발효 전에 필연적으로 발생하는 사항 등이다.

1.7 조약의 잠정적 적용(provisional application)

다자조약의 발효에는 시간이 많이 소요되는 것이 일반적이다. 그러나 사안이 급할 경우에는 일단 조약 발효 전이라도 일부 국가 간에 잠정적으로 조약을 적용될 수 있도록 하기 위하여 비에나협약은 잠정적 적용을 인정하고 있다. 즉, 조약에서 규정하거나 또는 기타의 방법으로 교섭국이 합의한 경우에는 해당 조약 또는 그 일부의 규정이 발효를 조건으로 하여 잠정적으

136) para. 236(a), *Ibid.*, p. 70.
137) para. 236(b), *Ibid.*

로 적용된다(제25조 제1항).[138] 조약에서 이에 관한 조항을 둔 경우에는 그 조약의 채택에 참여한 국가는 이를 적용할 의무를 지게 되며, 명시적 규정이 없을 경우에는 이를 지지한 국가가 이를 적용할 의무를 지게 된다.[139] 따라서 잠정적 적용에 동의하지 아니한 국가는 이를 적용할 의무가 발생하지 않는다. 조약이 발효될 경우 잠정적용에 동의한 국가는 해당 조약에 기속적 동의를 표시하지 않아도 동의한 국가 사이에는 계속 적용할 의무가 있다.

잠정적 적용은 참여국가의 자발성에 근거하고 있으므로 그 의무에서 벗어나는 것도 자유롭다. 즉, 잠정적 적용에 참여하는 국가가 다른 참여국가에게 해당조약의 당사국이 되지 않겠다는 의사를 통고함으로써 해당 국가의 잠정적 적용의무는 종료된다(동 협약 제25조 제2항).

1.8 조약의 불소급(non-retroactivity)

조약에서 별도로 정하지 않는 한, 조약발효 이전에 당사국에 관하여 발생한 행위, 사실 또는 더 이상 존재하지 않는 상태에 관하여 조약은 소급효과가 없다(비에나협약 제28조). 따라서 조약 발효 이전에 존재한 행위 등이 조약발효 시까지 계속하여 존재할 경우에는 적용될 수도 있다. 그러나 조약에서 핵심적인 사항에 대하여 일정 시기에 발효하도록 정하였고, 이후 조약이 발효한 경우에는 소급적용이 가능하다. 2013년 11월 현재 미발효인 선박평형수관리협약(2004년 채택)에서는 2009년 및 2012년 이전 건조된 선박에 대한 기준을 규정하고 있는 바(동 협약 부속서 제 B-3규칙), 향후 이 협약이 발효되면 이 규정은 발효일로부터 소급하여 적용되게 된다.[140]

2. 조약의 기탁(deposit)

2.1 개요

교섭국(negotiating states)은 조약을 채택하면서 어디에서 기탁소(depositary) 역할을 담당할 것인가에 관하여 합의를 하는 것이 일반적이다. 기탁소는 공식적으로 조약의 관리자 역할을 행한다. 양자조약의 경우 각각의 국가가 서명한 조약의 원본을 보유하고 있으며, 필요시 직접 다른 조약 당사국을 접촉하여 문제를 해결할 수 있기 때문에 기탁소의 역할이 비교적 미미하다. 따라서 양자조약에서는 기탁소에 관한 규정이 없는 경우가 많다. 그러나 다자조약의 경우 기탁

138) 국제이동위성기구(IMSO)는 아직 발효되지 아니한 협약 개정안을 잠정적으로 적용하기로 결정한 바 있다. 즉, 해상인명안전협약(SOLAS)의 발효에 따라 선박장거리위치추적장치(LRIT) 감독에 관한 규정이 2008.1.1.부터 시행되는데 2006년 개정안의 발효가 지연됨에 따라 2007년의 제19차 임시총회에서 이 개정안을 협약 발효를 조건으로 2007.3.7.부터 잠정적으로 적용하기로 결정하였다. para. 7.5, IMSO Assembly/19/8, Record of Decisions of the Nineteenth (Extraordinary) Session of the International Mobile Satellite Organization, 8 March 2007.

139) Anthony Aust, *Ibid.*, p. 172.

140) 선박평형수관리협약의 경우 조만간에 발효될 것으로 예상되기 때문에 새로 건조되는 선박은 협약의 발효 이전이라도 관련기준에 맞추어 건조되고 있다. 따라서 이 협약은 형식적으로는 미발효인 협약이지만 실제에 있어서는 발효된 협약과 동일한 효과를 거두고 있다.

소는 조약의 성공적 운용을 위하여 매우 중요한 요소 중의 하나이다. 즉, 기탁소는 국가들로부터 비준서, 가입서 등 각종 문서(instruments)를 접수하고, 유보와 선언을 각국에 통보하는 한편, 문서의 내용에 의문이 있을 경우 이를 확인하거나 수정하고 있다. 또 접수된 모든 정보는 다른 관련 국가에 통보하여 모든 관련 국가가 이러한 정보를 공유할 수 있도록 지원하고 있다. 이러한 기탁소의 기능, 역할 등에 관하여는 비에나협약 제76조 내지 제80조에서 규정하고 있다.

2.2 기탁소의 지정(designation)

조약의 일생에 걸쳐 기탁소가 매우 중요한 역할을 함에 따라 누가 기탁소 역할을 행할 것인가 하는 것도 매우 중요한 문제 중의 하나이다. 조약의 기탁소는 교섭국 간의 협의를 거쳐 조약에 규정하거나 기타의 방법으로 지정될 수 있다. 기탁소의 역할을 할 수 있는 것으로는 국가·국제기구 또는 국제기구의 수석 행정관(chief administrative officer)이다(비에나협약 제76조 제1항).

2.2.1 기탁소로서의 국가

조약이 국제기구에서 채택되지 않고 한 국가의 초청에 따른 국제회의(conference)에서 채택되었다면 그 회의를 개최한 국가가 기탁소의 역할을 담당하는 것이 관례이다.[141] 실제 국제회의 개최에 필요한 각종 사무국 서비스를 제공한 개최국(host state)이 계속하여 조약의 유지·관리를 담당하는 것이 합리적이기도 하다. 통상 기탁소는 1개 국가로 하는 것이 보통이지만 복수의 국가로 하는 경우도 있다. 핵확산금지조약(Nuclear Non-Proliferation Treaty 1968(NPT))의 경우 기탁소는 미국, 영국 및 소련(현재는 러시아)의 3개국이며, 평화협정(1991 Peace Agreement)[142]의 경우 기탁소는 국제회의를 공동개최한 프랑스와 인도네시아이다.

국가가 기탁소의 역할을 담당한다고 하여 조약의 가입, 유보 등에 관한 각종 통보 등 조약의 유지·관리에 관한 모든 사무국 기능을 담당해야 하는 것은 아니다. 폐기물의 투기에 의한 해양오염방지협약(1972 LC)의 경우 기탁소는 당시 이 협약 채택을 위한 국제회의를 개최한 영국이 담당하였으나 추후 기능의 이전을 통하여 현재는 국제해사기구(IMO)에서 담당하고 있다.

2.2.2 기탁소로서의 국제기구(international organization)

대부분의 다자조약은 국제기구나 국제회의에서 채택된다. 일부 예외를 제외하고 이들 조약은 해당 국제기구의 수석행정관(chief administrative officer)을 기탁소로 지정하고 있다. 여기서 수석행정관은 국제기구 사무국의 수장을 의미하며, 국제기구에 따라 수장의 명칭은 매우 다양하

141) Anthony Aust, *Ibid.*, p. 326.

142) 1991 Peace Agreement는 캄보디아에 정치적 안정을 가져오기 위하여 개최된 파리국제회의(The Paris Conference on Cambodia)에서 채택된 국제조약이다. 이 조약은 Agreement on a Comprehensive Political Settlement of the Cambodia Conflict 및 Agreement concerning the Sovereignty, Independence, Territorial Integrity and Inviolability, Neutrality and National Unity of Cambodia로 각각 구성되어 있다.

다.[143] 한편, 국제기구는 조약에 명시적인 언급이 없거나 업무상 직접적인 관련이 없으면 기탁소 역할 수행에 쉽게 동의하지 않을 수 있으므로 유의할 필요가 있다. UN의 경우 UN총회나 국제회의에서 채택된 조약에 대하여도 업무량 과다, UN전문기구(specialized agencies)의 존재, UN의 정책과 상충 등을 이유로 하여 기탁소 역할에 제동을 가하고 있다.[144] 따라서 모든 국제조약은 UN에 등록하도록 규정(UN헌장 제102조)되었다고 하여 UN이 모든 조약의 기탁소 역할을 할 것이라고 추정하는 것은 잘못이다.[145]

2.2.3 기탁소로서 UN 사무총장

UN 내부에서 또는 UN이 개최한 국제회의에서 채택되는 조약의 경우 기탁소를 UN 사무총장으로 지정하는 규정을 두는 것이 일반적인 바, 이 경우 UN은 이 조약의 기탁소 역할을 하게 된다. 또 UN의 조약은 아니더라도 조약의 성질이 세계적일 경우 UN이 기탁소 역할을 담당하기도 한다. 그러나 UN은 UN전문기구 또는 다른 국제기구가 행하는 기탁소의 역할을 침범하지 않도록 노력하고 있다. 또 정치적으로 민감한 사항이 포함된 조약은 UN이 기탁소 역할을 거부할 수도 있다. 따라서 UN을 기탁소로 활용하고자 할 경우는 사전에 UN 조약과(Treaty Section)와 협의하여야 하며, UN사무총장이 동의할 경우 기탁소에 관한 규정이 포함된 조약초안을 제출하여 검토를 받아야 한다.[146]

2.3 기탁소의 공평의무(duty to act impartially)

조약 기탁소의 기능은 성질상 국제적(international in character)이며, 기탁소는 그 기능을 공평하게 수행할 의무가 있다. 특히 조약이 일부 당사국 간에 아직 발효하지 아니하였거나 또는 기탁소의 기능의 수행에 관하여 국가와 기탁소 간에 이견이 발생하였어도 그러한 의무에 영향을 주지 아니한다(비에나협약 제76조 제2항). 따라서 조약에 관한 국가 간의 관계에 대하여 기탁소는 자신의 견해를 주장하지 말고 당해 국가나 국제법원(international court or tribunal)이 결정하도록 하여야 한다.[147]

기탁소의 공평의무와 관련하여 자주 발생하는 문제는 다자조약에 한 개체(entity)가 회원국으로 가입하고자 하는 경우 해당 개체가 국제법적으로 국가(state)로 인정될 수 있는가에 관한 것이다. 현실적으로 이와 같은 판단은 고도의 정치적 성격을 띠고 있으며, 그러한 결정은 논란의 소지가 높다. UN은 모든 국가 공식(all State formula)이 포함된 조약의 기탁소 역할을 하는 경우 UN총회의 관행에 따라 처리하고 있으며, 필요에 따라 UN사무총장은 해당 개체의 서명 또는 문서의 기탁 전 UN총회의 의견을 요청하고 있다(위에서 살펴 본 "당사국이 되기 위한 자격" 참조).

143) UN, IMO, ICAO, WCO, WHO 등은 Secretary-General을, ILO, WTO, IAEA 등은 Director-General이라는 명칭을 사용한다.

144) paras. 28-29, United Nations, *Summary of the Practice of the Secretary-General as Depositary of Multilateral Treaties*, 1999, p. 7.

145) Anthony Aust, *Ibid.*, pp. 327-28.

146) *Ibid.*, p. 328.

147) *Ibid.*, p. 329.

2.4 기탁소의 기능(functions of the depositary)

기탁소는 조약에서 정하는 모든 조약행위가 잘 이루어질 수 있도록 중요한 역할을 담당하게 된다. 이러한 기탁소의 기능은 그간의 오랜 관행을 통하여 잘 정립되어 있다. 따라서 교섭국들은 기탁소가 그 기능을 잘 수행될 것으로 간주하고 조약문에는 기탁소의 기능은 제외하고 지정에 관하여만 규정하는 것이 일반적이다. 조약의 규정으로 정하거나 당사국 간에 별도로 합의하지 않는 한, 기탁소의 주요 기능은 다음과 같다(비에나협약 제77조 제1항).

① 기탁소에 송달된 조약의 원본(original text) 및 전권위임장(full powers)의 보관
② 조약원본 및 추가의 언어에 의한 조약문의 인증등본(certified copy)을 작성하고, 이를 조약의 당사국과 당사국이 될 수 있는 권리를 가진 국가에 전달148)
③ 조약에 대한 서명의 접수, 조약에 관련된 비준서(instrument of ratification) 등 각종 문서, 유보(reservations) 또는 선언(declarations), 모든 다른 통보(notifications) 및 연락(communications)에 대한 접수와 보관
④ 서명, 조약에 관련된 문서, 통보 또는 연락이 정당하고 또한 적절한 형식으로 되었는지에 대한 검토 및 필요할 경우 문제점에 대하여 당해 국가의 주의 환기
⑤ 조약의 당사국 및 당사국이 될 수 있는 권리를 가진 국가에 대하여 그 조약에 관련된 행위의 통보 및 연락
⑥ 조약의 발효에 필요한 수의 서명 또는 비준서·수락서·승인서 또는 가입서가 접수되거나 또는 기탁되는 경우에 조약의 당사국이 될 수 있는 권리를 가진 국가에 통보
⑦ 조약이 발효될 경우 UN사무국에 조약의 등록
⑧ 이 협약의 다른 규정에 명시된 기능의 수행

기탁소의 기능수행과 관련하여 국가(State)와 기탁소 간에 이견이 있을 경우 기탁소는 그 문제를 조약의 서명국(signatory States), 체약국(contracting States), 필요시 관련 국제기구에 알려 주의를 촉구하여야 한다(동 협약 제77조 제2항). 즉, 이러한 경우 기탁소는 이러한 문제에 대하여 직접 자신의 의견을 주장하지 말고 관련 국가 또는 국제기구의 권한 있는 기관(competent organs)과 협의할 의무가 있다.

2.5 통보와 연락(notifications and communications)

통보 또는 연락은 조약의 적용과 관련하여 중요한 의미를 가지기 때문에 그 방법을 명확히 정할 필요가 있다. 특히 한 국가의 유보통보에 대하여 12개월 이내에 이의제기를 하지 않을 경우에는 이를 수락한 것으로 간주되기 때문에(비에나협약 제20조 제5항) 통보가 언제, 어디에 대하여 이루어졌는지 정확히 정할 필요가 있다. 이를 반영하여 비에나협약은 조약 또는 이 협

148) 우리나라에서 영문 인증등본은 번역의 원본이 되므로 조약의 국내 비준절차에 있어 필수적인 문서가 된다.

약이 달리 규정하는 경우를 제외하고 이 협약에 따라 국가가 행하는 통보 또는 연락은 다음과 같이 행해져야 한다고 규정하고 있다(제78조).

① 기탁소가 정해져 있을 경우는 기탁소에, 그렇지 않을 경우는 통보 또는 연락을 받을 국가에 직접 전달
② 기탁소 또는 국가에게 접수된 경우에만 통보 또는 연락이 이루어진 것으로 간주(도달주의)
③ 기탁소에 전달된 경우 비에나협약 제77조 제1항(e)에 따라 기탁소가 통보 또는 연락을 하여 해당 국가에게 접수된 경우에만 통보 또는 연락이 이루어진 것으로 간주(도달주의)

2.6 착오의 정정(correction of errors)

조약의 중요성을 감안하여 조약업무 담당자는 매우 세세한 주의를 기울임에도 불구하고 사람이 하는 일이다 보니 착오의 예방은 쉽지 않다. 특히 다자조약의 경우 많은 대표가 제한된 시간 내에서 다양한 의견을 수렴하다 보면 착오를 발견하지 못하고 조약문의 채택이나 확정(authentication)을 하는 경우도 많다. 착오의 예로는 타자실수(typographical), 철자(spelling), 문장부호(punctuation), 번호 매기기(numbering), 참조표시(cross-referencing) 등이 있으며, 용어(terminology)를 잘못 사용하거나 번역이 잘못되는 경우도 있다. 물리적 착오의 경우 수정에 큰 어려움은 없지만 수정으로 인하여 조약의 실질적인 내용에 변화를 가져올 경우에는 논란의 소지가 있다. 실제 문장부호가 잘못되어 이를 정정하기 위한 별도의 조약이 체결된 경우도 있다.[149)]

조약상에 중대한 착오가 있어 조약에 대한 기속적 동의를 무효로 할 것인가에 관한 논란이 있는 경우는 착오(error)에 관한 비에나협약 제48조를 따라야 한다. 그러나 착오의 존재에 관하여는 이견이 없고 이를 어떻게 정정할 것인가에 관하여는 동 협약 제79조에서 상세히 규정하고 있다.

2.6.1 기탁소가 지정되지 않은 경우(동 협약 제79조 제1항)

조약문의 확정 후 서명국(signatories) 및 체약국(contracting parties)이 그 내용에 착오(error)가 있다고 합의하는 경우 달리 정하지 아니하는 한 그 착오는 다음 방법 중의 하나에 따라 정정되어야 한다.

- 조약문을 절절히 정정하고, 정당히 권한을 위임받은 대표가 그 정정부분에 머리글자 서명(initialling)
- 합의된 정정내용을 기재한 문서를 작성하거나(executing)[150)] 또는 이를 교환

149) 제2차 대전 후 전범재판을 위한 뉴렘버그 조약(Nuremberg Charter)의 조문 중 코마(,)대신 세미콜론(;)이 잘못 들어가 당초의 목적과 다른 해석이 가능하게 되었다. 그 결과 이를 수정하기 위한 별도의 의정서가 채택된 바 있다. Richard Gradiner, *Ibid*., p 187-8.

150) execute는 법률적 용어로서 계약서 등 법률문서에 서명함으로써 동 문서에 법률적 효력을 부여한다는 의미를 가지고 있다. 따라서 이를 우리말로 번역할 때 적당한 말의 선택에 상당한 어려움이 발생하고

- 원본의 경우와 동일한 절차에 의하여 조약 전체의 정정본 작성(executing the corrected text of the whole treaty)

2.6.2 기탁소가 지정된 경우(동 협약 제79조 제2항)

기탁소는 서명국 및 체약국에 대하여 착오의 내용과 이를 정정하기 위한 제안을 통보하여야 한다. 이 경우 기탁소는 정정제안에 대하여 이의를 제기할 수 있는 적절한 기한을 명시하여야 하며, 그 기한이 만료되면 다음의 조치를 취해야 한다.

- 이의가 제기되지 않은 경우 기탁소의 담당관(authorized official)은 정정제안에 따라 기탁되었던 조약문을 정정하고, 정정된 부분에 머리글자 서명을 해야 한다. 또 조약문의 수정에 관한 경위서(procès-verbal)를 작성하여 그 사본을 조약의 당사국 및 조약의 당사국이 될 수 있는 권리를 가진 국가에 송부하여야 한다.
- 이의가 제기된 경우 기탁소는 그 이의제기를 서명국 및 체약국에 연락(communicate)하여야 한다.

2.6.3 조약문이 2개 이상의 언어로 확정된 경우(동 협약 제79조 제3항)

조약문 사이에 합치(concordance)의 결여되어 있다고 판단되어 이를 정정해야 한다고 서명국 및 체약국이 합의할 경우에는 상기 1항 및 2항의 규칙이 역시 적용된다.

2.6.4 정정본(corrected text)의 적용일(동 협약 제79조 제4항)

서명국 및 체약국이 달리 결정하지 아니하는 한 처음부터(*ab initio*) 착오가 포함되어 있던 조약문을 대치한다. 즉, 정정본이 작성되면 당초의 조약 날짜로부터 소급하여 적용되는 것으로 간주된다.

2.6.5 정정사항의 UN 통보(동 협약 제79조 제5항)

조약을 UN에 등록(UN헌장 제102조)한 후 정정한 경우에는 정정내용을 국제연합 사무국에 통보하여 적절한 정정조치가 이루어지도록 하여야 한다.

2.6.6 인증등본(certified copy)에서의 착오발견 시(동 협약 제79조 제6항)

조약의 원본이 아니고 기탁소에서 각국에 배부한 인증등본에서 착오가 발견되는 경우는 상기 제2항의 절차 대신 간편한 절차를 이용하여 정정할 수 있다. 즉, 기탁소는 정정내용을 명시하는 경위서(procès-verbal)를 작성하여 그 사본을 서명국 및 체약국에 송부하여야 한다.

있다. 저자는 서명을 통하여 문서작성이 완성되는 점을 감안하여 작성이라는 용어를 선택하였다.

3. 조약의 등록 및 발간(registration and publication)

3.1 등록 및 발간의 법적 근거

종래 강대국에 의한 비밀외교(secret diplomacy)는 관행적으로 이루어지고 있었으며, 제1차 세계대전 이후 비밀조약은 국제적 불안정의 주요 원인으로 지목되었다. 특히 1918년 1월 8일 미국의 윌슨(Woodrow Wilson) 대통령은 미국의회에서 행한 14개항(Fourteen Points) 연설에서 첫 번째로서 공개적인 외교(open diplomacy)를 주장하였다. 이후 그의 주장은 국제연맹규약(Covenant of the League of Nations)에 반영되어 모든 조약(every treaty of international engagement)은 국제연맹에 등록되어야 하며, 그렇지 아니한 조약은 효력이 없다고 규정된 바 있다(제18조). 이후 이 내용은 UN헌장에 계승되었는바(제102조 제1항), 그 내용은 다음과 같다. 이 규정에도 불구하고 국제법상 국가 간 비밀조약은 위법이 아니며, 일반적으로 승인되지 않고 숨기기도 어렵지만 실제로 존재하고 있다.[151)]

1. Every treaty and every international agreement entered into by any Member of the United Nations after the present Charter comes into force shall as soon as possible be registered with the Secretariat and published by it.

즉, 모든 UN회원국은 자국이 당사국인 국제조약이 발효되면 가능한 신속하게 UN 사무국에 등록할 법적 의무가 있으며, UN사무국(조약과(Treaty Section))은 등록된 조약을 발간하도록 위임된다.[152)] 이 경우 등록기한은 없다. UN회원국이 등록을 위하여 자료를 제출한 경우 UN 사무국은 해당 조약이 등록대상인지를 확인하게 된다. UN헌장과 관련 규정에서 조약(treaty)과 국제적 합의(international agreement)의 개념에 대하여는 정의하고 있지 않으므로 UN사무국은 개별 회원국의 입장을 존중하는 원칙을 가지고 있다.[153)] 따라서 조약이 등록되었다고 하여 그 조약의 성질, 당사국의 지위 등에 대한 사무국의 판단이 포함되어 있다고 볼 수 없다. 또 조약의 등록으로 인하여 그 조약이 조약의 성질을 가지게 된다고도 볼 수 없다.

한편 조약은 발효된 후 등록(경우에 따라 편철과 기록) 및 발간을 위하여 UN사무국에 송부되어야 한다(비에나협약 제80조 제1항). 또 기탁소를 지정하게 되면 그 기탁소는 위의 규정에서 명시된 행위를 수행할 수 있는 권한을 부여받게 된다. 따라서 국제기구 등 지정된 기탁소는 개별 국가를 대신하여 기탁된 문서를 UN사무국에 등록하여야 한다. 최근에 채택된 조약들은 등록업무가 정형화됨에 따라 이에 관한 사항을 점차 규정하지 않는 경향에 있다. 그러나 IMO에서 제정하는 조약은 거의 모두 등록에 관한 규정을 조문에 포함하고 있다.

151) Alina Kaczorowska, *Ibid.*, p. 108.
152) United Nations, *Treaty Handbook*, 2012, p. 29.
153) para. 5.3.1, *Ibid.*, p. 30.

3.2 조약등록 및 발간에 관한 UN의 기준 및 절차

조약의 등록 및 발간업무를 통일적으로 운영할 수 있도록 1946년 12월 14일 UN총회는 유엔헌장 제102조에 효력을 주기 위한 조약등록규칙[154]을 채택하였고, 이는 각각 1949년, 1950년 및 1978년에 개정되었다. 이 규칙은 조약을 등록하고자 하는 개별 국가는 물론 조약등록업무를 수행하는 UN사무국에 지침서(guideline) 역할을 하고 있다. 이 규칙의 주요 내용은 다음과 같다.

① 그 형식과 명칭에 관계없이(wherever its form and descriptive name) 모든 국제조약은 UN헌장의 발효일인 1945.10.24. 이후 가급적 신속하게 UN사무국에 등록되어야 함(제1조 제1항).
② 조약은 적어도 2 당사국 간에 발효되어야 등록이 가능(제1조 제2항).
③ 조약 등록 이후 당사국, 용어, 범위, 적용 등에 변화를 가져올 수 있는 이후의 행동(any subsequent action)을 등록(제2조 제1항). 이러한 예로는 조약의 비준, 수락, 연장, 폐기, 영토의 확장 등이 있음.
④ 조약은 당사국 중 아무나 등록할 수 있으며, 등록되면 다른 국가는 등록할 의무가 면제됨(제3조).
⑤ UN은 UN이 등록하도록 규정한 조약, UN을 기탁소로 지정한 조약, UN과 UN회원국이 당사국인 조약을 직무상(*ex officio*) 등록하여야 함(제4조). UN과 다른 국제기구, UN과 UN 비회원국 간의 조약 등 의무적 등록대상이 아닌 조약은 등록할 필요는 없으나 UN의 자발적인 편철 및 기록(filing and recording) 대상이 됨(제10조 및 제11조).

3.3 조약등록의 법적 효력

종래 국제연맹조약에서는 등록을 발효요건을 하였으나 UN헌장에서는 대항요건으로 규정하고 있다. 즉, 조약을 등록하지 아니한 당사국은 국제사법재판소(ICJ) 등 UN의 기관에서 이러한 조약을 원용(invoke)할 수 없다. UN헌장의 내용은 다음과 같다(제102조 제2항).

> 2. No party to any such treaty or international agreement, which has not been registered in accordance with the provisions of paragraph 1 of this Article, may invoke that treaty or agreement before any organ of the United Nations.

그러나 상기의 규정은 UN의 주요기관인 국제사법재판소(ICJ) 등의 국제기구에서 매우 엄격하게 적용되지 않고 있다. 1987년의 Qatar vs. Bahrain(Jurisdiction and Admissibility) 사건에서 ICJ는 두 당사국이 조약의 효과를 가진다고 합의하였으나 UN에 등록하지 아니

154) 관련 규정의 명칭은 Registration and Publication of Treaties and International Agreement: Regulations to Give Effect to Article 102 of the Charter of the United Nations이다.

한 2 통의 교환서한(Exchange of Letters)의 용어를 완전히 인정하였다.[155] 다른 사건에서 UN의 기관들은 등록되지 아니한 조약의 원용을 인정하고 있으며, UN안보리가 국제적인 평화와 안보를 위한 문제 결정에 있어 등록되지 아니하였다고 하여 관련 문서를 무시할 것 같지는 않다.[156]

3.4 조약을 등록한 국가와 다른 국가 간의 관계

UN헌장에서 조약의 등록의무는 어느 국가에게 있는지 명확하지 않다. 따라서 당사국은 어느 국가든지 조약을 등록할 수 있다. UN사무국은 제출된 조약의 실질적 성질에 따라 등록을 행하며, 명칭이 양해각서(MOU)라도 조약에 포함된다고 판단되면 등록을 허용하고 있다. 성격상 명백하게 조약이 아니라고 판단할 경우 UN사무국은 등록을 거부할 수 있다. 그러나 등록을 하고자 하는 국가의 의견을 따르는 경우가 많으므로 그 성격이 애매해도 조약으로 등록되는 경우도 있다. 특히 한 당사국은 이를 조약으로 판단하여 등록해도 다른 당사국은 이를 조약이 아닌 양해각서(MOU)로 판단하여 별 관심을 기울이지 않는 경우도 있을 수 있다.

한 국가가 UN사무국에 등록했다는 사실은 해당 국가가 해당 문서를 조약으로 인식했다는 증거가 될 수 있지만, 다른 국가가 이를 인정했다고는 볼 수 없다. 등록국가는 등록을 하면 접수증을 받지만 다른 당사국은 아무런 통보도 받지 못하기 때문에 분쟁이 발생할 때까지 해당 조약이 등록되었다는 사실조차 모를 수 있기 때문이다.[157] 따라서 문서의 성격이 다소 애매할 경우 조약 담당자는 다른 당사국이 등록할 가능성에 대해 유의해야 한다.

3.5 조약의 발간(publication)

UN사무국에 등록, 편철 및 기록된 조약은 각각 UN조약집(United Nations Treaty Series) 및 월간 조약현황(Monthly Statement of Treaties and International Agreements)으로 발간된다.

3.5.1 UN조약집(United Nations Treaty Series)

UN사무국은 모든 조약 및 이후의 행동(any subsequent action)을 등록, 편철 및 기록되자마자 단일의 조약집(a single series)으로 발간하여야 하며, 조약 원래의 언어 및 이를 영어 및 불어로 번역하여 발간된다.(조약등록규칙 제12조 제1항). 또 당초 UN사무국은 등록, 편철 및 기록된 조약 모두를 발간하였으나 사무국의 업무량 폭주를 감안하여 중요도가 떨어지는 양자 및 다자조약의 경우 사무국의 재량에 따라 발간여부가 결정되고 있다.[158] 현재 이와 같이 발간제한정책이 적용되어 발간되지 않는 조약은 모든 등록되는 조약의 25%에 달하고 있다.[159]

155) Anthony Aust, *Ibid.*, p. 346.
156) *Ibid.*
157) *Ibid.*, p. 345.
158) United Nations General Assembly resolution 52/153 of 15 December 1997.
159) para. 5.7.4, United Nations, *Treaty Handbook*, 2012, p. 39.

UN사무국은 인쇄되는 UN조약집과 별도로 UN조약집 데이터베이스(United Nations Treaty Series Database)를 운영하여, 누구나 온라인으로 조약의 검색이 가능하도록 하고 있다. 또한 다자조약의 경우는 별도로 다자조약현황(The Status of Multilateral Treaties Deposited with the Secretary-General)을 매년 12월 31일을 기준으로 발간하고 있다. 여기에는 각 조약의 비준, 수락, 서명 등의 정보는 물론 선언(declarations), 유보(reservations) 및 이의제기(objections) 내용이 포함되어 있다. 온라인(on-line) 접속이 가능한 다자간조약현황은 정기적으로 최신화(update)되므로 비교적 최신정보를 얻을 수 있다.

3.5.2 월간 조약현황(Monthly Statement of Treaties and International Agreements)

UN사무국은 매월 그 전월에 등록 및 기록된 날짜, 번호 등 조약의 현황을 발간하여야 한다(조약등록규칙 제13조). 월간 조약현황에 조약문은 게재되지 않지만 등록, 편철 및 기록된 조약의 특성을 나타내는 정보를 포함시켜 영어와 불어로 조약의 최근 현황을 파악할 수 있게 해준다. 월간조약현황은 온라인(on-line)접속이 가능하며, 여기에 포함되는 정보는 다음과 같다.

① 등록번호 또는 편철 및 기록번호
② 문서의 제명(title of the instrument)
③ 조약을 체결한 당사국명
④ 조약체결의 날짜 및 장소
⑤ 유보, 선언 등의 첨부물
⑥ 조약체결 시 사용한 언어
⑦ 조약의 등록 또는 편철 및 등록을 위하여 제출한 당사국명 또는 UN전문기구의 명칭
⑧ 등록 또는 편철 및 기록일

제6절 조약의 준수(observance of treaties)

1. 조약의 수용

1.1 조약이행을 위한 국가의 의무

조약이 한 국가에 대하여 발효하였다고 하여 해당 조약의 모든 규정이 그 국가에서 자동적으로 집행되는 것은 아니다. 별도의 국내적 조치가 필요 없이 자동적으로 발효하게 되는 소위 자기집행적 조약(self-executing treaties)을 제외하고 조약이 국내에서 집행되려면 조약의 내용이 실제로 실현되도록 하기 위한 국내적 입법(domestic legislation)이 필요한 경우가 대부분이다. 따라서 조약에 따른 국가의 의무는 조약이 국내적으로 잘 집행되도록 필요한 조치를 행하는 것이라고 할 수 있다. 조약을 국내법으로 변형(transformation)하는 절차를 "수용(incorporation)"

이라고 한다. 조약을 수용한 국내법에서는 조약의 집행을 위한 행정적 절차, 예산의 확보, 위반한 자에 대한 처벌 등이 규정되게 된다.

그러나 조약을 어떻게 국내법에 수용해야 하는지를 규정하는 일반 국제법은 존재하지 아니한다. 또 국가가 조약을 국내법에 수용해야 한다는 의무를 규정한 일반 국제법도 없다. 따라서 조약의 당사국으로서 조약의 국내집행을 위한 아무런 조치를 취하지 않을 경우 국제적 비난을 받을 수는 있어도 다른 국가나 UN이 개입할 수 없다. 이러한 내정불간섭(non-intervention)의 원칙은 일반 국제관습법 및 UN헌장(제2조 제4항)에 의하여 보장되고 있다. 결국 조약을 국내에서 어떠한 절차로 어떻게 수용할 것인가에 대한 선택은 개별 국가에 맡겨져 있다. 실제 대부분의 국가는 자체 헌법의 규정에 따라 조약과 국내법의 관계를 규정하고 있으며, 이에 따라 조약의 국내수용을 행하고 있다.

1.2 국가의 보호책임(responsibility to protect: R2P)

이러한 내정불간섭의 원칙에 대한 예외로서 새롭게 등장한 이론이 인도적 간섭(humanitarian intervention) 또는 보호책임(responsibility to protect: R2P)이다. 1990년대 르완다(Rwanda), 코소보(Kosovo), 보스니아(Bosnia), 소말리아(Somalia) 등지에서 집단학살(genocide) 등 국제인권조약(international human rights treaties)에서 금지된 심각한 인권유린 사태가 발생해도 내정불간섭 원칙에 따라 국제사회가 효과적인 개입을 할 수 없었다. 이러한 문제 해결을 위하여 구성된 개입 및 국가주권에 관한 국제위원회(International Commission on Intervention and State Sovereignty)는 UN사무총장에게 새로운 해법을 제시하였다. 즉, 한 국가가 UN에 가입한다는 것은 국제사회의 일원으로서 국제적 책임을 다하겠다는 것을 의미하는 바, 해당 국가의 주권은 통제할 주권(sovereignty to control)이라기보다는 책임으로서의 주권(sovereignty as responsibility)으로 바꾸어 생각해야 된다는 것이다. 또 개인의 인권은 개별국가의 국내법을 통하여 보호되어야 하는 것이 원칙이지만 해당 국가가 이러한 책임을 기피하거나 수행할 능력이 없거나, 또한 계속할 경우에는 국제사회가 군사적 개입 등을 통하여 해당 국민에 대한 보호책임을 져야 한다는 것이다.[160] 또한 동 위원회는 인도적 개입이라는 용어는 논의의 발전에 도움이 되지 않으므로 보호책임이라는 용어로 바꾸어 사용하도록 요청하고 있다.[161]

한편, 집단학살(genocide), 노예제도(slavery or slavery trading), 고문(torture), 인종차별(racial discrimination) 등의 인권유린 행위를 근절하기 위하여 이와 관련된 국제조약에서는 이러한 범죄에 대한 보편적 관할권(universal jurisdiction)을 인정하여 어느 국가든지 행위지에 관계없이 관련 피의자에 대하여 형사관할권을 행사할 수 있도록 국내법령을 정비하도록 촉구하고 있다. 또 국제형사법원(ICC)은 집단학살죄(crime of genocide), 인류에 대한 범죄(crimes against humanity), 전쟁범죄(war crimes) 및 침략범죄(crimes of aggression)에 대한 형사관할권을 직접 행사하고 있다(국제형사법원조약 제5조).

---

160) paras. 2.14 to 2.20, International Commission on Intervention and State Sovereignty, "*The Responsibility to Protect: Report of the International Commission on Intervention and State Sovereignty*", (Ottawa, Canada: International Development Research Centre, 2001), pp. 13-14.

161) para. 2.4, *Ibid.*, p. 12.

1.3 조약의 성실한 이행의무

비에나협약은 "약속은 이행되어야 한다(*pacta sunt servanda)*"는 제명 하에 "유효한 모든 조약은 그 당사국을 기속하며 성실하게 이행되어야 한다(performed in good faith)"고 규정하고 있다(제26조). *pacta sunt servanda* 원칙은 국제법의 기본 원칙으로서 국제적으로 인정되고 있다. 또 이 원칙은 약속은 지켜질 것이라는 상대방에 대한 기대(신뢰)를 표현하고 있는 바, 이러한 상호신뢰는 조약관계의 안정에 매우 중요한 요소로서 국제관계의 안정에 크게 기여하고 있다. 또 조약이행의 방법으로서 신의성실의 원칙은 *pacta sunt servanda* 원칙을 구성하는 중요한 요소이다. 신의성실에 따르지 않은 조약의 이행은 관련 국가로부터 국제의무의 위반(breach)이라는 이의제기를 받을 수도 있다. 만일 그 위반이 중대할(material) 경우 다른 당사국들은 조약을 종료하거나 정지시킬 수 있는 근거로 그 위반을 원용할 권리를 주게 된다(비에나협약 제60조). 그러나 구체적으로 어떻게 이행하는 것이 신의성실의 원칙에 적합한지에 관한 명확한 기준은 없는 바, 우리 민법의 예와 같이 실제의 상황에 따라 적절히 판단되어야 할 것이다.

pacta sunt servanda 원칙과 밀접한 관련이 있는 규정은 "당사국은 조약의 불이행을 정당화하기 위하여 국내법 규정을 원용해서는 아니 된다"는 규정이다(비에나협약 제27조 전단). 조약이 국내에서 이행되려면 이에 필요한 국내입법이 마무리되어야 한다. 국내법 정비가 미진한 상태에서 조약이 발효되면 조약 불이행의 문제가 발생할 수 있으므로 조약에 대한 기속적 동의는 국내법 정비가 끝난 후에 행하는 것이 바람직하다. 따라서 조약에 대한 기속적 동의를 미리 행하고 국내법의 미개정 등을 이유로 조약의 불이행을 정당화할 수 없음은 당연하다고 하겠다. 또 이 규정은 조약에 대한 기속적 동의를 표시할 당시 국내법 위반으로 인한 조약의 무효관계를 규정하는 제46조를 침해하지 아니한다(동조 후단).

2. 조약의 국내적 효력에 관한 학설[162)]

2.1 일원론(monism)

일원론은 국제법과 국내법은 별개의 법질서가 아니라 양자는 하나의 통일적 법체계를 형성하고 있다고 본다. 따라서 국제법인 조약을 비준하면 별도의 변형(transformation)을 거칠 필요가 없이 조약의 내용이 자동적으로 법적 체계에 수용되어 법적 효력이 인정된다고 한다. 따라서 각국의 법관은 이 조약의 규정을 재판에 바로 적용할 수 있다. 그 결과 각각의 법적 효력을 가진 조약과 기존 국내법 간에 충돌문제가 발생할 수 있다. 이 경우 어떤 것에 우위를 인정하는가에 따라 일원론은 국내법 우위설과 국제법 우위설로 나누어지게 된다.

국내법 우위설에 따르면 조약의 체결행위는 각 국가 헌법의 규정에 따라 조약의 체결권한을 가진 국가기관이 행하기 때문에 조약의 성립은 국내법의 수권에 의존하게 된다. 따라서 조약의 체결근거가 국내법에 있으므로 최소한 국내에서는 국내법이 조약보다 우위에 선다는 것이다.

---

162) 이 부분은 박영선, "「UN해양법협약」 중 선박통항규정의 국내법 수용방안," 「해사법연구」, 제20권 제3호, 2008.11., 261-272쪽의 내용을 이 책의 내용에 적합하도록 적절히 수정·보완하였다.

이 이론은 자국의 이익만을 보호하려는 19세기 독일 제국주의의 이데올로기이다.[163] 이에 따르면 국제법도 국내법의 일종으로서 결국 국제법질서를 부정하게 되어 그 타당성을 상실하게 된다.[164]

반면에 국제법 우위설은 조약이 국내법에 우선한다는 주장으로서, 그 논거는 다음과 같이 다양하다. 켈센(Hans Kelsen)은 모든 법이 유효성을 가지는 근본적인 원리인 기본명제(basic norm)상 국가는 관행에 따라 행동하여야 한다고 한다. 그 결과 국제법은 국가의 관행으로부터 도출되며, 국내법은 국제법 체제에서 설립된 국가에서 도출되기 때문에 국제법이 국내법에 우선한다는 것이다. 라우터파하트(Hersch Lauterpacht)는 개인의 집합체인 국가에서 국제법은 인권을 가장 잘 보장할 수 있는 수단이기 때문에 국내법에 우선한다고 보았다. 이밖에도 법의 수직구조상 자연법이 가장 상위에 있고, 그 아래에 국제법과 국내법이 있으므로 자연히 국제법이 국내법에 우선한다는 주장도 있다.

일원론을 채택한 국가 중 국내법 우선을 지지하는 국가는 찾을 수 없으며, 국제법 우선을 지지하는 국가로는 네덜란드와 프랑스를 들 수 있다. 그러나 이 경우에도 모든 조약이 국내법보다 우선하는 것은 아니고 일정한 제한이 있다. 아래에서 별도로 상술하듯이 우리나라는 헌법상 적법하게 체결된 조약은 공포만으로 국내적 효력을 갖기 때문에 일원론 국가로 이해하는 것이 통설이다.[165]

2.2 이원론(dualism)

이원론은 국제법과 국내법은 그 근거와 규율하는 대상이 각각 다른 별개의 법질서를 구성하므로 상호간에 간섭할 수 없다고 보는 시각이다. 트리펠(Tripel)에 따르면 국제법은 평등한 국가간의 관계를 규율하지만 국내법은 국가 내 개인 간의 권리와 의무를 다룬다고 한다. 또 국제법과 국내법은 서로 독립되어 있으므로 충돌할 수 없으며, 국제법이 직접 국내 규범으로 적용될 수 없다. 만일 국제법이 국내적 효력을 가지려면 반드시 국제법을 변형하여 국내법으로 수용하여야 한다. 이러한 이원론적 국가로는 영국 및 캐나다, 호주 등 영연방국가들과 덴마크, 노르웨이, 스웨덴을 들 수 있다.

변형의 방법으로는 행정부의 명령이나 법원의 결정 등 여러 가지가 있지만 가장 대표적인 것은 조약의 국내 시행을 위한 법률을 제정하는 것이다. 영미법 국가의 경우 조약을 국내법으로 수용하면서 조약을 의회가 제정한 법의 부록(schedule)으로 첨부하기도 한다(다만, final clause는 제외). 조약에 대한 해석방법은 국가마다 다르기 때문에 시행에 관한 각국의 국내법은 내용에 다소 차이가 있을 수 있다. 이 경우 국내적 효력을 가지는 것은 조약이 아니라 이를

163) 이한기, 「국제법강의」(출판지, 출판사 불명, 1990), 136쪽을 법무부, 「조약의 국내적 수용 비교연구」, 1996, 5쪽에서 재인용.

164) 법무부, 「조약의 국내적 수용 비교연구」, 1996, 5쪽.

165) 우리나라 헌법은 일원론과 이원론 중 명백한 해결을 못 내리고 있을 뿐만 아니라 국내법적 도입방식에 대하여도 어느 입장을 취하고 있는지 분명하지 않다고 한다. 이장희, "국제법의 국내법적 도입에 관한 이론 - 변형이론⸱수용이론⸱집행이론," 「입법조사연구」 통권 제234호, 1995.8., 11쪽. 한편, 우리나라 헌법규정은 일원론이나 이원론 모두의 입장에서 해석할 수 있는 여지를 두고 있다는 판단도 있다. 김철수, 「헌법학개론」, 제19전정신판, (서울: 박영사, 2007), 322쪽.

반영한 국내법이다.[166] 따라서 분쟁이 발생한 경우 해당 국가의 법원에서는 조약을 반영한 국내법에 따라 판결을 내리게 된다. 만일 조약과 국내법 규정에 차이가 발생할 경우 해당 국가는 조약을 국내에서 충실히 이행할 조약상 의무위반 문제가 발생할 수는 있어도 해당 국내법 규정이 국내적으로 무효가 되지는 아니한다.

2.3 기타의 학설

피츠모리스(Gerald Fitzmaurice)는 일원론과 이원론으로 양분하는 것이 실제적이지 못하다(unreal, artificial and strictly beside the point)고 주장하였다. 그에 따르면 국제법과 국내법은 전혀 별개의 체제이기 때문에 충돌할 수가 없다고 한다. 따라서 국내에서 충돌문제는 국내 충돌법에 따라, 국제적인 충돌문제는 국제법에 따라 해결하면 된다고 한다. 그는 국제법과 국내법의 관계를 영국과 프랑스와 같은 양 국가 간의 법률관계로 보고, 충돌이 발생한 경우 각국법원은 이를 해결하기 위한 규정이 있다고 지적하였다. 따라서 각 법은 각 분야에서 우선하기 때문에 어느 법이 우선하는지를 검토하는 것이 불필요하다고 한다.[167]
한편, 최근 영국, 호주, 뉴질랜드, 캐나다 등 보통법(common law) 국가의 판사들은 엄격한 이원론을 포기하고 이행입법이 되지 아니한 인권관련 국제협약을 국내법으로 인정하는 경향이 있다. 따라서 종래의 일원론과 이원론의 구분은 점차 약해지고 있다.[168]

3. 주요 국가별 관행

3.1 네덜란드(일원론)

네덜란드의 2000년 헌법 제93조는 조약의 규정과 국제기구 결의의 규정은 내용상 모든 사람에게 구속력이 있을 경우 공포된 후 구속력을 갖는다고 규정하여 직접효력(direct effect)이 있는 조약과 결의 규정은 자동적인 수용을 인정하고 있다. 또 제94조에서는 국내규정이 강행력 있는 조약규정과 충돌하는 경우 적용될 수 없도록 하여 조약의 우선적용을 명시적으로 정하고 있다. 또한 제120조는 법원이 조약의 합헌성 여부를 심사할 수 없다. 다만, 의회는 헌법과 충돌하는 조약에 대하여는 헌법 개정에 필요한 다수결(투표의 3분의 2)로 비준을 할 수 있다.[169]

3.2 영국(이원론)

전통적으로 영국에서 대부분의 조약의 체결은 왕의 권한(prerogative)에 속하며 의회는 조약

166) 백진현, "조약의 국내적 효력,"「국제법학논총」, 제45권 제1호, 통권 제87호 대한국제법학회(2000), 102쪽.
167) Fitzmaurice, "The General Principles of International Law Considered from the Standpoint of the Rules of Law," (1957-11) 92 *Hague Recueil* 1 at 70-80을 D. J. Harris, *Cases and Materials on International Law*, 6th Ed., (London: Sweet & Maxwell, 2004), pp. 66-7에서 재인용.
168) Melissa A. Waters, "Creeping Monism: The Judicial Trend Toward Interpretive Incorporation of Human Rights Treaties," *Columbia Law Review*, vol. 107: 628(2007).
169) 김대순, 전게서, 211쪽.

의 체결 또는 비준에 아무런 역할을 하지 않는다. 영국 헌법상 의회는 배타적인 법률제정권을 가지고 있으므로 의회는 왕의 외교정책을 견제하기 위하여 의회의 이행입법이 이루어지지 아니한 조약은 그 효력을 인정하지 않았다. 이후 영국은 입헌군주제로 전환되었음에도 불구하고 조약체결권과 의회의 입법권은 계속 명확히 분리되어 있다. 따라서 영국에서 조약은 그 자체로서 아무런 국내적 효력이 없으며, 국내적으로 적용되기 위해서는 반드시 의회의 이행입법 등 적절한 변형(transformation)을 거쳐야 한다.170) 영해법 위반과 관련한 외국선박의 처벌과 관련하여 법원은 의회가 필요한 법률을 제정하지 않았으므로 처벌할 수 없다고 판결하였다.171)

영국에서는 조약의 국내법적인 효력을 인정하지 않기 때문에 조약과 국내법의 직접 상충문제는 발생하지 않는다. 그러나 의회의 이행법률이 조약과 충돌할 경우 법원은 영국의 조약상의 의무를 고려하여 해당 법률을 가능한 한 조약과 합치되는 방향으로 해석하고 있다.

3.3 미국(혼합형)

미국의 헌법 제6조 제2항에서 조약은 헌법 및 법률과 함께 미국의 최고법(supreme Law of the Land)이라고 규정하고 있다. 또 제3조 제2항에서 미국이 체결한 조약으로 인하여 발생한 분쟁에 대해 사법권을 행사할 수 있다고 규정하고 있다. 이러한 헌법의 규정은 조약을 체결하기만 하면 국내법으로 인정되기 때문에 일견 미국이 일원론의 입장을 취하고 있는 것처럼 보인다.

그러나 실제 미국에서 조약은 자기집행적 조약(self-executing treaty)과 비자기집행적 조약(non-self-executing treaty)으로 나누어 다르게 취급하고 있다. 자기집행적 조약은 국내 적용을 위하여 별도의 이행입법이 필요 없이도 집행될 수 있는 조약을 말하고, 비자기집행적 조약은 의회에서 변형을 통한 이행입법이 제정되지 않으면 법원에 대한 기속력을 가질 수 없는 조약을 말한다. 조약이 자기집행적인지 아닌지를 구분하는 분명한 기준은 없으며, 구체적 사건에서 조약의 효력이 문제가 된다면 법원은 행정부나 입법부의 의사, 조약의 문언 등을 통해 판단해야 한다. 조약규정이 명확하게 기술되어 있고, 추가적인 이행입법에 의존하지 않는다면 자기집행성을 갖는다고 볼 수 있을 것이다.172) 비자기집행적 조약의 이행을 위한 입법을 한 경우 법으로서 효력이 부여되는 것은 조약이 아니라 이행법률이다.173)

3.4 일본(혼합형)

일본의 헌법은 "일본국이 체결한 조약 및 확립된 국제법규는 성실히 준수되어야 한다"고 규정하고 있다(제98조 제2항). 이 규정의 문언적인 내용만으로는 다소 불분명하지만 조약이 일본에서 국내적 효력을 가진다고 보는 것이 통설이다.174) 이러한 학설의 태도는 일본에서 국제법

170) "... a treaty is not part of English law unless and until it has been incorporated into the law by legislation." *Maclaine Watson v. Dept. of Trade*, [1990] 2 A.C. 418 at 500, HL.
171) R. *v* Keyn, *(1876) 2 Ex.D. 63. Court for Crown Cases Reversed.*
172) 김대순, 전게서, 213쪽.
173) 백진현, 전게논문, 111쪽.

은 변형 없이 수용된다는 일원론적인 시각을 반영하고 있는 것으로 보인다.

그러나 실제 적용에 있어 일본은 미국과 유사한 관행을 가지고 있다. 즉, 조약의 국내적 효력이 있다고 해서 모든 조약들이 국내법원에서 직접 적용되는 것은 아니라고 한다. 따라서 자기집행적 조약은 직접 적용되지만 비자기집행적 조약은 적절한 변형조치를 통해서만 이행될 수 있다고 한다. 일본 법원에서는 국제법이 직접 효력을 가지기 위한 조건으로서 개인의 권리와 의무가 조약에서 명확하게 규정되어야 하며, 조약당사국이 조약에 따라 개인의 권리와 의무를 보장할 의사가 있어야 한다고 판결한 바 있다.[175]

4. 우리나라의 현황

4.1 우리나라의 관행(일원론)

우리나라의 헌법 제6조는 "헌법에 의하여 체결·공포된 조약과 일반적으로 승인된 국제법규는 국내법과 같은 효력을 가진다"고 규정하고 있다. 이 조항에 대해 우리나라의 대부분의 학자들은 헌법에 따라 적법하게 체결된 조약은 공포만으로 국내적 효력을 가진다는 일원론적 해석을 하고 있다. 이 경우 공포는 헌법에 따라 조약의 국내적 발효를 위한 필수적인 요건으로서 이행법률의 제정 등의 변형이 불필요하다. 그러나 대통령의 조약체결 및 공포만을 거친 조약이 국회의 심의를 거친 국내법과 동일한 효력을 가진다는 것은 헌법체계상 다소 어색하다.[176] 또 다음에 상세히 설명하듯이 조약의 직접 적용은 여러 가지 문제점을 안고 있기도 하다. 따라서 우리나라도 미국이나 일본처럼 자기집행적 조약에 대하여는 수용이론을, 비자기집행적 조약에 대하여는 변형이론을 적용하는 것이 바람직하다는 주장도 있다.[177]

한편, 헌법재판소는 조약에 따른 관세율의 변화에 따라 「특정범죄가중처벌등에 관한 법률」 위반(관세)죄에 대한 위헌소원에서 국내법의 개정이 없더라도 조약의 직접 적용을 인정하였다.[178] 또 국제통화기금협정 등은 성질상 국내에 바로 적용될 수 있는 법규범으로서 위헌법률심판의 대상이 된다고 하였다.[179] 대법원도 우리나라가 가입하였지만 국내법이 제정되지 아니한 조약의 직접 적용을 인정하였다.[180]

---

174) 법무부, 전게서, 115쪽.

175) X et al. v. State of Japan, Tokyo District Court, 30 November 1998, Hanrei Taimuzu, vol. 991, p. 262; translated in The Japanese Annual of International Law , vol. 42, 1999, p. 143.

176) 실질적으로 조약은 ①헌법 제89조의 규정에 의하여 국회의 동의를 받아 공포하는 조약, ②국회동의는 받지 않지만 국무회의만 거쳐 공포하는 조약, ③외교부장관이 고시하는 조약으로 나눌 수 있다. 이러한 조약의 국내법적 지위에 관하여는 김민서, "조약의 유형에 따른 국내법적 지위의 구분," 「국제법학논총」, 제46권제1호, 대한국제법학회(2001) 참조.

177) 김대순, 전게서, 223쪽.

178) "마라케쉬협정도 적법하게 체결되어 공포된 조약이므로 국내법과 같은 효력을 갖는 것이어서 그로 인하여 새로운 범죄를 구성하거나 범죄자에 대한 처벌이 가중된다고 하더라도 이것은 국내법에 의하여 형사처벌을 가중한 것과 같은 효력을 갖게 되는 것이다. 따라서 마라케쉬협정에 의하여 관세법위반자의 처벌이 가중된다고 하더라도 이를 들어 법률에 의하지 아니한 형사처벌이라거나 행위 시의 법률에 의하지 아니한 형사처벌이라고 할 수 없다." 헌재 1998.11.26., 97헌바65.

179) 헌재 2001.9.27., 2000헌바20.

180) 우리나라가 가입한 "바르샤바협약은 ... 국내법과 동일한 효력을 가지게 되어서 국제항공운송에 관한 법

한편, “조약은 ... 국내법과 같은 효력을 가진다”고 규정한 헌법 제6조 제1항의 내용 중 국내법에는 헌법도 포함되기 때문에 조약이 헌법과 동일한 지위를 가진다는 해석도 가능하다. 그러나 헌법 부칙 제5조에서 “이 헌법 시행 당시의 법령과 조약은 이 헌법에 위배되지 않은 한 그 효력을 지속한다”고 규정하고 있으므로 조약은 현행 헌법과 충돌할 경우 효력을 지속할 수 없다. 또 법 이론적으로 헌법의 수권에 의하여 성립한 조약이 헌법에 우월하다는 것은 불가능하며, 헌법의 최고규범성과도 모순되므로 헌법은 조약에 우선한다.181) 따라서 헌법 제6조 제1항의 국내법에는 헌법이 포함되지 않는 것으로 해석되어야 한다.

한편, 조약과 국내법의 효력관계에 대하여 헌법재판소는 동위설을 취하고 있다.182) 따라서 이 경우에는 특별법 우선의 원칙이나 후법 우선의 원칙 등 법의 우선순위에 관한 일반적인 원칙에 따라 판단해야 한다는 것이 통설이다.183) 통상의 경우 조약은 신법이나 특별법으로 보아야 할 경우가 많다. 실제 조약과 국내법의 충돌할 경우 조약이 국내법에 우선하여 적용된다는 하급심 판례도 있다.184) 그러나 조약과 국내법의 충돌은 법집행이나 법적용의 엄격성과 안전성을 저해할 가능성이 매우 높다. 따라서 행정부에서는 조약을 체결할 경우 조약이나 국내법을 개정함으로써 양규범의 통일성을 도모하는 것이 바람직하다.185)

선원의 과실판단에 “선원의 상무” 적용에 대한 검토

선원의 상무(ordinary practice of seamen)는 국제해상충돌예방규칙186)에 근거를 두고 있다. 즉, 선장 등은 선원의 상무로서 요구되는 주의를 소홀하여(neglect) 발생한 결과(충돌)에 대하여 책임을 면제받을 수 없다(동 규칙 제2규칙 (a)). 선원의 상무라 함은 통상의 선원이라면 당연히 알고 있어야 할 지식, 경험 및 관행을 말하며, 명시적으로 다른 법령에서 선원의 의무로서 규정되지 아니한 것을 말한다. 따라서 사고의 원인규명을 수행하는 해양안전심판원에서는 통상적인 항법 적용을 할 수 없는 특별한 경우에 이 규정을 활용하여 선원의 직무상 과실을 지적하고 있다. 있다. 직무상 과실이 인정될 경우 해양안전심판원은 해양사고의 조사 및 심판에 관한 법률에 따라 징계를 하여야 한다(제5조 제2항).

우리나라는 국제해상충돌예방규칙을 해사안전법에 수용하고 있다. 그러나 다른 규정은 거의

률관계에 대하여는 일반법인 민법에 대한 특별법으로서 ... 우선 적용되어야 할 것이다.” 대판 1986.7.22., 82다카1372.

181) 김철수, 전게서, 326쪽.

182) “우리 헌법은 헌법에 의하여 체결·공포된 조약을 물론 일반적으로 승인된 국제법규를 국내법과 마찬가지로 준수하고 성실히 이행함으로써 국제질서를 존중하여 항구적 세계평화와 인류공영에 이바지함을 기본이념의 하나로 하고 있으므로(헌법전문 및 제6조 제1항 참조), 국제적 협력의 정신을 존중하여 될 수 있는 한 국제법규의 취지를 살릴 수 있도록 노력할 것이 요청됨은 당연하다.” 헌재 2005.10.27. 2003헌바 50·62, 2004헌바96, 2005헌바49(병합).

183) 조약체결 이후 국내법의 제·개정으로 양 규범이 충돌하는 경우 조약이 국내법에 의해 사문화되고 이는 국제법 위반이 될 수 있으므로 조약과 국내법의 관계는 신법우선의 원칙을 배제하고 특별법우선의 원칙만을 적용하는 것이 합리적이라는 주장도 있다. 이상훈, "조약의 국내법적 효력과 규범통제에 대한 고찰," 「국제법 동향과 실무」, vol. 3, No. 1, 외교통상부(2004), 155쪽.

184) “뉴욕협약은 조약과 마찬가지의 효력을 지닌 것이라 하겠으므로 이 사건 중재판정의 승인 및 집행에 관하여는 뉴욕협약이 국내법에 우선하여 적용되고 위 협약이 규정하고 있지 아니한 사항에 대해서는 보충적으로 우리나라 중재법이 적용된다.” 서울민사지법 1984.4.12. 83가합7051.

185) 이상훈, 전게논문, 153쪽.

모두 수용되었지만 선원의 상무 관련 내용은 수용되지 않았다. 이 경우 국제조약에 규정된 내용을 적용하는 우리나라의 관행은 정당화될 수 있을까?

위에서 살펴본 바와 같이 우리나라는 일원론 국가라는 것이 통설이나 이에 대한 반론도 있는 것이 현실이다. 만일 우리나라가 이원론 국가라면 국내법이 조약에 우선하여 적용되는 것에 대하여는 이론의 여지가 없을 것이다. 설사 우리나라를 일원론 국가로 본다고 하더라도 조약의 이행을 위하여 시행입법을 하였다면 이미 해당 조약에 관한 한 일원론의 입장을 포기한 것으로 볼 수 있다. 그러므로 이 경우에는 조약이 아닌 국내법이 적용되어야 한다.[187] 따라서 조약에는 규정되어 있으나 해사안전법에는 규정되지 아니한 선원의 상무를 적용함에는 무리가 있다고 할 것이다.

헌법적으로 조약에 근거한 선원의 상무 적용은 역시 문제를 안고 있다. 우리나라는 죄형법정주의를 원칙으로 삼고 있으며, 우리나라 헌법은 이에 관하여 적법절차 보장(헌법 제12조 1항), 소급처벌의 금지(헌법 제13조 1항) 규정을 두고 있다. 이러한 죄형법정주의가 형벌은 물론 행정벌에도 적용됨은 물론이다. 따라서 국내법에 규정되지 아니한 내용을 근거로 처벌을 행하면 죄형법정주의에 위배될 소지가 매우 높다. 공시되지 않았기 때문에 행위자는 어떤 행위가 금지되는지를 알 수 없기 때문이다. 따라서 국제조약(해상충돌예방규칙)에 근거를 두는 관행은 시급히 개선되어야 할 것이다.[188]

4.2 우리나라 관행의 문제점

4.2.1 조약에 대한 공시제도의 미흡

조약은 헌법의 규정에 따라 통상 국무회의의 심의(제89조), 국회의 동의(제60조 제1항), 공포(제6조 제1항)라는 절차를 거치게 된다. 공포는 관보게재를 통해 이루어지며, 이 때 조약의 국문 및 영문이 함께 게재된다. 그러나 조약은 그 수가 많아 법령집에도 실리지 않으므로 일반 국민은 외교부의 조약정보에 접속하지 않으면 그 내용을 알기 어렵다.[189] 더욱이 조약정보에 접속해도 찾기는 쉽지 않다.

한편, 조약과 동일한 효력을 가지는 법률은 개정 또는 제정에 관한 행정부의 의견조회, 입법예고, 공청회, 국회심의, 각종 행정명령의 발령 등을 통하여 그 내용이 국민에게 비교적 상세히 알려지고 있다. 반면에 조약은 여러 가지 공시과정이 생략된 채 바로 법률과 같은 효력이 부여

186) 국제해상충돌예방규칙은 국제협약으로서 정식 영문 명칭은 Convention on the International Regulations for the Prevention of Collision at Sea, 1972이다. 이 협약의 체약국은 총 156개국에 달하고, 이들 국가에 등록된 선박은 세계 전체의 98.76%에 달한다. IMO, *Status of multilateral Conventions and instruments in respect of which the International Maritime Organization or its Secretary-General performs depositary or other functions*, As at 31 July 2013, p. 91.

187) 선박안전법, 해양환경관리법 등 통일적인 조약을 수용한 법률에서는 양자가 충돌할 경우 국제협약이 우선함을 명시적으로 규정하고 있다.

188) 저자는 현행 문제점에 대한 개선방안으로서 국제조약과 동일하게 선원의 상무규정을 국내법에 명시적으로 규정할 것을 제안한 바 있다. 박영선, "해양사고 발생 시 선장의 형사적 책임 완화에 관한 입법론적 개선방안 연구,"「해사법연구」 제21권 제2호 (2009년 7월), 187쪽.

189) 정부수립 후 2012년까지 우리나라가 체결·발효한 조약은 총 2,882건(양자 2,257건, 다자 625건)에 달하고 있다.
http://www.mofa.go.kr/trade/treatylaw/treatykorea/activities/index.jsp?menu=m_30_50_20&tabmenu=t_1 [2013.11.7.].

되기 때문에 일반 국민은 내용을 알기 어렵다. 더욱이 국회의 동의를 받는 조약이라고 하더라도 국회는 조약에 대한 수정동의가 불가하고, 법사위의 심사를 거치지 않기 때문에 위헌요소나 국내법과의 저촉 등이 제대로 검토되지 않는다.[190] 조약의 내용을 알 수 없으면 지키기 어렵다. 예컨대 일반 국민은「포로의 대우에 관한 제네바협약」(제3협약)에 따라 전쟁포로에 대하여 고문 등 비인도적인 처우를 해서는 아니 된다는 규정(제130조)이 있다는 것을 알기는커녕 우리나라가 이 협약에 가입하였는지조차 알기 어려운 실정에 있다.[191] 따라서 많은 선진국들이 시행하고 있는 바와 같이 국내적 효력을 가지는 모든 조약에 대한 조약집(Treaty Series)을 만들어 항상 온라인 접속을 통하여 확인할 수 있도록 하는 제도적인 개선이 필요하다.

4.2.2 처벌규정이 없어 조약의 실효성 확보 곤란

특정한 규범이 실효성을 가지려면 이 규범에 위반한 자에 대한 적절한 처벌이 이루어져야 한다. 우리나라에서 처벌은 법률과 적절한 절차에 따라 이루어져야 한다(「헌법」 제12조 제1항). 이 경우 법률은 국회에서 제정한 형식적 의미의 법률을 말한다. 대부분의 국가에서도 우리나라의 제도와 유사하게 의회에서 제정한 법률에 따라 형벌제도를 운영하고 있다.

그러나 조약에서는 각국 법률제도의 차이를 인정하여 형벌의 내용을 직접 규정하지 않고 체약 당사국에 위임하는 것이 일반적인 관행이다. 따라서 조약에서 정한 규범을 위반한 자에 대한 처벌은 형사관할권이 있는 국가의 법률에 따라 이루어지게 된다. 그러므로 조약만 체결·공포하고 조약의 규범을 위반하는 자의 처벌을 위한 국내 이행법률을 제정하지 않을 경우 조약의 실효성은 확보되기 어렵다. 예컨대 위에서 언급한 「포로의 대우에 관한 제네바협약」(제3협약)에서 체약국은 포로에 대하여 비인도적 행위를 한 자 또는 이를 명령한 자에 대한 처벌을 위하여 필요한 입법조치를 하도록 규정하고 있다(제129조). 그러나 우리나라는 군형법의 개정 등 체약국으로서 조약의 의무이행을 위한 조치를 취하지 않고 있어 위반자를 발견해도 처벌을 할 수 없다.

4.2.3 비자기집행적 조약의 집행에 어려움

별 다른 이행입법이 불필요한 자기집행적 조약을 제외한 대부분의 조약은 비자기집행적 조약에 해당된다. 따라서 조약에 따라 체약국가에게 어떤 권리를 행사할 수 있는 권한이 부여되어도 국내의 이행입법이 이루어지지 아니하면 실제로 권리행사가 이루어질 수 없는 경우도 많다. 예컨대 해상인명안전협약(SOLAS)에서 항만국(port State)은 선박의 안전을 확보할 수 있도록 자국에 입항한 외국선박에 대하여 항만국통제(port State control)를 시행할 수 있도록 규정하고 있다(부속서 제1장 제19조).[192] 그러나 구체적으로 해당 항만국의 어떤 기관이 항만국통

190) 최재천, 「최재천의 한미 FTA 청문회」(서울: 향연, 2009), 320-21쪽.

191) 이 협약의 원문은 Geneva Convention Relating to the Treatment of the Prisoners of War of August 12, 1949이며, 우리나라는 1966년 8월 16일(조약 제217호)에 비준서를 기탁함으로써 동시에 발효되었다.

192) 항만국통제는 기항한 외국선박의 안전성을 확인하기 위하여 항만국이 직접 해당 선박을 점검하고, 결함이 발견되면 출항정지 등의 조치를 취하는 제도이다.

제를 시행하는 가에 대하여는 해당 국가에 위임되어 있다.[193] 실제 항만국통제의 시행주체는 국가별로 해군, 해안경비대, 세관 등으로 각국의 국내법이 정하는 바에 따라 다양하다. 또 설사 시행기관을 정해도 그 기관의 내부 위임규정과 구체적인 시행절차를 정하지 않으면 역시 시행이 어렵다. 우리나라의 경우 법률만 제정하고 시행령·시행규칙 등의 하부규정을 정하지 않으면 실제 법률의 시행이 제대로 이루어지지 않는 경우도 이와 비슷한 경우이다.

4.2.4 행정부의 조약에 대한 국회동의 기피추세

국회는 헌법에서 정하는 조약의 비준·체결에 대하여 동의권을 가진다(제60조 제1항).[194] 이때 헌법에서 열거하는 7가지 조약의 유형이 국회의 동의를 받아야 하는 조약의 일부를 예시하는 것인가 또는 이에 한정되는 것인가에 대한 논의가 있을 수 있다. 이에 대하여는 열거된 조약에 한하여 국회의 동의를 받아야 한다는 것이 다수설이다.[195] 국회의 동의를 받는 조약이라고 하더라도 국회가 조약에 수정동의를 할 수 있는가에 대하여는 학설이 갈리고 있다.[196]

헌법에 따른 국회동의를 받아야 하는 조약의 유형에 대한 판단은 대통령(행정부)이 하게 된다. 실무적으로 조약체결을 위한 국내절차는 외교부의 ①조약문안 최종점검, ②법제처 심사, ③국무회의 심의, ④대통령 재가로 이루어진다.[197] 특히 법제처는 조약안 심사과정에서 국회의 동의여부에 대한 의견을 제시하고 외교부는 이러한 의견을 존중하여 판단하고 있다.[198] 따라서 국회는 동의가 필요한 조약이라고 판단하더라도 대통령이 조약의 비준동의안 등을 국회에 회부하지 않으면 동의권을 행사하기 어렵다.[199]

그 결과 많은 조약들은 국회동의과정에서의 번잡한 절차, 지연 등을 이유로 국회동의를 받지 않고 있다. 행정부 입장에서 조약은 국회의 동의 여부와 관계없이 국내법적 효력을 가질 수 있는데 굳이 국회동의를 추진할 특별한 인센티브가 없기 때문이다. 그 결과 2011년 보도에 다르면 우리나라가 체결·비준한 조약 중 국회의 동의를 받은 것은 전체 2,745건 중 18.3%인 503

---

193) UN해양법협약에서 외국선박에 대한 집행권한은 군인을 포함한 공무원만 행할 수 있도록 규정하고 있다(제224조).

194) 헌법은 국회동의를 요하는 조약으로서 ①상호원조 또는 안전보장에 관한 조약, ②중요한 국제조직에 관한 조약, ③우호통상항해조약, ④주권의 제약에 관한 조약, ⑤강화조약, ⑥국가나 국민에게 중대한 재정적 부담을 지우는 조약 ⑦입법사항에 관한 조약을 규정하고 있다.

195) 정치적 관계의 규율, 국가경제, 입법사항에 해당하는 조약은 모두 국회동의를 받아야 한다는 주장도 있다. 제성호, "조약의 체결、비준에 대한 국회동의권," 「국제법학회논총」, 제33권제2호, 대한국제법학회(1988).

196) 수정동의가 가능하다는 주장은 김철수, 전게서, 1335쪽 및 이용중, "조약의 비준에 관한 국가실행," 「국제법 동향과 실무」, vol. 3 No.4, 외교통상부(2004)가 있으며, 불가능하다는 주장은 정인섭, "조약의 체결、비준에 대한 국회의 동의," 「서울국제법연구」 제11권 제1호, 서울국제법연구원(2004), 이상훈, "조약의 국내법적 효력과 규범통제에 대한 고찰," 「국제법 동향과 실무」, vol. 3 No. 1. 외교통상부(2004), 배종인, "대통령의 조약 체결·비준권과 이에 대한 국회의 동의권(헌법 제60조 제1항의 해석)," 「세계헌법연구」, 제12권 제1호, 국제헌법학회(2006)가 있다.

197) 외교통상부, 「알기 쉬운 조약업무」, 2006, 34-35쪽.

198) 배종인, 전게논문, 141쪽.

199) 이 경우 국회는 자신의 동의권이 침해되었다는 이유로 헌법재판소에 권한쟁의심판을 청구할 수 있고(헌법재판소법 제61조 제1항), 헌법재판소는 조약에 대한 행정부의 비준、공포처분에 대한 무효를 확인할 수 있다(동법 제66조 제2항).

건이라고 한다.[200] 또 국회의 동의를 기피하는 현상은 우리나라만이 아니고 모든 국가의 보편적인 현상이라고 한다.[201]

이와 같은 행정부에 의한 조약의 국회동의 기피는 헌법에 규정된 국회의 권한을 침해할 소지가 높다. 그러나 국회동의만을 강조할 경우 역시 헌법 제73조에 규정된 대통령의 조약의 체결·비준권을 침해할 소지가 있다. 이와 같이 대립되는 견해를 조정하고, 국회동의 절차의 지연을 방지하기 위하여 조약체결 후 국회에 대한 보고만으로 국회절차를 마무리하는 방안도 제시되고 있다.[202]

4.3 우리나라 관행에 대한 평가 및 개선방안

우리나라는 조약의 체결·공포만으로 국내적 효력을 가지게 되므로 국제규범을 신속하고 간편하게 국내규범으로 수용할 수 있는 장점이 있다. 또 국제법이 실제 국내적으로 직접 적용됨으로써 국제법의 실효성을 제고시킬 수 있다. 아울러 조약은 국내법에 비하여 인권보장과 사회적 제도에 관하여 선진화된 내용을 많이 포함하고 있는 바, 이러한 조약의 직접 적용을 통하여 국내 법제도의 발전도 도모할 수 있다. 그러나 무엇보다도 국제화된 세계에서 우리나라도 지구촌 사회의 일원으로서 국제적 규범에 동참하고 있다는 인식을 국내외에 심어줄 수 있다.

그러나 조약의 체결·공포만으로도 간단히 국내적 효력을 가지게 되므로 관련 부처가 관심을 기울이지 아니할 경우 조약에 관련된 국내 이행입법이 적시에 이루어지 못하게 된다. 특히 대부분의 조약은 외국어로 작성되고, 국내법과는 법적 체제가 다르기 때문에 이행입법안 마련에 상당한 어려움이 있다. 더욱이 공무원들은 순환보직제에 의하여 수시로 보직이 변경되기 때문에 조약에 대한 전문지식도 부족하고, 자신의 보직기간에 굳이 어려운 입법작업을 해야 할 특별한 이유가 없기 때문에 업무추진에 소극적인 경우도 많다. 또한 이행입법안의 마련은 거의 전적으로 관련부처에 위임되어 있으며, 이를 확인하고 독려하는 체제도 없는 실정이다. 그 결과 조약은 형식적으로 국내법적 효력을 가질 수는 있어도 실질적으로 실제 집행되기 어려운 경우도 많이 발생하게 된다.

이러한 문제의 해결방안으로는 헌법 제6조의 해석에 있어 조약의 성질에 따라 국내법으로의 효력을 각각 다르게 부여하는 것을 들 수 있다. 즉, 자기집행력이 있는 규정에 대하여는 체결·공포에 따라 바로 국내법적인 효력을 부여하고, 그렇지 아니한 규정에 대하여는 체결·공포 시 국내입법을 완료한 후에 국내적 효력을 가진다고 선언하는 것이다. 이 경우 관련부처는 국내입법이 이루어지지 아니하면 국내적 효력을 가질 수 없기 때문에 국내입법에 관심을 기울이지 않을 수 없다. 이와 같은 체제는 헌법의 해석방법 변화에 따른 것이므로 별도의 개헌이 불필요하며, 미국과 일본 등 많은 국가들이 시행하고 있는 방법이기도 하다. 그러나 이와 같은 새로운 해석은 종래의 통설과는 다소 차이가 있으므로 이에 대한 많은 연구와 토론이 있어야 할 것이다.

---

200) "정부 '국제조약 82%' 국회 비준 없이 임의 체결," 한겨레신문, 2011.4.11.
http://www.hani.co.kr/arti/politics/politics_general/472331.html [2013.11.7.].

201) 신각수, "조약체결절차법 제정의 필요성," 「국제법 동향과 실무」, vol. 3 No.1, 외교통상부(2004), 93쪽.

202) 상게논문.

5. 국제조약의 국내법 수용절차[203)]

5.1 우리 헌법상 조약의 지위

국제질서는 기본적으로 조약과 국제적 강행규범(*jus cogens*)으로 형성되기 때문에 이를 준수하고 성실하게 이행하는 것은 국제질서를 존중하는 것이 된다. 우리 헌법은 “헌법에 의하여 체결 · 공포된 조약과 일반적으로 승인된 국제법규는 국내법과 같은 효력을 가진다” (제6조 1항)라고 정하여 국제법을 수용하고 존중하고 있다. 다만, 이 경우 조약의 개념은 비교적 이해하기 쉽지만 “일반적으로 승인된 국제법규” 에 대하여는 헌법이 침묵하고 있다. 따라서 이에 대한 판단은 헌법의 정신에 따라 모든 법원이 판단하며, 대법원이 최종적인 심사권을 가진다고 보아야 할 것이다.[204)]

국내법과 조약 또는 국제법규가 저촉될 경우에는 조약 또는 국제법규의 법적 성질에 따라 어느 것이 우선되는지를 평가하여야 하며, 조약이 국내법 또는 국제법규와 동위의 효력을 가지고 있을 경우에는 일반 국내법 간의 관계와 마찬가지로 신법우선의 원칙과 특별법우선의 원칙에 따른다.

조약 및 국제법규가 국내법으로서의 효력을 가진다고 하면 이의 위헌여부도 다툴 수 있다고 할 것이다. 헌법재판소도 법률과 동일한 효력을 가지는 조약에 대하여 위헌법률심판의 대상이 된다고 판단하였다.[205)] 위헌으로 결정된 법률이나 조항은 결정이 있는 날로부터 효력을 잃게 된다(헌법재판소법 제46조). 따라서 조약이나 국제법규도 위헌으로 선고된 경우 국내적으로 효력을 잃게 될 것으로 판단된다. 그러나 국제적으로는 조약의 당사국의 지위를 유지하는 한 해당 조약의 효력은 국제법에 의해 규율된다. 만일 조약이 위헌결정을 받게 되면 해당 조약은 우리 헌법정신에 따라 용인될 수 없으므로 우리나라는 해당 조약에서 탈퇴하여야 할 것이다.

일반국제법의 강행규범(*jus cogens*)

법학자들은 국제법에서 근본적이고(fundamental), 불가침적이고(inalienable), 내재적인 (inherent) 성격의 규칙을 분류하려고 노력하였다. 그러나 큰 성과는 거두지 못하였지만 이후 국제법원의 조약해석에 큰 영향을 미쳤다. 이에 따라 최근 선언되는 법원칙이나 국제법원의 판결에서는 일반국제법의 강행규범(*jus cogens*)을 형성하는 우선원칙(overriding principle)이 있다는 점을 인정하고 있다.

이러한 규칙의 특징은 부인할 수 없다는 점(indelibility)이다. 이 규칙은 관습법으로서, 조약이나 묵인(acquiescence)으로 배제할 수 없으며 오직 추후에 형성된 관습법에 의하여만 대체

203) 조약의 국내절차, http://www.mofa.go.kr/trade/treatylaw/treatykorea/procedure/index.jsp?menu=m_30_50_20&tabmenu=t_2 [2013.11.7.].

204) 김철수, 전게서, 324쪽.

205) 헌재 1999. 4. 29. 97헌가14 (대한민국과 아메리카합중국 간의 상호방위조약 제4조에 의한 시설과 구역 및 대한민국에서의 합중국군대의 지위에 관한 협정 제2조 제1의 (나)항 위헌제청), 헌재 2001. 9. 27. 2000헌바20 (국제통화기금조약 제9조 제3항 등 위헌소원), 헌재 2001. 3. 21. 99헌마139 (대한민국과 일본국 간의 어업에 관한 협정비준 등 위헌확인), 헌재 2006. 2. 23. 2005헌마268 (대한민국과 미합중국간의 미합중국군대의 서울지역으로부터의 이전에 관한 협정 등 위헌확인) 등

할 수 있다. 비교적 논란이 없는 *jus cogens*의 예로는 무력사용(use of force), 집단학살(genocide), 인종차별, 인류에 대한 범죄(crimes against humanity), 노예무역 및 해적행위의 금지를 들 수 있다. 이 외에도 침략행위(act of aggression)의 금지, 천연자원에 대한 영구주권(permanent sovereignty over natural resources)원칙, 자결권(self-determination)원칙 등이 있다.[206] 이 개념은 비에나협약에 수용되어 일반국제법의 강행규범(peremptory norm of general international law: *jus cogens*)과 충돌하는 조약은 무효가 된다(제53조).

*jus cogens*는 관습법에 근거를 두고 있기 때문에 그 존재여부에 대하여 논란의 소지가 있을 수 있다. 따라서 *jus cogens*의 존재를 주장할 경우 그 입증책임은 이를 주장하는 자에게 있다.

5.2 조약의 국내법 수용절차

우리 헌법은 "... 국민의 모든 자유와 권리는 국가안전보장, 질서유지 또는 공공복리를 위하여 필요한 경우에 한하여 법률로써 제한할 수 있으며..."로 규정하고 있다(제37조 제2항). 따라서 국민의 권리, 의무와 밀접한 관련이 있는 조약의 경우 국민의 대의기관인 국회의 심의를 거쳐야 한다. 이 경우 조약은 법적 성질이 국내법과 그 차이가 거의 없으므로 그 수용절차도 국무회의와 국회심의를 거치는 점에서 거의 동일하다. 다만, 조약의 종류 및 성격에 따라 다소 차이가 있는 바, 개략적인 수용절차는 다음과 같다.[207]

① 양자조약의 경우

①외교부의 감독통제 ⇒ ②관계부처 합의 ⇒ ③법제처 심사 ⇒ ④국무회의 심의 ⇒ ⑤대통령 재가 ⇒

⑥조약서명 ⇒ ⑦국회비준 동의(필요시) ⇒ ⑧국무회의 (필요시) ⇒ ⑨비준서 교환 ⇒ ⑩국내공포조치(관보게재)

② 1회의 기속적 동의로 발효하는 다자조약의 경우(서명만으로 발효하는 조약에 대한 서명 또는 가입)

①조약문의 국문번역본 확정 ⇒ ②관계부처 합의 ⇒ ③법제처 심사 ⇒ ④국무회의 심의 ⇒ ⑤대통령 재가 ⇒

⑥국회비준 동의(필요시) ⇒ ⑦국무회의 심의(필요시) ⇒ ⑧서명 또는 가입서 기탁 ⇒ ⑨국내 공포조치

③ 2회의 기속적 동의로 발효하는 다자조약(비준, 승인, 수락을 조건으로 하는 서명 후 정식 비준, 승인 또는 수락 후 발효)

---

206) Ian Brownlie, *Ibid*., pp. 510-512.

207) 이 절차는 외교통상부, 「알기 쉬운 조약업무」, 2006.3, 32-35쪽의 내용을 저자가 적절히 도식화 한 것이다.

①조약문의 국문번역문 확정	⇒	②관계부처 합의	⇒	③국무회의 심의	⇒	④대통령 재가	⇒	⑤조약문에 조건부 서명	⇒
⑥관계부처 협의	⇒	⑦법제처 심사	⇒	⑧국무회의 심의	⇒	⑨대통령 재가	⇒	⑩국회비준동의(필요시)	⇒
⑪국무회의 심의(필요시)	⇒	⑫비준서 등 기탁	⇒	⑬국내 공포조치					

5.3 각 절차별 세부 내용

5.3.1 조약문안의 최종점검[208)]

국제협약 수용의 첫 단계는 외교부 조약국에서 시작된다. 즉, 조약국은 다음 사항에 대하여 조약문안을 다각도로 점검하게 된다. 이를 위하여 수용대상 협약의 인증등본(Certified copy) 및 국문번역문이 필요하다. 점검결과 미흡한 내용이 발견되면 적절한 수정이나 보완조치를 취한다.

- 조약문의 내용이 법적 권리·의무 관계를 정확하게 표현하고 있는가?
- 조약문의 내용이 국내법이나 다른 조약과 상충되지는 않는가?
- 조약문의 내용에 중대한 재정적 부담이나 입법사항 등 국회동의를 요하는 사항을 포함하고 있는가?
- 조약문이 조약의 형식을 갖추고 있는가?
- 조약문의 국문본(또는 국문번역본)을 포함한 각 언어본이 충실하게 준비되었는가?

5.3.2 관계부처와의 합의

조약을 수용할 준비가 끝나면 그 내용과 관련이 있는 다른 부처와 합의하여야 한다. 예를 들면 예산지출을 수반하는 내용을 포함하고 있는 조약에 대하여는 기획재정부, 조직이나 인사에 관한 내용을 포함하고 있는 경우에는 안전행정부와 합의하도록 한다. 실무적으로 관계부처 합의 시 직접적 관련이 있는 부처는 물론 가급적 모든 부처에 대하여 의견을 조회하는 것이 바람직하다. 의견을 수렴하는 당시 관련이 없다고 의견조회를 생략한 부처에서 이의를 제기하면 큰 낭패를 볼 수 있기 때문이다.

국무회의규정에는 국무회의에 상정할 의안으로서 2개 이상의 부·처에 관련되는 의안은 사전에 관계 부·처간의 합의를 얻어서 제출하여야 하며, 합의를 얻지 못한 경우에는 그 사유를 분명히 밝혀 국무회의에 상정할 수 있도록 규정하고 있다(제4조). 또 국무회의는 구성원 과반수의 출석으로 개의하고, 출석구성원 3분의 2 이상의 찬성으로 의결하지만(제6조 제1항), 관례적으로

208) 외교통상부, 상게서, 32-33쪽.

만장일치로 운영되기 때문에 어느 한 부처에서 반대하여도 국무회의 통과가 어렵다. 따라서 관계부처의 합의 없이 국무회의 상정은 거의 불가능하다고 보아야 한다. 실무적으로는 조약안에 대하여 관련 부처로부터 이의가 없다는 사실을 공문으로 확인한 후 국무회의에 상정한다.

5.3.3 법제처 심사

관계부처와의 합의가 종료되고 나면 법제처에 조약 심사를 의뢰한다. 정부조직법은 국무회의에 상정될 법령안 등은 법제처의 심사를 받도록 규정하고 있다(제27조). 법제처에서는 번역문의 자구, 체제 등 형식에 대하여 심사할 뿐만 아니라 헌법이나 관련 제도간의 내용상 상충여부 등에 대하여 심사하게 된다. 특히 헌법재판제도가 활성화된 오늘날에 있어서는 모든 법률이 헌법재판소에 제소될 가능성이 있기 때문에 심사가 강화되고 있다. 법제처의 심사에는 통상 2주 이상 걸린다고 하나 다른 업무가 폭주할 경우 그 이상이 소요될 수 있으므로 충분한 시간을 두고 심사를 의뢰하는 것이 안전하다.

5.3.4 국무회의 심의

법제처의 심사가 종료되면, 국무회의에 심의를 받아야 한다. 우리 헌법은 법률안, 대통령령안 등과 함께 조약안은 국무회의의 심의를 받도록 규정하고 있다(제89조 제3호). 국무회의에 제출된 의안은 먼저 차관회의의 심의를 받아야 하며(차관회의규정 제1조), 여기에서 합의가 이루어지면 국무회의에 상정하도록 하고 있다. 국무회의의 심의과정은 조약의 제안부처인 외교부의 주도로 이루어진다. 외교부 장관(부재 시 차관)이 제안설명을 하고 토의를 거쳐 의결하는 순서로 진행된다.

헌법에서 대통령의 국법상 행위는 문서로서 하며, 이 문서에는 국무총리와 관계 국무위원이 부서하도록 되어 있다(제82조 전단). 따라서 국무회의에서 의결된 조약안이 대통령의 재가를 받아 국회에 제출될 수 있으려면, 국무총리와 관계 국무위원의 부서가 있어야 한다. 부서는 국무회의 석상 또는 국무회의 직후 행하여진다. 조약안이 국무회의에서 의결되고 필요한 부서를 받고 나면 외교부는 국무총리와 대통령의 재가를 위하여 이를 국무총리실을 거쳐 대통령비서실에 이송한다.

차관회의 심의를 위해서는 적어도 일주일 전에 의안을 제출해야 하고, 차관회의 이후의 국무회의 심의, 국무총리 및 대통령 재가를 고려할 때 국무회의의 심의에는 최소 4주 정도는 걸린다고 보는 것이 안전하다.

5.3.5 대통령의 재가 및 국회제출

우리 헌법에서 "국회는 상호원조 또는 안전보장조약, 중요 국제조직에 관한 조약, 우호통상항해조약, 주권제약에 관한 조약, 강화조약, 국가나 국민에게 중대한 재정적 부담을 지우는 조약 또는 입법사항에 관한 조약의 체결·비준에 대한 동의권을 갖는다"(제60조1항)고 규정하고 있다. 따라서 이에 해당하는 조약에 대하여 대통령은 반드시 국회의 동의를 받아야 한다. 이 경우 대통령의 재가를 받은 조약의 비준동의안은 대통령의 명의로 외교부가 국회에 제출하게 된다. 한편, 정부는 국민의 의무, 권리와 관련이 없거나, 이미 국내법의 제·개정을 통하여 조약내용에 관하여 이미 국회 심의를 받은 경우는 국회제출을 생략할 수 있다.

5.3.6 국회의 비준동의

정부에 제출된 조약의 비준동의안은 국회 본회의에서 접수하여 소관 상임위원회(외교통일위원회)에 회부한다. 소관 상임위원회에서는 전체회의 또는 소위원회를 구성하여 비준동의안을 심사하며, 필요한 경우에는 공청회를 개최하여 이해관계인의 의견을 듣고 심사를 하기도 한다. 소관 상임위원회의 의결을 거친 동의안은 다시 법제사법위원회에 회부한다. 법제사법위원회에서 심의하고 정리된 조약비준동의안은 다시 국회 본회의에 회부되며, 본회의를 통과한 동의안은 비준을 위하여 정부로 이송된다.

5.3.7 비준을 위한 국무회의

조약의 비준동의안이 정부로 이송되면 외무부가 이를 접수하여 국무회의에 부의한다. 이를 비준하기 위해서는 다시 국무회의에서 의결되고 국무총리 및 관계 국무위원이 부서하여야 한다. 다만, 이 경우에는 사전에 차관회의가 필요 없다. 국무회의에서는 조약공포문을 심의하며, 조약 공포문의 전문에는 국회의 동의 또는 국무회의의 심의(국회의 동의절차가 불필요시)를 거친 사실을 적고, 대통령이 서명한 후 대통령 인을 찍고 그 공포일을 명기하여 국무총리와 관계 국무위원이 부서한다(법령 등 공포에 관한 법률 제6조).

5.3.8 기속적 동의의 표시(서명 또는 가입서, 비준서, 승인서, 또는 수락서 기탁)

대통령의 재가를 받고 나면 외교부는 조약 상대방과 비준서를 교환하거나, 조약에 서명하거나 가입서, 비준서, 승인서, 또는 수락서를 작성하여 기탁소(depository)에 기탁하게 된다. 우리나라에 대한 조약의 효력 발생은 조약에 따라 다르지만 통상 가입서 등의 기탁 후 일정 기일이 경과해야 한다.

5.3.9 국내 공포조치

공포란 이미 성립된 조약을 국민에게 단순히 주지시키는 선언적, 절차적 행위인 "공표(publication)"와 구별되며, 공포되지 아니한 조약은 실시될 수 없을 뿐 아니라 법원이나 국민을 구속하지 못한다. 조약의 공포는 관보에 게재함으로써 한다(법령 등 공포에 관한 법률 제11조 제1항). 조약의 공포일은 해당 조약을 게재한 관보가 발행된 날로 하는 바(동법 제12조), 외교부는 당해 조약이 우리나라에 대해 발효하는 날짜에 맞추어 안전행정부에 관보게재를 의뢰하게 된다. 조약공포문이 관보에 게재된 날로부터 조약은 국내적으로도 효력을 발생하게 된다.

제7절 조약의 적용(Application of treaties)

1. 조약의 영토적 범위(territorial scope of treaties)

1.1 개요

일반적으로 한 국가가 조약을 체결할 경우 효율적인 적용을 위하여 해당 조약은 그 국가의 전체 영토에 걸쳐 적용될 것으로 추정된다. 국가는 자국의 전체 영토를 대표할 뿐만 아니라 조약에 의한 의무를 전체 영토에 대하여 이행할 국제적 의무가 있기 때문이다. 비에나협약도 이러한 내용을 반영하여 조약의 영토적 적용범위에 관하여 "별도의 의사가 조약에 표명되거나 또는 달리 입증되지(established) 아니하는 한 조약은 각 당사국의 전체 영토(entire territory)에 관하여 각 당사국을 기속한다"고 규정하고 있다(제29조).

이 경우 조약이 적용되는 영토의 범위가 매우 중요하나 비에나협약은 영토의 정의에 관하여 규정하지 않고 있다. 따라서 조약은 일반적으로 국가의 주권이 적용되는 국토(land), 내수(internal waters), 영해(territorial waters) 및 영공(territorial airspace)에 적용된다고 해석될 수 있을 것이다. 따라서 자원을 독점적으로 이용할 수 있는 권리가 포함된 배타적 경제구역(EEZ)나 대륙붕(continental shelf)은 영토에 포함되지 않는다고 보아야 한다. 해외영토(overseas territories)를 가진 국가의 경우 영토에는 본토(metropolitan territory)와 해외영토가 포함된다. 등록된 선박이나 항공기는 실제 영토는 아니지만 여기에서는 통상 기국(flag state)의 법령이 적용된다.

1.2 영토확장조항(territorial extension clause)

영국, 미국, 프랑스, 호주 등 해외영토를 가진 국가의 경우 해당 해외영토에 조약을 어떻게 적용할 것인가가 문제가 될 수 있다. 자국 영토의 한 부분인 해외영토에 대하여 조약을 포함한 법령의 적용은 해당 국가의 헌법적인 문제로 볼 수 있다. 그러나 본국과 해외영토와의 법적 관계는 매우 다양하기 때문에 제3국의 입장에서는 특정 조약이 해외영토에서 적용되는지 여부를 잘 알 수 없다. 이러한 문제를 해결하기 위하여 조약에 해당 조약이 해외영토에도 확장되어 적용되는지는 규정하는 규정이 영토확장조항(territorial extension clause)이다.

영토확장조항에는 어떠한 행위를 통하여 조약이 해외영토에 확장되어 적용되는지, 또한 그에 따른 법적 효과가 명확하게 규정되어야 한다. 집단살해죄의 방지와 처벌에 관한 협약(Convention on the Prevention and Punishment of the Crime of Genocide 1948)에서 "당사국은 아무 때나(at any time) UN사무총장에 대한 통보로 당사국이 외교관계에 책임이 있는 영토의 일부 또는 전부에 대하여 조약을 확장하여 적용할 수 있다"고 규정하고 있다(제12조). 즉, 이 조약에서 통보는 아무 때나 할 수 있으며, UN사무총장에 대한 통보로 조약의 적용이 확장된다. 그러나 조약에 따라 조약에 대한 기속적 동의를 표시하는 시기 또는 그 이후로 한정하는 경우도 있으며, 통보 후 일정 기간이 경과한 때부터 효력을 발휘하도록 정하는 경우도 있다.

영토확장조항에 따라 통보를 받은 UN사무총장은 영토적용문제를 UN총회 결의서(UNGA Res. 598(VI))에 의한 원칙에 따라 처리하고 있다. 즉, 유보(reservation)에 대하여 UN사무총장은 법적 판단을 하지 않고, 해당 유보내용을 모든 당사국에 회람하여 해당국가가 판단하도록 하는 것처럼 영토의 확장에 관한 내용도 이와 유사하게 처리하고 있다.[209] 영국이 포클랜드 섬(Falkland Island) 등의 해외영토에 대하여 조약의 확장적용을 통보(또는 선언)할 경우 이 섬의 영유권을 주장하고 있는 아르헨티나는 즉각 반대통보(선언)를 하는 것이 일반적이다. 이 경우 UN사무총장은 각각의 선언내용을 모든 당사국에게 통보하고 있다. 만일 아르헨티나가 아무런 조치를 하지 않으면 영국은 취득시효(prescription)의 원칙에 따라 영유권을 획득할 수 있다.[210]

1.3 홍콩(Hong Kong)과 마카오(Macao)의 경우

다른 해외영토와 달리 홍콩과 마카오는 종래 영국과 포르투갈(Portugal)의 해외영토로서 존재하다가 중국으로 반환된 독특한 역사를 가지고 있다. 또 중국은 반환된 이 지역에 특별행정구역(special administrative regions)을 설치하여 외교 및 국방문제를 제외하고 "고도의 자치(high degree of autonomy)"를 허용함으로써 중국 본토(mainland)와는 다른 법체제를 유지하고 있다. 물론 외교와 국방문제는 중국이 담당한다.[211] 이에 따라 국제법적으로 홍콩과 마카오는 중국의 일부분이기는 하지만 내부적으로는 전혀 다른 국가로 보아도 과언은 아니다. 이렇게 한 국가 내에 포함되지만 일부에 대하여는 별도의 국가체제를 허용하는 중국의 정책을 일국양제(one country, two systems)원칙[212]이라고 한다. 따라서 홍콩과 마카오는 종래 향유해 오던 자본주의 경제 및 정치체제를 반환 이후 향후 50년간(2047년 6월 30일까지) 계속 유지할 수 있게 되었다. 이 두 지역의 체제는 거의 유사하므로 여기에서는 홍콩의 경우를 살펴보기로 한다.

홍콩의 반환 이전 영국은 각종 조약이 홍콩에 대하여 확장 적용됨을 선언하였다. 그러나 홍콩이 중국에 반환됨에 따라 양국은 영중공동선언(Joint Declaration of the Government of the United Kingdom of Great Britain and Northern Ireland and the Government of the People's Republic of China on the Question of Hong Kong)을 통하여 중국이 당사국인 국제조약의 홍

209) para. 277, United Nations, *Summary of Practice of the Secretary-General as depositary of Multilateral Treaties*, 1999, p. 84.

210) prescription은 국제법상 영유권 판정에 관한 중요한 원칙 중의 하나이다. 즉, 본래 타국의 영역이었던 육지 또는 수역에 대해 상당기간 계속하여 평온하고 공공연하게 점유·지배하고, 이에 대해 다른 국가가 묵인하였다면, 해당 육지 또는 수역의 영유권은 점유·지배한 국가에게 이전하게 된다. 이러한 법원칙은 보통법(common law)의 오랜 전통에서 비롯되었으며, 우리의 민법 제245조 이하에도 이와 유사한 점유로 인한 취득을 규정하고 있다.

211) 각각의 기본법에서 외교와 국방문제는 중국의 중앙정부의 책임으로 한다고 규정하고 있다. 홍콩 및 마카오기본법 각각 제13조 및 제14조(Articles 13 and 14, Basic Law of the Hong Kong Special Administrative Region of the People and Basic Law of the Hong Kong Special Administrative Region of the People).

212) 일국양제원칙은 1980년대 당시 중국의 최고 지도자 덩샤오핑(Deng Xioping)이 고안하였다고 한다. 즉, 중국은 하나의 국가이되, 당시 독립적으로 유지되던 홍콩, 마카오, 대만에 대하여는 하나의 국가 내에서 자체의 체제를 유지할 수 있도록 허용하는 것이다. 이를 통하여 대만이 국제적으로 국가로 인정되는 것을 피할 수 있다고 한다. http://en.wikipedia.org/wiki/One_country,_two_systems [2013.11.7.].

콩특별구역(HKSAR) 적용여부는 중국 중앙정부(Central People's Government)가 결정하도록 규정하였다.[213] 또 홍콩에서는 시행되고 있으나 중국이 아직 당사국이 아닌 국제조약의 경우는 HKSAR에 계속하여 시행되도록 하였다(Section XI of Annex I). 영중공동선언의 내용은 이후 중국의 국내법인 홍콩기본법(Basic Law of the Hong Kong Special Administrative Region of the People)으로 수용되었으며, 1997년 7월 1일 홍콩의 반환에 맞추어 시행되었다.

홍콩의 반환 이전 영국은 많은 경우 홍콩에 제3국과 조약을 체결한 권한을 부여하였다(entrust). 이러한 전례에 따라 중국도 HKSAR가 영국 등 제3국과 경제적 관계를 수립하도록 허용하는 한편, "Hong Kong, China"라는 이름으로 국가, 지역, 및 국제기구와 경제적, 문화적 관계를 수립하고 관련 협정을 맺을 수 있도록 허용하였다(영중공동선언 제3(9) 및 (10)항). 이러한 내용은 공동선언의 부속서 I에서 보다 구체화되었으며, 특히 국제기구에서 중국이 회원국이건 아니건 HKSAR가 적절한 자격(in an appropriate capacity)으로 계속 참석할 수 있도록 중국은 필요한 조치를 취하거나 지원하기로 하였다(Section XI). 또한 HKSAR는 별도의 관세영토(separate customs territory)이며, 관련 국제기구에 계속하여 참석할 수 있도록 허용되었다(Section VI). 이에 따라 홍콩은 중국의 별도 허가 없이 1995년 세계무역기구(WTO) 창립국가로 참여하였으며(중국은 2001년 가입), 각종 국제기구에서 중국과 함께 회원국으로 참석하고 있다. 그러나 국제해사기구(IMO)에서는 준회원(associate member) 자격을 보유하고 있으므로, 회의에는 참석할 수 있으나 이사국으로 선임될 수 없으며, 투표권도 없다. 한편, 국제유류오염보상기금(IOPC Funds)의 경우 중국은 회원국이 아니지만 홍콩은 회원국으로 참여하고 있다.[214]

2. 조약의 충돌(conflict between treaties)

2.1 개요

일방의 상대방만 있는 양자조약이나 국가가 다루는 다자조약의 수가 적을 경우 조약의무의 충돌은 거의 발생하지 않는다. 조약을 체결하면서 충돌의 소지가 있는 규정은 개정하거나 유보선언 등을 통하여 국내 적용에 있어 해당조약의 규정을 적절히 완화하여 적용할 수 있기 때문이다. 그러나 조약의 수가 늘어나고 조약에서 다루는 업무가 다양해짐에 따라 많은 조약에 가입한 국가의 경우 조약의 충돌문제가 발생하게 되었다. 즉, 동일한 문제에 대하여 시차를 가진 복수의 조약에 가입한 국가의 경우 어느 조약에 의한 의무를 우선해야 하는가를 결정해야 하는 문제이다.

많은 경우 조약의 충돌문제는 조약의 우선순위에 관한 해석의 일반원칙을 통하여 해결된다.

---

213) 영중공동선언은 그 명칭은 "선언"이지만 실제 조약의 성질을 가지고 있다. 이 선언은 1984.12.19. 북경에서 체결되어 1985.5.27. 비준서의 교환으로 발효하였으며, 1985.6.12. 중영 공동으로 UN에 등록하였다. Wikipedia, http://en.wikipedia.org/wiki/Sino-British_Joint_Declaration [2013.4.22.].

214) IOPC Funds 회의의 경우 중국은 회원국이 아니므로 중국의 상주대표(permanent representatives)는 홍콩대표로서 홍콩의 자리에 앉아 홍콩 대표와 함께 회의에 참석한다.

그 원칙으로는 신법 우선의 원칙(*lex posterior derogat legi priori*), 특별법 우선의 원칙(*lex specialis derogat legi generali*) 등이 있다. 그러나 이러한 해석으로도 해결되지 않는 경우를 위하여 비에나협약에서는 조약의 충돌에 관하여 자세히 규정하고 있다.

2.2 조약충돌의 해법에 관한 일반원칙

비에나협약은 조약충돌 시 다음과 같은 해법의 일반원칙을 제시하고 있다. 즉, "국제연합헌장 제103조에 따를 것을 조건으로 하여 동일한 문제에 관한(relating to the same subject matter) 계승적 조약(successive treaties)의 당사국의 권리와 의무는 아래의 조항에 의거하여 결정된다"고 규정하고 있다(제30조 제1항). 여기에서 계승적 조약이란 시간적 간격을 두고 체결된 각기 다른 조약을 의미한다. 또 여기서 "동일한 문제에 관한(the same subject matter)"이란 비에나협약 제30조의 적용범위가 신구조약간의 충돌 또는 양립불가(incompatible)의 상황에 국한됨을 의미한다.[215] "동일한 문제에 관한 계승적 조약"이라 함은 동일한 일반적인 성격을 가진 조약을 의미하는 바, 한 조약이 다른 조약에 비하여 특별한 성격을 가질 경우 별도로 정하지 않는 한 특별법 우선의 원칙이 적용된다.[216] 또한 이 규정은 전체 조약과 조약 간의 우선순위를 정하는 것이 아니고 각 조약의 개별규정에서 발생하는 당사국의 권리와 의무관계의 우선순위를 정하고 있다.

이 규정에서는 조약충돌의 기본원칙으로서 UN헌장 103조를 언급하고 있는 바, 그 내용은 다음과 같다.

> In the event of a conflict between the obligations of the Members of the United Nations under the present Charter and their obligations under any other international agreement, their obligations under the present Charter shall prevail.

즉, UN회원국은 UN헌장에 따른 의무와 다른 국제적 조약에 의한 의무 간에 충돌이 발생할 경우 UN헌장에 따른 의무가 우선한다. 또 이 규정은 모든 조약(any other international agreement)을 포괄하므로(comprehensive) 조약의 종류에 가리지 않고 무조건적으로 UN헌장이 우선하며, UN에 신규로 가입한 국가에 대하여도 적용된다. UN헌장에 따른 의무에는 UN헌장 제7장(chapter VII)에 따라 국제평화와 안보를 위하여 UN안보리(UNSC)의 결정에 따라 회원국들에게 부과하는 의무도 포함된다(UN헌장 제48조).

2.3 충돌조항(conflict clause) 우선의 원칙

조약에서 전 조약(earlier treaty) 또는 후 조약(later treaty)에 따르도록 명시하는 경우에는 그

215) 김대순, 전게서, 148쪽.
216) FN 90, United Nations, *Final Clauses of Multilateral Treaties Handbook*, 2003, p. 85.

명시된 조약이, 두 조약 중 하나가 다른 하나와 양립하지 아니한다고 명시하는 경우에는 그 다른 조약의 규정이 각각 우선한다(비에나협약 제30조 제2항). 즉, 조약의 체결 당시에 조약의 충돌 가능성을 인식하고 어느 조약을 우선할 것인가에 대하여 조약에서 명확히 정한 경우에는 이에 따르면 된다. 국제법위원회(ILC)는 이와 같이 조약간의 관계를 규정하는 조항을 충돌조항(conflict clause)이라고 부른다.[217] 명시적 충돌조항의 예로서는 위에 언급한 UN헌장 제104조를 들 수 있다.

2.4 신법 우선의 원칙

전 조약과 후 조약의 모든 당사국이 동일한 때 제59조에 따라 전조약이 종료되거나 시행이 정지되지 아니하는 경우 전 조약은 그 규정이 후 조약의 규정과 양립하는 범위 내에서만 적용된다(비에나협약 제30조 제3항). 즉, 이 규정은 관습법인 신법 우선의 원칙을 재천명하고 있다. 따라서 전 조약의 규정이 후 조약의 규정과 충돌하지 않을 경우에만 적용되고, 충돌하여 양립하지 않을 경우에는 후 조약의 규정이 우선한다. 따라서 다른 의사가 있었다는 증거가 없는 한, 당사국이 전 조약에 양립하지 않는 후 조약을 체결할 경우 당사국은 전 조약을 종료시키거나 수정할 의사를 가진 것으로 추정된다.[218]

2.5 당사국 사이에만 조약 적용 원칙

후 조약의 당사국이 전 조약의 모든 당사국을 포함하지 아니하는 경우 ① 양 조약 모두의 당사국 간에는 위의 3항의 규정이 적용되며, ② 2개 조약의 당사국과 1개 조약의 당사국 간에는 양국이 다 같이 당사국인 조약이 상호간의 권리와 의무를 규율한다(비에나협약 제30조 제4항). ①의 경우 모두가 전 조약 및 후조약의 당사자이므로 제3항의 경우와 같이 전 조약은 그 규정이 후 조약의 규정과 양립하는 범위 내에서만 적용된다. ②의 경우 양 국가가 모두 당사국인 조약은 1개에 불과하므로 양국 간 권리와 의무는 그 조약에 따라 규율됨은 당연하다고 하겠다. 특히 각각 다른 1개 조약의 당사국 입장에서 다른 하나의 조약은 자국에 대해 아무런 구속력이 없으므로 이에 따른 권리와 의무가 발생할 수 없음은 물론이다. 조약과 비당사국(제3국)간의 법률적 효력에 대하여는 비에나협약 제34조 내지 제38조에서 규정하고 있다.

2.6 제30조 제4항과 다른 조항과의 관계

제30조 제4항은 ①제41조(일부 당사국에서만 다자조약을 수정하는 합의), ②제60조의 규정에 따른 조약의 종료 또는 시행정지에 관한 문제 ③다른 국가에 대한 국가의 의무와 조약규정이 양립하지 아니하는 조약의 체결 또는 적용으로 인하여 그 국가에 대하여 야기될 수 있는 책임 문제를 침해하지 아니한다(비에나협약 제30조 제5항). 즉, 제4항이 적용된다고 하더라도 ①②③은 이에 영향을 받지 아니하고 당초의 상태로 적용된다.

---

217) Anthony Aust, *Ibid*, p.218.

218) United Nations, *Final Clauses of Multilateral Treaties Handbook*, 2003, p. 85.

3. 제3국에 대한 조약의 효과(effect of treaties on a third party)

3.1 소개

제3국(third state)은 조약 당사국이 아닌 국가를 의미한다(비에나협약 제2조 제1항(h)). 따라서 조약과 아무런 관련이 없는 국가는 물론 체약국(contracting states)이라도 아직 해당 조약이 발효하지 않았을 경우는 모두 해당 조약의 제3국에 해당된다. 모든 조약은 당사국[만]을 기속하며 당사국은 이를 성실히 이행하여야 하는 바(비에나협약 제26조), 해석적으로 당사국이 아닌 제3국은 조약에 대한 의무가 없음은 자명하다고 하겠다. 그러나 비에나협약은 별도의 규정을 두어 구체적 정황에서 조약과 제3국관의 법률적 관계에 대하여 규정하고 있다(제34조 내지 제38조).

3.2 제3국에 관한 일반규정(General rule regarding third States)

일반적으로 조약은 제3국의 동의 없이 그에 대한 의무 또는 권리를 창설하지 아니한다(비에나협약 제34조). 따라서 조약은 자력으로 제3국에 의무를 부과하거나 제3국의 동의 없이 해당 국가의 법적 권리를 수정할 수 없다. 또한 제3국은 조약에서 규정되지 아니한 권리를 주장할 수 없다.

3.3 제3국에 대하여 의무를 규정하는 조약(Treaties providing obligations for third States)

조약 당사국이 조약규정을 제3국에 대하여 의무를 설정하는 수단으로 사용하겠다고 의도하며, 또한 그 제3국이 서면으로(in writing) 그 의무를 명시적으로 수락(expressly accept)하는 경우 그 조약의 규정으로부터 그 제3국에 대한 의무가 발생한다(비에나협약 제35조). 즉, 제3국에 대한 의무가 발생하려면 ①조약 당사국은 조약규정이 제3국에 대한 의무를 설정하는 수단으로 사용하겠다고 의도하여야 하며, ②제3국은 서면으로 그 의무를 명시적으로 수락하여야 하는 ① 및 ② 조건이 모두 충족되어야 한다. 이 경우 제3국은 자발적으로 조약에 규정된 의무를 부담하게 된다. 물론 제3국이 자발적으로 조약에 의한 의무를 수락하였다고 하여 자동적으로 당사국이 되는 것은 아니다.

3.4 제3국에 대하여 권리를 규정하는 조약(Treaties providing rights for third States)

일부 국가가 제3국에 대하여 특정한 권리를 부여하는 것을 금지하는 조약은 없다. 따라서 이들이 조약을 체결하면서 이러한 내용을 조약의 규정에 포함시키고, 해당 제3국이 이에 동의(assent)할 경우 권리가 창설된다. 비에나협약에서는 "조약의 당사국이 제3국 또는 제3국이 속하는 국가의 그룹 또는 모든 국가(all States)에 대하여 권리를 부여하는 조약규정을 의도하며 또한 그 제3국이 이에 동의하는 경우에는 그 조약의 규정으로부터 그 제3국에 대하여 권리가 발생한다"고 규정하고 있다(제36조 제1항 전단). 이 경우 권리를 부여받는 제3국은 특정한 조치를 할 의무가 없으므로 조약이 달리 규정하거나 제3국이 권리부여를 거부하지 않는 한 제3국은 이에 동의한 것으로 추정된다(제36조 제1항 전단). 따라서 제3국이 동의여부에 아무런 의사표시를 하지 않더라도 동의한 것으로 추정된다. 또 당사국이 권리를 부여하는 대상으로서 제3국은 물론 제3국이 포함된 국가의 그룹 또는 모든 국가로까지 확장될 수 있음에 유의할 필요가 있다.

제3국에 대하여 권리를 규정하는 조약의 예로는 제1차 세계대전 후 체결된 베르사이유 조약(Treaty of Versailles)에서 조약당사자가 아닌 국가에 권리를 부여한 경우를 들 수 있다. 즉, 이 조약에서는 패전국가가 조약당사자가 아닌 국가(덴마크, 스위스)와의 국경설정에서 제3국인 이들 국가에게 유리한 권리를 규정하였다(제109조, 제358조 및 제374조).[219)]

또 제1항에 따라 권리를 행사하는 국가는 조약에 규정되어 있거나 또는 조약에 따라 확립된 권리행사 조건에 따라야 한다(비에나협약 제36조 제2항). 예컨대 국제하천(international rivers)이나 국제수로(international waterways)에서 항해의 자유(freedom of navigation)에 관한 규정은 영토국가(territorial states)가 정한 조건에 따라야 한다.[220)] 또 UN헌장은 UN비회원국이 UN회원국과의 분쟁을 UN안보리나 UN총회에 제기할 수 있도록 허용하는 한편, 해당 UN비회원국은 사전에 UN헌장에서 규정된 분쟁의 평화적 해결에 관한 의무를 수락하도록 규정하고 있다(제35조 제2항).

3.5 제3국의 의무 또는 권리의 취소 또는 수정(Revocation or modification of obligations or rights of third States)

특별히 금지되지 않는 한 조약으로 정한 모든 의무와 권리는 취소하거나 수정할 수 있다. 즉, 제35조에 따라 제3국의 의무가 발생한 때 조약의 당사국과 제3국이 달리 합의하였다고 입증되지 아니하는 한 그 의무는 조약 당사국과 제3국의 동의(consent)를 얻을 경우에만 취소 또는 수정될 수 있다(비에나협약 37조 제1항). 당초 제3국의 의무가 발생할 때 당사국과 제3국의 합의가 필요했던 것과 마찬가지로 이를 취소하거나 수정할 경우 다시 당사국과 제3국 간에 상호 합의가 필요함은 당연하다고 하겠다.

또 제36조에 따라 제3국에 대하여 권리가 발생한 때 그 권리가 제3국의 동의 없이 취소 또는 수정되어서는 아니 되는 것으로 의도하였음이 입증되는 경우 그 권리는 당사국에 의하여 취소 또는 수정될 수 없다(비에나협약 제37조 제2항). 즉, 당사국들이 제3국에 대하여 조약에 따른 권리를 창설하면서 이를 취소하거나 수정할 경우 제3국의 동의를 받기로 의도하였다면 이에 따라야 한다는 것이다. 만일 당사국들이 취소 또는 수정에 관하여 다른 선택권을 가지고자 한다면 권리를 창설할 당시 조약에 그 내용을 포함시키거나 다른 수단을 마련해야 한다. 만일 당사국들이 이러한 조치를 하지 않았고 조약이 세계적으로(*erga omnes*) 유효한 지위(status)나 체제(regime)를 창설할 경우 제3국의 동의 없이 권리는 수정될 수 없을 것으로 추정

219) Anthony Aust, *Ibid*., pp. 257-8.
220) *Ibid*., p. 259.

된다.[221] 한편, 제3국은 원할 경우 언제든지 부여된 권리를 행사하지 않을 수 있기 때문에 제3국에 의한 권리의 취소 또는 수정 규정은 불필요하다.

3.6 국제 관습을 통하여 제3국을 기속하게 되는 조약상의 규칙(Rules in a treaty becoming binding on third states through international custom)

국제조약이 장기간 적용되다 보면 당사국이 아닌 국가 사이에서도 일반적으로 인정되는 규칙이 될 수 있다. 특히 항해규칙(navigation rules)과 같이 국제적 통일성이 반드시 요구되는 조약의 경우 당사국 여부에 관계없이 모든 국가에서 통일적으로 시행되고 있다.[222] 이 경우 비당사국인 제3국에서 항해규칙이 적용되는 법적 근거는 해당 조약이 아니고 국제관습이다. 이와 관련, 비에나협약은 "제34조 내지 제37조의 어느 규정도 조약에 규정된 규칙이 관습 국제법의 규칙으로 인정된 그러한 규칙으로서 제3국을 기속하게 되는 것을 배제하지 아니 한다"고 규정하고 있다(비에나협약 제38조). 당초 조약 채택과정에서 이 규정은 자명하기 때문에 삭제하는 방안도 검토되었으나 보다 명확히 규정한다는 차원에서 포함시키는 것으로 결정되었다.[223]

제8절 조약의 개정과 수정(Amendment and Modification of Treaties)

1. 소개

체결된 조약은 성실히 이행되어야 하지만 환경의 변화로 인하여 조약의 당초 목적을 달성하기 어려울 경우에는 조약을 폐기하고 새로운 조약을 체결하거나 당초의 조약을 수정하여야 한다. 비에나협약에서는 이러한 조약의 수정방법으로서 공식적으로 조약의 내용을 변경하는 개정(amendment)과 조약은 그대로 두고 일부 당사국 간의 합의로 조약을 변경하여 적용하는 수정(modification)을 각각 규정하고 있다. 일반적으로 조약의 개정은 개정안이 포함된 의정서(protocol)의 채택을 통하여 이루어진다. 또 개정조약의 채택과 발효에는 원래의 조약과 동일한 공식적인 절차가 필요하다. 한편, 조약의 수정은 이해관계가 동일한 국가들의 합의에 따라 이루어지므로 비교적 용이하다는 장점이 있다. 그러나 이러한 수정이 기존 조약당사국의 권리를 침해하거나 이러한 합의가 조약의 목적(object and purpose)을 침해하지 않도록 유의하여야 한다.

기존 조약을 개정하는 방법으로는 조약문(text)을 전부 개정하는 방법과 필요한 일부 조항을 개정하는 방법이 있다. 개정할 조항이 많거나 개정내용이 광범위할 경우는 기존의 조약문 전체를 새로운 조약문으로 교환하는 것이 보다 더 깔끔하다. 1912년 타이태닉(Titanic)호의 침몰사

---

221) *Ibid.*

222) 항해규칙으로서 국제해상충돌예방규칙(Convention on the International Regulations for Preventing Collision at Sea 1972)은 선박이 항해 시 항로의 오른쪽 공간을 이용하여야 하며, 야간항해를 하는 선박은 규정된 항해등(navigation lights)을 설치하도록 규정하고 있다. 비당사국이라고 하여 이런 규정을 무시하면 해상교통에 큰 혼란이 발생할 수 있다.

223) Anthony Aust, *Ibid.*, p. 260.

고 이후 선박의 국제적 안전기준을 정하기 위한 해상인명안전협약(SOLAS)의 경우 1914년에 처음 채택되었다. 이후 이 협약은 1929년, 1948년, 1960년, 1974년 각각 전부 개정된 바 있다. 이 때 새로운 조약에서는 발효와 함께 종래의 조약을 폐기하였기 때문에 신구조약이 깔끔하게 교체되었다. 구 조약을 그대로 둔 채 조약의 일부만을 계속 개정할 경우에는 개정작업이 간단하기는 하나 개정된 조약별로 당사국이 다르기 때문에 당사국간 어떤 규정이 유효한 조약인지 알기 어려운 경우가 발생할 수 있다.[224] 이를 감안하여 다자조약의 경우 기탁소(depositary)에서는 수시로 모든 개정내용이 포함된 통합본(consolidated text) 조약을 발행하기도 한다.[225]

2. 조약의 개정에 관한 일반규칙(General rule regarding the amendment of treaties)

비에나협약은 조약의 개정에 관하여 "당사국 간의 합의(agreement between the parties)"에 의하여 개정될 수 있다고 규정하고 있다(제39조 전단). 따라서 조약에 개정조항(amendment clause)이 포함되어 있지 않더라도 당사국 간에 합의에 따라 개정할 수 있다. 또 합의의 구체적 방법을 규정하고 있지 아니하므로 구두합의(oral agreement)도 가능하다. 구두합의는 비에나협약에 따른 조약으로 인정되지 아니하지만(제2조 제1항 (a)), 비에나협약은 그 자체가 가진 법적 효력에 영향을 미치지 아니한다(비에나협약 제3조(a)).

또 비에나협약 제2부(Part II 조약의 체결 및 발효)에 규정된 규칙은 조약이 달리 규정하는 경우를 제외하고 그러한 합의에 적용된다(비에나협약 제39조 후단). 따라서 조약에서 별도로 규정하는 경우를 제외하고 조약의 개정절차는 당초 조약의 체결절차와 동일하다.

3. 개정조항(amendment clause)

3.1 양자조약의 경우

양자조약의 경우 조약의 개정은 비교적 간단하다. 조약을 개정해야 할 필요성이 발생할 경우 당사국은 아무 때나 상대방에게 그 의사를 밝히고, 상대방이 동의할 경우 바로 개정절차에 들어갈 수 있기 때문이다. 개정절차는 조약에 포함된 개정조항을 이용하는 것이 일반적이며, 개정조항은 약식절차인 서한교환(exchange of letters)이나 각서교환(exchange of notes)에 대한 확인(confirm)을 통하여 개정안이 발효된다고 규정하는 것이 보통이다. 물론 조약에 이러한 개정조항이 포함되어 있지 않더라도 당사국이 합의할 경우 약식절차를 사용할 수 있음은 물론이다.

---

224) 유류오염손해보상을 위한 국제기금의 설치에 관한 국제협약(1971 FUND)의 경우 유류오염사고에 대한 보상한도가 1971년 협약(1978년 발효) 3천만 SDR(IMF의 특별인출권), 1976년 의정서(1994년 발효) 6천만 SDR, 1992년 의정서(1996년 발효) 1억3천5백만 SDR, 2003년 의정서의 경우 7억 5천만 SDR로 개정되었다. 따라서 국가별로 가입한 조약 또는 의정서에 따라 해당 국가의 법원에서 피해자에 대한 보상한도가 다르므로 주의를 요한다.

225) 통합본 조약과 통합조약(consolidated treaty)은 다르다. 기존의 해사노동관련 조약을 집대성한 통합해사노동 협약(Consolidated Maritime Labor Convention 2006)은 통합조약의 예이다.

3.2 다자조약의 경우

다자조약은 당사국의 수가 많기 때문에 그 체결과 발효에 많은 어려움이 있음은 물론 개정안에 대한 합의도 용이하지 않다. 통상적으로 조약에 포함된 개정조항은 당사국의 대다수가 기속적 동의를 표시하여 발효요건을 갖추고, 이후 일정 기간이 경과한 후 발효하도록 규정하고 있다. 그 결과 개정조약의 체결부터 발효까지 많은 시간이 소요되며, 끝내 발효가 이루어지지 않기도 한다. 특히 과학과 기술의 발전에 따라 각종 기술규정은 신속히 현실을 반영해야 하나 엄격한 절차규정은 이를 방해하고 있는 것이 현실이다. 해상인명안전협약(SOLAS)의 경우 1960년 협약에 대한 조약개정이 1973년까지 총 6회에 걸쳐 이루어졌으나 모두가 발효되지 못하기도 하였다. 이에 따라 국제사회는 조약의 개정이 용이하고, 또 개정된 조약이 신속하게 발효할 수 있는 방안을 모색하게 되었다. 이에 따라 개발된 방안이 묵시적 수락절차(tacit acceptance procedure)이다.[226)]

묵시적 수락절차는 종래 조약개정에 찬성한 국가가 대다수가 될 때 조약개정안이 발효되는 것이 아니고, 명백하게 반대의사를 표시하지 않는 당사국은 찬성한 것으로 간주하여 조약개정안이 신속하게 발효하도록 하는 방식이다. 또 묵시적 수락절차는 협약의 본질적인 내용을 개정하는 경우에는 적용되지 않고, 기술적 또는 행정적 규정이나 부속서 등의 개정에 활용된다. 묵시적 수락절차는 조약개정안이 신속하게 발효되는 장점이 있으나 각국의 조약가입에 관한 헌법적 절차를 무력화 시킬 수 있는 우려가 있다. 이 절차를 이용할 경우 의회의 비준동의 절차가 없어도 일정한 요건이 구비되면 자동적으로 개정된 협약의 당사자가 되기 때문이다.

묵시적 수락절차는 다음의 3가지로 구분할 수 있다.[227)]

3.2.1 총의개정(consensus amendment)

이 방식은 국제기구, 당사국회의(conference of the parties) 등 에서 개정안을 심의할 때 총의(consensus)에 따라 결정하도록 하며, 어느 한 국가라도 반대하면 개정안이 채택될 수 없다. 이 경우 관련 협약에서는 총의라는 용어 대신에 "당사국 대표의 반대 없이(absence of any objection by any representative of a State party)"라는 용어가 사용된다. 또 조약개정안은 개정안 심의회의에 불참한 당사국도 묵시적으로 수락한 것으로 보아 기속하게 된다.

3.2.2 탈퇴허용 개정(opt-out amendment)

이 방식은 우선 특정한 기구나 조직으로 하여금 개정안을 심의하도록 권한을 위임한다. 이곳에서 특정한 의결정족수를 만족시켜 개정안이 채택되면 일정 기간 동안 개정안에 대하여 반대

---

226) 묵시적 수락절차는 tacit amendment process, tacit agreement process, passive acceptance procedure, tacit procedure 등으로 표기되고 있으나 저자는 국제해사기구(IMO)가 사용 중인 tacit acceptance procedure를 사용하기로 한다.

227) Oona A. Hathaway et al, "Tacit Amendments," pp. 10-15, http://www.law.yale.edu/documents/pdf/cglc/TacitAmendments.pdf [2013.11.12.].

하는 국가로 하여금 등록하도록 한다. 만일 반대하는 국가가 일정 수에 미달하면 개정안은 발효하게 되며, 반대를 명확하게 표명한 국가에 대하여는 개정안이 발효하지 않는다.

화학무기협약(Chemical Weapons Convention)의 경우 부속서의 개정안은 집행이사회(Executive Council)에서 승인된다. 이 개정안은 통보 후 90일 이내에 당사국의 반대가 없으면 채택되고, 그렇지 않으면 효력을 잃는다. 플라스틱 폭발물의 표시를 위한 협약(Convention on the Marking of Plastic Explosives for the Purpose of Detection)의 경우 이사회가 기술적 부속서의 개정안을 심의하도록 한다. 통보 후 90일 이내에 5개국 이상의 당사국이 반대하지 않으면 반대국가를 제외하고 개정안이 발효된다. 만일 그렇지 않으면 위원회(Commission)에서 재검토(reconsideration)하게 된다.

3.2.3 기속개정(binding amendment)

이 방식은 개정안 채택 시 총의나 탈퇴허용을 요구하지 않으나 결정에 압도적 다수(supermajority)[228]의 찬성을 필요로 하며, 일단 발효되면 개정안에 반대하는 국가를 포함하여 모든 국가에 대하여도 적용된다. 예로는 다음의 UN헌장 제108조를 들 수 있다. 즉, 엄격한 절차를 거쳐 개정안이 일단 발효되면 개정안에 대해 찬성하지 않았거나 비준하지 아니한 국가에 대하여도 적용된다.

> Amendments to the present Charter shall come into force for ***<u>all</u>*** Members of the United Nations when they have been adopted by a vote of two thirds of the members of the General Assembly and ratified in accordance with their respective constitutional processes by two thirds of the Members of the United Nations, including all the permanent members of the Security Council.

4. 다자조약의 개정(amendment of multilateral treaties)

비에나협약은 모든 국가가 관여하는 다자조약의 개정에 관한 기본 원칙을 규정하면서(제40조) 개별 조약에서 개정조항이 없는 경우(unless the treaty otherwise provides) 이 조약이 적용됨을 규정하고 있다(제40조 제1항). 일부 국가만의 합의로 다자조약을 개정하는 경우는 다음의 제41조에서 규정하고 있다.

다자조약을 개정하기 위한 제안이 있을 경우 모든 체약국(contracting States)에 통보되어, 이들이 이 제안에 따라 취할 조치에 대한 결정, 조약의 개정을 위한 합의의 교섭 및 성립에 참가할 수 있도록 하여야 한다(제40조 제2항). 통상 기탁소가 지정된 경우 체약국의 개정제안과 통보는 기탁소를 경유하여 이루어진다. 종래에는 일부 국가의 주도로 조약이 개정되는 경우가 많

228) 압도적 다수는 50% 이상의 단순 다수(simple majority)에 비하여 그 요건을 높인 다수이다. 통상 2/3다수가 주류를 이루며, 경우에 따라 3/5, 재적인원의 과반수 등의 방법이 있다. Wikipedia, http://en.wikipedia.org/wiki/Absolute_majority#Majority_of_the_entire_membership [2013.11.28.].

았기 때문에 비에나협약 제정 시 일부 법학자는 모든 체약국이 협상 등에 참가할 권한을 부여하는 일반적인 규칙은 없다는 의견을 제시하였다. 그러나 국제법위원회(ILC)는 조약개정 시 일반적인 규칙으로서 모든 국가가 협의될 필요성이 있다고 보아 현재의 규정을 채택하였다.[229)]

조약의 당사국이 될 수 있는 권리를 가진 모든 국가는 역시 개정되는 조약의 당사국이 될 수 있는 권리를 가진다(제40조 제3항). 즉, 국가가 조약의 체결에는 참여하였으나 아직 기속적 동의를 표시하지 아니한 상태에서 조약이 개정된 경우 이 국가에게 원래의 조약은 물론 개정된 조약에 모두 당사국이 될 수 있는 권리를 보장하고 있다.[230)]

개정합의(amending agreement)는 조약의 기존 당사국으로서 이 합의의 당사국이 되지 아니하는 어느 국가도 기속하지 아니하며, 그러한 국가에 관해서는 제30조 4항(b)가 적용된다(제40조 제4항). 따라서 원래의 조약과 개정된 조약 모두의 당사국과 그 중 1개 조약의 당사국 간에는 양국이 다 같이 당사국인 조약이 상호간의 권리와 의무를 규율한다. 이 규정은 조약은 동의없이 제3국에게 권리와 의무를 창설하지 못한다는 제34조의 규정에 비추어 명확한 사항이지만 개정된 조약에만 가입한 국가와 원래의 조약에만 가입한 국가 간의 관계를 명확히 하기 위하여 추가되었다.[231)]

UN사무국에 따르면 일부 국가는 원래의 조약에 대한 개정조약이 발효된 후 어떠한 조약에 대한 기속적 동의인지를 명확하게 밝히지 않고 비준하는 문서를 기탁하는 경우가 있다고 한다. 이러한 경우 사무국은 이 국가가 원래의 조약, 개정조약 또는 2개의 조약 모두의 당사자가 되는지에 대하여 불명확한 상태에 있었다. 이에 대하여 국제법위원회(ILC)는 해당 국가의 의사존중 및 해당 국가의 의사가 없을 시 조약을 매개로 가능한 한 많은 국가가 상호관계를 맺을 수 있도록 한다는 원칙을 정하고 이를 비에나협약의 규정에 추가하였다.[232)] 이에 따라 개정합의의 발효 후에 조약의 당사국이 되는 국가는 그 국가에 의한 별도 의사의 표시가 없는 경우 ①개정된 조약의 당사국으로 간주되며, ② 개정합의에 기속되지 아니하는 조약의 당사국과의 관계에 있어서는 개정되지 아니한 조약의 당사국으로 간주된다(제40조 제5항). 따라서 이 경우 해당 국가는 1개의 조약에 기속적 동의를 표시하였어도 실질적으로 개정된 조약 및 원래의 조약 모두의 당사국으로 간주되는 결과가 발생하게 된다.

5. 일부 당사국 간 다자조약을 수정하는 합의(agreements to modify multilateral treaties between certain of the parties only)

5.1 다자조약의 수정(modification of multilateral treaties) 조건

국제법에서는 일부 당사국 간의 합의에 따라 그들 사이에만 적용될 수 있도록 다자조약의 수정(modification)을 허용하고 있다. 즉, 다자조약의 2 또는 그 이상의 당사국은 ① 그러한 수정의 가능성이 그 조약에 의하여 규정된 경우 그 당사국간에서만 조약을 수정하는 합의를 성

229) United Nations, *Yearbook of the International Law Commission, 1966*, Vol. II, p. 233.
230) *Ibid.*, p. 234.
231) *Ibid.*
232) *Ibid.*

립(conclude)시킬 수 있다(비에나협약 제41조 제1항 (a)).

또 수정의 가능성이 그 조약에서 규정되지 않았다고 하더라도 ② 해당 수정이 그 조약에 의하여 금지되지 아니하고, 그 수정이 다음의 2가지 조건을 충족할 경우에는 역시 조약을 수정하는 합의를 성립시킬 수 있다(제41조 제1항 (b)). 예컨대 환경관련 다자조약에서 일부 국가는 조약에서 정한 기준을 수정하여 높은 기준을 적용할 수 있다. 반대로 낮은 기준을 정하는 것은 조약의 목적에 위배될 수 있다.

① 다른 당사국이 그 조약에 따라 권리를 향유하거나 의무를 이행하는 것에 영향을 주지 아니할 것. 즉, 이러한 조약의 수정이 기존의 법적 권리와 의무를 침해하면 아니 됨.
② 전체로서 그 조약 목적(object and purpose)의 효과적 수행과 양립하지 아니하는 훼손규정과 관련되지 아니할 것. 즉, 당사국 간의 합의로써 군축(disarmament)이나 중립(neutrality)조약의 중요한 규정(substantive provisions)을 수정하는 것은 조약의 목적과 양립하지 않으며, 따라서 허용될 수 없음.233)

5.2 조약수정 의사의 사전 통보

상기 1항 (a)에 해당하는 경우에 조약이 달리 규정하지 아니하는 한 문제의 당사국들은 그 합의를 성립시키고자 하는 의사와 그 합의가 규정하는 그 조약의 수정내용(modification)을 다른 당사국에 통보하여야 한다(제41조 제2항). 이 규정은 사전에 조약수정에 관한 정보를 다른 당사국에 통보하도록 함으로써 일부 당사국들이 자신들만의 합의로 불법적으로 조약을 수정하는 것을 방지하기 위한 보호규정이다. 또 여기에서 “그 합의가 규정하는(for which it provides)"이라는 의미는 합의가 아직 무르익지 않은 경우에는 필요 없고, 성숙된 경우에 한하여 통보하라는 것이다.234)

6. 발효 전 개정(amendment before entry into force)

조약이 발효 전에 해당 조약을 개정해야 할 필요가 생기는 경우는 얼마든지 있을 수 있다. 이 경우 해당 조약은 아직 아무런 법적 효력이 없기 때문에 이 조약에 규정된 개정조항(amendment clause)으로는 개정할 수 없다. 따라서 이 경우에는 당초 조약의 체결과정에 참여하였던 서명국(signatories), 체약국(contracting States) 등이 국제회의(international conference)에 참가하여 별도의 국제적 합의를 채택하여 조약을 개정하여야 한다.

IMO에서는 미발효된 조약의 발효를 위하여 기존 조약의 요건을 완화하는 조약을 다수 채택한 바 있다. 어선의 안전에 관한 토레몰리노스협약(Torremolinos International Convention for the Safety of Fishing Vessels)은 1977년 채택되었지만 많은 국가들은 안전기준이 너무 높다고 비준을 지체함으로써 발효가 계속 지연되었다. 이에 따라 1993년 이 조약에 포함된 안전기준

233) *Ibid.*, p. 235.
234) *Ibid.*

을 완화하는 의정서(Torremolinos Protocol)가 채택되었지만 역시 소기의 성과를 이룰 수 없었다. 이후 2012년에는 위의 조약 및 의정서 시행에 관한 협정(Agreement on the Implementation of the Torremolinos Protocol of 1993 relating to the Torremolinos International Convention for the Safety of Fishing Vessels, 1977)을 채택하여 안전기준을 더 완화하는 한편, 협정의 발효요건도 대폭 완화하였다.

미발효된 조약을 개정할 경우 중요한 고려사항은 미발효된 조약에 대한 기속적 동의를 이미 표시한 국가에 대한 배려이다. 자국의 헌법적 절차를 거쳐 기속적 동의를 표시한 국가에 대하여 다시 개정된 조약에 대하여 동일한 절차를 다시 밟으라는 것은 해당 국가에게 과도한 정치적 부담이 될 수 있다. 토레몰리노스협정의 경우 기존의 의정서에 기속적 동의를 표시하고 이 협정에 서명한 국가는 협정 채택 후 12개월 이전에 서면으로 다른 의사를 통보하지 않는 한 이 협정에 기속적 동의를 표시한 것으로 규정하고 있다(동 협정 3조 제4항). UN해양법 제11장의 시행에 관한 협정(Agreement relating to the implementation of Part XI of the United Nations Convention on the Law of the Sea)도 거의 유사한 규정을 두고 있다.

7. 개정된 조약의 발효일

개정된 조약은 일정 한 수의 국가가 기속적 동의를 표시하여 발효 요건이 충족되면 일정한 기간이 지나 발효하는 것이 일반적이다. 그러나 개정조항에서 당사국의 일정 비율이 개정조약에 기속적 동의를 표시하였을 경우 발효하도록 규정한 경우는 발효일의 판단이 쉽지 않다. 예컨대 당사국의 3분의 2가 기속적 동의를 표시할 경우 개정조약이 발효되도록 규정한 경우 그 시점이 개정조약의 채택 시점인지 아니면 채택 후 아무 시점인지가 문제가 될 수 있다. 특히 조약 체결 이후 많은 국가가 당사국으로 참여할 경우 발효요건 충족여부가 다소 애매하다. 이 경우 조약의 기탁소로서 UN사무국은 1973년 이후 현재시점방식(current time approach)이라 하여 후자의 방식을 취하고 있다.[235] 따라서 협약 채택 후 조약의 발효 전 당사국이 된 국가도 기속적 동의를 표시한 국가의 계산에 포함된다.

제9절 조약의 해석

1. 소개

오늘날 많은 조약이 체결되고 있으나 이들 조약에 포함된 모든 규정의 의미가 명확한 것은 아니다. 심지어 조약의 채택 시 가급적 많은 국가의 합의를 이끌어내기 위하여 의도적으로 그 의미가 애매한 문구를 사용하기도 한다. 이 경우 추후 조약을 적용하고자 할 경우 해당 조약의 해석에 관하여 이해 당사국간 분쟁이 발생할 소지가 높으며, 합의가 안 될 경우 국제법원

235) para. 4.4.3, United Nations, *Treaty Handbook*, 2012, p.27.

(international courts and tribunals)에 조약의 해석을 의뢰해야 한다. 또 최근에는 국제조약의 국내법 수용에 따라 국내 법원에서도 조약에 관한 해석을 담당해야 하는 경우도 점차 증가하고 있다.236) 이와 같은 경우 조약 해석의 지침으로서 비에나협약은 총 3개조(제31조 내지 제33조)에 걸쳐 해석에 관한 기본원칙을 규정하고 있다.

비에나협약의 제정 이전부터 법학자들 사이에는 조약의 해석원칙에 관한 논의가 진행되어 왔다. 즉, 조약해석의 기본원칙으로서 ①당사자의 진실된 의사로서의 조약문(text), ②조약문과 별도로 주관적 요소로서 당사국의 의사(intention), ③선언되거나 명확한 조약의 목적(object and purpose) 중 어느 것에 가장 중점을 주어야 하는지에 대하여 검토하였다. 일부는 당사국의 의사를, 일부는 조약의 목적이 가장 중요하다고 주장하였다. 그러나 다수는 조약문을 조약해석의 기초로 삼으면서, 동시에 당사국의 의사 및 조약의 목적에 관한 증거를 종합적으로 사용하는 해석방법으로 제시하였다.237) 이러한 원칙은 1956년의 국제법연구소(Institute of International Law)의 결의서로 채택되었고, 이후 비에나협약에 수용되었다.

2. 해석의 일반규칙(general rule of interpretation)

2.1 제명(title)

국제법위원회(ILC)는 제31조의 제명을 General ***rules*** of interpretation과 같이 복수를 사용할 경우 이 조의 제1항이 제2항 이하보다 상위의 개념으로 이해되거나, 또 제31조가 이후의 제32조 및 제33조보다 상위의 개념(hierarchical order)으로 오해될 우려가 있어 단수인 “rule"을 사용하였다. 또한 여기에서 단수인 "rule"의 의미는 이 조에 규정된 제1항 내지 제3항의 해석방법 적용은 모두를 총괄하는 단 1개의 작업(single combined operation)이라는 의미도 가진다.238) 마찬가지로 제1항 내지 제3항에 포함된 "문맥(context)"이라는 용어도 조약해석에 있어 하나의 원칙으로서 모든 요소를 종합적으로 고려하라는 의미이다.

2.2 기본 규칙(basic rule)

조약은 조약문의 문맥(context) 및 조약의 목적(object and purpose)에 비추어 보아, 그 조약의 용어(terms)에 부여되는 통상적인 의미에 따라 성실하게(in good faith) 해석되어야 한다(제31조 제1항). 이 내용을 보다 구체적으로 살펴보면 다음과 같다.

2.2.1 성실하게(in good faith)

이 조항은 제26조에 규정되어 당사국이 조약을 성실히 이행하여야 하는 원칙(*pacta sunt*

---

236) 국제협약을 국내법을 수용하였다 하더라도 해석이 어려울 경우 해당 법원은 국내법의 근간이 된 국제협약의 규정이나 다른 국가의 해석판례를 살펴보는 경우가 많다.

237) United Nations, *Yearbook of the International Law Commission, 1966*, Vol. II, p. 218.

238) United Nations, *Ibid.*, pp. 219-220.

servanda)과 밀접한 관련이 있다. 조약의 해석은 당사국의 조약 이행의 일부분으로서 해석에 필요한 관련 자료의 검토 및 평가는 성실하게 행하여야 한다. 따라서 조약상의 문언이 명확하더라도 그 결과가 불합리하거나 터무니없을 경우 당사국은 다른 해석을 찾아야 한다.

2.2.2 통상적인 의미(ordinary meaning)

조약해석에 있어 조약에 사용된 용어는 통상적인 의미를 부여하는 것은 중요하다. 반증이 없는 한 조약의 당사국들이 이들 용어를 통상적인 의미로 이해하고 사용했을 것으로 추정하는 것이 합리적이기 때문이다.239)

2.2.3 문맥과 조약의 목적에 비추어(in their context and in the light of its object and purpose)

조약해석은 조문의 전체적인 문맥(context)과 조약의 목적(object and purpose)에 비추어 해석해야 한다. 따라서 전체적인 문맥과 조약의 목적에 맞지 않는 해석은 잘못된 해석으로 보아야 할 것이다.

2.3 문맥(context)

조약을 해석하려면 전체적인 문맥을 살펴보아야 한다. 이 경우 살펴보아야 할 사항은 조약문(text), 조약의 전문(preamble), 부속서(annex)는 물론 조약의 체결과 관련하여 체결된 당사국의 합의(agreement) 및 조약관련 문서이다(제31조 제2항). 해석목적 상 조약의 전문과 부속서가 조약의 일부를 구성한다는 것은 너무나 당연하여 상세한 설명은 필요 없을 것이다. 그러나 이 규정에서 문맥과 관련되어 특별히 언급하는 문서는 당사국의 합의와 조약관련 문서이다. 이 문서들의 특징은 조약의 체결과 관련하여 당사국이 일방적으로 만든 것이 아니고 다른 당사국이 이를 수락하였다는 점일 것이다.

이 문서들이 문맥을 형성하는 것으로 인정된다고 하더라도 반드시 조약의 핵심적 요소로 간주되어야 하는 것은 아니다. 이 문서들이 조약의 한 부분으로 인정될지의 여부는 당사국의 의사에 달려있다. 특히 이 규정에서 제안하고자 하는 것은 조약해석에 있어 이러한 문서가 애매하거나 불명확한 문제를 해결하는 단순한 증거로서 취급되는 것이 아니라 조약의 용어가 일반적인 의미로서 해석될 수 있도록 하는 문맥의 일부로서 취급되어야 한다는 점이다.240)

2.4 추후의 합의와 관행(subsequent agreement and practice)

비에나협약에서는 문맥과 함께 고려되어야 할 다음 3가지 사항을 규정하고 있다(제31조 제3항).

---

239) Anthony Aust, *Ibid.*, p. 235.

240) United Nations, *Yearbook of the International Law Commission, 1966*, Vol. II, p. 221.

2.4.1 조약의 해석 또는 그 조약규정의 적용에 관한 당사국 간 추후의 합의(any subsequent agreement)

조약의 해석이나 조약 규정의 적용에 있어 추후의 합의는 반드시 고려되어야 한다(there shall be taken into account). 이 규정에서 사용되는 용어는 "합의(agreement)" 이므로 당사국 간의 합의가 반드시 조약의 형태일 필요는 없다. 예컨대 당사국이 조약을 수정하기로 합의하였다면 그 수정방법은 여러 가지 다양한 형태가 있을 수 있다.

조약의 수정방법으로 자주 사용되는 방법이 해석이나 결의서(resolution)를 통한 수정이다. 1957년 로마조약(Treaty of Rome 1957)을 통하여 유럽경제공동체(EEC, 현재는 유럽공동체, EC)가 설립되었으며, 이 조약에서는 EEC에서 사용될 통화로서 유럽통화단위(Europe Currency Unit: ECU)를 규정하고 있었다. EC 회원국들은 ECU를 유로(Euro)로 변경하기 위하여 로마조약 개정 대신 해석방법을 채택하였다. 즉, 1995년 마드리드에서 개최된 유럽이사회(European Council)[241]는 결론(Conclusion)으로서 로마조약에 규정된 ECU를 유로로 수정하여 해석하는데 합의하였다.[242] 람사습지협약(Ramsar Wetlands Convention 1971)의 경우 개정조항은 개정된 조약이 발효하려면 당사국 3분의 2가 필요하도록 규정되어 있었다. 이 경우 당사국 3분의 2가 개정조약 채택 시점인지 아무 시점(at any given time)인지가 불명확하였다. 이에 따라 1990년 국제회의에서는 개정안 채택 시를 기준으로 한다는 해석에 관한 결의서를 채택하였다.[243] 상기의 결론이나 결의서는 별도의 비준절차가 필요 없이 실질적으로 조약을 수정할 수 있기 때문에 편리하다는 장점이 있지만 조약수용에 관한 각국의 헌법적 절차를 무력화할 수 있기 때문에 유의할 필요가 있다.

2.4.2 조약 적용에 있어서 조약의 해석에 관한 당사국 합의를 입증하는 추후의 관행(any subsequent practice)

조약의 해석에서 추후의 관행은 가장 중요한 요소 중의 하나이며, 국제법원의 판결에서도 관행에 대한 언급을 빠뜨리는 경우는 거의 없다. 일관성이 있으며(consistent), 당사국 사이에 공통적이거나(common), 수락되었다면 그것이 실제 집행되는 방식은 당사국들이 조약을 어떻게 이해하고 있는지는 나타내는 좋은 표시(indication)가 될 수 있다. 이에 관한 대표적인 사례는 UN헌장 27조 제3항[244]의 해석에 관한 관례이다. 이 규정에서 UN안보리의 비절차적(non-procedural)

---

241) 유럽이사회는 유럽연합(EU) 회원국 정부의 정상들과 EU위원회 위원장 등의 모임이며 EU의 최고 의사결정기구다. 이는 유럽연합 정상회의라고 불리기도 한다. http://terms.naver.com/entry.nhn?cid=487&docId=646714&mobile&categoryId=1149 [2013.11.7.].

242) para. 2, I. The scenario for the changeover to the single currency, A. Economic and Monetary Union, Madrid European Council, 15 and 16 Dec. 1995, Presidency Conclusions.

243) Anthony Aust, *Ibid.*, pp. 239-240.

244) 해당 규정은 다음과 같다.

3. Decisions of the Security Council on all other matters shall be made by an affirmative vote of nine members including the concurring votes of the permanent members; provided that, in decisions under Chapter VI, and under paragraph 3 of Article 52, a party to a dispute shall abstain from voting.

문제에 대한 결정은 5개 상임이사국의 찬성투표(concurring vote)를 포함한 9표의 찬성투표(affirmative vote)를 필요로 한다. 그러나 이 규정은 1946년부터 "찬성(concurring)"은 "반대하지 않는(not objecting)"으로 해석되어 왔다. 따라서 상임이사국이 UN안보리의 결정을 거부하려면 기권(abstain)으로는 충분하지 않고 반대투표(negative vote)를 해야 한다.[245] UN 안보리 상임이사국의 반대투표는 비토(veto)라고 부르기도 한다.

2.4.3 당사국간의 관계에 적용될 수 있는 국제법의 관련 규칙(any relevant rules of international regulation)

이 규정은 조약이 일반적인 국제법의 넓은 문맥에서 해석되어야 한다는 원칙을 제시하고 있다. 경우에 따라 조약해석은 조약체결 당시의 국제법의 관련 규칙뿐만 아니라 현재의 관련규칙도 고려해야 하는 경우도 있을 수 있다.

2.5 특별한 의미(special meaning)

당사국이 용어에 특별한 의미를 부여하기로 의도하였음이 입증되는(established) 경우에는 그러한 의미가 부여된다(제31조 제4항). 이 규정은 예외적인 경우에 당사국이 용어에 특별한 의미를 부여할 수 있도록 하기 위한 것이다. 즉, 문맥에 따라 용어의 의미가 명백하더라도 당사국은 해석 상 그 용어에 특별한 의미가 있다고 주장할 수 있다. 그러나 이 경우 그에 대한 입증책임은 이를 주장하는 국가가 져야 한다.

3. 해석의 보충적 수단(supplementary means of interpretation)

비에나협약 제31조에서는 조약의 준비작업기록(travaux préparatoires 또는 줄여서 travaux, 영문으로는 preparatory works)은 조약해석의 요소로 포함시키지 않았다. 즉, 제31조는 조약문의 의미를 확인하는 것이지 당사국의 의도를 탐색하는 것이 목적이 아니었다. 또 준비작업기록은 그 성질상 완전하지 않으며 잘못 오해될 수도 있다. 그럼에도 불구하고 비에나협약 제32조는 특정한 경우에 제31조 적용의 결과 나오는 의미를 확인하기 위한 보충적 요소를 규정하고 있다. 즉, 31조의 적용으로부터 나오는 의미를 확인하기 위하여, 또는 제31조에 따라 해석하면 ① 의미가 모호해지거나 또는 애매하게 되는 경우, 또는 ② 명백히 불투명하거나 또는 불합리한 결과를 초래하는 경우 그 의미를 결정하기 위하여 조약의 준비작업기록 및 그 체결시의 사정을 포함한 해석의 보충적 수단에 의존할 수 있다(제32조).
조약문에서 일반적인 의미(ordinary meaning)가 비교적 명확하더라도 준비작업기록에 따를 경우 그 의미가 당사국의 의도가 아닌 경우가 있을 수 있다. 이 때 제31조는 조약이 신의성실의 원칙에 따라 정확하게 해석될 수 있도록 보충적 수단을 제공하는 것이다. 실제 현실에서 분쟁의 당사국들은 각자의 주장을 뒷받침하는 준비작업기록을 국제법원에 제공하고, 국제법원은 다

245) Anthony Aust, *Ibid.*, pp. 242-243.

른 자료에 이러한 자료를 추가하여 판결을 내리게 된다. 준비작업기록은 법원의 판결에 매우 중요한 자료 중의 하나로 인정되고 있다.

국제법위원회(ILC)는 비에나협약 채택 시 준비작업기록에 대한 용어의 정의를 포함시키지 않았다. 그러나 일반적으로 준비작업기록에는 연속적인 조약의 초안, 국제회의 기록(conference records), 국제회의에서 전문가의 설명문(explanatory statements by expert consultant), 초안위원회 위원장의 이견이 없는 해석문(uncontested interpretative statement) 등이 포함되는 것으로 이해되고 있다.[246]

4. 1개 이상의 언어로 작성된 조약의 해석(interpretation of treaties in more than one language)

당사국의 모국어(mother tongue), 공용어(official language), 또는 실무언어(working language)가 모두 동일한 경우를 제외하고 대부분의 조약은 1개 이상의 언어로 체결된다. 또 양 당사국의 언어가 다를 경우 제3국 언어인 영어로 협상하고 영어로 된 정본 조약문(authentic text)을 채택하기도 한다. 경우에 따라서는 영문 정본 조약문을 바탕으로 각국의 언어로 번역하여 번역본까지 총 3개의 조약문을 모두 정본으로 인정할 수도 있다. 물론 이 경우 조약의 해석상 정본간에 내용이 상충될 경우 특정 언어(이 경우 보통 영어) 정본이 우선하도록 할 수도 있다. 이와 같이 조약 체결 시 당사국의 언어로 된 조약문을 만드는 이유는 자국의 회의대표가 그 내용을 가장 이해하기 쉽고, 만일 해석상의 분쟁이 발생하였을 경우 자국어로 작성된 정본을 바탕으로 한 해석을 주장할 수 있기 때문이다.

비에나협약은 한 개 이상의 언어로 조약문이 작성되었을 경우 그 해석에 관한 기본 원칙을 다음과 같이 정하고 있다.

① 조약이 2 또는 그 이상의 언어로 확정(authenticated)된 경우 특정의 조약문(text)이 우선한다(prevail)고 그 조약에서 규정하거나 당사국이 합의하지 아니하는 한 각 언어로 작성된 조약문은 동등하게 존중된다(equally authoritative)(제33조 제1항).[247] 즉, 다른 규정이 없을 경우 각 조약문은 동등하게 정본(equally authentic)이고, 이에 따라 각각 동등하게 존중된다. 비에나협약의 경우 중국어, 영어, 불어, 러시아어, 스페인어 조약문은 모두 동등한 정본이라고 규정하고 있다(제85조).

② 조약문을 확정한 언어 이외의 언어로 작성된 조약의 번역본은 조약이 규정하거나 또는 당사국이 이에 합의하는 경우에만 정본으로 간주된다(제33조 제2항). 예컨대 양자조약에서 조약문을 영어가 아닌 언어로 작성한 경우 UN에 조약등록을 하기 위하여 영어로 번역하는 경우 그 영어 번역본이 이에 해당된다.

---

246) *Ibid*., p. 246.

247) authoritative는 authority로부터 파생된 단어로서 "권위가 있는, 권한을 보유한, 권한으로부터 발생한" 등의 의미를 가지고 있어 우리말로 번역이 쉽지 않다. 저자는 권위가 있어 존중받아야 한다는 의미에서 "존중되어야 하는(to be respected)"의 의미로 해석하였다.

③ 조약의 용어는 각 정본 조약문에서 동일한 의미를 가지는 것으로 추정된다(제33조 제3항). 실제 한 언어의 조약문에서 용어의 의미가 불분명한 경우 다른 언어 조약문에서는 보다 명확한 경우가 있다. 따라서 이 경우에는 다른 언어 정본에 포함된 명확한 의미로 해석하면 된다.

④ 제1항에 의거하여 특정의 조약문이 우선하는 경우를 제외하고 정본들을 비교한 결과 제31조 및 제32조를 적용해도 제거되지 아니하는 의미의 차이가 있을 경우에는 조약의 목적(object and purpose)을 고려하여 조약문과 가장 잘 어울리는 의미가 채택되어야 한다(제33조 제4항). 이 규정은 일종의 예비적 규칙(residual rules)으로서, 제31조와 제32조를 적용해도 문제가 해결되지 않는 경우 이 규정이 적용된다. 즉, 3개 언어 정본에 따른 의미가 각각 A, B, C이고, 제31조 및 제32조를 적용해도 문제가 해결되지 않을 경우에는 조약의 목적을 고려하여 조약문과 가장 잘 어울리는 그 중 1개를 채택해야 한다.

굴욕의 SOFA…"한국 땅에서 영어가 우선?"

한미SOFA, '해석상 이견 시 영어본 우선'…"유례 찾기 어려운 굴욕"

SOFA(Status of Forces Agreement), 즉 주둔군 지위협정과 관련해 해석상의 차이가 있을 경우 일본이나 독일과 달리 한국만 영어본을 우선으로 하는 것으로 확인됐다. 주권국가로서 유례를 찾기 어려울 정도로 '굴욕적'이라는 지적이 나오고 있다.

한미SOFA 본 협정 31조 '협정의 유효기간'에 "한국어와 영어로 본서 2통을 작성하였다. 양본은 동등히 정문이나, **해석에 상위가 있을 경우에는 영어본에 따른다**"고 규정되어 있다.

"DONE in duplicate, in the Korean and English languages. Both texts shall have equal authenticity, but **in case of divergence the English text shall prevail.**" (한미SOFA 본 협정 31조 중)

2001년 작성된 한미SOFA 양해사항도 마찬가지로 "동등하게 정본인 한국어와 영어로 각 2부씩 작성되었으며, **서로 차이가 있을 경우에는 영어본이 우선한다**"고 규정하고 있다.

"DONE at Seoul this 18th day of January, 2001, in duplicate, in the Korean and English languages, both texts being equally authentic, and **in case of divergence, the English text shall prevail.**" (한미SOFA 양해사항 중)

반면, 일본의 경우는 "1960년 1월 19일 워싱턴에서 동등히 정문인 일본어와 영어로 2통을 작성하였다"라고만 명시하고 있다.

"DONE at Washington, in duplicate, in the Japanese and English languages, both texts equally authentic, this 19th day of January, 1960." (일미SOFA 중)

독일의 경우에도 "1993년 3월 18일 동등한 효력을 가지는 독어, 영어 그리고 불어로 된 원문 1통을 작성하였다"고 명시되어 있다.

"DONE at Bonn, this eighteenth day of March 1993, in a single original in the German, English and French languages, all texts being equally authentic." (독일보충협정 중)

이처럼 일본과 독일이 미국과 맺은 SOFA 규정에는 한국과 달리 '영어본 우선' 규정이 없다. 해석상 이견이 있을 경우에도 한글본과 달리 일본어본과 독일어본은 영어본과 동등한 효력을 갖고 있는 것이다.

하지만 외교부는 그동안 한미SOFA가 불평등하다는 지적이 나올 때마다 "일본, 독일과 비교해도 (크게 보면) 3국 간 규정 차이가 없고 일부 조항은 우리가 더 유리하게 돼 있다"고 주장해왔다.

출처: 2013.06.13. 07:00 | CBS노컷뉴스 김준옥 유연석 기자

제10절 조약의 무효, 종료, 적용정지 및 철회(invalidity, termination, suspension of the operation, and withdrawal of treaties)

생명체가 탄생, 발전, 소멸의 길을 걷는 것과 마찬가지로 조약도 이와 유사한 과정을 거치는 것이 일반적이다. 특히 조약의 탄생과정이 정상적이지 못할 경우에는 조약이 무효가 될 수 있으며, 조약의 목적을 달성하였거나 더 이상 조약으로서 기능하지 못할 경우 조약은 소멸될 수 밖에 없다. 또 조약이 기능하는 기간이라도 당사국의 필요에 따라 그 적용이 정지될 수 있으며, 일부 당사국은 조약에 대한 기속적 동의를 철회할 수도 있다. 비에나협약은 조약의 전 생애에 걸친 중요한 사건에 대하여 매우 상세하게 규정하고 있다(제42조 내지 제72조).

1. 일반규정(general provisions)

1.1 용어의 정의

1.1.1 폐기(denunciation)

조약 당사자 일방적인 행위로서 조약에 대한 참여를 종료(terminate)시키는 행위를 말한다. 양자조약의 경우 일방 당사자의 폐기로서 조약은 종료된다. 통상 다자조약에서 한 당사국이 폐기하여도 조약은 다른 당사국이 남아있는 한 바로 종료되지 않는다. 한편, 이 용어는 비난하다(denounce)는 의미에서 파생되었으므로 종료(terminate)라는 용어사용이 바람직하다.[248)]

1.1.2 탈퇴(withdrawal)

다자조약에서 조약에 대한 기속적 동의를 철회하는 행위를 말한다. 조약은 당사국의 자발적인 기속적 동의에 기반을 두고 있으므로 대부분의 조약은 특정한 절차를 두어 탈퇴가 가능하도록 규정하고 있다. 그러나 인권조약(human rights treaties)의 경우 그 중요성을 감안하여 대부분 탈퇴가 불가능한 것으로 해석되고 있다.[249)]

1.1.3 조약의 정지(suspension of operation of treaty)

조약의 정지는 조약규정의 적용이 잠정적으로 중단되는 법적 효과를 가져 온다. 이 경우 조약의 효력은 지속되지만 조약의 적용은 정지되게 된다.[250)]

---

248) Anthony Aust, *Ibid.*, p. 277.
249) Wikipedia, http://en.wikipedia.org/wiki/Treaty#Withdrawal [2013.11.18.].
250) United Nations, *Final Clauses of Multilateral Treaties Handbook*, 2003, p. 108United Nations, *Final Clauses of Multilateral Treaties Handbook*, 2003, p. 2.

1.2 조약의 유효성 및 효력의 계속(validity and continuance in force of treaties)

국제법위원회(ILC)는 조약의 안정성을 확보하기 위하여 조약의 무효성(invalidity), 당사국의 탈퇴(withdrawal), 조약의 시행정지 및 종료 등을 비에나협약에 포함시키는 것이 바람직하다고 판단하였다. 또 정상적인 상태에서 조약은 유효하고 효력이 계속되는 바, 비에나협약의 규정을 근거로 하거나 그 조건 하에서만 예외를 인정하도록 하였다.[251)] 즉. 조약 또는 조약에 대한 국가의 기속적 동의의 유효성(validity)은 이 협약의 적용을 통해서만 부정 (impeach)될 수 있다(비에나협약 제42조 제1항). 따라서 조약에서 달리 정하지 않는 한 조약에 기속되지 않는다고 주장하는 당사국은 그에 대한 입증책임을 져야 한다.

조약의 종료, 폐기 또는 당사국의 탈퇴는 그 조약의 규정 또는 이 협약의 적용의 결과로서만 행하여질 수 있다(비에나협약 제42조 제1항 전단). 따라서 해당 조약에 이에 관한 규정이 있을 경우에는 그에 따르고, 없을 경우에는 비에나협약 제5장(조약의 무효, 종료 및 정지)의 규정은 물론 각각에 관련되는 다른 규정(예컨대 제5조: 국제기구를 설립시키는 조약 및 국제기구 내에서 채택되는 조약)도 따라야 한다.[252)]

1.3 조약과 별도로 국제법에 의하여 부과되는 의무(obligations imposed by international law independently of a treaty)

이 협약 또는 조약규정을 적용한 결과로서 조약의 무효성(invalidity)·종료 또는 폐기, 조약으로부터 당사국의 탈퇴 또는 그 시행정지는 다른 국제법에 따라 국가가 이행해야 하는 의무(duty)를 어떠한 방법으로도 약화(impair)시키지 아니한다(비에나협약 제43조). 예컨대 1949년의 제네바협약(Geneva Conventions 1949)[253)]의 모든 내용은 국제관습법을 조문화한 것으로 인정되고 있다. 이 경우 만일 한 당사국이 이 조약에서 탈퇴한다고 하더라도 이 국가는 조약과 별도로 국제관습법에 기속되므로 결국 해당 조약의 실질적인 규정을 준수해야 할 의무가 여전히 존재하게 된다.

1.4 조약 규정의 가분성(separability of treaty provisions)

1.4.1 소개

조약에 포함된 규정을 조약으로부터 분리하여 적용할 수 있는가에 관한 논의, 즉, 조약규정

251) United Nations, *Yearbook of the International Law Commission, 1966*, Vol. II, p. 236.

252) *Ibid*., p. 237.

253) 제네바협약은 총 4개로 구성되어 있으며, 3번째까지의 협약은 종전의 협약을 1949년에 확장되었으며, 여기에 4번째 협약이 추가되었다. 각각의 협약은 ① First Geneva Convention for the Amelioration of the Condition of the Wounded and Sick in Armed Forces in the Field, 1864, ② Second Geneva Convention for the Amelioration of the Condition of Wounded, Sick and Shipwrecked Members of Armed Forces at Sea, 1906, ③ Third Geneva Convention relative to the Treatment of Prisoners of War, 1929, ④ Fourth Geneva Convention relative to the Protection of Civilian Persons in Time of War, 1949이다. http://en.wikipedia.org/wiki/Geneva_Conventions [2013.11.18.].

의 가분성(separability)은 다른 당사국이 조약을 위반하였을 경우 조약을 종료시킬 수 있는 당사국의 권리와 밀접한 관련이 있다. 일부 국가들은 1개 조항이 문제가 될 경우 해당 조약만 분리하여 적용을 정지시키고, 다른 규정에 의한 당사국 간의 권리와 의무는 그대로 존속시켜야 한다고 주장하였다. 이에 따라 국제법위원회(ILC)는 가분성의 원칙(principle of separability)을 인정하는 것이 바람직하며, 특히 중요하지 아니한 규정 때문에 조약이 무효화, 종료, 적용정지되는 것은 적절하지 않다고 판단하였다. 그러나 ILC는 조약에 대한 동의의 기초가 되는 의무를 심각하게(materially) 수정하는 방법으로 가분성의 원칙이 적용되어서는 아니 된다고 인정하였다.[254)]

1.4.2 별도의 정함이 없으면 조약규정의 가분성 불인정

조약에 규정되어 있거나 또는 제56조에 따라 조약의 폐기·탈퇴 또는 시행 정지시킬 수 있는 당사국의 권리는 조약이 달리 규정하거나 또는 당사국이 달리 합의하지 아니하는 한 조약 전체에 관해서만 행사될 수 있다(비에나협약 제44조 제1항). 즉, 별도로 조약규정의 가분성에 관하여 정하지 않으면 당사국의 조약 폐기 등에 대한 권리의 행사는 조약 전체에 대하여만 행할 수 있다. 특히 이 규정은 다음의 규정과 달리 조약 폐기 등에 대한 당사국의 권리가 조약이나 별도의 합의를 통하여 인정될 경우에 적용된다.

1.4.3 조약의 무효화 등의 근거로서 조약규정의 가분성 불인정

ILC는 조약규정의 통합성이 기본적 규칙임을 강조하는 것이 바람직하다고 판단하여 그 내용을 이 규정에 포함시켰다.[255)] 즉, 이 협약에서 인정되는 조약의 무효화·종료·탈퇴 또는 시행정지의 근거는 제3항 또는 제60조(위반에 따른 종료)에 규정된 경우를 제외하고 조약 전체에 관해서만 원용될 수 있다(제44조 제2항). 따라서 다른 당사국의 조약 위반 시 당사국의 조약 탈퇴 등의 권리가 해당 조약이나 다른 합의에 포함되지 않은 경우 제3항 등 별도로 정하는 경우를 제외하고 무효화 등의 근거는 조약 전체에 대하여만 원용할 수 있다.

1.4.4 조약규정의 가분성이 인정되는 경우

조약의 무효화 등의 근거가 특정의 조항에만 관련되고, 다음 3가지 조건을 모두 만족하는 경우 경우에는 그 조항에 관해서만 원용될 수 있다(제44조 제3항).

① 적용과 관련하여 당해 조항이 그 조약의 나머지 부분으로부터 분리될 수 있을 것.
② 당해 조항의 수락이 조약 전체에 대한 다른 당사국의 기속적 동의의 필수적 기초가 아니었다는 것이 그 조약 자체로부터 추정되거나 또는 달리 입증될 것.

254) United Nations, *Yearbook of the International Law Commission, 1966*, Vol. II, p. 238.
255) *Ibid.*

③ 그 조약의 나머지 부분에 대한 계속적 이행이 부당하지 아니할 것.

1.4.5 사기(fraud) 또는 부패(corruption)의 경우 선택권 부여

비에나협약 제 49조 및 제50조에 따라 사기 또는 부패로 피해를 입은 국가는 이를 원용하여 조약에 대한 기속적 동의를 무효화할 수 있다. 이와 관련, ILC는 피해국가에게 조약의 전체 또는 조약의 특정 조항만 무효화시킬 것인지 선택권을 주는 것이 바람직하다고 판단하였다.[256] 따라서 제49조 및 제50조에 해당하는 경우에 사기 또는 부패를 원용할 수 있는 권리를 가진 국가는 조약 전체에 관하여 원용하거나 또는 상기 제3항에 따를 것을 조건으로 하여 특정의 조항에 관해서만 원용할 수 있도록 허용하였다(제44조 제4항).

1.4.6 강압에 의한 조약이나 국제법의 강행규범에 위반된 조약은 가분성 불인정

국가대표에 대항 강압 또는 무력의 위협·사용을 통한 강압에 의하여 표시한 기속적 동의는 무효이므로(비에나협약 제51조 및 제52조), 조약에 포함된 모든 규정도 무효가 된다. 따라서 일부의 규정에 대하여 가분성을 인정하는 것보다는 전체를 무효로 하고, 강압이 해소된 상태에서 새롭게 조약을 맺는 것이 바람직하다. 또 체결 당시 일반국제법의 강행규범(*jus cogens*)에 위배된 조약은 무효이므로(비에나협약 제53조) 역시 조약의 가분성이 인정될 수 없다. 따라서 비에나협약은 "제51조, 제52조 및 제53조에 해당하는 경우에는 조약규정의 분리가 허용되지 아니 한다"고 규정하고 있다(제44조제5항).

비에나협약의 심의과정에서 일부 국가는 조약의 일부분이 *jus congens*에 위반되었을 경우 해당 조약 전체를 무효화시킬 필요가 있냐는 의견도 제시되었다. ILC는 이에 대해 *jus cogens*의 중요성을 반영하여 이에 조금이라도 위반되는 조약은 전체가 무효로 간주되어야 한다는 견해를 취하였다. 따라서 조약의 일부가 *jus cogens*에 위반될 경우 당사국은 그대로 두어 조약 전체를 무효로 하든지, *jus cogens*에 부합되도록 해당 부분을 수정하든지 하는 결정을 내려야 한다.[257]

2. 조약의 무효화 등을 근거로 원용하는 권리의 상실(loss of rights to invoke a ground for invalidating, terminating, withdrawing from or suspending the operation of a treaty)

2.1 소개

당사국이 일관되지 않은 행위로 이득을 취해서는 아니 된다는 원칙은 신의성실(good faith)이나 공정거래(fair dealing)로 설명될 수 있다. 이러한 원칙은 국제법에서 당사국의 권한남용을

256) *Ibid.*
257) *Ibid.*, p. 239.

예방하기 위하여 매우 중요하다.[258] 예컨대 조약 체결에 중대한 하자, 다른 당사국의 조약 위반 등 조약에 중대한 문제가 발생해도 마치 아무 일도 없던 것처럼 조약관계를 유지하다가 한참이 지나 이를 이유로 조약의 무효 등을 주장하는 경우도 있을 수 있다. 이 경우 해당 국가의 권리를 제한하기 위하여 비에나협약은 경우에 따라 이러한 권리가 상실되도록 규정하고 있다. 즉, 국가는 다음의 사실을 알게 된 후에는 제46조 내지 제50조 또는 제60조 및 제62조에 따라 조약의 무효화·종료·탈퇴 또는 시행정지의 근거를 원용할 수 없다(제45조 본문).

2.2 경우에 따라 그 조약이 유효하거나, 계속 효력이 있다거나 또는 계속 시행된다는 것에 대하여 그 국가가 명시적으로 동의한 경우(제45조 (a))

이 경우 해당 국가는 조약에 문제가 있음을 알고도 그 유효성 등에 대하여 명시적으로 동의하였으므로 향후 조약의 무효성 등의 근거를 원용할 권리는 영원히 포기한 것으로 추정되어야 한다.

2.3 그 국가의 행위로 미루어 보아 조약의 유효성 또는 그 효력이나 시행의 존속을 묵인한 것으로 추정되는 경우(제45조 (b))

국가가 조약의 유효성 등에 대하여 명시적으로 동의하지는 않았더라도 그 행위로 미루어 이를 묵인하는 것으로 추정되는 경우에 해당 국가는 조약의 무효성 등의 근거를 원용할 권리를 더 이상 행사할 수 없다. 이 경우 다른 국가들은 해당 국가가 행위를 통하여 조약의 유효성 등을 인정하였다고 판단하기 때문에 이에 반하는 주장이 허용될 수 없다.[259]

2.4 조약의 무효화 등의 근거를 원용할 수 없는 경우

이 조항의 적용과 관련, ILC는 강압의 경우(비에나협약 제51조 및 제52조) 및 *jus cogens*에 위반될 경우 조약에 전체에 대한 기속적 동의전체가 무효가 되기 때문에 아예 제외하였다. 또 조약에 규정된 권리 또는 다른 합의에 의하여 조약을 종료시키는 경우(비에나협약 제54조 내지 제59)는 당사국의 권리남용 우려가 없으므로 제외하였다. 따라서 조약의 무효화 등의 근거를 원용할 수 없는 경우는 제46조 내지 제50조, 제60조 및 제62조로 한정된다.

2.5 조약의 무효(invalidity of treaties)

2.5.1 소개

비에나협약은 조약이 무효가 되는 경우를 상세히 규정하고 있다(제46조 내지 제53 및 제64조). 그러나 실제 조약이 무효로 되는 경우는 거의 없기 때문에 실무에 있어 이러한 규정은 크

258) *Ibid.*
259) *Ibid.*

게 중요하지 않다고 판단된다. 발효한 조약은 유효하고, 계속 효력을 유지할 것으로 추정되기 때문이다. 따라서 설사 조약의 유효성에 대한 의문이 있다고 하더라도 명확한 증거가 없는 한 이를 입증하기는 쉽지 않다. 더욱이 현대의 조약은 대부분의 체결과정이 교섭 국가들에게 공개되고, 또 체결된 조약은 UN에 등록되는 투명한 절차를 거치기 때문에 무효인 조약을 발견하기는 쉽지 않다. 다음에서는 조약이 무효가 되는 경우를 간략하게 살펴보기로 한다.

2.5.2 조약 체결 자격에 관한 국내법 규정(provisions of internal law regarding competence to conclude treaties)

조약에 대한 기속적 동의의 방법은 각국의 헌법적 절차에 따라 이루어지는 바, 다른 당사국들은 그 국가의 헌법적 절차를 잘 알 수 없다. 다만, 전권위임장(full powers)에 표기된 바와 같이 해당 대표는 소위 "Big 3"로부터 해당 국가의 기속적 동의를 표시할 자격을 적절히 위임받았다고 추정할 뿐이다. 실제 모든 당사국의 헌법 규정을 검토하여 해당 대표가 적절하게 권한을 위임받았는지를 확인하기는 매우 어렵기도 하다. 따라서 해당 국가가 비준 등을 통하여 기속적 동의를 표시한 이상 다른 당사국은 그 동의가 자국의 헌법적 절차를 거쳤다고 추정할 수 있으며, 또 해당 국가는 조약에 규정된 의무를 성실히 이행할 것으로 기대하게 된다. 이 같은 상황에서 자국 국내법 위반을 이유로 기속적 동의를 무효화하려는 것은 허용될 수 없다고 할 것이다.

따라서 비에나협약에서는 "조약 체결 자격에 관한 국내법 규정의 위반이 분명(manifest)하며, 근본적으로 중요한 국내법 규칙과 관련되지 아니하는 한 국가는 조약에 대한 기속적 동의를 무효화시키기 위하여 그 동의가 그 국내법 규정에 위반하여 표시되었다는 사실을 원용할 수 없다"고 규정하고 있다(제46조 제1항). 특히 ILC는 무효를 원용할 수 있는 경우가 매우 예외적이라는 점을 강조하기 위하여 이 문장을 부정문으로 표시하였다(A State may not invoke the fact... unless that violation... was manifest).[260] 아울러 "통상의 관행에 따라 성실하게 행동하는 어떤 국가에 대하여도 위반이 객관적으로 명백한 경우 그 위반은 분명한 것이 된다"고 규정하여(제46조 제2항) 명백한 위반(manifest violation)이 되는 경우를 명확히 하였다.

미국이 비에나협약을 가입하지 않는 이유

1971년 미국의 닉슨(Nixon) 대통령은 비에나협약의 중요성을 강조하며 상원에 동의(advice and consent)를 요청하였다. 이에 대해 상원은 비준에 대한 동의결의서를 채택하면서 동 협약 제46조 제1항의 특별한 이해와 해석(special understanding and interpretation)에 대한 조건을 달았다. 이 조항은 조약이 근본적으로 중요한 국내법(a rule of its internal law of fundamental importance)과 상충될 경우에는 기속적 동의를 무효화시킬 수 있다는 규정이다. 미국 상원은 상원의 동의(advice and consent)를 받거나 법률로 승인되지 않는 한 어떤 조약도 미국에서 유효하지 않으며, 이러한 내용은 근본적으로 중요한 미국의 국내법이라는 것이다. 이러한 상원

260) *Ibid.*, p. 242.

의 해석에 대해 미국의 국무부는 반대하였다. 위의 조건에 따르면 외국 정부는 상원의 해석에 맞지 않게 체결된 입법부-행정협정(congressional-executive agreements) 및 행정협정(executive agreements)[261]을 미국이 더 이상 준수하지 않을 거라고 믿게 된다는 것이었다. 이 문제에 대하여 상원과 행정부는 합의를 보지 못하였고, 이로 인하여 미국의 비준은 계속 지연되고 있다.[262]

이에 따라 비에나협약은 미국 내에서 조약으로서 적용되지는 않지만 국제관습법을 협약에 조문화한 그 내용은 효력이 있다. 미국 국무부는 상원에 제출한 서한에서 비에나협약은 현행 조약법과 관행에 관하여 일반적으로 존중되어야 하는 지침으로서 인정되고 있으며(generally recognized as the authoritative guide to current treaty law and practice), 국무부가 일상적인 조약문제에 대하여 조약법의 관습원칙을 결정하는 기본적인 참고자료("a primary source of reference for determining... the customary principles of treaty law," which the Department consults "in dealing with day-to-day treaty problems"로서 인정되고 있다. 이러한 국무부의 입장은 대통령의 공식적인 행정명령(formal executive orders)과 같은 효력은 없지만 조약협상 시 미국의 일반적인 지침으로서 존중되고 있다.[263]

2.5.3 국가의 동의 표시 권한에 대한 특정한 제한(specific restrictions on authority to express the consent of a State)

조약에 대한 국가의 기속적 동의를 표시하는 대표의 권한이 특정한 제한에 따를 것을 조건으로 부여된 경우 사전에 그 제한을 다른 교섭국에 통보하지 아니한 한 그 대표가 그 제한을 준수하지 아니한 것이 표시된 동의를 무효화시키기 위하여 원용될 수 없다(제47조). 즉, 이 규정은 국가가 기속적 동의를 표시하는 대표의 권한을 제한하였으나 대표가 이를 준수하지 아니한 경우에 한하여 적용된다. 또 비준, 수락 등을 조건으로 기속적 동의를 표시하는 경우에는 적용되지 아니한다. 이 경우 만일 대표가 제한을 어기고 기속적 동의를 표시하였다면 해당 국가는 비준, 수락 등의 조치를 취하지 않거나, 조약에 대한 유보(reservation)나 선언(declarations)을 통하여 대표의 행위를 수정할 기회가 주어지기 때문이다.

2.6 착오(error)

2.6.1 소개

조약의 체결 과정에서 당사국들은 중요 사항에서 착오가 발생하지 않도록 많은 주의를 기울

261) 미국은 상원의 동의를 받는 일반적인 조약과 별도로 "조약 이외의 국제적 합의(international agreement other than treaties)라는 개념을 도입하여 상하 양원의 과반수의 지지를 받아 시행하는 입법부-행정협정(congressional-executive agreements), 행정부가 단독으로 시행하는 행정협정(executive agreements)을 여기에 포함시키고 있다. 미국 헌법상 국제적 합의의 분류에 대한 소개는 정상익, "미국 헌법상의 국제적 합의의 종류," 「세계헌법연구」, 2007년, 제13권 제1호, 308-309쪽.

262) Richard Gardiner, *Ibid.*, pp. 134-135.

263) Evan Criddle, "The Vienna Convention on the Law of Treaties in U.S. Treaty Interpretation," *VIRGINIA JOURNAL OF INTERNATIONAL LAW*, Vol. 44:2, pp. 442-444.

이기 때문에 조약이 무효에 이를 정도의 착오가 발생하는 경우는 별로 없다. 그래서 착오가 문제가 된 경우는 국가 간 국경획정의 경우 지명(geographical names)에 관한 것이며, 그 중 대부분은 지도(map)에 관한 것이다. 이러한 경우 착오로 인한 조약의 무효를 원용하기 보다는 당사국 간 추가의 조약을 체결하거나 국제법원의 판단을 받아 문제를 해결하는 것이 일반적이다. 착오와 관련된 사건으로는 동 그린란드의 법적 지위 사건(Legal Status of Eastern Greenland case)사건[264]과 프레아 비하사원 사건(Case Concerning the Temple of Preah Vihear(Merits))[265]을 들 수 있다.

2.6.2 착오는 기속적 동의의 본질적 기초를 구성

조약의 체결 당시에 존재한다고 국가가 추정한 사실 또는 상황으로서 그 조약에 대한 기속적 동의의 본질적 기초를 구성하는 것에 관한 착오가 있는 경우 국가는 그 조약에 대한 기속적 동의를 무효화시키기 위하여 그 착오를 원용할 수 있다(제48조 제1항). 즉, 이 규정이 적용되려면 경미한 착오가 아닌 기속적 동의의 본질적 기초를 구성할 정도가 되어야 한다. 또 착오를 원용하였다고 하여 조약이 바로 무효가 되는 것이 아니고 동의를 무효화할 수 있도록 당사국에게 착오를 원용할 권리를 부여할 따름이다. 조약의 무효가 입증되면 조약은 소급하여 처음부터 무효가 된다.[266]

2.6.3 착오를 원용할 수 없는 경우

해당 국가의 행위가 착오에 기여하였거나 착오가 발생할 수 있다는 사실이 해당 국가에 통보된 경우와 같은 상황에는 제1항이 적용되지 아니한다(제48조 제2항). 즉, 스스로 착오에 기여하거나 착오를 회피할 수 있음에도 불구하고 그렇게 하지 아니한 경우는 착오를 원용할 수 없다.

2.6.4 단어사용방법의 착오

조약문의 단어사용방법(wording)에만 관련되는 착오는 조약의 유효성에 영향을 주지 아니하고, 그 경우에는 제79조(조약문 또는 인증등본의 착오 정정)가 적용된다(제48조 제3항). 이 규정은 오해의 소지가 없도록 조약문의 단어사용방법 착오와 조약의 착오를 구분하고 있다.

---

264) 이 사건은 동 그린란드(East Greenland)의 영토에 관한 덴마크와 노르웨이의 분쟁으로서, PCIJ는 덴마크의 그린란드 영토에 관한 권한을 인정한 당시 노르웨이 외무장관의 선언에 착오가 있다고는 볼 수 없다고 보아 덴마크의 영유권을 인정하였다.

265) 이 사건은 사원이 어느 영토에 속하는지에 관한 태국과 캄보디아의 분쟁으로서, ICJ는 국경획정을 위한 지도에 해당 사원이 캄보디아 영토에 표시되어 있으며 이에 대해 태국이 별다른 항의를 하지 않은 점에 비추어 제작된 지도에 착오가 있다고는 볼 수 없다고 판결하였다.

266) United Nations, *Yearbook of the International Law Commission, 1966*, Vol. II, p. 244.

2.7 사기(fraud)

다른 교섭국의 사기행위에 의하여 조약을 체결하도록 유인된 경우 해당 국가는 조약에 대한 기속적 동의를 무효화시키기 위하여 그 사기를 원용할 수 있다(제49조). 여기에서 "사기행위(fraudulent conduct)"라 함은 거짓진술(false statements), 허위진술(misrepresentations) 또는 기속적 동의를 표시하도록 국가를 유인하는 다른 속임수(other deceitful proceedings)를 포함한다.[267] 또 이 경우 피해를 입은 국가는 특정한 조항 또는 조약 전체 중 선택적으로 무효를 주장할 수 있다(비에나협약 제44조 제4항). 또한 중요한 사실에 대한 다른 교섭국의 사기행위로 인하여 착오에 이른 경우는 제48조(사기)가 적용된다.

2.8 국가 대표의 부패(corruption of a representative of a State)

다른 교섭국이 직접적 또는 간접적으로 국가 대표를 부패시켜 조약에 대한 기속적 동의의 표시가 이루어진 경우 그 국가는 조약에 대한 자신의 동의를 무효화시키기 위하여 그 부패를 원용할 수 있다(제50조). 여기에서 "부패"의 정의는 이루어지지 않았지만 ILC는 국가대표에 대한 조그만 선물이나 우대(favor)가 기속적 동의를 무효화시키는데에 사용될 수는 없다고 판단하였다.[268] 또 위의 사기의 경우와 마찬가지로 국가대표의 부패로 인하여 피해를 입은 국가는 특정한 조항 또는 조약 전체 중 선택적으로 무효를 주장할 수 있다(비에나협약 제44조 제4항).

2.9 국가 대표의 강압(coercion of a representative of a State)

개인에 대한 행동 또는 협박을 통한 강압으로 인하여 국가 대표가 조약에 대한 국가의 기속적 동의를 표시하였다면 그 표시는 법적효력을 가지지 아니한다(제51조). 여기에서 "개인에 대한 행동 또는 협박을 통한(through acts or threats directed against him personally)"이란 국가대표 개인에 대한 협박은 물론 사생활 공개로 경력을 망치게 하거나, 국가대표의 가족을 살상하겠다는 협박도 포함된다.[269] 한편, 국가수반(a Head of State)이나 장관에 대한 강압이 개인에 대한 것인지 국가에 대한 것인지 명확하지 않은 경우도 있다. 그러나 법적이 관점에서 이 두 가지는 차이가 있으므로, 국가에 대한 강압은 다음 조(제52조)에서 별도로 규정하였다. 또 국가대표에 대한 강압으로 체결된 조약은 전체가 절대적으로 무효이므로 조약규정의 분리가 허용되지 아니한다(비에나협약 제45조 제5항).

2.10 무력의 협박 또는 사용에 의한 국가의 강압(coercion of a State by the threat or use of force)

국제연합 헌장에 규정된 국제법의 원칙을 위반하여 무력의 협박 또는 사용에 의하여 조약의 체결이 이루어진 경우 그 조약은 무효이다(제52조). 이 규정에서 "UN헌장을 위반하여"가 아니고

267) *Ibid.*, p. 245.
268) *Ibid.*
269) *Ibid.*, p. 246.

"UN헌장에 규정된 국제법의 원칙"으로 규정한 것은 UN회원국이 아닌 국가도 이 규정이 적용될 수 있도록 위함이다. 또 합법적인 무력의 협박 또는 사용에 대하여는 이 규정이 적용되지 아니한다. 1993년 헤이티(Haiti)에 합법정부를 복구시키기 위하여 UN안보리는 무력사용을 허용하는 결의서를 채택하였으며, 미국은 헤이티에 대한 무력의 협박을 통하여 헤이티와 협정을 체결하고 아리스타이드(Aristide) 대통령 정부를 복원시켰다.[270]

을사늑약 또는 을사조약?

1905년에 한일간에 체결된 조약으로서, 일본은 이를 통하여 당시 대한제국의 외교권, 행정권 등의 권리를 박탈하였다. 이 조약의 체결과정에 일본 대표들은 헌병을 회의장에 대동하고 대한제국의 황제는 물론 참정대신(수상), 외부대신 등 국가를 대표하는 내각 구성원 개개인을 협박하여 이 늑약에 찬성하도록 한 것으로 알려져 있다. 종래 이 조약은 을사조약, 을사보호조약 등으로 불리기도 하였으나 강제로 체결된 조약이므로 "을사늑약"으로 부르는 것이 타당하다.

비에나협약은 협박을 통한 강압으로 체결된 조약은 무효라고 규정하고 있으나(제51조 및 제52조), 이 협약 발효 이전에 체결된 조약에 대한 소급적용은 허용되지 아니한다(제4조). 따라서 비에나협약의 규정에 따라 을사늑약이 무효라고 주장하기는 어렵다.

또 일부에서는 비에나협약이 종래 강압으로 체결한 조약을 무효로 하는 일반 국제관습법을 조문화(codification)한 것이므로 을사늑약은 무효라는 주장도 있다. 그러나 실제 1919년 국제연맹이 창설되기 전까지 전통적인 원칙은 무력의 위협이나 사용이 조약의 유효성에 영향을 미치지 않는다는 것이었다. 이러한 원칙은 당시 국가 간 약육강식의 투쟁에서 발생한 현실을 합법화하는데 사용되었다. 그러나 침략전쟁의 위험을 감소시키기 위하여 이를 불법화하여야 한다는 여론이 점차 힘을 받게 되었다. 이후 UN헌장에서 무력의 협박이나 사용은 금지되었으며(제2조 제4항), 이를 통하여 체결된 조약은 무효라는 규정이 비에나협약에 채택되었다. 따라서 1905년 을사늑약 체결 당시 협박을 통한 강압으로 체결된 조약은 무효라는 국제관습법이 있었다고 보기는 어려워 보인다.

2.11 일반국제법의 강행규범과 충돌하는 조약(treaties conflicting with *jus cogens*)

일반국제법의 강행규범(preemptory norm of general international law: *jus cogens*)과 충돌하는 경우 조약은 체결 당시(at the time of conclusion) 무효이다(비에나협약 제53조 전단). 즉, 조약과 *jus cogens*가 충돌할 경우 *jus cogens*가 우선하게 되고, 해당 조약은 체결 당시로 소급하여 무효가 되게 된다. 이 경우 *jus cogens*는 "이 협약의 목적상 일반 국제법의 강행규범은 그 훼손이 허용되지 아니하며 또한 동일한 성질을 가진 일반 국제법의 추후의 규범에 의해서만 수정될 수 있는 규범으로 전체로서의 국가 공동사회가 수락하며 또한 인정하는 규범"이다(비에나협약 제53조 후단).

비에나협약 제정 당시 구체적으로 *jus congens*의 성질을 가진 일반국제법의 규범의 확인에 대하여는 법학자들 사이에서 의견이 일치되지 않았는바, ILC는 UN헌장에 따른 무력사용의 금지(제2조 제4항)[271]가 *jus cogens*의 명확한 예라고 지적하였다.[272] 이외에도 노예무역(trade in

270) Anthony Aust, *Ibid.*, p. 318.
271) UN헌장 제2조 제4항은 다음과 같다(중요한 단어는 저자가 굵은 글자로 강조함).

slaves), 해적행위(piracy), 대량학살(genocide), 인권을 침해하는 조약, 국가의 동등성(equality of States), 자기결정의 원칙(principle of self-determination) 등도 *jus cogens*로서 거론되었다. 그러나 ILC는 이러한 사례를 협약에 포함시킬 경우 ① 여기에 포함되지 않은 것은 *jus cogens*가 아닌 것으로 오해될 소지가 있으며, ② 구체적으로 협약에 포함될 내용의 선정에는 오랜 기간의 연구가 필요할 것으로 판단되어 협약규정에서 *jus cogens*의 예시는 하지 않기로 결정하였다.273)

이 규정은 제64조(새로운 강행규범의 출현)와 함께 해석되어야 한다. ILC는 이 규정에 따라 조약이 무효가 되면 조약은 체결 당시로 소급하여 무효가 된다고 보았다.274) 반면에 제64조의 경우와 같이 새로운 *jus cogens*의 출현으로 조약이 무효가 되어 종료될 경우에는 소급하지 않고 새로운 *jus cogens*가 확립되는 때부터 무효가 된다. 한편, *jus cogens*로 인하여 조약이 무효가 되는 경우의 효과에 대하여는 제71조에 규정되어 있으나 실제 이러한 사례가 보고된 적은 없다고 한다.275)

3. 조약의 종료 및 시행정지

3.1 조약규정 또는 당사국의 동의에 따른 조약의 종료 또는 조약으로부터의 탈퇴(termination of or withdrawal from a treaty under its provisions or by consent of parties)

비에나협약은 조약의 종료 또는 당사국의 탈퇴에 관한 기본적인 규칙을 정하고 있다. 즉, 조약의 종료 또는 탈퇴는 ① 그 조약의 규정에 의거하는 경우 또는 ② 다른 체약국과 협의한 후 언제든지 모든 당사국의 동의를 얻는 경우에 가능하다(제54조). 조약의 종료에 관하여는 조약에 따라 매우 다양한 규정을 두고 있다. 즉, 일정기간을 정하기도 하고, 일정기간이 경과한 후 계속 연장할 수 있도록 하기도 하고, 아예 종료기한을 정하지 아니하는 조약도 있다. ②의 경우는 다자조약에 적용된다. 즉, 조약을 탈퇴하고자 할 경우 해당 국가는 다른 체약국과 협의를 거쳐야 하며, 모든 당사국이 동의할 경우 언제든지 탈퇴할 수 있다. 이 규정은 조약 전체에 대한 탈퇴를 규정하는 것처럼 보이지만 당사국은 조약의 일부에 대하여도 탈퇴할 수 있다.276)

3.2 당사국 수가 다자조약의 발효에 필요한 수 이하로 감소한 경우(reduction of the parties to a multilateral treaty below the number necessary for its entry into force)

다자조약에서 조약 당사국들이 조약에 만족하지 못하여 자꾸 탈퇴하면 당사국 수가 계속 감

---

4. **All Members shall refrain** in their international relations **from the threat or use of force** against the territorial integrity or political independence of any state, or in any other manner inconsistent with the Purposes of the United Nations.

272) United Nations, *Yearbook of the International Law Commission, 1966,* Vol. II, p. 247.

273) *Ibid.*, p. 248.

274) *Ibid.*

275) Anthony Aust, *Ibid.*, p. 320.

276) Anthony Aust, *Ibid.*, p. 288.

소하게 된다. 이러한 경우 대비하여 비에나협약은 "조약이 달리 규정하지 아니하는 한 다자조약은 그 당사국 수가 그 발효에 필요한 수 이하로 감소한 사실만을 이유로 종료하지 아니 한다"(제55조)고 규정하고 있다. 국제유류오염보상기금의 설치에 관한 협약(FUNDS)[277]의 경우 남아있는 당사국에 대한 경제적 부담이 너무 커질 경우를 대비하여 당사국 수가 3개국 미만이 될 경우 조약이 종료된다고 규정하고 있다(제36조 제1항). 이 협약의 발효에는 최소 8개국의 기속적 동의가 필요하다(제30조 제1항).

3.3 규정이 없는 경우 조약의 폐기 또는 탈퇴(no provision for termination or withdrawal)

3.3.1 규정이 없는 경우 조약의 종료, 폐기 또는 탈퇴는 예외적으로 인정

비에나협약을 비롯하여 상당수의 조약은 존속기간(duration), 폐기, 탈퇴에 관한 규정을 하고 있지 않다. 이 경우 당사국은 일방적으로 조약의 폐기 또는 탈퇴를 주장할 수 있는 가에 대한 의문이 있을 수 있다. 이러한 의문에 대한 기본적인 입장은 사례별로 조약국의 의도와 조약의 성질에 달려있다고 할 수 있다. 한편, 역시 많은 조약들이 조약의 폐기, 탈퇴에 관하여 규정하고 있는 바, 이러한 규정이 포함되어 있지 않은 조약의 경우는 이를 금지하고 있다고 추정할 수 있다. 특히 종래의 국제관습법을 법전화(codification)한 조약은 기속적 동의의 표시 여부에 관계없이 적용되기 때문에 이러한 규정의 포함여부가 크게 중요하지 않기도 하다.

비에나협약은 (a)당사국이 폐기 또는 탈퇴의 가능성을 인정하였음이 입증되는 경우나 (b)조약의 성질상 폐기 또는 탈퇴할 권리가 암시되는 경우를 제외하고 폐기 또는 탈퇴를 금지하고 있다(제56조 제1항). 실무에 있어 폐기 또는 탈퇴를 하고자 하는 국가는 이러한 예외적 사유를 입증하기가 쉽지 않다. 일반적으로 위의 (b)에 해당되는 것으로는 동맹조약(alliance treaty), 상업 또는 무역협정(commercial or trade agreements), 문화관계 협정(cultural relations agreements), 분쟁해결에 관한 일반조약, 국제기구 설립문서 등이 있다.[278]

3.3.2 폐기 또는 탈퇴의도 통보의무

당사국이 조약의 폐기 또는 탈퇴를 할 경우 다른 당사국의 이해관계에 변화가 발생하게 된다. 따라서 이로 인한 피해를 최소화하려면 사전에 충분한 기간을 주어 대비할 시간적 여유를 주어야 한다. 이에 따라 비에나협약에서는 "제1항에 따라 조약을 폐기 또는 탈퇴하고자 할 경우 당사국은 그 의도를 적어도 12개월 전에 통보하여야 한다"(제56조 제2항)고 규정함으로써 12개월을 최소기간으로 설정하였다.

277) 이 협약의 정식 명칭은 International Convention on the establishment of an International Fund for Compensation for Oil Pollution Damage, 1992이다.
278) Anthony Aust, *Ibid.*, p. 291.

미국의 영사관계에 관한 비에나협약 탈퇴 사례

영사관계에 관한 비에나협약(Vienna Convention on Consular Relations 1963)은 국가 간 영사관계의 기본 틀을 형성하는 다자조약으로서, 2013년 11월 7일 현재 당사국 수는 우리나라를 포함하여 총 176개국이다. 이 협약은 자국민 보호를 위한 영사의 활동범위 및 권한을 자세히 규정하고 있다. 특히 구속된 외국인이 자국 영사에게 통보해 달라고 요청할 경우 당사국의 관계당국은 해당 영사에게 관련 내용을 지체 없이 통보하여야 한다(제36조 제1항 (b)). 또 영사는 구속된 자국민을 방문할 권리가 있으며, 그를 위한 법률적 지원을 수배할 수 있다(제36조 제1항 (c)).

미국은 이 협약의 당사국임에도 불구하고 이 협약의 관련 규정을 충실하게 준수하지 않았다. 즉, 미국은 살인사건의 피의자가 사형선고를 받을 때까지 해당 국가의 영사에게 구속사실을 알리지 않았으며, 법정에서 적절한 법률적 지원을 받을 수 있도록 하지 않았다. 특히 파라과이(Paraguay)가 ICJ에 제기한 사건의 경우 ICJ는 이러한 문제점을 확인하고 최종 판결 전까지 피의자에 대한 사형집행을 정지하도록 미국에 요청하였다(Breard v. Greene, 523 US 371, 118 S.Ct. 1352 (1998)). 그러나 국제적 비난에도 불구하고 버지니아(Virginia) 주지사와 미국법원은 이를 거부하였고, 결국 Breard에 대한 사형은 집행되었다.

이후 독일과 멕시코가 제기한 다른 두개의 유사한 사건(LaGrand Case (Germany v. United States), 2001 ICJ Rep. 466, 40 ILM 1069 (2001); Case Concerning Avena and Other Mexican Nationals, 2004 ICJ Rep. 128, 43 ILM 581 (2004))에서도 ICJ는 미국이 이 협약을 위반하여 피의자에 대한 영사의 조력이 적절하게 이루어지지 않았다고 판결하였다.

이와 관련, 처음에 미국의 반응은 비교적 우호적이었다. 2005.2.28. 미국의 부시 대통령은 미국이 영사관계에 관한 비에나협약에 따라 국제적 의무를 다하겠다고 결정하였다. 그러나 얼마 후인 2005.3.7. 미국의 라이스(Condoleezza Rice) 국무장관은 UN사무총장에게 강제분쟁해결에 관한 선택의정서(Consular Convention's Optional Protocol Concerning the Compulsory Settlement of Disputes)에서 탈퇴하겠다고 공한을 보냈다. 이 의정서는 영사관계에 관한 비에나협약의 분쟁해결 시 ICJ가 관할권을 가지도록 하는 근거가 되는 조약이다. 이 의정서에서 미국이 탈퇴하면 더 이상 이와 유사한 문제에 관하여 ICJ가 관할권을 행사할 수 없게 된다.

그러나 이 의정서에는 탈퇴에 관한 규정이 포함되어 있지 않다. 그러므로 미국이 이 의정서를 탈퇴하려면 조약에 관한 국제관습법을 법전화한 비에나협약의 규정을 찾아보아야 한다. 조약의 탈퇴에 관한 규정은 비에나협약 제56조이며, 미국이 원용할 수 있는 규정은 제1항(b)와 제2항이다. 즉, 1항(b)에 당사국의 탈퇴가 암시되었으며, 제2항에 따라 통보 후 12개월이 지나면 탈퇴할 수 있다는 것이다. 그러나 실제 미국은 비에나협약 당사국이 아니기 때문에 원칙적으로 이를 원용할 수 없다. 그럼에도 불구하고 미국은 국제적으로 골치 아픈 문제를 하나 덜기 위하여 국제적 비난을 무릅쓰고 이를 감행하였다.

3.4 조약 규정 또는 당사국의 동의에 의한 조약의 시행정지

조약의 종료 및 철회를 할 수 있는 바와 같이(제54조) 조약의 시행정지도 이와 매우 유사하다. 즉, 모든 당사국 또는 특정의 당사국에 대한 조약의 시행은 그 조약의 규정에 따라, 또는 다른 체약국과 협의한 후 언제든지 모든 당사국의 동의를 얻는 경우 정지될 수 있다(제57조). 다자조약을 일부 당사국만의 합의로 정지시키는 문제는 다음의 제58조에서 규정한다.

3.5 일부 당사국간만의 합의에 의한 다자조약의 시행정지(suspension of he operation of a multilateral treaty by agreement between certain of the parties only)

일부 당사국에서만 다자조약을 수정하는 합의(제41조)는 일부 당사국간만의 합의에 의한 다자조약의 시행정지와 매우 유사하지만 완전히 동일하지는 않다. 이에 따라 ILC는 제41조의 존재에도 불구하고 비에나협약에 별도의 규정을 추가하게 되었다. 즉, 다자조약의 2 또는 그 이상의 당사국은 ① 정지의 가능성이 그 조약에 규정되어 있는 경우, 또는 ② 조약의 정지가 조약에 의하여 금지되지 아니하고 또한 (i) 다른 당사국에 의한 조약상의 권리 향유 또는 의무의 이행에 영향을 주지 아니하며, (ii) 조약의 목적과 양립할 수 없는 것이 아닌 경우 일시적으로 또한 그들 상호간에만 조약 규정의 시행을 정지시키기 위한 합의를 체결할 수 있다(제58조 제1항).

상기 ①에 해당하는 경우에 "조약이 달리 규정하지 아니하는 한 당사국은 합의를 체결하고자 하는 의도 및 시행을 정지시키고자 하는 조약규정을 다른 당사국에 통보하여야 한다"(제58조 제2항)는 내용도 일부 단어만 다를 뿐 제41조 제2항의 내용과 거의 동일하다.

3.6 후 조약의 체결에 의하여 암시되는 조약의 종료 또는 시행정지(termination or suspension of the operation of a treaty implied by conclusion of a later treaty)

3.6.1 전 조약이 종료된 것으로 추정되는 경우

전 조약을 체결한 당사국들이 이를 폐기하지 않고 전 조약과 충돌되는 후 조약을 체결한 경우 양 조약의 규정 중 어느 것이 우선하는가에 대한 논쟁이 있을 수 있다. 만일 양 조약의 당사국이 동일하다면 전 조약을 폐기하고 후 조약의 효력에 관한 명시적인 규정을 두면 간단하다. 그러나 전 조약과 후 조약의 당사국이 다소 다르면 문제가 다소 복잡해진다. 전 조약의 모든 당사국이 후 조약의 당사국에 포함되고(전 조약의 당사국이 아닌 국가도 포함), 전후의 조약이 모두 동일한 문제를 다루고 특정 조건에 부합할 경우는 전 조약이 종료된 것으로 간주할 수 있다. 비에나협약에서는 "조약의 모든 당사국이 동일한 문제에 관한 후 조약을 체결하고, (a) 후 조약에 의하여 그 문제가 규율되어야 한다고 당사국이 의도하였음이 후 조약으로부터 나타나거나 또는 달리 입증되는 경우, 또는 (b) 후 조약의 규정이 전 조약의 규정과 심각하게 양립하지 아니하여 양 조약이 동시에 적용될 수 없는 경우 그 조약은 종료된 것으로 추정된다" (제59조 제1항)고 규정하고 있다.

이 규정에서 가장 중요한 내용은 당사국들의 의도(intention)이다. 후 조약의 당사국들은 전 조약의 존재를 알면서도 이와 충돌되는 후 조약을 체결하였고, 이때 전 조약을 폐기하지 않았다. 이 경우 전후 조약 모두가 법적으로 유효하다. 그러나 후조약이 우선한다는 당사국들의 의도가 조약에 나타나거나 달리 입증될 경우 전 조약은 종료된 것으로 추정되며, 따라서 후 조약이 적용된다.

3.6.2 전 조약의 시행이 정지된 것으로 추정되는 경우

전 조약의 시행을 정지시킨 것만이 당사국의 의사라는 것이 후 조약으로부터 나타나거나 또는 달리 입증되는 경우 전 조약은 그 시행이 정지된 것만으로 추정된다(제59조 제2항). 즉, 이 경우 전 조약은 종료되지 않고 그 시행이 정지되는 것으로 추정된다.

3.6.3 제30조와의 관계

비에나협약 제59조는 제30조와 마찬가지로 동일한 문제를 규율하는 전후 2개 조약의 관계에 대하여 규정하고 있으나 그 성격에 다소 차이가 있다. 제30조는 전후 조약 모두가 유효(in force)한 경우에 어떤 조약을 적용할 것인가에 대하여 다루고 있다. 반면에 제59조는 전후 조약 모두가 유효하지만 당사국의 의도에 따라 전조약이 종료되거나 시행이 정지되는 경우를 다루고 있다. 따라서 제59조에 따라 전 조약이 종료되거나 시행이 정지되지 않을 경우에는 제30조가 적용되게 된다.[279)]

3.7 조약 위반의 결과로서 조약의 종료 또는 시행정지(termination or suspension for breach)

3.7.1 소개

하나의 당사국이 조약을 위반할 경우 다른 당사국에게는 그 조약을 폐기하거나 시행을 정지할 수 있는 권리가 주어진다. 또 그 위반으로 인하여 다른 당사국이나 그 국민이 피해를 입은 경우 관련 당사국은 위반국가에 대하여 대항조치(countermeasures)를 취하거나, 보상이나 회복조치를 위한 국제적 소송을 제기할 수 있다. 이 경우 조약의 안정성을 위하여 위반은 경미한 위반(minor breach)이 아닌 중대한 위반(material breach)이어야 한다. 그러나 중대한 위반이 이루어졌다고 바로 조약이 종료되는 것이 아니다. 비에나협약에서는 조약 위반 시 조약의 폐기 등을 원용할 수 있는 국가의 권리는 보호하되, 이러한 권리가 자의적으로 행사되는 것을 예방하기 위하여 일정한 한계와 보호장치(safeguards)를 두고 있기 때문이다.

3.7.2 양자조약(bilateral treaties) 위반

일방당사국에 의한 양자조약의 중대한 위반(material breach)은 타방당사국에게 그 조약의 종료 또는 그 시행의 전부 또는 일부의 정지를 위한 근거로서 그 위반을 원용(invoke)할 수 있는 권리를 부여한다(비에나협약 제60조 제1항). 여기에서 "원용(invoke)"이라 함은 당사국이 다른 당사국의 조약 위반을 이유로 단순히 조약이 종료되었다고 선언할 수 없음을 의미한다.[280)] 다른 당사국은 조약의 위반정도나 성격이 중대한 위반에까지 도달하지 않았다고 주장할 수도 있기 때문이다. 이에 관하여 당사국 간에 분쟁이 생기면 이 분쟁은 평화적 수단(peaceful means)을 통하여 해결해야 하며(UN헌장 제33조 제1항), 특히 비에나협약 65조 내지 68조의 규정에 따라야 한다.

또 당사국에게 원용할 권리를 주는 중대한 위반의 대상은 다른 조약이나 일반 국제법의 규정이 아니고 해당 양자조약이어야 한다.[281)] 또한 위반으로 피해를 입은 당사국은 조약을 종료하거나, 조약의 전부 또는 일부를 선택하여 정지하도록 원용할 수 있다.

279) United Nations, *Yearbook of the International Law Commission, 1966*, Vol. II, p. 253.
280) Anthony Aust, *Ibid.*, p. 293.
281) *Ibid.*, p. 293-4.

3.7.3 다자자약(multilateral treaties) 위반

다자조약의 경우는 양자조약과 달리 일방 당사국이 중대한 위반을 해도 다른 모든 당사국에 영향을 미치지 아니할 수 있다. 이에 따라 비에나협약에서는 위반국(defaulting State)에 대한 다른 당사국의 대응방법으로 다음의 3가지 경우를 규정하고 있다(제60조 제2항).

① 다른 당사국들은 만장일치의 합의에 의하여 다른 당사국과 위반국 간의 관계, 또는 모든 당사국 간에 그 조약의 전부 또는 일부의 시행을 정지시키거나 또는 그 조약을 완전히 종료시킬 권리를 가짐.
② 위반에 의하여 특별히 영향을 받는(specially affected) 당사국은 그 국가와 위반국 간의 관계에 있어서 그 조약의 전부 또는 일부의 시행을 정지시키기 위한 근거로서 그 위반을 원용할 수 있는 권리를 가짐.
③ 만일 한 당사국에 의한 조약규정의 중대한 위반이 조약상 의무의 이행에 관한 모든 당사국의 입장을 심각하게 수정시키는 성질의 조약이라면 위반국 이외의 다른 모든 당사국은 그 조약의 전부 또는 일부의 시행정지를 위한 근거로서 그 위반을 원용할 수 있는 권리를 가짐. 여기에서 "당사국의 입장을 심각하게 수정시키는 성질의 조약"은 군비축소조약(disarmament treaties)을 들 수 있다. 한 국가가 이 조약을 위반하여 군비를 강화하게 되면 다른 당사국들은 위의 (a) 또는 (b)만으로는 제대로 보호받을 수 없다. 이 경우 특별히 영향을 받는 당사국은 다른 당사국(위반국 제외)의 합의를 받을 필요 없이 조약의 이행의무를 정지하고 바로 군비를 강화할 수 있다.[282]

3.7.4 중대한 위반(material breach)

당사국으로 하여금 조약의 위반을 근거로 조약의 종료 또는 시행의 정지를 원용할 수 있으려면 그 위반의 정도는 심각하여야(serious) 한다. 이에 관하여 ILC는 "근본적인(fundamental)"이라는 용어 대신 "중대한(material)"이라는 용어를 채택하였다.[283] 또 "근본적인 위반"이라는 용어는 비에나협약에서는 언급되지 않았지만 그 개념은 중대한 위반의 개념에 포함된다.[284]

중대한 위반에 관하여 비에나협약은 다음의 2가지를 규정하고 있다(제60조 제3항). (a)는 중대한 위반의 정의(definition)를 규정하고 있으며, (b)는 보다 일반적인 형태의 정의이다.[285]

① 이 협약에 의하여 허용되지 아니하는 조약의 이행 거부 또는
② 조약의 대상 또는 목적의 달성에 필수적인 규정의 위반

282) United Nations, *Yearbook of the International Law Commission, 1966*, Vol. II, p. 255.
283) *Ibid*.
284) Anthony Aust, *Ibid*., p. 296.
285) United Nations, *Yearbook of the International Law Commission, 1966*, Vol. II, p. 255.

3.7.5 개별 조약의 조약위반 규정과의 관계

상기의 규정은 위반의 경우에 적용될 수 있는 조약상의 규정을 침해하지 아니한다(제60조 제4항). 따라서 비에나협약에 규정된 상기의 규정과 관계없이 당사국은 개별 조약에 규정된 바에 따라 다른 당사국의 조약위반에 대하여 적절한 조치를 취할 수 있다.

3.7.6 국가의 조약위반 시 개인에 대한 보복금지

한 국가가 조약을 위반하였다고 하여 그 위반국의 국민에 대한 보복은 허용될 수 없다. 이에 따라 비에나협약은 "상기 1항 내지 3항은 인도적 성질의 조약에 포함된 인신의 보호에 관한 규정, 특히 그러한 조약에 의하여 보호를 받는 자에 대한 어떠한 형태의 보복도 금지하는 규정에는 적용되지 아니한다(제60조 제5항)"고 규정함으로써 인도적 성질의 조약에 반한 당사국의 대항조치에 제한을 하고 있다. 이 규정은 1966년의 최종안에는 포함되어 있지 않았으나 1969년 협약채택을 위한 국제회의에서 스위스의 제안에 따라 신설되었다.[286)]

3.8 후발적 이행불능(supervening impossibility of performance)

3.8.1 필수적 대상의 영구적 소멸 또는 파괴로 인한 이행불능

당초 예기치 못하였던 사태로 인하여 조약 시행에 필수적인 대상(object)이 영구적 소멸 또는 파괴로 인하여 조약의 이행불능이 발생한 경우 당사국은 이러한 이행불능을 조약의 종료 또는 탈퇴의 근거로 원용할 수 있다(비에나협약 제61조 제1항 전단). 조약의 시행에 필수적인 대상이 영구적으로 사라졌는데도 계속 조약의 의무를 계속 부담하는 것은 불합리하기 때문에 이는 당연하다고 하겠다. ILC는 이 규정의 적용대상이 될 수 있는 사례로서 섬의 수중침하(submergence of an island), 하천이 말라버리는 것(the drying up of a river), 댐이나 수력발전 시설의 파괴(the destruction of a dam or hydro-electric installation)를 들고 있다.[287)] 여기에서 대상은 영구적(permanent)으로 소멸 또는 파괴되어야 한다. 이로 인한 이행불능이 일시적인 경우에는 조약의 시행정지를 위한 근거로만 원용될 수 있다(제61조 제1항 후단).

3.8.2 국제적 의무의 위반으로 인한 이행불능

당사국이 조약상의 의무나 또는 그 조약의 다른 당사국에 대하여 지고 있는 기타의 국제적 의무를 위반한 결과로 이행불능이 발생한 경우 그 당사국은 조약을 종료시키거나, 탈퇴하거나 또는 그 시행을 정지시키기 위한 근거로서 그 이행불능을 원용할 수 없다(제61조 제2항). 예컨대 댐을 성실하게 관리해야 할 조약상의 의무를 위반함으로써 댐이 붕괴되었다면 해당 당사국은 이로 인한 조약의 종료, 탈퇴 또는 시행정지의 근거로서 이행불능을 원용할 수 없다.

---

286) Mark E. Villiger, *Commentary on the 1969 Vienna Convention on the Law of Treaties*, (Leiden, the Netherlands: Martinus Nijhoff Publishers, 2009), p. 737.

287) United Nations, *Yearbook of the International Law Commission, 1966*, Vol. II, p. 256.

3.9 사정의 근본적인 변경(fundamental change of circumstances: *rebus sic stantibus*)

3.9.1 소개

보통법(common law) 국가의 계약(contract)에서 계약 당시의 사정이 근본적으로 변경된 경우 더 이상 계약이 기속되지 않는다는 계약목적달성불능의 원칙(doctrine of frustration)[288]은 국제법에도 적용되는 것으로 인정되어 왔다.[289] 사정이 현저하게 변경되었는데도 계약의 준수를 강행할 경우 당사국에게 과도한 의무를 부과하게 되기 때문이다.[290] 그러나 이 원칙은 "약속은 지켜져야 한다(*pacta sunt servanda)*"는 국제법의 일반원칙(비에나협약 제26조로 수용)과 충돌된다. 따라서 조약의 안정성을 확보하면서 동시에 사정의 근본적인 변경에 따른 당사국의 보호를 위하여 적용요건을 매우 제한적으로 규정하게 되었다.

3.9.2 사정변경의 원용이 가능한 경우

비에나협약은 조약의 종료 또는 탈퇴하기 위하여 사정변경을 원용할 수 있으려면 다음의 조건을 모두 만족하도록 엄격하게 제한하고 있다(제62조 제1항).

① 변경은 조약체결 당시의 사정에 관하여 발생하였을 것
② 변경은 근본적일(fundamental) 것
③ 변경은 조약체결 당시 당사국들이 예견하지 못하였을(not foreseen) 것
④ 그러한 사정의 존재가 그 조약에 대한 당사국의 기속적 동의의 기본적인 기초(essential basis)를 구성하였을 것
⑤ 그 변경의 효과가 그 조약에 따라 계속 이행되어야 할 의무의 범위를 급격하게(radically) 변화시키는 경우

3.9.3 사정변경의 원용이 불가능한 경우

비에나협약은 사정의 근본적인 변경이 있다 하더라도 조약의 종료나 탈퇴의 근거로 원용될 수 없는 경우를 규정하고 있다. 즉 (a) 국경선을 설정하는 조약의 경우나 (b) 근본적인 변경이 이를 원용하는 당사국에 의한 조약상의 의무나 또는 그 조약의 다른 당사국에 대하여 지고 있는 다른 국제적 의무의 위반의 결과인 경우는 원용할 수 없다(제62조 제2항).

---

288) 종래 영국에서 계약목적달성불능의 원칙은 인정되지 않았으나 *Taylor v Caldwell* 사건((1863) 3 B&S 826; 122 ER 309; [1863] EWHC QB J1)에서 처음 인정되어 이후 정착되었다. 원고는 음악연주회를 위하여 건물을 임대하였으나 연주회 1주일 전 건물이 화재로 전소됨에 따라 계약위반으로 피고에게 손해배상을 청구하였다. 이에 대해 법원은 피고의 과실이 없이 건물이 파괴되었으므로 양당사자 모두 계약상의 의무가 없다고 판결하였다. http://en.wikipedia.org/wiki/Taylor_v_Caldwell[2013.11.7.].

289) Anthony Aust, *Ibid.*, p. 297.

290) 우리나라에서는 이에 관하여 구체적으로 규정한 법률은 없으며, 통상 "사정변경의 원칙"으로 부르고 있다. 보통법국가와 달리 우리 대법원에서는 특별한 경우를 제외하고는 이를 잘 인정하지 않는 경향이 있다.

(a)는 국경선의 안정성을 보장하기 위한 규정이다. 한 당사국이 사정변경을 이유로 국경선을 설정한 조약을 종료시키거나 탈퇴할 경우 국가 간 분쟁의 소지가 될 수 있기 때문이다. 여기에서 "국경선을 설정하는 조약(treaty establishing a boundary)"은 당초 초안에서는 "국경선을 정하는 조약(treaty fixing)"이었다. 그러나 영토의 할양조약(treaties of cession) 등을 포함하는 보다 넓은 개념이 바람직하다는 각국 정부의 의견을 받아들여 현재의 표현으로 수정되었다.[291]

(b)는 "당사자는 자신의 잘못을 유리하게 이용할 수 없다(a party cannot take advantage of its own wrong)"는 법의 일반원칙을 적용한 것이다.[292]

3.9.4 당사국의 선택

상기의 규정에 따라 당사국이 조약을 종료시키거나 또는 탈퇴하기 위한 근거로서 사정의 근본적인 변경을 원용할 수 있는 경우 그 당사국은 또한 그 변경을 조약의 시행을 정지시키기 위한 사유로서 원용할 수 있다(제62조 제3항). 즉, 이 규정에서는 당사국이 조약의 시행정지를 원용할 수 있는 구체적 조건을 정하지 않고 조약의 종료나 탈퇴를 할 수 있는 근거로 원용할 수 있는 경우에는 시행정지도 선택할 수 있도록 허용하고 있다. 비례의 원칙에 따라 조약의 시행정지를 택할 수 있도록 허용하면 추후 당사국 간에 합의 등을 통하여 해법을 찾을 수 있는 길을 열어주는 장점이 있다.

이 조항은 당초 1966년의 초안에는 포함되어 있지 않았었다. 또 ILC는 이 규정이 도입될 경우 사정의 변경이 정말 근본적인가에 대한 오해가 있을 수 있다고 하여 신설을 반대하였다.[293] 그러나 1969년의 비에나 국제회의에서는 다수 국가의 찬성으로 신설이 확정되었다.

3.10 외교 또는 영사관계의 단절(severance of diplomatic relations)

외교 또는 영사관계의 존재가 그 조약의 적용에 필수적인 경우를 제외하고 조약 당사국 간의 외교 또는 영사관계의 단절은 그 조약에 의하여 그 당사국간에 확립된 법적 관계에 영향을 주지 아니한다(제63조). 즉, 양자조약 또는 다자조약에 관계없이 단순히 외교 또는 영사관계의 단절은 조약효력의 계속이나 *pacta sunt servanda* 원칙에 따른 당사국의 조약이행 의무에 영향을 미치지 아니한다.[294] 따라서 이를 근거로 조약을 종료시키거나 시행을 정지시킬 수 없다.

4. 절차(Procedure)

4.1 조약의 무효·종료·탈퇴 또는 시행정지에 관하여 따라야 할 절차

4.1.1 소개

291) United Nations, *Yearbook of the International Law Commission, 1966*, Vol. II, p. 259.
292) *Ibid.* p. 260.
293) Mark E. Villiger, *Ibid.*, p. 778.
294) United Nations, *Yearbook of the International Law Commission, 1966*, Vol. II, p. 260.

다른 당사국의 반대를 무릅쓰고 한 당사국이 조약의 무효, 종료 또는 시행의 정지를 주장하게 되면 조약의 안정성은 위협을 받게 된다. 특히 다른 당사자의 조약위반 또는 사정의 근본적인 변경을 이유로 조약의 폐기 또는 탈퇴를 주장하게 되면 관련 당사국의 긴장이 높아질 수 있다. 이에 따라 ILC는 해석에 대한 분쟁의 소지가 없도록 조약의 무효 등을 원용할 수 있는 조건을 최대한 객관적이고 정확하게 규정하려고 노력하였다. 일단 한 국가에서 조약의 무효 등을 주장하게 되면 그 근거가 되는 사실(facts)의 확정부터 쉽지 않다. 일단 사실이 확정되면 당사국들은 조약을 수정하거나 종료시키기 위한 합의에 도달하기 쉽다. ILC는 이와 같이 일부 국가가 자의적으로 조약에 따른 의무를 회피하기 위하여 조약의 무효, 종료, 탈퇴 또는 시행정지를 원용하기 어렵도록 안전장치로서의 절차를 두기로 하였다(비에나협약 제65조 내지 제68조).[295)]

4.1.2 다른 당사국에 대한 통보

조약의 무효 등을 원용하려는 국가는 첫 번째 단계로서 다른 당사국에 자국의 주장을 통보하여야 한다. 그 통보에는 그 조약에 대하여 제안하는 조치(조약의 폐기, 탈퇴, 시행정지 등) 및 그 이유를 표시하여야 한다(제65조 제1항).

4.1.3 이의제기가 없을 경우 무효 등 시행

통보를 행한 국가는 다른 당사국에게 답신에 필요한 합리적인 기간을 주어야 한다. 특별히 긴급한 경우를 제외하고 통보의 접수 후 3개월 이상의 기간이 경과할 때까지 어느 당사국도 이의를 제기하지 아니한 경우 통보를 행한 당사국은 제67조에 규정된 방법(서면통보 및 Big 3의 서명에 의한 문서)으로 제안한 조치를 실행할 수 있다(제65조 제2항).

4.1.4 이의가 제기된 경우

만일 다른 당사국의 이의가 제기된 경우 당사국은 UN헌장 제33조에 규정된 수단(협상, 조정, 중재 등)을 통한 해결방법을 찾아야 한다(제65조 제3항). 만일 이를 통한 해결이 교착상태에 빠지면 각 당사국은 그 상황을 판단하여 신의성실의 원칙에 따라 행동하여야 한다. 비에나협약에 대한 검토 시 분쟁이 해결되지 않으면 강제적으로 국제사법재판소(ILC)의 판결을 받도록 하자는 의견도 제시되었다. 그러나 장시간의 토론을 거쳐 UN헌장 제33조의 인용을 넘어서는 조치는 하지 않기로 결정하였다.[296)]

4.1.5 다른 분쟁해결 조약과의 관계

위의 규정은 분쟁의 해결에 관하여 당사국을 기속하는 유효한 규정에 따른 당사국의 권리 또는 의무에 영향을 미치지 아니한다(제65조 제4항).

---

295) *Ibid.*, p. 262.
296) *Ibid.*, p. 263.

4.1.6 회신에 의한 통보

제45조(조약의 무효 등을 원용할 수 있는 권리의 상실)를 침해하지 않고 어느 국가가 제1항에 규정된 통보를 사전에 행하지 아니하였다고 하여 조약의 이행을 요구하거나 또는 조약의 위반을 주장하는 다른 당사국에 대한 회신으로서 그 국가가 그러한 통보를 행하는 것을 금지할 수 없다(제65조 제5항). 현실적으로 다른 당사국의 불평(complaint)이 있을 때까지 착오, 이행불능, 사정변경 등으로 인하여 사전에 통보를 하지 못하는 경우가 있을 수 있다. 그렇다고 하여 당사국의 통보할 수 있는 권리를 금지하는 것은 바람직하지 못하므로 다소 늦었지만 회신을 통한 통보도 인정되었다. 그러나 제45조에 따라 조약의 무효 등을 원용할 수 있는 권리가 상실될 수 있으며, 특히 제45조 (b)에 따라 장기간 조치하지 않으면 묵인한 것으로 인정될 수 있음에 유의할 필요가 있다.

4.2 사법적 해결·중재 및 조정을 위한 절차

비에나협약의 채택을 위한 국제회의에서 일부 국가는 제65조 제3항의 규정이 분쟁해결방법으로는 미흡하다고 주장하였다. 즉, 당사국들이 합의하지 못할 경우 아무런 수단이 없다는 것이었다. 이에 따라 이 협약 제5부의 규정에 대한 분쟁해결을 위하여 별도의 강제절차가 제안되었으나 3분의 2 찬성을 얻지 못하여 폐기되었다. 이후 이를 적절히 보완한 수정안이 최종 채택되어 비에나협약 제66조로 편입되었다. 즉, 이의가 제기된 날로부터 12개월의 기간 내에 제65조 제3항에 따라 해결되지 못한 경우 각각 다음의 절차를 따라야 한다.

4.2.1 일반국제법의 강행규범(*jus cogens*)에 관한 분쟁

제53조(*jus cogens*와 충돌하는 조약) 또는 제64조(새로운 *jus cogens*의 출현)의 적용 또는 해석에 관한 분쟁의 어느 한 당사국은 당사국들이 공동의 동의에 의하여 분쟁을 중재에 회부하기로 합의하지 아니하는 한 결정을 위하여 서면 신청으로 분쟁을 국제사법재판소(ICJ)에 회부할 수 있다(제66조 (a)). 따라서 당사국들이 동의하여 중재에 회부하지 않는 한 분쟁당사국은 ICJ에 분쟁해결을 위하여 회부할 수 있다.

4.2.2 조정위원회(conciliation commission)의 조정절차

이 협약 제5부의 다른 조항의 적용 또는 해석에 관한 분쟁의 어느 한 당사국은 UN사무총장에게 신청서를 제출함으로써 이 협약 부속서(Annex)에 규정된 절차를 개시할 수 있다(제66조 (b)). 부속서는 조정(conciliation)[297]에 관하여 규정하고 있으며, 주요 내용은 다음과 같다.

---

297) 우리나라에서는 conciliation을 알선, 화해 등 다양하게 번역하고 있으나, 일반적인 국제법 관계에서는 조정으로 번역하고 있으므로 저자는 이를 따랐다.

① 모든 UN회원국이나 비에나협약 당사국은 각각 2명의 조정위원(conciliator) 후보 명단을 UN사무총장에게 제출
② 제66조에 따라 조정이 신청되면 분쟁의 당사국은 각각 자국 인사 1명, 조정위원 명단에서 선택된 외국 인사 1명을 조정위원으로 선임.
③ 분쟁 당사국이 각각 선정한 총 4명의 조정위원은 상호 협의하여 명단에서 선택된 1명을 조정위원으로 선임하며, 그는 조정위원회의 위원장이 됨.
④ 당사국이 조정위원을, 조정위원이 위원장을 각각 선임하지 않을 경우는 UN 사무총장이 선임
⑤ 조정위원회는 자체 절차에 따라 다수결로 결정하며, 설립 후 12개월 안에 결과보고서를 UN에 기탁하고, 분쟁 당사국에게도 송부
⑥ 조정위원회의 보고서는 분쟁당사국을 기속하지 않으며, 분쟁의 우호적인(amicable) 해결을 위한 권고(recommendation)의 성격을 가짐.
⑦ UN사무총장은 조정위원회를 지원하며, 소요비용은 UN이 부담함.

4.3 조약의 무효선언·종료·탈퇴 또는 시행정지를 위한 문서

4.3.1 서면통보의 원칙

조약의 무효, 탈퇴 등 조약에 중요한 수정을 가져오는 조치에 대하여는 국가수반, 외교부장관 또는 관련 고위공무원이 선언을 통하여 발표하는 것이 보통이다. 이 경우 조약의 다른 당사국은 그 내용을 정확히 알 수 없는 경우가 발생할 수 있다. 이에 따라 비에나협약은 제65조 제1항에 규정된 조약의 무효 등의 통보를 행할 경우 반드시 서면으로 행하도록 규정하였다(제66조 제1항).

4.3.2 공식문서의 사용

이 조약 및 제65조 제2항 및 제3항의 적용과 관련하여 날짜에 대한 증거확보는 매우 중요하다. 이에 따라 비에나협약은 조약의 무효 등을 선언하는 행위는 다른 당사국에 전달되는 공식문서(instrument)를 통하여 이행되도록 규정하고 있다(제67조 제2항 전단). 이 경우 동 문서가 국가원수·정부수반 또는 외무부장관(Big 3)에 의하여 서명되지 아니한 경우에는 이를 전달하는 국가의 대표는 전권위임장(full powers)을 제시하도록 요청될 수 있다(제67조 제2항 후단). 당사국에 대한 통보 시 조약의 무효, 탈퇴 등의 효력이 발생하는 날짜를 명시하는 것이 보통이지만 그렇지 않을 경우에는 조약에 규정된 바에 따라 날짜를 계산하여야 한다.[298)]

4.4 통보와 문서의 철회(revocation of notifications and instruments)

조약 무효 등에 통보를 하도록 하는 이유는 다른 당사국이 이에 대하여 적절히 대비할 수

298) Anthony Aust, *Ibid.*, p. 302.

있는 시간적 여유를 주기 위함이다. 따라서 당사국에게 그러한 통지의 효력이 발생하기 전에 해당 통보와 문서를 철회할 자유를 줄 필요성은 충분히 인정되었다. 이에 따라 비에나협약은 제65조 또는 제67조에 규정된 통보 또는 문서는 효력을 발생하기 전에 언제든지 철회될 수 있도록 규정되었다(제68조).

5. 조약의 종료, 철회, 시행정지의 효과(consequences of termination, withdrawal or suspension)

5.1 조약무효의 효과(consequences of the invalidity of a treaty)

5.1.1 소개

조약이 무효가 되었을 때 그 법적 효력이 어떻게 될 것인가에 대하여 의문이 있을 수 있다. ILC는 이 조약의 제5부 제2절(조약의 무효)에 규정된 근거에 따라 조약의 무효성이 입증되면 그 근거를 원용할 날부터가 아니고 처음부터 소급하여 무효(void *ab initio*)가 되는 것으로 판단하였다.[299] 그러나 제64조에 따라 새로운 *jus cogens*의 출현으로 조약이 무효가 되고 종료되는 경우는 소급하여 무효가 되지 않는다.

5.1.2 양자조약의 무효

이 협약에 따라 무효성이 입증되는 조약은 무효이다. 또 무효인 조약의 규정은 법적 효력이 없다(제69조 제1항). 여기에서 양자조약이라는 표현은 없지만 다음 아래에 다자조약에 관한 규정이 있으며 그 내용이 비추어 이 내용은 양자조약에 한하여 적용될 수 있다.

5.1.3 무효인 조약이 실행된 경우

무효성이 입증된 조약은 소급하여 무효가 되지만 당사국들이 유효인 것으로 생각하여 성실하게 조약을 실행한 경우 조약의 무효성을 원용하지 않는 경우도 있을 수 있다. 이 경우 당사국 행위의 법적 상태(legal position)가 무엇인지 의문이 있을 수 있다. 비에나협약은 무효인 조약에 따라 행위가 실행된 경우 각 당사국은 당사국 간의 상호관계에 있어 그 행위가 실행되지 아니하였더라면 존재하였을 법적 상태를 가능한 한(as far as possible) 설정하도록(establish) 다른 당사국에 요구할 수 있도록 규정하고 있다(제69조 제2항 (a)).

원칙적으로 이 규정이 없으면 무효인 조약에 따라 행한 행위는 모두 소급하여 무효가 된다. 그러나 이 규정에 따라 현재의 상태는 협약이 존재하지 않았으며, 행위도 이루어지지 아니한 현재 상태의 이전(status quo ante)으로 복원될 수 있다. 즉, 당사국은 조약이 체결되지 아니한 상태로 돌아가게 된다. 특히 이 규정은 되돌릴 수 있는 여러 가지 경우를 상정하고 있는 바,

---

299) United Nations, *Yearbook of the International Law Commission, 1966*, Vol. II, p. 264-5.

그 예로서는 착오로 잘못 그려진 국경선 지도, 부패되지 않는 상품, 대출금(loan) 등이다.[300] 그러나 이전으로의 복원이 항상 가능한 것은 아닌 바, 이 규정에서도 가능한 한 경우에 한하여 요청할 수 있다. 상태가 완료된 경우에는 복원이 불가능하다.

이러한 과거로의 복원이 자동적인 것은 아니다. 각 당사국은 다른 당사국에게 이전 상태로의 복원을 요청할 수(may request) 있기 때문이다. 즉, 당사국들은 합의에 따라 무효인 협약을 소급해서 무효로 할 수도 있고, 이후부터만 무효로 할 수도 있고, 아예 조약의 무효성을 포기할 수도 있다. 물론 한 당사국이 복원을 요청하면 다른 당사국에 이에 따라야 한다.

한편, 한 당사국이 조약의 의무를 이행하고 다른 당사국의 이행을 기다리는 도중에 조약의 무효가 이슈가 되는 경우도 있을 수 있다. 이 경우 조약이 무효화된다면 조약을 성실하게 이행한 당사국은 혜택은 보지 못하고 손해만 입게 된다. 이런 경우에는 조약을 바로 무효화시키는 것은 바람직하지 못하다. 따라서 비에나협약은 무효성이 원용되기 전에 성실하게 실행된 행위는 그 조약의 무효성만을 이유로 불법(unlawful)이 되지 아니하도록 규정하고 있다(제69조 제2항 (b)). 따라서 조약이 유효하다고 믿고 성실하게 조약의 의무를 이행하며 합법적으로 행한 행위는 불법이 되지 아니한다. 그 결과 조약의 이행으로 이익을 본 당사국은 조약의 무효에도 불구하고 조약의무의 이행을 거부할 수 없다.[301] 그러나 비에나협약은 구체적으로 이 당사국이 어떻게 의무를 이행할 것인가에 대하여는 규정하고 있지 않다.

5.1.4 예외규정

제49조, 제50조, 제51조 또는 제52조에 해당하는 경우 사기(fraud), 부패행위(the act of corruption) 또는 강압(coercion)의 책임이 있는(imputable) 당사국에 대하여는 제2항이 적용되지 아니한다(제69조 제3항). 즉, 이 규정은 제2항에 대한 예외규정으로서, 이러한 행위의 책임이 있는 국가는 제2항에서 규정하는 이익을 향유할 수 없도록 제한하고 있다.

5.1.5 다자조약의 무효

다자조약에 대한 특정 국가의 기속적 동의가 무효인 경우 상기의 제1항 내지 제3항의 규정은 그 국가와 그 조약의 당사국간의 관계에 적용된다(제69조 제4항). 따라서 특정 국가의 동의 무효는 조약 자체에 영향을 미치지 아니하고, 조약은 다른 당사국에 대하여 계속 유효하다.

5.2 조약종료의 효과(consequences of the termination of a treaty)

5.2.1 소개

많은 조약들은 조약이 종료되었을 경우에 관하여 규정하지 않고 있기 때문에 조약 종료 시 종료된 조약의 법력 효력에 대하여 의문이 발생할 소지가 있다. 비에나협약 제 70조는 이에 관

300) Mark E. Villiger, *Ibid.*, p. 860.
301) *Ibid.*, p. 861.

하여 규정하고 있다. 조약 자체에 종료의 경우에 관한 규정을 포함하는 조약으로는 원자력선 운항자의 책임에 관한 브뤼셀협약[302], 인권 및 기본적 자유 보호를 위한 협약[303] 등이 있다.

이 조항은 제 61조(후발적 이행불능)와 관련이 있다. 즉, 한 당사국은 조약의 의무를 이행하였으나 이행불능으로 조약이 종료된 경우 당사국간 이해관계를 공평하게 조정하는 문제가 발생할 수 있다. ILC는 이러한 문제는 당시의 특별한 상황에 따라 결정되어야 하는 바, 미리 이러한 모든 상황에 완벽하게 적용될 수 있는 규정을 만들 수 없다고 인정하였다. 따라서 이러한 상황이 발생하면 그 문제는 *pacta sunt servanda* 및 신의성실(good faith)의 원칙이 적용되어야 한다.[304]

5.2.2 조약종료의 효과

조약이 달리 규정하거나 또는 당사국이 달리 합의하지 아니하는 한 그 조약의 규정에 따르거나 또는 이 협약에 의거한 그 조약의 종료는 다음의 효과를 가져 온다(제70조 제1항 본문). 따라서 조약에서 조약의 종료를 규정한 경우는 그 규정에 따르고, 당사국들이 조약의 종료에 따라 별도로 합의한 경우에는 그 합의에 따른다.

조약이 종료되면 당사국들은 더 이상 그 조약을 이행할 의무로부터 해방된다(제70조 제1항 (a)). 이 경우 당사국의 조약 이행의무는 조약이 종료되자마자 해방되며, 소급효는 인정되지 아니한다.[305] 또 조약의 종료 전에 그 조약의 집행을 통하여 생긴 당사국의 권리, 의무 또는 법적 상황에 영향을 미치지 아니한다(제70조 제1항 (b)). 따라서 조약의 유효기간에 당사국이 행한 행위의 유효성에 대하여 영향을 미치지 아니한다.

5.2.3 다자조약의 경우

국가가 다자조약을 폐기하거나 탈퇴하는 경우 그 폐기 또는 탈퇴가 효력을 발생하는 날로부터 그 국가와 그 조약의 각각 다른 당사국 간의 관계에 제1항이 적용된다(제70조 제2항).

5.3 일반국제법의 강행규범과 충돌하는 조약무효의 효과(consequences of the invalidity of a treaty which conflicts with *jus cogens*)

5.3.1 소개

체결 당시 일반국제법의 강행규범(*jus cogens*)과 충돌하여 조약이 무효가 되는 경우(제53조) 및 새로운 *jus cogens*의 출현으로 인하여 기존의 조약이 무효가 되는 경우(제64조)는 모두 예

---

302) 이 협약의 영문 명칭은 Brussels Convention on the Liability of Operators of Nuclear Ships, 1962이며, 원자력 사고발생 시 조약의 종료에도 불구하고 상당기간은 적용되도록 규정하고 있다(제19조).

303) 이 협약의 영문 명칭은 Convention for the Protection of Human Rights and Fundamental Freedoms이며, 이 협약이 폐기되더라도 당사국이 폐기 이전에 행한 행위로 인한 의무에서 해방되는 것은 아니라고 규정하고 있다(제58조 제2항).

304) United Nations, *Yearbook of the International Law Commission, 1966*, Vol. II, p. 266.

305) Mark E. Villiger, *Ibid.*, p. 871.

외적인 경우이다. 이 경우 조약은 무효가 되지만 기존 조약의 이행으로부터 형성된 권리와 의무를 어느 정도까지 유지할 것인가가 문제가 될 수 있다. 이에 관하여 ILC는 제53조와 제64조에 따른 무효의 법적 효과를 제71조에 함께 규정함으로써 그 차이를 명확히 하고자 하였다.[306) 구체적으로 제53조의 경우 조약은 체결 당시로 소급하여 무효가 되며, 제64조의 경우 충돌하는 때부터 무효가 되어 종료되는 시점에 차이가 있다.

5.3.2 조약이 체결 당시로 소급하여 무효가 되는 경우(제53조의 경우)

제53조의 규정에 따라 조약이 소급하여 무효가 될 경우 당사국은 *jus cogens*와와 충돌되는 조약에 기반을 두어 이루어진 모든 행위의 효과를 가능한 한 제거하여야 한다(제71조 제1항 (a)). 또 당사국 상호의 관계를 *jus cogens*에 따르도록 하여야 한다(제71조 제1항 (a)).

5.3.3 조약이 무효가 되어 종료하는 경우(제64조의 경우)

제64조의 규정에 따라 조약이 무효가 되어 종료하는 경우 그 조약의 종료는 더 이상 그 조약을 이행할 의무로부터 당사국을 해방시킨다(제71조 제2항(a)). 여기에서 조약의 종료는 강행적(compulsory)이므로 당사국은 해당 조약이 유효하다는 합의를 할 수 없다.[307) 또 조약의 종료 전에 그 조약의 집행을 통하여 생긴 당사국의 권리, 의무 또는 법적 상황에 영향을 미치지 아니한다. 다만, 그러한 권리, 의무 또는 상황은 일반 국제법의 새로운 강행규범(*jus cogens*)과 충돌하지 아니하는 범위 내에서만 이후 유지될 수 있다(제71조 제2항 (b)). 즉, 조약의 무효 이전에 생긴 당사국의 권리·의무 등은 조약이 소급하여 무효로 되지 않는 한 유효하며, *jus cogens* 출현 이후에는 이에 충돌되지 않는 범위 내에서만 효력이 유지될 수 있다. 이 규정은 제70조 제1항 (b)와 비교할 때 단서조건이 추가된 것을 알 수 있다.

5.4 조약 시행정지의 효과(consequences of the suspension of the operation of a treaty)

5.4.1 시행정지의 효과

조약 시행정지의 목적은 일정한 기간 동안 조약의 시행이 정지되도록 함으로써 조약 자체의 법적효과에는 변함이 없도록 하는 것이다. 따라서 정지 기간에도 조약은 계속 효력을 유지하며 다만 그 시행이 정지될 뿐이다. 따라서 당사국은 필요하다고 판단 시 언제든지 조약의 시행을 재개할 수 있다. 실무적으로 조약의 시행정지는 당사국간의 관계를 우호적으로 유지하고자 할 때 사용된다. 한 당사국이 조약을 위반하였을 때 다른 당사국은 조약을 바로 종료시키는 것 보다는 위반의 경중을 가려 조약의 시행정지를 택할 수도 있다.[308)

조약이 달리 규정하거나 또는 당사국이 달리 합의한 경우 외에 조약의 시행이 정지되면 그

306) United Nations, *Yearbook of the International Law Commission, 1966*, Vol. II, p. 266.
307) Mark E. Villiger, *Ibid.*, p. 881.
308) Capotorti, RC 134 (1971 III) 467을 Mark E. Villiger, *Ibid.*, p. 887에서 재인용.

기간 조약시행이 정지된 당사국 사이에서 당사국은 조약을 이행할 의무로부터 해방된다(제72조 제1항 (a)). 또 이러한 정지는 그 조약에 의하여 확립된 당사국간의 법적 관계(legal relations)에 달리 영향을 미치지 아니한다(제72조 제1항 (b)). 즉, 조약에 의하여 당사국 간에 확립된 법적 관계는 변함이 없고, 다만 그 시행이 정지될 뿐이다.

5.4.2 시행재개 방해 자제

시행정지 기간 당사국은 그 조약의 시행 재개를 방해하는 행위를 삼가야 한다(제72조 제2항). 시행정지의 속성 및 *pacta sunt servanda* 규칙에 따라 시행정지의 원인이 사라지면 당사국은 조약의 시행을 재개할 의무가 있다. 따라서 당사국은 신의성실의 원칙에 따라 시행재개를 방해하는 행위를 삼가야 한다(shall refrain).

제11절 잡칙(miscellaneous provisions)

1. 국가승계 · 국가책임 및 적대행위 발발의 경우(cases of State succession, State responsibility and outbreak of hostilities)

ILC는 국가승계, 국가책임 및 적대행위의 발발에 관한 규정을 비에나협약에 포함시키지 않기로 결정하였다. 그러나 최종안을 검토하면서 국가계승, 국가책임에 관하여 오해하지 않도록 이에 대한 유보조항을 명확하게 두는 것이 바람직하다고 판단하였다.[309] 한편, ILC는 적대행위의 발발은 매우 비정상적인(abnormal) 경우이므로 이에 따른 법적 효과를 다루는 규정은 국제법의 일반규칙으로 형성되지 않는다고 판단하였다. 따라서 이 문제는 국제법의 일반원칙을 조문화하는 비에나협약의 초안에서 배제되었다.[310] 그러나 비에나 국제회의에서는 이를 규정하지 않는 것이 오히려 오해를 불러일으킬 수 있으므로 조약에 포함시키자는 헝가리, 폴란드, 스위스의 개정안이 최종적으로 채택되었다.[311] 이에 따라 "이 협약의 규정은 국가의 승계, 국가의 국제적 책임 또는 국가 간 적대행위(hostility)의 발발로 인하여 조약에 대하여 발생될 수 있는 문제를 예단(prejudge)하지 아니 한다" 라고 규정되었다(제73조).

이후 ILC는 국가승계에 관하여는 1978년 국가승계에 관한 비에나협약,[312] 국가책임에 관하여는 2001년 국가책임협약 초안[313]을 각각 완성한 바 있다. 한편, 최근에는 전쟁의 개념에 포함된 기술적 어려움을 피하기 위하여 적대행위의 발발 대신 "무력분쟁(armed conflict)"라는 용

309) United Nations, *Yearbook of the International Law Commission, 1966*, Vol. II, p. 267.
310) *Ibid.*, p. 268.
311) United Nations, *United Nations Conference on the Law of Treaties*, First session, Vienna, 26 March-24 May 1968, Official Records, pp. 451-53.
312) 이 협약의 영문 명칭은 Vienna Convention on Succession of States in respect of Treaties이다.
313) 이 초안의 영문 명칭은 Draft articles on Responsibility of States for Internationally Wrongful Acts이다. 이 초안은 조약으로 될 경우 국가별로 비준이 어렵기 때문에 ILC는 일단 초안의 형태로 두고 적절한 기회가 되면 조약으로 추진하기로 결정하였다.

어가 선호되고 있다.[314] 자위권 행사, UN안보리의 승인, 인도적 개입, 무력의 불법사용 등의 무력분쟁이 발생하면 법적 근거와 관계없이 조약에 따른 국가의 권리 또는 의무의 변화가 발생하게 된다. 이와 관련, ILC는 2011년 조약에 대한 무력분쟁의 효과에 관한 초안[315]을 채택하였으며, 2014년 UN총회 상정이 계획되어 있다.

2. 외교 및 영사관계와 조약의 체결(diplomatic and consular relations and the conclusion of treaties)

2개 이상 국가 간의 외교 또는 영사관계의 단절 또는 부재는 이들 국가 간의 조약체결을 막지 아니한다. 조약의 체결 그 자체는 외교 또는 영사관계와 관련된 상황에 영향을 미치지 아니한다(제74조). 이 조항은 제63조(외교 또는 영사관계의 단절)와 밀접한 관련이 있다. 당초 ILC의 초안에는 이 규정이 포함되지 않았었다. 그러나 외교 또는 영사관계가 단절된 경우에도 조약체결을 할 수 있다는 현실을 반영할 필요가 있다는 칠레의 개정안이 채택되었다. 이에 따라 제63조와 별도로 이 규정이 신설되었다.[316]

3. 침략국의 경우(case of an aggressor State)

비에나협약의 검토과정에서 침략국(aggressor State)에 대한 별도의 유보규정이 있어야 한다는 의견이 제시되었고, ILC는 조약문 전체에 걸쳐 적용되는 일반적인 침략국 규정이 바람직하다고 결정하였다.[317] 이에 따라 "이 협약의 규정은 UN헌장에 의거하여 침략국의 침략에 관하여 취해진 조치의 결과로서 그 침략국에 대하여 발생될 수 있는 조약상의 의무를 침해하지 아니 한다"고 규정하게 되었다(제75조). 따라서 이 조약 제52조(무력의 협박 또는 사용에 의한 국가의 강압)가 적용되는데 아무런 문제가 없다.

그러나 이 규정의 적용에 필수적인 "침략국(aggressor State)"의 정의에 대하여 비에나협약은 물론 다른 조약들은 침묵하고 있다. 그 대신 UN은 총회결의로서 "침략의 정의"를 채택하였다.[318] 이에 따르면 침략은 다른 국가에 대하여 무장무력(armed force)이나 UN헌장에 어긋난 다른 방법을 사용하는 것을 말한다(부속서 제1조).[319] 따라서 이 결의의 정의에 따른 침략을 하는 국가를 침략국가로 보아도 큰 무리는 없을 것이다.

---

314) Anthony Aust, *Ibid.*, p. 308.

315) 이 초안의 명칭은 Draft articles on the effects of armed conflicts on treaties이다. 이 초안을 조약의 형태로 채택할지 여부는 계속 검토할 예정이다.

316) United Nations, United Nations Conference on the Law of Treaties, First session, Vienna, 26 March-24 May 1968, Official Records, pp. 383-86 및 pp.480-81.

317) United Nations, *Yearbook of the International Law Commission, 1966*, Vol. II, p. 268.

318) United Nations General Assembly Resolution 3314 (XXIX). Definition of Aggression, 1974.12.14.

319) Article I: Aggression is the use of armed force by a State against the sovereignty, territorial integrity or political independence of another State, or in any other manner inconsistent with the Charter of the United Nations, as set out in this Definition.

제12절 분쟁의 해결(settlement of dispute)

1. 소개

다른 분쟁과 마찬가지로 조약의 해석 또는 적용과 관련하여 국가 간 많은 분쟁이 발생할 수 있다. 이를 대비하여 최근의 많은 조약은 분쟁해결에 관한 규정을 조약에 포함시키고 있다. 일반적으로 조약에서 채택하는 분쟁해결방법으로는 협상(negotiation) 및 협의(consultation), 중개(mediation), 조정(conciliation) 등의 자발적 방법과 중재(arbitration), 국제법원에 의한 판결 등 강제적 방법이 있다. 조약에 대한 분쟁이 발생하면 분쟁해결조항은 매우 중요해지게 된다. 이 경우 당사국은 이에 따르거나 다른 당사국과 분쟁해결에 관한 합의를 통하여 다른 방법을 사용할 수도 있다. 또 경우에 따라서는 다른 당사국의 조약위반에 대하여 직접 대항조치(countermeasures)를 취할 수도 있다. 그러나 이를 통하여 모든 분쟁이 반드시 해결된다고는 할 수 없다. 현실적으로 많은 분쟁이 발생하고 있지만 분쟁해결방법의 미흡, 분쟁해결에 장시간 소요 등의 이유로 실제 해결되지 않는 분쟁도 많이 있다.

비에나협약은 조약을 종료시키거나 탈퇴하거나 정지시키기 위한 이유로서 기속적 동의의 표시에 하자가 있었거나 조약의 무효 등을 근거로 원용하는 경우를 규정하고 있다(제65조 내지 제68조). 즉, 당사국은 다른 당사국에게 취하고자 하는 조치 및 그 이유를 통보해야 하며(제65조 제1항), 이때 이의를 제기할 수 있는 기간을 함께 통보해야 하며, 그 기간은 특별히 긴급한 경우를 제외하고 통보를 받은 후로부터 3개월 이상이어야 한다(제65조 제2항). 만일 이의가 제기된 경우 관련 국가는 UN헌장 제33조에 규정된 협상, 조사, 중개, 조정 등의 평화적 방법을 통하여 해결방법을 모색하여야 한다(제65조 제3항). 만일 이의가 제기된 후 12개월 이내에 해결방법을 찾을 수 없을 경우에는 ICJ(*jus cogens* 사항)나 부속서에 따라 설치된 특별 조정위원회(*jus cogens* 이외의 사항)의 분쟁해결절차를 따라야 한다. 이러한 절차는 종래의 국제관습법에 비하여 상당한 발전을 이룬 것으로 평가되고 있다.

분쟁의 해결을 위하여 종래에는 국가 간 무력사용이 일반화되어 있었으나 UN의 등장 이후 분쟁해결에 무력사용은 금지되었다. 특히 분쟁해결에 평화적 수단의 사용 및 무력사용의 금지에 관하여는 UN헌장에서 각각 다음과 같이 규정되었다(제2조 제3항 및 제4항).[320] 또 UN헌장 제6장은 분쟁의 평화적 해결에 관하여 규정하고 있다. 이외에도 국가 간 친선관계 및 협력에 관한 국제법 원칙의 선언[321] 및 국제분쟁의 평화적 해결에 관한 마닐라선언[322]도 분쟁의 평화

---

320) UN헌장 제2조 제3항 및 제4항은 다음과 같으며, 저자는 중요부분을 굵은 활자체로 강조하였다.

3. All Members **shall settle their international disputes by peaceful means** in such a manner that international peace and security, and justice, are not endangered.
4. All Members **shall refrain in their international relations from the threat or use of force** against the territorial integrity or political independence of any state, or in any other manner inconsistent with the Purposes of the United Nations.

321) Declaration on Principles of International Law concerning Friendly Relations and Co-operation among States in accordance with the Charter of the United Nations, UNGA Res. 2625((XXV), 24 October 1970.

322) Peaceful settlement of disputes between States, A/RES/37/10, 15 November 1982.

적 해결원칙을 재강조하고 있다. 따라서 무력의 위협이나 사용은 분쟁 해결방법으로서 허용될 수 없다.

2. 자발적인 해결(voluntary settlement)

2.1 협상과 협의(negotiation and consultation)

국제상설사법재판소(Permanent Court of International Justice: PCIJ) 및 이를 계승한 국제사법재판소(ICJ)는 협상(negotiation)이 당사국간에 직접적이고 우호적인 해결을 가져올 수 있다는 점을 인정하는 한편, 다른 평화적 분쟁해결방법의 필수요건이라고 판단하였다.[323] 또 국제분쟁의 평화적 해결에 관한 마닐라선언에서도 직접협상이 탄력적이고 효과적인(flexible and effective) 평화적 분쟁해결 수단으로 인정되었다(동 선언 부속서 제1조 제10항). 또한 협상은 모든 종류의 분쟁에 적용이 가능하며, 실제 많은 분쟁은 협상을 통하여 해결되고 있다. 따라서 분쟁이 발생하면 직접 협상을 통하여 당사국 간에 문제의 핵심이 무엇인지를 결정짓는 것이 매우 중요하다. 조약 등의 각종 문서에서는 조사(enquiry 또는 inquiry)라는 용어 외에도 이와 거의 유사한 의미로 조사(investigation), 사실확인(fact-finding) 등이 사용되고 있다.[324]

협의(consultation)는 협상의 일종으로 간주되고 있다.[325] 협의는 협상과 달리 UN헌장 제33조 제1항에서 규정하고 있지 않지만 다른 많은 조약의 분쟁해결규정에서 협의를 포함시키고 있다. 분쟁발생 시 해결의 첫 번째 단계로서 협의를 규정한 예로는 1959년 남극조약[326] 제11조제1항, 1979년 핵물질의 물리적 보호에 관한 협약[327] 제17조 제1항 등이 있다. 견해의 교환(exchange of views)은 협의의 한 형태로 간주되며, 이를 규정한 사례로는 UN해양법협약 제283조를 들 수 있다.[328]

2.2 심사(enquiry)

국제적 분쟁은 사실에 대한 당사자의 의견 차이 때문에 발생하는 경우가 많다. 이러한 경우 당사국은 분쟁의 평화적 해결을 위하여 문제가 된 사실을 객관적으로 확인할 필요가 있다. 이 경우 당사국은 심사위원회(commission of inquiry) 등 공정한 제3자로 하여금 조사하도록 조약 등의 합의를 할 수 있다. 심사를 통하여 양국 간의 이견이 해소되면 문제해결은 비교적 쉬어진다.

많은 양자 및 다자조약에서는 평화적 분쟁해결 방법으로서 심사를 규정하고 있으며, 특히 유명한 것으로는 국제연맹규약(제12조), UN헌장(제33조 제1항), 국제노동기구(ILO)헌법(제26조 제

---

323) United Nations, *Handbook on the Peaceful Settlement of Disputes between States*, New York, 1992, p. 9.
324) *Ibid.*, p. 26.
325) *Ibid.*, p. 10.
326) 이 조약의 영문 명칭은 Antarctic Treaty이다.
327) 이 조약의 영문 명칭은 Convention on the physical protection of nuclear material이다.
328) United Nations, *Handbook on the Peaceful Settlement of Disputes between States*, New York, 1992, p. 10.

3항) 등을 들 수 있다. 또 1907년 국제분쟁의 평화적 해결을 위한 헤이그협약[329]의 경우 심사의 방법에 대하여 매우 상세하게 규정하고 있다(제9조 내지 제36조). 즉, 당사국은 외교적으로 분쟁에 합의하지 못할 경우 국제 심사위원회를 구성하여야 하며(제9조), 심사위원회는 분쟁의 당사국 간의 특별한 합의에 의하여 이루어진다(제10조). 또 결과보고서에는 심사위원회의 의견이 없이 사실만 기재되며(제35조), 심사위원회의 운영에 소요되는 비용은 당사국이 공평하게 분담한다(제36조). 심사위원회의 보고서는 당사자를 기속하지 않는다.

2.3 주선 및 중개(good offices and mediation)

당사국이 분쟁해결에 합의하지 못할 경우 제3국이 당사국 사이에 평화적 분쟁해결을 위하여 당사국의 의견을 청취하고 해법을 제시하는 것이 주선(good offices)이다. 물론 이러한 주선은 당사국이 요청할 수도 있고, 제3이 자발적으로 나설 수도 있지만 모든 분쟁 당사국들이 제3국의 개입을 수락하여야 가능하다. 이 경우 제3국은 당사국으로 하여금 협상에 나서도록 하여 분쟁해결의 돌파구를 만들도록 하는 것이 통상적이지만 경우에 따라서는 아예 구체적인 제안을 하여 분쟁당사국이 이를 따르기도 한다. 이와 같이 제3국이 적극적인 개입을 하게 되면 실질적으로 중개(mediation)의 역할을 하게 된다.

실무적으로 주선과 중개는 거의 차이가 없는 것으로 간주되고 있으며, 1907년 국제분쟁의 평화적 해결을 위한 헤이그조약에서는 거의 혼용되고 있다(제2조 내지 제8조). 실제 주선을 하려고 시작하였으나 분쟁에 대한 논의가 보다 구체적으로 진행되면 실질적으로 언제 주선이 끝나고 중개가 시작되는지를 구분할 수 없게 된다.[330] 한편, 보고타 조약(Pact of Bogota)[331]은 주선과 중개의 의미를 구분하고 있다. 즉 주선은 분쟁당사자를 한 자리에 모아 협상을 하도록 할 뿐 제3국이 아무런 역할을 하지 않는 것을(제10조), 중개는 간단하고 가장 직접적인 방법으로 분쟁을 해결하도록 도와주는 것(제12조)이라고 규정하고 있다 그러나 UN헌장에서는 평화적 분쟁해결 방법으로서 중개만 규정하였을 뿐 주선은 열거하고 있지 않다(제33조 제1항).

2.4 조정(conciliation)

조정은 분쟁의 당사국이 조정위원(conciliator)을 활용하여 평화적으로 분쟁해결을 하려는 방법으로서 조사와 조정의 요소를 모두 포함하고 있다.[332] 즉, 독립된 제3국은 객관적으로 문제

---

329) 이 협약의 영문 명칭은 The Hague Convention for the Pacific Settlement of International Dispute로서 각각 1899년에 채택된 협약이 유효한 상태에서 1907년에 이를 보완한 협약이 다시 채택되어 2개의 조약이 병존하고 있다. 이 조약은 네덜란드 헤이그에 본부를 두고 있는 상설중재재판소(Permanent Court of Arbitration)의 설립근거이기도 하다.

330) United Nations, *Handbook on the Peaceful Settlement of Disputes between States*, New York, 1992, p. 34.

331) 이 조약의 영문 명칭은 American Treaty on Pacific Settlement이며, 1948.4.30. 콜롬비아의 수도 보고타(Bogota)에서 채택되었다. 통상 보고타 조약이라고 부른다. 조약의 목적은 당사국들이 분쟁해결에 평화적 방법을 사용하도록 의무를 부과하는 것이다.

332) United Nations, *Handbook on the Peaceful Settlement of Disputes between States*, New York, 1992, p. 45.

를 조사하여 증거를 수집하고 사실을 확정하는 한편, 분쟁당사국과의 협의를 통하여 양 당사국이 수락할 수 있는 해결방법을 제시하기도 한다. 조정위원회의 조정위원은 통상 홀수로 구성되며, 일반적으로 5인이나 경우에 따라 3인으로 구성되기도 한다. 조정은 중개와 달리 양 당사국을 동시에 만나지 않고, 개별적으로 만나 각국의 양보를 이끌어내게 된다. 조정위원은 당사국의 필요에 따라 논의를 전개하게 된다.[333)]

최초로 조정이 국제조약에 채택된 것은 1920년 스웨덴과 칠레 사이의 조약이다.[334)] 1922년 국제연맹은 평화적 분쟁해결 방법으로 조정위원회(conciliation commission)를 이용하도록 결의서를 채택하였으며, 이후 조정은 국제적으로 널리 활용되었다.[335)] 당시의 조정위원회는 상설로서 필요한 국가에게 상시로 조정서비스를 제공할 수 있었다. 이후 조정은 수많은 다자조약에 채택되었으며, UN헌장에도 언급되었다(제33조 제1항). 또한 비에나협약에서도 제5장의 해석과 적용에 대하여 당사국과 분쟁이 발생한 경우 조정을 이용할 수 있도록 규정하고 있다(제66조 (b) 및 부속서).

조정위원회의 조정절차를 걸친 권고는 통상 법적 기속성이 없는 것이 원칙이나 강행력을 부여하는 경우도 있다. 오존층보호를 위한 비에나협약[336)]에서는 조정위원회의 권고를 당사국은 성실하게 고려할 의무가 있다(shall consider in good faith, 제11조 제6항). 또 동캐리비언국가(Eastern Caribbean States) 기구설립조약[337)]의 경우 권고는 회원국에게 최종적이며 기속한다(final and binding on the Member States)고 규정하고 있다(제14조 제3항).

3. 강제적인 해결(compulsory settlement)

3.1 중재(arbitration)

중재는 분쟁이 발생하였을 경우 당사국이 합의하여 선택한 중재인(arbitrators)에게 의뢰하여 판정(award)을 받는 제도이다. 중재판정은 법원의 판결에 비교하여 신속하며, 법원의 확정판결과 동일한 효력을 가진다. 간단한 사건의 경우 양 당사국이 합의한 1인의 중재인이 사건을 검토한다. 그러나 일반적으로 중재인은 양 당사국이 선정한 1인과 이들이 합의한 1인의 총 3인으로 구성되는 것이 보통이다. 반면에 국제사법재판소(ICJ) 등의 국제법원의 경우 상설의 재판관이 있기 때문에 재판관 선정 등 당사국 선택의 여지가 없다.

중재제도를 활용하는 대표적인 조약으로는 국제분쟁의 평화적 해결을 위한 헤이그협약을 들 수 있다. 특히 1907년 협약의 제4부(Part IV)에서는 중재에 대하여 매우 상세하게 규정하고 있다. 즉, 당사국은 중재가 외교적 해결일 실패한 경우 가장 효과적이고 공평한 분쟁해결수단이라고 인정하고 있다(제38조). 또 상설중재재판소(PCA)는 헤이그에 두며(제43조), 분쟁의 당사국은 비치된 명부에서 중재인 1명을 각각 선임하며, 이들은 주심(umpire)을 선임한다(제45조). 당

333) Wikipedia, http://en.wikipedia.org/wiki/Conciliation [2013.11.12.].
334) John O'Brien, *International Law*, London: Cavendish Publishing Limited, 2001, p. 639.
335) Ademola Abass, *Complete International Law*, Oxford: Oxford University Press, 2012, p. 455.
336) 이 협약의 영문 명칭은 1985 Vienna Convention for the Protection of the Ozone Layer이다.
337) 이 조약의 영문 명칭은 1981 Treaty establishing the Organization of Eastern Caribbean States이다.

사국은 중재를 위하여 중재계약(Compomis)을 체결하여야 하며, 여기에는 분쟁의 대상, 중재인의 선임, 예상비용의 거치 등 상세한 내용이 포함된다(제52조). 중재판정은 당사국 이외의 국가는 기속하지 않지만 중재에 참가한 국가는 기속한다(제84조).

다른 양자조약이나 다자조약의 경우 분쟁발생 시 중재에 부의한다는 조항을 두는 경우가 많다. 이와 같이 사전에 특정 중재 또는 재판에 부의한다는 내용의 규정을 재판조항(compromissory clause)이라고 한다. 그러나 재판조항은 구체적이지 못하기 때문에 중재에 부의하기 위하여 당사국 간에 다시 중재계약을 체결하는 것이 보통이다.[338] 물론 이러한 규정이 없을 경우에는 분쟁 발생 후 당사국 간에 중재에 관한 이러한 합의를 할 수도 있다.

3.2 사법적 해결(judicial settlement)

경우에 따라 당사국은 분쟁해결을 위하여 국제사법재판소(International court of Justice: ICJ)나 국제해양법재판소(International Tribunal for the Law of the Sea, ITLOS)와 같은 상설 국제법원에 제소할 수도 있다. 국제적 규모의 국제법원의 효시는 국제연맹규약에 따라 1922년에 설립된 국제상설사법재판소(Permanent Court of International Justice: PCIJ)이다. 이후 UN의 설립에 따라 1946년 ICJ가 설립되면서 PCIJ는 ICJ로 계승되었다. ICJ는 회원국이 부의하는 모든 사건 및 UN헌장 및 유효한 국제조약이 규정하는 모든 문제에 대한 일반 관할권(general jurisdiction)을 가지고 있다(ILC 규정 제36조 제1항). 이와 유사한 국제법원으로는 ITLOS가 있으며, UN해양법협약에 따른 모든 분쟁 및 적용, 또 ITLOS에 관할권을 부여하는 모든 문제에 관할권을 가진다(ITLOS 규정 제21조).

지역법원(regional courts)으로는 인권에 관한 유럽협약에 따른 인권유럽법원(European Court of Human Rights), 인권에 관한 아메리카협약에 따른 인권에 관한 미주간법원(Inter-American Court of Human Rights) 등이 있다. 이밖에도 유럽국가사법원(Court of Justice of the European Communities)지역적 경제통합에 따른 각종 분쟁문제를 다루기 위한 많은 특수 법원들이 있다.

국제법원이 국제분쟁을 할 수 있는지의 여부는 관련 국가가 국제법원이 그 문제에 대하여 관할권이 있다고 인정하는지에 달려있다. 국제법원의 관할권을 인정하는 방법으로는 분쟁 당사국이 특정 사건의 관할권을 특정 법원에 주도록 특별한 합의(compromis)를 하거나, 조약에 규정된 재판조항을 따를 수 있다. 국제법원에 관할권이 있는지 여부에 대한 분쟁에 대하여도 해당 법원이 결정할 수 있다.

338) United Nations, *Handbook on the Peaceful Settlement of Disputes between States*, New York, 1992, p. 58.

4. 대항조치(countermeasures)

4.1 소개

대항조치(countermeasures)는 무력사용이 수반되지 않고 조약의무를 이행하지 않는 국가에 대한 일종의 보복조치를 말한다. 물론 조약에서는 여러 가지 평화적 분쟁해결 수단을 제공하고 있지만 그 절차에는 많은 시간이 소요되며, 해당 국가가 협조하지 않을 경우 국제법원의 판결을 받아도 만족할만한 보상을 받기는 거의 불가능하다. 이러한 경우 대항조치는 다른 국가의 조약위반 행위에 대하여 매우 신속하고 효과적인 수단이 될 수 있다. 2001년 ILC가 채택한 「국가책임협약」 초안은 국가의 불법행위[339] 및 이에 대한 대항조치의 구체적 내용에 관하여 규정하고 있다. 특히 적절하게 시행된 대항조치는 불법성을 조각한다(동 초안 제22조).

대항조치는 복구(復仇, reprisal), 보복(retorsion), 제재(sanction)와 개념상 구분할 필요가 있다. 복구는 현재 전쟁법(law of armed conflict)의 맥락에서만 적절히 사용되고 있으며, 보복은 국제법을 위반하지 않는 대응조치를 말한다. 제재는 UN헌장 제7장의 규정에 따라 취해지는 조치를 말한다.[340]

4.2 대항조치의 목적 및 한계

대항조치는 다른 국가가 조약의무를 위반하는 매우 예외적이며 제한된 경우에 취해질 수 있다. 또 그 조치는 조약의무 위반국가가 의무를 따르도록 유도하는데 필요한 최소한도에 그쳐야 한다(국가책임협약 초안 제49조 제1항).[341] 대항조치에 대한 목적의 제한과 예외적인 성격은 이 규정에서 “only"를 사용함으로써 표시하고 있다.[342]

대항조치는 의무위반과 동일하거나 유사한 종류의 조치만 행할 수 있는 것은 아니다. 불가피한 경우 다른 분야에 대한 대항조치도 가능하다.[343] 당초의 목적이 달성되면 대항조치를 더 이상 계속할 수 없다(동 초안 제 49조 제2항). 또 대항조치는 가능한 한 위반국가가 조약의 의무를 재개할 수 있도록 하는 방법, 되돌릴 수 있는(reversible) 수단을 사용해야 한다(제49조 제3항). 이 규정은 조약의 시행이 정지된 기간 당사국은 조약시행의 재개를 방해하는 행위를 삼가도록 하는 비에나협약의 규정(제72조 제2항)에 영향을 받아 채택되었다.[344]

339) 불법행위(torts)는 고의 또는 과실로 위법하게 타인에게 손해를 입히는 행위를 말한다. 불법행위를 행한 자(tortfeasor)는 이를 보상할 법적 책임이 있다. 우리나라 민법에서도 “고의 또는 과실로 인한 위법행위로 타인에게 손해를 가한 자는 그 손해를 배상할 책임이 있다”고 규정하고 있다(제750조).

340) Anthony Aust, *Ibid.*, p. 363.

341) 「국가책임협약」 초안 제49조 제1항의 내용은 다음과 같으며, 내용 중 **only**는 강조하기 위하여 저자가 굵은 활자를 사용하였다.

1. An injured State may **only** take countermeasures against a State which is responsible for an internationally wrongful act in order to induce that State to comply with its obligations under Part Two.

342) United Nations, *Draft articles on Responsibility of States for Internationally Wrongful Acts, with commentaries 2001*, 2008, p. 130.

343) Anthony Aust, *Ibid.*, p. 364.

344) United Nations, *Draft articles on Responsibility of States for Internationally Wrongful Acts, with*

그러나 대항조치의 주제(subject)가 될 수 없는 매우 중요한 의무로는 ① 무력의 위협 또는 사용의 자제 ② 기본적 인권의 보호 ③ 국제인권법 상 복구(reprisal)의 금지 ④ 일반 국제법의 강행규범(*jus cogens*)이 있다(동 초안 제50조 제1항). 또 대항조치가 시행되더라도 국가 간 대화채널의 계속적인 유지를 위한 의무로서 ⑤ 분쟁해결절차에 따라 두 국가 사이에 적용되는 의무 ⑥ 외교관 또는 영사, 공관, 문서 등에 대한 불가침성(inviolability) 존중이 있다(동 초안 제50조 제2항). 특히 ⑤와 관련, 일반적으로 분쟁해결절차는 그 내용이 당사국 간 분쟁의 핵심내용이 되더라도 계속 유효한 것으로 인정되고 있으며, 대응조치의 시행으로도 정지될 수 없다.[345] 따라서 대항조치를 시행하는 국가는 향후 조약관계의 복원에 대비하여 이러한 의무가 침해되거나 영향을 받지 않도록 조치할 의무가 있다.

4.3 비례의 원칙(proportionality)

비례의 원칙(proportionality)은 대항조치의 합법성을 판단하는 데 사용되는 원칙으로서 피해에 비하여 과도하지 않아야 한다. 즉, 비례의 원칙은 분쟁 당사국 간 대항조치의 계속적인 상승을 억제하는 역할을 한다. 만일 대항조치가 과도하면 그 대항조치가 당초 국제의무를 위반한 국가에 대한 또 다른 국제 불법행위가 될 수 있다. Gabˇcíkovo-Nagymaros Project 사건에서 다뉴브(Danube)강의 일부 물길을 돌리는 체코슬로바키아의 대항조치는 되돌릴 수 없기 때문에 비례의 원칙을 어겨 위법하다고 결정되었다.[346]

국가책임협약 초안에서 대항조치는 불법행위의 강도와 당사국의 권리를 감안하여 피해와 상응(commensurate)하도록 규정하고 있다(제51조). 그러나 국제적으로 당초의 조약 위반행위와 대항조치의 동질성을 판단할 수 있는 기준은 없다. 통상 위반행위와 이에 대한 대항조치가 밀접하게 관련될수록 비례의 원칙이 잘 지켜지는 것으로 간주된다.[347] 1978년 미국과 프랑스 간 항공협정 중재사건은 이에 대한 사례를 보여준다. 이 사건에서 프랑스는 미국 항공사(Pan American)의 런던 경유(stop)를 금지하였고, 이에 대해 미국은 대항조치로서 모든 프랑스 항공사(Air France)의 로스앤젤레스-파리 간 취항을 금지시켰다. 이에 대해 중재판정은 미국의 대항조치가 미국 항공사의 피해에 비하여 프랑스 항공사에게 심각한 경제적 피해를 준 점은 인정하였으나 미국의 항공정책 및 다른 국가와 체결한 많은 항공협정 에 비추어 미국의 대응조치는 비례의 원칙을 명백하게 어기지는 않았다고 판단하였다.[348]

4.4 대항조치 절차

대항조치로 국가 간 추가적인 분쟁의 소지가 없도록 피해를 입은 국가는 대항조치를 취하기

---

commentaries 2001, 2008, p. 131.

345) *Ibid.*, p. 133.

346) para. 87, International Court of Justice, Case concerning Gabcíkovo-Nagymaros Project (Hungary/Slovakia), Judgment of 25 September 1997.

347) Anthony Aust, *Ibid.*, p. 365.

348) Lori Fisler Damrosch, "Retaliation or Arbitration-Or Both? The 1978 United States-France Aviation Dispute," *The American Journal of International Law,* Vol. 74, No. 4 (Oct., 1980), pp.791-2.

전 규정된 절차를 잘 따를 필요가 있다. 동 초안에 규정된 절차는 다음과 같다.

① 대항조치를 취하기 전 피해국가(injured State)는 제43조(피해국가에 의한 청구통보)에 따라 책임국가(responsible State)에게 제2부(Part II, 국가의 국제적 책임의 내용)에 규정된 의무를 따르도록 알려야 함(제52조 제1항 (a)).

② 피해국가는 대항조치를 취할 의사가 있으며 이에 관해 협상할 의사가 있음을 책임국가에게 통보하여야 함(제52조 제1항 (b)).

③ 위의 통보요건에 불구하고 피해국가는 자국의 권리를 보존하기 위하여 긴급한 대항조치를 취할 수 있음(제52조 제2항). 따라서 대항조치는 자국의 의사 등을 통보하기 이전이라도 바로 행할 수 있음.[349)]

④ 책임국가가 국제 불법행위를 중지하거나 분쟁이 국제법원에 계류된 경우 대항조치는 취해지지 않을 수 있으며, 이미 취해진 경우에는 지체 없이 정지되어야 함(제52조 제3항). 대항조치는 자력구제(self-help) 형태이므로 국제법원 등에 비하여 법의 적정절차(due process of law)가 확보될 수 없는 단점이 있음. 또 국제법원 등은 필요시 권리보호를 위한 잠정조치(interim measures)가 가능하므로 대항조치를 대신할 수 있음. 그러나 책임국가가 잠정조치를 따르지 않을 경우에는 다시 대항조치가 시행될 수 있음.[350)]

⑤ 다만, 위의 ④는 책임국가가 분쟁해결절차를 성실하게(in good faith) 이행하지 않을 경우 적용하지 않음(제52조 제4항). 성실하게 이행하지 않는 경우라 함은 분쟁해결절차에 불참하거나 국제법원의 결정을 수락하지 않는 경우 등임. 이 경우 대항조치는 정지될 필요가 없으며, 재개될 수 있음.

349) United Nations, *Draft articles on Responsibility of States for Internationally Wrongful Acts, with commentaries 2001*, 2008, p. 136.

350) *Ibid.*

제 III 장

국제회의 의사규칙

제3장 국제회의 의사규칙

제1절 국제회의 소개

1. 국제회의의 개념

국제회의(international meeting, conference, or congress)의 개념에 대하여는 보는 시각에 따라 여러 가지로 표현이 가능할 것이다. 그러나 그 속성상 단일의 국가 또는 국제기구가 참석하는 회의는 국제회의라고 볼 수 없을 것이다. 따라서 일반적으로 국제회의는 2개국 이상 국가 또는 국제기구의 대표(representative)들이 국제적 이해관계가 걸린 문제를 토의·결정하기 위하여 모이는 회의라고 정의내릴 수 있을 것이다. 종래 국제회의는 정부간(inter-governmental) 회의가 주류를 이루었으나 민간활동의 활성화에 따라 최근에는 민간주도의 국제회의도 활발하게 개최되고 있다. 정부간 회의의 경우 종래 양자회의가 많이 개최되었으나 국제관계의 발전에 따라 최근에는 다자회의가 더 빈번하게 열리고 있는 실정이다.

교통과 통신의 발달에 따라 최근 국제적 활동은 더욱 활발해지고 있다. 이에 따라 국제적으로 다양한 이해관계를 조정하기 위한 국제기구(international organizations)도 계속 탄생하고 있으며, 이들의 주도로 개최되는 회의도 지속적으로 증가하고 있다. 그 결과 2013년 현재 국제기구의 수는 총 66,000개 이상이며, 매년 1,200개의 새로운 국제기구가 추가되고 있다.[351] 또 국제기구 등이 개최하는 국제회의의 수는 연간 30만회를 넘고 있다.[352]

2. 주요 용어의 개념

2.1 총회(assembly)

모인 사람의 단체(the body of people who assemble)를 의미한다.[353] 즉, 어떤 단체의 구성원 모두가 참가하는 회의를 말한다.

2.2 심의회(deliberative assembly)

일반적으로 의사규칙이 적용될 것으로 이해되는 모임(gathering)을 말한다. 이 회의에서 참석자는 자신의 판단에 따라 자유로운 토론을 할 수 있으며, 참석자의 의견은 모두 동일한 중요성

351) Union of International Associations(UIA), The Yearbook of International Organizations. http://www.uia.org/yearbook [2013.11.19.].

352) 2011년의 경우 국제회의는 총 377,055회가 개최되었으며, 이 중 국제기구의 주도로 개최된 회의는 307,611회이다. Union of International Associations, Annual International Meetings Statistics Report for 2011. http://www.uia.be/meetings-statistics [2013.11.19.].

353) Henry M. Robert *et al., Robert's Rules of Order Newly Revised.* 11th ed. Philadelphia: Da Capo Press, 2011, p. 2.

을 가진 것으로 취급된다. 또 회의의 결정과 다른 의견을 가져도 퇴출되지 아니한다.354) 의사규칙은 심의회를 기반으로 적용된다.

2.3 회의(meeting)

업무를 행하기 위하여 사람들이 모이는 사건(event)을 말한다.355) 즉, 회의란 참석자(member)가 방이나 장소에서 1회의 공식적인 모임(gathering)을 가져 짧은 휴게 시간 외에 일정 시간 중단 없이 업무를 진행하는 것이다.356) 회의는 통상 수 분 내지 수 시간에 걸쳐 행해진다.

2.4 대회(convention)

회의분야에서 가장 일반적으로 쓰이는 용어로서 정보 전달을 주목적으로 하는 정기집회에 많이 사용되며, 전시회를 수반하는 경우가 많다. 과거에는 각 기구나 단체에서 개최되는 연차총회의 의미로 쓰였으나 요즘에는 총회, 휴회기간 중 개최되는 각종 소규모회의, 위원회회의 등 가장 포괄적인 용어로 사용된다. 예로서는 전국의 대의원이 모이는 정당의 전당대회를 들 수 있다. 통상 대표는 1회의 회기에 한하여 임명된다.357)

2.5 대규모 회의 또는 회담(conference)

통상 여러 날에 걸쳐 진행되며, 협회나 기구 등을 통하여 공동의 이해관계를 가진 사람들이 모이는 공식적인 회의이다.358) 통상적으로 컨벤션에 비해 회의 진행상 토론회가 많이 열리고 회의 참가자들에게 토론 참여기회도 많이 주어진다. 예로서는 조약제정을 위한 외교회의(diplomatic conference)를 들 수 있다.

2.6 회기(session)

사업, 프로그램, 의제 또는 특정 목적수행을 위하여 사람들이 모인 하나의 또는 연속적인 회의(a meeting or a series of connected meetings)를 말한다. 이 경우 연속되는 회의는 이전의 회의에서 남겨진 업무를 행하기 위하여 예정된다.359) IMO의 경우 통상 오전 회기(morning

354) *Ibid.*, pp. 1-2.
355) Henry M. Robert *et al.*, *Robert's Rules of Order Newly Revised.* 11th ed. Philadelphia: Da Capo Press, 2011, p. 2.
356) *Ibid.*, p. 81-2.
357) *Ibid.*, p. 7.
358) Google Dictionary, https://www.google.co.kr/#newwindow=1&q=conference&tbs=dfn:1&tbo=u&sa=X&ei=pNe2UdvxAs6kigeTi4GwDA&sqi=2&ved=0CCcQkQ4&bav=on.2,or.r_qf.&fp=a3c66f779971eb7&biw=1280&bih=685 [2013.6.11.].
359) Henry M. Robert *et al.*, *Ibid.*, p.82.

session)는 오전 9시 30분부터 11시까지 및 11시 30분부터 12시 30분까지 2개의 회의로 구성된다(11시부터 11시 30분까지는 tea break).

2.7 휴회(recess)

회의 중의 짧은 휴게시간(break)을 의미하며, 이로 인하여 회의가 끝나거나 모임으로서 회의의 계속성이 깨지지 아니한다. 휴회 중 참석자는 회의장을 벗어날 수 있으나 회의장에서 멀지 않은 곳에 있어야 한다. 휴회는 투표수를 확인하거나, 참석자 간에 의견을 협의하기 위하여 활용된다.[360] 흔히 미국의 경우 coffee break을, 영국의 경우 tea break라는 용어를 사용한다.

2.8 회의의 연기(adjournment)

통상 회의를 끝내는 것을 말하며, 회기를 끝내는 경우에도 사용된다. 즉, IMO에서 오전의 첫 회의와 두 번째 회의를 끝내면서 각각 "The meeting is adjourned"라는 표현을 사용할 수 있다. 첫 번째는 첫 번째 회의가 끝나는 것을, 두 번째는 오전 회기가 끝나는 것을 의미한다. 회의 도중 일시적인 회의의 정지(suspension of the meeting)와는 의미에 차이가 있다.

3. 국제회의의 진행원칙

국제회의에는 통상 다양한 문화적 배경을 가진 많은 사람이 참석하기 때문에 의견을 수렴하기가 쉽지 않다. 그러나 제한된 시간 내에 소정의 성과를 내기 위하여 일정한 진행원칙이 있는바, 그 내용은 다음과 같이 분류할 수 있을 것이다.

3.1 민주성의 확보

국제회의에서 모든 국가는 1표만을 행사할 수 있으므로 평등하다. 그러나 의사결정은 표결(voting) 등을 통하여 다수의 찬성에 따라 내려진다(majority rule). 그러나 소수(minority) 존중을 위하여 소수는 회의장에서 자유롭게 다수의견에 반대를 표시할 수 있으며, 그러한 내용을 회의록에 남기는 것도 허용된다. 한편, 최근 많은 회의에서는 표결보다는 소수의 의견을 일부 반영하여 총의(consensus)에 의한 결정이 대세를 이루고 있다.

총의(Consensus)의 개념
총의는 정식 반대가 없는 상태(absence of any formal objection)에서 투표행위 없이 문안이 채택되는 것을 의미한다. 따라서 회의참석자는 전체적으로 받아들여질 수 있는 결정에 이르기 위해 가능한 모든 노력을 기울여야 한다. 만일 많은 반대가 예상될 경우에는 미리 실무작업반(working group), 비공식회의 등을 통하여 자유롭게 토론함으로서 다수에게 수용 가능한 문안을 만들 수 있다.

360) *Ibid.*

그러나 총의는 만장일치(unanimous support)와 달리 모든 회원국들의 적극적인 지지를 받는 결정은 아니다. 따라서 회원국들은 총의결정에 대하여 반대하지는 않으나 우려 등을 표시함으로써 그 의견을 기록으로 남길 수 있다. 이들은 이에 기반하여 나중에 협약에 기속동의를 표시하며 유보 등의 조치를 취할 수 있다.

UN의 군축(disarmament) 관련 회의에서는 모든 결정을 총의에 의한다고 의사규칙에서 규정하고 있다.[361] 그러나 실무적으로 총의결정은 회의참석자 간의 협력 등 많은 장점이 있기 때문에 이를 자체 의사규칙에 반영하지 아니한 많은 국제회의에서도 이를 적극 활용하고 있다.

3.2 절차(procedure)의 준수

결과의 합법성을 확보하려면 적정절차(due process)가 준수되어야 한다. 따라서 회의의 모든 토의과정에서 실질적 내용(substance)보다는 절차의 준수가 항상 우선되어야 한다. 따라서 의사규칙위반지적(point of order: POO)은 일반적인 방언에 대하여 우선발언권을 가진다. 즉, 다른 사람이 발언 중이라고 하더라도 의장은 그 발언을 중지시키고 POO에 관한 발언기회를 주어야 한다.

3.3 효율성의 확보

의장은 제한된 시간 내에 소기의 목적을 달성하기 위하여 회의를 효율적으로 운영할 책임이 있다. 따라서 의장은 발언자의 발언순서, 발언회수, 발언시간을 제한할 수 있다. 또 의제와 무관한 사항에 대하여 발언하거나 회의를 지체시키기 위하여 발언할 경우에는 이를 중단시킬 수 있다.

3.4 조직원리의 구현

국제회의는 총회, 이사회, 위원회, 사무국 등의 상호 협조 하에 이루어진다. 특히 최고의사결정기관이 총회는 위임사항(terms of reference)을 통하여 위원회 등 하부조직에 적절한 권한위임(authorization)을 하며, 하부조직(subsidiary body)은 이에 따라 위임된 사항을 수행한다. 이후 하부조직은 수행된 결과물을 총회에 보고하여 승인(approval)을 받는다. 이러한 과정에서 사무국은 업무가 원활하게 진행될 수 있도록 행정서비스를 제공하게 된다. 이와 같은 위임과 승인을 통하여 국제회의는 원만하고 효율적으로 진행될 수 있다.

3.5 참석자의 자발성(volunteership)

국제회의에는 명령과 통제가 없으므로 회의운영은 참석자의 자율에 달려 있다. 이 경우 가장 중요한 것이 참석자의 자발성이다. 즉, 의장, 부의장 등 임원의 선출, 선출된 임원의 활동, 의사규칙의 준수는 모두 자발성에 근거하고 있다. 또 회의의 참석, 의제의 제출, 토의의 참가에 대

361) 박희권, 「회의 현장에서 바로 쓰는 전문 국제회의영어」, (서울: 넥서스, 2005), 107쪽.

하여 아무도 강제하지 않지만 모두 스스로 나서서 성공적인 회의에 기여하고 있다. 또한 국제회의를 통하여 체결된 조약도 이에 동조하는 국가의 자발적인 기속적 동의(consent to be bound) 없이는 발효될 수 없다.

4. 국제기구의 개념

국제기구(International Organization)는 설립헌장이라는 국제조약에 의하여 설립된 정부 간 조직체로서, 기본법과 고유기관 및 독립된 법인격을 가지고 설립헌장의 목적과 기능에 따라 활동하는 국제공동체의 구성원으로 정의될 수 있다.[362] 또 다른 측면에서 보아 국제기구는 국제적 회원제(membership), 범위(scope) 및 존재(presence)를 가진 기구(organization)로서 정부간 기구 (inter-governmental organization: IGO)와 비정부간 기구(non-governmental organization: NGO)로 구분된다.[363] IGO는 NGO가 아닌 기구를 말하며, NGO는 정부간 합의에 의하여 설립되지 아니한 기구 및 정부에 의하여 회원이 지명되더라도 자유롭게 의사표현을 할 수 있는 기구를 말한다.[364] 우리나라의 경우 NGO와 별도로 준정부간 기구(quasi intergovernmental organization)로 분류하고 있으며, 준정부간 기구는 정부간 합의에 의하지 아니한 국제기구이나 일반적으로 참가주체가 정부의 한 기관인 경우를 말한다.[365] IGO로는 국제연합(UN), 세계무역기구(WTO), 유럽연합(EU), 경제협력개발기구(OECD) 등을 들 수 있으며, NGO로는 국제적십자위원회(ICRC), 국제올림픽위원회(IOC), 국제축구연맹(FIFA) 등이 있다. 준정부간 기구로는 국제항만협회(IAPH), 국제표준화기구(ISO), 국제상설항해협회(PIANC) 등이 있다.[366]

IGO의 경우 NGO에 비하여 그 수는 적어도 국제적 영향력은 훨씬 더 크다고 할 수 있다.[367] IGO의 대표적 기구인 UN과 15개 UN 전문기구(specialized agencies)의 개요는 다음의 표4와 같이 요약할 수 있다.

---

362) 네이버 지식백과, http://terms.naver.com/entry.nhn?cid=126&docId=461939&mobile&categoryId=126 [2013.11.12.].

363) Wikipedia, https://en.wikipedia.org/wiki/International_organization [2013.11.12.].

364) UN 경제사회이사회(ECOSOC) 결의서에서 NGO의 정의는 다음과 같다(para. 7 후단, ECOSOC Resolution 1296 (XLIV) on Consultative Arrangements). 그러나 정부간 합의(intergovernmental agreement)의 정의는 비에나협약에서도 규정되지 않았기 때문에 실무상 명확한 개념파악은 쉽지 않다. 굵은 활자는 강조를 위하여 저자가 표시하였다.
Any international organization which is **not established by intergovernmental agreement** shall be considered as a non-governmental organization for the purpose of these arrangements, **including organizations** which accept members designated by governmental authorities, provided that such membership does not interfere with the free expression of views of the organization.

365) 임홍재, 「국제회의 참가와 협상」(서울: 지식산업사, 2000), 19쪽.

366) 상게서, 706-7쪽.

367) 국제기구연보(Yearbook of International Organizations)를 발행하는 국제협회연맹에 따르면 자체 데이터베이스에 66,000 개 이상의 국제기구가 포함되어 있으며(http://www.uia.org/yearbook[2013.11.12.]), IGO 숫자는 약 5,000개라고 한다. Wikipedia, http://en.wikipedia.org/wiki/List_of_intergovernmental_organizations [2013.11.12.].

<표 4: UN 및 UN 전문기구의 개요>

기구명	설립 연도	회원국 수	본부위치	목적 및 활동
국제전기통신연합(ITU)	1865	193	Geneva	전기 통신의 개발과 기술발달의 촉진, 주파수의 할당, 통신료의 인하 등
만국우편연합(UPU)	1878	192	Berne	통상우편물에 대한 세계 단일우편영역 형성, 우편물 중계의 자유보장 등
국제노동기구(ILO)	1919	185	Geneva	노동에 관한 국제적 최저기준 개발
국제연합(UN)	1945	193	New York	지속적인 세계평화의 유지
식량농업기구(FAO)	1945	191	Rome	영양상태 및 생활수준 향상, 식량과 농산물의 생산 및 유통 개선
국제통화기금(IMF)	1945	188	Washington D.C.	국제 통화협력 및 국제무역의 확대 증진
세계은행그룹(World Bank Group)	1946	n/a	Washington D.C.	자본지원을 통한 회원국의 부흥 및 개발
UN교육과학문화기구(UNESCO)	1946	195	Paris	법치, 인권, 기본적 자유 등 확보를 위하여 교육, 과학, 문화를 통한 협력증진
국제민간항공기구(ICAO)	1947	191	Montreal	민간항공운송의 안전, 정시성 및 효율의 증진
세계보건기구(WHO)	1948	194	Geneva	가장 높은 수준의 인류 건강 확보
세계기상기구(WMO)	1951	191	Geneva	기상관측 또는 기타 지구물리학적 관측을 위한 범세계적인 협력관계 도모
국제해사기구(IMO)	1958	172	London	해양안전, 해양환경보호 등 해운의 기술적 분야에 관한 국제협력 증진
UN공업개발기구(UNIDO)	1965	174	Vienna	개발도상국의 공업화 촉진
세계지적재산권기구(WIPO)	1970	185	Geneva	국제협력을 통한 지적 재산권의 보호
세계관광기구(UNWTO)	1974	156	Madrid	책임 있고 지속가능하고 세계적으로 즐길 수 있는 관광의 증진
국제농업개발기금(IFAD)	1977	172	Rome	개도국에 대한 재정지원을 통하여 농산물의 증산 도모

출처: 2013.7.1. 현재 저자가 각 기구의 홈페이지 자료를 참조하여 작성함. 세계은행그룹에는 국제금융공사(IFC) 등 총 5개의 기구가 포함되어 있으므로 별도로 회원국 수를 표기하지 아니함.

5. 국제기구의 조직

5.1 총회(Assembly)

총회는 전체 회원국이 모여 의제를 토의하고, 최종결정을 채택하며, 집행하는 국제기구의 최고 의사결정기관이다. 총회의 명칭은 기구에 따라 General Assembly (UN, WIPO, WTO 등), Assembly (ICAO, IMO), World Health Assembly (WHO), General Conference (UNESCO, IAEA, UNIDO 등), Conference (FAO, ILO, ITU 등), General Council (GATT/WTO) 등으로 여러 가지 명칭을 사용하고 있다. 총회의 개최시기는 국제기구의 설립문서(constituent instrument)의 내용에 따라 차이가 있으며, 정기총회는 통상 1년 내지 3년에 걸쳐 1회씩 열린다.
통상 총회의 기능은 다음과 같다.

① 주요 정책의 결정
② 예산 및 결산의 승인
③ 정회원국, 준회원국, 참관국(observer)의 가입승인
④ 사무총장의 임명
⑤ 위원회·소위원회 등 하부조직의 설립 및 폐지
⑥ 기구와 하부조직의 의사규칙 및 내부규칙의 채택 및 승인

5.2 이사회(Council)

모든 결정은 최고 의결기관인 총회에서 이루어지는 것이 바람직하지만 모든 회원국이 모이려면 어려움이 많다. 이에 따라 총회는 회원국 중 일부를 이사국으로 선임하여 이들이 이사회에서 주요 정책결정을 하도록 위임하고 있다. 따라서 이사회는 총회의 위임을 받아 총회가 열리지 않는 기간 동안 정책의 수립, 예산의 집행 등 국제기구의 중요한 의사결정을 행하게 된다. 이사회의 명칭은 기구에 따라 Executive Board(UNDP, NICEF, UNESCO, WHO 등), Executive Council(UPU, WMO), Council(FAO, ICAO, IMO 등) 여러 형태가 있다. 이사국은 총회에서 선출하며, 지역적 대표성(geographical representation)을 고려하여 지역별로 그 수를 배분한다.

5.3 위원회(Committees)

위원회는 총회나 이사회의 산하조직으로서 특정 안건이나 주제에 대한 검토를 위하여 국제기구의 설립문서에 따라 설립되는 것이 일반적이다. 위원회의 모든 활동은 총회와 이사회의 위임사항(TOR)에 따라 집행되며, 그 결과는 이사회 및 총회에 보고하여 승인을 받아야 한다. 외교회의(Diplomatic conference)나 국제기구의 총회에서도 본회의에서 다루기 어려운 사항의 검토를 위하여 위원회를 구성하기도 한다. 이러한 위원회에서 검토된 사항도 역시 본회의에 보고되어 승인을 받아야 한다.

5.4 사무국(Secretariat)

사무국은 국제기구의 회의운영을 지원하고, 국제기구의 정책을 집행한다. 또 사무국은 관련 조약의 등록, 조약에 대한 기속적 동의에 대한 접수 및 통보 등 조약관련 업무를 행한다. UN 시스템에 의한 국제기구 사무국의 직원은 국제공무원(international civil servant)의 지위를 가지며, 외교관에 준하는 특권과 면책을 향유한다.

사무국의 수장은 사무총장이며, 사무국 직원은 사무총장이 임명한다. UN의 경우 사무국 직원은 효율성(efficiency), 능력(competence), 성실성(integrity) 기준에 따라 임명하되 가능한 한 지리적 배경(geographical basis)을 넓게 고려하도록 규정하고 있다(UN헌장 제101조 제3항). 그러나 실제 직원 충원에 있어 지리적 배분이 더 중요한 요소로 활용되고 있다. 사무국의 재정은 회원국의 분담금(contribution)으로 충당되며, 분담금의 책정 기준은 국제기구별로 차이가 있다.

UN의 경우 경제성장률, 국민소득, 인구 등을 종합적으로 고려하여 결정하나, IMO의 경우 국가에 등록된 선박의 규모 등을 고려하여 결정한다.

6. 국제회의 진행절차

국제회의는 크게 양자회의(bilateral meeting)와 다자회의(multilateral meeting)로 구분할 수 있으며 그 대략적인 진행절차는 다음과 같다.

6.1 양자회의

2개의 국가 또는 국제기구 간에 개최되는 회의를 말한다. 양자회의의 경우 다자회의에 비하여 참석자의 숫자가 적고 의제내용이 제한적이기 때문에 보다 비공식적이고 자유스러운 분위기에서 회의를 진행할 수 있다. 또 통역이 필요할 경우 동시통역(simultaneous interpretation)보다는 비용이 저렴한 순차통역(consecutive interpretation)을 이용하는 것이 일반적이다. 회의결과에 따른 회의록이나 합의문에 대한 합의도 비교적 용이하게 이루어질 수 있다.

일반적으로 양자회의는 다음의 절차로 이루어진다.

6.1.1 개회(Opening of the meeting)

사회자 또는 개최국 또는 개최기구(이하 "개최국"이라 한다)의 수석대표가 개회를 선언한다. 개회 선언 전 회의 중(in session)임을 알리기 위하여 종을 칠 수도 있다.

6.1.2 개회사(Opening remarks)

개최국의 고위 인사 또는 수석대표가 상대방 대표에 대한 환영인사, 회의의 의의, 향후 일정 등에 대하여 언급한다. 이어서 방문국가 또는 방문기구(이하 "방문국"이라 한다)의 수석대표가 개회사에 대한 답사로서, 개최국의 환대에 감사를 표하며, 회의에 대한 기대감 등을 발표한다.

6.1.3 대표단 소개

개최국 및 방문국의 수석대표가 각각 자국 대표단의 구성원을 소개한다. 이 때 구성원은 간단히 자신을 소개할 수도 있고, 간단히 인사만 하고 착석할 수도 있다.

6.1.4 의장의 선출

일반적으로 의장은 개최국의 수석대표가 담당한다. 회의장에서 개최국 수석대표는 이러한 내용을 상대방에게 알려 명확하게 양해를 얻는 것이 바람직하다. 경우에 따라 별도로 의장선출을 하지 않고, 개최국의 수석대표가 의장역할을 수행할 수도 있다.

6.1.5 의제의 채택(adoption of the agenda)

사전에 합의된 의제를 공식적으로 회의의 의제로 채택한다. 이때 사전에 합의되지 아니한 새로운 의제가 있는지를 상호 확인할 필요가 있다. 이때 새로운 의제 제안이 있을 경우 특별히 중요한 사항이 아니면 기타 사항(any other business) 의제에 포함시키는 것이 보통이다.

6.1.6 주요 의제(main agenda)의 토의

의제의 순서에 따라 본격적으로 주요 의제를 토의한다. 의제에 따라 수석대표는 다른 대표를 지정하여 대신 토론하게 할 수도 있다.

6.1.7 다음 회기 일정 및 잠정 의제(provisional agenda)의 채택

주요 의제가 종료되면 다음 회기의 일정 및 의제를 잠정적으로 채택하여 두는 것이 편리하다. 만일 추후 변동사항이 있을 경우 상호 합의를 통하여 변경할 수 있음은 물론이다.

6.1.8 회의록 및 합의문의 채택

회의 중에 양측 대표가 발언하였던 내용을 요약하여 기록하고, 이를 양측이 합의하여 채택한다. 통상 사무국 역할을 담당하는 개최국은 회의록 초안 등의 준비를 위하여 잠시 정회를 하는 것이 일반적이다. 회의록 등은 영문으로 작성할 수도 있고, 각각의 언어로 작성하여 각각을 정본으로 인정할 수도 있다. 채택된 회의록 등은 원본 2부를 준비하여 수석대표가 서명하거나 각 쪽에 머리글자 서명(initialling)한 후 1부씩 나누어 가진다.

6.1.9 폐회사(closing remarks)

개최국의 수석대표가 회의 참가자의 노고를 치하하고, 소감 등을 발표한다. 이어서 방문국의 수석대표도 회의에 대한 소감 등을 발표한다.

6.1.10 폐회

사회자 또는 개최국 대표가 폐회를 선언한다. 폐회가 선언되면 공식적인 회의는 종료되며, 경우에 따라 이후 선물의 교환이나 단체사진을 촬영하기도 한다.

6.2 다자회의

다자회의는 회의에 참석하는 국가와 참석자가 많기 때문에 양자회의에 비하여 회의진행이

쉽지 않다. 특히 다수의 의견을 반영하려면 많은 참석자의 의견을 들어야 하나 현실적으로 회의 중 발언자는 1명으로 제한되는 어려움이 있다. 또 토의 중 국가의 주권(sovereignty)이 관련된 사안이 돌출될 경우 회의장이 정치적 토론장으로 변질될 우려도 있다. 따라서 제한된 시간 내에 각국 대표들의 의견을 충분히 청취하면서도 합리적인 의사결정(informed decision-making)을 내리기 위하여 고안된 것이 의사규칙(rules of procedure)이다. 의사규칙은 국제회의의 진행·조직·의사결정에 관하여 회의참석자들이 합의한 구체적 규정을 의미한다. 따라서 의사규칙은 국제회의를 개최하는 국가나 국제기구에 따라 많은 차이가 있다. 국제해사기구(IMO) 등 정부간 기구에서 개최하는 국제회의의 경우 UN총회(General Assembly) 의사규칙을 적절히 변용하여 사용하는 것이 일반적이다.

회의장의 배치, 회의의 종류 및 진행절차는 국제기구마다 차이가 있지만 IMO의 예를 들면 다음과 같다.

6.2.1 IMO 회의장의 배치

6.2.1.1 본회의장(mail hall)

IMO 본회의장은 IMO 건물의 1층(영국식의 경우 ground floor, 미국식의 경우 first floor)에 위치하고 있다. 주 출입구 쪽으로 의장석이 있으며, 의장석은 약간 높여 두고 있다. 의장은 중앙에 위치하며, 의장의 좌우에 사무총장 등 사무국 직원이 앉는다. 의장 좌석의 뒤 위쪽에는 UN의 공식 언어로 동시통역을 위한 방(booth)이 설치되어 있다.

각 국가는 의장석에서 보아 맨 앞줄 오른쪽에서 왼쪽으로 영문 알파벳 순서에 따라 배열된다. 따라서 회의별로 대표단의 규모에 따라 좌석도 수시로 바뀐다. 우리나라(Republic of Korea)의 경우 카타르(Qatar)와 몰도바공화국(Republic of Moldova) 사이에 위치하며, 북한(Democratic People's Republic of Korea)의 경우 체코공화국(Czech Republic)과 콩고민주공화국(Democratic Republic of the Congo)사이에 위치한다. 각국 대표의 다음 줄부터 UN, UN전문기구, IGO, NGIO 등의 옵서버들이 알파벳 순서에 따라 위치한다.

6.2.1.2 보조 회의장

IMO 건물 2층 및 3층에는 크고 작은 보조 회의장이 있어 실무작업을 할 수 있다. 회의장 옆에는 실무언어(working language)로 동시통역을 위한 방이 설치되어 있다. 공식적인 회의의 경우 사무국에서 영문 알파벳 순서에 따라 국가 및 국제기구의 좌석을 배정하지만, 그렇지 않은 경우 회의장 뒤편에서 국가 명패를 찾아 적절한 빈자리에 꽂고 앉으면 된다.

6.3 실제 IMO 진행 절차

MSC는 IMO 회의 중 역사가 가장 길고, 중요한 의제를 많이 다루는 위원회이다. 많은 업무량을 소화하기 위하여 MSC는 1년에 총 2회 개최되며, 그 중 1회는 5일, 1회는 8일 개최되는 것이 보통이다. MSC의 회의진행 절차는 개략 다음과 같다.

6.3.1 회의참석자 등록

회의참석자는 회의가 시작되는 첫날 아침 IMO 본부에 와서 등록하고 출입증(pass)을 발급받아야 한다. 각국 대표의 명단은 이미 IMO 사무국에 통보되었으므로 회의참석자는 보안담당자(security desk)에게 자신의 신분증명서(여권 등)를 제시하여 확인을 받아야 한다. 한국인의 경우 사전 통보된 영문성명이 여권의 성명과 다를 수 있으므로 사전 대표명단 통보 시 영문표기에 유의하여야 한다. 명단이 확인되면 바로 현장에서 사진을 찍고 pass가 발급된다. 회의 참석자는 회의 기간 계속 이를 패용하여야 하며, 출입문(gate)의 감지장치(sensor)에 이를 접촉해야 gate를 통과할 수 있다. pass는 해당 회의 기간 유효하지만, 다른 IMO 회의에 참석할 경우에도 사용기간 정보를 수정하여 계속 사용할 수 있다. 물론 IMO는 경비절감을 위하여 기존 pass의 재사용을 강력히 권고하고 있다.

6.3.2 개회식

회의 첫날 개회식은 회의참석자의 등록을 위하여 다소 늦게 오전 10시에 시작된다. 먼저 MSC 위원장(chairman)이 벨을 울려 참석자를 앉히고, 개회를 선언한다. 이후 IMO 사무총장은 개회사(opening address)를 통하여 회의참석자에 대하여 환영의 뜻을 전한다. 또 이전의 MSC 이후 IMO 활동을 간략히 소개하고, 이번 회의에서 논의될 주요 내용을 설명한다. 특히 MSC 직전에 대형 해양사고나 자연재해가 발생한 경우는 해당 국가에 대하여 위로의 뜻을 전하기도 하고, 묵념을 하기도 한다.

개회식이 끝나고 의제의 채택이 되기 전에 각국은 매우 다양한 내용의 성명(statement)을 발표한다. 내용은 의제와 관련이 있을 수도 있으며, 그렇지 않을 수도 있다. 예컨대 영국과 아르헨티나의 경우 영토분쟁의 대상인 포클랜드 섬(Falkland Islands 또는 Islas Malvinas)에 대한 영유권 주장을 할 수 있으며, 최근 발생한 해양사고의 진행경과를 소개할 수도 있다. 이때 이 성명에 찬성 또는 반대하는 국가는 그 의견을 표시할 수 있다. 정치적인 성격의 성명에 대하여 제3국은 개입하지 않는 것이 원칙이지만 이스라엘이 관련된 문제의 경우 범아랍권의 반이스라엘 발언이 있으며, 포클랜드 섬 문제에 대해 아메리카 국가들은 아르헨티나 지지발언을 하는 것이 보통이다. 성명을 발표한 국가는 해당 성명의 내용을 회의보고서(report)에 남기도록 요청할 수 있으며, 이는 당연히 허용된다.

해상인명안전협약(SOLAS) 협약의 부속서 개정을 위한 확대 MSC(Expanded MSC)의 경우 의결정족수가 협약당사국의 2/3 이상이므로 이에 대한 사무총장의 설명이 있게 된다.

6.3.3 의제의 채택(adoption of the agenda)

업무를 처리하려면 우선 회의문서로 제출된 잠정의제(provisional agenda)를 정식의제로 채택하여야 한다. 의제의 채택은 잠정의제의 첫 번째 의제에 포함되어 있다. 이후 잠정적인 시간계획표(provisional time table), 회의시간 안내, 실무작업반(working group: WG), 초안작업반(drafting group: DG) 등의 구성계획, 각 작업반에 대한 위임사항(terms of reference: TOR)도 채택된다. 시간계획표는 의제의 번호순서가 아니고, 사무국이 그간의 경험을 바탕으로 회의를 가장 효율적으로 진행할 수 있도록 재구성한 표이다. 회의는 이를 기반으로 운영되지만 실제 회의의 진행속도, 위원장의 재량에 따라 적절히 조정될 수 있다. 따라서 대표의 일정변경 등으로 인하여 특정 의제의 일정을 변경할 필요가 있을 경우 위원장의 허가를 받아 조정할 수도 있다. 회의시간은 오전 9시 30분부터 12시 30분, 오후 2시 30분부터 5시 30분까지이며, 오전 11시부터 11시 30분, 오후 4시부터 4시 30분까지는 휴게시간(tea break)이다. 회의시간은 통역서비스와 연계되어 있어서 이를 초과할 경우 추가비용의 발생 등 복잡한 문제가 발생할 수 있다. 의제의 채택 등에 대하여 이의가 제기되는 경우는 거의 없다.

WG 작업은 해당 의제가 본회의(plenary)에서 보고된 후 시작되는 것이 원칙이나 의제가 많아 충분한 시간이 없을 경우는 예외적으로 보고 없이 바로 실무작업반으로 회부되기도 한다. WG의 작업은 본회의에서 결정한 TOR에 따라 진행되는 바, WG의 작업 중 특별히 강조할 사항이 있는 경우 해당 내용을 본회의에서 명확히 발표하고, 그 내용이 TOR에 반영되어야 한다. 또 WG에서 토의되지 아니한 내용은 WG 보고서에 포함될 수 없으므로 추후 본회의에서 이러한 내용을 보고서에 추가할 수 없다.

의제의 채택과 함께 사무총장은 회의에 참석할 국가, 단체 등의 현황을 보고하며, 각국 대표의 신임장(credential)이 유효한지에 대하여는 추후에 보고하겠다고 위원회에 통보한다. 신임장을 팩스(fax)나 전자문서를 보낸 경우 사무국은 확인을 위하여 대표단에게 원본 제시를 요구한다.

6.3.4 의제문서의 검토

의제는 사전에 제출된 문서에 따라 진행된다. 본회의에서 바로 결정할 수 있는 사항은 직접 진행하고, 보다 기술적이고, 전문적인 사항의 경우 WG, DG 등에 위임하여 검토하도록 한다. 이 때 WG, DG에서 행할 구체적인 작업의 내용과 보고시한을 정한 문서가 위임사항(TOR)이다. WG, DG 등의 결과 보고서는 본회의의 검토를 위하여 늦어도 폐회일까지 모든 UN 공식언어로 번역되어 본회의에 제출되어야 한다.

6.3.5 작업계획(work programme)의 선정

특정 주제에 대해 IMO에서 토의하려면 해당 주제가 IMO의 작업계획에 포함되어야 한다. IMO 작업계획에는 계획과제(planned output)와 비계획과제(unplanned output)의 2가지가 있다. 계획과제는 향후 2년간 각 위원회에서 수행할 과제로서 총회의 승인을 받은 과제를 말하고, 비계획과제는 총회의 승인을 받지 못하였으나 긴급한 필요에 따라 이후 추가된 과제를 말한다.

MSC 작업계획의 선정은 기존의 계획과제 중 완료된 과제는 제외하고, 비계획과제를 추가하여 향후 추진할 작업계획의 목록을 정하는 작업을 말한다. 이 작업에는 MSC 하위조직인 전문위원회의 작업계획도 포함된다. 제안된 비계획과제의 수는 많고, 이를 추진할 IMO의 자원은 제한되어 있으므로 비계획과제로 선정되려면 확실한 필요성(compelling needs)의 입증 등 그 요건이 매우 까다롭다. 위원장은 사무국 직원과 함께 사전에 제출된 모든 작업계획 제안에 대해 예비평가(chairman's preliminary assessment of proposals)를 하여 그 결과를 위원회에 보고한다. 따라서 비계획과제로 선정되려면 우선 예비평가에서 긍정적인 평가가 내려질 수 있도록 충분한 사전 설명이 필요하다. 통상 위원회에서는 예비평가의 결과에 따라 대부분 작업계획의 채택여부가 결정된다.

6.3.6 기타 사항(any other business)

의제 중에 포함된 기타사항에는 다른 의제에 포함되기 어려운 사항이 포함된다. 또 향후 비계획과제로 제출하기 전에 위원회의 반응을 떠보기 위하여 제출되는 경우도 있다. 과거 우리나라는 WIG선[368)]의 잠정기준을 정식기준으로 개발해야 한다는 제안을 2010년 5월 제87차 MSC의 기타사항 의제로 제출하여(MSC 87/25/5) 각국의 지지를 받았다. 이후 우리나라는 이 내용을 다소 수정하여 2010년 11월 제88차 MSC에 작업계획 의제로 제출하여(MSC 88/23/3) 비계획과제로 선정되었다. 이후 이 내용은 2012년 2월 제57차 선박설계 및 의장전문위원회[369)]의 의제가 될 수 있었다.

6.3.7 임원의 선출

관례적으로 IMO의 모든 위원회 및 전문위원회의 위원장(Chairman) 및 부위원장(Vice-Chairman) 선출은 목요일 오전 휴식시간(tea break or coffee break)이 끝난 후인 오전 11시 30분에 거행된다. 공정을 기하기 위하여 선출의 사회는 사무총장이 담당한다. 현직 임원이 연임을 희망할 경우 다른 사람은 출마하지 않는 것이 IMO의 관례이다. 따라서 임원이 연임을 희망할 경우에는 사무국이 이 내용을 위원회에 보고하고, 다른 경쟁자가 없으면 박수로서 연임을 추인한다.

만일 임원에 공석이 생기면 후임자를 선출해야 한다. 이 경우 사무국이 임원 후보자를 물색하는데 가급적 특정 대륙의 인사가 임원을 과점하지 않도록 각 위원회 별로 지역적 안배를 한다. 임원선출 시 사무국은 임원 후보자를 내정하고, 그를 지지할 국가를 대륙별로 수배하는데 모든 국가들이 이에 협조하는 것이 관례이다. 따라서 정해진 각본에 따라 처음에 추천제안(proposal)을 하는 국가는 사무국이 준비해 준 임원후보자의 프로필 등을 자세하게 설명하고 차기 임원으로 추천한다. 이후 재청(secondment) 및 이에 대한 각국의 지지가 계속된다. 10여국 이상의 국가가 계속 지지를 발표하면 사무총장은 발언을 신청한 국가 중 이견이 있는 국가가 있는지를 확인하고, 없을 경우 박수로서 임원선출 절차를 마무리한다.[370)]

---

368) Wing-in-ground Effect Ship을 말한다. 이 선박은 날개의 양력을 이용하여 해수면 위를 떠서 고속으로 운항하나 국제적으로 이 선박의 안전기준 등은 아직 체계적으로 정비되지 아니한 상태에 있다.

369) 선박설계 및 의장전문위원회의 영문 명칭은 Sub-Committee on Ship Design and Equipment(DE) 이다.

370) 2005.4. 제90차 법률위원회(LEG)에서 이변이 발생하였다. 당시 IMO에서는 차기 위원장 후보로 덴마크의 Mrs. Birgit Soelling Olsen을 내정하고, 유럽국가를 중심으로 추천을 추진하였다. 이와 별도로 우리나라의

6.3.8 보고서의 채택

위임사항(TOR)에 따른 작업을 완료한 실무작업반(WG)과 초안작업반(DG)은 그 결과 보고서를 위원회에 제출한다. 위원회는 이 보고서의 내용을 검토한 후 채택한다. 이때 보고서의 내용에 누락되거나 보완할 사항이 있으면 반영된다. 이후 MSC는 이러한 여러 가지 보고서를 종합하여 이사회 또는 총회에 제출할 MSC 보고서 초안을 작성하며, 회의가 폐회되기 전까지 검토를 거쳐 최종보고서로서 채택한다.

6.3.9 폐회

모든 보고서에 대한 검토가 끝나면 사무총장은 폐회사를 낭독한다. 이때 사무총장은 지난 회의기간 대표단의 노고에 감사를 표시하며, 회의 기간의 주요 성과를 요약하여 소개한다. 또 은퇴나 귀국 등으로 인하여 이번 회의가 마지막인 각국 대표를 소개하며, 필요시 해당자에 대한 감사표시의 박수를 유도하기도 한다. 이후 위원장은 다시 마이크를 잡아 그동안 수고해 준 동시통역사 등에 대한 감사를 표시하며 폐회를 선언하며 폐회를 의미하는 단상의 종을 울린다. 관례적으로 영국대표는 위원장의 폐회선언 직전 대표단의 무사귀국을 기원하는 발언을 한다.

제2절 의사규칙 소개

1. 의사규칙(rules of procedure)의 개념

회의란 2명 이상의 다수인이 모여서 어떤 안건을 의논·교섭하는 행위를 말하며, 의견발표나 상사의 명령, 정보전달을 목적으로 소집된 것은 회의라 하지 않는다.[371] 따라서 회의의 목적을 달성하려면 모든 참석자가 자유롭게 발언할 수 있어야 하며, 동시에 제한된 시간 내에 회의를 마칠 수 있도록 주제, 발언 횟수 및 시간에 대한 일정한 제한이 가해지게 된다. 이와 같이 회의의 효율적인 진행을 위한 자율적인 규칙을 의사규칙, 회의규칙, 또는 회의진행방법이라고 한다. 우리나라 국회의 경우 헌법의 규정에 따라 "법률에 저촉되지 않는 범위 내에서 의사(議事)와 내부규율에 관한 규칙," 즉, 의사규칙을 제정할 수 있다.(헌법 제64조 제1항). 그러나 국회법에 따른 규정 이외에 별도의 의사규칙은 아직 제정되지 않은 실정이다.

우리나라는 상명하복의 전통이 워낙 강하여 민주적 방식의 토론 및 회의문화가 제대로 발전하지 못하였다. 실제 우리나라의 회의는 그 명칭에 관계없이 상급자의 일방적인 지시나 통보로

채이식 교수(고려대)는 의장직에 도전하였다. 선거 결과는 채 교수가 압승을 거두고 차기 법률위원회 위원장을 선출되었다. 이 사건을 계기로 그간 백인만이 위원장으로 선출되던 법률위원회 전통이 깨졌다. 그러나 채 교수는 법률위원장으로 재직 중 사무국 직원으로부터 상당한 견제를 받은 것으로 알려져 있다.

371) 두산백과, http://terms.naver.com/entry.nhn?cid=200000000&docId=1155926&mobile&categoryId=200000127 [2013.11.10.].

끝나는 경우가 대부분이다. 따라서 의장의 역할, 참석자의 발언방법, 의결정족수(quorum), 투표(voting) 등 회의의 기본적인 사항을 규정하는 의사규칙이 무엇인지를 잘 알지 못한다. 제대로 된 토론과 회의를 경험하지 못하다 보니 아예 회의는 상급자가 하급자에 대한 지시나 통보를 하는 기회로 인식되고 있다. 또 상급자는 실제 회의에서 발언을 독점하고, 자의적으로 결론을 내려 버린다. 이에 대해 하급자는 다른 의견을 제시하기가 쉽지 않다. 하급자가 어떠한 의견을 내더라도 상급자는 이를 권위에 대한 도전으로 받아들일 위험성이 있기 때문이다. 이렇게 일인독주로 끝나는 회의는 진정한 의미에서 회의가 아니다.

서양의 경우 일찍이 민주주의의 발전에 따라 비교적 회의문화가 잘 발달되었고, 이에 따라 회의를 효과적으로 진행하기 위한 의사규칙도 상당한 발전을 이루었다. 특히 왕권을 억제하기 위한 의회제도의 발전은 다수결의 원칙에 의한 민주주의의 발전을 촉진하는 한편, 효율적인 의회운영을 위한 의사규칙의 발전을 가져오게 되었다. 또 16세기부터 영국의 의회(Parliament)에서 사용하던 의회규칙(Parliamentary procedure)은 미국, 프랑스, 네덜란드 등 각국의 의회로 전파되었고, 그 효율성을 인정하여 이는 다시 각종 국제회의까지 확산되었다.[372]

의사규칙이란 회의와 각종 조직의 운영을 관리하는 규칙, 윤리, 관습의 일체(body)를 말한다.[373] 또 국제회의의 의사규칙이란 협약에 따른 일반회의 및 특별회의가 진행될 수 있도록 하는 규칙을 의미한다.[374] 또한 대규모 회의(conference)의 의사규칙(rules of procedure)은 그 회의가 최종 결정을 채택할 때까지 국제회의 참석자의 지위(status) 및 토론행위(conduct of discussions)를 결정하는 규칙과 관행(rules and practice)으로 정의될 수 있다.[375] 따라서 국제회의의 의사규칙이란 "국제회의 기간 동안 회의가 원만하게 진행될 수 있도록 하기 위하여 참석자의 지위 및 토론행위에 관하여 규정하는 모든 규칙과 관행"으로 정의될 수 있을 것이다.

국제회의에서 발언요령

다수가 참석하는 국제회의에서 모든 발언은 의장(또는 위원장)을 중심으로 이루어진다. 만일 많은 참석자 상호 간에 발언이 이루어질 경우 통제할 수 없기 때문이다. 따라서 발언신청도 의장에게 하여야 하고, 발언할 때에도 의장을 상대로 하여야 한다. 만일 종전 발언자의 발언내용이 불명확한 경우 해당 대표에게 직접 묻는 것이 아니고, 의장에게 종전 발언자에게 다시 한 번 설명하도록 요청하든지, 의장이 직접 설명하도록 요청하여야 한다. 또 특정 국가에 대하여 축하를 할 경우라도 직접 축하하는 것이 아니고 의장을 통하여 하는 것이 옳다(This delegation would like to congratulate, through Mr. President, the distinguished delegate of the US for its national holiday...).

372) 우리말로는 동일하게 "의사규칙"으로 번역된다고 하더라도 영문표기로는 parliamentary procedure, parliamentary law, rules of order, rules of procedure, standing orders 등이 있다.

373) Wikipedia, Parliamentary procedure is the body of rules, ethics, and customs governing meetings and other operations of clubs, organizations, legislative bodies, and other deliberative assemblies. http://en.wikipedia.org/wiki/Rules_of_procedure [2013.11.10.].

374) The rules by which ordinary and extraordinary statutory meetings of the Convention are run. Glossary, UNESCO, http://www.unesco.org/en/convention-2005/glossary/ [2013.11.10.].

375) C. Chaumont, "The Evolutionary Aspect of International Organizations and International Cooperations," *5 UNESCO International Social Science Bulletin 258* (1953 Mo.2)을 Robbie Sabel, *Procedure at International Conferences,* 2nd ed., Cambridge, Cambridge University Press, 2006, p.1에서 재인용.

또 의장은 실무적으로 회의 중 발언하는 내용에 대해 지지 또는 찬성으로 나누어 모두 세고 있다(counting). 지지 또는 반대를 하지 않는 것은 아무런 의견이 없는 것으로 간주되어 무시된다. 따라서 우리의 입장이 있으면 반드시 찬성 또는 반대를 하여 우리의 의견이 counting 되어야 한다. 다른 대표의 발언내용이 우리나라의 입장과 동일하다고 하여 이에 대해 아무런 지지발언을 하지 않으면 의장의 counting에서 우리의 지지의사가 반영되지 않아 토론과정에서 소수로 밀릴 수 있다. 그러므로 이 경우에는 짧게나마 우리의 지지의사를 반드시 밝히는 것이 좋다. 실제 회의에서 처음에 일방적으로 지지의사가 계속되면 이에 반대하는 의견은 소수의견이 되어 표시되기 어렵고, 결국 묻힐 소지가 높다. 우리의 의사를 관철시킬 필요가 있을 경우 전략적으로 사전에 충분한 설명을 통하여 많은 국가의 지지약속을 받아 놓으면 성사 가능성이 높아진다.

2. 의사규칙의 역사적 발전

2.1 의회제도의 발전

중요한 문제를 협의하기 위하여 부족의 원로, 지역의 수장 등이 모여 회의를 하는 일은 역사적 기록보다도 앞설 것이다. 고대 아테네의 역사학자 투시디디스(Thucydides, BC 약 460-400)[376]는 자신이 저술한 "펠레포네소스 전쟁의 역사(History of Peloponnesian War)"에서 각 도시의 사람들이 모여 결정을 내린 많은 사례를 언급하고 있다.[377] 의회(Parliament)의 원형으로 볼 수 있는 것은 1066년 노르만(Norman)족의 영국 정복 이후 구성된 대회의(Great Council)이다. 대의회는 왕이 봉건영주인 남작(barons)으로부터 각종 문제에 대하여 조언을 얻기 위하여 개최되었다.[378]

대의회는 13세기와 14세기 초에 걸쳐 의회(Parliament)로 전환되었다. 특히 1215년 존(John) 왕은 마그나 카르타(Magna Carta)를 통하여 남작들이 대의회에서 왕과 협의하고 조언할 권리를 인정하였다. 이후 공식적으로 의회라는 용어를 사용한 것은 헨리 3세(Henry III, 재위 1216-72)였다. 종래 대의회는 왕이 요청한 사항에 한하여 의견을 제시하는 것이었으나 의회는 의견 제시는 물론 왕과 왕국 전체의 문제에 대하여 참석자 상호 간에 토의할 수 있었다. 이러한 성격을 가진 의회가 최초로 개최된 것은 1258년 이었다.[379] 에드워드 1세(Edward I)시대인 1275년에는 의회에 기사(knights), 시민(burgesses) 등 지역(Commons)[380] 대표자가 처음 참석하게 되었으며, 1327년 이후 이들은 모든 의회에 참석하게 되었다. 1341년 Commons는 귀족으로 구성된 상원과 별도로 회의를 개최할 수 있게 되었다. 이후 의회의 권리는 계속 강화되어 1399년 의회는 리처드 2세(Richard II)를 폐위시키고, 새로운 왕 헨리 4세(Henry IV)를 옹립하였다.

---

376) 우리나라에서는 Thucydides를 흔히 "투키디데스"로 읽고 있으나 저자는 미국식 영어발음인 "투시디디스"를 사용하였다.
377) Henry M. Robert *et al.*, *Ibid.*, p. xxx.
378) *Ibid.*, p. xxxii.
379) *Ibid.*
380) Common은 중세 영국의 독특한 제도로서 영주가 소유권을 보유하지만 임차인(commoner)이 이 토지에 대하여 다른 임차인과 함께 공동으로 경작지나 목초지로 활용할 권리를 향유할 수 있는 토지를 말한다.

2.2 의사규칙의 발전

의사규칙이 학문의 한 분야로서 형태를 갖추게 된 것은 13세기라고 한다.[381] 토마스 제퍼슨(Thomas Jefferson)에 따르면 의회제도의 발전은 왕과 의회 간 내부투쟁이 격렬했던 16세기 후반부터 17세기에 걸쳐 이루어졌다고 한다.[382] 1547년 영국 하원은 하원저널(Journal of House of Commons)을 발행하였는바, 이 저널은 의회의 절차문제에 관하여 선례(precedent)를 찾는 중요한 출처(source)가 되었다.[383] 1623년 이 저널은 하원의 공식 문서의 지위를 가지게 되었으며, 오늘날까지 계속하여 발행되고 있다.

하원저널의 발행과 함께 절차에 관한 논문도 계속 발표되기 시작하였다. 토마스 스미스(Sir Thomas Smyth)는 1560년대 최초로 영국 하원의 절차에 대하여 논문을 발표하였으며, 그의 사망한지 6년이 지난 1583년에는 책자로 발간되었다.[384] 1689년에는 국회의원들이 의회 내 절차를 쉽게 이해할 수 있도록 렉스 팔리아멘타리아(Lex Parliamentaria)라는 소책자가 발간되었다. 이 책에 포함된 내용은 연도별 의사규칙의 진화과정을 알 수 있도록 해 주는 바, 주요 내용은 다음과 같다.[385]

2.2.1 한 번에 하나의 주제(One subject at a time, 1581년)

동의(motion)가 제안된 경우 이에 대한 결정이 내려지거나, 의회의 일반적인 합의(general sense of the House)에 따라 미루기로 결정한 이후에 다른 동의를 처리해야 한다.

2.2.2 찬반 양측에게 번갈아 발언기회 부여(Alternation between opposite points of view in assignment of the floor, 1592년)

의장은 정당에게 어느 편에서 발언할 것인지를 물어보고, 한 편의 발언 직후 다른 편에게 발언권을 주도록 규정화되었다.

2.2.3 의장은 항상 반대 측의 투표를 요청하는 요건(Requirement that the chair always call for the negative vote, 1604년)

찬성하는 측의 투표는 물론 반대하는 측의 투표(vote)를 요구하지 않으면 완전한 질문(question)으로 볼 수 없다

381) George Demeter (1969). *Demeter's Manual of Parliamentary Law and Procedure*, Blue Book, p. 4-5를 Wikipedia, http://en.wikipedia.org/wiki/History_of_parliamentary_procedure [2013.11.12]에서 재인용.

382) Henry M. Robert *et al.*, *Ibid.*, p. xxxiii.

383) *Ibid.*

384) *Ibid.*

385) *Ibid.*, pp. xxxiii-xxiv.

2.2.4 적절한 매너를 갖추고 용어 사용에 주의(Decorum and avoidance of personalities in debate, 1604년)

발언자가 주제에서 벗어나 개인에 대해 발언할 경우 의장은 이를 제지(suppress)하여야 한다. 저급한 용어는 사용될 수 없다.

2.2.5 현안에 도움이 되는 사항만으로 토의 제한(Confinement of debate to the merit of the pending question, 1610년)

발언자의 발언내용이 주제에 벗어난다고 판단될 경우 의장은 이를 주제에 벗어난(impertinent) 발언으로 판정할 수 있다.

2.2.6 질문의 분리(Division of question, 1640년)

토론되고 있는 질문의 내용이 2 이상의 요소를 포함할 경우 이 중 하나의 요소에만 찬성하는 의원은 이를 2개 이상으로 분리하도록 하는 동의를 제안할 수 있다. 1640년 12월 2일 2명의 기사(knights)를 선출하는 토론은 2개의 질문으로 분리되었다.

2.3 우리나라의 의사규칙 현황

우리나라는 서구식 의회가 도입된 역사가 짧고, 회의·토의문화가 제대로 발전하지 못하다 보니 각종 기관의 의사규칙도 비교적 미성숙단계에 있는 것으로 보인다. 특히 국회의 경우 헌법에 근거를 두고 있음에도 불구하고 의사규칙이 별도로 제정되지 못하고 있으며, 국회법에 포함된 내용은 대체로 미흡한 편이다. 행정부의 경우 국무회의규정, 차관회의규정 등 다양한 회의규정이 있으나 회의의 구성원, 의결정족수(quorum) 등 회의의 기본적인 사항만 규정하고 구체적인 회의운영에 관한 사항은 규정하지 않고 있다. 국가기관에서 의사규칙이 활성화되지 못하다 보니 민간의 의사규칙도 제대로 발전하지 못하였다. 이하에서는 국회, 행정부 및 민간의 의사규칙에 대해 자세히 살펴보기로 한다.

2.3.1 국회의 의사규칙

국회의 의사진행에 관한 규정은 국회법 제1장(총칙), 제3장(국회의 기관과 경비), 제6장(회의) 및 제7장(회의록) 등 전체에 걸쳐 흩어져 있지만 주로 제6장(제72조 내지 제114조의 2)에 집중되어 있다. 국회의 회기는 정기회와 임시회로 구분된다(국회법 제4조 및 제5조). 의장과 부의장의 임기는 2년이며(제9조 제1항), 의장은 국회를 대표하고 의사를 정리하며, 질서를 유지하고 사무를 감독한다(제10조). 또 의장과 부의장은 국회에서 무기명투표로 선거하되 재적의원 과반수의 득표로 당선된다(제15조 제1항).

국회 본회의의 의사정족수는 재적의원 5분의 1이며(제73조 제1항), 의원은 10인 이상의 찬성으로 의안을 발의할 수 있다(제79조 제1항). 동의는 동의자 외 1인 이상의 찬성으로 의제가 되며(제89조), 부결된 안건은 같은 회기 중에 다시 발의 또는 제출하지 못한다(제92조). 의원은 발언하려고 할 때 의장의 허가를 받아야 하며, 의사진행에 관한 발언의 경우 의장은 의제에 직접 관계가 있거나 긴급히 처리할 필요가 있는 것은 즉시 허가하고, 그 외의 것은 의장이 그 허가의 시기를 정한다(제99조). 의원의 의제 외 발언은 금지되며(제102조), 동일의제에 대하여 2회에 한하여 발언할 수 있다(제103조). 의결정족수는 재적의원 과반수의 출석과 출석의원 과반수의 찬성이며(제109조), 의장이 표결을 선포한 때에는 누구든지 그 안건에 관하여 발언할 수 없다(제110조 제2항).

한편, 국회운영제도개선 자문위원회는 국회운영제도 전반에 관한 개선방안을 담은 관한 보고서를 2009년 1월 국회의장에게 제출하였다.[386] 이 보고서에는 총 235개조에 달하는 국회의사규칙 제정 권고안이 포함되어 있었다. 당시 이 권고안의 제정방향은 해석상 논란의 소지가 있는 국회법 규정을 구체화하고, 명문의 규정이 없이 관례적으로 적용되어 온 선례 또는 관행을 명문화하는 한편, 국회법에서 국회규칙에 위임하고 있는 사항을 의사규칙에 통합하여 규정하는 것이었다.[387] 국회의사규칙 제정안의 주요 내용은 다음과 같다.[388]

① 국회에서 심사·계류 중인 의안과 내용이 동일하여 별개의 의안으로 볼 수 없는 것이 명백한 의안 또는 본인이 이미 발의·제출한 의안의 내용과 모순되는 내용의 의안을 발의·제출할 수 없도록 함(안 제51조).
② 전원위원회에서 심사 중인 의안에 대한 개정 동의는 2명 이상의 동의로 안을 갖추어 원안의 토론종결 전까지 제출하도록 함(안 제113조 내지 제115조) .
③ 기존에 해석에 의존해 온 의사진행발언, 신상발언, 반론발언의 정의를 명확하게 하는 한편, 의장은 의원이 발언신청을 한 내용과 실제 발언의 내용이 목적과 취지에 부합하지 않을 경우 제지할 수 있도록 함(안 제129조)
④ 국회에서 의결한 법률안이 공포되기 전까지는 의장이 인정한 경우 이외에는 동일제명의 법률안을 다시 처리할 수 없도록 함(안 제 141조)
⑤ 의장이 산회 또는 유회를 선포한 후에는 그 날에 다시 회의를 열지 못하도록 함(안 제159조).

2.3.2 행정부에 설치된 각종 회의의 의사규칙

행정부에 설치된 각종 회의의 경우 대체로 자체의 회의규정을 보유하고 있다.[389] 이러한 회

386) 당시 국회운영제도개선 자문위원회는 국회의사규칙과 함께 국회의원 윤리규칙 제정안도 함께 국회의장에게 제출하였다.

387) 국회운영제도개선 자문위원회 [편], "국회의사규칙 및 국회의원 윤리규칙"활동결과 보고서 2 , 2009.5., 15쪽.

388) 2013.6.10. 현재 국회의사규칙 및 국회의원 윤리규칙 모두 아직 제정되지 않고 있다.

389) 법률로는 「금융위원회의 설치 등에 관한 법률」, 「방송통신위원회의 설치 및 운영에 관한 법률」 등이 있으며, 대통령령으로는 「국무회의규정」, 「차관회의규정」, 「국가안전보장회의 운영 등에 관한 규정」, 「국가정책조정회의규정」 등이 있다.

의규정에는 회의의 명칭 및 종류, 의안의 제출, 의사정족수 및 의사정족수, 회의록의 작성 등이 포함되어 있다. 그러나 개회의 선언, 의안의 채택, 발언기회의 부여, 동의의 방법, 제안 및 개정안의 처리 등 실제 회의진행에 관한 상세한 내용은 포함되어 있지 않은 경우가 대부분이다.[390)]

2.3.3 민간의 의사규칙

우리나라의 경우 사단법인의 총회, 재단법인의 이사회, 주식회사의 주주총회 등 민간이 개최하는 회의는 많으나 이 회의에 사용할 의사규칙은 제대로 개발되지 못하였다. 특히 국회 등 정부기관에서 사용하는 의사규칙을 소규모의 민간회의에 적용하는 것은 많은 문제가 있을 것으로 판단되었다. 이에 따라 2003년 10월 한국회의법학회를 중심으로 하는 학자들은 한국표준회의규칙을 제정하였다. 이 규칙은 민법, 상법 등 평회의체에 관한 법령에 그 기초를 두고, 우리나라에서 그동안 형성된 회의 관행, 미국의 로버트 의사규칙(Robert's Rules of Order), UN의 의사규칙을 참조하여 만들어졌다. 이 규칙은 총 59조로 이루어졌는바, 주요 내용은 다음과 같다.[391)] 이 규칙의 모델이 된 로버트 의사규칙을 요약한 내용은 부록 1에 있다.

① 회의의 기본원칙으로서 토론자유의 원칙, 회원평등의 원칙, 다수결의 원칙을 규정함(제3조).
② 회의체에 최소한도의 임원으로서 회장과 총무를 둠(제5조).
③ 회원은 의장에게 발언권을 신청하여 그 허가를 얻어야 발언할 수 있음. 회원은 다른 사람이 발언하고 있는 동안에는 발언권을 신청할 수 없음(제23조 제1항).
④ 의장이 회의진행을 적절하게 주재하지 못할 경우 회원은 의사진행발언을 할 수 있으며(제37조 제1항), 의사진행발언은 부동의보다 선순위임(제38조 제1항).
⑤ 표결은 원칙적으로 거수에 의하되, 의장은 음성, 기립, 투표지에 의한 표결, 기타의 방법에 의하도록 정할 수 있음(제48조).

3. 국제회의 의사규칙의 개요

3.1 간략한 역사(brief history)

영국에서 발전된 의회(Parliament)의 의사규칙은 미국, 캐나다, 호주, 남아공 등으로 퍼져 나갔지만 국제회의에 등장하기 까지는 많은 시간이 걸렸다. 파스투호프(Pastuhov)에 따르면 20세기 이전에 개최된 외교회의(diplomatic conference)에서 공식적인 의사규칙을 채택하는 것은 관행(practice)이 아니었다고 한다.[392)] 공식적인 의사규칙을 최초로 채택한 국제회의는 1907년에

390) 저자는 여러 가지 규정 중 「감사위원회의 의사규칙」이 그래도 가장 앞서 있다고 평가한다. 제명에 "의사규칙"이라는 용어가 포함되어 있으며, 실제 내용에 있어서도 회의의 구체적인 진행절차를 다수 포함하고 있다.

391) 이 규칙은 민간의 자율적인 규칙으로서, 회의체의 성질에 따라 이 규칙을 적절히 수정하여 사용할 수 있다. 또 실제 이 규칙을 사용하면서 얻어진 경험을 바탕으로 계속 최신화(update)되고 있다.

392) Vladimir D. Pastuhov, *A Guide to the Practice of International Conferences* (1945) p. 122 n. 1을

개최된 제2차 헤이그회의(the Second Hague Conference)였다. 당시의 의사규칙은 회의의 구성과 조직에 대한 총 12개의 짧은 규정으로 구성되었으며, 그 중 2개의 규정이 투표(voting) 및 업무집행(conduct of business)의 절차에 관한 것이었다.[393] 1919년에 개최된 파리평화회의(the 1919 Paris Peace Conference)의 의사규칙은 총 15개의 규정으로 구성되었으나, 그 중 3개 정도가 업무집행에 관한 것이었다.[394]

국제연맹(League of Nations)이 창설된 이후 채택된 총회의 의사규칙은 업무집행에 관하여 상세히 규정하였다. 이 의사규칙은 영국 의회의 의사규칙과 이전에 개최된 국제회의의 관례를 참조하여 만들어졌으며, 전체는 28개 조(article)로 구성되었으며, 그 중 몇 개의 조에는 항(sub-article)도 포함되어 있었다.[395] 이 의사규칙은 1945년 UN이 설립된 후 UN총회 의사규칙의 모델이 되었으며, UN총회 의사규칙은 관련 국제회의 및 UN회의표준회의규칙안(Draft Standard Rules of Procedure for United Nations Conferences, 이하 "UN표준규칙"이라 함)의 모델이 되었다.

1950년대 이후 UN에서는 절차에 관한 매뉴얼(manual)이나 표준의사규칙을 만들자는 주장이 대두되었으나 관심부족 등의 이유로 더 이상 추진되지 못하였다. 그러나 1980년 UN총회는 사무총장에게 UN이 개최하는 국제회의에 적용할 UN표준규칙의 초안을 제안하도록 요청하였다. 이에 따라 사무총장은 동 초안을 1981년 제36차 UN총회에 제출하였으나 UN총회는 각국의 의견을 들어야 한다는 이유 등으로 이에 대한 결정을 계속 미루었다. 1985년 사무총장은 각국의 의견을 수렴하여 총 84개조에 달하는 동 초안을 제40차 UN총회에 다시 제출하였다.[396] 그러나 역시 각국의 관심부족으로 인하여 이에 대하여 아무런 결정도 내려지지 않고, 이후 이에 대한 작업도 더 이상 진행되지 않았다. UN표준규칙은 각국의 명시적인 지지를 받지는 못하였으나 국제회의의 관례를 반영하고 있기 때문에 이후 개최된 많은 외교회의 의사규칙의 기초로 활용되고 있다.[397]

3.2 의사규칙의 법적 성질

국제회의에 참가하는 국가대표(representatives)는 채택된 의사규칙에 기속되는 것이 일반적인 관행이다. 그러나 의사규칙에 따라야 하는 법적 근거에 대하여는 국제회의를 국제기구가 개최한 경우와 국제회의 자체가 채택하는 경우에 따라 다소 차이가 있다.

3.2.1 국제기구가 국제회의를 개최하는 경우

회원국은 헌장(charter), 헌법(constitution), 규정(statute) 등 국제기구의 설립조약에 기속되어

Robbie Sabel, *Ibid.*, p. 7에서 재인용.

393) *Ibid.*

394) *Ibid.*, p. 8.

395) *Ibid.*, p. 9-10.

396) DRAFT STANDARD RULES OF PROCEDURE FOR UNITED NATIONS CONFERENCE, Item 144 of the provisional agenda, A/40/611 11 September 1985.

397) Robbie Sabel, *Ibid.*, p. 18.

그 규정에 따를 의무가 있다. 또 국제기구는 조약의 목적달성을 하기 위한 일환으로서 회의를 효율적으로 운영하기 위하여 자체적으로 필요한 의사규칙을 제정할 권한을 보유하고 있다고 할 것이다. 따라서 많은 학자들은 국제기구의 의사규칙 제정을 일종의 국제입법(international legislation)으로 평가하고 있다.398) 이와 관련, 많은 학자들은 국가가 총회(assembly)의 의사규칙에 따를 의무가 발생하는 것은 조약법(law of treaties)에 근거를 두고 있다고 주장한다.399) 한편, 이러한 의무는 관습법에서 유래한다는 주장도 있다.400)

생각하건데 회원국은 조약의 목적달성을 위한 하나의 수단으로서 국제기구에서 제정한 의사규칙에 당연히 따를 의무가 발생한다고 할 것이다. 국가가 국제기구의 설립조약의 목적에 찬동하여 그 조약에 기속동의를 표시하는 행위에는 향후 국제기구의 목적달성에 협조해야 할 의무가 내재되어 있기 때문이다. 만일 그 국가가 설립조약의 목적이나 의사규칙에 찬동하지 않을 경우는 회원국으로 가입하지 않을 자유가 있음은 물론이다.

3.2.2 국제회의가 개별적으로 개최되는 경우

국제회의(international conference)는 독립적인 개체(independent body)로서 간주되어 왔다. 또 국제연맹의 주도로 개최되는 국제회의는 그 자체가 주권(sovereign powers)을 가졌으므로 적절하다고 판단되는 어떠한 결정도 내릴 수 있다. 그러므로 국제회의가 의사규칙의 채택이라는 결정도 내릴 수 있음은 당연하다고 할 것이다.

국제회의에 참가하는 국가가 의사규칙을 따라야 할 의무의 근거에 대하여는 다양한 의견이 있다. 즉, 의사규칙은 경기규칙(rules of the game)이라는 주장, 국제입법권(international legislative power)의 표현이라는 주장, 사회적 규범(social norm)이나 문서적 규칙(instrumental rules)이라는 주장 등이 있다.401) 또 의사규칙은 법의 일반원칙(general principle of law)에 근거를 두고 있으므로 준수되어야 한다는 주장도 있다.402)

3.3 의사규칙 채택을 위한 다수(majority)

대부분의 국제회의에서 의사규칙은 참가국 총의(consensus)의 표현인 박수로 채택된다. 그러나 의사규칙에 참가국의 이의제기가 있을 경우 채택에 필요한 다수(majority)는 얼마인지에 대하여 의문이 발생할 수 있다. 통상 국제회의에서 본질적인 사항(substantial matters)에 대하여는 2/3 다수가 필요하고, 절차적 사항(procedural matters)에 대하여는 단순 다수(simple majority)가 필요하다. 따라서 의사규칙은 절차를 규정하고 있으므로 과반수의 찬성에 따라 채택될 수 있다.

한편, UN총회 의사규칙은 국제평화와 안보의 유지 등 중요한 문제에 대하여 2/3 다수를 요

---

398) Robbie Sabel, *Ibid.*, p. 32.
399) *Ibid.*, p. 31.
400) Cahier, L'ordre juridique, p. 249를 Robbie Sabel, *Ibid.*, p. 32에서 재인용.
401) *Ibid.*, p. 33.
402) *Ibid.*, p. 37-8.

구하고 있으며(제83조), 기타의 문제는 단순 다수를 규정하고 있다(제85조). 또 비에나협약의 경우 조약문의 채택은 2/3 다수를 요구하며, 필요한 다수를 변경하고자 할 경우도 역시 2/3 다수를 요구하고 있다(제9조 제2항). 물론 이 규정은 의사규칙의 채택이나 변경에 대하여 규정하고 있는 것은 아니지만 중요한 결정인 경우는 2/3 다수를 필요로 한다는 점을 보여주고 있다. 실제로 의사규칙의 채택은 회의의 운영에 있어 매우 중요한 사항이므로 박수로 채택되지 않을 경우 2/3 다수가 논리적이라는 주장도 있다.[403] 그러나 현실적으로 거의 모든 국제회의에서 의사규칙은 단순 다수에 따라 채택되고 있는 현실을 감안할 때 그 변경은 쉽지 않을 것으로 판단된다.

제3절 회의의 참석

1. 회의의 초청(invitation)

개별국가가 국제회의를 개최할 경우 초청장은 해당 국가가 발송하는 것이 원칙이다. 그러나 최근에는 UN, UN 전문기구 등 국제기구가 회의를 개최하는 경우가 많은데 이때는 해당 국제기구가 초청장을 보내게 된다.

국제해사기구(IMO)의 경우 협약개정을 위한 국제회의를 개최할 경우 개최일로부터 6-7개월 전에 초청장 대신 구상서(note verbale)[404]를 각 국가(정부 및 대사관) 및 옵서버(observers) 단체에 보내고 있다. 여기에는 회의의 제목, 개최기간, 의사규칙 초안, 조약문 초안(draft text of the treaty), 관련 문서제출 방법, 신임장 양식, 참석자 등록에 관한 정보가 포함되어 있다. 다만, 옵서버 대표는 회의참석에 신임장 제출이 필요 없다. 총회, 이사회를 개최할 경우는 조약문안 대신 회의의 잠정 의제(provisional agenda)를 첨부하여 송부하고 있다. 이밖에 위원회(committee), 전문위원회(sub-committee), 회기간 회의(inter-sessional meetings)를 개최할 경우에는 회람장(circular letter) 형식으로 각종 의제문서 등과 함께 배포하고 있다.

2. 회의의 참석(participation)

종래에는 비에나공식(Vienna Formula)에 따라 UN 및 UN전문기구 회원국에 한하여 국제법의 당사자로 인정되어 왔으나 현재는 모든 국가 공식(all State formula)에 따라 조약을 제정하는 회의에 모든 국가의 참석이 개방되고 있다. UN표준규칙에서도 모든 국가의 초청을 규정하고 있다(제16조 제1항 (a)).

IMO의 경우 모든 국가의 정부(Governments)는 물론 국가가 아닌 UN, UN 전문기구, 정부간

403) *Ibid.*, p. 30.

404) 구상서는 제3자의 입장에서 작성하고 서명을 하지 않는 외교적 통신방법으로서, 통첩(note)보다는 덜 공식적이고, 비망록(aide-mémoire)보다는 더 공식적이다. Note verbale is a diplomatic communication prepared in the third person and unsigned: less formal than a note but more formal than an aide-mémoire. Wikipedia, http://en.wikipedia.org/wiki/Note_verbale [2013.11.10.].

기구(inter-governmental organization: IGO), 자문지위(consultative status)를 가진 비정부간 국제기구(non-governmental international organization: NGIO[405]))도 함께 초청하고 있다. 자문지위를 가진 NGIO는 IMO의 모든 회의에 문서를 제출할 수 있으며, 옵서버로 회의에 참석할 수 있으며, IMO가 배포하는 각종 문서를 받아볼 수 있다(NGIO와의 관계에 관한 규칙[406]) 제6조). NGIO는 IMO 회의에 참가하여 투표권은 없으나 의장의 요청에 따라 해당 NGO와 관련된 사항에 대하여 발언할 수 있다(동 규칙 제7조). 이러한 제한에도 불구하고 실제 회의에서 의장은 국가(States)의 발언이 마무리되면 NGIO에게도 발언기회를 주는 것이 관례이다.

국제회의에 참가하는 IGO 중 독특한 성격을 가진 것은 유럽연합집행위원회(European Commission: EC)이다. EC는 국가는 아니지만 많은 국가에 대사관을 두고 있으며, UN, 세계무역기구 등 국제기구에 대사를 파견하고 있다. 또 EC(당시는 EEC)는 UN총회에 옵서버 자격으로 초청되었으며,[407]) UN이 개최하는 다른 국제회의에 정식으로 참석하고 있다.[408]) 또한 UN식량농업기구(FAO)의 회원이며, 다른 많은 조약의 당사자로서 사실상 국가와 거의 동일한 지위를 가지고 있다.[409]) IMO에서 EC는 단순히 IGO 옵서버의 지위를 가지고 있다.

3. 신임장(credentials)

3.1 신임장의 제출

국가의 대표가 국제회의에 참석하려면 자국으로부터 자국을 대표한다는 공식서류를 제출해야 한다. 국제회의에서 조약문의 채택(adoption), 확정(authentication) 및 조약에 기속적 동의를 표시할 경우에는 전권위임장(full powers)이 필요하지만 조약문의 채택에는 전권위임장 없이 신임장으로 족하다(비에나협약 제7조). 신임장에는 신임장을 발급하는 국가의 명칭, 회의명, 회의 개최지 및 개최시기, 수석대표·대표·자문관(advisors)의 직·성명, 발급일자, 발급지, 발급자 서명 등이 포함된다.

전권위임장은 비에나협약에 따라 권한 있는 당국(competent authority)이 교부하지만, 신임장은 통상 Big 3인 국가원수, 정부수반, 외교부장관가 교부한다(UN표준규칙 제18조 제2항).[410])

405) IMO에서는 종래 국제적 성격의 보유 여부에 관계없이 모든 비정부간 기구(non-governmental organization)를 NGO로 불렀으나 국제적 성격을 가진 NGO, 즉 NGIO의 경우에만 자문적 지위를 부여하고 있으므로 이 연구에서도 NGO와 NGIO를 각각 구분하여 사용한다.

406) 이 규칙의 영문 명칭은 Rules Governing Relationship with Non-Governmental International Organization 이다.

407) UNGA Resolution 3208 (XXIX) of 11 October 1974, Status of the European Economic Community in the General Assembly.

408) 인권조약과 같이 그 성격 상 실행할 수 없는 조약의 경우를 제외하고 상품, 어업, 무역 등에 관한 조약에는 국제기구의 참여가 허용되고 있다. para. 98, United Nations, *Summary of Practice of the Secretary-General as depositary of Multilateral Treaties*, 1999, p. 28.

409) 세계보건기구(World Health Organization: WHO)와 FAO가 개최하는 일부 국제회의에서 EC는 투표권이 있으며, 의결정족수 계산에 포함된다. Robbie Sabel, *Ibid.*, p. 56.

410) 종래 국제회의에 나타나는 대표가 실제 국가를 대표할 권한을 위임받았는지를 확인하기 위하여 전권위임장을 요구하였으나 세계적인 통신기술의 발달에 따라 일부 국제회의의 경우 신임장으로 대체하게 되었다고 한다. Robbie Sabel, *Procedure at International Conferences*, 2nd ed., (Cambridge: Cambridge

따라서 Big 3가 아닌 대사, 외교부의 다른 직원, 외교부가 아닌 다른 부의 장관이 행한 서명은 무효로 취급된다.[411] UN회의에 참석하는 EC대표에 대한 신임장은 EC 위원장(President)이 서명한다.[412]

3.2 IMO 실무

IMO의 경우 조약을 제·개정하는 국제회의(conference), 이사회, 총회 및 각종 위원회에 참석하고자 하는 대표는 신임장이 필요하다. 그러나 국제협약을 개정하지 않는 기술협력위원회(TCC)나 전문위원회(Sub-Committees), 회기간 실무작업반(Inter-sessional Working Group)등의 회의에는 신임장이 필요 없다. 각국은 자국의 대표를 대표(representative), 교체대표(alternates), 자문관(advisers), 전문가(experts)로 구분하여 지정하여야 한다(총회 의사규칙 제7조 등). 회의에서 이러한 대표 간 권한의 차이는 별도로 규정되지 않았으므로 동일하다고 보아야 하고, 실제 피선거권이나 발언에 별도의 제한은 없다. 실무적으로 우리나라는 정부 측의 회의참석자를 수석대표(Head of delegation), 대표, 교체대표로 임명하고, 정부 공무원이 아닌 대학교수, 민간 전문가 등은 자문관으로 임명한다. 다만, 전문가는 IMO에서 실질적으로 사문화되어 별도로 임명하지 아니하고 있다.[413]

신임장에 대한 서명은 Big 3 외에도 Big 3가 지명하는 자(any other person or authority specifically authorized for that purpose by any of them)도 할 수 있도록 각각의 의사규칙에서 규정하고 있다(국제회의 의사규칙 제3조, 총회 의사규칙 제9조, 이사회 의사규칙 제9조 등). Big 3가 발행하는 신임장과 Big 3 이외의 자가 발행하는 신임장은 양식이 다르며, 특히 Big 3 이외의 자가 신임장에 서명하는 경우 해당 신임장에는 Big 3로부터 신임장을 발행할 권한이 주어졌다는 사실을 명백히 표시하도록 하고 있다.

2012년 10월 남아공의 케이프타운(Cape Town)에서 개최된 어선안전 국제회의(International Conference on the Safety of Fishing Vessels) 신임장 서식 중 Big 3의 위임을 받은 자가 교부하는 양식은 그림2와 같다.

<그림 2: Model Letter of Credentials 2>

To be signed by a name authority duly empowered for that purpose by the Head of State, Head of Government or Minister of Foreign Affairs

University Press, 2006), p. 60.

411) *Ibid.*

412) Rule 3 of the Draft provisional rules of procedure of the International Meeting to Review the Implementation of the Programme of Action for the Sustainable Development of Small Island Developing States, UNGA A/58/567, 11 Nov 2003.

413) IMO 회의 중 가장 많은 사람이 참석하는 총회의 참석자 명단(A/27/INF. 1)에 전문가로 통보된 사람은 아무도 없다.

Sir,

I have the honour, acting upon instructions from, the

....of..

(title) (name of State)

to inform you that

....

(full name(s) and title(s))

has (have) been appointed as the Representative(s) of

....

(name of State)

to the to the International Conference on the Safety of Fishing Vessels, to be held in Cape Town, South Africa, from 9 to 11 October 2012, and have also designated

....

(full name(s) and title(s) of Alternate(s))

as Alternate Representative(s) to the same Conference.

The

said··

(full name(s) of Representative(s) and Alternates(s))

is (are) authorized fully to take part in the Conference, to transact all such matters as appertain to its work, and to vote with other Representatives in accordance with the agreed procedures.

The delegation of ··will be

(name of State)

assisted in its mission by ··

(full name(s) and title(s) of Adviser(s))

as Adviser(s).

Please accept, Sir, the assurance of my highest consideration.

....

(signature)

....

(full name and title)

The Secretary-General
International Maritime Organization
4 Albert Embankment
London SE1 7SR
United Kingdom

실무적으로 IMO는 팩스(fax)나 이메일(e-mail)에 첨부된 신임장의 접수도 허용하나, 회의가 개회된 후 사무국 직원은 각국 대표단에게 원본 신임장의 제출을 요구하고 있다. 국제회의와 총회의 경우 총 5인으로 구성되는 신임장위원회(Credential Committee)에서 신임장의 유효성 여부를 확인하여 그 결과를 각각 본회의에 보고한다. 그러나 이사회, 각종 위원회의 경우 별도로 신임장위원회를 두지 않고 사무총장이 확인하여 그 결과를 본회의에 보고한다. 신임장에 대한 신임장위원회나 사무총장의 검토결과는 "신임장이 유효하다(the credentials were found to be in good order)"는 식으로 짧게 보고되며, 이에 이의를 제기하는 경우는 거의 없다. 신임장에 대한 이의제기가 있거나 신임장의 유효성 여부가 확인되어 해당 회의에서 이에 대한 결정이 내려지기 전까지 해당 국가는 잠정적으로 다른 국가와 동일한 권리를 가지고 회의에 참석할 수 있다(총회 의사규칙 제11조, 이사회 의사규칙 제10조 등).

3.3 우리나라의 실무

우리나라의 경우 "정부를 대표하여 외국정부 또는 국제기구와 교섭하거나 국제회의에 참석하거나 조약에 서명 또는 가서명" 하거나 "외국에서 거행되는 주요 의식에 참석하거나 특정한 목적을 위하여 정부의 입장과 인식을 외국정부 또는 국제기구에 전하거나 외국정부 또는 국제기구와 교섭하거나 국제회의에 참석"하는 모든 행위를 「정부대표 및 특별사절의 임명과 권한에 관한 법률」의 적용을 받도록 규정하고 있다(제1조). 또 정부대표로 임명되지 않으면 누구든지 정부를 대표하여 그러한 행위를 할 수 없다(동법 제2조). 또한 아주 중요한 사항 이외의 경우 정부대표의 임명 및 전권위임장 또는 신임장의 서명은 외교부장관이 하도록 규정되어 있다(동법 제5조 제1항 및 제3항). 그러나 모든 국제회의에 참석하는 우리나라 사람은 공식적 또는 비공식적으로 우리나라의 입장을 대표하게 된다. 따라서 이 규정에 충실하게 따를 경우 업무의 경중에 관계없이 모든 국제행사에 참석하고자 하는 사람은 외교부 장관으로부터 정부대표 임명을 받고, 또 신임장을 교부받아야 한다. 그러나 이는 현실성이 없는 과도한 규제로 판단되는 바, 정부대표의 임명은 전권위임장이나 신임장이 요구되는 정도의 국제회의(IMO의 경우 위원회급 이상의 회의)로 조정하는 것이 바람직하다고 판단된다.

실무적으로는 외교부의 직원이 대표단에 포함되는 IMO 법률위원회(LEG)의 경우 해당 직원이 외교부 장관이 교부한 신임장을 직접 소지하고 IMO 회의에 참석하는 것이 관례이다. 그밖에 신임장이 필요한 IMO 회의의 경우는 주영한국대사관의 해양수산관이 대사의 서명을 받아 신임장을 제출하고 있다.[414)]

4. 외교훈령(diplomatic instructions)

4.1 외교훈령의 개념

국제회의에 참석하는 정부대표는 정부대표 임명을 받으며, 관례적으로 함께 훈령을 받아야

414) 관행적으로 IMO 사무국은 다른 국가의 이의제기가 없는 한 Big 3 이외의 자가 교부한 신임장도 인정하고 있다.

한다. 정부대표의 임명에 관한 사항은 「정부대표 및 특별사절의 임명과 권한에 관한 법률」에서 규정하고 있으나, 정부대표 외교훈령의 법률적 성격은 명확하지 않다.[415)]

원래 훈령은 상급 행정기관이 하급 행정기관의 권한행사를 지휘하기 위하여 발하는 일반적인 명령을 의미한다. 한편, 외교훈령의 경우 행정기관이 아닌 정부 대표단에 대하여 회의기간에 한하여 적용되는 점에 미루어 일반적인 훈령과는 그 성질에 차이가 있다. 따라서 외교훈령은 일반적인 훈령으로 볼 수 없고, 해당 국제회의에 관한 행정지시의 일종으로 분류할 수 있을 것이다. 그러나 이에 관한 법률적 근거가 없다 보니 정부대표가 외교훈령을 어겼을 경우 위반자에 대한 처벌을 어떻게 할 것인지도 불분명하다. 물론 위반자가 외교부 직원일 경우 행정지시 위반에 따른 외교부 자체의 징계가 가능하다. 그러나 다른 부처 공무원이나 민간인일 경우 징계를 위한 법적 근거가 미흡한 실정이다. 외교훈령의 실효성 확보를 위하여 이에 관한 법적 근거 마련이 시급하다고 판단된다.

4.2 우리나라의 실무

정부대표로 국제회의에 참석하고자 할 경우 행정기관은 전문지식, 국제회의 참석경험, 충분한 외국어 구사능력 등 정부대표의 자격요건을 갖춘 자를 외교부장관에게 추천하여야 한다(정부간 국제회의 참가활동에 관한 규정 제5조). 이때 행정기관은 각 의제에 대한 기본입장(세부훈령안), 회의공용어로 작성된 기조연설문, 후보자의 국·영문이력서 등을 첨부하여야 한다(동 규정 제6조 제1항). 외교부장관은 회의규모 및 성격을 감안하여 정부대표의 수를 조정하여 임명할 수 있으며(동 규정 제6조 제2항), 이때 행정기관의 세부훈령안을 감안하여 작성된 외교부의 훈령이 함께 시달된다.

외교부의 훈령은 기본훈령과 세부훈령으로 나뉘며, 기본훈령에는 회의에 관련된 기본적인 사항이 간략하게 포함되며, 세부훈령에는 의제에 대한 상세한 훈령이 포함된다. 2011년11월에 개최된 제27차 IMO 총회의 기본훈령 전체 내용은 다음과 같다.

1. IMO 제27차 총회(A 27)에 참석하는 정부대표단은 전 회의기간을 통해 실질토의에 적극 참여하고 각국 대표단 및 IMO 사무국 측과 상호의견을 교환, 우리정부의 입장과 정책이 동 회의 결과에 적절히 반영되도록 노력할 것
2. 세부 기술 사항 등 경미한 사항에 대해서는 대표단 협의 하에 처리하고, 국가이익에 관계되거나 외교문제가 될 수 있는 상황, 그리고 기타 중요한 사항에 대해서는 반드시 본부에 청훈하여 처리할 것
3. 대표단은 「정부간 국제회의 참석에 대한 규정」에 따라 회의 주요 진행상황을 전문보고토록 하고, 회의 참가보고서를 회의 종료 후 20일 이내로 외교[통상]부에 제출하도록 할 것.

415) 저자는 외교훈령의 법률적 성격에 관한 내용을 찾고자 외교부 웹사이트, 국가법령정보센터 등을 검색하였으나 성공하지 못하였다.

4.3 훈령안 작성 요령

4.3.1 전체적 입장에서 의제검토

회의 의제에는 다양한 주제들이 섞여있으므로 균형을 잡기가 쉽지 않다. 정부대표는 우리나라 전체를 대표하는 것이므로 훈령안에 특정부처나 업계의 이익이 표출되어서는 아니 된다. 예컨대 온실가스 감축에 대한 국제적인 공감대가 형성되고 있는데 우리나라 일부 산업계의 형편이 어렵다는 이유로 이를 반대하는 내용의 훈령안을 만들게 되면 대표단은 실제 회의에서 매우 곤혹스러울 수 있다. 따라서 모든 훈령에 대한 검토는 가급적 국제기준(global standard)을 기준으로 하는 것이 바람직하다. 국제적으로 선진국으로 인정받으려면 우리의 생각과 행동도 선진국 시민다워야 한다.

4.3.2 과거 기록의 검토

좋은 훈령안을 만들려면 관련 업무에 대한 경험과 전문지식이 필수적이다. 그러나 우리나라는 순환보직제에 따라 공무원의 인사이동이 심하므로 담당자의 경험과 전문지식을 기대하기는 다소 어렵다. 따라서 새로 업무를 맡게 된 담당자로서는 가능한 한 많은 과거의 의제문서 및 회의기록을 참조하여 의제가 어떻게 발전되어 왔는지를 파악하고, 앞으로의 전개과정을 예측하여 훈령안을 만들어야 한다. 담당자가 즉흥적으로 종래의 입장과 다른 훈령안을 만들면 동일한 회의에 계속적으로 참석해 오던 다른 나라 대표들이 놀란다.

4.3.3 영문 발언문의 준비

모든 훈령안에 대한 의사표현은 정부대표의 발언으로 이루어진다. 따라서 정부대표가 국제회의에서 잘 활동하려면 좋은 발언문이 있어야 한다. 발언문에 사용되는 용어는 이해하기 쉬우면서도 상황에 적합한 단어이어야 한다. 특히 발음이 부정확한 우리나라 사람의 현실을 감안하여 영문 발언문의 문장은 가급적 짤막짤막한 것이 좋다. 또 영문발언문은 두괄식으로 처음에 해당 의제에 대한 찬성 또는 반대 의견을 명확히 밝히는 것이 좋다. 만일 발언 내용이 길 경우에는 처음에 결론을 말했더라도 마지막에 “결론으로서(In conclusion, ...)”라며 다시 한번 강조하면 발언문의 의미가 더 명확해 진다. 실제 회의에서 외국어를 모국어로 쓰는 사람들도 대부분 별도의 발언문을 준비한다는 점을 감안하여 외국어에 상당히 자신이 있는 사람이라고 하더라도 미리 영문 발언문을 준비하는 것이 좋다.

4.3.4 상급자의 최종검토

실제 의제내용에 따른 판단은 정부의 정책과 관련된 경우가 많다. 그러나 담당자는 직급이 낮고 경험이 일천한 경우가 대부분이므로 이를 잘 숙지하지 못하고 있는 경우가 많다. 따라서 좋은 훈령안이 되려면 정부의 정책을 숙지하고 있는 상급자가 최종적으로 훈령안을 검토(screen)해 주어야 한다. 또 이러한 과정을 통하여 상급자는 담당자가 무엇을 생각하고 있는지를 파악하게 되고, 담당자는 상급자의 넓은 시각을 배우게 된다.

5. 회의참석자 등록(registration)

과거 영국에서는 많은 테러사건이 많이 발생하였기 영국 시민은 테러에 대한 경각심이 높고, 보안에 대한 각별한 관심을 가지고 있다. 런던에 본부를 두고 있는 IMO도 테러 예방을 위하여 출입하는 사람에 대하여 각별한 신경을 쓰고 있다. 이에 따라 IMO 회에 참석하는 모든 대표는 회의장에 도착하면 자신의 여권 또는 신분증을 보이고 별도의 출입증(pass)을 발급받아야 한다. 이를 위하여 모든 국가 및 옵서버 단체는 참가국이나 참가단체의 로고(logo)가 찍힌 편지지를 활용하여 회의참석자 명단(list)을 IMO 사무국에 팩스나 이메일로 송부해야 한다(Fax: +44 20 7463 4116, E-Mail: registration@imo.org).[416] 또 2012년 3월 1일부터 IMO는 인터넷 회의등록시스템(Online Meeting Registration System: OMRS)을 병행하여 운영하고 있으므로,[417] 회의참석자는 개별적으로 IMODOCS website(http://docs.imo.org.)를 이용하여 직접 자신의 정보를 입력할 수 있다. IMO의 보안조치는 매우 엄격하게 운영되므로 참석자 명단이 사전에 제대로 통보되지 않으면 회의장에 입장할 수 없다.

국제기구에 대한 신임장 제출절차

저자가 주영한국대사관의 해양수산관으로 재직할 당시 신임장을 요청하는 국제기구 회의의 경우 저자는 신임장에 대사의 결재를 받은 후 이를 스캔하여 이를 이메일의 첨부문서로 IMO 사무국에 보냈다. 실무작업반회의 등 신임장이 불필요한 회의의 경우는 주영한국대사관의 로고(headings)가 찍힌 편지지에 참석자 영문명단을 통보하는 내용의 서한을 만들어 직접 서명한 후 이를 스캔(scan)하여 이메일로 사무국에 보냈다.

한편, IMO 사무국의 경우 수많은 국가, 단체로부터 참석자 명단을 받고 있기 때문에 업무착오가 발생할 소지가 높다. 이에 대비하기 위하여 저자는 IMO 사무국에 이메일을 보낼 때 IMO에 파견되어 근무하는 한국인 기술관(technical officer)에게도 참조로 이메일을 보냈다. IMO 사무국에서 우리나라 대표의 명단이 확인되지 않을 경우 대표단은 한국인 기술관에게 연락하고, 그는 이메일 사본을 사무국 담당자에게 재송부함으로써 손쉽게 출입증을 교부받을 수 있었다.

제4절 회의(meetings)

1. 회의의 개최

1.1 외교회의(diplomatic conference)

416) "Security at IMO Headquarters and IMO Meetings," IMO Circular letter No.2692, 20 January 2006.
417) "Online Meeting Registration System (OMRS)," Circular letter No.3251, 16 February 2012.

외교회의는 협약(convention), 의정서(protocol) 등 조약의 체결을 위하여 IMO의 주관으로 부정기적으로 개최되는 국제회의를 말한다.[418] 그러나 부정기적이라고 하더라도 협약에 대한 토의가 수년씩 계속되고, 외교회의의 개최에 필요한 일정이 총회의 안건으로 올라오기 때문에 대략적으로 몇 년쯤 외교회의가 열릴지 예측할 수 있다. 외교회의는 통상적으로 런던의 IMO 본부에서 개최되지만 각국 정부의 요청에 따라 기타의 장소에서 개최되기도 한다.[419] 2009년 5월 홍콩(Hong Kong, China)에서는 선박재활용협약,[420] 2010년 6월 필리핀의 마닐라(Manilla)에서는 선원의 훈련, 자격증명 및 당직기준협약의 개정안[421], 2012년 10월 남아공의 케이프타운(Cape Town)에는 어선안전협약의 협정서[422] 채택을 위한 외교회의가 각각 개최된 바 있다.

외교회의는 본회의(plenary) 외에 조약문(text) 검토를 위한 전체위원회(committee of the whole)와 기타의 위원회(committee)로 나누어 운영하며(외교회의 의사규칙 제4조, 제44조 및 제55조),[423] 회의의 결과물인 최종의정서(final act)에 대한 서명절차 등을 포함하고 있다(동 60조). 또 투표 시 실질적인 문제(matters of substance)와 절차적 문제(matters of procedure)로 나누어 의결에 전자는 2/3 다수를, 후자는 과반수를 요하도록 규정하고 있다. 또 문제가 실질적인지 절차적인지에 대하여 의문이 있을 경우 이는 의장이 결정하며, 의장의 결정을 번복시키려면 2/3 다수가 필요하다(동 제42조).

1.2 총회(Assembly)

IMO 총회는 모든 회원국으로 구성되는 IMO의 최고 의결기구이다. 정기적인 총회는 2년마다, 필요에 따라 개최되는 특별총회는 회원국 1/3 또는 이사회의 요청에 따라 개최된다. 회의가 개최될 경우 사무총장은 회원국에게 최소 60일 이전에 총회 개회일을 통보하여야 한다(IMO협약 제13조 및 총회 의사규칙 제2조). 총회는 특별한 일이 없으면 런던의 IMO 본부에서 개최된다.

사무총장은 이사회의 승인을 얻어 회원국 가입신청서를 제출한 국가, IMO협약에 서명하였으

418) 조약의 제정을 위한 회의의 경우 국제회의(International Conference), 외교회의(Diplomatic Conference)라는 명칭이 혼용되고 있는 바, 이 책에서 IMO가 주관하는 국제회의는 주로 외교회의라는 명칭을 사용한다.

419) 국제조약의 경우 체결된 도시명이 조약명칭에 포함되는 경우가 많아 각국은 자국 홍보를 위하여 상당한 소요비용에도 불구하고 경쟁적으로 외교회의를 자국에 유치하려는 경향이 있다. 도시명이 포함된 IMO 조약으로는 “Manila Amendments to the STCW Convention and Code,” “Cape Town Agreement of 2012 on the implementation of the provisions of the Torremolinos Protocol of 1993 relating to the Torremolinos International Convention for the Safety of Fishing Vessels, 1977” 등이 있다.

420) 이 협약의 영문 명칭은 International Convention for the Safe and Environmentally Sound Recycling of Ships이다.

421) 이 외교회의에서 채택한 협약 개정안의 영문 명칭은 Amendments to the International Convention on Standards of Training, Certification and Watchkeeping for Seafarers, (STCW), 1978 and the Seafarers" Training, Certification and Watchkeeping Code이다.

422) 이 협정서의 영문 명칭은 Agreement on the implementation of the 1993 Protocol relating to the 1977 Torremolinos Convention on the Safety of Fishing Vessels이다.

423) IMO에서 개최하는 외교회의의 경우 회의의 명칭만 다르지 의사규칙의 내용은 거의 같다. 저자가 언급하는 의사규칙은 2012년 남아공의 케이프타운(Cape Town)에서 개최된 외교회의 의사규칙(Rules of Procedure for the International Conference on the Safety of Fishing Vessels)을 말한다.

나 아직 수락하지 아니한 국가, UN이나 UN 전문기구(specialized agencies)의 회원국, 해방운동(liberation movement)에게 총회에 옵서버를 파견하도록 초청장을 보낼 수 있으며, 이들은 총회의 동의에 따라 의장(President)의 요청으로 자신들에게 직접 관련이 있는 문제에 대하여 의결권 없이 총회의 토의에 참여할 수 있다(총회 의사규칙 제4조). 또 사무총장은 UN, 공동의 관심사항이 있는 전문기구, 정부간 기구, 비정부간 국제기구를 총회에 초청하여야 한다(동 제5조). UN 등의 옵서버는 공개된 모든 문서를 받아 볼 수 있으며, 자신들과 관련된 문제에 대하여 의결권 없이 토의에 참여할 수 있다(동 제6조).

회의는 본회의 개회 후 상당한 시간을 할애하여 각국 수석대표의 일반성명(general statements)을 듣는다. 각국은 이런 기회를 통하여 자국의 해사안전정책 등을 소개하거나 IMO에 대한 정책제안을 할 수 있다. 본회의는 하부조직인 제1위원회(행정, 재정, 법 및 기술협력사항) 및 제2위원회(해사안전, 해양환경보호 등 기술적인 사항)를 설립하여 각종 위원회의 보고서를 검토하도록 의뢰한다. 의제에 따라 본회의와 위원회는 번갈아가며 열리며, 위원회의 검토결과는 최종적으로 본회의의 승인을 받게 된다.

IMO 총회에서 투표권을 가지려면 IMO에 대한 재정적 의무(financial obligation)를 다 하거나 총회의 포기(waiver)를 받아야 한다(IMO협약 제61조). 총회의 포기를 받으려는 회원국은 그 이유 및 향후 납부계획을 적은 신청서를 제출하여야 한다(총회 의사규칙 제56조 *bis* (ii)). 또 이사국에 선출되려면 IMO에 분담금을 완납해야 한다(동 제56조 *ter*).

다음의 그림3은 IMO 제28차 총회의 모습이다.

<그림 3: IMO 제28차 총회 모습>

사진출처: 해양수산부 지민철 주무관이 2013.11. 제28차 IMO 총회참석 시 촬영

1.3 이사회(Council)

이사회는 40개국의 이사국으로 구성되는 주요 의결기관으로서, 총회가 개최되기 전까지 IMO의 모든 중요 업무에 대한 결정을 내린다. 별도의 이사회 결정이 없으면 이사회는 IMO 본부에서 개최된다(이사회 의사규칙 제3조). 이사회는 이사회 의원장(Chairman)이나 4개 이사국 이상의 요청으로 필요시 개최된다.

사무총장은 이사회 위원장의 지시에 따라 회원국에게 적어도 1달 이전에 이사회 회기를 통보하여야 한다(IMO협약 제19조 (c) 및 이사회 의사규칙 제2조).[424] 이때 사무총장은 이사국이 아닌 국가도 의결권 없이 토의에 참가하도록 이사회에 초청하여야 한다(동 의사규칙 제4조). 또 UN, UN 전문기구, 국제원자력기구(IAEA)[425] 등 옵서버를 이사회에 초청하여야 하며, 이들은 총회의 경우와 마찬가지로 의결권 없이 토의에 참여할 수 있다(동 의사규칙 제5조 및 제6조).

통상 이사회는 1년에 2회 (6-7월, 11월)개최되며, 다만, 총회가 있는 해에는 6-7월에 1회, 총회에 상정할 모든 안건을 처리하기 위하여 총회 직전에 2-3일 정도의 짧은 특별 이사회가 개최된다. 통상 이사회는 별도의 하부조직을 두지 않고 모든 문제를 직접 다룬다. 전반적으로 다른 IMO회의의 의결정족수(quorum)는 과반수인데 이사회의 경우 특이하게 이사국 수의 65%인 26개국이다(이사회 의사규칙 제39조). 또 이사회에서는 사무총장을 선출하는 바, 선출방법에 관하여 매우 자세하게 규정하고 있다(동 제37조 내지 제37조 *ter*).

영문규칙의 조문 추가방법
우리나라 법령에서 특정 조항 다음에 조문을 추가할 경우에는 "제~조의 2," "제~조의 3" 등을 사용한다. 영문규칙의 경우 이와 마찬가지로 라틴어 숫자를 활용하여 조문을 추가할 수 있다. 예컨대 Article 5 다음에 추가되는 조문은 "Article 5*bis*," "Article 5*ter*" 등이 된다. *ter* 이후의 용어는 *quater*(4), *quinquies*(5), *sexies*(6), *septies*(7), *octies*(8), *novies*(9), *decies*(10) 등이 있다.

1.4 위원회(Committees)

IMO에는 해사안전위원회(MSC), 법률위원회(LEG), 해양환경보호위원회(MEPC), 기술협력위원회(TCC) 및 간소화위원회(FAL)의 5개 위원회가 있다. 특이할 사항으로서 TCC는 협약의 개정안을 검토하는 경우 외에는 대표단의 신임장(credential) 제출이 필요 없다(TCC 의사규칙 제7조). 또 LEG의 경우 다른 위원회와 달리 부위원장(Vice-Chairman)이 2명이다(LEG 의사규칙 제17조).

MSC 및 MEPC에는 하부조직(subsidiary body)으로서 총 7개의 전문위원회(sub-committees)가 있는 바, 이들 전문위원회는 적용 가능한 한 MSC 또는 MEPC 의사규칙을 따라야 한다

424) 이사회 의사규칙 제2조의 규정 중 "최소한 1개월 통보(a minimum of one month's notice)"는 "통상 적어도 2개월 통보(normally at least 2 month's notice)"로 해석해야 한다는 각주(footnote)가 있어 실제 이사회는 최소 2개월 전에 통보되어야 한다.

425) 총회의 경우와 달리 국제원자력기구(IAEA)는 이사회에 다른 UN 전문기구와 함께 초청대상에 포함되어 있다.

(MSC 의사규칙 제18조 및 MEPC 의사규칙 제19조).

위원회는 적어도 1년에 1회 이상 정기회의가 개최되어야 하며, 최소 15개 회원국이 사무총장에게 서면으로 요청할 경우 특별(extraordinary)위원회가 개최된다. 실제 대부분의 위원회는 1년에 1회 개최된다. 업무량이 많은 해사안전위원회(MSC)와 해양환경보호위원회(MEPC)는 각각 2년에 3회 개최되는 바, 한 해는 MSC 2회, MEPC 1회, 다음 해에는 MEPC 2회, MSC 1회 식으로 번갈아가며 개최된다. 위원회는 별도의 결정이 없는 한 IMO 본부에서 개최되며, 사무총장은 적어도 60일 이전에 정기회의 개최를 통보하여야 한다. 특별회의의 경우 의사규칙에 사전 통보기한에 관한 규정이 없는 경우도 있으며, 있을 경우 30일 이전으로 규정하고 있다.

사무총장은 UN, 전문기구, IAEA 등 옵서버를 위원회에 초청하여야 하며, 이들은 총회의 경우와 마찬가지로 의결권 없이 토의에 참여할 수 있다.

Board, Committee, Commission, Panel의 차이

우리나라에서는 통상 상기의 단어를 모두 위원회로 번역하고 있다. 이 단어들에는 전체가 아닌 일부 소수가 모여 토의를 진행한다는 점에 있어 공통점이 있다. 그러나 실제 그 의미에는 다소 차이가 있다.

▶ Board는 선출되거나 임명된 사람으로 구성되며, 특정한 업무를 집행하도록 위임된다. Board는 그 규모에 관계없이 총회(assembly)의 한 형태이다. 따라서 위임된 특정업무에 대하여 실질적으로 모든 결정을 내린다. Board는 자신의 감독 하에 하부 위원회에 특정 업무를 위탁할 수 있다. Board의 예로는 Board of Education, Board of examiners, Board of Directors, Board of Governors 등을 들 수 있다.

▶ Committee는 Board와 유사하지만 통상 규모가 작고, 총회의 하부조직으로서 위임사항에 대하여 상부조직에 책임을 진다. 따라서 업무의 내용도 특정 사항을 검토(review)하거나 상부조직에 대하여 권고(recommendation)를 행한다. Committee의 종류로는 일반적인 위원회(ordinary committee)와 전체위원회(Committee of the Whole)가 있다. 전체위원회는 대규모 총회에서 특정사안에 대하여 자세한 토론을 할 수 있도록 하는 장점이 있다. 전체위원회의 결정사항은 최종적이 아니며, 총회의 본회의(plenary)에 보고되어 최종적으로 결정된다.

▶ Commission은 공식적으로 특정 업무의 수행을 위하여 정부의 위임을 받은 사람들의 모임(group of people)을 말한다. Commission은 통상 독립적으로 규제업무를 행하기 때문에 독립규제위원회라는 명칭으로 불리기도 한다. Commission의 예로는 Federal Trade Commission, U.S. Securities and Exchange Commission, International Law Commission 등이 있다. Commission의 장은 Commissioner라고 한다.

▶ Panel은 특정 사안에 대하여 권고하거나 의견을 제시하기 위한 사람들의 모임을 말한다. 통상 특정 분야에 지식, 기술 또는 경험을 가진 사람이 구성원으로 임명된다. 예로는 Panel of experts 등이 있다.

1.5 실무작업반(Working Group)회의

회의의 효율적 진행을 위하여 각 위원회 및 전문위원회는 하부조직(subsidiary body)으로서 최대 3개의 실무작업반을 둘 수 있다. 그러나 정책(policy), 실질적(substantial) 및 절차적(procedural)

문제는 위원회에서 직접 다루어야 하고, 전문위원회나 실무작업반은 기술적이고 전문적인 업무만을 다룰 수 있다. 실무작업반의 위원장은 자체에서 선출하지 않고 위원회 및 전문위원회에서 선임한다. 통상 해당 국제회의에 다년간 참석하여 업무에 정통한 사람이나 자원자를 위원장이 지명한다.

실무작업반은 위원회의 의사규칙을 사용하며, 각 위원회 또는 전문위원회가 요청한 위임사항(terms of reference)에 대한 실무작업을 행한다. 따라서 작업 중 정책적으로 중요한 사항이 발견될 경우 직접 결정을 내리지 않고 그 사항을 각 위원회 또는 전문위원회에 보고하여 거기에서 직접 다루도록 하는 것이 원칙이다. 그러나 실무에 있어 이러한 구분은 다소 애매하며, 실절적으로 거의 모든 업무는 실무작업반에서 거의 이루어진다고 보아도 무방하다. 실무작업반에서 일단 결정된 사항은 이후 수정이 쉽지 않은 바, 무시하다가는 큰 낭패를 볼 수 있으니 유의하여야 한다. 실무작업반의 작업은 영어로 진행되며, 통역서비스가 제공되지 않는다. 작업 중 IMO 사무국 직원은 위원장 옆에 배석하여 회의진행을 지원한다.

1.6 초안작업반(Drafting Group) 회의

각종 규정 개정안에 대한 초안작성(drafting)을 위하여 각 위원회 및 전문위원회는 하부에 초안작업반을 둘 수 있다. 각 위원회의 작업조직 및 방법에 관한 지침[426]에 따르면 반(group)의 수는 실무작업반과 초안작업반을 합하여 최대 5개까지 가능하다. 이와 같이 회의에서 구성되는 반(group)의 전체 숫자를 제한하는 것은 대표단의 숫자가 적은 국가의 경우 동시에 많은 회의에 다 참석할 수 없는 어려움을 감안하였기 때문이다. 따라서 각 위원회 및 전문위원회는 실무작업반 3개, 초안작업반 2개를 두는 것이 일반적이다. 다른 업무로 인하여 5개의 반이 모두 활용될 경우에는 예외적으로 본회의 위원장이 각국의 양해를 얻어 추가로 비공식(informal) 초안작업반을 구성하기도 한다. 이러한 비공식 초안작업반은 공식 회의시간이 아닌 시간에 활동하는 것이 관례이다. 초안작업반의 위원장도 다년간 회의에 참석한 전문가를 선임하는 것이 관례이며, 특히 영어를 모국어로 사용하는 사람이 선호된다.

초안작업반도 위원회의 의사규칙을 사용하며, 위임사항에 따라 초안을 작성한다. 하지만 참석자가 비교적 적고, 내용이 매우 전문적이므로 회의는 위원장의 주도 하에 비교적 격식에 얽매이지 않고 가족적인 분위기에서 진행되는 것이 보통이다. 초안작성도 영어로 진행되며, 통역서비스가 제공되지 않는다. 회의에는 IMO 사무국 직원이 위원장을 배석하여 회의진행을 지원한다.

1.7 런던협약(LC) 및 동 의정서(LP) 당사국회의

1972년 폐기물 및 그 밖의 물질의 투기에 의한 해양오염방지에 관한 협약[427](LC) 당사국과

---

426) IMO의 각 위원회는 별도의 지침을 가지고 있는 바, MSC가 보유하고 있는 지침의 명칭은 Guidelines on the Organization and Method of Work of the Maritime Safety Committee이다.

427) 이 협약의 영문 명칭은 Convention on the Prevention of Marine Pollution by Dumping of Wastes and Other Matter, 1972이지만 실무적으로 협약이 채택된 London을 앞에 붙여 간단히 London Convention, LC, 또는 L/C라고 표기하고 있다.

1996년 동 협약 의정서[428](LP)의 당사국은 각각의 규정에 따라 IMO 본부에서 당사국회의를 개최하고 있다(LC 제14조, LP 제18조). 그러나 LC 및 LP 당사국회의는 IMO의 다른 회의와 성격이 다소 다르다. 이 회의는 정식으로 IMO가 주관하는 회의가 아니고, IMO는 LC 및 LP 당사국회의의 사무국 역할 및 이 협약들의 기탁소(depositary) 역할을 행할 뿐이다.[429] 그러나 IMO가 사무국 역할을 담당함에 따라 각종 문서의 제출기한 등 작업방법은 다른 IMO 회의의 경우와 동일하다.

LC 당사국회의는 정기적인 자문회의(consultative meetings)와 당사국의 2/3의 요청에 따른 특별회의(special meeting)로 구분되며, 자문회의는 2년을 넘지 않는 간격으로, 특별회의는 필요시에 개최된다(LC 제14조 제3항 (a)). 반면에 LP 당사국회의는 정기적인 회의(Meetings)와 당사국의 2/3의 요청에 따른 특별회의(special meeting)로 구분되며, 회의는 1년에 1회, 특별회의는 필요시에 개최된다(LP 제19조 제2항 제1호).

회의는 사무총장이 초청한 당사국 모두에게 개방되며(LC 및 LP 당사국회의 의사규칙 제2조), 회의는 통상 IMO 본부에서 개최된다. IMO 사무총장은 LC 및 LP 당사국회의와 협의하여 회의개최 날짜 및 기간을 정하고(동 의사규칙 제9조), 이를 각 당사국 및 옵서버에게 회의개최 2개월 전까지 서면으로 통보하여야 한다(동 의사규칙 제10조). LC 및 LP 당사국회의에 옵서버로 참석할 수 있는 단체의 범위, 토의참석 여부 등은 IMO 이사회, 위원회의 경우와 거의 유사하다.

한편, LC 및 LP 당사국이 각각 다르다 보니 당사국회의의 의사규칙도 별도로 규정되어 있다. 그러나 관례적으로 2개의 회의는 통합해서 개최되는 바, 이를 적절히 관리하기 위하여 별도의 지침이 마련되어 있다.[430] 이 지침에서는 의제의 선정, 임원의 선출을 통합하여 할 수 있도록 규정하고 있다. 각각의 당사국회의 의사규칙의 내용은 거의 동일하다. 특히 LC 및 LP 당사국회의 의사규칙은 IMO 조직이 아님에도 불구하고 IMO 사무국을 자체 사무국으로 활용하도록 규정하고 있다(LC 및 LP 당사국회의 의사규칙 제22조 내지 제24조).

LC 및 LP 당사국회의의 하부조직인 과학그룹(Scientific Group)과 LP 준수그룹(Compliance Group)은 1년에 1회 정도 개최되며, 여기에서는 LC 및 LP 당사국회의 의사규칙을 적용한다(동 의사규칙 제12조). 과학그룹은 각 당사국의 초청에 따라 해당 국가에서 주로 개최되고, LP 준수그룹은 IMO 본부에서 주로 개최된다. 과학그룹은 해양투기에 관한 과학적인 평가를 하기 위한 회의이며, LP 준수그룹은 당사국의 협약중수 여부를 평가하기 위한 회의로서 소규모 전문가로 구성되어 있다. 우리나라의 경우 신창훈 박사가 2009년 10월부터 회원(member)으로 참여하고 있다.[431]

---

428) 이 협약의 영문 명칭은 1996 Protocol to the Convention on the Prevention of Marine Pollution by Dumping of Wastes and Other Matter, 1972이지만 실무적으로 London Convention의 의정서(Protocol)라는 점을 강조하여 간단히 London Protocol, LP, 또는 L/P라고 표기하고 있다.

429) LP는 IMO로 하여금 사무국 역할을 하도록 규정하고 있으며(제19조), IMO는 총회결의 395(X), Acceptance of duties under the Convention on the Prevention of Marine Pollution by Dumping of Wastes and Other Matter, 1972, 14 November 1977로 사무국 업무를 수락하였다. 참고로 아직 발효되지 아니한 「국제기구와 국가 또는 국제기구 간의 조약법에 관한 비에나협약」에 따르면 제3자인 국제기구에 의무가 발생하려면 해당 국제기구가 서면을 통하여 명시적으로 그 의무를 수락해야 한다(제35조).

430) 이 지침의 영문 명칭은 Guidance for application of the Rules of Procedure for the conduct of combined meetings, as provided for in Rule 9이다.

431) para. 6.6, LC 31/15, REPORT OF THE THIRTY-FIRST CONSULTATIVE MEETING AND THE FOURTH

국제회의 출장자의 참고사항

정부대표로 임명되어 국제회의에 참석하는 사람은 국가대표로서 국제법에 의한 면책과 특권을 향유할 수 있다. 아울러 출장 기간 국가대표로서 국가의 명예를 지키고, 우리의 문화적 품위를 널리 알릴 수 있도록 품위 있게 행동하여야 한다.

국제회의의 경우 정식적인 회의 이외에도 각종 리셉션, 만찬, 발표회 등의 부대행사가 수반되는 것이 보통이다. 출장자는 특별한 이유가 없으면 이러한 부대행사에 적극 참여할 필요가 있다. 이러한 부대행사는 대체로 비공식적으로 운영되기 때문에 자유스러운 분위기에서 외국인들과 친교도 나누고, 우리를 적극적으로 알릴 좋은 기회다.

한국인의 경우 리셉션에 익숙하지 않기 때문에 서서 장시간 이야기 하는 것이 상당히 부담스러운 것은 사실이다. 그러나 리셉션은 대화상대를 계속 바꾸어 가면서 다양한 주제에 대하여 이야기 할 수 있고, 많은 정보를 얻을 수 있는 장점이 있다. 또 리셉션은 일종의 외교적 규범(norm)이기 때문에 우리가 싫다고 다른 것을 바꾸기도 쉽지 않다. 꾸준히 참석하다 보면 대화요령이 생기게 된다. 리셉션에서 한국인끼리 모여서 얘기하는 것은 금물이며, 외국인과 한국인이 함께 대화할 경우에는 영어를 사용하는 것이 바람직하다.

실무적인 회의의 경우 밤늦게까지 진행되는 수가 있다. 이 경우 회의 중간에 빠져나가는 것은 다른 회의 참석자에 대한 실례이다. 누구나 출장 와서 밤늦게까지 일하고 싶은 사람은 없다. 반면에 밤늦게까지 함께 일하고 나면 다음에 매우 친한 사이가 될 수 있다. 이러한 경우를 대비하여 호텔은 회의장에게 가까운 곳에 구하는 것이 좋다.[432]

2. 공개(publicity)

통상 모든 회원국 대표가 모이는 본회의(plenary)나 전체위원회(Committee of the Whole)는 공개적으로(in public), 기타의 회의는 비공개로(in private) 개최되는 것이 원칙이며, 자체 회의의 결정에 따라 이는 수시로 변경될 수 있다. 이사회에서 사무총장을 선출할 경우 토의는 본회의에서 이루어지나 이 경우 반드시 비공개로 진행되어야 한다(이사회 의사규칙 제52조). 한편, IMO의 매체접근(media access)에 관한 지침[433]에 따라 매체는 위원회 및 하부조직에 참관할 수 있으나, 실무작업반(working groups)과 초안작업반(drafting groups) 회의는 비공개로 진행되어야 한다(MSC 의사규칙 제8조, LEG 의사규칙 제9조 등).

비공개로 진행되는 위원회의 진행과정을 참관하고자 하는 개인, 단체는 사전에 사무국에 통보하여 참관가능 여부에 대한 내락을 받아야 한다. 통상 참관신청자가 IMO 업무에 관련이 있을 경우 의장의 내락을 받을 수 있다. 이에 따라 내락을 받은 참관신청자는 회의개회 전 회의장 뒤편의 2층 참관석에 착석하여야 한다. 의장은 위원회를 개회하면서 참관인의 허용 여부를 위원회에 문의하며, 각국이 이에 반대하는 경우는 거의 없다. 실제 의장은 회의진행에 관한 권

MEETING OF CONTRACTING PARTIES, 30 November 2009, p. 31.

432) 현재 정부의 출장비로 런던이나 뉴욕 시내에 호텔을 구하기는 쉽지 않다. 조속히 출장비의 현실화 조치가 이루어져야 할 것이다.

433) 이 지침의 영문 명칭은 Guidelines for Media Access to Meetings of Committees and their Subsidiary Bodies이며, 제92차 이사회(2004.6.21-5)에서 승인되었다. 지침의 주요 내용은 회의의 공개성과 투명성을 제고하기 위하여 가급적 모든 회의는 뉴스매체에게 접근을 허용하고, 전문해사매체(specialist maritime media)의 대표에게는 UN시스템에 따른 승인시스템(accreditation system)을 적용하여 자동으로 접근이 허용되도록 규정하고 있다. 특히 녹음, 촬영 및 사진은 사전 허가를 받아야 하며, 회의내용 중 발언을 언급할 경우는 해당자의 허가를 받아야 한다.

한이 있기 때문에 위원회의 승인 없이도 참관을 허용할 수 있으며, 의장의 결정을 번복시키려면 참석자 과반수의 표결이 필요하다.

제5절 의제(Agendas)

1. 잠정의제의 준비

잠정의제(provisional agenda)는 사무총장이 준비하여 각 회의의 의장(president) 또는 위원장(chairman)의 승인(approval)을 받아야 한다. 총회의 경우 잠정의제는 사무총장이 준비하여 이사회의 승인을 받아야 한다(총회 의사규칙 제13조).

잠정의제에 포함될 내용으로는 총회, 이사회, 위원회, 회원국, UN, UN전문기구, 사무총장이 요청한 사항 등이다. 총회의 경우 이사국 선출, 예산 및 재정에 관한 사항이 잠정의제로 추가되며(총회 의사규칙 제14조 (v) 및 (vi)), 이사회의 경우 총회에 보고될 예산 및 재정에 관한 사항이 추가될 수 있다(이사회 의사규칙 제13조 (e)). 위원회의 경우 이전의 회의에서 종결시키지 못한 의제는 별도의 결정이 없는 한 다음 회의의 의제에 포함된다(MSC 의사규칙 제11조, MEPC 의사규칙 제12조 등). 그러나 MSC의 경우 위원회가 1년에 2차례 개최될 경우 그 해 첫 번째 회의의 의제로 포함된 사항은 두 번째 회의의 의제로 포함시킬 수 없다. 그러나 절차적인 문제 및 위원장이 사무총장과 협의를 거쳐 필요하다고 인정하는 문제의 경우에는 그러하지 아니하다.

실제 각 위원회의 경우 기존의 의제 및 새로운 의제를 다음 회기의 잠정의제에 포함시킬지의 여부는 위원회에서 자체 작업계획(work program)에 대한 토의를 거쳐 총회의 승인으로 최종 결정된다. 중요성이 떨어져 작업계획에서 삭제되거나 다음 회계 연도[434]로 연기된 사항은 자연히 잠정의제에 포함될 수 없게 된다.

제92차 해사안전위원회(MSC, 2013.6.12-21)의 잠정의제는 다음 그림4와 같다.

<그림 4: 제92차 해사안전위원회 잠정의제>

	Opening of the session
1	Adoption of the agenda; report on credentials
2	Decisions of other IMO bodies
3	Consideration and adoption of amendments to mandatory instruments
4	Measures to enhance maritime security
5	Goal-based new ship construction standards
6	Passenger ship safety
7	Dangerous goods, solid cargoes and containers (report of the seventeenth session of the Sub-Committee)
8	Fire protection (report of the fifty-sixth session of the Sub-Committee)

434) IMO 총회는 2년마다 개최되며, 이때 향후 2년의 예산이 결정된다. 이 2년의 회계 연도에 작업계획 및 시행에 필요한 예산이 반영되지 못하면 작업을 진행할 수 없게 된다.

9	Radiocommunications and search and rescue (report of the seventeenth session of the Sub-Committee)
10	Bulk liquids and gases (report of the seventeenth session of the Sub-Committee)
11	Stability and load lines and on fishing vessels safety (report of the fifty-fifth session of the Sub-Committee)
12	Flag State implementation (report of the twenty-first session of the Sub-Committee)
13	Ship design and equipment (report of the fifty-seventh session of the Sub-Committee)
14	Training and Watchkeeping (urgent matters emanating from the forty-fourth session of the Sub-Committee)
15	Technical co-operation activities relating to maritime safety and security
16	Capacity-building for the implementation of new measures
17	Formal safety assessment
18	Piracy and armed robbery against ships
19	General cargo ship safety
20	Implementation of instruments and related matters
21	Relations with other organizations
22	Review and reform of the Organization, including application of the Committee's Guidelines
23	Work programme
24	Election of Chairman and Vice-Chairman for 2014
25	Any other business
26	Consideration of the report of the Committee on its ninety-second session

2. 잠정의제의 통보

사무총장은 관련회의의 잠정의제와 관련 문서(supporting documents)를 회의 개최 최소 2개월 전에 회원국, IGO, NGIO 등에 통보하여야 한다. 그러나 법률위원회(LEG), 기술협력위원회(TCC), 간소화위원회(FAL)는 각각 최소 1개월 전에 통보하면 된다. 실무적으로 IMO는 회원국 등이 문서를 미리 준비할 수 있도록 회의개최 날짜가 확정되면 바로(대략 회의개최 약 10개월 전) 회람장(circular letter)으로 잠정의제와 회의개최 날짜를 통보하고 있다. 잠정의제 문서에는 위원회작업지침[435]에 따른 문서의 작성방법, 제출기한 등에 관한 상세한 정보가 포함되어 있는바, 구체적인 내용은 다음에서 검토하기로 한다.

3. 문서의 준비 및 제출

3.1 문서의 종류

IMO의 문서는 크게 의제문서(agenda document) 및 기타문서로 나눌 수 있다. 의제문서는

435) 위원회 작업지침은 위원회별로 마련되어 있으며, MSC와 MEPC는 공동의 작업지침을 가지고 있다. 이 지침의 영문 명칭은 Guidelines on the Organization and Method of Work of the Maritime Safety Committee and Marine Environment Protection Committee and Their Subsidiary Bodies이다.

회의의 결정을 위하여 토의를 이끌어 가는 문서로서, 크게 기본제안문서, 보충문서 및 정보분서의 3가지로 분류할 수 있다. 기타문서는 실무작업문서(working paper), 임시문서(J paper) 등으로 분류할 수 있다. 436)

3.1.1 기본제안 문서

IMO의 작업계획(work program)에 따라 정식 의제목록(agenda item)으로 채택된 의제에 대하여 정책적인 제안이나 향후 작업의 기본이 되는 문서를 말한다. 통상 회의명+의제번호(예: LEG 12) 형식으로 표시된다. 문서의 내용 중 아직 확정적이지 않은 내용에 대하여는 꺾쇠괄호(square bracket, [ ])를 사용하여 아직 유동적인 상태임을 표시한다.

3.1.2 보충문서

이미 제출된 정책제안 문서에 대한 대안제시나 자국의 의견을 개진하는 문서를 말하며, 일명 의견문서(comment document)라고도 한다. 또 다른 국가의 정책보완 문서에 대하여 다시 다른 대안이나 자국의 의견을 제시할 수도 있다. 통상 회의명+의제번호/1...(예: LEG 12/1)의 형식으로 표시된다.

3.1.3 정보문서

정보문서(information paper)는 기본제안문서나 보충문서와 달리 회원국들에게 정보를 전달하기 위한 문서이다. 원칙적으로 IMO 조직의 모든 본회의(plenary)에서 정보문서 및 양지하는(noted) 것으로 종료되는 기타 문서에 대하여는 토론을 진행하지 않고 양지하는 것으로 종료되어야 한다.437) 그러나 실무에서는 제출기한에 맞추지 못하는 경우 다른 문서로 제출하지 못하고 정보문서로 제출하는 경우도 종종 있다. 또 내용이 중요할 경우 본회의에서 이에 대해 토론이 이루어지지 않더라도 위원장의 결정에 따라 실무작업반회의에서 작업의 기본문서로 활용되는 경우도 있다. 통상 회의명+INF.1...(예: LEG 12/INF.1)의 형식으로 표시된다.

3.1.4 기타문서

실무작업문서는 작업반 활동 및 결과보고를 위한 문서로서 WP+번호(예: LEG 12/WP.1)의 형태로 표시된다. IMO 회의 기간 중 실무작업문서는 회원국, 정부간 기구에게는 2부씩 배부되지만 추가적으로 필요한 경우에는 회의 전에 사무국에 요청하여야 한다. 비정부간 기구에 대하여는 1부가 배부된다.438)

---

436) 김영석, "국제해사업무 Mechanism 이해 및 우리나라 대응역량강화를 위한 제안," 2000.5., 제27쪽 내용을 저자가 다소 수정하여 정리하였다.

437) para. 3.1, Measures to improve the conduct of IMO meetings, IMO Circular letter No.3087, 26 July 2010.

임시문서는 실무작업반의 위임사항(terms of reference) 초안, 참석자 명단 초안, 비공식 초안 작업반(drafting group)의 초안 등 아직 확정되지 아니한 사안에 관한 문서로서, J+번호(예: LEG 12/J1)의 형태로 표시된다.[439)]

3.2 문서의 형식[440)]

문서의 줄 간격은 1줄(single spacing)로 하고, 가능한 간략하게 준비해야 한다.[441)] 또 비계획과제(unplanned output)에 포함시키기 위한 제안문서는 전략방향(strategic direction), 고수준 활동(high-level action), 계획과제(planned output)를 포함하여 전략계획(strategic plan) 및 고수준 활동계획(High-level Action Plans)과의 관련성을 표시해야 한다.[442)] 또한 해사안전, 보안 및 해양환경보호에 관한 IMO 협약의 개정과 관련되어 MSC나 MEPC에서 채택이 예상되는 문서는 그 중요성을 표시하고 다른 문서와 구분하기 위하여 핑크색 종이에 인쇄하여야 한다.[443)]

IMO 문서의 구성방법은 다음의 표5와 같다.[444)]

〈표5 : IMO 문서의 구성방법〉

SUMMARY	
Executive summary:	This description should be brief, outlining the proposed objective (an amendment, an Assembly resolution, a circular, information only, etc.), and include information on whether a proposal will have any financial implications for the shipping industry or for the IMO budget.
Strategic direction:	A reference should be made to one or more relevant strategic directions in the Organization's Strategic Plan.
High-level action:	A reference should be made to one or more corresponding high-level actions in the Organization's High-level Action Plan.
Planned output:	A reference should be made to one or more corresponding planned outputs in the biennial's High-level Action Plan. If there is no corresponding planned output, an appropriate descriptive text should be included.
Action to be taken:	A reference should be made to the paragraph of the document which states the action to be taken by the Committee, sub-committee, etc.
Related documents:	Other key documents should be listed to the extent they are known to the originator of the document.

438) paras. 4.1 and 4.2, *Ibid.*

439) 실무적으로 IMO에서 인쇄되는 모든 문서는 등록을 위하여 번호를 부치도록 되어 있는 바, 특별한 의미가 있는 것이 아니고 작업(Job)의 첫 글자인 J를 가져왔다고 한다.

440) para. 6.1, Guidelines on the Organization and Method of Work of the Maritime Safety Committee and Marine Environment Protection Committee and Their Subsidiary Bodies. 참고로 문서의 형식에 관하여 모든 위원회는 이사회의 지침에 따라 동일한 기준을 가지고 있는 바, 여기에서는 MSC와 MEPC 공동의 작업지침을 인용하였다.

441) para. 6.1, Guidelines on the Organization and Method of Work of the Maritime Safety Committee and Marine Environment Protection Committee and Their Subsidiary Bodies.

442) para. 6.1.1, *Ibid.*

443) para. 6.4, *Ibid.*

444) para. 6.1.1 이하, *Ibid.*

3.3 문서의 제출기한

제출된 문서에 대하여 각국이 충분한 연구를 하려면 회의 시작 전 충분한 시간을 두고 문서가 IMO 본부에 제출되어, 3개의 실무언어로 번역되어야 한다. 문서의 제출기간에 관한 요건은 다음과 같다.445)

3.3.1 일반규칙

위원회, 전문위원회, 사무국의 보고서를 제외하고 IMO에 제출되는 모든 문서는 50쪽 이내로 작성되어야 한다. 또 50쪽을 넘어가는 문서의 경우 20쪽 당 1주일씩 문서제출 기한이 앞 당겨진다.446)

3.3.2 회기 13주 이전 문서 제출

비계획과제를 제안하는 문서와 6쪽을 초과하는 덩치문서(bulky document)는 회의 개최 13주 전까지 IMO에 제출되어야 한다. 이러한 문서는 3개의 실무언어로 번역되어 회의개최 5주 전까지 IMO나 IMO 문서 웹사이트(website)에 게시되어야 한다. 덩치 정보문서(bulky information papers)는 전자적 형태일 경우 회의개최 9주 전까지 제출할 수 있으며, 이는 번역되지 않고 회의개최 5주 전까지 IMO에서나 IMO 문서 웹사이트(website)에 게시되어야 한다.447)

3.3.3 회기 9주 이전 문서 제출

덩치문서가 아닌 문서, 계획과제에 포함된 안건에 관한 문서, 회의개최 9주 전까지 IMO에 제출되어야 한다. 이들은 3개 실무언어로 번역되어 회의개최 5주 전까지 IMO에서나 IMO 문서 웹사이트(website)에서 볼 수 있다. 덩치 정보문서가 아닌 정보문서는 회의개최 9주 전까지 IMO에 제출해야 하지만 번역되지는 않고, 회의개최 5주 전까지 IMO나 IMO 문서 웹사이트(website)에서 볼 수 있다.448)

3.3.4 회기 7주 이전 문서 제출

위의 문서에 대하여 의견을 제시하는 문서(commenting document)로서 총 4쪽 이내의 문서는 회의개최 7주 전까지 IMO에 제출될 수 있다. 이 경우 이 문서는 관련 문서에 대한 의견제시이며, 지침 para. 6.12.5에 따라 제출한다고 명시해야 한다. 이 문서는 3개 실무언어로 번역되어 회의개최 4주 전까지 IMO에서나 IMO 문서 웹사이트(website)에서 볼 수 있다.449)

---

445) para. 6.12, Guidelines on the Organization and Method of Work of the Maritime Safety Committee and Marine Environment Protection Committee and Their Subsidiary Bodies.

446) para. 6.12.1, *Ibid.*

447) paras. 6.12.2 and 6.12.3, *Ibid.*

448) paras. 6.12.4 and 6.12.6, *Ibid.*

3.4 긴급의제

잠정의제를 송부한 후 예외적인 상황의 발생으로 인하여 의제에 추가할 사항이 있을 경우 사무총장(총회의 경우는 이사회 또는 이사회의 위임을 받은 사무총장)은 위원회 위원장과 협의 또는 승인을 통하여 보충 잠정의제(supplementary provisional agenda)로서 잠정의제에 포함시킬 수 있다. 이러한 경우 사무총장은 보충 잠정의제에 포함시키려고 하는 의도를 즉시 회원국 등에게 알려야 한다(총회 의사규칙 제18조, MSC 의사규칙 제14조 등).

4. 의제의 채택(adoption of the agenda)

모든 IMO 회의에서 잠정의제의 첫 번째 의제는 의제의 채택이다(총회 의사규칙 제16조, MSC 의사규칙 제10조 등). 긴급한 현안이 발생하여 꼭 토의할 필요가 있는 의제는 기타 사항(any other business)에 포함시킨다. 그러나 의제에 포함되지 않으면 그에 관한 사전검토 및 대표에 대한 훈령이 준비되지 않았으므로 IMO의 결정이 내려질 수 없다.[450] 원칙적으로 의제는 사안의 중요성에 따라 토의순위가 배정되어야 하고(prioritization), 심의가 이루어지지 못한 의제는 다음 회의로 연기된다.

5. 의제검토에 필요한 자료 및 문서 제공

사무총장은 모든 IMO 회의에서 실질적인 의제안건(substantive agenda item)에 대한 검토가 시작되기 전에 해당 의제의 기술적, 행정적 및 재정적 관련사항(implication)을 보고하여야 한다. 해당 IMO 회의에서 별도로 결정하지 않는 한 사무총장의 보고가 제공된 후 최소 48시간이 지나지 않으면 해당 의제를 검토할 수 없다. 다만, 이 경우 MSC와 MEPC는 최소 24시간이고, LC 및 LP 당사국회의는 검토의 전일이면 된다.

MSC, MEPC 및 LC·LP 당사국회의는 해당 회의가 별도로 결정하지 않는 한 의제안건에 관한 문서가 제공되고 24시간이 경과하지 않으면 검토를 진행할 수 없다(MSC 의사규칙 제15조, MEPC 의사규칙 제16조, LC 당사국회의 의사규칙 제19조 등).

실제에 있어 긴급한 사항일 경우 문서 제공 후 24시간이 경과하지 않았더라도 위원장의 제안에 따른 관련 회의의 동의로 검토가 진행되는 것이 일반적이다. 해당 회기에 결정을 내리지 못하면 다음 회기까지 1년을 기다려야 하기 때문이다. 다른 회의의 경우 이런 규정이 없으나 해당 회의는 의사진행과 관련된 어떠한 결정도 내릴 수 있기 때문에 필요할 경우 이 규정을 준용하는 결정을 내릴 수 있다.

---

449) para. 6.12.5, *Ibid.*

450) 2010.6.1. 제60차 기술협력위원회(TCC)에서 터키 등 상당수의 국가는 2010.5.31. 가자(Gaza)지구에 구호품을 수송하는 선박에 대한 이스라엘의 공격을 비난하며, 이러한 행위는 해양자유와 항해안전의 원칙을 위반하는 것이라며 IMO가 적절한 대응책을 마련하여야 한다고 주장하였다. 이에 대해 IMO 사무총장은 이러한 내용이 의제에 포함되어있지 않다면서 이를 거부하고, 관련 국가의 성명(statement)을 회의록의 부속서에 포함시켰다. Report of the Technical Cooperation Committee on its Sixtieth Session, TC 60/13, pp. 2-3.

제6절 임원 및 사무국(officers and secretariat)

1. 임원의 선출(election of officers)

1.1 외교회의(diplomatic conference)

IMO가 개최하는 외교회의의 경우 본회의가 개회되면 바로 의장(President) 1명, 부의장(Vice-Presidents) 3명, 전체위원회(Committee of the Whole), 초안작성위원회(Drafting Committee)의 위원장 각 1명을 선출한다(외교회의 의사규칙 제6조 등). 별도의 규정은 없다고 하더라도 임원은 관련 협약의 당사국 또는 IMO 회원국의 대표 중에서 선임되는 것이 관례이다. 외교회의의 경우 최초의 본회의 개회 시에는 의장이 아직 선출되지 않았으므로 사무총장이 공식 개회를 선언한다.

외교회의가 IMO 본부에서 개최될 경우 사무국은 과거의 국가별 임원 배정사례를 참조하여 의장 및 부의장을 내정하여 본인의 승낙을 받는다. 외교회의가 영국 이외의 국가에서 개최될 경우 사무국은 해당 국가의 추천을 받아 해당 국가 인사를 의장으로 내정하는 것이 관례이다. 이후 사무국은 비공식적으로 각국 대표를 접촉하여 임원 내정자에 대한 추천 및 지지국가를 모집한다. 통상 IMO사무국에서는 처음 추천, 이에 대한 재청 및 삼청 국가까지만 구체적인 순서를 정하고, 다른 국가들에게는 일반적인 지지를 요청한다. 각국 대표는 이에 적극 협조하는 것이 관례이며, 추천 및 지지국가에게는 사전에 임원 내정자의 이력서가 제공된다.

외교회의가 개최되는 당일 본회의(plenary)가 개최되기 전 사무총장의 사회로 수석대표회의(Meeting of the Heads of Delegation)가 개최된다. 이때 사전 각본에 따라 의장후보자에 대한 추천 및 지지가 시작되면 사무국과 접촉이 없었던 많은 국가들이 자발적으로 지지에 동참하므로 만장일치로 의장 후보자가 결정되게 된다. 본회의가 개회되면 사무총장은 의장후보자를 선출한 수석대표회의 결과를 보고하고, 본회의는 수석대표회의의 권고를 받아들여 만장일치로 의장 후보자를 의장으로 선출한다. 의장은 본인을 의장으로 선출하여 준 외교회의에 감사를 표시하고, 간단한 소감 등을 발표한다. 이후 의제 순서에 따라 의제의 채택(의제 1), 의사규칙의 채택(의제 2)을 한 후 부의장 등의 임원선출(의제 3)을 하게 된다.

1.2 총회

정기적인 총회의 첫 번째 회의에서 총회는 의장(President) 1명, 부의장(Vice-Presidents) 2명을 IMO 정회원국의 대표 중에서 선출한다(총회 의사규칙 제20조). 총회 최초의 본회의 개회 시에는 의장이 아직 선임되지 않았으므로 지난 총회의 의장 또는 의장국 대표가 의장 대행(Acting President)로서 공식 개회를 선언한다. 임원선임의 절차는 외교회의의 경우와 대동소이하다.

1.3 이사회

이사회는 위원장(Chairman) 1명 및 부위원장 1명을 선출한다. 임원선출은 총회가 끝난 후 개최되는 특별 이사회에서 이루어진다(이사회 의사규칙 제19조). 따라서 이사회 임원의 임기는 2년이며, 연임에 대한 제한규정은 없다. 통상 위원장을 추대하는 다른 회의와 달리 제26차 특별이사회(2011.11.17-8)에서는 의장에 대한 경선이 이루어져 미국의 J. Lantz씨가 당선된 바 있다.

1.4 위원회 등

위원회 및 위원회의 하부조직(전문위원회 등)은 회원국 중에서, LC/LP 당사국회의는 당사국 중에서 임원을 선출한다. 다른 회의와 달리 LEG와 LC/LP 당사국회의는 부의장이 2명이다. 임원의 임기는 1년이며 연임할 수 있다. MSC, LC/LP 당사국회의는 위원장으로서 총 4년을 초과할 수 없도록 의사규칙에 규정되어 있으나 본인이 원할 경우 계속 연임하는 것이 관례이다.

임원의 임기는 회의의 개최 여부에 관계없이 다음 연도(calendar year)부터 개시된다. 다만, LC/LP의 경우 임원의 임기는 현재 당사국회의 종료 시부터 차기 당사국회의 종료 시까지이다. 그러므로 차기 당사국회의 이전에 회기간 회의(intersessional meetings)가 개최될 경우도 이번 당사국회의에서 선출된 임원이 임원 역할을 행한다.

차기 임원의 선출은 그 해의 마지막 정기적 회의가 종료될 때 행해진다. 통상 회의 종료 전일 오전의 휴게시간(coffee break or tea break)이 끝나고(오전 11:30) 이루어지는 것이 관례이다.[451] 위원장을 선출할 경우 사회는 사무총장이 담당한다. 절차를 간소화하기 위하여 현재는 재임 중인 임원이 재임하겠다는 의사를 밝히면 회원국의 간단한 추천 및 지지의사를 들은 뒤 만장일치로 재임을 결정하고 있다. 이 경우 사무총장은 “May we signify the support in our usual way(manner)?" 또는 "Shall we do it in the usual manner?"를 제안하면 모든 대표는 박수(acclamation)로 화답한다.

> **국제회의에서 호칭**
>
> 국제회의에서 의장(또는 위원장)의 이름은 부르지 않으며, 당신(you)이라는 표현도 사용하지 않는 것이 원칙이다. 따라서 남성임원에 대하여는 Mr. President, Mr. Chairman으로 부르는 것이 정석이다. 한편, 여성임원에 대하여는 Madam President, Madam Chairman(Chairperson)으로 부른다. IMO의 경우 여성 위원장에 대하여 Madam Chair라는 표현이 주류를 이루고 있다.
>
> 의장의 경우 본인을 호칭할 때도 나(I)라는 용어 대신 The President rules that... 식으로 3인칭을 사용한다. 또 대표의 이름을 부르지 않으며, 당신(you)라는 표현을 사용하지 않는다. 물론 막역한 사이의 경우 이름(first name)을 부르는 경우도 간혹 있으나 이는 역시 올바른 표현이 아니다. 대표단의 경우도 역시 나(I)라는 용어를 사용하지 않고 “이 대표단은 지지한다(This delegation supports...)”는 식의 3인칭 어법을 사용한다.
>
> 다른 대표단을 호칭할 경우 나라 명을 바로 사용하는 것보다는 "훌륭한"이라는 의미를 붙여 “the distinguished delegate of (Singapore)”와 같이 사용하면 더 품위가 있다.

451) 국제회의에서 일부 대표들은 항공일정 등을 이유로 회의종료를 보지 못하고 일찍 떠나는 경우가 많아 임원선출을 회의 종료일 전일에 행한다고 한다.

2. 임원의 역할

임원은 명예직으로서 임원으로 선출되어도 IMO로부터 아무런 급여를 받지 않는다. 그러나 임원으로 선출되는 것 자체가 개인 및 국가의 영예이므로 임원으로 선출되고자 하는 대표들은 많다. 통상 임원으로 선출되려면 IMO업무에 정통해야 하며, 오랜 경험을 가져야 한다. 의장 또는 위원장은 의사규칙에 정통해야 하며, 회의를 공정하게 운영해야 한다. 또 각국의 의견이 대립할 경우에도 이를 원만하게 해결할 수 있는 리더십이 있어야 한다. 의장 또는 위원장(전문위원회 위원장 포함)은 상위의 조직에 초청되어(여비 및 체재비는 참석자 부담) 관련 회의의 보고서를 설명하거나 의견을 발표하기도 한다.

의장 또는 위원장은 회의가 시작되기 1-2일 전에 도착하여 사무국이 준비한 회의요약서(brief)를 기초로 회의진행에 관한 의견을 조율한다. 부의장 또는 부위원장은 회의 도중 어려운 문제가 발생하였을 경우 대안을 제시하거나 의장 등의 결정사항을 지지함으로써 의장이나 위원장을 돕는다. 또 부의장 또는 부위원장은 하부조직인 실무작업반 또는 초안작업반의 위원장 역할을 담당하기도 한다.

3. 임원의 유고

외교회의의 경우 의장이 불참하는 경우에는 부의장이 의장의 직무를 수행하며(외교회의 의사규칙 제9조), 부의장이 의장의 역할을 대행하는 경우 부의장의 권한과 의무는 의장과 같다(동 의사규칙 제10조). 외교회의 기간 의장이 의장의 직무를 수행할 수 없을 경우에는 새로운 의장을 선출하여야 한다(동 의사규칙 제11조).

다른 회의의 경우 의장 또는 위원장이 회의의 전부 또는 일부를 불참하는 경우 부의장 또는 부위원장이 의장의 역할을 대행한다. 이사회, LEG, TCC, FAL의 경우 위원장과 부위원장이 동시에 사회를 볼 수 없는 경우 추가의 부위원장을 선출하여 의장의 역할을 대행하도록 한다.

이와 같은 임원의 유고 규정은 실제 매우 유용하다. 의장은 회의를 진행하며 많은 스트레스를 받기 때문에 회의 도중 건강상의 이유로 인하여 더 이상 회의를 진행할 수 없는 경우가 종종 발생하고 있다. 따라서 부의장이나 부위원장은 항상 의장이나 부위원장의 유고 시 직접 사회를 볼 마음의 준비를 하고 있어야 한다.

4. 의장의 투표

의장 또는 의장을 대행하는 부의장은 투표할 수 없으며, 필요할 경우 자국의 다른 대표로 하여금 투표하도록 지정할 수 있다(외교회의 의사규칙 제12조, 총회 의사규칙 제23조 등).

5. 사무국(secretariat)

사무총장은 외교회의의 사무총장 역할을, 총회·이사회 등의 서기(secretary)역할을 담당하며,

자신의 역할을 사무국의 다른 직원에게 위임할 수 있다(외교회의 의사규칙 제13조 (a), 총회 의사규칙 제25조, 이사회 의사규칙 제23조 등). 사무총장 또는 사무총장의 위임을 받은 사무국 직원은 토의되고 있는 안건에 관하여 구두로 또는 서면으로 의사를 표시할 수 있다.

사무국은 문서의 접수, 번역, 재생산, 발행, 배부는 물론, 회의의 기록, 보고서의 작성, 발언에 대한 통역, 요약기록(summary records)의 준비 등 회의와 관련된 모든 지원활동을 행한다. 총회 참석자가 자신의 발언에 대한 수정을 하고자 할 경우에는 서면으로 사무국에 통보해야 하며, 특별한 사정이 없는 한 수정조치는 3일(working days) 이내에 이루어져야 한다(총회 의사규칙 제27조).

제7절 언어, 문서 및 기록

1. 언어(language)

IMO에서 사용되는 언어는 UN과 동일하다. 즉, 공식 언어(official language)는 아랍어, 중국어, 영어, 불어, 러시아어, 스페인어의 6개이며,[452] 실무언어(working language)는 영어, 불어 및 스페인어의 3개이다.[453] 따라서 실무작업반 등의 작업반회의를 제외한 공식적인 모든 발언은 공식 언어 중의 하나로 해야 하며, 이 발언은 다른 5개 공식 언어로 통역된다. 회의장에서 실제 통역은 동시통역(simultaneous interpretation)이 이루어지는 바, IMO는 비용절감을 위하여 발언빈도가 낮은 언어(예컨대 중국어나 러시아어)의 경우에는 상호 간에 직접 동시통역을 하지 않고, 중간에 영어를 거친 통역을 하고 있다.

외교회의나 해당 회의의 승낙을 받은 경우에는 공식 언어가 아닌 언어로도 발언할 수 있다. 이런 경우 해당 언어는 공식 언어 중의 하나로 통역되어야 하며, 사무국은 이를 다시 다른 5개 공식 언어로 통역한다(외교회의 의사규칙 제53조 등). 공식 언어 이외의 언어로 발언할 경우 해당 국가에게는 별도 통역실(interpretation booth)의 설치, 동시통역사의 채용 등 상당한 비용이 발생하는 바, 실제 특별한 경우가 아니면 잘 활용하지 않고 있다.

실무작업반(Working Group) 회의, 초안작업반(Drafting Group) 회의는 영어로 진행되며, 통역서비스가 제공되지 않는다.

452) 당초 IMO의 공식 언어는 영어, 불어, 러시아어, 스페인어의 4개였다. 1961년에 러시아어가(IMO Res. A.27(II), Adoption of the Rules of Procedures, 13 April 1961), 1975년에 중국어(1975년 제34차 이사회 승인, p. 13, IMO A IX/SR.9, 28 June 1976)가 각각 추가되었다.

453) 당초 IMO의 실무언어는 영어와 불어로 제한되었다. 그러나 스페인어를 사용하는 국가의 증가에 따라 1975년 제9차 총회에서 총회 의사규칙을 개정하여 이를 공용어로 추가하였다. IMO Res. A.354(IX), Progressive Use of Spanish as a Working Language of the Organization, 13 November 1975.

찬성, 반대 또는 유보의 영어표현
찬성: This delegation supports...; We align ourselves with the previous speakers...; We concur...; We would like to associate with...,
반대: This delegation has a grave concern...; We have some sympathy to the distinguished delegate of Japan, but we could not support...; We believe the proposal is premature...; The Republic of Korea is of the view that the proposal needs more discussion at the next session of the...,
유보: We reserve our position...; This delegation has not received any instruction from...;

2. 문서(document)

외교회의, 총회, 위원회 등에 제공되는 문서는 3개의 실무언어(영어, 불어, 스페인어)로 발행된다. 다만, IMO는 회의에 제출되는 문서의 쪽수를 줄이기 위하여 정보문서를 제외한 모든 문서로서 20쪽 이상의 문서는 실무언어로 번역하지 않는다.[454]

3. 보고서(reports) 등

모든 보고서, 결의서, 권고 및 결정은 1개의 공식 언어로 제작되어 다른 5개 공식 언어로 번역된다.

IMO의 경우 회의내용을 녹취록(verbatim)으로 작성하지 않는다. 외교회의의 경우 결정기록(record of decisions)을 작성하고, 총회와 이사회는 요약기록(summary records)을 작성한다. 위원회는 이사회 또는 총회에 대한 보고서(report)를 작성하고, 전문위원회는 위원회에 대한 보고서를 작성하여 각각 승인을 받는다.

IMO는 회의 중 발언된 내용을 녹음하고 있으나 이를 배부하지는 않았다. 그러나 2012년부터 IMO DOCS 시스템(http://docs.imo.org/Default.aspx)을 통하여 회의 중 녹음된 내용을 공개하고 있는 바, 누구든지 이에 접속하여 발언내용을 들을 수 있게 되었다.

제8절 표결(voting)

1. 표결의 기본원칙

IMO 협약이나 다른 협약에서 특별히 정한 경우를 제외하고 각 회원국은 1표를 행사하고, 결정은 참석하고 투표한(present and voting) 과반수로 이루어진다. 또 2/3 다수가 필요한 결정의 경우는 참석한(present) 국가의 2/3 다수가 필요하다(IMO 협약 제58조).[455] IMO 협약에서 2/3

454) para. 2.2, Measures to improve the conduct of IMO meetings, IMO Circular letter No.3087, 26 July 2010.

다수가 필요토록 규정한 사항은 회원이 될 자격이 없는 국가의 회원가입승인(제7조), IMO 본부의 이전(제63조), 다른 국제기구의 업무인수(제68조), IMO 협약의 개정(제71조)이다. 한편, IMO 예산에 영향을 주는 사항은 참석하고 투표한 2/3 다수가 필요하다(IMO 재정규칙(Organization's Financial Regulation) 제13.3 규칙).

2. 의결정족수(quorum)

모든 IMO 회의에서 1개 국가는 1표를 행사할 수 있다. 또 회의에서 결정을 하려면 일단 의결정족수(quorum)를 만족시켜야 한다. 의결정족수를 정하는 이유는 소수가 전체의 이름으로 자의적인 결정을 하지 못하도록 하기 위함이다. 외교회의의 경우 의결정족수는 회의에 참석한 국가대표의 과반수이다(외교회의 의사규칙 제15조 등). 총회의 경우 준회원국(Associate Members)을 제외한 회원국의 과반수이며(IMO협약 제14조), 이사회의 경우는 이사국 40개국 중 26개국이다(동 협약 제19조 (b)). 위원회의 의결정족수는 20개 회원국이다. MSC 하부조직의 경우 의결정족수가 만족되지 않아도 회의가 개최되어 보고서가 MSC에 제출되는 조건으로 12개 회원국으로 한다(MSC 의사규칙 제32조 제2항). LC 및 LP 당사국회의의 경우 의결정족수는 당사국의 2/5 또는 20개 당사국 중 적은 수이다.

의결정족수와 유사한 개념으로 의사정족수가 있다. 즉, 의사정족수는 회의를 열기 위한 최소한도의 참석자 수를 말한다. 우리 국회의 경우 의사정족수는 재적의원 1/5이며(국회법 제73조 제1항), UN 총회의 경우 1/3이다(UN총회 의사규칙 제67조). 의사정족수에 따라 회의는 열 수 있어도, 의결정족수가 만족되지 않으면 회의에서 결정은 내릴 수 없다. IMO회의의 경우 의사정족수와 의결정족수를 별도로 구분하지 않고 있다.

3. 결정에 필요한 다수

외교회의의 경우 실질적인 문제(matters of substance)는 회의에 참석하고 투표하는(present and voting) 대표의 2/3 다수, 절차적인 문제(matters of procedure)는 단순과반수(simple majority)의 찬성에 따라 결정된다. 해당 문제가 실질적인지, 절차적인지에 대하여 의문이 있는 경우는 의장이 결정한다. 이 결정에 대한 이의(appeal)는 바로 투표에 붙여져야 하며, 2/3 다수에 의하여 번복되지 않는 한 의장의 결정은 유지된다(외교회의 의사규칙 제32조 등).

다른 모든 IMO 회의에서는 실질적인 문제와 절차적인 문제를 가리지 않고 모든 결정, 선거, 보고서, 의정서 등은 투표할 권리를 가진 국가의 참석하고 투표한 국가의 과반수 찬성에 따라 채택된다.

여기에서 참석한 회원국(Members present)이라 함은 표결에서 찬성, 반대, 기권을 불문하고 회의장에 있는 회원국을 말하며, 표결 당시 결석인 회원국은 참석한 회원국으로 간주될 수 없

455) 여기서 2/3 다수의 의미는 참석하고 투표한(present and voting)이 아니라 참석한(present) 회원국을 말한다. 따라서 반대하거나 기권한 국가를 제외하고 참석한 전체 회원국의 2/3 다수를 얻기는 쉽지 않을 것이다.

다. 또 참석하고 투표하는 회원국(Members present and voting)이라 함은 찬성 또는 반대의 투표를 한 회원국을 말하고, 기권하거나 무효표를 던진 국가는 투표하는 회원국으로 간주될 수 없다(총회 의사규칙 제33조, 이사회 의사규칙 제30조 등). 따라서 많은 국가들이 기권할 경우 비교적 적은 수의 국가에 의하여도 결정이 내려질 수 있다.

호명투표(roll call)에 관한 개인적 경험

2009년 10월에 개최된 LC/LP 당사국회의에서의 일이다. 당시 회의는 당사국간의 의견이 첨예하게 대립되었고, 양측 간의 타협점을 찾기 어려웠다. 특히 이 회의는 일반적인 IMO 회의와 달리 회의참석자들이 대부분이 과학자들이라 자신의 주장을 조금도 양보하지 않으려고 하였다. 이에 따라 이 회의에 참석한 IMO의 상주대표들은 IMO의 협력정신을 발휘하여 모든 문제를 투표로 결정하지 말고, 양측이 한발씩 양보하여 가급적 합의할 것을 권고하였다. 그럼에도 불구하고 의견대립이 있던 국가들은 투표로 결정할 것을 주장하였고, 당시 스웨덴 대표는 호명투표를 주장하였다. 이에 따라 사무국은 호명투표에 필요한 준비를 하려고 하였다.

당시 의사규칙을 잘 모르던 저자는 스웨덴의 제안이 재청을 받지 못하였으므로 호명투표를 진행하면 안 되고, 투표를 하려면 시간절약을 위하여 거수투표로 할 것을 제안하였다. 그러나 이상하게도 다른 국가들이 저자의 제안에 대하여 아무런 찬성·반대의 주장을 하지 않았고, 해당 문제에 대한 찬반의 주장만을 계속하였다. 이에 위원장은 분위기를 가라앉히기 위하여 바로 정회에 들어갔다. 이후 속개된 회의에서는 스웨덴의 주장에 따른 호명투표가 진행되었다.

저자는 이상해서 사무국 직원에게 LC/LP 당사국회의 의사규칙을 구하여 보았는데 다른 회의의 의사규칙과 동일하게 규정되어 있었다(any Member may request a roll-call vote...). 즉, 회원국은 호명투표를 신청할 수 있지 이를 반드시 받아들여야 한다는 내용이 없었다. 그러나 실제 회의에서는 관례적으로 이를 거의 강행규정으로 받아들여 이에 대한 찬반토론 없이 바로 호명투표가 진행되었었다. 아마도 각국 대표는 저자의 이의제기에 대하여 대응할 가치가 없다고 판단하여 아무런 반응을 보이지 않았던 것으로 생각된다.

그러나 호명투표의 목적은 다수의 의사를 기록에 남기고자 함에 있다.[456] 따라서 다수를 확신한 국가는 이에 대한 찬반투표에서도 승리할 것으로 생각할 것이다. 그러나 실제 호명투표를 지지하는 국가가 얼마인지는 미리 알 수 없다. 따라서 호명투표의 제안이 있을 경우 이 제안은 다른 제안과 마찬가지로 과반수의 지지를 얻도록 하는 것이 이 규정의 올바른 해석으로 판단된다.

4. 투표방법(method of voting)

통상 IMO의 모든 회의에서 투표는 거수투표(show of hands)로 행한다. 그러나 어느 국가든지 호명투표(roll-call vote)를 요청할 수 있다. 이 경우 의장 또는 위원장의 추첨으로 처음 투표할 국가를 선택하며, 이후 영어 알파벳 순서로 다른 국가들이 차례로 투표하게 된다. 호명투표에 참석한 각 국가의 표결내용은 회의기록이나 회의보고서에 기록되어야 한다(외교회의 의사규칙 제34조, 총회규칙 제34조, MSC 의사규칙 제27조 등). 호명투표가 행해질 경우 차례로 호명된 대표는 찬성(yeas) 또는 반대(nays)의 의견을 나타내게 된다. 투표에 참가하지 않고자 하는 대표는 present 나 abstain이라고 말하고, 아직 투표할 준비가 안 되어 다음에 다시 호명을 원할 경우는 pass라고 말한다.[457] LC 및 LP 당사국회의의 경우 과반수가 찬성할 경우 비밀투표를 행할 수 있다.

---

456) Henry M. Robert *et al., Ibid.*, p. 420.
457) *Ibid.*, p. 420-21.

임원, 이사국, 사무총장의 선출 등 경선을 하는 경우는 비밀투표를 행한다(총회 의사규칙 제37조, 이사회 의사규칙 제35조 등). 비밀투표를 행할 경우 의장이나 위원장의 제안으로 대표 중 2명의 투표 참관인(scrutineers)이 임명되고, 이들은 투표절차를 감독하게 된다.

실제 비밀투표를 할 경우 사무국은 미리 준비된 투표지를 각국 대표에게 교부하고, 각국 대표는 투표지에 적절한 표시를 행한다. 이후 사무총장은 영문 알파벳 순서에 따라 A로 시작하는 국가부터 호명하고, 이에 따라 각국 대표는 차례로 연단 앞으로 나아가 투표함에 투표지를 투입한다. 투표가 끝나면 회원국 대표 중에 지명된 2명의 투표 참관인과 사무국 직원이 투표함을 본회의장 외부로 가져가 개표를 하게 된다. 이 때 개표를 위하여 잠시 정회가 선언되기도 한다. 개표가 완료되면 회의가 속개되며, 이때 사무총장은 찬성, 반대, 기권, 무효 등을 포함한 그 결과를 발표한다.

5. 표결 결과 찬반이 동일한 경우

IMO의 회의에서 표결 결과 찬반이 동일한 경우는 다음 회의(next meeting)에서 다시 표결한다(총회 의사규칙 36조, MSC 의사규칙 제28조 등). LEG, TCC, FAL의 경우 다음 회의는 동일한 회기의 다음 회의(next meeting within the same session)로 명확하게 규정하고 있다. LC 및 LP 당사국회의에서는 가능한 한 다음날 다시 표결 하도록 하고 있다(LC/LP 의사규칙 제31조). 다시 표결한 결과 다시 찬반이 동일한 경우 해당 제안은 부결된 것으로 본다.

6. 임원 및 이사국의 선출

6.1 일반적인 기준

선거로 1인의 임원이나 1개국을 선출할 경우 첫 번째 선거에서 과반수 득표자가 없으면 다음 선거에서는 다수 득표자 2인이나 2개국만을 대상으로 선거한다. 다음 선거에서 각 후보가 동일한 득표를 한 경우에는 다음 회의로 선거를 연기한다. 이 선거에서도 동일한 결과가 나오면 의장 또는 위원장의 추첨(drawing lots)으로 당선자 또는 당선국가를 결정한다(총회 의사규칙 제39조 등).

6.2 총회의 특칙

다수의 이사국을 선임하는 총회는 상기의 규정 외에 약간의 규정을 추가하였다. 즉, 동일한 조건으로 한 번의 선거로 2자리 이상을 채우는 경우 과반수를 득표한 후보는 선출된 것으로 선언된다(총회 의사규칙 제40조 (a)). 만일 과반수를 획득한 후보가 선출한 자리보다 많을 경우는 이중 다수 득표국이 선출된 것으로 선언된다(동 제40조 (b)). 만일 과반수를 획득한 후보가 선출할 자리보다 적을 경우는 남은 채울 자리의 2배수에 해당하는 다수 득표국을 대상으로 다시 선거를 시행한다. 만일 선거에 포함되는 최소득표자가 2개국 이상일 경우는 이들을 모두 선거대상으로 포함시킨다.(동 40조 (c)). 마지막 채울 자리에 2개국 이상이 동일한 득표를 한 경우는 이들만을 대상으로 다시 선거를 실시한다. 만일 다시 후보들이 동일한 득표를 한 경우 의장은 추첨으로 다음 선거에서 배제될 국가를 결정한다(동 40조 (d)). 전자개표를 할 경우 선출될 후보보다 많은 수의 후보가 포함된 투표지는 무효로 한다(동 40조 (e)). 전자개표를 할 경우 사무총장은 투표용지를 준비하고, 후보의 명칭은 영어 알파벳순으로 기재한다. 후보의 수보다 많은 수를 포함하는 토표용지와 변조된 투표용지는 무효로 한다(총회 의사규칙 제40조 *bis*).

이사국 선거는 A, B, C 각 카테고리(category) 별로 시행하고(이사회 의사규칙 제41조), 한 카테고리에서 낙선한 국가는 다음의 카테고리에 다시 출마할 수 있다.(동 42조).

6.3 사무총장 선거의 특칙

한편, 2011년 6월의 이사회에는 사무총장 후보로 총 6명의 후보가 난립하였다. 이 경우 위의 일반적인 기준으로는 동점자가 많이 나올 수 있어 이 경우 이사회의 의사가 왜곡될 수 있다는 문제점이 제기되었다. 이에 따라 이사회는 이사회 의사규칙을 개정하여 사무총장 선출방법을 개정하였다. 즉, 4인 이상의 사무총장 후보가 입후보한 경우 제1차 투표에서 과반수를 획득한 자가 없을 경우 최소득표자는 다음 단계(round)의 선거에 진출할 수 없다. 만일 최소득표자가 2인 이상인 경우에는 이들만을 대상으로 결선투표(run-off ballot)를 행하여 최소득표자를 탈락시킨다. 이 같은 선거는 과반수를 획득한 후보가 나올 때까지 계속한다(이사회 의사규칙 제37조 내지 제37조 *ter*). 이와 같은 방식의 선거를 최소득표자 탈락방식 투표(exhaustive ballot)이라고 하며, 올림픽과 월드컵 축구의 개최도시 선정에 활용되고 있다.

이사회에서 선출한 사무총장에 대한 임명승인을 위하여 총회는 비공개회의에서 비밀투표를 행해야 한다(총회 의사규칙 제56조). 그러나 이사회에서 선출된 사무총장 임명에 대하여 총회에서 이의를 제기할 아무런 명분이 없기 때문에 관행적으로 실제 투표는 행하지 않고 박수로서 만장일치의 승인을 확인하고 있다. 사무총장 임명에 대한 승인이 이루어지고 나면 각국의 축하성명이 봇물을 이루게 된다. 통상 새로운 사무총장의 임명승인에 관한 의제는 총회의 거의 마지막 부분에 배치하여 모든 의제도 끝나면서 떠나는 사무총장에 대한 회원국 대표들의 작별 인사도 자연스럽게 이루어진다.

제9절 업무의 집행(conduct of business)

1. 의장 및 위원장의 권한

의장은 이사회, 위원회 등 IMO 회의를 개회하고 폐회한다. 외교회의와 총회의 경우 개회식 때 아직 의장이 선출되지 않았으므로 외교회의는 사무총장이, 총회는 지난 총회의 의장 또는 해당 국가의 대표가 의장을 대행하여 개회를 선언한다. 의장의 개회선언은 “The meeting will come to order,” 또는 “The meeting will be in order”로 표현하며, 의장은 단상에 마련된 종을

친다. 개회선언이 되면 잇달아 개회사(opening statement) 등의 개회행사(opening ceremony)가 진행된다.

의장 또는 위원장은 토론을 주재하고(direct the discussion), 의사규칙을 준수하도록 확인하고, 발언권을 부여하고, 문제를 표결에 붙이고, 그 결과를 발표한다(총회 의사규칙 제44조, 이사회 의사규칙 제40조, MSC 의사규칙 제33조 등).

의장 또는 위원장의 제안으로 외교회의 등 해당 회의는 현재 토의중인 주제에 관한 발언자의 발언시간을 제한할 수 있다(총회 의사규칙 제46조, 이사회 제42조, MSC 의사규칙 제35조 등). 특히 외교회의에서 발언자가 주어진 시간을 다 사용하면 의장은 지체 없이 해당 대표에게 의사규칙에 따르도록 촉구(call to order without delay)하여야 한다(외교회의 의사규칙 제19조 등).

일반적으로 회의를 주재하는 임원(presiding officer)의 직무는 다음과 같다.[458]

① 의결정족수가 충족되었는지를 확인하면서 정해진 시간에 회의주재석(chair)에 앉아 회의가 시작됨을 알려 개회(open the meeting)를 한다.
② 정해진 의제의 순서에 따라 업무를 발표한다.
③ 발언기회를 신청한 참석자(members)를 확인한다(recognize).
④ 적법하게 성립된 동의 등에 따라 이를 표결에 붙이고, 그 결과를 발표한다. 적정하게 성립되지 아니한 동의(a motion not in order)는 배제시킨다(rule it out of order).
⑤ 회의를 지체시키는 동의에 대하여는 확인을 거부함으로써 회의를 보호한다.
⑥ 토의 및 의사규칙과 품위에 관한 규정을 집행한다.
⑦ 참석자의 권리를 보호하면서(compatible with) 업무를 신속하게 처리한다.
⑧ 의사규칙에 관한 모든 문제에 대하여 결정하며, 이 결정에 대하여 참석자는 이의를 제기할 수 있다.
⑨ 절차에 관련된 참석자의 질문에 답변한다.
⑩ 필요할 경우 회의에 관련된 모든 행위, 명령, 진행에 대하여 서명함으로써 확정시킨다(authenticate).
⑪ 표결하거나 계획에 따라 정해진 때 또는 참석자의 안전을 위협하는 비상상황에서 적절히 회의의 연기를 선언한다(declare the meeting adjourned).

floor의 의미

각종 회의에서 floor는 여러 가지 의미로 활용되고 있다. 통상 발언기회를 주다(give the floor, assign the floor), 발언기회를 얻다(obtain the floor)라는 식으로 많이 활용된다. 의장이 발언기회를 주면서 "Canada, the floor is yours" 또는 "Canada, you have the floor"라는 표현을 사용하기도 한다. 또 floor는 청중 또는 참석자라는 의미도 가지고 있다. 의장이 또는 참석자의 발언을 유도할 경우 "Is there any other comment from the floor?" 또는 "The floor is open"이라는 표현을 사용한다.

IMO 회의의 경우 발언하고자 하는 대표는 자국 이름이 기재된 명패(card, flag 등으로 표현)를 세워 그 의사를 표현한다. 의장이 이를 인식하였을 경우 "The chair recognizes the flag of Canada"라고 말하고, 순서에 따라 추후 발언기회를 주게 된다.

458) Henry M. Robert *et al.*, *Ibid.*, p. 449-50.

2. 제안의 서면 통보(notice of written proposals)

조약규정의 채택을 위한 외교회의에서는 이전의 준비과정에서 어느 정도 검토된 기본조약문(basic text)을 바탕으로 토의가 진행되게 된다. 이와 같이 기본조약문을 정하게 되면 다시 처음부터 토의문서를 만들 필요가 없어져 시간과 노력을 절감할 수 있게 된다. 어떤 문서를 기본조약문으로 사용할지는 통상 의사규칙에서 규정하고 있다. 기본조약문을 바탕으로 토의가 진행되도록 하는 방식은 각종 위원회나 초안작업반에서도 널리 사용되고 있다. 기본조약문을 개정하려는 제안은 개정안(amendments)이 된다.

기본조약문이 아닌 다른 제안(proposals)이나 개정안은 통상 서면(in writing)으로 소개되고 사무총장(외교회의의 경우 사무국장(Executive Secretary))에게 제출되어야 한다. 이때 사무총장은 이를 각국 대표에게 회람하게 된다. 일반적인 규칙으로서 적어도 회의의 전날 이전에 제안 사본이 대표에게 회람되지 않았으면 어떤 제안도 토의되거나 표결에 부칠 수 없다. 회람되지 않은 상태에서는 다른 국가들에 그 제안에 대하여 검토할 시간이 없기 때문이다. 그럼에도 불구하고 신속한 진행을 위하여 의장이나 위원장은 회람되지 않았거나, 토의 당일 회람된 개정안 및 절차에 관한 동의를 토의하거나 검토하도록 할 수 있다(외교회의 의사규칙 제26조, 총회 의사규칙 제 45조, MSC 의사규칙 제34조 등).

회의의 일반적인 진행절차

일반적으로 회의는 동의(motion)에 대한 의사결정(decision-making)으로 진행된다. 동의는 회의에서 특정 조치를 취하도록 촉구하는 공식적인 제안이다. 일반적으로 제안(proposal)은 동의의 한 부분이다. 회의에서 처음으로 문제를 제기하는 동의는 주동의(main motion)가 되며, 이 동의가 정식 의안으로 성립하려면 재청(second)이 있어야 한다. 일반적으로 주동의는 “I move that...”으로 제안하고, 재청은 “I second the motion” 또는 “I scond it”으로 표현한다. 재청이 없으면 의안으로 성립되지 않는다. 성립된 주동의는 표결을 통하여 채택되거나 거부된다.

IMO의 경우 제안은 서면으로 제출되므로 본회의에서 의장은 이를 제출한 대표에게 설명을 하도록 요청하고, 이에 대해 찬반토론이 이루어진다. IMO에서는 통상 동의라는 용어를 사용하지 않고 제안(propose)이라는 용어를 사용한다. 토론이 시작되면 대표들은 이에 대해 지지(support)하거나 우려를 표시한다(expresses concern). 압도적인 지지가 나오면 표결 없이 이를 채택하여 초안작업반(drafting group)에 보내 문구를 정리하도록 하고, 압도적으로 반대가 많으면 거부된다. 찬반이 맞서는 경우는 다음 회기로 넘기거나, 실무작업반(working group)으로 보내 양측의 의견을 수렴하도록 한다. 이후 각 작업반의 작업결과는 본회의에 보고되어 최종적으로 승인여부를 결정하게 된다.

3. 절차적 동의(procedural motions) 및 의사규칙위반지적(point of order)

3.1 절차적 동의

절차적 동의는 절차적 문제에 대하여 회의의 결정을 요구하는 대표의 요청으로 정의될 수 있다.[459] 절차적 동의가 제기된 경우 재청이 있어야 정식 안건으로 성립되며, 이 경우 의장은 이에 대한 표결을 행해야 한다. 절차적 동의는 경우에 따라 매우 다양한 형태로 성립될 수 있으며, 대체적으로 다음과 같은 동의를 들 수 있다.

① 회의의 정지(suspend a meeting)
② 회의의 연기(adjourn a meeting)
③ 토론의 연기(adjourn a debate)
④ 토론의 종결(close a debate)
⑤ 제안의 재의(reconsider a proposal)
⑥ 제안의 분리(divide a proposal for purposes of voting)
⑦ 표결순서의 결정(decide the order of voting on proposals)
⑧ 의사규칙위반지적 관련, 의장의 판정에 대한 이의제기(challenge the ruling of a presiding officer on a point of order)
⑨ 의장, 사무총장 등의 의견 요청(ask for an opinion of the President, the Secretary-General, or Legal Adviser)
⑩ 의사규칙의 정지(suspend the rules of procedures)

3.2 의사규칙위반지적

의사규칙위반지적(point of order: POO)은 국제회의에서 현행의 의사절차가 의사규칙에 적합한지를 묻는 문제제기로 정의될 수 있을 것이다. POO는 의사규칙에 어긋나게 회의가 진행되고 있다고 판단될 경우 아무나 제기할 수 있으며, 다른 사람의 발언 중에도 불구하고 제기할 수 있다. POO를 제기하는 방법으로는 회의장에서 일어나 POO를 외치거나, 탁자를 톡톡 치거나, 국가명패를 흔들어 다른 사람의 주의를 환기시켜야 한다. POO에 대한 재청(second)은 필요 없다. 의장은 POO가 제기된 경우 다른 사람의 발언을 중지시키고 토론 없이 바로 POO의 수용여부에 대한 판정을 내려야 한다.

의장이 POO를 수용할 경우에는 sustained 또는 well-taken이라 하고, 반대일 경우는 overruled 또는 not well-taken이라고 공표한다.[460] 의장에 판정에 대하여는 아무나 이의를 제기할 수 있으며, 이에 대하여는 재청 없이 바로 표결에 들어가야 한다. 이의제기가 과반수의 지지를 얻지 못하면 의장의 판정은 유지된다.

따라서 토의 중일지라도 대표는 POO를 제기하기 위하여 자리에서 일어설 수 있으며, 의장은 즉시 의사규칙에 따라 이 POO에 대한 결정을 내려야 한다. 다른 참석자는 의장의 판정에 대하여 이의를 제기할 수 있다. 이의제기에 대한 표결은 즉시 이루어져야 하며, 과반수에 의하여 기각되지 않는 한 의장의 판정은 유지된다. POO를 제기하는 대표는 본질적인 문제에 대하여 발언할 수 없다(외교회의 의사규칙 제18조, 총회 의사규칙 제47조, MSC 의사규칙 제36조 등).

POO를 제기할 수 있는 자격의 범위에는 의사규칙별로 다소 차이가 있다. 즉, MSC, LEG, FAL의 경우 회원국 또는 다른 참석자(Members or other participants)로 가장 넓으며, 외교회

459) Robbie Sabel, *Ibid.*, p. 245.
460) Wikipedia, http://en.wikipedia.org/wiki/Point_of_order[2013.11.9.].

의, 이사회, MEPC, TCC, LC/LP 당사국회의는 대표(representative), 회원국, 당사국(Contracting Party)이면 가능하다. 한편, 총회의 경우 명시적으로 준회원국(Associate Member)을 제외한 회원국으로 제한하고 있다. IMO협약에 따르면 준회원국은 투표권이 없으며 이사국으로 선임될 수 없는 제한 외에 별도로 규정하지 않는 한 회원국에 준회원국도 포함하도록 규정하고 있다(제9조). 따라서 총회를 제외한 다른 모든 회의에서 별도의 제한이 없으므로 준회원국도 POO 제기가 가능할 것으로 판단된다.[461] MSC, LEG 및 FAL의 경우 다른 참석자에게도 POO를 허용하고 있으나 그 범위가 명확하지 않다. MSC 의사규칙의 경우 모든 옵서버(observer)는 의장의 초청에 따라 발언할 수 있으므로(제4조 제4항), 그 속성상 스스로 발언하는 POO는 허용될 수 없다고 판단된다. 반면에 LEG 및 FAL의 경우 UN, UN 전문기구 및 IAEA는 표결권은 없으나 토의에 참가할 수 있으므로(LEG 및 FAL 의사규칙 제5조 (a)) 이들은 각각의 회의에서 POO 제기가 허용된다고 해석될 수 있을 것이다.

3.3 절차적 동의와 의사규칙위반지적의 구분

기본적으로 절차적 동의는 회의의 표결로 결정되며, POO는 의장의 판정으로 결정된다. 그러나 절차적 동의와 의사규칙위반지적은 모두 절차 문제가 되기 때문에 구분하기가 다소 까다로울 수 있다. 예컨대 통상 의사규칙에는 제안과 개정안이 있을 경우 개정안부터 표결하도록 규정되어 있다. 1975년 국가의 대표에 관한 국제회의에서 이러한 순서를 바꾸어 표결하자는 카메룬(Cameroon)의 제안은 절차적 동의가 되고, 이러한 제안은 의사규칙에 위배되니 당초의 순서대로 표결하자는 캐나다(Canada)의 제안은 POO로 해석되었다.[462]

4. 제안의 우선권(precedence among different proposals)

4.1 유사한 제안의 표결 순서

만일 2개 이상의 제안이 동일한 문제에 관련이 있을 경우 IMO 회의는 별도로 결정하지 않는 한 제출된 순서에 따라 표결하여야 한다(총회 의사규칙 제49조, MSC 의사규칙 제38조 등). 그러나 IMO가 개최하는 외교회의의 경우 이에 관한 규정은 없다.

한편, UN표준규칙의 경우 위의 내용을 규정함은 물론 이를 더 구체화하고 있다. 즉, 국제회의(Conference)는 제안에 대한 표결을 행한 후 이후의 제안에 대하여 표결을 할지 여부를 결정할 수 있으며(UN표준규칙 60조 제1항 후단), 제안을 개정한 경우는 개정한 시점을 기준으로 하는 것이 아니고 당초의 제안을 제출한 순서에 따라 표결을 행한다(동 60조 제2항 전단). 개정된 제안이 당초의 제안에서 현저하게 이탈할 경우 당초의 제안은 철회된 것으로 간주하고, 이 개정안은 새로운 제안으로 취급되므로 우선순위를 가질 수 없다(동 60조 제2항 후단). 또 제안에 대하여 아무런 결정을 하지 말자는 동의는 제안보다 우선권을 가진다(동 60조 제3항).

461) IMO 협약 제9조에 따라 준회원국은 이사국이 될 수 없으므로 이사회에서 준회원국으로 POO는 제기할 수 없다.

462) Robbie Sabel, *Ibid.*, p. 249-50.

4.2 절차적 동의의 우선권

일반적인 규정으로서 절차적 동의가 실질적 동의에 우선한다는 의사규칙은 찾기 어렵다. 그러나 해당 문제에 대하여 절차적 문제에 대한 동의를 실질적 문제에 대한 동의에 앞서 표결하는 것이 더 논리적이다.[463] 따라서 이와 같은 문제가 제기되면 절차적 문제를 결정하고, 이후 실질적인 문제에 대해 표결하는 것이 자연스럽다.

4.3 절차적 동의 사이의 우선순위

POO 다음으로 다음의 동의는 다른 제안이나 동의에 우선하며, 아래의 순서로 우선권을 가진다. 또 여기에 해당되는 동의에 대한 발언은 동의자(proposer) 및 이에 찬성하는 1인, 이에 반대하는 2인에 한하며, 발언이 끝나면 즉각 표결에 들어가야 한다(IMO 총회 의사규칙 제48조, 이사회 의사규칙 제44조, MSC 의사규칙 제37조 등). 외교회의 의사규칙의 경우 각각의 경우 발언자의 수, 발언시간의 제한 등 약간의 차이가 있다(외교회의 의사규칙 제21조 내지 제25조).

따라서 ④를 토의 중 다른 대표가 ①②③ 중의 하나에 대한 동의를 제기하면 우선순위가 낮은 ④에 대한 토의는 중단되고 새로운 동의에 대한 토론 및 표결이 이루어진다. 또 ②에 대한 토의가 진행 중이더라도 ①에 대한 동의가 제기되면 ①에 대한 토의부터 이루어지게 된다.

① 회의의 정지(to suspend the meeting)
② 회의의 연기(to adjourn the meeting)
③ 토의 중인 항목에 대한 토론의 연기(to adjourn the debate on the item under discussion)
④ 토의 중인 항목에 대한 토론의 종료(to close the debate on the item under discussion)

5. 분리표결(separate votes)

5.1 분리표결의 요건

조약문이 문장이 다소 길 경우에는 이를 쪼개서 결정하는 것도 좋은 방법이 될 수 있다. 따라서 당초의 제안이나 개정안을 작은 부분으로 나누어 각각에 대해 분리표결을 하는 것은 국제회의의 일반적인 관행으로 인정되고 있다. 따라서 특별한 경우가 아니면 분리표결을 금지하는 경우는 거의 없다.[464] 일반적으로 분리표결에 대한 제안이 있으면 분리표결 여부는 표결을 통하여 결정된다(UN총회 의사규칙 제89조, UN표준규칙 제57조). 그러나 IMO의 경우는 분리하자는 제안에 대하여 제안자가 반대할 경우에만 표결이 이루어진다.

즉, IMO 회의의 경우 의장의 결정하고 제안자가 동의하거나 회원국 대표의 요청에 제안자가

463) Robbie Sabel, *Ibid.*, p. 270.
464) 1995 NPT Review Conference 의사규칙의 경우 NPT 존속기간에 관한 제안에 대하여는 분리표결을 금지하고 있다(제28조 제3항 (i)).

이의를 제기하지 아니하면 제안이나 개정안의 일부는 분리하여 표결할 수 있다. 만일 제안자가 이의를 제기하면 먼저 제안이나 개정안을 분리하자는 동의를 제기한 사람에게 요점(point)에 관해 발언하도록 허가되어야 하며, 그 다음에 당초의 제안자에게 발언이 허가되어야 한다. 이러한 발언이 끝나면 즉시 이에 대한 표결이 이루어져야 한다(총회 의사규칙 제50조, MSC 의사규칙 제39조 등).

5.2 분리표결 이후 전체에 대한 표결

분리표결의 결과 승인된 제안은 전체로서 다시 표결을 행해야 한다. 만일 제안이나 개정안 중 운영에 필요한 부분(operative parts)이 거부된 경우 해당 제안이나 개정안은 전체가 거부된 것으로 간주된다(총회 의사규칙 제51조, MSC 의사규칙 제40조).

6. 개정안(amendments)

6.1 개정안의 개념

특정 안건에 대한 의견이 개정안(amendment)인지 다른 제안(proposal)인지의 여부는 표결순서를 변경시킬 수 있으므로 국가 간에 첨예한 대립이 있을 수 있다. IMO의 경우 개정안에 대하여 단순히 추가하거나 삭제하거나 일부를 개정하고자 하는 동의(motion)는 개정안으로 간주된다고 규정하고 있다(총회 의사규칙 제52조 전단, MSC 의사규칙 제41조 전단 등). 그러나 1976년 UN총회에서 UN의 법률자문관은 문장 전체를 개정하더라도 다른 문장과 관련이 없으면 개정안으로 인정될 수 있다는 의견을 제시하였다.[465)]

실제 모든 국제회의에서 이와 같은 개념정의가 명확하게 적용되는 것은 아니다. 당시의 상황과 의장의 판단에 따라 문장 전체를 개정하더라도 개정안으로 인정되는 경우도 있다. 물론 의장의 판단에 대하여는 의사규칙에 따라 이의를 제기할 수 있으며, 즉시 표결이 이루어지게 된다. 그러나 통상 의장의 판단을 존중하여 이의를 제기하는 경우는 비교적 드물다.

6.2 관련된 제안과 개정안의 표결순서

개정안은 관련된 제안보다 먼저 표결이 이루어져야 한다. 만일 개정안이 채택되면 개정안을 반영한 제안에 대하여 표결을 행한다(총회 의사규칙 제52조 후단, MSC 의사규칙 제41조 후단 등). 물론 개정안이 채택되지 않으면 그냥 원래의 제안에 대한 표결이 이루어진다.

6.3 2개 이상 개정안의 표결순서

제안에 대하여 2개 이상의 개정안이 제기된 경우 원래의 제안의 본질에서 가장 먼(furthest

465) UN GAOR, 5th Committee, 31st Session, 41st Meeting, para. 108, UN Doc. A/C.5/31/SR.41(1976)을 Robbie Sabel, *Ibid.*, p. 203에서 재인용.

removed in substance) 개정안을 먼저 표결하고, 이후 모든 개정안에 대하여 계속 먼 것부터 표결한다. 이 규칙에 따른 개정안의 표결 순서는 의장이 결정한다(총회 의사규칙 제53조, MSC 의사규칙 제40조 등). 실제 여러 개의 개정안이 제시된 경우 어떤 것이 본질에서 가장 먼 것인지는 쉽게 판단하기 어려우므로 원활한 의사진행을 위하여 의장에게 결정 권한을 부여한 것으로 판단된다.

7. 동의의 철회

표결이 시작되지 않았으면 제안자(proposer)는 아무 때라도 그 동의(motion)를 철회할 수 있다. 다만, 해당 동의가 개정되었거나 그에 대한 개정안이 토의중이어서는 아니 된다. 다른 회원국이나 참석자는 철회된 동의를 다시 제기할 수 있다(총회 의사규칙 제54조, MSC 의사규칙 제43조 등). 만일 제안에 대한 후원자(sponsor)가 다수일 경우는 후원자 모두가 동의해야 철회가 가능하다.

8. 재의(reconsideration of proposals)

제안이 채택되거나 거부된 경우 참석하고 표결한 과반수가 재의(reconsideration)를 지지하는 결정을 내리지 않은 경우를 제외하고 동일한 회기(session)에서 이를 재의할 수 없다. 재의하자는 동의자(mover) 1명과 지지자, 이 동의에 반대하는 2명의 발언자에게 발언기회가 주어진 후 즉시 표결에 들어가야 한다(총회 의사규칙 제55조, MSC 의사규칙 제44조 등). 그러나 IMO 외교회의나 다른 대부분의 국제회의의 경우 재의에는 2/3의 동의가 필요하다(외교회의 의사규칙 제29조 등).

국제회의에서 종종 문제가 되는 것은 표결과 관련하여 중대한 착오나 과정상의 하자로 인하여 재표결이나 재검표를 요구하는 경우이다. 그러나 재표결이나 재검표(recount)는 통상 재의와 동일하게 간주되므로 이에 필요한 다수의 동의가 필요하다. 국제회의의 경우 통상 재의에는 2/3의 동의가 필요하므로 재표결이나 재검표의 달성은 쉽지 않다. 그럼에도 불구하고 재의요건을 만족하지 않고 재투표가 이루어진 경우도 있다.[466)]

현행과 같이 IMO의 각종 회의에서 재의에 필요한 동의를 과반수로 정하고 있는 의사규칙들은 경우에 따라 끊임없는 표결의 빌미를 줄 수 있다. 다자회의의 경우 회의장 내의 참석자는 수시로 변화하기 때문에 근소한 차이로 표결에서 진 쪽은 유리하다고 판단될 경우 과반수로 언제든지 재의를 요구할 수 있기 때문이다. 따라서 일반적인 국제회의의 규범에 맞추어 IMO의 의사규칙도 재의에 2/3 다수를 요하도록 변경하는 것이 바람직하다고 판단된다.

466) UN GAOR, 4th Committee, 5th Session, 155th Meeting, para. 27-30, UN Doc. A/C.4/5/SR.155(1950).

9. 재정적 의무와 표결권(financial obligations and right to vote)

9.1 납부에 관한 통보

납부기일로부터 1년 이내에 재정적 의무를 이행하지 아니한 회원국은 총회에서 면제를 받지 않는 한 IMO의 각종 회의에서 투표를 할 수 없다(shall have no vote)(IMO 협약 제61조). 이 규정에 따라 사무총장은 재정적 의무를 이행하지 아니한 회원국에게 대하여 적어 1회 이상 서면통보를 보내야 한다. 이 통보는 IMO 협약 제61조에 따라 투표를 할 수 없다는 주의를 촉구하게 된다(총회 의사규칙 제56조 *bis* (i)). 총회에서 면제를 신청하고자 하는 국가는 적어도 총회의 1개월 전에 사무총장에게 그 이유와 미납금(arrears)의 기간별 납부계획과 함께 서면신청서를 제출하여야 한다(동 제56조 *bis* (ii)).

9.2 이사회의 검토

사무총장은 재정적 의무를 이행하지 아니한 국가 및 면제를 신청한 국가의 명단을 이사회에 제출하여야 한다(동 제56조 *bis* (iii)). 이사회는 이를 검토하여 면제신청국가에 대한 권고와 함께 이에 대한 보고서를 총회에 제출한다(동 제56조 *bis* (iv)).

9.3 총회의 결정

총회는 회기의 시작과 함께 이사회의 보고서를 검토하여야 하며, 이사회의 권고를 감안하여 면제의 허용여부를 결정한다. 총회는 면제를 허용하면서 조건을 붙일 수도 있다(동 제56조 *bis* (v)). 면제는 상기의 규정에 따라 면제신청서를 제출한 국가에 한하여 허용될 수 있으며(동 제56조 *bis* (vi)), 면제신청서 제출 당시 종전에 허용되었던 면제에 따른 의무를 완전히 이행한 국가에 한하여 결정될 수 있다(동 제56조 *bis* (vii)). 또 총회는 면제에 대한 재량권을 행사하면서 통상 3년 이상 재정적 의무를 이행하지 아니한 회원국에 대한 검토는 행하지 않는다(동 제56조 *bis* (viii)).

9.4 이사국으로의 진출

이사국으로 진출하려는 회원국은 재정적 의무를 이행하거나 적어도 총회 1개월 전 사무총장에게 납부계획을 제출하고 종래 허용된 면제에 따른 조건을 이행하였어야 한다. 이러한 요건에 맞지 않는 회원국은 총회에서 이사국으로 선임될 자격이 없다(총회 의사규칙 제56조 *ter*). 이사국은 전체 회원국을 대리하여 IMO의 주요 정책을 결정하는 중요한 역할을 수행하고 있다. 그런데 회원국으로서 재정적 의무를 다 하지 않고 이사국으로 진출하려고 할 경우 다른 국가의 지지를 얻기 어렵다. 더욱이 최근에는 이사국 피선경쟁이 점점 치열해지고 있는 실정이기도 하다. 따라서 최근의 선거에서 재정적 의무를 완전히 이행하지 않고 이사국으로 당선된 국가의 사례는 없다.

10. 회의기록의 채택

10.1 회의기록의 의의

회의기록(record of meetings)은 회의의 진행과정 및 결과를 기록한 공식 문서(official document)를 말하며, 중요한 회의기록은 영구적으로 보존된다. 즉, 회의 중에 발생한 중요한 사건이나 결정은 모두 회의기록에 기재되기 때문에 여기에 기재되지 아니하면 추후 이를 주장하기가 쉽지 않다. 특히 보고서에 아무 것도 기록되지 않으면 회의참석 국가는 이 문제에 대하여 찬성 내지 묵인한 것으로 추정될 수 있으므로 추후 반대 입장을 개진하기가 쉽지 않다.[467) 따라서 각국의 대표단은 자신의 활동이나 입장이 기록에 남을 수 있도록 열심히 노력하고 있다. 국제회의에 참석하는 우리나라 대표단도 이 같은 회의기록의 중요성을 깊이 인식하고 활동하여야 할 것이다.

10.2 IMO 회의기록

IMO의 회의기록은 회의종류별로 그 종류와 명칭에 다소 차이가 있다. 외교회의의 경우 결정기록(Record of Decisions)과 최종의정서(Final Act)가 있다. 총회와 이사회는 요약기록(Summary Record)을 남긴다. IMO의 각종 위원회는 최종적으로 자체 보고서(Report)를 채택하게 되고, 이 보고서는 상위의 기구인 이사회나 총회에 보고된다. LC/LP 당사국회의는 회의기록으로서 자체의 보고서를 채택한다. 실무작업반이나 초안작업반의 보고서는 그 자체로서 회의기록의 일부를 구성하기도 하고, 회의기록에 부속서로 첨부되는 경우도 있다.

IMO의 회의기록은 3개 실무언어(working language)로 번역되어 IMODOCS 웹사이트(website)에 공개되고 있다.

10.3 IMO 회의기록의 양식

회의기록에는 회의의 종류, 날짜 및 장소, 의장의 참석여부, 참석 국가명 등이 포함되어야 한다. 그 예로서 제92차 MSC 보고서의 첫 장은 다음의 그림5와 같다.

467) 금반언(estoppel)의 원칙 또는 신의성실의 원칙에 따라 국가의 입장은 일관성을 가져야 한다. 종전의 회의에서 묵인하다가 이번의 회의에서 반대의 의견을 제시하면 입장이 매우 취약해진다.

<그림5: 제92차 MSC 보고서의 첫 장>

INTERNATIONAL MARITIME ORGANIZATION **E**

MARITIME SAFETY COMMITTEE
92nd session
Agenda item 26

MSC 92/WP.1
18 June 2013
Original: ENGLISH

DISCLAIMER
As at its date of issue, this document, in whole or in part, is subject to consideration by the IMO organ to which it has been submitted. Accordingly, its contents are subject to approval and amendment of a substantive and drafting nature, which may be agreed after that date.

DRAFT REPORT OF THE MARITIME SAFETY COMMITTEE ON ITS NINETY-SECOND SESSION

1 INTRODUCTION

1.1 The ninety-second session of the Maritime Safety Committee was held at IMO Headquarters from 12 to 21 June under the chairmanship of Mr. Christian Breinholt (Denmark). The Vice-Chairman of the Committee, Capt. M. Segar (Singapore), was also present.

1.2 The session was attended by delegations from Members and Associated Members; by representatives from the United Nations Programmes, specialized agencies and other entities; by observers from the intergovernmental organizations with agreements of cooperation; and by observers from non-governmental organizations in consultative status; as listed in document MSC 92/INF.1.

1.3 The session was also attended by the Chairman of the Council, Mr. J.G. Lantz (United States) and the Chairman of the Facilitation Committee, Mr. Y. Melenas (Russian Federation).

Opening address of the Secretary-General

1.4 The Secretary-General welcomed participants and delivered his opening address, the full text of which can be downloaded from the IMO website at the following link: http://www.imo.org/MediaCentre/SecretaryGeneral/Secretary-GeneralsSpeechesToMeetings.

10.4 회의기록의 수정 등

회의기록은 본회의에서 채택되므로 수정할 사항이 있으면 이때 발언을 통하여 고쳐야 한다. 회의기록이 일단 채택되면 단순한 오타의 수정 이외에는 절차적으로 이를 수정할 수 없다. 따라서 대표단은 회의기록의 초안이 배포되면 즉시 이를 숙독하여 명확하지 않거나 누락된 부분이 있는지 확인하고, 수정여부를 결정해야 한다.

그러나 회의기록은 실제 일어난 사실을 기록하기 때문에 회의기록을 채택하거나 승인하면서 새로운 사실을 추가할 수는 없다. 즉, 본회의장에서 작업반보고서 승인 시 실무작업반에서 실제 발언하지 않은 내용을 해당 보고서에 추가해 달라고는 요청할 수 없다. 반대로 이미 발언한 내용을 삭제해 달라고도 할 수 없다. 실무적으로 이러할 경우는 해당 보고서의 승인에는 동의하되, 특정 사실에 대한 우려나 지지를 표시하고 이를 기록에 남겨달라고 요청하면 된다. 미리 발언문을 만들어 본회의장에서 읽고 이를 사무국에 넘겨주면 해당 내용이 깔끔하게 회의기록의 부속서에 첨부되게 된다.

관례상 각종 회의기록에서 국가의 명칭은 의제문서를 제출하거나 특별한 주제에 대해 발언한 경우에만 기재한다. 반면에 일반적인 언급을 하는 경우는 국가 명칭을 기재하지 않고 “one delegation pointed out...”이나 “some delegations supported...”으로 처리한다. 따라서 보고서 초안에서 우리나라가 발언한 내용에 대하여 우리나라의 명칭이 정확히 기재되지 않았으며 밝혀야 할 이유를 설명하고 본회의의 동의를 얻어야 한다.

10.5 MSC 보고서의 채택사례

모든 의제에 대한 작업이 끝나면 통상 목요일 오후 또는 금요일 오전에 본회의에서 보고서에 대한 검토가 시작된다. 보고서를 검토하려면 모든 보고서가 모든 실무언어로 번역되어 대표단에게 제공되어야 한다. 이를 위하여 IMO 직원은 회의가 종료된 후부터 바로 보고서 작성 및 번역작업을 시작하며, 시간을 맞추기 위하여 늦은 시간까지 야근을 하기도 한다. 보고서 검토는 WG 및 DG의 작업결과인 실무작업보고서(working paper: WP)의 승인부터 시작하며, 이후 이러한 모든 보고서를 반영한 본회의 보고서의 채택으로 진행된다.

먼저 WG 및 DG 위원장은 해당 WP를 본회의에서 직접 설명하며, 작업기간, 참석국가, TOR에 대하여 설명한다. 또 보고서의 전반적인 내용을 주요 항목(item)별로 설명한 후 마지막으로 이 작업에 참가한 국가 및 사무국 직원의 노고에 대하여 감사를 표시한다. 통상 “I'd like express my thanks to all members of the Group and the Secretariat..."으로 표현한다.

WP의 맨 마지막에는 위원회의 조치사항(action requested by the Committee)이 포함되어 있는 바, 이 사항에 대한 토론은 본회의 위원장이 주관한다. 본회의는 조치사항의 번호별로 심의하고, 이후 WP 전체에 대해 의견을 물은 뒤 특별한 언급이 없으면 WP를 승인한다. WP는 향후 MSC의 총회보고서(MSC Report to the Assembly)의 일부를 구성하는 매우 중요한 문서이므로 회의참석자는 사전 정독을 하여 MSC 승인 전 필요한 부분에 대하여 수정해야 한다. 또 WP의 내용이 우리의 의견과 다를 경우에는 본회의에서 이에 대해 이의제기 또는 우려를 표시하고 그 내용을 본회의 기록에 남겨야 한다. 다른 국가가 이의를 제기할 경우 여기에 동조하고 이의제기 국가에 우리나라를 추가하는 방법도 있다.

WP에 대한 승인이 이루어지면 최종적으로 본회의 보고서에 대한 채택이 진행된다. 이때에도 본회의에서 토의된 내용이 보고서에 제대로 반영되어 있는지를 확인하여 필요시 수정하여야 한다. 물론 보고서 내용에 이의가 있을 경우에는 이의제기를 하고 이를 기록에 남겨야 한다. MSC 보고서 초안은 통상 회의의 막바지에 배부되어 정독할 충분한 시간이 없는 바, 이럴 경우에는 대표단이 분담하여 보고서 초안을 확인하여야 한다.

모든 보고서의 승인 및 채택이 끝나면 위원장은 사무총장에게 마이크를 넘겨 폐회사를 듣는다. 이후 위원장은 참석자, 사무국 직원, 동시통역사 등에게 차례로 감사를 표시하고 폐회를 선언한다.

11. 의사규칙의 개정(amendments of rules of procedures)

의사규칙은 출석하여 투표한 회원국의 과반수에 의하여 개정될 수 있다(외교회의 의사규칙 제59조, 총회 의사규칙 제57조, MSC 의사규칙 제45조 등). 의사규칙은 본질적인 문제가 아니고, 절차적인 문제로 보기 때문이다. 다만, 동일한 회기(session)에서 채택한 의사규칙을 개정하자는 것은 재의(reconsideration)에 해당될 수 있는 바, 이러한 경우에는 재의에 필요한 다수가 필요하다고 보는 것이 타당하다. 위에서 설명하였듯이 IMO의 의사규칙은 재의에 과반수를 필요로 하고 있는 바, 일반적인 국제회의의 규범에 따라 개정이 바람직하다고 판단된다.

12. 기타의 규정

12.1 최종의정서(final act)의 서명

조약의 제·개정을 위한 외교회의의 경우 회의 결과로서 최종의정서가 각국 대표의 서명을 위하여 제출되어야 한다(외교회의 제60조 등). 즉, 의제의 순서에 따라 최종의정서에 대한 채택을 한 후 이에 대한 각국 대표의 서명을 끝으로 외교회의는 종료되게 된다.

12.2 총회 의사규칙의 적용 및 의사규칙의 정지

이사회, TCC, FAL의 경우 특정한 경우 총회 의사규칙을 적용할 수 있다(이사회 의사규칙 제54조, TCC 의사규칙 제49조, FAL 의사규칙 제50조). 또 출석하고 투표한 과반수의 동의를 얻어 해당 의사규칙의 적용을 정지할 수 있다. 다만, 이러한 정지에 대한 제안은 24시간 전에 통보되어야 하며, 만일 회원국의 반대가 없으면 통보는 면제될 수 있다(이사회 의사규칙 제55조, TCC 의사규칙 제50조, FAL 의사규칙 제51조). 총회, MEPC, LC/LP 당사국회의 의사규칙의 경우 이러한 규정이 없으며, MSC 의사규칙의 경우 의사규칙의 적용정지만 규정하고 있다(제46조).

12.3 IMO 협약의 우선적 권한(overriding authority of the Convention)

의사규칙의 규정과 IMO 협약 규정 간에 충돌이 발생한 경우 IMO협약이 우선한다(총회 의사규칙 제58조, 이사회 의사규칙 제56조, MSC 의사규칙 제47조 등). LC/LP 당사국회의의 경우 LC 또는 LP가 각각 우선한다(LC/LP 당사국회의 의사규칙 제49조). 의사규칙의 목적은 원활한 의사의 진행을 통하여 궁극적으로 협약의 목적을 효율적으로 달성하고자 하는 것이다. 따라서 의사규칙이 협약규정에 우선할 수 없다는 이 규정은 당연하다고 하겠다. 실무적으로 IMO는 각종 지침 등을 통하여 모든 조직의 의사규칙을 통제하고 있기 때문에 IMO 협약과 의사규칙의 충돌은 발생하기 어렵다.[468)]

---

468) 이러한 지침의 예로는 IMO Res. A.777(18), Work Methods and Organization of Work in Committees and Their Subsidiary Bodies, 4 November 1993 등을 들 수 있다.

제 IV 장

국제해사기구

제4장 국제해사기구

제1절 설립배경

1. 소개

런던의 Big Ben 및 웨스트민스터(Westminster) 사원에서 렘베스(Lambeth) 다리를 이용하여 템스(Thames)강을 건너면 그 오른쪽 알버트뱅크(Albert Bank) 4번지에 배 모양의 청동 조각품을 전면에 장식한 국제해사기구(IMO) 건물이 보인다. IMO는 해양문제에 관한 UN 전문기구(specialized agency)로서 런던에 본부를 둔 유일한 UN 전문기구이다. IMO는 비교적 작은 기구지만 1959년 설립된 이래 안전한 해운 및 깨끗한 바다(safer shipping, cleaner ocean)를 위하여 국제적으로 많은 기여를 해왔다. 즉, 해운활동에 관련된 각종 안전과 환경기준을 제시함으로써 해양활동에 종사하는 사람들의 안전을 확보하고, 해양환경을 보호하고 있다.

"하늘 아래 새로운 것이 없다"는 말과 같이 성공적인 IMO 설립 및 운영의 배경에는 그 이전 시대 사람들의 많은 노력이 있었다. 특히 국제연맹(League of Nations)의 경우 비록 성공적이지는 못하였더라도 그러한 세계적 기구의 운영경험이 이후 국제연합(United Nations: UN)과 UN 전문기구의 시행착오를 줄이는데 큰 도움이 되었음은 물론이다. 이와 같은 관점에서 이하에서는 IMO 설립배경에 대하여 살펴보고자 한다.

다음의 그림6은 템스 강에 접해 있는 IMO 본부 건물 전경이다.

<그림6: IMO 건물 전경>

사진출처: 2012년 8월 28일 저자가 직접 촬영

2. 20세기 이전의 발전

인류는 매우 오랫동안 해운활동에 종사해왔다. 그러나 해운은 그 속성상 해상 고유의 위험(perils of the sea)에 노출되어 있기 때문에 매우 위험한 산업 중의 하나였다. 선박이 항해를 하면서 겪어야 하는 악천후, 암초, 해적(pirates) 등은 선박 및 화물의 멸실로 연결될 수 있었으며, 이에 승선한 선원들의 생명도 보장할 수 없었다. 이에 따라 선박의 안전을 확보하고자 하는 노력은 자연히 해운이 가장 발달하였던 국가에서부터 시작되었다. 또 해운은 바다를 매개로 모든 국가가 연결되기 때문에 이러한 결과물들은 국제적 성격을 가질 수밖에 없었다.

17세기 말 런던의 해운종사자들이 커피를 마시며 각종 정보를 교환하였던 커피하우스(coffee house)는 이후 선박의 안전도에 등급을 매기는 선급(classification societies)으로 발전하였다. 1760년에는 로이드선급(Lloyd's Register)이 설립되었고, 1764년에는 선급에 등록한 선박의 선명을 기록한 선명록(Register of Ships)이 발간되었다.[469] 물론 정부기관이 아닌 선급에 의한 선박검사 및 선명록의 발간은 선박보험 가입 시 그 위험도를 판단하기 위한 목적이었으나, 이러한 제도가 선박의 안전도 향상에 큰 기여를 하였음은 부인할 수 없을 것이다. 1803년 영국 의회는 여객선법(Passenger Vessels Act)을 최초로 제정하였고, 1836년에는 의회의 선박사고조사위원회(Parliamentary Select Committee on the Causes of Shipwreck)가 활동을 시작하였다. 사고조사보고서의 발간 이후 선박의 건조, 설비, 수리, 선원의 음주, 해상보험 등에 관한 많은 개선방안이 채택될 수 있었다.[470] 1876년에는 상선법(Merchant Shipping Act)[471]에 만재흘수선(loadlines)에 관한 규정을 포함시키게 되었다. 이에 따라 선박에 적재할 수 최대한도가 제한됨으로써 과적으로 인한 선박의 침몰을 예방할 수 있게 되었다.

또 선박의 충돌예방을 위한 규칙은 Steam Navigation Act of 1846에 최초로 포함되었다. 1863년 영국은 프랑스와 합의로 새로운 충돌예방규칙을 채택하였고 이는 대단히 성공적이어서 1864년에는 이를 채택한 국가가 30개국 이상에 달하였다.[472] 1889년 10월 16일부터 12월 31일까지 워싱턴 디씨(Washington D.C.)에서는 해사분야 최초의 국제회의인 국제해사회의(International Maritime Conference)가 개최되었다. 토의사항 중 중요한 내용으로는 해상에서의 충돌예방규칙, 시력 및 색맹검사를 포함한 사관 및 선원의 자격, 난파선(shipwreck) 및 항해 장애물의 보고 및 제거, 부표(buoy)의 색깔 및 번호 통일 등이었다. 또 이 회의에서는 영구적인 국제해사위원회(permanent international maritime commission) 설립에 관한 제안도 검토되었으나 당시 이 문제는 시급하지 않다(not expedient)고 결정되었다.[473]

469) Wikipedia, http://en.wikipedia.org/wiki/Lloyd's_Register[2013.11.9.].

470) Philippe Boisson, *Safety At Sea. Policies, Regulations and International Law.* Preface by William A. O'Neil. Paris, Edition Bureau Veritas, 1999를 Marianne Harvey, *The Origins of IMO*, Maritime Knowledge Centre, IMO, p.3에서 재인용.

471) 영국의 상선법은 1786년의 Merchant Shipping Act를 기반으로 하여 오늘날에 이르고 있는 바, 우리는 이 법을 통하여 상선에 관한 영국의 오랜 전통을 엿볼 수 있다.

472) Wikipedia, http://en.wikipedia.org/wiki/International_Regulations_for_Preventing_Collisions_at_Sea [2013.11.9.].

473) Eula McDonald, "*Towards a World Maritime Organization – A half century of developments in ocean shipping,*" Department of State Bulletin of January 25 and February 1st 1948, p. 11-12.

3. 20세기 초기의 발전

20세기에 들어설 당시 해운은 정부의 간섭 없이 자유롭게 경쟁할 수 있었다. 즉, 선박은 기준이 없이 자유롭게 건조될 수 있었고, 임의로 설비를 설치할 수 있었고, 별도의 항해규칙 없이 항해할 수 있었다. 따라서 선박은 자체의 기준에 따라 운항되었으며 어디든지 항해할 수 있었다.[474)]

1912년 4월 15일 여객선 타이태닉(Titanic)호의 침몰사고는 해양안전에 대한 국제적인 관심을 높이는 계기가 되었다. 사고에 대한 조사 결과 선박의 안전을 위한 많은 권고사항이 발표되었다. 특히 적재된 구명정(lifeboats)의 수가 너무 적었고, 유빙(iceberg)에 대한 주의를 하지 않았고, 위험해역에서 너무 고속으로 운항하였다는 것이었다. 이를 개선하기 위하여 1914년 1월 런던에서 해상에서 인명안전을 위한 국제회의(International Conference on Safety of Life at Sea)가 개최되어 선박의 안전에 관한 최초의 국제협약인 해상인명안전협약(International Convention on Safety of Life at Sea)이 채택되었다. 이 협약에서는 사고예방을 위하여 여객선에 적재하는 구명정의 수를 늘리고, 북대서양에서 유빙에 대한 감시체제를 구축하고, 선박은 24시간 계속하여 무선당직(radio watches)을 서도록 규정하였다. 이후 이 협약은 1929년, 1948년, 1973년 개정을 거쳐 오늘에 이르고 있다.

제1차 세계대전이 발발하자 영국, 프랑스, 이태리의 연합군은 비상수송(emergency allocation for tonnage)에 관한 협정을 맺었으나 제대로 운영되지 못하였다. 그러다가 1917년 4월 미국이 참전하게 되자 미군의 대서양 횡단과 연합군에 대한 전략물자 보급을 위하여 수송수요는 엄청나게 증가하였다. 이에 따라 1917년 12월 미국, 영국, 프랑스, 이태리의 합의로 연합군해사수송위원회(Allied Maritime Transportation Council)를 구성하여 정보교환 및 수송조정을 행하였다. 이 위원회는 성공적으로 운영되었으며, 전쟁이 끝남에 따라 1919년 4월 10일 해운통제에 관한 기능을 중단하였다.[475)]

4. 국제연맹에 의한 국제기구

국제연맹(League of Nations)의 주도로 성공적으로 설립된 국제기구로는 1938년 이사회의 승인을 받은 통신수송위원회(Committee for Communication and Transit)를 들 수 있다. 이 기구는 1921년 바르셀로나 국제회의(Barcelona Conference)에서 설립된 통신수송에 관한 자문 및 기술위원회(Advisory and Technical Committee for Communication and Transit)를 계승하였다. 이 위원회는 통신수송위원회, 특별위원회(special committee), 사무국, 국제회의(conference)로 구성되었으며, 통신수송의 자유 확보를 위한 연구 및 제안, 국가 간 분쟁의 조정, 정보의 교환업무를 행하였다. 이 위원회는 제2차 세계대전의 발발로 인하여 1939년 6월의 회의가 마지막이 되었으며, 이후 그 업무는 국제연맹 사무국이 수행하였다.[476)]

---

474) Marianne Harvey, *Ibid.*, p.6.
475) Eula McDonald, *Ibid.*, p. 2-3.
476) *Ibid.,* p. 4.

5. 연합해사청의 설립

제2차 세계대전 기간 해운활동의 조정을 위한 국제기구가 설립되었다. 즉, 1944년 7월 19일부터 8월 5일까지 연합국은 영국 런던에 모여 전쟁수행을 위하여 공급 가능한 해운수요를 조정하기위하여 중앙기구(central authority)를 설립하기로 결정하였다. 이 기구는 나중에 연합해사청(United Maritime Authority)으로 불려졌다. 이 회의에 참석한 국가는 벨기에, 캐나다, 그리스, 네덜란드, 노르웨이, 폴란드, 영국, 미국의 8개국이었다.[477] 이후 참가국은 총 18개국으로 증가하였으며, 연합해사청은 연합국과 중립국 선박 보유량의 90% 이상을 대상으로 항로, 화물, 운임, 용선료 등을 효율적으로 통제하였다. 연합해사청은 제2차 세계대전의 종료에 따라 이를 대체할 기구의 창설을 주장하며 1946년 3월 2일자로 그 기능을 마감하였다.[478] 이에 따라 1946년 3월 3일자로 연합해사자문위원회(United Maritime Consultative Council: UMCC)가 발족하였다.

6. 국제연합(UN)에 의한 발전

국제연합(United Nations: UN) 헌장(Charter)에서는 경제발전의 증진을 수행하기 위하여 UN에 경제사회이사회(ECOSOC)를 두고(제55조), 필요하다고 판단되는 하부기구(subsidiary organs)를 설립할 수 있도록 규정하고 있다(제7조 제2항). 이에 따라 1945년 12월 영국의 런던에서는 수송통신위원회(Transport and Communications Commission) 설립을 위한 준비위원회(Preparatory Commission)가 개최되었다.[479] 1946년 2월 16일 런던에서 개최된 ECOSOC은 다른 정부간 기구와 공식적인 관계를 맺는 것은 너무 빠르다며(premature) 임시 수송통신위원회(Temporary Transport and Communications Commission: TTCC)를 창설하도록 하는 결의서를 채택하였다.[480]

1946년 5월에 개최된 TTCC회의는 최초로 ECOSOC에 그 결과 보고서를 제출하였다. TTCC는 전반적인 해운과 관련된 국제기구가 없으므로 이에 관한 정부간 기구의 설립이 필요하다고 권고하였다. 또 설립되는 기구는 ECOSOC과 UN 전문기구 사이에서 활동하는 기구가 아니고 UN전문기구들 간에 자문할 수 있는 능력을 가져야 한다고 주장하였다.[481] ECOSOC은 이에 따라 1946년 6월 21일 상설의 수송통신위원회(Permanent Transport and Communications Commission: PTCC)를 설립하도록 하고, 그 전까지 TTCC는 해운의 기술적 문제를 다룰 수 있는 세계적 정부간 기구의 설립문제를 검토하도록 하는 결의서를 채택하였다.[482] 아울러 ECOSOC은 PTCC 설립에 관한 의견을 UMCC에 조회하였다. 이에 따라 1946년 6월 23일

477) *Ibid.*, p. 5.
478) *Ibid.*, pp. 6-7.
479) *Ibid.*, p. 7.
480) *Ibid.*
481) *Ibid.*, p. 8.
482) para. 1-5, UMCC 2/6, Temporary Transport and Communications Commission, Resolution Adopted by Economic and Social Council, June 21, 1946. http://www.imo.org/KnowledgeCentre/ReferencesAndArchives/Documents/UMCC%20documents/UMCC%202-6.pdf [2013.11.12.].

UMCC는 1946년 10월에 개최되는 제2차 UMCC 회의에서 PTCC의 설립조약, 업무범위, 절차 등에 대하여 자세히 검토하겠다고 회신하였다.[483]

1946년 10월 24일부터 30일까지 개최된 UMCC에서는 UN기구로서 상설의 정부간 기구를 설립하도록 각국 정부에 권고하기로 결정하고, 다음과 같은 4개의 결의서를 채택하였다.[484] 특히 UMCC는 1946년 10월 30일 UMC를 대신하는 잠정적 해사자문위원회 설립을 위한 협정(Agreement for the Establishment of Provisional Maritime Consultative Council)채택하였다.[485] 이러한 내용은 전보(telegram)로 즉시 UN사무총장에게 통보되었다.

① 정부간 해사자문기구 협약초안(draft Convention for an Intergovernmental Maritime Consultative Organization)에 따라 UN의 전문기구로서 정부간 해사자문기구(Intergovernmental Maritime Consultative Organization: IMCO) 설립.
② 각 회원국은 ECOSOC에 대하여 IMCO 설립을 위한 국제회의를 개최하도록 요청하는 적절한 조치 시행
③ UMCC가 1946.10.31.로 사라짐에 따라 이를 대체하는 잠정적 해사자문위원회(Provisional Maritime Consultative Council: PMCC)를 설립할 것.
④ UMCC 회원국 정부는 영국정부에 통보함으로써 가능한 빠른 시일 내에 상기 협정을 수락할 것

7. PTCC와 PMCC 활동의 조화

최초의 PTCC회의는 1947년 2월 6일 미국의 뉴욕(New York)에서 개최되었다. 의제검토를 통해 PTCC는 정부간 해운기구 설립에 관한 UMCC의 결정내용을 인식하고 자세한 검토는 불필요하다고 판단하였다. 이에 따라 ECOSOC에 대하여 해운분야의 기술적 문제를 다룰 세계적 정부간 기구를 설립하도록 권고하였다. 또한 PTCC는 UMCC의 권고에 따라 새로운 기구의 업무범위를 기술적 문제에 국한하지 않도록 하였으며, 향후 ECOSOC은 UN사무총장에게 이러한 기구의 설립을 위한 국제회의의 개최를 요청하도록 하는 결의서를 채택하였다. 특히 이 결의서는 국제회의 토론의 기본문서로 UMCC가 마련한 협약초안을 활용하도록 하였으며, 1947년 가을 유럽에서 개최하도록 명시하였다.[486]

프랑스정부의 초청으로 PMCC는 1947년 5월 16일부터 20일 사이에 파리(Paris)에서 개최되었다. 이 회의에서는 해상에서 인명안전을 위한 해운·항공·통신의 조정, 해운분야에서 경제적 차

483) Eula McDonald, *Ibid.*, p. 9.
484) Department of State Bulletin of December 15, 1946, p. 1094.
485) 이 협정은 국제법적으로는 조약의 성질을 가지며, 총 13개국의 수락으로 1947.4.23. 발효되었다. 또 1947.11.26. UN에 조약으로 등록되었다. Agreement for the Establishment of a Provisional Maritime Consultative Council, adopted by the United Maritime Consultative Council. Washington, 30 October 1946. http://www.imo.org/KnowledgeCentre/ReferencesAndArchives/Documents/Agreement%20for%20the%20establishment%20of%20a%20Provisional%20Maritime%20Consultative%20Council,%201946.pdf [2013.11.12.].
486) Eula McDonald, *Ibid.*, p. 9.

별, 상선통계의 통일성 등이 논의되었으나, UN에서 진행되는 활동을 감안하여 정부간 해사자문기구 협약초안에 대하여는 토의하지 않았다.[487)]

UN사무총장은 ECOSOC의 요청에 따라 1947년 4월 10일 정부간 해운기구의 설립에 관한 국제회의(conference) 초청장을 관심 있는 국가에게 발송하였다. 이때 국제회의 기간은 1948년 2월 19일부터 3월 6일, 장소는 스위스의 제네바로 확정되었다.

제2절 1948년 UN 해사국제회의(United Nations Maritime Conference)

1. 회의의 개요

UN이 주최하는 해사국제회의(United Nations Maritime Conference)에서 참가국들은 정부간 해사자문기구(Intergovernmental Maritime Consultative Organization: IMCO)를 설립하는 협약을 채택하였다. 협약에서 IMCO의 주요 업무는 국제해운의 기술적 문제, 특히 해상안전의 확보에 관한 것이었다. 또 IMCO가 설립될 경우 개최될 제1차 총회를 준비할 준비위원회(Preparatory Committee)를 구성하는 한편, 다른 UN기구와의 관계에 관한 협정초안도 준비하였다. 이와 같이 2주 정도의 단기간 내에 국제협약이 잘 마무리된 것은 종래에 활동하였던 UMCC와 PMCC의 경험이 대표들에게 많은 도움이 되었기 때문이었다. 특히 UMCC가 마련한 소위 "워싱턴 초안(Washington Draft)"은 국제회의의 기본적인 실무작업문서(working paper)가 되었다.[488)]

이 회의에는 총 36개 국가(4개국은 옵서버)였으며, 5개의 정부간 기구, 4개의 비정부간 기구(NGO)가 참석했으며, 그 명단은 다음과 같다.

① 정식 참가국

Argentina, Australia, Belgium, Brazil, Canada, Chile, China (Nationalist), Colombia, Czechoslovakia, Denmark, Dominican Republic, Egypt, Eire, Finland, France, Greece, India, Italy, Lebanon, Netherlands, New Zealand, Norway, Pakistan, Panama, Peru, Poland, Portugal, Sweden, Switzerland, Turkey, United Kingdom, United States

② 옵서버

Cuba, Ecuador, Iran, South Africa

③ 정부간 기구(Inter-Governmental Organizations)

International Civil Aviation Organisation (ICAO), International Labour Organization (ILO), International Meteorological Organization(IMO)[489)], International Telecommunications Union

487) *Ibid.*, p. 11.

488) John Martin Cates, *"UN Maritime Conference- Geneva 1948,"* Department of State Bulletin of April 18, 1948, p. 495.

(ITU), World Health Organization (WHO)

④ 비정부간 기구(Non-Governmental Organizations)
International Chamber of Commerce (ICC), International Co-operative Alliance (ICA), International Law Association (ILA), International Transport Workers Federation (ITF)

2. IMCO 협약의 주요 내용

IMCO 협약에서 IMCO의 기능은 자문과 권고(consultative and advisory)로 규정되었다(제2조). 이를 위한 구체적인 활동의 내용은 조약문서의 초안작성(drafting) 및 이를 채택하기 위한 국제회의의 개최(제3조 (a)), 회원국 간 협의 및 정보교환을 위한 체제(machinery) 제공이다.

이 협약에서 IMCO의 주요 기관은 총회(Assembly), 이사회(Council), 해사안전위원회(MSC) 및 사무국(Secretariat)을 규정하고 있다. 총회는 IMCO의 최고 의사결정기관으로서, 모든 회원국으로 구성되며 2년마다 1회 개최된다(제13조 및 제14조). 이사회는 총회가 열리지 않는 동안 IMCO의 주요 정책을 결정하는 집행기관이며, 총회에서 선출되는 총 16개국으로 구성된다. 이 중 6개국은 ⓐ국제해운서비스 제공에 가장 많은 이해관계가 걸린 국가(the largest interest in providing international shipping services), 6개국은 ⓑ국제해상무역에 가장 많은 이해관계가 걸린 국가(the largest interest in international seaborne trade), 2개국은 ⓒ국제해운서비스 제공에 실질적인 이해관계가 걸린 국가(a substantial interest in providing international shipping services), 나머지 2개국은 ⓓ국제해상무역에 실질적인 이해관계가 걸린 국가(a substantial interest in international seaborne trade)로 정하였다(제17조). 또 ⓐ와 ⓑ에 해당하는 최초의 12개 이사국은 국제회의에서 정하여 협약의 부록(Appendix I)에 첨부하는 한편, ⓒ와 ⓓ에 해당하는 4개국은 최초의 총회에서 선출하기로 결정하였다.[490)]

MSC는 실질적으로 IMCO의 가장 중요한 역할을 담당하는 기관이다. MSC는 1년에 1회 회의를 개최하며(31조), 자체의 사무국장(Secretary)을 두고 있다(제33조). MSC의 임무는 IMCO의 업무범위에 속하는 모든 업무(any matter within the scope of the Organization)이며 특히 각종 안전에 관한 문제이다(제29조 (a)). 또 MSC는 다른 정부간 기구와 해상안전에 관하여 밀접한 관계를 유지하여야 한다(제29조(b)). MSC는 해상안전에 중요한 이해관계를 가진 국가로서 총회에서 선출된 14개국으로 구성되며, MSC 회원국의 임기는 4년이며 연임될 수 있다. 14개국 중 8개국은 가장 많은 선박을 보유한 국가(the largest ship-owning nations)로, 나머지 6개국은 해상안전에 중요한 이해관계(an important interest in maritime safety)를 가지거나 주요 지리적 지역(major geographical areas)을 대표하는 국가로 구성된다.

사무국은 사무총장(Secretary-General), MSC 사무국장 및 직원으로 구성되며, 사무총장은 IMCO의 최고행정관(chief administrative officer)이며, 소속 직원을 임명한다(제33조). 또 사무총

489) 국제기상기구(IMO)는 1951년 UN의 전문기구로 전환되면서 세계기상기구(World Meteorological Organization: WMO)로 명칭을 변경하였다.
490) 최초의 이사국으로서 ⓐ에 해당하는 국가는 그리스, 네덜란드, 노르웨이, 스웨덴, 영국, 미국이었으며, ⓑ에 해당하는 국가는 아르헨티나, 호주, 벨기에, 캐나다, 프랑스, 인도였다.

장은 매년 재무제표(financial statements)를, 2년마다 예산안(budget estimates)을 이사회에 제출하여야 한다(제35조).

3. 준비위원회의 활동

준비위원회(Preparatory Committee)는 IMCO 설립협약에서 선정된 12개 이사국 후보국으로 구성되었으며, 주요 업무는 IMCO 협약발효에 대비한 일종의 사무국 역할이었다. 즉, 준비위원회는 제1회 총회 개최에 필요한 잠정의제 및 관련 서류, 향후 2년 간 IMCO가 수행할 업무계획 및 예산안, 의사규칙 초안(draft rules of procedure), 재무규칙(financial regulations) 및 직원규칙(staff regulations), 회원국의 분담금 기준을 마련해야 했다. 또 IMCO 협약 제 45조에 따라 UN과 체결할 협정에 대한 협상을 진행시켜야 하였으며, IMCO 협약 제51조에 따라 UN 전문기구의 특권과 면제에 관한 협약[491]과 관련되어 IMCO가 향유할 특권 및 면책문제를 검토해야 했다.[492]

준비위원회는 총 4차의 회의를 개최하였으며, 회의일시 및 장소는 다음과 같다.

제1차: 6 March 1948 at the Palais des Nations in Geneva[493]

제2차: 30 November and 1 December 1948 at Lake Success (New York)

제3차: 3 June 1958 at UN Headquarters in New York

제4차: 5 January 1959 at Church House, London

4. IMCO 협약의 발효 및 제1차 IMCO 총회 개최

IMCO 협약의 수락에는 상당히 오랜 시간이 걸렸다. 1950년까지 수락한 국가는 캐나다, 네덜란드, 영국, 그리스, 미국의 5개국에 불과했으며, 협약 채택 후 10년이 지난 1958년 3월 17일 일본이 21번째로 수락함으로써 비로소 발효요건이 달성되었다. 이에 따라 1958년 4월 4일 UN 사무총장은 관련 국가에게 회람장(circular letter)을 보내 일본이 수락한 날로부터 협약이 발효되었음을 통보하였다. 이와 같이 협약발효가 지연된 것은 주요 해운국가들의 경우 IMCO의 활동범위가 기술적 문제에 국한되어야 하고 상업적인 문제에 대하여는 간여하지 않아야 한다는 의견 때문인 것으로 판단되었다.[494]

491) 이 협약은 General Convention on Privileges and Immunities of Specialized Agencies로서 1947.11.21. GA resolution 179(II)로 채택되어 1949.8.16. UN에 등록되었다. 이 협약을 비준한 국가는 2013.7.15. 현재 총 123개국이다.

492) para. 2, Resolution on Establishment of the Preparatory Committee of the Intergovernmental Maritime Consultative Organization, Annex A of the United Nations Maritime Conference.

493) 스위스 제네바의 Palais des Nations (English: *Palace of Nations*)는 국제연맹의 본부로 사용하기 위하여 1929년부터 1936년에 걸쳐 건설되었다. 1946년 UN 사무총장과 스위스 정부가 UN본부협정(Headquarters Agreement)을 체결하여 현재는 제네바의 UN사무실로 사용하고 있다. Wikipedia, http://en.wikipedia.org/wiki/Palace_of_Nations [2013.11.12.].

494) D. H. N. Johnson, "IMCO: The First Four Years (1959-1962)," *The International and Comparative*

제1차 IMCO 총회는 제4차 준비위원회가 개최된 다음 날인 1959년 1월 6일부터 1월 19일까지 개최되었다. 1958년 말 현재 IMCO 협약 수락국가는 총 37개국이었으나 제1차 총회에는 30개 회원국과 32개의 옵서버가 참석하였다. 총회는 캐나다의 루이스 오데트(Louis Audette)를 총회 의장으로 선출하였으며, 이사회의 의견에 따라 제1대 사무총장으로 덴마크의 오브 니엘센(Ove Nielsen)을 임명하였다. 또 총회의 의사규칙, 재정 및 직원규칙, 예산을 채택하였고, 회원국의 분담금을 결정하였다. 또한 준비위원회가 교섭한 UN과의 관계에 관한 협정을 승인하였다. 아울러 그간 영국정부가 수행해 오던 각종 국제협약의 사무국 업무를 IMCO가 수행하기로 결정하였다. 이러한 국제협약으로는 1948년 해상인명안전협약(SOLAS), 1948년 해상충돌예방규칙(COLREG), 1954년 유류에 의한 해양의 오염방지를 위한 국제협약(OILPOL), 국제신호규칙(International Code of Signals) 등이었다.[495)]

제1차 총회에서 가장 논란이 많았던 사항은 MSC의 회원국 구성 및 인도의 IMCO 협약에 대한 선언문제였다. 첫째, MSC는 회원국 중 14개국으로 구성하고, 그중 8개국은 가장 많은 선박을 보유한 국가(the largest ship-owning nations)로 구성하도록 규정되어 있다(IMCO 협약 제28조 (a)). 이에 따라 1959년 1월 15일 선출된 MSC 회원국은 미국, 영국, 노르웨이, 일본, 이태리, 네덜란드, 프랑스, 독일의 8개국이었다. 이에 대해 일부 회원국들은 프랑스와 독일의 경우 라이베리아나 파나마보다 선박보유량이 적다며 선거결과에 이의를 제기하였다. 이에 따라 총회는 이에 대한 법적인 의견을 국제사법재판소(ICJ)에 문의하기로 결정하였다.[496)]

다른 하나는 1959년 1월 6일 인도가 UN사무총장에게 기탁한 IMCO 협약 수락문서의 법률적 성격에 관한 것이었다. 즉, 인도는 문서를 기탁하면서 IMCO의 권고가 자국의 해운진흥법령과 관련될 경우 인도정부는 이를 재검토하며, 이러한 수락행위는 이에 관한 자국 법령을 변경하거나 수정하는 효력이 없다고 선언한 것이다. 이러한 선언은 특정 기국(flag state)에 대한 차별과 다자협약(multilateral convention)의 효력에 관한 문제를 야기하기 때문에 역시 이의가 제기되었다. 이에 따라 총회는 UN사무총장에게 인도의 해당 문서를 IMCO의 회원국에게 회람하도록 요청하는 한편, 인도는 각국의 의견이 제출될 때까지 의결권 없이 자유롭게 총회에 참석할 수 있도록 결정하였다.[497)]

5. IMCO에서 IMO로 명칭 변경

IMCO는 기구의 기능과 역할을 강화하기 위하여 1975년 제9차 총회에서 기구의 명칭을 IMCO에서 IMO로 개정하는 IMCO 협약 개정안을 채택하였다. 즉, 정부간 해운자문기구(IMCO)

Law Quarterly, 12 (1963), p. 10.

495) IMCO Res. A.1(I) 내지 A.3(I), A.7(I) 및 A.8(I), A.13(I), A.15(I), A.18(I), A.20(I).

496) IMCO Res. A.12(I), 19 January 1959.

497) 이후 IMO 사무총장의 회람에 따라 인도의 선언에 대하여 각국의 이의가 제기되자 이 문제는 UN총회로 이관되었다. 1959.10.19. UN총회 제6위원회의 614차 회의에서 인도대표는 자국의 선언이 정책의 선언(declaration of policy)이며 유보(reservation)에 해당되지 않는다고 선언하였다. 이에 따라 UN총회는 인도의 협약상 지위문제는 IMCO에서 스스로 처리하도록 결정하였다(UNGA Res. 1452, 7 December 1959). 이후 IMCO는 선언의 경우 협약 해석에 법적 효과가 없으므로 인도는 IMCO 회원국으로 본다고 결정하였다(IMCO Res. C.1(III), Status of the Convention, 1 March 1960).

에서 “정부간(Intergovernmental)” 이라는 단어는 “국제(International)”로 바뀌었고 “자문(Consultative)” 이라는 단어가 삭제되어 국제해사기구(IMO : International Maritime Organization)로 바뀌게 된 것이다. 실질적으로 기구의 구조상 큰 변화는 없었으나 자문이라는 용어 때문에 소극적일 수밖에 없었던 IMO의 성격이 보다 더 능동적이며 적극적인 것으로 바뀌게 된 것이다. 이 협약 개정안은 1982년 5월 22일 발효요건이 충족됨에 따라 IMCO는 IMO로 새롭게 탄생하였다.

제3절 기구의 성격

1. 일반적 성격

IMO는 해사문제를 다루는 국제기구로서 그 성격은 다음과 같이 세 가지로 설명될 수 있다.

1.1 정부간(intergovernmental) 기구

이는 해당국가의 정부만이 회원이 될 수 있음을 뜻하며, 정부가 임명한 대표(representatives)만이 기구의 각종 회의에 참여할 수 있다. 따라서 대표는 정부관리(government officials)만이 임명되는 것이 원칙이다. 실질적으로 각국 정부는 정부관리가 아닌 해사분야 전문가를 고문(advisors)이나 전문가(experts) 자격으로 기구가 주관하는 회의의 대표단에 포함시킬 수도 있는바, 이 경우에도 정부대표의 임명절차는 반드시 이루어져야 한다.[498)]

1.2 범세계적인 기구

이는 회원국의 자격에 제한이 없음을 뜻하는데 이 기구에는 UN 회원국이 아니라도 기구의 사업에 관심을 가진 모든 국가는 회원국으로 가입할 수 있다. 따라서 스위스, 몽골, 이디오피아과 같이 바다에 접해있지 않거나 선박을 보유하지 아니한 국가도 회원국으로 가입할 수 있다. 실제 이들 국가에 등록된 선박은 상당히 많은 것으로 파악되고 있다.[499)]

1.3 UN의 전문기구(specialized agency)

IMO는 UN헌장 제57조에 근거한 해운과 해양환경보호에 관한 UN 전문기구로서(IMO 협약 제64조), 그 활동은 UN헌장의 목적과 일반원칙에 따르게 된다. 또 IMO는 국제경제사회와 관련된 제반문제에 있어 다른 UN 전문기구와 협정을 체결하여 긴밀한 협력관계를 유지하고 있다

498) 고문이나 전문가로서 일단 정부대표로 임명되면 활동에 거의 제약이 없다. 따라서 이들은 국제회의에서 국가를 대표하여 의견을 발표할 수 있으며, 위원장 등의 임원으로 피선될 수 있다.

499) 2013년 회원국 분담금 산정 자료에 따르면 스위스 807천, 몽골 387천, 에티오피아 112천 총톤의 선박이 각각 등록되어 있다. IMO Note Verbales, A2/A/1.04 (NV.87), Notice of 2013 Assessment, 3 December 2012.

(동 협약 제65조). 또한 IMO에는 전문기구의 특권과 면책에 관한 협약이 적용된다. 따라서 IMO는 법인격(juridical personality)이 인정되고(동 협약 제2조), IMO의 재산, 통신에는 불가침(inviolability)이 적용되며(동 협약 제3조 및 제4조), 회의에 참석하는 대표, 사무총장과 직원에게는 일정한 특권과 면책이 주어진다(동 협약 제5조 및 제6조).

2. 기구의 목적

기구의 목적은 IMO협약 제1조에 5가지 세부항목을 두어 자세히 규정하고 있는 바, 그 구체적 내용은 다음과 같다.

2.1 국제기술기준 제정

IMO의 가장 중요한 목적으로서, 모든 국가의 선박이 동등한 위치(level ground)에서 경쟁할 수 있도록 보편적으로 적용되는 국제적 기준을 만드는 것이다. 즉, 국제해운에 영향을 미치는 제반 기술사항에 관한 정부 간 협력의 틀(machinery)을 제공하고, 해상안전과 해양오염방지를 위하여 실행 가능한 가장 높은 기준(the highest practical standards)을 채택하도록 권장·촉진하며, 기구의 목적달성을 위한 행정적·법적 문제를 다룸(제1조 (a)).

2.2 차별과 제한의 철폐

세계 상거래(world commerce)에 차별 없는 국제해운 서비스 제공을 증진시키기 위하여 각국 정부가 국제무역에 종사하는 해운에 대한 차별적 조치(discriminatory action)와 불필요한 제한(unnecessary restrictions)을 철폐하도록 권장하고, 자국 해운발전과 보안목적을 위한 각국 정부의 지원(assistance and encouragement)이 차별(discrimination)로 작용하지 않도록 함. 특히 그러한 지원은 국제무역에 참가하는 다른 모든 국가의 해운자유를 규제하는 조치에 기반을 두어서는 아니 됨(제1조 (b)). 실제 선박은 편의치적 제도에 의하여 국적의 이동이 자유스러우므로 특정 국가에 대한 차별과 제한이 별 의미가 없다.

2.3 차별과 제한에 대한 토의

해운에 의한 불공정하고 제한적인 관행에 관한 문제의 토의(제1조(c)). 이는 위의 문제 해결을 위한 대화의 장을 만든다는 의미가 있으나, 역시 편의치적 제도 때문에 실제에 있어서는 큰 의미가 없다.

2.4 해양환경 보호

아무런 기구 또는 UN의 전문기구가 의뢰하는 해양환경에 관한 해운과 해운의 효과에 관한 모든 문제(any matters)의 토의(제1조 (d)).

2.5 정보교환

기구에서 토의되는 문제에 대하여 각국 정부 간 정보교환의 제공(제1조(e)). 이러한 목적은 사무국에 의하여 의제문서, 회의결과 문서 및 각종 회람문서의 배포를 통하여 이루어지는 한편, 각종 워크숍 및 세미나를 통하여도 이루어지고 있다.

3. 기구의 기능

IMO는 이러한 목적을 달성하기 위하여 회원국, UN 전문기구, 정부 간 기구 등이 제기하는 문제를 심의하고 권고를 행하거나(IMO 협약 제2조 (a)), 협약, 협정 등의 초안을 작성하여 각국 정부에게 권고하고, 필요시 이를 채택하기 위한 국제회의를 개최한다(동 제2조 (b)). 또 IMO는 회원국 간에 협의의 틀을 제공하고, 각국 정부간에 정보를 교환한다(동 제2조 (c)). 또한 상기의 업무 및 국제협약에서 정하는 해양문제(maritime matters)와 해양환경에 관한 기능을 수행하며(동 제2조(d)), IMO의 소관분야에서 기술협력을 촉진한다(동 제2조 (e)).

위의 기능과 관련, IMO는 국제해운영업의 정상적인 절차에 따라 해결될 수 있는 문제에 대하여 관련된 권고를 할 수 있다. 또 정상적인 절차에 따라 해결될 수 없는 문제라도 그것이 불공정한 제한적 관행에 대한 문제일 경우 IMO는 개입할 수 있다. 즉, 그 문제가 회원국 간 직접 협상의 대상이고, 어느 일방의 회원국이 요청할 경우 IMO는 그 문제를 심의할 수 있다(동 제3조). 이 경우 IMO는 분쟁해결기관이 아니기 때문에 심의를 한다고 하더라도 그 결과는 권고에 지나지 않아 해당 회원국을 기속할 수 없다.

설립 이래 그간의 역사를 검토해 보면 실질적인 IMO의 주요 기능은 각종 국제적 기술기준의 제정(rule-making)이라고 할 수 있다. 실제 IMO의 주요 위원회인 MSC, MEPC 및 LEG는 물론 전문위원회(Sub-Committees)의 활동은 각종 협약의 제·개정 및 집행에 초점이 맞춰져 있는 것이 사실이다. IMO의 다른 기능으로서 개도국에 대한 기술협력(technical cooperation)사업이 있으나 관심과 재원의 부족으로 인하여 큰 성과는 내고 있지 못한 형편이다. 이밖에 부수적인 기능으로서 국제해사상(International Maritime Prize), 용감한 선원상(IMO Awards for Exceptional Bravery at Sea) 시상 등의 영예수여(honoring)기능, 소말리아 해적퇴치, 항로보호 등의 현안해결을 위한 정보교환 기능 등이 있다.

IMO의 상

▶국제해사상(International Maritime Prize)

IMO는 1980년부터 매년 국제적으로 IMO의 활동과 목표에 기여한 개인 또는 단체에 대하여 국제해사상을 수여한다. 수상자는 각국의 추천을 받아 IMO 이사회에서 최종 선정한다. 통상 오랜 기간 동안 IMO에서 활동한 각국대표나 전임 IMO 사무총장에게 수여하고 있다. 우리나라는 아직 수상자가 없다.

▶용감한 선원상(IMO Awards for Exceptional Bravery at Sea)

IMO는 2007년부터 매년 자신의 생명을 잃을지도 모르는 위급한 상황에서도 예외적인 용기를 발휘하여 다른 사람의 생명을 구하거나 해양환경을 보호한 사람에 대하여 용감한 선원상을 수여하고 있다. 이 상은 각국의 추천을 받아 NGO로 구성된 평가위원회(Assessment Panel) 및 이사회 의장·각 위원회 위원장으로 구성된 판정단(Panel of Judges)의 검토를 거쳐 최종 수상자를 결정한다. 수상자의 등급은 본상(Award), 상장증서(certificates of commendation), 상장(letters of commendation)의 3가지로 구분된다. 우리나라는 2011년 석해균 선장이 본상을 수상한 바 있다.

4. 기구의 구성원

4.1 회원국

4.1.1 회원국 가입

IMO는 모든 국가(all State)에게 가입이 개방되어 있다(IMO 협약 제4조). 따라서 UN회원국 또는 1948년 UN 해사국제회의(United Nations Maritime Conference)에 초청된 국가는 IMO 협약 제76조에 따라 서명 또는 가입 등을 통하여 IMO 정회원국이 될 수 있다(IMO 협약 제5조 및 제6조). 또 기타의 국가는 IMO 협약 제 76조에 따라 협약당사국이 되고 이사회의 권고 및 정회원 2/3 다수의 찬성으로 가입신청서가 승인된 경우 정회원으로 가입된다(동 제7조).

국제관계에 대하여 책임이 있는 다른 정회원국 또는 UN에 의하여 이 협약이 적용되는 해외영토(Territory)[500]는 해당 정회원국 또는 UN이 UN 사무총장에게 서면으로 통보함으로써 준회원국이 될 수 있다(동 제8조). 준회원국은 투표권이 없으며, 이사국이 될 수 없는 것을 제외하고 정회원국과 동일한 권리와 의무를 가진다(동 제9조). 다만, UN총회 결의서에 따라 금지된 국가는 회원국이 되거나, 기존의 회원국이라고 하더라도 회원국의 지위를 유지할 수 없다(IMO 협약 제10조). 대만(Taiwan 또는 Republic of China)은 UN총회 결의서 2758호에 따라 회원국으로 가입이 금지되어 있다.[501]

4.1.2 회원국 탈퇴

정회원국은 UN사무총장에게 서면 통보함으로써 기구로부터 탈퇴할 수 있다. UN 사무총장은 이러한 내용을 즉시 모든 회원국 및 IMO에 통보하여야 한다. 탈퇴는 탈퇴의사 통보가 UN 사무총장에게 접수된 날로부터 12 개월 후에 효력이 발생한다(동 제78조 (a)). 준회원국은 외교관계에 책임이 있는 정회원 국가 또는 UN이 UN 사무총장에게 서면 통보함으로써 탈퇴할 수 있다. 탈퇴의 효과는 역시 통보의사가 접수된 달로부터 12개월 후에 발생한다(동 78조 (b)).

500) 여기에서 territory는 단순히 영토를 의미하는 것이 아니라 국제관계는 본국에 의존하는 overseas territory를 의미하기 때문에 저자는 이를 해외영토로 번역하였다.

501) United Nations General Assembly Resolution 2758, Restoration of the lawful rights of the People's Republic of China in the United Nations, October 25, 1971. 이 결의서에 따라 중국(People's Republic of China)은 UN에 대한 합법적인 대표로 인정되었고(the only legitimate representative of China to the United Nations), 대만은 UN에서 축출되었다(expelled "the representatives of Chiang Kai-shek from the place which they unlawfully occupy at the United Nations)."

4.1.3 회원국 현황

1948년 10월 15일 캐나다가 최초의 회원국으로 가입한 이래, 2013년 8월 1일 현재 기구의 정회원국은 170개국이고, 준회원국은 3개국이다.[502)] 우리나라는 1962년 4월 10일 회원국으로 가입하였으며, 북한은 1986년 4월 16일 가입하였다. 현재 전 세계 거의 모든 선박 보유량이 IMO 회원국에 등록되어 있다.

4.2 회의의 구성원

IMO가 개최하는 총회, 이사회, 각종 위원회 등에 참가할 수 있는 구성원은 다음과 같다.

4.2.1 회원국(member States)

IMO 협약에 가입한 국가로서 여기에는 정회원국(member)과 준회원국(associate member)이 있다. 경우에 따라 회원국이 아닌 국가도 회의에 옵서버로 참가할 수 있다. 그러나 1973년 당시 회원국이 아니었던 남아프리카(South Africa)는 흑백분리정책(Apartheid) 때문에, 포르투갈(Portugal)은 앙골라(Angola)와 모잠비크(Mozambique)에 대한 민족자결권 불인정으로 인하여 IMO가 주관하는 회의에 대한 참가가 각각 거부된 바 있다.[503)]

4.2.2 UN 및 UN 전문기구

UN 및 공동의 관심사를 가진 UN 전문기구는 사무총장의 초청으로 대표로서 IMO의 각종회의에 참가하여 표결권 없이 토론에 참여할 수 있다(총회 의사규칙 제5조 (a), 이사회 의사규칙 제5조 (a), MSC 의사규칙 제4조 제2항 등). 국제원자력기구(IAEA)는 UN 전문기구는 아니지만 함께 초청되는 경우도 있다.

4.2.3 정부간 기구(intergovernmental organization)

IMO와 협정을 체결한 정부간 기구는 사무총장의 초청으로 옵서버로서 IMO의 각종회의에 참석하여 의장이나 위원장의 요청과 회의의 동의를 받아 표결권 없이 회의에 참석할 수 있다(총회 의사규칙 제6조 (b)(i), 이사회 의사규칙 제5조 (b) 등). IMO와 협력관계를 맺은 정부간 기구로는 정부간해양학위원회(Intergovernmental Oceanographic Commission)가 있다.[504)]

---

502) 준회원국은 홍콩(Hong Kong, China, 1967년 가입), 마카오(Macao, China, 1990), 및 파로스(Faroes, 2002)이다.

503) IMO Res. A. 310(VIII), Exclusion of the Governments of Portugal and South Africa from the Assembly and All Conferences and Meetings of IMCO, 23 November 1973.

504) IMO Res. C. 51(XXII), Relations with the Intergovernmental Oceanographic Commission, 12 May 1969.

4.2.4 비정부간 국제기구(Non-Governmental International Organization: NGIO)

IMO 협약 제67조의 규정에 따라 기구와 적절한 관계를 수립한 NGIO는 사무총장의 초청으로 옵서버로서 IMO의 각종회의에 참가할 수 있다(총회 의사규칙 제6조 (b)(ii), 이사회 의사규칙 제5조 (c) 등). NGIO가 IMO의 자문지위(consultative status)를 인정받으면 회의관련 문서를 받을 수 있으며, 의제와 관련된 성명서(written statements)를 제출할 수 있으며, 옵서버를 회의에 참석시킬 수 있다(NGIO와 관계에 관한 규칙[505] 제6조).

5. 국제연합(UN) 및 다른 기구와의 관계

5.1 UN과의 관계

5.1.1 개요

기구는 UN 헌장 제57조의 규정에 따라 해운, 해양환경에 대한 해운의 영향에 관한 전문기구(specialized agency)로서 UN과 관계를 맺어야 한다. 이러한 관계는 UN 헌장 제63조에 따라 행하고, 총회의 승인을 받아야 한다(IMO 협약 제25조). 특히 관련 규정에 따라 UN과 관계를 맺은 기구만을 UN 전문기구로 부를 수 있음(UN 헌장 제57조 제2항)에 유의할 필요가 있다. UN 전문기구는 총 15개이며, IAEA는 여기에 포함되지 않는다.[506] UN 헌장 제57조 및 제63조는 각각 다음과 같다.

Article 57

1. The various specialized agencies, established by intergovernmental agreement and having wide international responsibilities, as defined in their basic instruments, in economic, social, cultural, educational, health, and related fields, shall be brought into relationship with the United Nations in accordance with the provisions of Article 63.
2. Such agencies thus brought into relationship with the United Nations are hereinafter referred to as specialized agencies.

Article 63

1. The Economic and Social Council may enter into agreements with any of the agencies referred to in Article 57, defining the terms on which the agency concerned shall be brought into relationship with the United Nations. Such agreements shall be subject to approval by

---

505) 이 규칙의 영문 명칭은 Rules Governing Relationship with Non-Governmental International Organizations 이다.

506) UN 전문기구로서 ECOSOC과 협정을 체결하려면 설립조약에 명시된 전문분야가 economic, social, cultural, educational, health, and related fields이어야 한다(UN 헌장 제57조 제1항). 국제원자력기구(IAEA)의 경우 여기에 해당되지 않으며, 기구의 역사적, 정치적 성격 때문에 UN 전문기구가 되지 못하였다. 그 대신 IAEA는 UN과 별도의 협정을 체결하여 다른 UN 전문기구와 거의 동일한 협력관계를 유지하고 있다.

the General Assembly.

2. It may co-ordinate the activities of the specialized agencies through consultation with and recommendations to such agencies and through recommendations to the General Assembly and to the Members of the United Nations.

UN과 IMO 관계에 관한 협정[507]의 초안은 UN의 경제사회이사회(ECOSOC)와 IMCO 준비위원회(Preparatory Committee) 간 협상을 통하여 마련되었다. 이 협정 초안은 발효요건으로서 UN 총회 및 IMO 총회의 승인을 규정하였다(제19조). UN은 1948년 8월 27일 이 협정 초안을 총회 결의서로 채택하였다.[508] IMO는 제1회 총회에서 이를 승인함으로써 1959년 1월 13일 자로 협정이 발효되었다.[509]

5.1.2 협정의 주요 내용

① UN은 IMO를 IMO 설립협약에 규정된 목적 달성을 위한 UN 전문기구로 인정함(제1조).
② UN과 IMO는 상호의 회의에 대표를 초청하기로 하고, 이 회의에 의제문서를 제출할 수 있음(제2조 및 제3조).
③ UN은 전문기구의 정책과 활동을 조정하기 위한 권고를 할 수 있으며, IMO는 이에 협력하기로 함(제4조).
④ UN 총회는 IMO가 국제사법재판소(ICJ)로부터 자체 활동에 관한 법적 조언을 구할 수 있도록 허용하고, IMO는 ICJ에 이를 요청할 경우 ECOSOC에 통보하도록 함(제9조)
⑤ IMO는 UN의 공통적인 직원 인사관리체제를 따르고, 통계관리에도 협력하기로 함(제10조 및 제11조).
⑥ IMO는 다음 연도 예산안을 매년 7월 1일까지 UN에 보고하고, 예산 및 재정에 관한 UN의 표준관행 및 형식을 따르기로 함(제13조).
⑦ IMO가 UN의 다른 전문기구, 정부간 기구 및 비정부간 기구와 공식적인 협정을 체결한 경우 이를 ECOSOC에 통보하기로 함(제15조).

5.2 다른 UN 전문기구와의 관계

기구는 UN의 다른 전문기구와 공동의 관심사항에 대하여 협력하며, 해당 문제에 대하여 검토하고 적절한 조치를 취할 수 있다(IMO 협약 제65조). 기구는 1965년 최초로 UN 전문기구인 식량농업기구(FAO)와 협정을 체결하였다.[510] 이 협정에서는 필요시 공동관심사에 대한 협의를 위하여 공동위원회(FAO-IMCO Joint Committee)를 구성할 수 있도록 하였다(동 협정 제3조).

507) 영문 명칭은 Agreement between the United Nations and the Inter-governmental Maritime Consultative Organization 이다.
508) UNGA Res. 165(VII), 27 August 1948.
509) IMO Res. A.7(I), Agreement on Relationship with the United Nations, 13 January 1959.
510) IMO Res. A.103(IV), Agreement between FAO and IMCO, 27 September 1965.

1967년 기구는 FAO 및 국제노동기구(ILO)와 합동으로 어선(fishing vessels)과 어선원(fishermen)에 관하여 각 기구의 책임한계를 명확히 정하는 협정을 승인하였다.[511] 이 협정에 따르면 FAO는 어업일반(fishery in general)에, ILO는 수산업의 노동문제에, IMO는 해상에서 인명안전, 선박 및 설비(safety of life, vessels and equipment at sea)에 책임을 지기로 하였다. 또 만일 2개 이상 기구의 책임이 관련될 경우에는 관련 기구의 승인을 받는 조건으로 다음의 지침에 따라 처리하기로 하였다.

① 행위의 필수적인 부분(essential part of an activity)에 주요한 책임(principal responsibility)이 있는 기구가 주도적인 역할을 담당하며, 다른 기구는 협력함.
② 기구가 특정 분야에 이미 상당히 개입되어 있을 경우에는 별도의 조치가 합의되지 않는 한 계속하여 주도권을 가지도록 함.
③ 중요한 문제나 사무국 수준의 비공식 협의에서 행동계획에 관한 합의에 실패한 경우에는 3개 기구의 대표가 모이는 공식 회의가 소집되어야 함.

1975년 기구는 기준미달선(sub-standard vessel)에 대한 책임에 관하여 ILO와의 협력에 관한 결의서를 채택하였다.[512] 이 결의서는 1975년 10월 ILO 국제회의에서 체약국들이 기준미달선에 관하여 ILO에 보고하도록 하는 제안에 대한 대응적인 성격이 강했다. 이 결의서에서 기구는 해양안전의 증진 및 안전조약의 채택 및 시행의 제1차적 책임(primary responsibility)은 관련조약에 따라 IMO에 있음을 재확인하고, 이 문제에 대하여 ILO 및 관련 국제기구와 항상 협의하고 협력할 용의가 있음을 분명히 하였다. 또한 사무총장에게 UN 전문기구들이 관련 협약의 준수, IMO의 활동 등에 관한 정보를 요청할 경우 제공하도록 하고, 해사조약(maritime instrument)의 준비 및 채택에 관한 정보를 교환하도록 하였다. 또 이 결의서를 ILO 및 UN 기구에 회람하여 이들의 주의를 촉구하도록 하였다. 이에 따라 이후 해사안전분야에 대한 ILO 등 UN 기구와의 영역논란은 더 이상 발생하지 않았다.

5.3 정부간 기구와의 관계

기구는 UN 전문기구가 아닌 다른 정부간 기구(Intergovernmental Organizations)로서 이들의 관심사항과 활동이 기구의 목적과 관련이 있을 경우 기구의 범위에 속하는 문제에 대하여 이들과 협력할 수 있다(IMO 협약 제66조). 이와 관련, 1961년 IMO는 최초로 IAEA와 협력에 관한 협정을 승인하였다.[513] 이 협정에서 양 기구는 상호인정을 하는 한편, 각종 회의에 대표의 상호초청(reciprocal representation), 정보와 문서의 교환, 의제항목의 제안, 사무국 간의 협력

511) IMO Res A.116(V), Arrangements with the Food and Agriculture Organization of the United Nations (FAO) and the International Labour Organisation (ILO), 25 October 1967.
512) IMO Res. A. 353(IX), Co-operation between IMCO and the ILO on the subject of sub-standard ships, 13 November 1975.
513) IMO Res. A.30(II), Consideration of Agreement between International Atomic Energy Agency and Inter-Governmental Maritime Consultative Organization, 13 April 1961.

등을 규정하였다.

또 1971년 기구는 정부간 해양학위원회(IOC)와 협력관계에 관한 결의서를 채택하였다.[514] 즉, 총회는 이사회, MSC 및 사무총장으로 하여금 IOC와 관련된 위원회(Inter-Secretariat Committee on Scientific Programme Relating Oceanographic)와 계속 협력하도록 요청하고, 예산의 한도 내에서 IMO의 관심사항인 IOC의 계획시행을 지원하도록 하였다.

한편, 기구는 1963년 국제수로기구(International Hydrographic Organization: IHO)의 전신인 국제수로국(International Hydrographic Bureau: IHB) 및 세계관세기구(World Customs Organization: WCO)의 전신인 관세협력위원회(Customs Co-operation Council: CCC)와 상호 관심사에 대한 협력유지 및 정보교환을 하기로 하였다.[515] 이후 1983년 2월 3일 IMO와 IHB는 상호협력에 관한 MOU를 체결하였다. 이 MOU에서 IHO는 IMO의 요청에 따라 기술협력사업에 관한 정보를 제공하는 한편, 양 기구는 관련 정보를 교환하기로 하였다.[516] 그러나 이 MOU는 협력범위가 기술협력분야로 제한되어 있으며, 공식적인 인정이 아니라는 단점이 있었다. 이에 따라 양 기구간의 협력을 협정의 형태로 상향조정하고, 또 협력의 범위를 IMO-IAEA 수준으로 높이는 방안을 추진 중이다.[517]

기구는 WCO와 2001년 9.11 사태 이후인 2002년 7월 23일 양기구의 협력에 관한 MOU[518]를 채택하였다. 이 MOU에서는 보안을 강화하기 위하여 컨테이너(container)의 검사, 복합운송(multimodal transport)에서 화물의 일관성 유지(cargo integrity), 선박과 항만간 접촉(ship/port interface)과 관련된 문제를 다루고 있다.[519]

5.4 비정부간 국제기구와의 관계

기구는 협의와 협력을 위하여 기구의 범위에 속하는 문제에 대하여 비정부간 국제기구(non-governmental international Organization: NGIO)와 적절한 합의(arrangement)를 맺을 수 있다(제67조). 이에 따라 기구는 비정부간 기구에 관한 규칙[520]에 따라 기준에 적합한 NGIO에

514) IMO Res. A. 244(VII), Cooperation with the Inter-governmental Oceanographic Commission, 13 October 1971.

515) para. 18(d), Section IV, IMO Res. A. 64(III), Work Programme of the Organization, 25 October 1963.

516) paras. 1 and 4, Understanding in Respect of Co-operation between the International Maritime Organization (IMO) and the International Hydrographic Organization (IHO).

517) IHO Circular Letter 08/2013, Proposed Agreement of Cooperation between the IHO and IMO, 22 January 2013.

518) 이 MOU의 영문 명칭은 Memorandum of Understanding on Co-operation between WCO and IMO이다.

519) para. 13.10, Report of the Maritime Safety Committee on It's Seventy-sixth Session, MSC 76/23, 16 December 2002.

520) 이 규칙의 영문 명칭은 Rules Governing Relationship with Non-Governmental International Organization 이며, 1961년 제2회 총회에서 Res A.31(II)로 처음 채택되었다. 2011년 11월 제27차 총회에서 우리나라는 이 규칙의 개정이 필요함을 주장하였고, 위원장은 이 문제가 적절한 기회에 이사회에서 토의되기를 제안하였다(Summary Record of the Eleventh Plenary Meeting, A 27/SR.11, p. 7). 2012년 11월 제109차 이사회에서는 이 규칙과 자문자격의 허용에 관한 지침(Guidelines on the Grant of Consultative Status)을 통합한 규칙(Rules and Guidelines for Consultative Status of Non-governmental International Organizations with the International Maritime Organization)을 승인하였다.

게 자문지위(consultative status)를 부여하고 있다. 2013년 11월 제28차 총회에서 자문지위가 부여된 NGIO는 총 77개이며, 그 명단은 부록 2와 같다.

2013년 11월 제28차 총회에서 채택된 개정규칙의 주요 내용은 다음과 같다.[521)]

① 총회의 승인을 조건으로 이사회는 기구의 작업에 실질적인 공헌을 할 수 있는 NGIO에 대해 자문지위를 부여할 수 있음. 이사회는 NGIO에 대하여 4년의 이내에서 잠정적인 자문지위를 부여할 수도 있음(제1조).

② NGIO의 활동은 기구의 목적과 직접적인 관련이 있어야 하며, 목적과 기능이 기구의 정신, 기능 및 원칙과 조화를 이루어야 하지만, 이미 자문지위를 획득한 다른 NGIO를 통하여 기구에 참여할 수 있어서는 아니 됨(제3조).

③ 항구적인 본부(permanent headquarters), 이사회(governing body), 임원(executive officer)이 없거나 충분한 수의 국가에 걸쳐 지부나 산하기관이 없어 진정으로 국제적 성격이 없는 NGIO에 대하여는 자문지위를 부여하지 않을 수 있음(제5조).

④ 자문지위가 부여된 NGIO는 기구의 각종회의 잠정의제를 받아 볼 수 있으며, 의제항목에 따른 문서를 제출할 수 있으며, 사무총장의 초청에 따라 각종 회의에 대표를 파견할 수 있음(제6조).

⑤ NGIO의 자문자격 신청에 대한 심사는 1년에 1회 이사회가 행하며, 이사회의 신청에 대한 결정이 내려지고 2년이 경과하지 않으면 재신청에 대한 심사를 할 수 없음(제9조).

⑥ 이사회는 이미 자문지위를 부여한 NGIO 명단에 대하여 수시로 검토하여 자문지위의 연장에 대한 결정을 내리고 그 결과를 총회에 보고하여야 함(제10조).

5.5 다른 기구의 업무 인수

총회의 2/3 다수의 표결을 조건으로 국제적 협정이나 상호 수용할 수 있는 합의에 따라 기구는 다른 정부간 또는 비정부간 국제기구가 이전하는 기능, 자원 및 의무가 기구의 업무범위에 속하는 경우 이를 인수할 수 있다. 이와 유사하게 국제조약의 조건에 따라 한 국가에게 위임된 업무로서 기구의 업무범위에 속하는 행정적 기능(administrative functions)을 인수할 수 있다(IMO 협약 제68조). 즉, 기구는 다른 국제기구의 업무를 인수하거나 다른 국가의 업무를 인수할 수 있다. 다음에서는 이를 구체적으로 살펴보기로 한다.

5.5.1 다른 국제기구의 업무 인수

기구가 다른 국제기구의 업무를 인수한 사례로는 국제협약의 규정에 따라 국제유류오염보상기금(IOPC Funds) 및 국제이동위성기구(IMSO) 관련협약의 기탁소(depositary)업무를 들 수 있다. 즉, IOPC Funds협약[522)] 및 이에 대한 2003년 의정서[523)]에서는 해당 조약의 기탁소로서

521) Annex 1, Relations with non-governmental organizations, C 110/18(d)/1, 13 May 2013.

522) 영문 명칭은 International Convention on the Establishment of an International Fund for Compensation for Oil Pollution Damage, 1992이다.

IMO 사무총장을 규정하고, IMO 사무총장은 조약의 발효 및 비준에 관련된 각종 업무를 행하도록 규정하고 있다(IOPC Funds 협약 제38조 및 동 의정서 제30조). IMSO의 경우도 마찬가지로서 IMSO 협약[524]에 따라 협약의 기탁소 업무를 IMSO 사무국이 직접 수행하지 않고 IMO 사무총장이 수행하도록 규정하고 있다(동 협약 제22조).

또 IMO는 REMPEC[525]의 행정업무를 담당하고 있다. REMPEC은 UNEP의 지중해행동계획 지역활동계획(UNEP/MAP)의 하나로서, UN의 사무국 간 협력계획의 일환으로 UNEP 바르셀로나협약 사무국과 IMO 사무국 간 협력관계가 이루어지고 있다. IMO의 행정업무 인수는 바르셀로나협약 당사국의 REMPEC 설립에 관한 결의서에 따라 이루어졌다.[526]

이외에도 IMO는 런던협약 및 동 의정서의 규정에 따라 사무국 기능을 수행하고 있다. 원래 런던협약에서는 사무국의 기능이 비교적 불명확하였으나 1996년 의정서를 통하여 사무국의 업무를 명확히 하는 한편, 사무국 업무를 IMO가 시행한다고 규정하였다(제19조).[527]

5.5.2 다른 국가가 시행하던 조약업무 인수

IMO가 설립되기 전 기탁소 등의 조약업무는 다른 국가나 기구가 수행하고 있었으나 설립 이후 IMO는 이런 업무를 차례로 인수하였다. 즉, IMO는 종래 영국정부가 수행하던 1948년 SOLAS 협약[528] 및 1954년 기름오염협약(OILPOL)[529] 업무를 인수하였다. 또 국제신호서 위원회(International Code of Signals Committee)가 수행하던 국제신호서 업무도 인수하였다.[530]

---

523) 영문 명칭은 Protocol of 2003 to the International Convention on the Establishment of an International Fund for Compensation for Oil Pollution Damage, 1992이다.

524) IMSO의 설립 근거는 국제해사위성기구협약(Convention on the International Maritime Satellite Organization)이다. 해사분야에서 출발한 위성통신이 항공기 및 육상차량까지 확대됨에 따라 1994년 이 기구의 명칭은 International Mobile Satellite Organization(IMSO)으로 변경되었으며, 1998년에는 이를 Inmarsat주식회사와 Inmarsat의 공공성 감독기구인 IMSO로 분리하였다.

525) REMPEC은 Regional Marine Pollution Emergency Response Centre for the Mediterranean Sea의 약어이다. REMPEC은 1976 Barcelona Convention for Protection against Pollution in the Mediterranean Sea에 의하여 설립되었다. 이 협약은 1978.2.18. 발효되었으며, 체약국은 지중해 연안 14개국과 EU이다. 그러나 REMPEC은 협약당사국의 분담금 납부지연으로 인하여 재정적 어려움을 겪고 있어 향후 존속여부가 불투명하다. 자세한 내용은 IMO 이사회 C 110/18(a)/1 참조.

526) para. 1, C 108//15(a)/3, Relations with the United Nations and the specialized agencies, 21 May 2012.

527) 이 의정서에서는 IMO 회원국이 아닌 당사국의 경우 IMO의 사무국 수행에 따른 비용에 대하여 적절한 분담금을 지불하도록 규정하고 있으나(제19조 제1항), 실제 이에 대한 추가적인 조치는 이루어지지 않고 있다.

528) IMO Res. A.2(I), Acceptance of Duties under the International Convention for the Safety of Life at Sea (1948) -- Revision of the Regulations for Preventing Collisions at Sea (1948), 9 January 1959.

529) IMO Res. A.8(I), Acceptance of duties under the International Convention for the Prevention of Pollution of the Sea by Oil (1954), 13 January 1959.

530) IMO Res. A.3(I), Acceptance of Duties in Connection with the International Code of Signals, 9 January 1959.

6. 기구의 법적 지위, 특권 및 면책

6.1 개요

기구의 법적 지위(legal capacity), 특권(privileges) 및 면책(immunities)은 1947년 11월 21일 UN총회의 승인을 얻은 전문기구의 특권 및 면책에 관한 협약(이하 "전문기구협약"이라 한다)[531] 및 이후 이 협약의 제36조 및 제3조에 따라 기구가 승인한 부속서의 최종본(또는 개정본)에 따르는 것으로 한다(IMO 협약 제69조). 또 각 회원국은 가입을 조건으로 이 협약 부록(Appendix) II를 적용하기로 한다(제70조).

IMO는 소재국인 영국정부와 소위 "본부협정(Headquarters Agreement)"을 체결하여 기구 및 기구의 직원에 대한 특권 및 면책범위를 정하고 있다. 특히 영국은 전문기구를 유치하고도 전문기구협약을 가입하였다.[532] 따라서 IMO의 특권과 면책에 관한 내용을 검토하려면 전문기구 협약 및 이를 보충하는 본부협정을 함께 살펴보아야 한다.

6.2 전문기구협약

6.2.1 개요

이 협약은 이 협약보다 다소 먼저 채택된 UN의 특권 및 면책에 관한 협약(이하 "UN특권협약"이라 한다)[533]의 적용범위를 다소 확장한 것이다. 따라서 법인격의 부여, 재산 및 직원에 대한 불가침, 각종 세금에 대한 면책 등은 모두 UN협약에서 그 전례를 찾을 수 있다. 또 UN특권협약은 그 내용을 매우 자세히 규정하고 있기 때문에 협약당사국에서 별도의 시행입법(national implementing legislation)이 없어도 해당 국가 법원에서 적용이 가능하다.

6.2.2 주요 내용

전문기구협약의 주요 내용은 다음과 같다.

---

531) 이 협약의 영문 명칭은 Convention on the Privileges and Immunities of the Specialized Agencies이다. 한편, 이 협약보다 다소 먼저 채택된 UN의 특권과 면책에 관한 협약(Convention on the Privileges and Immunities of the United Nations)을 통상 UN의 특권과 면책에 관한 일반협약(General Convention)으로 부르는 점에 비추어 IMO 협약에서도 이 협약에 일반(General)이라는 용어를 추가된 것으로 판단된다. 따라서 저자는 협약의 정식 명칭에 따라 "일반"이라는 용어는 삭제하여 사용하기로 한다. 이 협약은 1947.11.21. UN총회 결의서(UNGA Res. 179(II))로 채택되었으며, 1948.12.2. 발효되었다.

532) 많은 UN 전문기구를 유치한 미국과 캐나다는 아직 전문기구협약에 가입하지 않았으며, 스위스는 2012.9.25.에 가입하였다. 전문기구협약에 가입하지 않은 국가의 경우 전문기구협약 내용을 국제기구와 개별 조약 체결 시 활용하고 있다. A. Sam Muller, *International Organizations and Their Host States: Aspects of Their Legal Relationship*, (Leiden, The Netherlands: Martinus Nijhoff Publishers, 1995), p. 36.

533) 이 협약은 1946.2.13. UN총회에서 채택되어 1947.9.17. 발효되었다. 이 협약에는 총 160개국이 비준하였다.
http://en.wikipedia.org/wiki/Convention_on_the_Privileges_and_Immunities_of_the_United_Nations [2013.11.17.].

① 전문기구는 법인격(juridical personality)을 가지며, 계약체결, 동산 및 부동산의 매입 및 처분, 소송행위를 할 지위(capacity)를 가짐(Art. II, Sec. 3).
② 명백하게 포기하지 않는 한 전문기구와 그 재산 및 자산은 모든 형태의 법적 절차로부터 면책을 향유함(Art. III, Sec. 4).[534)]
③ 전문기구의 부지(premises)는 불가침(inviolable)이며, 재산과 자산은 행정, 사법, 입법행위로부터 수색, 징발, 압수 등 그 형태를 불문하고 방해받지 아니함(Art. III, Sec. 5). 또 전문기구와 그의 자산, 수입 등에 대하여는 세금 및 관세가 면제됨(Art. III, Sec. 9).
④ 전문기구가 주최하는 국제회의에 참석하는 대표는 외교사절에 준하여 구금으로부터 면제, 각종 서류의 불가침 등의 대우가 보장됨(Art. V, Sec. 13).
⑤ 전문기구의 직원은 업무 수행 중의 발언에 대해 면책이며, 봉급에 대해 면세이며, 가족에 대한 출입국 제한이 면제됨(Art. VI, Sec. 19). 그러나 이러한 특권과 면책은 개인의 이익을 위하여 사용될 수 없음(Art. VI, Sec. 22).
⑥ 전문기구에 적용되는 표준조항(standard clause)은 개별적으로 변경되어 부속서에 포함된 조약문이 적용되며(Art. X, Sec. 33), 각 부속서의 조약문은 전문기구의 헌법적 절차(constitutional procedures)에 따라 승인되어 그 사본이 UN 사무총장에게 제출되어야 함(Art. X, Sec. 36).

6.2.3 전문기구 협약 부속서의 내용

상기의 규정에 따라 IMO는 설립 이후 제1회 총회의 승인을 받아 UN 사무총장에게 변경된 부속서의 조약문을 통보하였는 바, 그 내용은 다음과 같다.[535)]

① 전문기구 임원에게 적용되는 특권 및 면책 등(전문기구협약 Art. VI, Sec. 21)은 IMO의 사무총장, 사무부총장(Deputy Secretary-General) 및 MSC 사무국장(Secretary)에게 적용됨(para. 1).[536)]
② 기구의 업무를 수행하는 전문가에 대하여는 업무 수행 중 본인의 구금이나 가방의 압수로부터 면제, 각종 서류의 불가침 등의 각종 면책이 허용됨. 다만, 이러한 특권과 면책이 개인적 이익을 위한 것이어서는 아니 되며, 기구는 정의실현에 방해가 된다고 판단되면 언제라도 이를 포기할 수 있음(para. 2).

6.3 IMO 회원국이 IMO 활동에 관해 허용하는 특권 및 면책

534) 영국의 국가면책법(1978 State Immunity Act)에서는 국가의 주권적 행사에 대하여만 면책을 허용하고 있으며, 그 이외의 사항에 대하여는 면책을 허용하지 않고 있다. 이러한 법은 상사거래(commercial transaction)로 발생하는 분쟁에 대하여 적절한 해법을 제시할 수 있다.

535) IMO Res. A. 10(I), Report of the Assembly on the Final Text of the Annex to the General Convention on the Privileges and Immunities of the Specialized Agencies, 16 January 1959. 이 최종안은 1959.2.12. UN 사무총장에게 제출되어, 전문기구협약의 부속서(Annex) XII가 되었다. 이후 최종안은 일부 개정되어 1968.7.9. UN 사무총장에게 다시 제출되었다. IMO Res. C.37 (XX), Revised Text of Annex XII to the Convention on the Privileges and Immunities of the Specialized Agencies, 16 May 1968. 따라서 여기에서 거론하는 최종안은 1968년에 개정된 내용을 말한다.

536) 당초 사무총장과 MSC 사무국장에게만 적용되었으나 사무부총장이 추가되었다.

전문기구협약의 가입을 조건으로 IMO 회원국이 IMO 활동에 관하여 허용하여야 하는 내용은 IMO 협약의 부록(Appendix II)에 규정되어 있는 바, 그 내용은 다음과 같다.

① 기구는 각 회원국의 영토 내에서 기구의 목적달성 및 기능수행을 위하여 필요한 법적 행위능력(legal capacity)을 향유한다(Sec. 1). 따라서 필요 시 기구는 해당 국가에서 단독으로 완전하고 유효한 법률행위를 할 수 있음.

② 기구는 각 회원국의 영토 내에서 기구의 목적달성 및 기능수행을 위하여 필요한 특권 및 면책을 향유함. 또 회원국의 대표와 기구의 직원은 기구와 관련된 독립적인 기능 수행을 위하여 필요한 특권과 면책을 향유함(Sec. 2).

③ 상기의 규정을 적용함에 있어 회원국은 가능한 한 전문기구협약의 표준조항을 고려하여야 함(Sec. 3).

6.4 소재국(host State)과의 본부협정

6.4.1 주요 내용

전문기구협약에서는 협약이 UN 전문기구와 그 본부 또는 지역 사무소가 소재한 국가 간에 이 협약에 따라 인정된 특권과 면책을 확대하거나 축소하는 추가적인 협정(supplementary agreement)의 체결을 방해하지 않는다고 규정하고 있다(Art. X, Sec. 39 후단). 이에 따라 IMO 보다 먼저 설립된 다른 전문기구들은 구체적인 특권과 면책을 정하는 본부협정을 소재국 정부와 체결하고 있었다. IMO도 이러한 전례에 따라 사무총장으로 하여금 소재국인 영국 정부와 이에 관한 협상을 진행하도록 위임하였다.[537] 그 결과 IMO와 영국정부 간에는 IMO의 특권과 면책에 관한 협정[538]이 체결되었으며, 1968년 11월 28일 협정에 대한 서명으로 즉시 발효되었다. 이 협정의 주요 내용은 다음과 같다.

① 기구의 부지(premises) 내에서 영국법이 적용되며, 공공당국의 권한을 행사하는 정부의 관리는 사무총장의 명백한 요청 및 조건 없이 기구의 부지에 들어갈 수 없음(제6조 제2항 및 제3항). 다만, 화재로부터 기구의 부지를 보호하기 위한 당국의 조치는 제외함(제5항).

② 관계당국은 공식적 활동을 위하여 기구의 부지에 출입하는 것을 방해하지 않으며, 기구의 각종 국제회의에 참석하는 대표들의 영국 입국을 지체 없이 또 비자수수료 없이 허가해야 함(제7조 제1항 및 제2항).

③ 기구에 대한 각종 세금은 면제되며(제9조 제1항 및 제2항), 영국시민이나 영주권자가 아닌 한 사무총장 및 직원에 대한 소득세 등도 면제됨(제10조).

④ UN 여행서류(laissez-passer)[539]를 제출하는 자에 대하여는 영국의 출입국 제한 및 조건, 외

537) IMO Res. A. 56(III), Relations with the Host State, 25 October 1963.

538) 이 협정의 영문 명칭은 Agreement between the Government of the United Kingdom of Great Britain and Northern Ireland and the Inter-Governmental Maritime Consultative Organization Regarding the Headquarters of the Organization이다.

539) UN laissez-passer는 통상 UN여권이라고 부르며, 공적인 목적의 출장에 대해 영국, 케냐, 유럽국가

국인 등록에서 면제되며, 입국 시 비자를 받을 필요 없음(제14조 제1항).

⑤ 사무총장은 직원의 명단 및 직위를 영국 정부에 통보하고, 영국 정부는 기구의 모든 직원에게 사진이 첨부된 신분증(card)을 교부함(제15조).

6.4.2 추후 개정사항

상기 협정에서 협정의 개정은 협의 후 각서의 교환(Exchange of Notes)으로 효력을 발휘하도록 규정하고 있다(제16조). 이에 따라 1971년에는 사무총장 등의 고위 직원에게 자동차 소비세(vehicle excise tax)를 면제할 수 있도록 본부협정의 제10조가 개정되었다.[540] 또 1974년에는 세법의 개정에 따라 다시 면제의 범위를 조정하였다.[541]

1982년에는 IMO 회원국의 IMO 상주대표(permanent representatives)[542]에게도 특권과 면책이 허용되도록 하는 규정이 추가되었으며(13조 *bis*), IMO 상주대표의 승인(accreditation)에 관한 절차가 본부협정의 부속서(Annex)로 추가되었다.[543] 이 절차에 따라 상주대표에 대한 신임장은 해당 국가의 Big 3 중 1명이 교부하여 사무총장에게 제출되어야 하며(para. 3), 사무총장은 이를 영국정부에 통보하여야 한다(para. 4 후단). 상주대표가 아닌 상주대표단원에 대한 승인(accreditation)은 본국의 지시를 참조하여 상주대표가 서명한 공한을 사무총장에게 보냄으로써 이루어진다(para. 5). 실무적으로 IMO는 이 내용을 영국정부에 알리는 한편, 이러한 공한을 접수하였다는 회신 공한을 해당 상주대표에게 발송한다.

1997년에는 IMO의 명칭이 변경됨(IMCO → IMO)에 따라 본부협정에 이를 반영하는 한편, 영국 세법의 개정에 따라 종래의 면제되던 시세(municipal rates)의 명칭을 카운실세(council tax)로 변경하였다.[544] 또 2001년에는 IMO 상주대표 및 5명의 IMO 국장급 직원에게 완전한 특권과 면책을 부여하도록 하며, 상주대표 대리(acting permanent representative)의 경우 그 직을 수행하는 동안 상주대표에게 적용되는 절차를 따르도록(부속서 para. 6) 본부협정이 개정되었다.[545] 또 이러한 내용을 반영하여 전문기구협약 부속서 XII의 제2차 개정 조약문(second revised text)을 UN에 통보하였다.[546]

(Schengen 협정이 적용되는 지역) 등에서는 입국에 비자가 필요 없다. D1급까지의 직원에게는 우리나라의 관용여권에 준하는 푸른색의 laissez-passer가, D2급 이상의 직원에게는 외교관 여권에 준하는 붉은색의 laissez-passer가 발급된다. http://en.wikipedia.org/wiki/United_Nations_Laissez-Passer [2013.11.10.].

540) 이 각서교환의 명칭은 Exchange of Notes between the Government of the United Kingdom of Great Britain and Northern Ireland and the Inter-Governmental Maritime Consultative Organization to Amend Article 10 of the Agreement between the Government and the Organization Regarding the Headquarters of the Organization이다. 영국정부는 1971.10.28. 개정에 관한 각서를 IMO에 발송하였으며, 1971.11.1. IMO는 이에 동의하는 각서를 발송하였다. 이후 영국정부의 관련 법령이 정비된 후인 1972.2.5. 발효되었다. U.K. Treaty Series No. 25(1972), Cmnd. 4917.

541) 1974.2.13/25, U.K. Treaty Series No. 133(1975), Cmmd. 6340.

542) 상주대표는 상주하면서 국제기구에 대한 한 국가를 대표하는 직위이다. 통상 외교공관의 대표(ambassador 또는 High Commissioner)가 겸직을 하고 있지만 대사관과 별도로 대표부를 두고 상주대표를 임명하는 경우도 많다.

543) 1982.1.20, U.K. Treaty Series No. 30(1982), Cmmd. 8623.

544) 1997.8.19/10.23. U.K. Treaty Series No. 17(2000), Cmmd. 4634.

545) IMO Res. A.908(22)/Rev.1, Agreement with the Host State Regarding the Extension of Privileges and Immunities to Permanent Representatives and Divisional Directors, 22 November 2001.

제4절 기구의 조직

1. 기구의 개요

IMO는 총회, 이사회, 해사안전위원회, 법률위원회, 해양환경보호위원회, 기술협력위원회, 간소화위원회의 회의조직과 이를 지원하기 위한 사무국이 있다(IMO협약 제11조). 해사안전위원회 및 해양환경보호위원회의 하부조직으로는 총 9개의 전문위원회[547]가 있었으나, 경비절감과 조직의 효율성을 높이기 위하여 2014년부터 위원회를 총 7개로 축소하여 운영한다.[548] IMO 주요 조직은 다음의 그림 1과 같으며, 총회, 이사회 및 각 위원회의 구체적인 내용에 대하여는 다음에서 자세히 살펴보기로 한다.

<그림 1> 국제해사기구 기구표

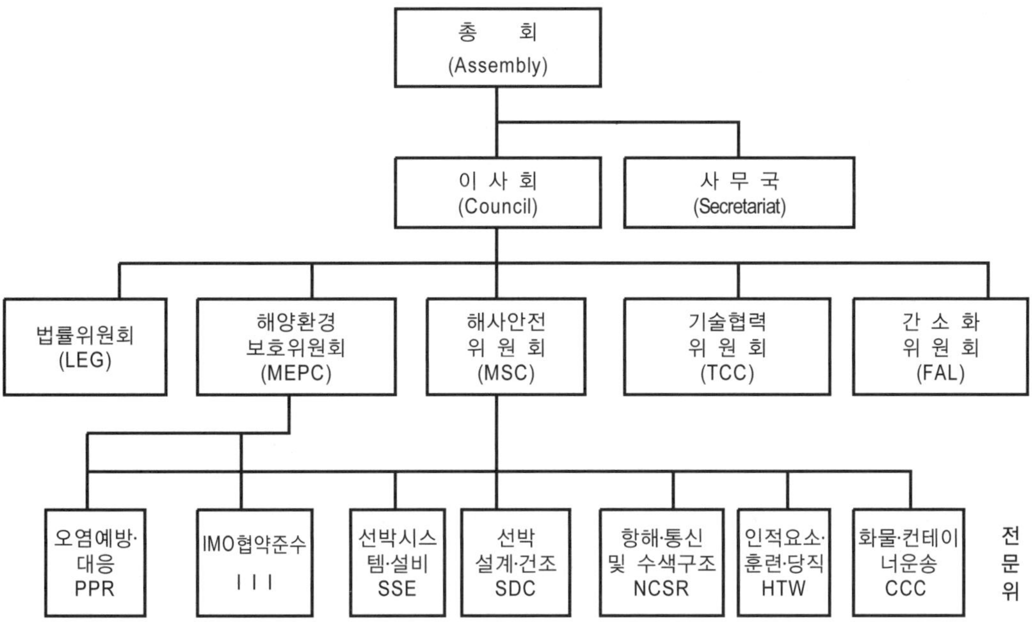

546) 전문기구협약 부속서 XII의 제2차 개정 조약문은 2002.4.8. 제521호로 UN에 등록되었다. UN Treaty Collection, Chapter III, 2.12(b), Second Revised text of Annex XII - International Maritime Organization (IMO) - to the Convention on the Privileges and Immunities of the Specialized Agencies.

547) IMO의 전문위원회(Sub-Committee)는 통상 각국 대표 및 국제기구 대표 수백 명이 참석하는 대규모 회의이다. 종래에는 원문에 충실하게 이를 소위원회라고 번역하였다. 그러나 이 경우 소수의 사람이 모이는 회의로 오해할 소지가 있어 요즘에는 이를 전문위원회로 번역하여 사용하고 있다.

548) 기존의 9개 전문위원회를 대체할 전문위원회의 명칭은 다음과 같다(para. 7, C 110/3/1, p.3.)
1. Sub-Committee on Carriage of Cargoes and Containers (CCC);
2. Sub-Committee on Human Element, Training and Watchkeeping (HTW);
3. Sub-Committee on Implementation of IMO Instruments (III);
4. Sub-Committee on Navigation, Communications and Search and Rescue (NCSR);
5. Sub-Committee on Pollution Prevention and Response (PPR);
6. Sub-Committee on Ship Design and Construction (SDC); and
7. Sub-Committee on Ship Systems and Equipment (SSE).

2. 총회(Assembly)

2.1 총회의 개요

총회는 IMO의 최고 의사결정기관으로서 모든 회원국으로 구성된다(IMO 협약 제12조). 정기총회는 2년마다 1회 개최되고, 임시총회는 회원국 3분의 1이상이 사무총장에게 요청하거나 이사회의 결정이 있을 경우 60일 이상의 사전 통보로써 개최가 가능하다(동 제13조). 총회의 의결정족수(quorum)는 준회원국(Associate Members)을 제외한 정회원국의 과반수로 한다(제14조).

2.2 총회의 주요 업무

총회의 주요 업무는 다음과 같으며(동 제15조), 이사회에서 선출된 사무총장에 대한 승인권을 가지고 있다(동 제22조). 그러나 총회는 기구의 최고기관임에도 불구하고 형식상 하부조직의 권고와 결정을 추인하는 역할을 하며, 2년에 1회 개최되기 때문에 실질적 권한은 이사회에 비하여 많다고 보기 어렵다.

① 정기총회 중 정회원국에서 임기 2년의 의장 1명 및 부의장 2명을 선출
② 협약에서 별도 정하는 경우를 제외하고 자체의 의사규칙 채택
③ 이사회의 권고에 따라 임시 또는 상설의 하부조직 설치
④ 이사국의 선출
⑤ 이사회보고서의 심의 및 필요한 사항의 결정
⑥ 작업계획의 승인 및 예산과 재정계획(financial arrangements)의 표결(vote)
⑦ 비용에 대한 검토 및 결산의 승인
⑧ 기구의 기능을 수행하기 위하여 총회는 이사회에 권고나 문서를 검토하도록 의뢰하고, 이사회의 검토사항이 총회에서 수락되지 아니할 경우는 총회에서 검토된 사항을 반영하여 재검토 의뢰
⑨ 해상안전, 해양오염방지에 관한 각종 규칙 및 지침을 회원국에게 채택하도록 권고
⑩ 개도국의 특별한 수요를 감안하여 기술협력의 증진에 필요한 조치
⑪ IMO에서 토의된 국제협약의 제정 또는 개정을 위한 국제회의의 소집
⑫ IMO의 범위에 속하는 모든 사항에 대하여 이사회에 검토 또는 결정 의뢰(회원국에 대한 국제규칙 및 지침의 채택권고 제외)[549]

549) 당초 IMO 협약 개정안에서 총회는 모든 기능을 이사회에 위임할 수 있도록 되어 있었다. 그러나 UN해사국제회의에서 미국대표는 해사산업의 혼란을 방지하기 위하여 안전규칙의 변화에 대한 승인권한은 2년에 1회 개최되는 총회에 국한되어야 한다는 개정의견을 제시하였고, 이 의견이 협약규정으로 채택되었다. United Nations Maritime Conference, Summary Record of Ninth Meeting, E/CONF.4/SR/9, 1 March 1948, p. 5. 당시는 MSC의 협약개정안이 이사회를 거쳐 총회에서 토의되고 채택되는 절차를 염두에 두었다. 그러나 이후에 채택된 SOLAS, MARPOL 협약에서는 총회를 거치지 않고 해사안전위원회(MSC), 해양환경보호위원회(MEPC)에서 직접 협약을 개정할 수 있도록 규정하고 있기 때문에 현재 이 규정의 중요성은 상당히 퇴색하였다고 말할 수 있을 것이다.

석해균 선장의 용감한 선원상((Bravery Award at Sea) 수상식

2011년 11월 21일은 IMO 총회 개막식 날로서 아주 바쁜 하루였다. 이날 점심시간에 우리나라는 각국 대표를 상대로 리셉션을 개최하였다. 통상 IMO에서 리셉션은 자국의 국경일, 자국 인사의 수상, 자국의 선거활동 등 특별한 이유가 있을 때 개최하는 것이 일반적이다. 이번 오찬 리셉션은 이미 우리나라 석해균 선장의 수상이 내정되어 있었기 때문에 일종의 수상 기념이라고 할 수 있었다. 템스(Thames)강을 내려다 볼 수 있는 IMO 부근의 호텔(Park Plaza Riverbank Hotel)에서 개최된 이 리셉션에서 당시 권도엽 국토해양부장관과 추규호 주영대사가 영접라인에 서서 손님을 맞았다. 여기에는 미트로폴러스(Mitropolous) IMO 사무총장, IMO 총회 의장인 멕시코 대사(Mr. Eduardo Medina-Mora), 각국 대표단 등 400여 명이 참석하였다.

오후 총회의 하이라이트는 석 선장의 수상이라고 할 수 있을 것이다. 수상식 단상에는 미리 석 선장 부부, IMO 사무총장, 권 장관, 추대사가 자리를 잡았다. IMO 사무총장이 석 선장을 수상자로 호명하고 나서, 석 선장의 업적에 관한 설명자료가 정면의 대형 스크린에 소개되었다. 해적들에게 선박이 나포된 후 석 선장은 살해의 위협을 계속 받으면서도 우리 해군의 구조작전이 실행될 수 있도록 기관고장이 났다고 속여 선박의 운항을 지체시켰다고 한다. 이후 석 선장은 비로 어눌하지만 정확한 영어로 수상 소감을 발표하였다. 자신은 IMO에 이런 상이 있는 것도 전혀 몰랐으며, 더욱이 이 상을 받게 될 줄은 꿈에도 생각지 못하였다고 하였다. 아울러 35년간 해상생활을 해온 자신으로는 해적행위가 자행되고 있으며, 수많은 선원들이 소말리아에 억류 중인 현실에 대하여 분노와 절망감을 느낀다고 울먹이며 국제사회의 조속한 조치를 요청하였다. 마지막으로 자신이 역경을 이겨내고 이 자리에 올 수 있도록 기도해 준 부인과 가족에게 수상의 영광을 돌리고 싶다고 발언하였다. 이에 회의장에 가득 찬 1,000여 명의 청중은 전원이 일어나 약 5분간 박수를 계속치며 선 선장의 수상을 축하하였다. 그야말로 말로만 듣던 기립박수(standing ovation)의 순간이었다. 국제사회의 이러한 축하는 석 선장 개인의 영예는 물론 우리 대한민국의 영예로서 IMO의 역사에 영원히 기억될 것이다.

3. 이사회(Council)

3.1 이사회의 개요

이사회는 총회에서 선출된 40개 회원국(이사국)으로 구성되며(IMO 협약 제16조), 총회는 이사국을 선출하면서 다음과 같은 기준에 따른 카테고리(category)를 준수해야 한다(동 제17조). 일단 선출된 이사국의 권한은 선출된 카테고리에 관계없이 동일하다.

① 카테고리 A (10개국) : 국제해운서비스 제공에 가장 이해관계가 큰 국가
② 카테고리 B (10개국) : 국제해상무역에 가장 이해관계가 큰 국가
③ 카테고리C (20개국) : 상기에 해당되지 않는 국가로서 해상수송 또는 항해에 특별한 이해관계를 가진 국가로서 해당 국가의 당선이 주요지역의 대표성을 표시하는 국가

실무 관행 상 이사국은 회원국의 비밀선거에 의하여 선출되기 때문에 이러한 카테고리 분류는 큰 의미가 없다. 즉, 보유선박이나 해상무역에 대한 이해관계가 가장 많은 국가라고 하여 각각의 카테고리에 당연히 당선되어야 하는 것은 아니다. 그러나 관례적으로 카테고리 A에는 주요 해운국이 당선되어 왔기 때문에 카테고리 A 이사국은 자연스럽게 해운 선진국으로 인정되고 있다. 그러나 카테고리 C 이사국의 경우 과연 어떤 국가가 주요 지역의 대표성을 가질

수 있는가에 대한 논란이 있을 수 있다. 그럼에도 불구하고 선거로 이사국을 선출하는 관행은 상기 협약규정의 해석원칙으로 확고히 자리 잡았다고 할 수 있을 것이다. 실제 당사국 간 합의를 입증하는 추후의 관행(any subsequent practice)은 조약 해석의 중요한 원칙이며(비에나협약 제31조 제3항 (b)), 국제법원에서도 조약을 해석 시 대부분 이를 언급하고 있다. IMO는 카테고리 C 이사국의 선거 시 출마국가는 자국의 당선이 지역대표성에 얼마나 기여할 수 있는지를 강조하도록 하고, 다른 국가들은 선출 시 이를 감안하도록 요청하고 있다.550)

당초 1948년 IMO 협약의 경우 이사국은 총 16개국이었다. 그러나 회원국 수가 계속 증가함에 따라 협약을 개정하여 이사국 수를 계속 증가시켜 왔다. 협약개정에 따른 이사국 수의 변화 추이는 다음과 같다.

① 1964년 개정(1967년 발효): 16개국
② 1974년 개정(1978년 발효): 24개국
③ 1979년 개정(1984년 발효): 32개국
④ 1993년 개정(2002년 발효): 40개국

3.2 우리나라의 이사국 진출

우리나라는 1991년 최초로 카테고리 C 이사국으로 진출하였으며, 2001년 제22차 총회까지 6회 연속 당선되었다. 한편, 이 총회 개최 당시 이사국 수를 증가시키는 1993년 IMO 개정협약의 발효요건이 충족되어 1년 후인 2002년 11월 7일 발효가 예상되고 있었다. 이에 따라 이 총회는 협약발효 시 증가되는 이사국에 대한 선출도 함께 시행하기로 결정하였다. 우리나라와 파나마는 일단 카테고리 C 이사국에 당선된 후, 카테고리 A의 이사국 수가 8개국에서 10개국으로 늘어나는 이 기회를 잘 살려 카테고리 A 이사국으로 출마하여 당선에 성공하였다. 카테고리 B의 경우 스페인과 방글라데시가 추가로 당선되었다.551) 특히 방글라데시는 그간 이사국으로 당선되지 못하다가 다른 국가의 출마가 없는 바람에 무투표로 당선되는 행운을 안았다. 이후 우리나라는 이후 2013년 제28차 총회까지 7회 연속 카테고리 A 이사국으로 당선되었다. 특히 실제 선거가 진행된 2009년 제26차 총회에서는 1위인 일본에 이어 한국과 중국이 공동 2위로 당선되는 영예를 얻기도 하였다.

우리나라의 IMO 이사국 출마 실패 사례

1979년 협약개정을 통하여 IMO 이사국 수는 24개국에서 32개국으로 증가되었다. 1983년 제13차 총회가 개최될 때까지 개정협약은 발효되지 않았으나 1984년에는 발효가 예상되었다. 이에 따라 제13차 총회에서는 개정된 협약에 따른 이사국을 미리 선출하기로 결정하였다. 선출된 국가는 협약이 발효되는 때부터 이사국이 되게 된다.

550) IMO Res. A. 1000(25), Implementation of part (C) of article 17 to the IMO Convention, 20 November 2007.
551) Summary Record of Eighth Plenary Meeting, IMO Assembly, A 22/SR.8, pp. 6-7.

> 당시 카테고리 A에는 기존 이사국인 영국, 미국, 노르웨이, 일본, 소련, 그리스 6개국이 출마하였고, 이들은 경쟁국가가 없어 무투표로 당선되었다. 이후 추가 이사국 선출에서 라이베리아가 출마를 선언하였다. 이후 다른 나라의 출마선언이 없자 당시 교체수석대표 최동진 주영 공사는 우리나라의 출마를 선언하였다. 이에 따라 수석대표인 강영훈 주영대사는 발언을 통하여 한국의 지지를 요청하였다. 의장이 카테고리 A의 추가이사국에 한국과 라이베리아가 출마했다고 알리자, 이태리는 자국도 출마했다고 이의를 제기하였다. 이태리는 6개국 선출에 앞서 영, 미, 일 등과 함께 발언하였으나 카테고리 A의 추가 이사국에 출마하겠다는 명확한 발언을 하지 않았었다. 의장은 이태리의 출마의사를 확인하고 비밀투표에 회부할 것을 선언하였다.
>
> 우리나라는 매우 난감한 입장에 놓였다. 이미 출마선언과 지지발언을 하였지만 사전 준비와 득표활동을 하지 않아 낙선이 확실시 되었다. 그렇다고 출마선언을 철회할 수도 없어 진퇴양난에 처한 셈이었다. 투표결과는 이태리 90표, 라이베리아 72표, 한국 31표로 나와 예상대로 낙선하였다.
>
> 이러한 실패를 바탕으로 철저한 득표활동을 한 우리나라는 1991년 제17차 총회에서 카테고리 C에서 최다득표로 당선되었다.
>
> 출처: 김종길, 되돌아 본 해운계의 사실들(서울: 도서출판 동재, 2005), 48-52쪽.

IMO에서 기존질서(status quo)의 변화는 쉽지 않기 때문에 카테고리 A나 B에서 기존 이사국이 아닌 국가가 도전하는 경우는 거의 없다.552) 그러나 보니 카테고리 C의 경우 20개 이사국 자리를 두고 각국은 치열한 경쟁을 벌이고 있다.553) 2013년 제28회 총회 결과 선출된 이사국 현황은 다음 표6과 같다.554)

< 표6: 2014-15년 이사국 현황>

카테고리	이사국
A (10개국)	China, Greece, Italy, Japan, Norway, Panama, the Republic of Korea, the Russian Federation, the United Kingdom, the United States
B (10개국)	Argentina, Bangladesh, Brazil, Canada, France, Germany, India, the Netherlands, Spain, Sweden
C (20개국)	Australia, Bahamas, Belgium, Chile, Cyprus, Denmark, Indonesia, Jamaica, Kenya, Liberia, Malaysia, Malta, Mexico, Morocco, Peru, Philippines, Singapore, South Africa, Thailand, Turkey

3.3 이사국의 임기

이사국의 임기는 다음 정기총회의 마지막까지 2년이며, 연임될 수 있다(IMO협약 제18조). 정기총회가 끝나고 나면 이사회 위원장 선출을 위하여 이사회가 개최되는바(이사회 의사규칙 제19조), 정기총회에서 선출된 이사국은 이때부터 이사국으로 활동을 개시하여 다음 정기총회까지 이사국의 역할을 수행하게 된다.

552) 2007년 벨기에가 카테고리 A에, 2009년 라이베리아가 카테고리 A에 각각 도전하였으나 기존 이사국과 현저한 득표 차이로 낙선한 바 있다.

553) 지난 6회의 총회에서 출마한 국가의 수는 다음과 같다. 제23차(2003년) 30개국, 제24차(2005년): 28, 제25차(2007): 27, 제26차(2009): 26, 제27차(2011): 26, 제28차(2011): 24.

554) 제28차 총회에서 A와 B 카테고리에서는 출마국과 이사국 수가 같아 무투표로 당선이 확정되었으며, C 카테고리에서는 선거결과 기존의 이집트가 탈락하고 새로 페루가 이사국으로 당선되었다.

3.4 이사회의 운영

협약에서 별도로 정하지 않는 한 이사회는 자체의 위원장을 선출하며, 의사규칙을 채택한다(IMO 협약 제19조 (a)). 이사회 위원장(chairman)은 정기 총회 직후의 이사회에서 이사국 인사 중 선출하는바(이사회 의사규칙 제19조), 이에 따라 위원장의 임기도 자연스럽게 2년이 된다. 이사회의 의결정족수(quorum)는 26개국이다(동 협약 제19조 (b)). 이사회는 업무수행을 위하여 위원장의 소집 또는 4개 이사국 이상의 요청에 따라 필요시 수시로 회의개최가 가능하나 이 경우 1개월의 예고기간을 거쳐 개최된다. 이사회는 편리한 장소에서 개최될 수 있다(동 제19조 (c)). 통상 이사회는 정기총회가 없는 해의 경우 상반기와 하반기에 각각 1주씩 1회 개최되고, 정기총회가 있는 해의 경우 상반기에 1주 1회, 하반기에 총회 직전에 2일, 직후에 1일씩 개최된다.

이사회는 이사국이 아닌 회원국에 대하여도 표결권 없이 토론에 참석하도록 초청하여야 한다(동 협약 제20조). 실제 이들은 옵서버로서 토론에 참가하여 의견을 제시하고 있다. 사무총장의 선출 등 회의가 비공개로 진행될 경우에 옵서버들의 참관은 허용되지 아니한다. 또 이사회는 IMO 정책에 관한 사항을 주로 다루기 때문에 정부간 기구(IGO)나 비정부간 국제기구(NGIO)와 같이 직접적인 이해관계가 없는 단체는 초청하지 아니한다.

3.5 이사회의 주요 기능

이사회는 실질적인 업무를 수행하는 각 위원회와 최고 의사결정기관인 총회를 연결하는 기관이다. 특히 정기총회는 2년에 1회 개최되므로 정기총회와 정기총회의 사이에 집행기관으로서 중요한 정책의 수립 및 집행을 하게 된다. IMO 협약에 규정된 이사회의 주요 기능은 다음과 같다.

① 각 위원회의 제안을 감안하여 사무총장이 준비한 작업계획 초안 및 예산안을 검토하여 총회에 제출(IMO협약 제21조 (a)).
② 각 위원회의 보고, 제안 및 권고를 총회에 이관하고, 만일 총회가 개회 중이 아니면 이사회의 언급 및 권고와 함께 이를 회원국에 전달(동 제 21조(b)).
③ 각 위원회의 견해를 들은 후 각 위원회 소관 사항에 대한 검토(동 제21조 (c)).
④ 사무총장 선출 및 사무국 직원의 근무조건 결정(동 제22조)
⑤ 지난 정기총회 이후 기구가 수행한 업무내용을 정기총회에 보고(동 제23조).
⑥ 이사회의 언급 및 권고와 함께 재무제표를 총회에 제출(동 제24조)
⑦ 총회의 승인을 조건으로 다른 국제기구와의 관계에 관한 협정 체결(동 제25조 (a)).
⑧ 정기총회 회기 사이에서 각 위원회와 다른 기구의 관계에서 책임을 짐(동 제25조 (b)).

3.6 이사회의 총회 대행

정기총회의 회기 사이에서 각국에 대한 총회의 국제기준 채택권고(IMO 협약 제15조 (j)) 기능을 제외하고 기구의 모든 기능을 수행한다. 특히 기구의 효율적인 기능수행을 위하여 기구의 조직간 활동을 조정하고 필요시 조정할 수 있다(IMO 협약 제26조).

이 규정의 시행과 관련, 기구는 1981년 “1980년대 기구의 목표”라는 총회결의서를 채택하였다.[555] 당시 IMO는 협약 개정 등을 통하여 많은 규정을 생산하였으나 각국 정부는 이를 제대로 시행하지 못하고 있는 실정이었다. 이에 따라 IMO는 이 결의서를 통하여 협약의 시행이라는 기구의 목표를 확실하게 정하는 한편, 이사회로 하여금 총회를 대신하여 각위원회의 업무조정을 하도록 위임하였다. 이후 이 결의서는 기구의 중요한 정책문서 중의 하나로 인정되어 계속하여 언급되고 있으며, 다른 결의서 등의 문서를 통하여 이사회의 기능이 계속 강화되고 있는 바, 그 주요 내용은 다음과 같다.

① 기구의 목표를 달성하기 위하여 이사회는 우선순위의 조정 등을 통하여 위원회 및 하부조직의 작업을 조정하며, 이 때 이사회는 각 위원회의 우선순위와 책임 등을 고려하도록 함(paras. 1-2).
② 협약에 대한 개정안을 검토할 경우 이사회와 위원회는 개정의 시급한 필요성(compelling need)이 명확하고, 문서로 제출된 경우에만 한하도록 권고함. 특히 협약이 유효한 상태에서 상당한 시간이 지나고(in force for a reasonable period of time), 운영에 대한 경험이 축적되지 않은 채 협약을 개정하는 것은 바람직하지 않으며, 협약개정에 따른 해사산업의 비용과 회원국의 입법 및 행정부담(burden on the legislative and administrative resources of Member States)을 감안하여야 함.(para. 3)
③ 선박의 구조(structure of ships)에 관한 협약을 제정하거나 개정할 경우 위원회는 그 협약규정이 협약발효일 이후에 건조되는 신조선에만 적용되도록 하는 원칙에 따르도록 권고함. 다만, 협약이 기존 선박(existing ships)에도 적용되어야 할 시급한 필요성이 있으며, 조치에 대한 비용과 편익(benefit)이 충분히 검토된 경우에는 그러하지 아니함(para. 4).[556]

4. 해사안전위원회(Maritime Safety Committee: MSC)

4.1 연혁

해사안전위원회는 총회, 이사회와 함께 IMO 설립당시부터 구성되었던 주요기관이다. 그러나 IMCO 협약의 해석과 관련하여 많은 논란이 발생하였다. 즉, 1948년 IMCO 협약 상 MSC 위원국은 해상안전에 중요한 이해관계가 있는 14개국으로서 총회에서 선출되며, 그중 적어도 8개국 이상은 가장 많은 선박보유국(largest ship-owning nations)으로(그룹 A), 나머지는 많은 선원

555) IMO Resolution A.500(XII), Objectives of the organization in the 1980s, 20 November 1981.
556) 해상인명안전협약(SOLAS) 등 많은 IMO 협약에는 이와 같이 선박의 구조에 관한 협약규정이 기존 선박에는 적용되지 않도록 하는 규정을 포함하고 있는 바, 이러한 규정을 할배조항(grandfather clause)이라고 한다. 참고로 grandfather clause의 번역으로 종래 “조부조항”이라는 용어도 사용되었으나 이해하기 어렵다는 단점이 있고, 알기 쉬운 “할아버지조항”은 너무 길다는 단점이 있다. 저자는 할아버지의 경상도, 강원도 방언인 “할배”를 활용하여 “할배조항”으로 번역하였다.

의 공급, 많은 여객의 운송, 주요 지리적 지역 등 회원국을 대표하는 국가(그룹 B)로 구성된다. 위원국의 임기는 4년이며 연임될 수 있다(제28조). 1959년의 제1차 IMCO 총회에서 그룹 A의 이사국은 국가별 선박등록톤수가 가장 많은 국가를 대상으로 투표를 하여 과반수의 지지를 받으면 당선되도록 결정되었다.[557] 이에 따라 미국(등록톤수 25,589,596톤), 영국(20,285,776), 노르웨이(9,384,380), 일본(5,465,442), 이태리(4,899,640), 네덜란드(4,599,788), 프랑스(4,337,935), 서독(4,077,475)이 당선되었다.[558] 그러나 당시 세계 제3위의 선박등록국가인 라이베리아(10,078,778)와 제8위인 파나마(4,357,800)는 선출되지 못했다.[559] 이에 대해 라이베리아와 파나마는 크게 반발하였으며, 결국 라이베리아의 제안에 따라 국제사법재판소(ICJ)에 이 규정의 해석을 의뢰하도록 하는 결의서가 채택되었다.[560] IMCO 협약에 협약해석은 총회에 의뢰하거나 분쟁당사국이 합의하는 방식에 의해 해결하여야 하며(제55조), 여기에서 해결이 되지 않을 경우에는 UN헌장 제96조에 따라 ICJ에게 권고적 의견을 의뢰하도록 규정되어 있다(제56조).

이에 대하여 ICJ는 협약해석에 있어 단어는 통상적인 의미(ordinary meaning)로 해석되어야 한다는 원칙을 재확인하였다. 즉, 협약 상 가장 많은 선박보유국(largest ship-owning nations)의 결정은 전적으로 해당 국가에 등록된 선박의 톤수에 따라 이루어져야 한다는 것이다. 따라서 ICJ는 재판관 9대 5의 의견으로 1959년 1월 15일 선출된 MSC 위원국은 IMCO 설립협약에 위반된다는 권고적 의견을 결정하였다.[561] 이 의견을 받은 IMCO는 1959년에 선출된 MSC를 해산하고,[562] 등록된 선박톤수에 따라 그룹 A의 8개 이사국을 새롭게 결정하였다.[563]

이후 1965년 협약개정을 통하여 MSC 위원국은 총 16개국으로 확대되었으며, 그중 가장 많은 선박보유국 8개국, 주요 지역에서 4개국, 기타의 국가 4개국으로 구성하도록 변경하였다.[564] 이후 계속적으로 신규 회원국이 증가함에 따라 1974년 이사국 수를 24개국으로 늘리면서 MSC는 모든 회원국으로 구성하도록 하는 협약개정안이 채택되었다.[565] 이러한 협약개정안에는 IMCO를 전통적 해운국가(traditional maritime nations)만이 주도한다는 비난을 완화하려는

557) IMCO Resolution A.9(I), Election of Members of the Maritime Safety Committee, as provided in Article 28 of the Convention, 15 January 1959.

558) IMCO/A.1/Working paper 5 and IMCO/A.1/Working paper 5 Add. 1을 Ademun-Odeke, From the "Constitution of the Maritime Safety Committee" to the "Constitution of the Council": Will the IMCO Experience Repeat Itself at the IMO Nearly Fifty Years On? The Juridical Politics of an International Organization, Texas International Law Journal, Vol. 43, Issue 1, Fall 2007, pp. 63-4에서 재인용.

559) 그룹 B에 당선된 국가는 그리스, 스웨덴, 벨기에, 덴마크, 브라질, 인도의 6개국이었다.

560) IMCO Resolution A. 12(I), Election of Members of the Maritime Safety Committee, adopted on 19 January 1959.

561) Constitution of the Maritime Safety Committee of the Intergovernmental Maritime Consultative Organization, Advisory Opinion of 8 June 1960.

562) IMCO Resolution A. 21(II), Report on request by the first Assembly for an Advisory Opinion of the International Court of Justice on the constitution of the Maritime Safety Committee, 6 April, 1961.

563) IMCO Resolution A. 40(II), Report on request by the first Assembly for an Advisory Opinion of the International Court of Justice on the constitution of the Maritime Safety Committee, 13 April 1961. 이 결의서에 따라 결정된 그룹 A 이사국은 종래의 이사국에서 서독이 빠지고, 대신 라이베리아가 포함되었다.

564) IMCO Res. A. 70(IV), Amendment to Article 28 of the Convention on the Inter-Governmental Maritime Consultative Organization, 28 September 1975.

565) IMCO Res. A. 315(ES. V), Amendments to the IMCO Convention, 17 October 1974.

목적도 포함되어 있었다. 이 협약개정안은 1978년 4월 1일부터 발효되었고, 이후 모든 회원국은 MSC는 물론 그 하부조직인 전문위원회에도 참여할 수 있게 되었다.

4.2 MSC의 주요 기능

MSC는 해사안전에 관한 기술적 문제를 다루는 조직으로서, IMO 설립 당시부터 실질적으로 IMO의 가장 중요한 역할을 담당하고 있다. 또 필요시 하부조직인 전문위원회로 하여금 기술적으로 상세한 검토를 의뢰할 수도 있다. 이러한 MSC의 중요성을 반영하여 초기의 IMCO에서는 MSC에 별도의 사무국장(Secretary)을 두고, 그는 사무부총장(Deputy Secretary-General)을 겸임하기도 하였다. MSC의 주요 기능은 다음과 같이 크게 3가지로 분류된다(IMO 협약 제28조).

① 기구의 범위에 속하는 사항으로서 해상안전과 관련된 모든 문제에 대하여 검토함. 여기에는 항해보조시설(aids to navigation), 선박의 건조 및 설비, 선원의 배승(manning), 충돌방지, 위험화물의 취급, 해사안전절차 및 요건, 수로정보, 항해일지 및 항해기록, 해양사고조사, 구난 및 구호 등이 포함됨.
② IMO 협약, 총회 및 이사회가 부여하거나 이 규정 또는 다른 국제협약에 따른 의무로서 기구가 수락한 의무를 수행하기 위한 틀(machinery)을 제공
③ IMO 협약 제25조를 감안하여 총회 또는 이사회의 요청에 따라 다른 기구와 긴밀한 관계유지

4.3 이사회에 대한 제출사항

모든 위원회의 보고서는 반드시 이사회를 거쳐 총회에 보고하여야 한다(IMO 협약 제21조(b)). 따라서 MSC는 다음 활동사항을 이사회에 제출하여야 한다(IMO 협약 제29조).

① MSC가 개발한 안전규칙의 제안 및 개정안
② MSC가 개발한 권고 및 지침
③ 이사회의 지난 회기 이후 MSC의 작업보고서

4.4 MSC의 운영

MSC는 모든 회원국으로 구성되며(IMO 협약 제27조), 적어도 매년 1회 회의를 개최하여야 한다(IMO 협약 제30조 전단). 또 MSC는 매년 1회 자체의 임원을 선임하며, 자체의 의사규칙(Rules of Procedure)을 채택한다(동 제30조 후단). MSC의 임원으로는 위원장(chairman)과 부위원장(vice-chairman) 각각 1인이며, 이들의 임기는 1 역년(one calendar year)이다(MSC 의사규칙 제16조 제1항). MSC는 업무를 수행하면서 관련협약의 규정에 따라야 하며, 특히 의사규칙을 따라야 한다(동 협약 제31조).[566]

5. 법률위원회(Legal Committee: LEG)

5.1 연혁

이 위원회는 1967년 토리캐년(Torrey Canyon)호의 해양오염사고[567]에 따른 피해보상 등 법률적 제반문제를 다루기 위하여 임시위원회(ad-hoc Committee)로 설치되었다. 그러나 바로 IMCO 이사회의 상설 위원회가 되었다. 그러다가 1975년의 IMCO 협약개정 시 해양환경보호위원회(MEPC)와 함께 정식위원회가 되었다. 이 위원회는 선박의 화물로 인하여 제3자에 입힌 손해배상 문제에 관한 국제협약의 채택에 주도적인 역할을 해 왔다. 특히 LEG는 UN무역개발위원회(UNCTAD)와 IMO가 공동으로 국제회의를 개최하여 채택한 1993년 선박우선특권 및 저당권에 관한 국제협약(International Convention on Maritime Liens and Mortgages, 1993), 1999년 선박가압류협약(International Convention on Arrest of Ships 1999)의 개발에 많은 기여를 한 바 있다. 비교적 최근인 2007년에는 난파선제거협약(WRC), 2010년에는 HNS 협약의 의정서 초안을 개발하기도 하였다. 이에 따라 현재 LEG는 MSC, MEPC와 함께 IMO 활동을 이끌어가는 가장 중요한 위원회 중의 하나로 인정되고 있다.

5.2 기능 및 보고

LEG는 모든 회원국으로 구성되며(IMO 협약 제32조), IMO의 소관에 속하는 모든 법률문제를 다룬다(IMO 협약 제33조 제1항). 또 IMO 협약, 총회 및 이사회가 부여하거나 이 규정 또는 다른 국제협약에 따른 의무로서 기구가 수락한 의무의 수행을 위한 모든 조치를 취한다(동 제33조 제2항). 또한 IMO 협약 제25조를 감안하여 총회 또는 이사회의 요청에 따라 다른 기구와 긴밀한 관계를 유지한다(동 제33조 제3항).

LEG는 스스로 개발한 국제협약의 초안 및 개정안과 지난 이사회의 회기 이후 작업보고서를 이사회에 제출해야 한다(동 제34조).

5.3 LEG의 운영

LEG는 적어도 매년 1회 회의를 개최하여야 하며, 매년 1회 자체의 임원을 선임하며, 자체의

566) 이 규정은 내용이 상당히 길기 때문에 특별한 의미가 있는 것으로 오해할 소지가 있다. 실제 이 규정은 1975년 제9차 총회에서 MSC가 업무를 수행하면서 관련 절차를 따라야 한다는 프랑스의 제안으로 논의가 시작되었다. 그러나 실무작업반회의의 협의 과정에서 법률위원회의 동일한 문구에서 그 의미가 너무 광범위하다는 지적에 따라 이를 제한하는 다른 문구가 추가되면서 문장 전체가 길어지게 되었다. 또 이때 MSC 및 MEPC의 관련 문구도 함께 수정되었다. para. 17, Report of the Administrative, Legal and Financial Committee, A IX/C.1/2, 13 November 1975. 이후 신설된 TCC 및 FAL에도 동일한 문구가 사용되고 있다.

567) Torrey Canyon호는 라이베리아 선적의 Suezmax 급 유조선으로서 원유 12만 톤을 적재할 수 있다. 1967년 3월 18일 Torrey Canyon 호는 영국의 Milford Heaven으로 향하던 중 영국 남서부 끝단 Pollard's Rock에 좌초되었다. 이 사고로 인하여 선박에 적재된 원유가 계속 유출되자 영국은 1967.3.27. 원유를 소각하기 위하여 공군기를 출동시켜 폭격을 하였고, 다음날까지 계속된 폭격으로 선박은 바다에 침몰되었다. Wikipedia, http://en.wikipedia.org/wiki/SS_Torrey_Canyon [2013.11.10.].

의사규칙(Rules of Procedure)을 채택한다(IMO 협약 제35조). LEG의 임원으로는 위원장(chairman) 1인과 부위원장(vice-chairman) 2인이며, 선거는 매년 시행된다((LEG 의사규칙 제17). LEG는 업무를 수행하면서 관련협약의 규정에 따라야 하며, 특히 의사규칙을 따라야 한다(동 협약 제36조).

6. 해양환경보호위원회 (Marine Environment Protection Committee: MEPC)

6.1 연혁

IMO는 창립 후 1954년 기름오염방지협약(OILPOL 1954)의 사무국 업무 및 UN이 수행하던 기름오염에 관한 정보의 수집 및 전파업무를 수락하였다.[568] 이에 따라 IMO는 MSC에 OILPOL 전문위원회를 설치하였으나 실제적으로 해양오염의 문제에 관해서는 큰 관심을 갖고 있지 않았다. 그러나 1967년 Torrey Canyon 호의 대형 해양오염사고는 세계인의 경각심을 불러일으키게 되었다. 약 12만 톤의 원유를 해양에 유출시킨 이 사고는 유출량, 오염범위 및 피해가 예전까지는 상상조차 할 수 없었던 막대한 것이었다. 이러한 환경재난에 대해 인근 국가는 대응에 큰 어려움을 겪었으며, 이를 계기로 해양오염에 대한 여러 문제점들이 노출되었다.

이에 따라 1973년 IMO는 국제회의를 개최하여 해양오염방지협약(MARPOL) 등을 채택하여 선박으로부터 오염방지에 관한 기준을 대폭 강화하였다. 아울러 IMO는 이 협약에서 규정하는 사무국 업무를 수락하기로 결정하였으며, 이 협약 개정안에 대한 검토 등 협약 관련 업무를 수행할 조직으로서 MEPC를 지정하였다.[569] 이를 위하여 총회의 상설 하부조직으로 MEPC를 설립하여 그간 MSC가 수행해 오던 해양오염 문제를 다루도록 결정하였다.[570] 이후 1975년에는 IMCO 협약 개정으로 정식의 위원회로 승격되었으며, 이때 IMO 협약의 목적(제1조)에 "선박으로부터 해양오염의 예방 및 통제(the prevention and control of marine pollution from ships)"가 추가되었다.

6.2 MEPC의 주요 기능

MEPC는 MSC에 비하여 늦게 출발하였으며, 초창기에는 선박으로부터 배출되는 기름에 의한 해양오염방지 등으로 비교적 업무범위가 한정되어 있었다. 그러나 국제적으로 환경보호에 대한 관심이 높아짐에 따라 선박에서 배출되는 오존층 파괴물질(ozone depletion), 방오도료(anti-fouling paint)에서 배출되는 유기주석화합물(tributyltin: TBT), 선박평형수(ballast water)에 포함되어 이동하는 수중생물, 해체되는 선박 등으로 그 업무범위가 계속 확장되었다. 최근에는 온실가스(greenhouse gases) 배출감축에 대한 국제적인 노력에 동참하여 해운분야에서의 배출

568) IMCO Res. A.8(I), Acceptance of duties under the International Convention for the Prevention of Pollution of the Sea by Oil (1954), 15 January 1959.

569) IMCO Res. A. 296(VIII), International Conference on Marine Pollution, 1973, 23 November 1973.

570) IMCO Res. A.297(VIII), Establishment of a Marine Environment Protection Committee, 23 November 1973.

감축에 관한 논의를 활발하게 진행하고 있다.

MEPC는 선박으로부터 해양오염의 예방 및 통제에 관하여 기구의 범위에 속하는 모든 문제를 토의하며, 특히 다음 사항을 다룬다(IMO 협약 제38조).

① 선박으로부터 해양오염의 예방과 통제에 관하여 기구나 다른 국제협약이 의뢰하는 업무로서 특히 국제협약에 규정된 바에 따라 관련 규정의 채택 및 개정에 관한 업무를 수행함
② 국제조약의 집행을 촉진할 수 있는 적절한 수단에 대한 검토
③ 선박으로부터 해양오염의 예방과 통제에 관한 과학적, 기술적, 기타 실무적 정보를 취득하여 특히 개발도상국가를 포함한 각 국가에 제공하며, 필요 시 권고를 제시하거나 지침을 개발함.
④ 선박으로부터 해양오염의 예방과 통제에 관하여 지역기구(regional organization)와 협력을 증진
⑤ 다른 국제기구와 협력을 포함하여 기구의 범위에 속하는 사항으로서 선박으로부터 해양오염의 예방과 통제에 기여할 수 있는 모든 사항에 대한 검토 및 적절한 조치 시행

6.3 MEPC의 운영

MEPC는 모든 회원국으로 구성되며(IMO 협약 제37조), 회의는 적어도 1년에 1회 개최된다(동 제40조 전단). 실제로는 MSC와 번갈아 가며 2년에 3회 개최된다. MEPC는 1년에 1회 자체 임원을 선출하며, 의사규칙을 채택한다(동 제40조 후단).

MEPC는 자체적으로 개발한 안전규칙의 제안 및 개정안, 권고 및 지침, 이사회의 지난 회기 이후 MEPC의 작업보고서를 이사회에 제출하여야 한다(동 제39조). MEPC는 업무를 수행하면서 관련협약의 규정에 따라야 하며, 특히 의사규칙을 따라야 한다(동 제41조).

7. 기술협력위원회 (Technical Cooperation Committee: TCC)

7.1 연혁

1945년 UN을 설립하면서 참석자들은 국제평화와 안보를 유지하려면 저개발국가(underdeveloped countries)의 사회적·경제적 발전이 매우 중요함을 인식하였다. 이에 따라 UN은 국가 간 평화적이고 친밀한 관계에 필요한 안정적이고 잘사는 환경을 만들기 위하여 높은 생활수준, 완전고용 및 경제·사회의 발전·개발을 목표로 정하였다(UN헌장 제55조). 그러나 당시 선진국과 저개발국가 간의 경제적 차이는 심각하였다. 이를 타파하려면 저개발국가에 대규모의 자본투자가 필요하지만 당시 UN과 UN 전문기구는 대출 또는 투자를 할 위치에 있지 않았다. 그 대신 전문가를 파견하여 기술자문을 하거나 저개발국가의 인력을 외국에 보내 훈련을 받게 할 수는 있었다. 이를 위하여 UN의 경제사회이사회(ECOSOC)는 1949년 결의서 222호(Resolution 222(IX))로 기술지원확대계획(expanded program of technical assistance: EPTA)에 관한 종합계획 및

자세한 관리계획을 결정하였다. 또 이러한 계획의 실행에 필요한 기술지원기금(Technical Assistance Fund)을 설립하고, 각국의 지원을 요청하였다. 이에 대해 각국은 적극적으로 호응하여 시작 18개월에 지원약속을 한 금액이 2,000만 미불을 넘었다. 이 계획에는 UN을 비롯하여 FAO, UNESCO, ICAO, WHO가 참여하였으며, 이 기구들은 개도국의 요청에 따라 전문가를 파견하거나 교육훈련시설을 제공하였다. 또 이러한 업무를 조정하고 중복을 방지하기 위하여 기술지원위원회(Technical Assistance Board: TAB)가 구성되었으며, 여기에는 국제은행(International Bank, 추후 World Bank로 명칭 변경) 및 국제통화기금(IMF)도 참여하였다.[571)]

한편, 1958년 ECOSOC에서는 상대적으로 큰 사업의 기술지원을 위하여 별도로 특별기금(Special Fund)을 설립하였다.[572)] 이후 1965년 UN은 특별기금과 EPTA를 통합하여 1966년 1월 1일부터 UN개발기금(United Nations Development Program: UNDP)을 발족시켰다.[573)] UNDP의 재원은 UN회원국의 자발적 기여금으로 마련하며, 개도국의 각종 개발사업을 지원하고 있다. UN 및 UN의 전문기구는 UNDP 사업의 수행기관(executing-agency)으로 참여하고 있다.

IMO는 설립 즉시 제1회 총회에서 UN의 EPTA 참가를 희망하고, 이에 필요한 사항에 관하여 사무총장으로 하여금 UN 및 TAB와 협의하도록 요청하였다.[574)] 이후 관련기관과 협의가 원만히 진행됨에 따라 IMO는 해운의 기술적인 문제에 대하여 자문과 지원을 제공하기 위하여 공식적으로 TAB 회원으로 가입할 것을 결정하였다.[575)] 이후 EPTA가 UNDP로 개편됨에 따라 IMO는 UNDP의 자금을 활용하여 개도국의 해상수송 분야에 대한 기술지원사업을 진행하였다. 당시 새로 독립한 개도국들이 해운분야에서 기술지원을 요청한 사항은 해운을 시작하기 위한 기본적인 사항들이었다. 이에 따라 1959년부터 1963년까지 각 국가에 시행한 기술지원사업의 내용은 항만의 건설 및 운영, 항만회계(port accounting), 조선(shipbuilding) 등에 관한 전문가 파견 및 해당 국가의 전문인력 양성을 위한 장학금(fellowship) 지원이었다.[576)]

이후 개도국들은 계속 IMO에 가입하였으나 이들은 관련 법제의 미비, 전문가의 부족 등으로 인하여 IMO의 협약에 따른 기술기준을 시행하는데 큰 어려움을 겪었다. 이에 따라 IMO는 이들에 대한 기술협력을 효율적으로 수행하기 위하여 이사회의 하부조직으로 기술협력실무작업반(Working Group on Technical Co-operation)을 설치하기로 결정하였다. 실무작업반에 대한 위임사항(terms of reference)으로는 IMO가 참여하는 UNDP 기술협력사업의 시행에 대한 평가, 사무국이 시행하는 기술협력사업의 방향 및 연구에 대한 검토 등이었다. 실무작업반은 참가를 원하는 모든 이사국에게 개방되었으며, 기술지원을 제공하거나 받는 국가도 옵서버로 참가할

571) M. Perez-Guerrero, Executive Secretary, Technical Assistance Board, United Nations, "The expanded program of technical assistance," http://www.fao.org/docrep/x5357e/x5357e03.htm http://www.fao.org/docrep/x5357e/x5357e03.htm7http://www.fao.org/docrep/x5357e/x5357e03.htm [2013.11.10.].

572) UNGA/RES/1240(XIII), Establishment of the Special Fund, adopted on 14 October 1958.

573) UNGA/RES/2029(XX), Consolidation of the Special Fund and the Expanded Programme of Technical Assistance in a United Nations Development Programme, adopted 22 November 1965.

574) IMO Res. A.7(I), Agreement on relationship with the United Nations, 13 January 1959.

575) IMO Res. A.62(III), Participation in the United Nations expanded programme of technical assistance, 25 October 1963.

576) Annex of the Annex II, Summary by Country of Technical Assistance in the Maritime Field 1959 to 1963 Inclusive, IMO Res. C. 5(XI), 28 May 1964.

수 있었다. 또 실무작업반 회의는 이사회 기간 개최되며, 토의결과 발견된 사항이나 권고는 바로 이사회에 보고하도록 하였다.[577] 1972년에는 동일한 위임사항으로 실무작업반이 기술협력위원회로 확대되었으며, 참석이 모든 국가로 확대되었다.[578] 이후 1977년에는 IMO 협약을 개정함으로써 정식의 위원회가 되었다.[579]

7.2 TCC의 주요 기능

TCC는 기구의 다른 위원회와 달리 관련된 국제협약이 없이 기구의 기술협력국(Technical Cooperation Division)이 직접 시행하는 기술협력사업에 대한 문제를 심의, 검토하고 있다. 종래 IMO의 기술협력사업은 UNDP(UN개발계획)와 UNEP(UN환경계획)의 기술원조 자금, 기구에 기탁되는 신탁기금, 각 회원국 정부의 기부금 등에 의존하고 있었다. 그러나 최근에는 UN 및 각국 정부의 지원이 줄어들어 자금 확보에 어려움을 겪고 있다. 이에 따라 1996년부터는 주로 기구의 인쇄기금(Printing Fund)에서 발생하는 잉여금(surplus)을 이용하여 종합기술협력계획(Integrated Technical Cooperation Programme: ITCP)을 수립·시행하고 있다.[580] 사업의 주요 내용으로는 각종 워크숍(workshop)이나 세미나(seminar)에 전문가를 파견하여 개별 국가 또는 지역 국가의 국제협약 대응능력을 향상시키는 것이다.

IMO 협약에 규정된 TCC의 주요 기능은 다음과 같다(제43조).

① 기구의 소관에 속하는 사항으로서 UN계획의 자금지원을 받아 기구가 집행 또는 협력기관(executing or co-operating agency)으로서 시행하거나, 자발적으로 기구에 위탁된 신탁기금(funds-in-trust)으로 행하는 기술협력사업에 관한 모든 문제 및 기구의 기술협력에 관한 다른 모든 문제에 대하여 심의
② 기구 사무국의 기술협력사업을 계속적으로 검토(review)
③ 협약, 총회, 이사회가 지정하는 기능이나 국제협약에 규정되어 있으며 기구가 수락한 의무 수행
④ IMO 협약 제25조를 감안하여 총회 또는 이사회의 요청에 따라 다른 기구와 긴밀한 관계 유지

7.3 TCC의 운영

TCC는 모든 회원국으로 구성되며(IMO 협약 제42조), 회의는 적어도 1년에 1회 개최된다(동 제45조 전단). TCC는 1년에 1회 자체 임원을 선출하며, 의사규칙을 채택한다(동 제45조 후단).

577) IMO Res. C.49(ES.IV), Technical co-operation, 13 March 1969.
578) IMO Res. C.55(XXVIII), Establishment of a Committee on Technical Co-operation, 26 May 1972.
579) IMO Res. A.400(X), Amendments to the Convention on the Inter-Governmental Maritime Consultative Organization, 17 November 1977.
580) IMO Res. A.838(19), Integrated Technical Co-operation programme: Transfer of Funds from the Surplus of the Printing Fund, 23 November 1995.

또 TCC는 자체적으로 개발한 권고 및 이사회의 지난 회기 이후 작업보고서를 이사회에 제출하여야 한다(동 제44조). TCC는 업무를 수행하면서 관련협약의 규정에 따라야 하며, 특히 의사규칙을 따라야 한다(동 제46조).

7.4 종합기술협력계획(Integrated Technical Cooperation Programme: ITCP)

해양의 안전과 해양환경보호를 위하여 국제협약에서는 선박의 국적에 관계없이 통일적으로 적용되는 국제규정을 계속하여 도입하고 있다. 그러나 많은 개발도상국가들은 이러한 국제협약을 자국에서 시행할 능력이 부족한 형편에 있다. 이 경우 이 국가에 등록된 선박은 회원국감사제도(Member State Audit Scheme: MAS)나 항만국통제(port state control: PSC) 등의 조치를 통하여 선박운항에 큰 어려움을 겪을 수 있다. 이와 같은 개도국들에 대한 기술지원 사업으로서 IMO는 종합기술협력계획(ITCP)을 시행하고 있다.

이 계획의 목적은 해당 국가 해운분야의 인력 및 기관의 능력을 배양(building up human and institutional capacities)시켜 국제협약의 강행기준을 잘 시행할 수 있도록 지원하는 것이다. 또 ITCP는 개도국들이 관련된 새천년개발목표(Millennium Development Goals: MDGs)[581]를 달성할 수 있도록 지원하며, 경제적, 사회적, 환경적으로 지속가능한 발전을 하도록 기여한다. 또한 ITCP는 1992년 UNCED(United Nations Conference on Environment and Development)[582], 2012년 UNCSD(United Nations Conference on Sustainable Development)[583] 등 UN 국제회의의 목표를 추구한다.[584] 한편, 2015년 이후 MDGs는 지속가능개발목표(Sustainable Development Goals: SDGs)로 대치될 예정인 바, 이에 대비하여 IMO는 지속가능해운개발(Sustainable Maritime Development)로 나아가기 위한 방안을 계속 모색할 필요가 있다.[585]

---

581) 새천년개발목표는 2000년 UN에서 개최된 새천년정상회의(Millennium Summit)에서 채택된 8가지의 국제개발목표이다. UN회원국과 국제기구는 이 목표를 2015년까지 달성하기로 합의했는바, 구체적인 내용은 다음과 같다.

1. 극심한 빈곤과 기아 퇴치(Eradicating extreme poverty and hunger)
2. 초등교육의 완전보급(Achieving universal primary education)
3. 성 평등 촉진과 여권 신장(Promoting gender equality and empowering women)
4. 유아 사망률 감소(Reducing child mortality rates)
5. 임산부의 건강개선(Improving maternal health)
6. 에이즈와 말라리아 등의 질병과의 전쟁(Combating HIV/AIDS, malaria, and other diseases)
7. 환경 지속 가능성 보장(Ensuring environmental sustainability)
8. 발전을 위한 전 세계적 동반관계의 구축(Developing a global partnership for development).

582) 지구환경보호를 위한 UN 국제회의로서 1992.6.3-14 브라질의 리우데자네이로(Rio de Janeiro)에서 개최되었다. 이 회의의 다른 이름으로는 Rio Summit, Rio Conference 및 Earth Summit이 있다. 이 회의의 성과로는 기후변화에 관한 유엔기본협약(UN Framework Convention on Climate Change) 및 생물다양성협약(Convention on Biological Diversity)의 채택을 들 수 있다. Wikipedia, https://en.wikipedia.org/wiki/Earth_Summit [2013.11.12.].

583) 지속가능한 개발에 관한 UN 국제회의로서 2012.6.13-22 브라질의 리우데자네이로에서 개최되었다. Rio 2012 또는 Rio+20로 불리기도 한다. 이 회의의 결과는 우리가 원하는 미래(The Future We Want)라는 49쪽의 비기속적(non-binding) 작업문서(work paper)로서, 참가국들이 지속가능한 개발에 참여하겠다는 의사를 표명하고 있다.
https://en.wikipedia.org/wiki/United_Nations_Conference_on_Sustainable_Development [2013.11.12.].

584) para. 4, Annex, IMO ITCP Programme document for the period 2014-2015, TC 63/3(b).

7.5 기술협력기금(TC Fund)의 운영

기구의 TC Fund를 효율적으로 사용하기 위하여 TCC는 기술협력기금 운영규칙(Rules of Operation of TC Fund)을 제정하여 1996년 6월 이사회의 추인(endorse)을 받았다.[586] 이후 이 규칙은 2000년에 개정된 후,[587] 2012년에 재개정되었다.[588][589] 이 규칙의 주요 내용은 다음과 같다.

① TC Fund의 재원은 개도국이 기구에서 채택된 국제기준을 효율적으로 시행하고 집행할 수 있도록 인력 및 기관의 능력배양 지원에 사용되어야 함(para. 2).
② TC Fund의 재원은 영업기금(Trading Fund)으로부터의 이전, 총회의 승인을 받아 다른 기금으로부터의 이전, 회원국의 기부금 등으로 충당함(para. 3).
③ TC Fund는 ITCP의 목적, 우선순위(priority), 기본원칙(key principles)을 지원하는데 사용되어야 하며, 개도국 내에서 또는 개도국을 위하여 사용되어야 함(para. 4 및 5).
④ 사무국은 향후 2년에 걸쳐(biennium) 매년 TC Fund의 배분에 관한 제안을 제출하여 TCC의 승인을 받아야 하며, 이 제안은 이후 2년에 걸친 결과기반예산(result-based budget)안에 포함되어 이사회의 승인 및 총회의 채택을 받아야 함(para. 6 및 7)
⑤ 총회의 승인을 받은 예산은 ITCP에 따른 계획실행문서(programme implementation documents)를 제출하여 사무총장의 승인을 받아 지출되어야 함(para. 10).
⑥ 사무국은 TCC와 이사회에 TC Fund의 지원을 받아 시행되는 ITCP의 진행사항에 대해 보고해야 함(para. 15).
⑦ 4년마다 사무국은 TC Fund의 지원으로 시행된 ITCP의 수익자(beneficiaries)에 대한 영향평가시행(impact assessment exercise: IAE)보고서를 TCC와 이사회에 제출하여야 하며, IAE의 소요비용은 TC Fund가 부담함(para. 16)

7.6 전문인력의 양성

1980년대에 들어 개도국에는 제대로 교육된 해사전문가(maritime experts)가 부족하다는 문제점이 크게 대두되었다. 이러한 문제를 해결하기 위하여 IMO는 1983년 6월 스웨덴 말머(Malmö)에 세계해사대학(World Maritime University: WMU)을 설립하였다. 설립에 필요한 자금 및 시설은 스웨덴정부와 말머시(City of Malmö)가 대부분 지원하였으며, 이러한 지원은 지금도 계속되고 있다. WMU의 연간예산은 2013년의 경우 921만 유로로서 스웨덴정부, Nippon

---

585) Integrated Technical Co-operation Programme (ITCP): Rationale and Mandate for IMO's Integrated Technical Co-operation Programme. http://www.imo.org/OurWork/TechnicalCooperation/ITCP/Pages/Default.aspx [2013.11.12.].
586) para. 2, Technical Cooperation Fund, TC/48/4/1.
587) Annex, Resource Mobilization, TC/50/3.
588) Revised Rules of Operation of TC Fund, TC.1/Circ.67.
589) 이 규칙은 TC Fund 사용에 관한 기본원칙을 정하는 매우 중요한 내용인 바, 저자는 이 규칙을 TC Fund에 관한 지침(Guidelines of Operation of TC Fund)으로 바꾸어 총회결의서 형태로 그 위상을 높이는 것이 바람직하다고 판단한다.

Foundation 등이 재정지원을 행하고 있다.590) 2008년 이후 대학이 재정적 어려움을 겪자 IMO는 잠정적으로 영업기금(Trading Fund)의 잉여기금으로서 기술협력기금(TC Fund)에 지원되는 80% 중 5%(즉, 전체 잉여기금의 4%, 연간 약 30만 유로)를 WMU에 지원하기로 결정한 바 있다.591)

당초 이 대학은 대학원 과정으로서 해운경영(Shipping Management), 항만경영(Port Management), 해사행정(Maritime Safety and Environment Administration) 등을 전공으로 하는 석사학위과정을 운영하였으나, 최근에는 박사학위과정도 개설하였다. 또 중국의 샹하이(Shanghai)와 달리안(Dalian)에 분교를 두어 석사학위 과정을 운영하고 있다. 입학생은 각국 정부의 추천을 받아 선발하게 되는데, 개도국은 물론 일부 선진국에서도 학생이 입학하고 있다. 이 대학을 졸업한 사람들은 자국에 돌아가 해운분야에서 중추적인 역할을 수행하고 있다. 2012년의 경우 입학생은 말머캠퍼스 106명, 샹하이 분교 32명, 달리안 분교41명이고, 말머캠퍼스 박사과정 입학생은 5명이다.592)

또 IMO는 몰타(Malta) 정부의 지원을 받아 1989년 10월 몰타의 발레타(Valletta)에 국제해사기구 국제해사법연구소(IMO International Maritime Law Institute: IMLI)를 설립하였다. 몰타대학(University of Malta)에 캠퍼스를 마련한 IMLI는 개도국에 부족한 법률전문가를 양성하고 있다. IMLI는 주로 해운 및 해양법에 특화된 법률과목을 중점적으로 교육하고 있다. IMLI는 당초 1년 과정의 석사과정(1년)으로서 출발하였으나 최근에는 박사학위과정도 개설하였다. IMLI는 당초 연간 20명을 목표로 개설하였으나 최근에는 이 학교에 대한 입학허가신청이 크게 늘어나 2011년의 경우 석사과정에 38명, 박사과정에 4명이 입학하였다. 2012년의 경우 석사과정에 34명이 입학하였다. IMLI의 연간 예산은 2014/15년의 경우 약 130만 유로로서, 일본의 Nippon Foundation, IMO의 ITCP 등이 장학금 제공 등의 형태로 재정지원을 하고 있다.593)

이외에도 IMO는 1989년 3월 이태리 정부와 협정을 체결하여 트리에스테(Trieste)에 단기과정의 국제해사학교(International Maritime Academy: IMA)를 설립하였다. IMA는 WMU나 IMLI와 달리 단기과정을 개설하여 개도국의 전문인력 양성에 기여하였다. 그러나 2005년 이 학교는 이태리정부의 예산삭감으로 운영이 중단되었다. 이후 2008년 11월 이태리정부는 제노아(Genoa)에 국제해사안전보안환경학교(International Maritime Safety, Security and Environment Academy: IMSSEA)를 설립하어 종래 IMA가 시행하던 단기훈련과정을 시행하고 있다. 2012년의 경우 수색 및 구조활동, 기국준수(Flag State Implementation) 등 5개의 과정에 총 139명이 훈련을 받았다.594)

8. 간소화위원회 (Facilitation Committee: FAL)

8.1 연혁

항만을 출입하면서 제출해야 하는 서류와 절차는 국가마다, 항만마다 다르기 때문에 국제간

590) IMO Council document, C 110/15(b), World Maritime University Budget.
591) IMO Res. A. 1039(27), Results-based budget for the 2012-2013 biennium, 2011.11.30.
592) paras. 4 & 6, Global Maritime Institutions, TC 63/9.
593) IMO Council Document, C 110/16(b), IMO International Maritime Law Institute Budget.
594) paras. 35-37, Global Maritime Training Institutions, TC 63/9.

을 항해하는 선박은 이를 따르는데 큰 어려움을 겪어 왔다. 이에 따라 선박의 입출항에 따르는 서류를 간소화하고 그 수를 감축할 필요성은 IMO의 설립 초기부터 제기되었다. 이에 따라 IMO는 선박입출항 간소화에 관한 문제를 토의하기 위하여 사무총장으로 하여금 전문가회의를 개최하거나 실무작업반(Working Group)을 구성하도록 의뢰하였다.595) 이후 전문가그룹(Expert Group) 회의가 개최되었으며, 이들은 IMO에 대하여 간소화에 관한 국제협약의 제정이 바람직하다는 권고를 하였다. IMO는 이 협약의 초안을 이사회로 하여금 검토하도록 하였으며, 이를 각국에 회람한 후 1965년 봄 런던에서 이 협약 채택을 위한 국제회의를 개최하도록 권고하였다.596) 이에 따라 1965년 4월 9일 국제해상교통간소화협약(Convention on Facilitation of International Maritime Traffic: FAL)이 채택되었다. 동 국제회의에서는 협약업무를 검토할 임시 실무작업반(ad hoc working group) 설립을 권고하였다(결의서 4).

IMO는 이 협약의 제정으로 인하여 발생한 의무를 수락하는 한편, 임시 실무작업반 설립에 관한 권고를 추인하였다. 또 사무총장으로 하여금 이사회와 협의를 거쳐 협약 발효 후 협약당사국의 전문가로 구성된 실무작업반회의를 개최하도록 의뢰하였다.597) 이후 회원국들이 기구의 간소화활동을 확대하도록 요청함에 따라 실무작업반을 이사회의 하부조직(subsidiary body)인 간소화위원회(Facilitation Committee: FAL)로 개편하였다. 또 위원회의 참석대상을 모든 국가, IMO 회원국 및 협약당사국으로 확대하였다.598) 이후 FAL은 기구의 중요한 업무로서 인정되어 1991년 IMO협약 개정안의 채택을 통하여 정식의 위원회로 승격되었다.599)

8.2 FAL의 주요 기능

FAL은 국제항해에 취항하는 선박의 입출항시 요구되는 제반서류·수속절차를 간소화 및 표준화하기 위하여 노력하고 있다. 특히 최근에는 선박에서 발견된 밀항자(stowaways)의 신속한 육상인도, 입출항정보의 전자적 교환(electronic exchange of information), 증서 및 문서의 전자적 접근(Electronic access to certificates and documents) 등을 다루고 있다.

FAL은 국제해상교통 간소화에 관하여 기구의 범위에 속하는 모든 문제를 다루며 특히 다음의 기능을 행한다(IMO협약 제 48조).

① 국제해상교통의 간소화를 위하여 국제협약에 따라 기구에 의뢰된 기능으로서 특히 해당 협약에 규정된 바에 따라 각종 수단의 채택 및 개정에 관한 사항을 수행함
② IMO 협약 제25조를 감안하여 총회 또는 이사회의 요청에 따라 다른 기구와 긴밀한 관계 유지

595) IMO Res. A. 29(II), Facilitation of Travel and Transport, 13 April 1961.
596) IMO Res. A. 63(III), Facilitation of Travel and Transport, 25, October 1963.
597) IMO Res. A. 78(IV), Facilitation of Travel and Transport, 27 September, 1965.
598) IMO Res. C. 54(XXVIII), Constitution of a Facilitation Committee, 24 May 1972.
599) IMO Res. A. 724(17), Amendment to the Convention on the International Maritime Organization (Institutionalization of Facilitation Committee), 7 November 1991.

8.3 FAL의 운영

FAL은 모든 회원국으로 구성되며(IMO 협약 제47조), 회의는 적어도 1년에 1회 개최된다(동 제50조 전단). FAL은 1년에 1회 자체 임원을 선출하며, 의사규칙을 채택한다(동 제50조 후단). 또 FAL은 자체적으로 개발한 권고 및 이사회의 지난 회기 이후 작업보고서를 이사회에 제출하여야 한다(동 제49조). FAL은 업무를 수행하면서 관련협약의 규정에 따라야 하며, 특히 의사규칙을 따라야 한다(동 제51조).

9. 사무국(Secretariat)

9.1 개요

사무국은 IMO의 모든 활동이 원만히 진행되도록 지원하는 역할을 담당하고 있다. 여기에는 국제회의의 개최 및 관리, 의장 및 위원장에 대한 행정적 지원, 회의관련 각종 질문에 대한 답변, 회의장에서의 질서유지가 포함된다. 또 기구의 기능을 효율적으로 수행하기 위한 각종 기록을 유지하며, 기구의 작업을 위한 각종 문서, 서류, 의제, 회의기록서 등을 준비, 수집 및 회람한다(IMO 협약 제53조). 이외에도 SOLAS협약 등 각종 협약에서 규정한 조약의 기탁소(depositary) 업무를 수행한다. 따라서 사무국은 특정한 사안에 대하여 직접 결정할 권한이 없다. 즉, IMO 의사결정의 대부분은 최고 의결기관인 총회에서 담당하며, 일부 사안에 대하여는 총회의 위임에 따라 이사회가 결정한다.

사무국은 사무총장(Secretary-General)과 기구가 필요로 하는 직원으로 구성된다(IMO 협약 제52조 전단). 사무국은 크게 사무총장 직할기관과 6개의 국(Divisions)으로 이루어져 있으며, 2013년 11월 현재 IMO 사무국 조직도는 다음 그림2와 같다. 참고로 사무부총장(Deputy Secretary-General)은 IMO 초창기에는 임명되었으나, 최근에는 계속 공석으로 운영되고 있다.

<그림 2: IMO 사무국 조직도>

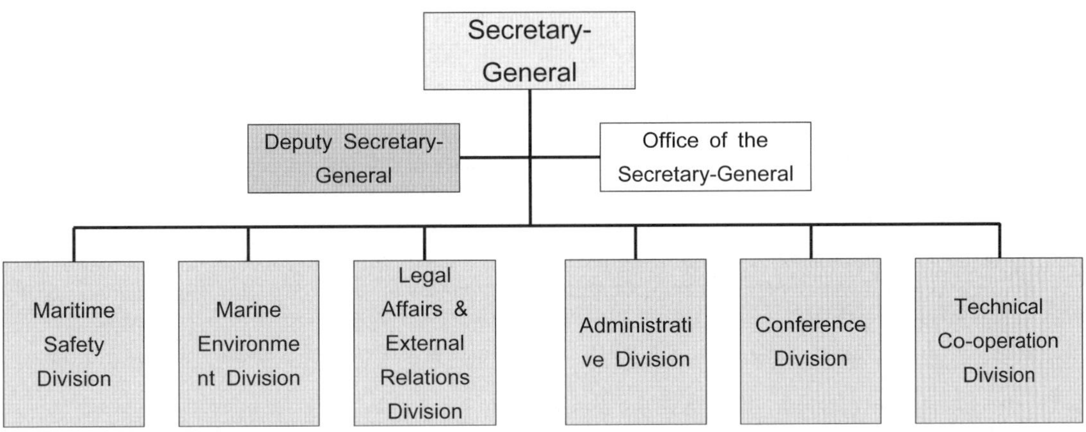

9.2 사무총장

9.2.1 기능

사무총장은 기구의 수석행정관(chief administrative officer)이며, 이사회가 제정하는 규정에 따라 직원을 임명한다(IMO 협약 제52조 후단). 또 사무총장은 매년 재무제표(financial statements)를, 매2년마다 1년씩 구분한 예산안을 이사회에 제출하여야 한다.(동 54조). 또한 사무총장은 기구의 활동에 관한 정보를 회원국에 알려야 하며, 각 회원국은 사무총장과 연락을 위한 대표(representatives)를 지명할 수 있다(동 제55조). 기구에서 개최하는 총회, 이사회 등 주요 회의 또는 행사가 있을 경우 사무총장은 각국 대표에 대한 초청, 회람 등을 통하여 이러한 사실을 통보하고 있다. 한편, 사무총장은 협약이나 총회·이사회에서 요청하는 경우를 제외하고 임의로 다른 기능을 수행할 수 없다(동 제57조).

상기의 규정에 따라 사무총장은 대내외적으로 막강한 권한을 행사할 수 있다. 즉, 대외적으로는 기구를 대표하여 각종 국제회의에서 발언할 수 있으며, 국제기구의 수장으로서 세계 주요 인사들과 공식적·비공식적 교분을 쌓을 수 있다. 대내적으로는 직원의 채용에 상당한 영향력을 행사할 수 있으며, 승진 및 전보에 관한 재량권을 행사할 수 있다. 특히 모든 국가가 정보수집 및 영향력 확보 차원에서 자국 인사의 국제기구 진출을 위해 노력하고 있는 현실에서 사무총장의 인사권은 쉽게 무시할 수 없다. 따라서 사무총장 진출을 위한 각국의 경쟁은 매우 치열하다.

9.2.2 사무총장의 처우

사무총장은 사무총장직의 수행과 관련하여 이사회 위원장과 고용계약을 체결하지만 이는 공개하지 않는다. 사무총장은 이사회 위원장 또는 이사국 대표 앞에서 기구의 국제공무원으로서 업무를 수행하고 기구의 이해관계에 따라 행동하며, 또 업무수행에 있어 다른 정부나 기관의 명을 따르지 않겠다는 선서(swear)를 하여야 한다.[600] 사무총장직을 수행하는 동안 사무총장에게는 조약 및 소재국과의 협정에 따라 특권과 면책이 허용된다.[601] 또 이 기간에는 이사회의 승인을 받지 않는 한 다른 직업에 종사하거나 다른 정부로부터 수상(honor), 선물(gift), 특혜(favor), 보수(remuneration) 등을 받을 수 없다.[602] 내부절차 상 사무총장이 받은 일정 금액 이상의 선물[603]은 모두 사진촬영 후 카탈로그(catalogue)를 만들고, Inventory에 기록 후 관련

600) Regulation 1.10, Article I, Staff Regulations and Staff Rules of the International Maritime Organization.

601) UN 전문기구 공무원에게 특권과 면책을 허용하는 국제협약으로는 Convention on the Privileges and Immunities of the Specialized Agencies가 있으며, IMO가 소재국인 영국과 체결한 협정으로는 Agreement between the Government of the United Kingdom of Great Britain and Northern Ireland and the Inter-Governmental Maritime Consultative Organization regarding the Headquarters of the Organization이 있다.

602) para. 3 of the Annex, IMO Res. C.1(I), Conditions of Service of the Secretary-General, 8 January 1959.

603) 다소 시간이 경과하였지만 전통적으로 UN직원에게 금지되는 선물의 금액은 250 미불 이상이라고 한다. "U.N. Chief Forbids Gifts to Staff," Newsmax, Tuesday, 11 Dec 2007 12:15 PM, http://www.newsmax.com/InsideCover/ban-ki-moon/2007/12/11/id/322382 [2013.12.17.].

website에 올려야 한다고 한다. 사직하고자 할 경우 사무총장은 서면으로 사직서를 이사회 위원장에게 제출하여야 하며, 사직서를 제출한 날로부터 2달 후에는 면직된다.[604)]

사무총장에게는 UN 사무차장(Under Secretary-General) 봉급의 110%가 지급된다.[605)] 또 이사회가 결정하는 직책수당(representation allowances),[606)] 및 지역조정액(post adjustment)[607)]이 지급된다. 이외에 주택수당(rental allowance)도 지급될 수 있다.[608)] 2012년도의 경우 사무총장의 기본봉급과 지역조정액을 함한 금액은 약 33만 미불을 상회한다.[609)]

9.2.3 사무총장의 선출

사무총장은 이사회에서 선출하여 총회의 승인을 받아야 한다(IMO 협약 제22조). 사무총장에 출마하려는 후보가 있는 국가는 IMO가 정하는 바에 따라 사무총장을 선출하는 이사회 개최 약 3개월 전까지 후보자를 추천하는 정부의 공문 및 후보자의 이력서를 함께 IMO에 제출하여야 한다. 사무총장 선출을 위한 이사회는 비공개로 진행되고(이사회 의사규칙 제52조), 당선자는 참석하고 표결한 이사국의 과반수로 결정한다(동 제30조). 사무총장 당선자는 이후 총회의 승인을 얻어 사무총장으로 선임되며, 전임자의 임기가 끝나는 날의 다음날부터 임기를 시작한다.

IMO 설립당시 사무총장의 임기는 3년으로서 이사회의 결정과 총회의 승인을 받아 계속 연임할 수 있었다.[610)] 이후 사무총장의 임기는 2년으로 단축되어 계속 연임할 수 있도록 변경되었으며,[611)] 1973년부터는 4년으로 연장되었고 연임은 이사회가 결정하도록 하였다. 그러나 임기제한이 규정화되지 않음에 따른 사무총장의 장기집권, 유사시 임시 이사회의 소집 등 각종 문제가 지적됨에 따라 미국, 영국 등 총 5개국은 사무총장의 연임을 1회로 제한하는 이사회 의사규칙 개정안을 이사회에 제출하였다.[612)] 이사회는 이 제안을 이사회 결의서로 채택하는 한편, 당시 오닐(O'Neil) 사무총장의 근무기간을 2년으로 제한하였다.[613)] 이 개정안에 따라 이후 선임된 미트로폴러스(Mitropolous) 사무총장은 1회 연임(총 8년 재임) 후 2011년 말에 퇴임하였다.

---

604) para. 4 of the Annex, *Ibid.*

605) para. 1 of the Annex 1 to Staff Regulations and Staff Rules of the International Maritime Organization.

606) para. 2 of the Annex 1 to Staff Regulations and Staff Rules of the International Maritime Organization.

607) para. 8 of the Annex 1 to Staff Regulations and Staff Rules of the International Maritime Organization.

608) IMO 초대 사무총장의 경우 연봉순액(net annual salary)은 $12,500이었으며, 직책수당은 $1,500, 주택수당은 $2,500이었다. para. 5 of the Annex, IMO Res. C.1(I), Condition of the Service of the Secretary-General, 8 January 1959.

609) 2012.1.1. 시행규정에 따르면 가족이 있으며 UN연금을 삭감한 UN사무차장의 기본봉급(Net D)은 146,044 미불이며, 지역조정액(post adjustment)은 $113,476.18이다.(77.7*146,044/100=113,476.188, 런던의 경우 승수(multiplier)는 77.7). International Civil Service Commission, Consolidated Post Adjustment Circular, ICSC/CIRC/PAC/445, 15 January 2012. 따라서 직책수당을 제외한 봉급총액은 기본봉급에 지역조정액 77.7%를 더한 $259,520.18이 된다.

610) para. 4 of the Annex, IMO Res. C.1(I), Condition of the Service of the Secretary-General, 8 January 1959.

611) Council III/Summary Record 6/1, 29 August 1967.

612) C 86/26(b), Appointment and Contract of Secretary-General, 19 March 2001.

613) IMO Res. C.74(86), Appointment of the Secretary-General, 22 June 2001.

2011년 6월 28일의 이사회 선거에서 우리나라는 해상법의 대가이자 IMO 법률위원회(LEG) 위원장으로서 5년간 활동한 채이식 교수(고려대)를 사무총장 후보로 추천하였다. 당시 사무총장 후보로 출마한 사람은 채교수를 포함하여 총 6명이었다.[614] 투표 전 국가별 알파벳 순서에 따라 각국 대표의 추천 발언이 있었고, 이후 후보이름의 알파벳 순서에 따라 후보자의 발언이 이어졌다. 이어진 선거의 제1차 투표에서 우리나라 후보는 투표에서 최소득표를 하여 탈락하였고, 계속적인 투표를 통하여 최종적으로 일본의 세끼미즈(Sekimizu) 후보가 차기 사무총장으로 당선되었다. 투표는 비공개로 진행되므로 진행과정이나 개별 후보의 득표수는 나중에 회의록에 기재되지 않는다.

IMO 제8대 사무총장 선거 경험담

당초 차기 IMO 사무총장 후보로는 당시 IMO 해사안전국장이던 세끼미즈(Koji Sekimizu. 현 IMO 사무총장) 씨가 비교적 유리한 입장에 있었다. 그는 IMO 내의 주요 보직을 역임하였으며, 미트로폴러스(Mitropolous) 당시 사무총장(그리스 출신)도 그와 같이 동일한 보직경로를 거친 후 당선된 선례가 있었다. 더욱이 UN의 지역대표 순환선출 관행에 따라 이번은 아시아나 아프리카 출신이 당선되는 것이 순리로 이해되고 있었다. 여기에 더하여 그는 일본 정부의 전폭적인 지지를 받고 있는 것으로 알려져 있었다.[615] 그럼에도 불구하고 그는 사무국 직원들 사이에 업무에 지나치게 꼼꼼하며(micro-management), 전임 총장들과 달리 카리스마가 부족하다는 인색한 평가를 받고 있었다. 또 영어와 서구문화에 다소 서툴다 보니 의사소통능력이 다소 부족하다는 중론도 있었다. 가장 앞선 후보라고 할 수 있는 일본 후보가 비교적 약체로 평가됨에 따라 각국은 자국후보의 출마를 검토하게 되었다. 그 결과 당시 국제이동위성기구(IMSO)의 Pacha 사무국장(스페인), IMO 이사회 Lantz 위원장(미국), IMO 해양환경보호위원회 Chrisostomou 위원장(사이프러스), IMO 해사안전위원회 Ferrer 위원장(필리핀)이 속속 출사표를 던졌다.

당시 우리 외교부의 입장은 이 선거에 별로 적극적이지 않았던 것으로 기억된다. 즉, 우리 후보 지원요청을 위한 특사파견, 외국정부와 교환지지의 확보 등 우리의 외교자원을 활용한 지원에는 비교적 소극적인 태도를 보였다. 다만, 개인자격으로 채 교수의 이사국 방문에 대하여는 현지 공관에서 면담주선이나 교통편 제공 등의 지원을 할 정도였다. 더욱이 후보등록이 지연됨에 따라 선거운동을 할 수 있는 시간도 별로 남지 않았었다. 이러한 상황에서 채 교수는 선거일까지 가능한 많은 이사국을 방문하여 정책담당자에게 본인을 직접 보여주고 그들의 평가를 기다리기로 결정하였다. 그러나 실제 개별국가의 방문은 결코 쉬운 일이 아니었다. 이사국들은 세계에 흩어져 있어 방문하려면 장거리 항공여행을 해야 했으며, 면담대상자와 일정을 조정하기도 쉽지 않았다. 더욱이 러시아, 사우디아라비아 등 일부 국가들은 비자를 발급받는데 많은 시일이 소요되었으며, 면담대상자를 특정하지 않으면 입국이 불가능하였다.[616] 케냐, 나이지리아 등 아프리카 국가의 경우 비자발급의 어려움은 물론 수도가 고지대에 위치하고 있어 방문객은 고산병에 시달려야만 했다. 이러한 어려움에도 불구하고 채 교수는 초인적인 힘을 발휘하여 선거일까지 근 30여개에 달하는 국가를 방문하였다.

선거일이 다가옴에 따라 각국 후보의 활동도 점점 활발해져 갔다. 특히 일본의 경우 자국후보에 대한 거국적인 지원태세를 갖추고 민관합동 지원단의 이사국 방문이 시작되었다. 채 교수의 방문을 통하여 지원을 약속하거나 비교적 호감을 보였던 국가들이 일본 지원단의 방문 이후 속속 일본 지원으로 돌아서는 분위기가 감지되었다. 특히 우리가 지지를 기대했던 몰타,

614) 사무총장 후보로서 출마한 사람의 명단은 다음과 같다. Mr. L. S. Chai (Republic of Korea), Mr. A. Chrysostomou (Republic of Cyprus), Mr. N. F. Ferrer (Republic of the Philippines), Mr. J. Lantz (United States), Mr. E. Pacha Vicente (Kingdom of Spain) and Mr. K. Sekimizu (Japan). Council Summary of the Third Meeting, C 106/SR.3, p. 3.

터키 등이 일본의 방문 후 그들의 물량공세에 따라 이탈하였다. 또 우리에게 항상 우호적인 태도를 보였던 중국이 천암함 사건 이후 냉랭한 태도를 보이고, 국제무대에서 비교적 우리를 지원하던 인도도 허베이 스피릿(Hebie Spirit호) 사건에서 인도선원 구속으로 인하여 등을 돌린 점도 매우 아쉬웠다.

선거일이 되어 다가오면서 판세의 윤곽이 들어났다. 일본은 비공식적인 루트를 통하여 40개 이사국 중 20개국에 근접한 지지를 확보했다고 호언하였으며, 필리핀·미국 등도 상당수 국가의 지지를 확보하였다고 주장하였다. 우리나라의 경우 유일하게 방글라데시가 서면으로 지지를 약속하였고, 구체적인 답을 주진 않았지만 내심 중국, 말레이시아, 러시아, 터키 등의 지지를 기대하였다. 그러나 1차 투표결과는 예상과 달리 일본이 거의 과반에 가까운 득표를 하고 우리는 후보자 6명 중 최하위인 2표를 얻는데 그쳤다.[617] 개표 전 나이지리아는 우리에게 투표했다고 귀띔하였는데 개표 결과 이는 거짓말로 추정되었다. 우리가 득표한 2표 중 우리의 1표를 제외하면 다른 지지국가는 사전에 서면으로 지지를 약속한 방글라데시로 추정되었기 때문이다.

1차 선거 이후 최하위인 우리는 탈락하고, 이어진 제2차 선거에서 일본은 23표를 획득하여 세끼미즈 후보의 당선이 확정되었다.[618] 선거결과로 놓고 볼 때 일본은 유럽, 아시아, 아프리카를 석권한 것으로 추정되었다. 1차 선거 직후 일본 측은 우리에게 지지를 요청하였으나 우리는 2차 선거에서 사이프러스를 지지하였다. 이미 대세는 일본에게 기울었지만 사전에 사이프러스와 한국은 일찍 탈락하는 후보가 다른 후보를 지지하기로 후보자 간에 약속하였기 때문이다.

개인적으로 우리가 아직 일본을 맞상대하기에 외교력이 다소 부족하다고 생각한다. 더욱이 UN에서 반기문 총장이 재직하고 있던 현실은 우리에게 악재로 작용하였던 것 같다. 선거 후 만난 많은 외국인들은 UN에 이어 IMO까지 한국인이 차지하려는 것은 다소 무리라는 것이 중론이었다. 앞으로 우리나라가 국제선거에서 승리하려면 일단 아시아에서 일본과 중국의 지지를 확보해야 할 것으로 보인다. 이들 중 누구하고도 맞상대하기에는 우리의 힘이 아직 부족하다. 또 승리하려면 이에 필요한 외교자원을 충분히 투입해야 한다. 외교에서 영원한 적과 친구도 없으며, 결국 서로 주고받는 관계이기 때문이다.

9.2.4 역대 사무총장

IMO 설립 이래 역대 사무총장 현황은 다음의 표7과 같다.

615) 세끼미즈 씨 이전에 일본은 사사무라(Yosio Sasamura)라는 걸출한 인물을 배출하였으나 끝내 사무총장이 되지 못하고 부사무총장을 끝으로 IMO 사무국에서 은퇴하였다. 이후 사사무라 씨는 아시아·태평양 지역 항만국통제위원회(Tokyo MOU)의 정립에 큰 기여를 하였으며, IMO에서 일본대표단의 고문으로서 활발한 활동을 하다가 2011.5.24. 84세의 나이로 세상을 떠났다. 따라서 일본으로서는 이번이 사사무라 씨의 한을 풀 수 있는 좋은 기회가 되었다. 이와 관련, 일본 정부는 소말리아 해적방지를 위하여 1,300여만 달러를 IMO에 기증하여 당시 해사안전국장이던 세끼미즈 씨로 하여금 이 업무를 담당하게 하는 등 간접적으로 자국 후보를 적극 지지하였다. 세끼미즈 씨는 예산확보를 위하여 일본 의회를 방문하는 등 활발한 활동을 한 것으로 알려져 있다.

616) 채 교수의 선거활동을 용이하게 할 수 있도록 저자는 수차에 걸쳐 외교부 직원들에게 채 교수에게 외교관 여권 발급을 요청하였으나 이는 끝내 발급이 허용되지 않았다.

617) 1차 투표 결과는 일본(19), 필리핀(6), 사이프러스(5), 미국(5), 스페인(3), 우리나라(2)이었다.

618) 2차 투표 결과는 일본(23), 미국(5), 사이프러스(4), 필리핀(4), 스페인(4)이었다.

<표7: 역대사무총장 현황>

연번	성명	재직기간	출신국가
1	Ove Nielsen	1959-1960	Denmark
2	William Graham	1961-1962	United Kingdom; acting, following sudden death of Mr. Nielsen
3	Jean Roulier	1663-1967	France
4	Colin Goad	1968-1973	United Kingdom
5	C P Srivastava	1974-1989	India
6	William O'Neil	1990-2003	Canada
7	Efthimios E. Mitropolous	2004-2011	Greece
8	Koji Sekimizu	2012-	Japan

9.3 사무국 직원(staff)

9.3.1 기능

사무국 직원(이하 "직원"이라 한다)은 사무총장의 지휘를 받아 기구의 기능을 효율적 수행에 필요한 각종 기록을 유지하여야 하며, 기구의 작업에 필요한 문서, 서류, 의제, 회의록 및 정보를 준비, 수집 및 회람하여야 한다(IMO 협약 제53조). 또 직원은 기구 이외의 정부나 기관의 지시를 받아서는 아니 되며, 국제공무원으로서의 지위에 영향을 줄 수 있는 행위를 자제해야 한다(동 제56조). 즉, 직원은 국제적 공무원이므로 국가적 책임이 아니라 국제적인 책임을 져야 한다. 따라서 직원은 임명되는 즉시 기구의 이해관계에 따라 임무를 수행하고 행동을 자제하겠다는 선서(pledge)를 하여야 한다.(IMO 직원규칙[619) 제1조 1.1 규칙).

9.3.2 직원의 분류

직원은 크게 전문직원(Professional)과 일반직원(General Service: GS)으로 나뉘며, 전문직원에는 회원국에서 파견된 실습전문관(Apprentice Professional Officers: APO)이 포함된다. 전문직원은 1급부터 5급까지 있으며, 과장급인 P5(Senior Officer)가 가장 높다. P급 위에는 부국장급(Principal Officers)인 D1과 실제 국장직위에 있는 D2가 있다. D2급 이상으로는 사무차장보(Assistant Secretary-General)와 사무차장(Under Secretary-General), 사무부총장(Deputy-Secretary-General), 사무총장(Secretary-General)이 있다. IMO는 규모가 작으므로 국장(D2) 위에는 사무총장밖에 없지만 일부 고참급 국장은 사무차장보 대우를 해주고 있다.

APO는 IMO의 정식 직원은 아니지만 정식직원과 같이 근무하고, 동일한 봉급을 받는다. APO를 파견한 국가는 근무에 필요한 모든 비용을 부담한다. APO는 IMO 근무를 통하여 IMO 업무를 익힐 수 있으며, 관련 정보를 신속하게 모국에 제공할 수 있다. IMO는 이러한 APO의 지원근무에 따른 비용이 전혀 들지 않으므로 APO 파견비용은 해당 국가의 IMO에 대한 유사

619) 여기서 IMO 직원규칙이라 함은 제27차 총회에서 채택되어 2012.1.1.부터 시행되는 Staff Rules and Staff Regulations of the International Maritime Organization을 말한다.

지원(in-kind support)으로 간주된다. IMO에서 업무능력을 발휘한 직원은 추후 IMO에서 직원을 충원할 경우 매우 강력한 후보자가 될 수 있다. 따라서 많은 국가들이 APO 파견을 추진하고 있다. 우리나라의 경우 IMO와 APO 파견에 관한 양해각서(MOU)를 체결하여 기술관(technical officer)을 계속 파견하고 있으나 아직까지 이들 중 정식 직원으로 채용된 사람은 없다.

일반직원인 GS는 1급에서 7급까지 있으며, 7급이 가장 높은 직급이다. 이들은 조직 내에서 전문직원을 보조하거나 문서정리, 회의장 관리 등 기능적인 업무를 담당하고 있다. 전문직원과 달리 이들에게는 초과근무 시 시간외 수당도 지급된다. 그러나 이들은 일반적으로 개인능력과 전문성이 부족하기 때문에 전문직원으로 승진하기가 쉽지 않다.620)

9.3.3 직원의 의무

직원의 의무는 IMO 직원규칙에 상세하게 규정되어 있는 바, 주요 내용은 다음과 같다.

① 직원은 사무총장의 지시 및 사무총장이 부여하는 과제에 따라야 하며, 업무수행에 관하여 사무총장에게 책임을 짐. 직원의 모든 근무시간은 사무총장의 재량권에 달려있음(동 제1조 1.2규칙).

② 직원은 직무수행에 있어 최대의 재량권을 사용할 수 있으나 직무수행과 관련하여 취득한 정보는 공개되지 않는 한 다른 사람에게 알려도 아니 되고, 개인적 이익을 위하여 이를 사용할 수 없음(동 제1조 1.5규칙).

③ 사무총장의 사전승인을 받지 않는 한 직원은 정부나 IMO 이외의 기구로부터 수상(honor), 선물(gift), 특혜(favor), 보수(remuneration) 등을 받을 수 없음(동 제1조 1.6규칙).

④ 직원에게 부여된 특권과 면책(privileges and immunities)은 개인적 의무의 불이행이나 관련 법령 위반에 이유(excuse)로 활용할 수 없음. 특권과 면제에 관한 문제가 발생할 경우 직원을 이를 즉시 사무총장에게 보고하여야 하며, 사무총장은 이를 포기할지 여부에 대하여 결정권한을 가짐(동 제1조 1.8규칙).

⑤ 직원은 IMO 협약, 직원규칙, 재무규칙, 임명장에 포함된 규정, 사무총장 또는 상관이 내리는 업무방향 및 지시(the directions and instructions)를 따라야 함(동 101.2규칙 (a) 및 (c)).

⑥ 직원이 사무실 내에서 차별·희롱·폭언, 사기(Fraud)의 예방 및 탐지에 관한 IMO 정책 위반, 자금의 임의사용(misuse of funds) 등은 심각한 위반행위(acts of serious misconduct)로 간주됨(동 101.2규칙 (e) 내지 (g)).

9.3.4 직원의 복무

정규직원의 정상 근무시간은 주중 오전 9시부터 오후 5시 30분까지이며, 1시간의 점심시간이 있다(IMO 직원규칙 제101.3규칙 (a)). 점심시간은 자율적으로 운영하기 때문에 자신이 원하

620) IMO에서는 전문성이 없는 GS를 P급으로 승진을 시킨 사례가 종종 있었던 바, 이들은 승진을 거듭하여 고위직에 근무함에도 불구하고 실제 업무를 담당할 충분한 능력이 없어 많은 문제를 일으키고 있다.

는 시간에 점심을 먹고 남은 시간은 휴식을 취할 수도 있다.

직원의 유급휴일은 영국의 공휴일과 동일하게 총 8일이며, 여기에 크리스마스 기간에 하루를 더한다. 또 공휴일이 토·일요일과 겹칠 경우에는 토·일요일 다음의 월요일이 공휴일이 된다(동 제101.4규칙 (a)). 이에 더하여 직원은 자국의 국경일이나 종교일을 지키기 위하여 하루를 휴가로 사용할 수 있다(동 101.4규칙 (b)).

직원의 연가(annual leave)는 1개월에 2.5일(1년에 6주)이다(동 105.1규칙 (a)). 미사용 연가는 다음 연도에 이월할 수 있으나 총 12주를 초과할 수 없다(동 105.1규칙 (e)). 직원이 장기간 아프거나 중대한 이유가 있을 경우에는 특별휴가를 받을 수 있다(동 105.2규칙 (a)). 영국이 고향이 아닌 직원은 2년에 1회 기구의 비용으로 모국방문 휴가(home leave)를 얻을 수 있다(동 105.3규칙 (a)). 이 경우 모국에서의 체류기간은 7일 이상이어야 한다(동 105.3규칙 (i)). 직원의 가족(eligible dependants)도 기구의 비용으로 모국을 방문할 수 있다(동 107.2규칙 (a)). 기구는 여행에 필요한 모든 교통비[621] 및 여행잡비(travel subsistence allowance)를 지급한다(동 107.6규칙).

직원의 정상퇴직연령(normal retirement age)은 60세이고, 1990년 1월 1일 이후 UN연금에 가입한 사람은 62세이다(UN 연금규칙 제1조 (n)).[622] IMO의 경우 1990년 이전에 UN연금에 가입한 사람의 경우 사무총장의 승인을 얻을 경우 62세까지 정년을 연장해 주고 있다. 한편, UN은 신규 연금가입자를 대상으로 늦어도 2014년 1월 1일부터 직원의 정년을 65세로 연장하는 안을 승인하였다.[623] 이에 따라 IMO는 IMO 직원규칙(9.5 규칙)을 개정하여 1990년 1월 1일 이후 임명된 사람은 62세, 2014년 1월 1일 이후 임명된 사람은 65세로 정년을 연장하였다. 또 사무총장은 IMO를 위하여 예외적인 경우(in exceptional cases)에 직원의 나이제한을 연장할 수 있도록 하였다.[624]

9.3.5 직원의 보수

UN 및 UN 전문기구에 근무하는 직원은 UN의 통일적 기준에 따라 보수가 책정된다. 이에 따라 IMO 직원의 보수는 크게 기본봉급(base salary)과 지역조정액(post adjustment)으로 구성된다. 기본봉급은 직원의 직급과 근무연수에 따라 정해지며, 지역조정액은 세계의 모든 UN근무지에서 직원의 구매력이 동일하도록 UN본부가 있는 뉴욕(New York)의 거주비용(cost of living)과 비교하여 추가하거나 삭감하도록 하는 금액이다. 현재 지역조정액의 기준은 1995년 10월 뉴욕으로서[625] 그간의 인플레를 감안할 때 실제 삭감되는 지역은 없다.

2012년 1월 1일부터 전문직원(professional) 및 그 이상 직위에 적용되는 봉급액 표는 다음

621) 항공여행의 경우 보통석(economy class)이며, 목적지로 직행하는 비용만을 지급한다.
622) UN연금규칙이란 Regulations, Rules and Pension Adjustment System of the United Nations Joint Staff Pension Fund를 말한다.
623) para. 10, UNGA 결의서 A/RES/67/240, United Nations Pension System, 24 December 2012.
624) para. 4(a).2(iv), SUMMARY OF DECISIONS, C 110/D, 29 July 2013.
625) International Civil Service Commission, The Post Adjustment System: What it is, How it works, New York, February 2012, p. 24.

의 표8과 같다(편의상 5등급을 초과하는 경우는 생략함).

<표8: UN의 전문직원 및 그 이상 직위의 봉급액 표>

Grade		I	II	III	IV	V
P-1	Gross	46,399	47,878	49,348	50,891	52,476
	Net (D)	39,439	40,696	41,946	43,204	44,456
	Net (S)	37,202	38,359	39,516	40,671	41,827
P-2	Gross	59,267	60,920	62,571	64,225	65,877
	Net (D)	49,821	51,127	52,431	53,738	55,043
	Net (S)	46,730	47,915	49,096	50,279	51,461
P-3	Gross	72,267	74,114	75,962	77,808	79,657
	Net (D)	60,091	61,550	63,010	64,468	65,929
	Net (S)	56,091	57,433	58,777	60,118	61,462
P-4	Gross	87,933	89,929	91,924	93,919	95,916
	Net (D)	72,467	74,044	75,620	77,196	78,774
	Net (S)	67,483	68,918	70,354	71,784	73,215
P-5	Gross	106,718	108,955	111,195	113,430	115,670
	Net (D)	86,904	88,537	90,172	91,804	93,439
	Net (S)	80,734	82,186	83,633	85,079	86,524
D-1	Gross	129,047	131,678	134,304	136,936	139,568
	Net (D)	103,204	105,125	107,042	108,963	110,885
	Net (S)	95,394	97,062	98,728	100,388	102,047
D-2	Gross	141,227	144,223	147,221	150,227	153,351
	Net (D)	112,096	114,283	116,471	118,659	120,846
	Net (S)	102,981	104,827	106,666	108,500	110,329
ASG	Gross	172,071				
	Net (D)	133,950				
	Net (S)	121,297				
USG	Gross	189,349				
	Net (D)	146,044				
	Net (S)	131,432				

D = Rates applicable to staff members with a dependent spouse or child
S = Rates applicable to staff members with no dependent spouse or child

실례로써 P4 1등급으로 근무하는 직원의 보수를 살펴보기로 한다. 가족이 없을 경우 이 사람의 기본봉급(Net(S))은 $67,483이다.[626] 한편, 2012년 영국의 지역조정액 승수(post adjustment multiplier)는 77.7이다.[627] 따라서 이 직원이 수령하는 보수총액은 연간 $119,917.29가 된다(0.777*67483+67483).

9.3.6 직원의 연금

UN에 근무하는 장점 중의 하나는 은퇴 후 비교적 두둑한 연금이 보장되는 것이라고 할 것이다. 따라서 IMO의 정식직원(full-time staff)은 UN 합동직원연금기금(United Nations Joint Staff Pension Fund)에 가입해야 한다. 직원은 자신의 연금산정보수(pensionable remuneration)의 7.9%를, 이 직원을 고용하는 국제기구는 그 2배인 15.8%를 기금에 기여하여야 한다(UN연금규

626) Gross는 세금을 감안하여 퇴직연금 산정을 위한 보수를 말한다. 따라서 실제 수령액과는 차이가 있다.
627) Annex I, Consolidated Post Adjustment Circular, International Civil Service Commission, 15 January 2012, 15 January 2012, p. 13.

칙 제25조(a)).[628] UN에 5년 이상 근무한 직원은 퇴직연금(retirement benefit)을 수령할 자격이 생긴다(동 제28조 (a)).

퇴직연금은 최종평균보수(final average remuneration: A)에 근무연수에 따라 계산된 퍼센티지 수(B)를 곱하여 산정한다. A는 퇴직 전 5년의 기간 계속 근무한 36개월의 연금산정보수 평균이 가장 높은 금액을 말한다(UN연금규칙 제1조 (h)(i)). B는 근무연수에 따라 산정한 수를 더하여 구하는 바, 근무연수가 길수록 유리하게 설계되어 있다. 즉, 최초 5년에는 1.5를 곱하고 (5*1.5=7.5%), 다음 5년에는 1.75를 곱한다(5*1.75=8.75%). 또 다음 25년에는 2를 곱하고 (25*2=50%), 35년을 초과한 근무연수에 대하여는 1을 곱한다. 그러나 B는 최대 70%를 한도로 한다(동 제28조 (b)).[629]

예컨대 25년을 근무하고 최근 3년간 D1급 제1단계(step I)를 가장 높은 직급으로 퇴직하는 사람의 퇴직연금을 계산해 보기로 한다. 이 사람의 경우 B는 처음 5년 7.5%, 다음 5년 8.75%, 다음 15년 30%를 더한 46.25%가 된다. 또 D1급 제1단계의 연금산정보수는 2013년 2월 1일 현재 $210,577이다.[630] 따라서 퇴직연금은 연간 $97,391.86이 된다(210,577*46.25/100=97,391.8625).

이러한 UN 퇴직연금은 우리나라 공무원 퇴직연금에 비하여 비교적 적게 내고 많이 받는 구조로 되어 있는 바, 이를 간단히 비교한 결과는 다음 표9와 같다.

<표9: UN 퇴직연금과 공무원 퇴직연금과 비교>

	UN연금	공무원연금
연금수령 개시	66세	61세
최소 근무기간	5년	20년
기여금 부담	본인 7.9%, 고용자 15.8%	본인 7%, 고용자 7%
연금산정보수	퇴직 전 5년 중 가장 높은 3년 평균	전체 재직기간 평균
재직연수에 따른 수령 비율 증가	최초 5년 1.5%, 다음 5년 1.75%, 다음 25년 2%, 35년 이후 1%	매년 1.9%
최대 수령 비율	70%(상위직의 경우 60%)	62.7%(최대 33년 납입)
유족연금 지급률	본인의 50%	본인의 60%

9.4 사무국의 소속별 주요 업무

9.4.1 소개

사무국은 사무총장의 직할기관과 총 6개의 국으로 이루어져 있다. 각 소속에 대한 정원의 배정은 총회에서 2년간의 예산과 함께 결정되며, 2013년 제28차 총회에서 결정된 정원은 다음의

628) 연금기여비율은 1984년 이전에는 각각 7% 및 14%였으나 점차 증가하여 1990년 이후에는 각각 7.9% 및 15.8%가 되었다.

629) 이를 초과하는 직급으로 퇴직할 경우의 최대 B는 60%이다. UN연금규칙 제28조 (d)(i).

630) Annex 2, Pensionable Remuneration for Staff in the Professional and Higher Categories, IMO Council, C 110/4(a).

표 10과 같다.[631] 그러나 정원은 총회에서 결정된다고 해도 직급별 정원은 별도로 정해지지 않았으므로 사무총장의 성향에 따라 직급 인플레의 우려도 있다.[632]

<표10: IMO 사무국의 정원배정표>

		Posts financed by the Organization's Funds				Posts finaced by Donor/Trust Funds or Member States*	Total operational posts for 2014-2015
		Regular budget	Trading Fund	Technical Co-operation Fund	Total		
		(a)	(b)	(c)	(d=a+b+c)	(e)	(f=d+e)
Office of the Secretary-General	Professional and higher	8	0	0	8	6 1/	14
	General Service	3	0	0	3	2 1/	5
	Sub-Total	**11**	0	0	**11**	8	**19**
Maritime Safety Division	Professional and higher	26	0	0	26	7 2/	33
	General Service	17	0	0	17	0	17
	Sub-Total	**43**	0	0	**43**	**7**	**50**
Marine Environment Division	Professional and higher	15	0	0	15	11 3/	26
	General Service	10	0	0	10	6 4/	16
	Sub-Total	**25**	0	0	**25**	**17**	**42**
Legal Affairs and External Relations Division	Professional and higher	14	0	0	14	0	14
	General Service	8	0	0	8	0	8
	Sub-Total	**22**	0	0	**22**	**0**	**22**
Administrative Division	Professional and higher	28	8	0	36	0	36
	General Service	29	20	0	49	0	49
	Sub-Total	**57**	**28**	0	**85**	**0**	**85**
Conference Division	Professional and higher	40	0	0	40	0	40
	General Service	42	0	0	42	0	42
	Sub-Total	**82**	0	0	**82**	**0**	**82**
Technical Co-operation Division	Professional and higher	14	0	5 5/	19	0	19
	General Service	11	0	0	11	0	11
	Sub-Total	**25**	0	**5**	**30**	**0**	**30**
TOTAL	**Professional and high**	**145**	**8**	**5**	**158**	**24**	**182**
	General Service	**120**	**20**	**0**	**140**	**8**	**148**
	TOTAL	**265**	**28**	**5**	**298**	**32**	**330**

631) Staff Complement for 2012 and 2013, Appendix 3 of the Results-based Budget for the 2014-2015 Biennium, RESOURCE MANAGEMENT Results-based budget for 2014-2015, A 28/19(c), 21 October 2013.

632) 전임 미트로폴로스 사무총장의 경우 신임총장이 당선되어 있음에도 불구하고 자신이 좋아하는 사람들을 대규모로 승진시켜 현 사무총장의 인사권을 상당히 제약한 바 있다. 승진은 결국 인건비의 증가를 가져올 수 있으므로 IMO도 다른 국제기구와 마찬가지로 직급별 정원 제도를 만드는 것이 바람직하다고 하겠다.

9.4.2 사무총장 직할기관

사무총장 직할기관은 비서실(Executive Office of the Secretary-General), 내부감사 및 윤리실(Internal Oversight and Ethics Office) 및 정책기획단(Policy and Planning Unit)로 구성되어 있다. 비서실은 사무총장의 일정조정, 각종 연설문의 작성 등 비서기능을 수행한다. 내부감사 및 윤리실은 직원의 부정행위나 IMO 직원규정의 심각한 위반행위에 대한 감독을 시행한다. 즉, 위반에 관한 사실을 탐지하거나 제보가 있을 경우 이에 대하여 확인 및 조사하고, 그 결과를 사무총장에게 보고한다. 또 사무총장이 위반행위를 한 경우에는 감사실장이 직접 이사회에 보고한다. 이에 관한 상세한 절차 등은 IMO 직원규칙 부록(Appendix) F에 포함되어 있다.[633] 정책기획단은 사무총장의 지시에 따라 IMO의 새로운 정책을 개발하고 기획하는 업무를 행한다.

9.4.3 해상안전국(Maritime Safety Division: MSD)[634]

해상안전국(MSD)은 실제 IMO에서 가장 중요하고 역사가 깊은 부서이다. 실제 MSD는 IMO 설립 후 초기부터 해상안전 관련 수많은 협약의 제정 및 개정의 중심적인 역할을 담당해 왔다. 또 MSD 국장을 역임한 사람이 계속해서 IMO 사무총장으로 당선되기도 했다. MSD는 IMO 해상안전위원회(MSC) 및 간소화위원회(FAL) 소관사항을 다루고 있다. MSD에는 총 5개의 과(Sub-Division)가 있다.

MSD에서 특히 눈길을 끄는 조직은 회원국감사 및 시행지원과(Member State Audit and Implementation Support) 및 지부티계획팀(Djibouti Project Team)이다. 전자는 그간 자발적으로 시행되던 회원국감사제도(Member State Audit Scheme)[635]의 강제시행(2016년 예정)에 대비하여 각종 제도의 정비 및 개선방안을 연구하고 있다. 후자는 소말리아 해적 근절을 위하여 지부행동강령(Djibouti Code of Conduct)[636]의 시행을 담당하고 있다.

9.4.4 해양환경국(Marine Environment Division: MED)

해양환경국(MED)은 MSD에 이어 역시 가장 중요한 부서이다. MED는 선박으로부터의 해양

---

633) 이러한 절차의 정식 명칭은 IMO Policy and Procedures on Prevention and Detection of Fraud and Serious Misconduct이다.

634) 우리나라에서는 통상 중앙부처의 국을 Bureau로, 국장을 Director-General로 번역한다. 또 과는 Division으로, 과장은 Director로 번역한다. 그러나 이는 상당한 직급 인플레로 보인다. 영미 권에서 Director는 해당 기관의 장이거나 해당 분야의 최고정책결정자를 의미하기 때문이다. 더욱이 우리나라의 국장(Director-General)이나 과장(Director)은 외국의 Director나 Section Head에 비하여 전문성과 재량권에 있어 다소 부족한 형편이다. 생각건대 상호 오해의 소지를 줄이려면 우리나라도 국은 Division으로, 과는 Section으로 조정하는 것이 바람직하다.

635) 회원국감사제도는 IMO에서 제정한 각종 국제기준들이 선박이 소속된 국가에서 제대로 시행되고 있는지는 확인하는 제도이다. 국제협약의 규정 등이 국내법에 제대로 반영되었는지, 또 이를 집행할 행정조직과 전문인력이 확보되어 있는지 등을 확인하게 된다.

636) 지부티행동강령은 2009.1.29. 지부티에서 채택되어 서명 즉시 발효하였다. 서명국가는 동아프리카, 아라비아반도 및 서인도양 국가로서 2013.8.15. 현재 다음의 20개국이다(Comoros, Djibouti, Egypt, Eritrea, Ethiopia, Jordan, Kenya, Madagascar, Maldives, Mauritius, Mozambique, Oman, Saudi Arabia, Seychelles, Somalia, South Africa, Sudan, United Arab Emirates, United Republic of Tanzania, Yemen).

오염방지에 관한 업무를 담당하고 있으며, 특히 해양환경보호위원회(MEPC) 소관사항을 처리하고 있다. 최근에는 환경보호에 관한 국제적 관심이 높아짐에 따라 이 부서의 중요성도 계속 높아지고 있다. 특히 온실가스의 배출억제에 관한 UN의 노력에 발맞추어 MED는 해운분야의 감축노력에 매진하고 있다. 또 해양환경보호에 관하여 유엔환경계획(UNEP) 등 다른 국제기구들과 협력사업도 활발하게 진행하고 있다.

MED에는 2개의 과가 있으며, 별도로 국장 밑에 런던협약실(Office of London Convention)이 있다. 런던협약 및 동 의정서는 IMO가 제정한 협약이 아니지만 IMO가 협약관련 업무를 인수함으로써 실제 이 협약 당사국의 사무국 및 기탁소(depositary) 역할을 행하고 있다. 이외에도 MED에는 기술협력 관련 계획(project)으로 REMPEC과 MEH가 있다. REMPEC은 사무실을 몰타(Malta)에 두고 있으며, EU, UNDP 등 외부자금을 이용하여 여러 가지 기술협력사업을 행하고 있다. MEH 시범사업은[637] 말라카(Malacca) 및 싱가포르(Singapore) 해협의 육해상 정보제공 기관을 연계함으로써 해양안전의 확보와 해양환경을 보호하기 위한 시범사업으로서 GEF/World Bank/IMO가 공동으로 시행하고 있다. IMO는 이 사업의 기술적 타당성 검토 및 사업발주 등을 담당하고 있다. 이 사업의 경제적 타당성 등이 입증되면 다른 해협으로 확대될 예정이다.

9.4.5 법률국(Legal Affair and External Relations Division)

실제 정확한 명칭은 법무 및 외부관계국이지만 통상 법률국이라고 부른다. 법률국은 크게 법률위원회(LEG) 소관사항, 각종 협약비준서의 기탁, 다른 UN기구나 소재국과의 연락, IMO 상주대표(permanent representative)의 임명업무 등을 다루고 있다. 또 법률국 소관에 해사지식센타(Maritime Knowledge Center: MKC)가 있다. MKC는 종래의 IMO 도서관이며, 과거 중요한 회의기록 등을 보존하고 있다. MKC는 이러한 기록들을 정리하여 IMO 웹사이트(website)에 올리고 있다.

9.4.6 행정국(Administrative Division)

행정국은 일반 행정기관의 총무과 또는 운영지원과의 업무를 담당하고 있다. 즉, 청사관리, 재무, 회계, 정보기술(Information Technology: IT) 관리, 인사 등 일반관리에 관한 업무를 처리한다. 또 행정국은 IMO 발간도서의 생산 및 판매, 식음료의 판매서비스(catering service) 등에 관련된 업무도 담당한다. 행정국은 IMO 조직 중 가장 많은 직원을 거느리고 있다.

9.4.7 국제회의국(Conference Division)

국제회의국은 국제회의(conference) 및 각 위원회의 회의 등 IMO가 개최하는 모든 회의의

637) MEH는 Marine Electronic Highway의 약어이다. 우리나라는 이 해협의 이용자로서 IMO와 MEH사업에 관한 MOA를 체결하여 그간 총 85만 불의 기술협력기금을 지원하였다.

관리, 회의 관련 각종 문서의 발간 및 배부업무를 주로 담당하고 있다. 특히 상당한 양의 문서가 영어, 불어, 스페인어, 중국어, 러시아어, 아랍어의 총 6개 UN 공용어로 번역되어야 하는 바, 해당 언어를 구사하는 직원이 필요하다. 한편, 각종 회의에서 사용하는 동시통역서비스는 국제회의국이 직접 수행하지 않고 대신 외부 업체에 대행시키고 있다.

9.4.8 기술협력국(Technical Cooperation Division: TCD)

기술협력국(TCD)은 기술협력위원회 소관사항을 다루며, 직접 기술협력사업을 진행하고 있다. 특히 회원국감사제도(Member State Audit Scheme)의 강제시행(2016년 예정)에 대비하여 회원국의 능력배양을 위한 사업에 주안점을 두고 있다.

IMO가 시행하는 기술협력사업(ITCP)의 경우 5개 지역[638]에 위치한 지역 조정자(regional coordinator)는 매년 기술협력사업 안을 IMO TCD에 제출한다. 사업의 주요 내용은 전문가 양성을 위한 각종 세미나와 워크숍의 개최이다. TCD의 지역연락책임자(Geographical Focal Points)는 해당 사업을 검토하여 예산의 한도 내에서 우선순위를 정하여 시행할 사업을 확정하고, 이를 자문가(consultants)에게 의뢰한다. 자문가는 해당 사업을 시행한 후 TCD에 그 결과를 보고한다. 외부 자문가는 E-Roster라는 인터넷 기반 등록제도를 통해 IMO에 등록한 자 중에서 선발하되, 내부 관계자 회의를 거쳐 최종 적임자가 선발된다. 사업을 시행하는 자문가에게는 사업기간동안 관련 보수가 지급된다.

TCD에는 이밖에도 회원국 및 다른 국제기구와 공동으로 기술협력사업을 진행하고 있다. 우리나라의 경우 IMO와 양해각서(MOU)를 체결하여 매년 40-50만 미불을 지원하여 개도국에 대한 기술협력사업을 진행하고 있다. TCD가 다른 국제기구와 진행하는 대표적인 사업으로는 GEF 및 UNDP의 지원을 받아 시행하는 GloBallast Partnership(GBP)[639]사업이 있다.

기술협력국의 업무 개선방안
다른 국제협약과 달리 IMO 협약은 매우 자주 개정되고, 또한 묵시적 수락절차(tacit acceptance procedure)에 따라 매우 빠른 시일 내에 발효된다. 또 개정된 국제협약이 발효되면 이를 이행하지 않는 선박은 항만국통제(port state control) 제도를 통하여 출항정지 등의 불이익처분을 받을 수 있다. 따라서 각국의 해사당국은 IMO 협약의 제·개정 추이에 계속 관심을 기울이는 한편, 수시로 자국의 법령을 개정하여 자국 선박소유자들이 국제협약에 따라 선박의 안전기준을 유지할 수 있도록 지원하고 있다. 그러나 개발도상국가의 경우 선진국과 달리 행정기관의 미비, 관련 지식·경험 등의 부족으로 인하여 적기에 자국법령의 정비를 제대로 하지 못하고 있는 실정이다. 이러한 문제를 해결하고자 IMO는 기술협력기금을 만들어 개도국의 능력강

638) 지역조정자는 기술협력수요가 많은 Ghana, Côte d'Ivoire, Kenya, the Philippines 및 the Caribbean에 각각 위치하고 있다. 캐리비언 지역의 경우 정확한 명칭은 지역해사고문(Regional Maritime Adviser)이지만 실제 업무는 지역조정자와 거의 동일하므로 편의상 함께 지역조정자로 표현하였다.

639) 이 사업의 정확한 명칭은 Building Partnerships to Assist Developing Countries to Reduce the Transfer of Harmful Aquatic Organisms in Ships' Ballast Water이다. 즉, 이 사업은 특정 개도국(targeted developing countries)이 선박평형수관리협약(Ballast Water Management Convention)을 시행할 수 있도록 해당 국가의 정책, 법적기관의 개혁에 주안점을 두고 있으며, 2007년에 시작되었다.

화(capacity building)에 필요한 갖가지 지원활동을 벌이고 있다. 특히 선진국의 경우 이러한 IMO 자체의 활동과 별도로 자발적인 기금 기여를 통하여 개도국에 지원을 하고 있다.

우리나라는 이러한 국제적인 추세에 맞추어 2003.6.2. 당시 허성관 해양수산부장관과 O'Neil IMO 사무총장은 IMO-한국 간 기술협력에 관한 양해각서를 체결하였다. 양해각서의 주요 내용은 우리나라가 IMO의 종합기술협력계획(ITCP)에 매년 자발적인 기금을 제공하고, IMO는 이 기금을 바탕으로 자신의 책임으로 기술협력사업을 진행한다는 내용이었다. 기술협력사업의 내용으로는 각종의 기술협력사업과 세계해사대학(WMU)에 대한 장학금 지원으로 하고, 구체적인 사업의 내용은 한국과 IMO가 상호 협의하여 정하기로 하였다. 이 양해각서에 따라 우리나라는 매년 약 50만 미불 정도의 기금을 IMO에 제공하여 왔다.

저자가 현지에서 IMO 업무를 담당하며 보니 IMO 기술협력사업(IMO-한국 기술협력 포함)은 일종의 눈먼 돈 같았다. 우선 기금을 기여한 국가(주로 선진국)는 일단 기금을 IMO에 기여한 후 사용방법에 대하여는 별로 신경을 쓰지 않았다. 개도국에 대하여 일단 기금을 기여하였으니 자신의 도덕적 의무는 끝났다는 것처럼... 또 기술협력기금의 지원대상인 개도국도 일단 지원대상으로 선정되는 데에 대하여는 신경 쓰지만 역시 그 구체적 사용방법에는 무관심하였다. 실제 개발의 경험이 없는 그들로서는 돈을 어디에 쓰는 것이 가장 국가발전에 도움이 될 것인지를 모르는 것 같았다. 더욱이 사업의 선정 및 집행에 신경 써야 할 IMO 기술협력국 직원들도 무관심하기는 마찬가지였다. 이들은 각종 프로젝트를 자신이 직접 수행하는 것이 아니고, 외부 전문가에게 용역을 주는 식으로 업무를 처리하였다. 프로젝트의 선정도 지역 조정자(regional coordinator, 이들도 IMO 직원임)가 각국에서 수집한 신청사업 중에서 적절히 고르는 정도였다. 이들이 선정한 프로젝트도 대부분 워크숍, 세미나 개최 등 일회성 사업이 많았으며 실질적으로 효과가 있는지 측정할 수 있는 수단조차 없었다. IMO는 배정된 예산을 주어진 기간 내에 모두 사용하였는지를 확인하였지 효율성을 측정하지는 않았다.

저자는 우선 IMO-한국 기술협력사업을 개선하기 위하여 현지에서 이 사업의 추진사항 점검을 위한 IMO-주영대사관 간 정기 협의회 개최(연 2회)를 제안하였다. 이 협의회에서는 현재 진행되는 사업의 추진현황의 파악, 애로점 타개를 위한 IMO의 요청사항 청취, 기타 사업추진에 관한 의사소통을 행하였다. 우리 측 참석자는 저자와 김현태 IMO 파견관이었으며, IMO 측에서는 IMO 기술협력국장, 부국장 등이 참석하였으며, IMO에 APO로 파견되어 해사안전국(MSD)에 기술관(technical officer)로 근무하는 최성용(후에 김석훈으로 변경) 사무관 등이 참석하였다. 결과는 매우 만족스러웠다. 이러한 소통을 통하여 IMO 직원들은 한국 프로젝트에 대한 관심이 높아졌으며, 우리는 IMO의 사업집행에 관하여 보다 자세한 지식을 얻을 수 있었다. 이런 협의회가 활성화된 이후 동아시아기후변화계획(EACP), 여수엑스포 관련 사업(Yeosu Project) 등 한국의 자금지원을 받는 사업이 연달아 채택됨으로서 IMO 직원들도 신이 났다.

이러한 성과에도 불구하고 그간의 기술협력사업 관행을 수정하는 것은 쉽지 않았다. 저자는 지속적으로 워크숍 등 1회성 사업을 지양하고, 장학금 지원 등 장기적인 사업으로 방향전환을 제안하였으나 별 성과를 내지 못하였다. IMO 직원들도 저자의 의견에는 공감을 표시하면서도 방향전환이 쉽지 않다고 하였다. 사업의 방향을 바꾸려면 과거사업의 평가(impact assesment exercise: IAE)를 통하여 잘못된 점과 새로운 방향을 지적해야 하는데 사실 이것이 쉽지 않았다. 인간이 과거의 잘못을 인정하기는 쉽지 않으니까... 5년마다 시행되는 IMO 기술협력사업에 대한 2012년의 IAE에서도 모든 사업이 대체로 잘 추진되고 있다는 결과가 나왔다. 잘 추진되고 있는데 방향을 바꿀 특별한 이유는 없다. 현재는 저자의 제안으로 2003년 이후 시행된 IMO-한국 간 기술협력사업에 대한 IAE를 추진 중에 있다. 이 용역은 IMO 용역사업 중 최초로 한국기관(한국해양수산연수원)이 수행기관이 되어 집행될 예정인 바, 여기에서 우리 사업의 추진방향을 제대로 잡을 수 있는 용역결과가 나오기를 기대해 본다. 저자는 이미 시행된 워크숍 등에 참석한 사람의 추적조사를 통하여 이 사람이 계속 유사분야에서 일하며 자국의 해운발전에 기여하는 지를 확인하는 방안으로 효율성에 대한 평가를 해야 한다고 생각한다. 또 평가단이 실제 워크숍에 참석하여 과연 잘 이루어지고 있는 지, 개선방안은 없는지를 확인하여야 할 것으로 생각한다. 단지 돈을 다 썼다는 것으로 효율성이 있다고 평가할 수는 없다.

제5절 IMO 본부

1. 본부의 위치

IMO 본부는 영국의 런던에 둔다(IMO 협약 제63조 (a)). 총회는 2/3 다수의 찬성으로 본부의 위치를 변경할 수 있다(동 제63조 (b)). 이 같은 규정은 본부의 위치를 협약에서 고착시키지 않기를 원하는 미국의 입장과 런던을 원하는 다수 국가의 입장을 반영한 타협의 산물이다.[640] 그러나 2/3 찬성을 요하는 표결의 경우 참석하고 표결한(present and voting) 대표의 2/3이 아니고 참석한(present) 대표의 2/3이기 때문에(IMO 협약 제62조 (b)) 이를 달성하기가 쉽지 않다. 더욱이 다수의 유럽 국가들은 반대할 것이 예상되는 바, 실제 본부 이전은 거의 불가능하다고 보아야 할 것이다.

2. 연혁

IMO 본부는 설립 당시 호본(Holborn)역 동쪽 챈서리 레인(Chancery Lane)에 있는 챈서리 하우스(Chancery House)에 두었다.[641] 그러나 점차 회원국과 사무국 직원이 증가함에 따라 보다 넓은 공간이 필요하게 되었다. 이에 따라 1965년에는 옥스퍼드 스트리트와 연결되는 버너스 스트리트(22 Berners Street)로 이전하였고,[642] IMO 설립 후 10년이 되는 1969년에는 피카딜리(104 Piccadilly)로 이전하였다. 그럼에도 불구하고 회원국의 계속적인 증가에 따라 공간부족의 문제가 계속 제기되었다. 이후 IMO는 영국 정부와 본부건물의 건립 필요성에 대하여 계속 협의하였으며, 그 결과 템스(Thames) 강 건너 알버트 임뱅크먼트(Albert Embankment)의 낡은 건물(Bridge House)을 매입하여 이 장소에 건물을 신축하기로 하였다. 3년여의 공사가 완료된 후 영국 정부는 이 건물을 1982년 10월 30일 IMO에 인계하였으며, 1983년 5월 17일 영국여왕(Queen Elizabeth II)이 참석한 가운데 건물의 공식 개관식(Official Opening Ceremony)이 열렸다.[643] 2006년에서 2008년 사이에는 건물의 보수를 위하여 주영 한국대사관과 가까운 빅토리아 스트리트(55 Victoria Street)로 이전하였으며, 보수기간에 현재 IMO 건물 정문 옆에 선원기념물(Memorial to Seafarers)이 설치되었다.

3. IMO 본부건물 임차계약의 주요 내용

현재 IMO 본부가 있는 건물의 임차계약(lease)은 1996년 2월 2일 영국의 교통부장관(the Secretary of State for Transport)과 IMO 사이에서 체결되었다. 계약기간은 1982년 10월 29일

640) John M. Cates, John Martin Cates, *"UN Maritime Conference- Geneva 1948,"* Department of State Bulletin of April 18, 1948, p. 498.
641) United Nations, *Yearbook of the United Nations 1959*, p. 528.
642) *Ibid.*, p. 788.
643) IMO Res. A. 547(13), Headquarters Facilities and Accommodation, 17 November 1983.

부터 50년이다. 임차료(rent)는 연간 UK£ 1,195,751.30이며, 4회로 나누어 선납해야 한다. 이러한 임차료는 건물건립에 소요된 총금융비용(total capital cost) £49,822,972의 12%로 하고, 그중 80%를 영국정부가, 20%를 IMO가 부담한다는 원칙에 따라 정해졌다.[644] IMO는 임차인으로서 임차료, 세금, 건물관리에 관한 제반비용을 모두 부담한다. 또 건물의 수리비용과 여유 공간의 임대로 인한 수익은 각각 영국정부 80%, IMO 20%로 나눈다.[645]

한편, 국제기구 유치국가(host country)는 매우 관대한 대우를 해주는 것이 관례이다. 즉, 건물을 제공할 경우에는 건물과 부속토지에 대한 임차료로 1달러, 또는 1 실링 등 명목상의 비용만 받는다. 또 건물신축을 위한 자금을 제공할 경우는 상환기간동안 무이자나 매우 저리의 이율을 적용하고 있다. 그러나 IMO의 경우 건물임차료의 산정기준이 되는 이자율이 이례적으로 매우 높은 바,[646] 향후 개선의 필요가 있다고 하겠다. 주요 국제기구 본부건물 임차 현황은 다음의 표11과 같다.

<표11 : 주요 국제기구 본부건물 임차현황>

기구명	소재지	연간 임차료
UN본부	New York City, USA	UN소유(미국 정부가 무이자로 대출, 1950년부터 32년간 상환)
FAO	Rome, Italy	US $1
UNESCO	Paris, France	UNESCO 소유(프랑스 정부가 무이자로 대출, 1958년부터 30년간 상환)
IAEA & UNIDO	Vienna, Austria	1 Austrian Schilling
ILO(새 건물)	Geneva, Switzerland	ILO 소유(국제기구건물재단(FOPOI) 등으로부터 3.5% 이자로 대출, 1976년부터 40년간 상환)
WHO(새 건물)	Geneva, Switzerland	WHO 소유(스위스 정부는 무이자, FOPOI는 1.625%로 대출, 각각 1968년 및 1969년부터 20년간 상환)
ICAO	Montreal, Canada	상업용 사무실 건물로서 75%는 캐나다 정부, 25%는 ICAO가 부담

출처: IMO C 74/13(16 Mach 1995) 부속서.

4. IMO 본부건물 개요

IMO 건물은 지하1층 지상 9층으로 이루어졌으며, 본관과 부속건물(Annex)로 이루어져 있다. 지하 1층은 주차장, 지상 1층은 로비와 본회의장(main hall)이 있다.[647] 본회의장은 면적이 1,000 m^2로서 총 668개의 좌석(책상배치 254, 뒷자리 배석 414)이 있다. 또 뒤쪽의 계단을 통하여 2층(first floor)으로 올라가면 100명의 옵서버를 수용할 수 있는 관람객 방(Gallery room)이 있다.[648] 2층은 대표단라운지(Delegates' lounge), 소형 보조회의실, 본회의장 동시통역실,

644) paras. 5 and 6, Annex, IMO Council C 70/16 IMO Headquarters Building: Final Lease.

645) para. 5(3)(a), Text of Final Lease, 2 February 1996.

646) IMO 건물신축을 검토하던 1980년대 초반 이자율은 10%를 상회하였으며, 1982.10.28. 영국은행(Bank of England)의 기준금리는 15.125%에 달했다. Official Bank Rate History, http://www.bankofengland.co.uk/boeapps/iadb/repo.asp [2013.8.13.].

647) 영국은 우리와 달리 1층을 지상층(ground floor)으로 하고, 우리의 2층을 1층(first floor), 3층을 2층(second floor) 등으로 부르고 있다. 여기에서는 편의상 층수를 우리나라 방식으로 설명하기로 한다.

비즈니스 센터, 관람객 방 등으로 이루어져 있다. 대표단라운지에는 대표들이 음료를 마시거나 쉴 수 있는 소파와 탁자가 마련되어 있으며, 각종 행사나 칵테일파티의 공간으로 활용된다. 또 대표단라운지에는 본회의장의 진행사항을 중계하는 대형 TV 스크린이 비치되어 있다. 3층은 주로 대형 보조 회의장으로 이루어져 있다.

4층에는 해사지식센타(Maritime Knowledge Center)가 있다. 각국 대표는 여기에서 참고도서 및 전문지를 열람할 수 있으며, 필요시 참고도서도 대출 받을 수 있다. 또 전산화되지 아니한 과거의 각종 회의기록도 찾아 볼 수도 있다. IMO의 인턴으로 허가된 사람들은 해사지식센타에서 연구활동을 하고 있다. 5층에는 IMO의 직원 및 각국 대표가 이용할 수 있는 식당(Cafeteria)이 있다. 6층 이상은 IMO 직원의 사무공간이며, IMO 사무총장실은 8층에 위치하고 있다.

선원기념 조각품

IMO 건물 입구에는 전통적인 화물선의 선수와 여기에서 밧줄을 잡고 있는 선원이 조각된 청동 조형물이 있다. 이 조형물의 높이는 7미터, 무게는 10톤에 달한다. 이 조형물은 국제적으로 유명한 영국의 조각가 Michael Sandle이 제작하여 2001년 9월 개막되었다. 이 조각품의 정식 명칭은 "선원의 과거, 현재 및 미래에 관한 국제 기념비(the international memorial to the world's seafarers, past, present and future)"로서 갑판 위에서 외롭게 일하고 있는 선원을 표상하고 있다. 이 조각품의 규모 및 독특한 모양은 템스 강 주변의 랜드마크(landmark)가 되는 한편, IMO의 성격을 잘 표현하는 명물이 되고 있다.

사진 출처: 2012년 3월 29일 저자가 직접 촬영.

648) Appendix of IMO Res. A. 548(13), Guidelines for Hire of Conference Facilities at IMO Headquarters, 17 November 1983.

제6절 IMO의 재정(finances)

1. 일반사항

회원국은 IMO가 개최하는 회의에 참가하는 자국 대표의 봉급, 여행비 등 각종 비용을 부담하여야 한다(IMO협약 제58조). 또 이사회는 사무총장이 작성한 재무제표와 예산안을 심의하며, 의견 및 권고와 함께 총회에 제출한다(동 제59조). 총회는 IMO와 UN이 체결한 협정에 따라 예산안을 검토하고 승인한다(동제 60조 (a)).[649]

2. 분담금(contributions)

2.1 개요

IMO의 활동에 필요한 예산은 회원국의 분담금으로 충당된다. 분담금은 이사회의 제안에 따른 기준(scale)에 따라 총회에서 회원국이 분담할 금액을 결정한다(IMO 협약 제60조 제2항). 회원국이 재정적 의무(financial obligation)를 이행하여야 할 기간이 지난 후 1년이 지날 때까지 이를 이행하지 않으면 총회, 이사회 및 각위원회에서 표결권을 상실한다. 다만 총회는 이 규정을 적용하지 않을 수 있다(동 제61조). 또 회원국이 재정적 의무를 이행하지 않거나 총회 1개월 전까지 적절한 재정적 의무 이행계획을 사무총장에게 제출하지 않으면 이사국으로 피선될 자격을 상실한다(이사회 의사규칙 제56조 *ter*).

분담금은 영국 파운드로 산정되는 바, 회원국은 IMO가 지정한 파운드계좌로 입금하여야 한다. 만일 파운드로 산정된 금액을 미불계좌로 입금할 경우 자동적으로 파운드가 미불로 환전되며, 이때 당초의 금액에서 환전수수료가 차감되게 된다. 따라서 다른 계좌로 입금하면 환전수수료만큼 분담금이 미납되는 결과가 발생할 수 있으므로 입금 시 계좌의 종류가 무엇인지 정확하게 확인할 필요가 있다.

2.2 연혁

제1회 총회에서 잠정적으로 회원국의 분담금은 UN분담금의 규모에 따른 기본평가액(basic assessment)과 등록톤수에 따른 추가평가액(additional assessment)으로 나누어 분담하기로 결정하였다. 즉, 기본평가액은 회원국이 전체 UN분담금의 2% 미만을 납부하는 경우는 $US 2,000, 2% 이상 10% 미만의 경우는 $US 4,000, 10% 이상의 경우는 $US 10,000이 된다. 추가평가액은 IMO 예산 중 기본평가액으로 충당하고도 부족한 금액을 채우기 위한 금액으로서, 로이드선급(Lloyd's Register of Shipping)에 등록된 선박 1천 톤을 1주(share)로 보아 전체에서 차지하는 비율에 따라 분담한다. 준회원국의 경우 기본평가액은 무조건 $US 1,000이며, 추가

649) 실무적으로 직원의 봉급 등은 UN의 시스템에 따라 책정하고, 나머지 사항에 대하여 IMO는 독자적으로 예산을 편성하고 집행한다.

평가액은 등록선박 1천 톤 당 0.5주로 계산한다.650)

이러한 잠정조치는 20여 년간 유지되다가 1983년에 분담방식을 변경하였다. 즉, 기본평가액의 계산을 위하여 UN분담금 납부규모에 따라 회원국을 8개 카테고리(category)로 나누고, 여기에서 산정된 기본단위(basic units)를 바탕으로 개별 회원국의 분담금을 정하였다. 또 기본평가액은 총 예산산정액(total budget assessment)의 10%를 차지하도록 정하였다. 따라서 추가평가액은 총 예산산정액의 90%가 되며, 분담방법은 종래와 같다. 다만, 5만 톤의 공제톤수를 두어 그 이하의 선박등록을 한 회원국의 추가평가액은 0이 된다. 준회원국의 경우 기본평가액의 계산을 위한 기본단위는 일괄적으로 5로 하였으며, 추가평가액은 정회원국의 산정방식으로 구한 금액의 절반이다.651)

1991년에는 회원국 간의 치열한 논의를 거쳐 다시 분담방식을 변경하였다. 즉, 모든 회원국이 공동으로 분담하는 최소평가액을 도입하고, 기본평가액 산정에서 준회원국을 제외하였다. 또 추가평가액의 명칭을 톤수평가액으로 변경하고, 기본평가액과 톤수평가액의 비율을 각각 15%와 85%로 정하였다. 이 방식은 2013년 현재 계속 사용되고 있는 바, 자세한 내용은 다음에서 살펴본다.

2.3 회원국별 분담금 산정

IMO 총평가액(total assessment), 즉 IMO 예산은 다음 산식에 따라 회원국별로 분담하게 된다.

총평가액 = 최소평가액(2.94%) + 기본평가액(12.1325%) + 톤수평가액(84.9275%)

① 최소평가액(minimum assessment)

IMO 총예산의 2.94%를 전회원국이 동일하게 1/N씩 분담한다. 다만, 준회원국은 정회원국의 반액을 부담한다.

② 기본평가액(basic assessment)

기본평가액은 총예산에서 최소평가액을 제외한 금액의 12.5%이므로, 실제 총예산의 12.1325%가 된다.652) 준회원국은 기본평가액을 면제한다.

기본평가액은 전년도 UN 분담금액에 따라 모든 회원국을 10개의 Category로 구분한 뒤 각 Category 별로 정해진 기본단위(basic units)에 회원국 수를 곱한 후 이를 모두 더해 총단위(total units)를 구한다. 그 다음 기본평가액을 총단위로 나누어 기본단위 1개의 값을 구한다. 각국은 기본단위 1개의 값에 카테고리별로 정해진 단위의 수를 곱하여 자국이 부담할 기본평가액을 구한다. 각 회원국의 기본평가액을 모두 합산하면 기본평가액과 동일한 값이 나온다.

650) IMO Res. A. 20(I), Apportionment of Expenses Among Member States, 19 January 1959.
651) IMO Res. A.550(13), Apportionment of Expenses Among Member States, 17 November 1983.
652) 97.06%의 12.5%는 12.1325%가 된다(0.9706*0.125=0.121325).

③ 톤수평가액(tonnage assessment)

톤수평가액은 총예산에서 최소평가액을 제외한 금액의 87.5%이므로, 실제 총예산의 84.9275%가 된다.[653] 준회원국은 계산된 톤수평가액의 반액을 부담한다.

톤수평가액은 각 회원국이 보유하고 있는 선박의 등록톤수가 세계등록톤수에서 차지하고 있는 비율에 따라 분담액을 구한다. 또 등록톤수에서 5만 톤을 공제하기 때문에 이에 미달하는 국가의 톤수평가액은 0이 된다.

2013년의 경우 실제 분담금 계산방법은 다음의 그림5와 같다.[654]

<그림5: 2013년 분담금 계산방식>

CALCULATION OF 2013 ASSESSMENT

	£	£	£
Total 2013 assessment			30,170,000
Less minimum assessment (2.94%)			
170 Member States at	5,172	879,240	
3 Associate Members at	2,586	7,758	886,998
Remainder			29,283,002
Being:			
Basic assessment (12.5% of remainder)			3,660,375
Tonnage assessment (87.5% of remainder)			25,622,627
			29,283,002

BASIC ASSESSMENT

Allocation of Basic Units

Category	UN Contribution (percentage)	Units	Number of Members	Total Units
**1	0.01 - 0.05*	0	50	0
**2	0.01 - 0.05	1	56	56
3	0.06 - 0.25	10	25	250
4	0.26 - 1.00	25	21	525
5	1.01 - 1.50	48	3	144
6	1.51 - 2.00	87	4	348
7	2.01 - 4.00	140	5	700
8	4.01 - 7.00	201	3	603
9	7.01 - 10.00	275	1	275
10	more than 10.00	625	2	1250
Associate Members		0	3	0
			173	4151

* and having less than 50,000 GRT

** refer Note Verbale paragraph 2

Value of Basic Unit

Total basic assessment			3,660,375
Value of basic unit	=	£ 3,660,375 / 4,151	= 881.806

Computation of Basic Assessment

Category			£		£
1	50	Members at	0	=	0
2	56	Members at	882	=	49,392
3	25	Members at	8,818	=	220,450
4	21	Members at	22,045	=	462,945
5	3	Members at	42,326	=	126,978
6	4	Members at	76,717	=	306,868
7	5	Members at	123,452	=	617,260
8	3	Members at	177,243	=	531,729
9	1	Member at	242,497	=	242,497
10	2	Members at	551,128	=	1,102,256
Associate Members	3	Members at	0	=	0
					3,660,375

653) 97.06%의 87.5%는 84.9275%가 된다(0.9706*0.875=0.849275).

654) Annex 1, Calculation of 2013 Assessment, IMO Note Verbale, Notice of 2013 Assessment, A2/A/1.04 (NV.87), 3 December 2012.

TONNAGE ASSESSMENT

Calculation of Assessable Tonnage

	Thousands
Total gross registered tonnage	1,018,994
Less reduction	6,493
Reduced gross registered tonnage	1,012,501

Calculation of Tonnage Assessment

Total tonnage assessment			£25,622,627
Share per 1,000 tons =	£25,622,627 / 1,012,501	=	£25.306

SUMMARY OF TOTAL ASSESSMENT

	£
Minimum assessment	886,998
Basic assessment	3,660,375
Tonnage assesment	25,622,627
	30,170,000

2.4 분담금 납부현황

2013년도 상위 10개국 및 우리나라의 분담금 현황은 다음의 표12와 같다.

<표12: 2013년도 상위 10개국 및 우리나라의 분담금 현황>

순위	국가명	등록톤수 ('000)	분담금(£)	총예산 점유율(%)	비고
1	Panama	217,930	5,519,785	18.29	편의치적국
2	Liberia	126,702	3,212,409	10.65	상동
3	Marshal Island	80,099	2,031,796	6.73	상동
4	Singapore	56,707	1,460,995	4.84	
5	United Kingdom	49,229	1,426,952	4.73	
6	Bahamas	52,972	1,345,313	4.46	편의치적국
7	China	38,562	1,103,219	3.66	
8	Malta	42,929	1,091,162	3.62	편의치적국
9	Greece	41,614	1,079,047	3.58	
10	Hong Kong, China	38,562	977,181	3.24	편의치적국
16	**Republic of Korea**	11,884	428,098	1.42	

출처: Annex 2, Note Vabale A2/A/1.04 (NV.87), Notice of 2013 Assessment를 저자가 순위에 맞추어 다시 정렬함. 준회원국인 홍콩의 경우 표기된 등록톤수는 실제의 50%임.

UN 회원국 분담금

UN 회원국의 분담금 산정방식은 UN 설립 이후 계속 논란이 되어 왔으며, 조금씩 조정되어 왔다. 2013년부터 2015년까지 UN 회원국의 분담금은 다음의 요소를 반영한 기준으로 산정하도록 결정되었다.[655] 그러나 현행의 산정방식은 너무 복잡하고, 과정이 불투명하다는 지적을 받고 있다. 또 재정분담 의무와 의사결정 권한이 일치하지 않아 개선의 필요성이 제기되고 있다.[656]

(a) Estimates of gross national income;
(b) Average statistical base periods of three and six years;
(c) Conversion rates based on market exchange rates, except where that would cause excessive fluctuations and distortions in the income of some Member States, when price-adjusted rates of exchange or other appropriate conversion rates should be employed, taking due account of its resolution 46/221 B of 20 December 1991;
(d) The debt-burden approach employed in the scale of assessments for the period from 2010 to 2012;
(e) A low per capita income adjustment of 80 per cent, with a threshold per capita income limit of the average per capita gross national income of all Member States for the statistical base periods;
(f) A minimum assessment rate of 0.001 per cent;
(g) A maximum assessment rate for the least developed countries of 0.01 per cent;
(h) A maximum assessment rate of 22 per cent.

제7절 IMO 재무규칙(IMO Financial Regulation)

1. 일반사항

IMO는 그간 UN체제 회계기준(United Nations System Accounting Standards: UNSAS)을 사용하고 있었다. 그러나 UNSAS는 재무당국에게 해석의 재량권을 부여함으로써 진정한 의미에서 UNSAS는 실제 효력이 있거나, 공통적이거나 또 신뢰할 수 있다고 볼 수 없었다.[657] 이에 따라 UN은 회계보고제도의 비교, 조화, 투명성, 신뢰성을 향상시키기 위하여 2010년 1월 1일

655) UNGA A/RES/67/238, Scale of assessments for the apportionment of the expenses of the United Nations, 24 December 2012.

656) UN은 국가의 지불능력(capacity to pay)을 기준으로 하고 있으나 실제 국가별로 이를 평가하기 어려우며, 분담금 산정에 관한 상세한 자료를 공개하지 않고 있어 비판을 받고 있다. 자세한 사항은 Brett D. Schaefer, “The Window of Opportunity to Overhaul the U.N. Scale of Assessments Is Closing,” The Heritage Foundation, June 18, 2012, http://www.heritage.org/research/reports/2012/06/the-window-of-opportunity-to-overhaul-the-un-scale-of-assessments-is-closing [2013.8.18.] 참조.

657) United Nations, Geneva 2010, Joint Inspection Unit, *Preparedness of United Nations System Organizations for the International Public Sector Accounting Standards (IPSAS)*, para. 17, p. 5.

부터 회계기준을 국제공공분야 회계기준(International Public Sector Accounting Standards: IPSAS)으로 변경하였다. 이러한 회계기준의 큰 차이는 기존의 현금주의(case-based)에서 발생주의(accrual-based)로 전환된 것이다. 현금주의에서는 현금의 이전이 이루어져야 회계에 포함되었으나, 발생주의에서는 현금의 이전 여부와 관계없이 거래관계가 성립하면 바로 인식된다.[658] 또 재무제표는 적어도 1년마다 공개되어야 하고[659], 1 재무기(financial period) 이상 사용된 물품은 자본화되어 대차대조표(balance sheet)에 표시되어야 한다.[660]

2. 재무기(financial period) 및 예산(budget)

IMO의 재무기는 1 역년(calendar)으로서 1월1일부터 12월 31일까지이다(IMO 재무규칙 제2조). IMO의 재무기는 당초 2년이었으나 IPSAS의 도입에 따라 1년으로 변경되었다.

사무총장은 영국 파운드(pounds sterling) 단위로 수입과 지출이 포함된 2년의 예산안(proposed budget)을 준비하여 한다(동 3.1 및 3.2조).[661] 예산안에는 기구의 전략계획(strategic plan)에 따른 전략결과(strategic results)를 충족시키기 위하여 필요한 재원(resources)이 포함되어야 하고, 재원과 결과를 투명하게 알 수 있는 구조로 편성되어야 한다. 또 예산안에는 수입, 지출, 정규 예산의 이전(transfer)에 대한 예측, 총회가 설립한 기금(Funds)을 포함되어야 한다(동 3.3조). 사무총장은 정기총회 이전의 정기이사회에 향후 2년간 계획된 고수준행동계획(projected High-level Action Plan)이 예산에 미치는 영향의 개요를 이사회에 제출하여야 한다(동 3.4조). 사무총장은 정기총회 1개월 전까지 회원국에게 예산안을 발송하여야 하며, 이사회는 정기총회 직전의 특별이사회를 거쳐 의견과 권고를 포함한 예산안을 총회에 제출하여야 한다(동 3.5조). 총회는 2년의 2번째 해에 다음 2년의 예산을 채택하고, 전략결과에 따른 예산배정액(appropriations)과 총액에 대하여 표결한다(동 3.6조).

3. 예산배정액(appropriations)

총회가 표결한 예산배정액에는 표결한 금액의 한도 내에서 사무총장이 지급원인행위의 시행(incur obligations), 지급, 이전(transfer) 및 예비비 확충에 관한 위임사항이 포함된다(동 4.1조). 그러나 사무총장은 기구의 전략계획과 기구의 정상적인 운영관행에 적합하고, 이사회의 특별한 결정으로 위임되었을 경우에는 그 이후의 재무기(financial periods)에도 이에 관한 행위를 할 수 있다(동 4.2조). 사무총장은 전략결과의 예산배정액을 다른 전략결과에 이전할 수 있다. 다만, 이 경우 이전 한도는 두 전략결과 중 적은 예산배정액의 10%를 초과할 수 없다. 또 사

658) *Ibid.*, para. 30, p. 9.
659) *Ibid.* para. 53, p. 15.
660) *Ibid.*, para. 54, p. 15.
661) 당초 IMO의 모든 통화단위는 미국 달러였으나 환율변동에 따른 재정운영의 어려움 때문에 1988.1.1.부터 영국 파운드로 변경되었다. 다만, 기술협력기금 및 이에 관련된 자금은 미국 달러 또는 사무총장이 정하는 화폐로 표시할 수 있도록 하였다. Denomination of the Currency of the IMO Regular Budget and Assessments, IMO Res. A.632(15), 20 November 1987.

무총장은 이사회 승인이 없이 아직 시작되지 아니한 전략결과의 초년도 예산배정액 50%를 다음 해 동일한 전략결과로 이전할 수 있다. 상기의 한도를 초과하는 경우에는 모두 이사회의 사전승인이 필요하다(동 4.5조).

4. 기금의 운영방식

예산배정액은 회원국의 분담금으로 충당되며, 분담금이 들어오기 전까지 예산배정액은 우선 운전자본기금(Working Capital Fund)으로 충당한다(동 5.1조). 기여금과 관련하여 사무총장은 매 역년의 마지막 2개월에 회원국에게 다음 해 분담금 의무를 통지하고, 해당 금액을 송금하도록 요청하여야 한다(동 5.3조). 회원국은 사무총장의 통보를 받은 날로부터 30일 또는 다음 해 1월 1일 중 늦은 날까지 전액을 지불할 의무가 있다(동 5.4조). 회원국이 지불한 분담금은 우선적으로 운전자본기금으로 들어간다(동 5.6조). 기구를 탈퇴하는 회원국은 이미 지불한 분담금을 돌려받을 수 없으며, 최근의 재무제표에서 기구의 순부채(net liabilities)가 있을 경우에는 회원국들에게 마무리분담금(closing contribution)을 부과하여 다음 해의 분담금에 추가한다(동 5.9조).

5. 기금(Funds)

기구의 지출에 대한 회계목적을 위하여 일반기금(General Fund)을 둔다. 회원국의 분담금, 잡수입(miscellaneous income) 및 일반지출을 충당하기 위한 운전자본기금으로부터의 선금(advance)은 일반기금으로 들어간다(동 6.1조 (a)). 어느 재무기에 지출하고 남은 수입의 잉여금(surplus)은 해당 기금의 예비금(reserves)이 되고, 수입에 비하여 초과된 지출은 해당 기금의 예비금으로 충당한다(동 6.1조 (b)). 운전자금기금의 액수와 사용목적은 총회가 적정한 시기마다 결정하며, 신규 회원국이 운전자본기금에 지불하는 선금(advance)만큼 그 액수가 증가한다(동 6.2조). 재무기에 예산배정액을 충당하기 위하여 운전자본기금으로부터 선금을 받은 경우는 재원이 확보되는 즉시 갚아야 한다(동 6.4조). 기구의 전략계획에 따라 작업을 시행할 필요가 있을 경우 사무총장 또는 총회는 신탁(trust), 예비금(reserve) 또는 특별기금(special funds)을 둘 수 있다(동 6.7조 (a)).

6. 내부 및 외부 통제

사무총장은 효과적인 재무행정 및 경제운영을 위하여 자세한 재무규칙 및 절차를 수립하여야 하며, 내부 재무통제를 유지하여야 한다(동 10.1조). 실무적으로 각종회계의 처리는 SAP[662] 프로그램을 활용하고 있어 각종 비용의 집행 등을 실시간으로 확인할 수 있다. 사무총장은 매년 IPSAS에 따라 재무제표를 작성하여야 하며, 사무총장은 매 재무기의 재무제표를 다음 해 2

662) SAP는 세계 최대의 기업용 소프트웨어 회사로서 독일의 발도프(Walldorf)에 본사를 두고 있다. SAP의 제품 중 가장 널리 알려진 제품으로는 SAP ERP(Enterprise Resource Planning)를 들 수 있다. Wikipedia, http://en.wikipedia.org/wiki/SAP_AG [2013.11.20.].

월 28일까지 외부감사관(External Auditor)에게 제출하여야 한다(동 11.1조 및 11.2조).

총회는 회원국의 감사관(Auditor-General)이나 유사한 직위를 가진 자 중에서 1인을 골라 4년간 외부 감사관으로 임명한다. 이를 위하여 이사회는 감사관들의 감사방향(proposed approach)과 비용이 포함된 신청서를 제출받아 이사회의 의견 및 권고와 함께 총회에 제출한다(동 12.1조). 영국은 1959년 IMO 설립 이래 1999년까지 40년간 외부 감사관을 역임하였으며, 인도는 2000년부터 2012년 6월까지 외부감사를 담당하였다. 2011년 총회에서 가나(Ghana)는 선거를 통하여 영국을 꺾고 2012년 7월 1일부터 외부 감사를 담당하도록 결정되었다.[663)]

외부 감사관은 완전히 독립되어 감사를 행하고, 감사행위에 완전한 책임을 진다(동 12.6조). 또 외부 감사관은 특정 지역에서의 감사 또는 특별감사를 위하여 국가의 감사관, 상업적 공공감사관(commercial public auditor), 개인, 법인 등의 서비스를 이용할 수 있다(동 12.8조). 외부감사관은 사무총장이 제출한 재무제표에 대한 감사보고서를 5월 31일까지 이사회에 제출하여야 하고, 이사회는 의견을 첨부하여 총회에 제출한다(동 12.10조).

7. 지출에 대한 결정(resolutions involving expenditure)

IMO의 위원회 등은 행정적, 재정적 문제에 대한 사무총장의 보고서가 없이 지출에 관한 결정을 내릴 수 없다(동 13.1조). 또 기존의 예산배정액으로 제안된 지출을 행할 수 없다고 사무총장이 판단할 경우에는 총회가 필요한 예산배정을 할 때까지 지출원인행위를 할 수 없다(동 13.2조). 또한 예산에 영향을 주는 모든 수단의 채택에는 참석하고 투표한 2/3 다수가 필요하다(동 13.3조).[664)] 한편, MO 재무규칙에서 회원국에는 준회원국도 포함되므로(동 14.2조), 재무에 관한 한 준회원국은 정회원국과 동일한 대우를 받을 수 있다.

8. IMO 주요 기금

8.1 일반기금(General Fund)

일반기금은 다른 기금과 별도로 기구의 일반적인 모든 활동의 회계처리를 위하여 설치한 기금을 말한다. 일반기금에는 회원국의 분담금 수입을 비롯한 모든 수입과 기구의 직원봉급, 기구에서 운영하는 각종 활동에 소요되는 모든 비용이 반영된다. 이는 우리나라 정부의 일반회계 정도로 생각할 수 있다. 2014년의 경우 정규예산은 2013년도와 동일한 £31,686,000이며, 2015년의 경우 £32,618,000이다.[665)]

제28차 총회는 2014년부터 IMO 일반기금 내부에 별도의 특별비상계좌(Special Contingency Account)를 설립하도록 승인하였다. 이 구좌는 국제공무원위원회(International Civil Service

---

663) IMO Res A.1036(27), Appointment of the external auditor, 30 November 2011.

664) 이 규정은 예산에 대한 최종 결정권을 가진 총회의 의사결정에 관한 사항이므로 IMO 재무규칙보다는 총회 의사규칙에 반영하는 것이 바람직하다고 판단한다.

665) appendix 1 of the annex to document A 28/19(c), RESOURCE MANAGEMENT: Results-based budget for 2014-2015.

Commission: ICSC)가 UN 공무원의 봉급을 인상하였을 경우 증가되는 IMO의 인건비 부담을 흡수하기 위하여 만들었다.[666] 초기에 필요한 기금 200만 파운드는 2012-13년 예산의 잉여금을 활용하였다.[667]

8.2 운전자본기금(Working Capital Fund)

일상적인 조직 운영을 위한 자본으로서, 일상적인 원재료의 매입, 임금이나 제경비의 지불에 활용된다. IMO 설립초기에는 운전자본기금을 $US 50,000으로 시작하였으나,[668] 1990년대 후반기에는 ￡2,000,000로 증가하였다.[669] 2011년의 제27차 총회에서는 ￡2,006,008로 결정되었다.[670]

8.3 영업기금(Trading Fund)

영업기금은 회원국의 기여금을 제외하고 IMO의 가장 큰 수입원으로서, 1965년 총회에서 인쇄기금(Printing Fund)의 설립으로부터 시작되었다. 당시 총회는 IMO에서 발간하는 간행물의 생산을 위한 목적으로만 이 기금을 사용하도록 하는 조건으로 이 기금의 설치를 허락하였다.[671] 그러나 1980년대부터 IMO 도서판매가 계속 증가하여 1990년대에는 매년 수십만 파운드의 잉여금이 발생하였다. 이에 따라 이 기금의 사용목적을 완화하였으며, 1995년에는 인쇄기금의 잉여금에서 향후 2년간 총 300만 파운드를 TC Fund로 이관할 정도로 성장하였다.[672] IMO 도서의 판매호조로 인쇄기금은 계속 흑자를 보아 2000년대에 매년 1~3백만 파운드를 TC Fund에 지원할 수 있었다. 그러던 중 IPSAS의 도입에 따라 투명성을 강화하기 위하여 2010년부터는 인쇄기금과 식음료공급서비스(catering service)[673]를 통합하여 영업기금(Trading Fund)을 창설하기로 결정하였다.[674] 2013년도의 경우 IMO 간행물 판매는 1천만 파운드를 초과하여 약 6백만 파운드의 영업이익을 얻을 것으로 예상된다. 반면에 식음료공급은 인건비의 부담이

666) para. 47.6, A 28/6(b)/1, CONSIDERATION OF THE REPORTS OF THE COMMITTEES OF THE ASSEMBLY, (b) Reports of other committees, 4 December 2013.
667) para. 3(a) of the Annex, A 28/19(c), RESOURCE MANAGEMENT: Results-based budget for 2014-2015.
668) IMO Res. A.19(I), Staff Establishment and Adoption of the Budget for the First Financial Period. Resolution relating to the Working Capital Fund, 19 January 1959.
669) IMO Res. A.837(19), Work Programme and Budget for the Nineteenth Financial Period 1996-1997, 23 November 1995.
670) IMO Res. A.1039(27), Results-based Budget for the 2012-2013 Biennium, 30 November 2011.
671) IMO Res. A.100(IV), Printing Fund, 24 September 1965.
672) IMO Res. A.838(19), Integrated Technical Co-operation Programme: Transfer of Funds from the Surplus of the Printing Fund, 23 November 1995.
673) IMO의 식음료공급 서비스는 IMO 건물 내에서 직원 및 각국 대표에 대한 식사 및 음료의 판매, 각국이 주최하는 리셉션 등의 행사지원 등으로 이루어진다. 그러나 직원의 직접 고용에 따른 원가상승, 독점에 따른 식사품질의 저하 등을 고려할 때 저자는 아웃소싱(outsourcing)에 대한 검토가 필요하리라고 생각한다.
674) para.1, C Trading Fund, IMO Resolution A.1014(26), Result-based Budget for the 2010-2011 Biennium, 2 December 2009.

커서 약 58만 파운드의 적자가 예상된다.675) 2014년과 2015년도에는 영업기금으로부터의 지출액이 각각 £5,824,000 및 £5,944,000으로 승인되었다.676)

8.4 본부자본기금(Headquarters Capital Fund)

본부자본기금은 기구의 효율적인 운영을 위한 자본지출(capital expenditure) 및 본부건물의 임대차계약 조건에 따른 채무를 부담하기 위하여 1994년 1월 1일에 설립되었다. 이 기금은 종래의 본부시설기금(Headquarters Installation Fund)의 잔액에 인쇄기금의 잉여금 일부(2년간 총 75만 파운드)를 이전하여 마련되었다. 이 기금은 본부건물에 설치된 장비의 수리 및 교체, 사무자동화 기기의 구입 및 교체, 관용차량의 구입 등에 사용된다.677) 2014년과 2015년의 예산배정액은 각각 £930,000과 £950,000이다.678)

8.5 퇴직보조금기금(Termination Benefit Fund)

퇴직보조금기금은 UN의 공통회계기준(common accounting standard)에 따라 퇴직한 직원의 퇴직수당(termination indemnity) 및 송환수당(repatriation grants)을 충당하기 위한 기금이다. 이 기금은 일반기금의 잉여금 90만 파운드를 이전하여 1996년 1월 1일에 설립되었다.679) 이후 IPSAS의 도입계획에 따라 이 기금은 직원의 연가(annual leave)관련 비용 및 퇴직직원의 건강보험료(after-service health insurance costs: ASHI)에도 활용할 수 있도록 결정되었다.680) 2013년의 경우 예산배정액은 98만 파운드이며, ASHI가 거의 55만 파운드에 달하고 있다.681) 2014년과 2015년의 경우 예산배정액은 각각 £844,000과 £997,000이다. 특히 IPSAS의 시행에 따라 직원의 퇴직 이후 채무(liability)를 부담할 수 있도록 이 기금에 영업기금의 잉여금 1%를 배정하는 한편, 2014년 1월 1일 이후 IMO의 모든 사업(project)에 활용되는 직원봉급의 7%를 징수하여 이 기금에 두도록 하였다.682)

---

675) Table 5 Status of the Trading Fund as at 30 April 2013, C 110/4(e), 28 May 2013.

676) para. 47.8, A 28/6(b)/1, CONSIDERATION OF THE REPORTS OF THE COMMITTEES OF THE ASSEMBLY, (b) Reports of other committees, 4 December 2013.

677) IMO Res. A.778(18), Work Program and Budget for the Eighteenth Financial Period 1994-1995, 4 November 1994.

678) para. 47.9, A 28/6(b)/1, CONSIDERATION OF THE REPORTS OF THE COMMITTEES OF THE ASSEMBLY, (b) Reports of other committees, 4 December 2013.

679) IMO Res. A.837(19), Work Program and Budget for the Eighteenth Financial Period 1996-1997, 15 December 1995.

680) para. 1, E. Termination Benefit Fund, IMO Res. A.991(25), Program Budget for the Twenty-fifth Financial Period 2008-2009, 29 November 2007.

681) Table 8: Status of the Termination Benefit Fund as at 30 April 2013, C 110/4(e), Resource Management, (e) Budget considerations for 2013.

682) para. 47.10, A 28/6(b)/1, CONSIDERATION OF THE REPORTS OF THE COMMITTEES OF THE ASSEMBLY, (b) Reports of other committees, 4 December 2013.

8.6 훈련개발기금(Training and Development Fund)

훈련개발기금은 조직의 역량강화계획(organizational strengthening initiatives)에 소요되는 비용을 충당하기 위한 기금이다. 이 기금은 직원의 지식과 기술의 획득을 위한 교육훈련에 사용되며, 2002년 1월 1일 인쇄기금의 잉여금에서 20만 파운드를 이전하여 설립되었다.[683] 직원교육의 방법으로는 경비절감을 위하여 외부교육보다는 내부시설과 강사초청을 활용한 집단교육(group training)을 시행한다. 2014년과 2015년의 예산배정액은 각각 £136,000와 £141,000이다.[684]

8.7 기술협력기금(Technical Cooperation Fund: TC Fund)

개도국에 대한 기술협력자금을 충당하기 위한 기술협력기금은 1986년 1월 1일 설립되었다. 당시 이 기금은 1983년에 설립된 기술협력경상비구좌(Technical Cooperation Overhead Account)의 잉여금 120만 미불을 기초로 하였다.[685] 이후 TC Fund는 이 정도의 수준을 계속 유지하다가 1976년부터 새로운 전기를 마련하였다. 즉, IMO 발간 도서의 판매호조에 따른 인쇄기금의 잉여금 증가를 바탕으로 기구의 자체기술협력계획인 종합기술협력계획(ICCP)을 수립할 수 있었다. 이에 필요한 자금은 1996년과 1997년 두 해에 걸쳐 인쇄기금으로부터 총 300만 파운드를, 1996년에 일반기금으로부터 50만 파운드를 이전하여 마련하였다.[686]

IMO 도서판매의 호조에 따라 인쇄기금으로부터 TC Fund로의 자금이전은 꾸준히 증가하여 2006년과 2007년의 경우 각각 240만 파운드에 달하였다.[687] 2007년의 제25차 총회에서는 특정한 금액이 아니라 인쇄기금의 잉여금 중 일정 비율을 각 기금에 이전하기로 결정하였다. 이에 따라 영여금의 75%는 매년 TC Fund에, 15%는 본부자본기금에, 8.5%는 퇴직보조금기금에, 1.5%는 훈련개발기금에 이전되게 되었다. 이에 따라 인쇄기금으로부터 TC Fund로 이전되는 금액은 2008년의 경우 약 344만 파운드에 달하였다.[688] 제26차 총회에서 인쇄기금은 영업기금(Trading Fund)으로 명칭이 변경되었으며, 제27차 총회에서는 영업기금 잉여금 배분비율이 다소 변경되었다. 즉, 잉여금의 80%는 TC Fund로, 10%는 본부자본기금으로, 1.5%는 훈련개발기금에 이전하며, 남은 8.5%는 IPSAS의 시행에 따른 부채에 충당할 수 있도록 영업기금의 예비비(reserves)로 남기도록 하였다. 특히 TC Fund로 이전된 잉여금의 80%는 75%는 기술협력

683) IMO Res. 906(22), Work Programme and Budget for the Twenty-second Financial Period 2002-2003, 29 November 2001.

684) para. 47.11, A 28/6(b)/1, CONSIDERATION OF THE REPORTS OF THE COMMITTEES OF THE ASSEMBLY, (b) Reports of other committees, 4 December 2013.

685) IMO Res. A.593, Work Programme and Budget for the Fourteenth Financial Period 1986-1987, 20 November 1985.

686) IMO Res. A.837(19), Work Programme and Budget for the Nineteenth Financial Period 1996-1997, 23 November 1995.

687) IMO Res. A.969(24), Work Programme and Budget for the Twenty-fourth Financial Period 2006-2007, 28 November 2005.

688) IMO Res. A.991(25), Programme Budget for the Twenty-fifth Financial Period 2008-2009, 29 November 2007.

사업에 활용하되, 5%는 세계해사대학(WMU)에 대한 지원금의 목적으로만 사용하도록 그 용도를 지정(ring-fenced)하였다.689)

제28차 총회에서는 잉여금 배분비율을 변경하였는바, 그 내용은 다음의 표13과 같다.690) 이에 따른 2014년과 2015년의 예산배정액은 각각 £5,159,000와 £4,841,000이다.691)

<표13: 2014-2015년 영업기금 잉여금 배분비율>

	Technical Co-operation Fund	(Ringfence for WMU*)	Headquarters Capital Fund	Termination Benefit Fund	Training and Development Fund	Trading Fund	Assessment Reduction
Resolution A.1014(26)	75.0%	-	15.0%	8.5%	1.5%	-	-
Resolution A.1039(27)	80.0%	(4.0%)	10.0%	-	1.5%	8.5%	-
Proposal for 2014-2015	80.0%	(4.0%)	12.5%	1.0%	1.5%	-	5.0%

* The ring-fence for the WMU is 5% of the 80% surplus to be allocated to the Technical Co-operation Fund, which corresponds to 4% (=80%x5%) of the 100% surplus.

제8절 세계종합해운정보시스템(Global Integrated Shipping Information System: GISIS)

1. 개요

IMO 목적 중의 하나는 IMO 협약을 세계적으로 효율적으로 시행하고, 그 요건에 충실히 따르는 것이다. 이에 따라 기구는 전략계획을 채택하여 2004년부터 정보 및 통신기술의 효율적 사용, 투명성 제고를 위한 선박안전, 보안 및 해양환경보호에 관한 정보의 제공 및 접속의 증진에 노력해 왔다.692) 한편, 각종 IMO협약에서는 당사국의 주관청(Administration)이 IMO 사무국에 각종 정보를 제공하도록 규정되어 있었다. 이러한 주관청의 편의를 증진시키는 한편, 사무국이 수집하여 보관 중인 정보를 주관청에 제공하기 위하여 사무국은 2005년부터 세계종합해운정보시스템(Global Integrated Shipping Information System: GISIS)의 운영을 개시하였다.693) 이후 GIGIS의 정보제공 구성단위(module)는 계속 증가하였으며, 2013년 9월 현재 총 18개에 달하고 있으며, 그 내용은 다음의 표14와 같다.694)

689) IMO Res. A.1039(27), Result-based Budget for the 2012-2013 Biennium, 30 November 2011.

690) Table 9 Proposed distribution of the Trading Fund surplus for the 2014-2015 biennium, RESOURCE MANAGEMENT: Results-based budget for 2014-2015, A 28/19(c), 21 October 2013.

691) para. 47.12, A 28/6(b)/1, CONSIDERATION OF THE REPORTS OF THE COMMITTEES OF THE ASSEMBLY, (b) Reports of other committees, 4 December 2013.

692) The third item of the preamble of the IMO Res. A.1029(26), Global Integrated Shipping Information System, 26 November 2009.

693) para. 1 of the Global Integrated Shipping Information System (GISIS) – Manual for Administration on the use of reporting facilities, Circular letter No.2639, 8 July 2005.

〈표14: GIGIS의 구성단위〉

Ship Particulars	Status of Treaties
Port State Control	Condition Assessment Scheme
Country Maritime Profile	Maritime Security
Contact Points	Recognized Organizations
Maritime Casualties and Incidents	Port Reception Facilities
Pollution Prevention Equipment	Piracy and Armed Robbery
Formalities Connected with the Arrival, Stay and Departure of Persons	Simulators
Raidocommunications and Search and Rescue	Greenhouse Gas Emission
Informations on Local Regulations	Marpol Annex VI
Evaluations of Hooks	

2. GIGIS의 목적 및 사용방법

GIGIS의 목적은 당초 협약 요건에 따른 주관청의 보고의무의 촉진이었으나 구성단위의 확대에 따라 목적 또한 확대되었다. 추가된 목적으로는 자료의 재검토 및 증명에 관한 내부절차, 동향에 대한 연구, 통계적 분석, 전략계획의 틀에서 기구의 성과에 대한 의사결정 및 감시이다.[695) GIGIS의 웹주소는 https://gisis.imo.org/Members/이다. 이를 사용하려면 먼저 사용자 계정(user accounts)을 개설하여야 한다. 사무국은 각 회원국에 1개의 관리자계정(Administrator"s account)을 부여하고, 각 회원국의 관리자는 자국의 모든 사용자 계정의 개설 및 유지에 관한 책임을 진다.[696) 관리자계정의 최초 비밀번호(password)는 외교적 연락처(point of contact)에 전달되며, 사무국의 법률국에서 관리한다.[697) 따라서 각국에서 GIGIS를 사용하려고 하는 사람은 자국 정부의 관리자와 연락하여 사용자 계정의 허가를 받아야 한다. 일단 사용자등록을 통하여 IMO의 웹계정(web account)을 받은 사람은 동일한 신분(id)과 비밀번호로 다른 웹서비스(예: IMODOC 서비스)도 이용할 수 있다.

3. GIGIS의 개선방향

GIGIS는 모든 회원국의 입력을 통하여 엄청난 양의 정보를 축적할 수 있고, 회원국은 이를 적절히 이용할 수 있는 대단히 우수한 시스템이라고 할 수 있다. 예컨대 오염방지설비의 경우 형식승인을 받은 제품들이 GIGIS에 등록되어 있으면 항만국통제(Port State Control) 시 해당 설비의 형식승인 여부가 간단히 확인될 수 있다. 그러나 현실적으로 각 회원국은 관련 정보의 입력에 대단히 무관심한 형편에 있다. 심지어 많은 국가들은 협약에 규정된 의무임에도 불구하

694) https://gisis.imo.org/Members/ [2013.11.10.].

695) The ninth item of the preamble of the IMO Res. A.1029(26), Global Integrated Shipping Information System, 26 November 2009.

696) para. 3.1 of the Annex, Global Integrated Shipping Information System (GISIS) – Manual for Administration on the use of reporting facilities, Circular letter No.2639, 8 July 2005.

697) para. 3.3 of the Annex, Global Integrated Shipping Information System (GISIS) – Manual for Administration on the use of reporting facilities, Circular letter No.2639, 8 July 2005.

고 이를 소홀히 하고 있는 형편이다. 따라서 기구에서는 GIGIS의 충실화를 위하여 각국의 자료입력 현황을 공개하고, 이를 촉구할 수 있는 제도적 장치의 마련이 필요하다고 할 것이다.

한편, 국제적으로 PSC에 관한 자료는 IMO(GIGIS), 각 지역 PSC MOU 및 AQUASIS에서 각각 제공하고 있다. 그러나 이러한 자료들은 상호 연계되지 않고 개별적으로 운영되고 있기 때문에 낭비적 요소가 많은 실정이다. IMO는 이들과 자료공유를 통하여 GIGIS의 목적에 맞는 세계적인 시스템으로 발전시켜 나가야 할 것이다.

아울러 IMO에서는 각국의 분담금 산정을 위하여 로이드선급의 선박 보유량 자료를 활용하고 있다. 만일 IMO에서 GIGIS를 이용하여 자체 선박 보유량 통계를 생산할 수 있다면 굳이 값비싼 로이드 선급의 데이터베이스를 사용하지 않을 수도 있다. 로이드 선급의 통계도 결국 각국 주관청의 자료를 활용하지 않을 수 없는 바, IMO에서도 이를 수집하지 못할 이유가 없다. IMO가 선박 보유량 등 해운의 기초적인 통계를 생산한다면 상업적 목적이 배제되었기 때문에 로이드 선급의 자료에 비하여 더 공정한 자료로서 평가될 수 있을 것이다.

제9절 기구의 작업방법

1. 개요

기구의 목적 달성을 위하여 각종 위원회가 작업하는 방법에 대하여는 절차, 작업방식, 예산 등에 걸쳐 여러 가지 규정이 관련되어 있다. 즉, 기본적으로 기구가 행하려는 작업은 6년간의 장기계획인 전략계획(Strategic Plan: SP)에 반영되어야 하며, 또 향후 2년간(biennium)의 단기계획인 고수준행동계획(High-level Action Plan: HLAP)에도 포함되어야 한다. 또 실제 이러한 작업이 실행될 수 있으려면 총회에서 채택되는 2년간의 예산에 해당 작업에 대한 비용이 배정되어야 한다. 또 회원국들이 실제 작업을 전략계획이나 HLAP에 포함시키려면 SP와 HLAP의 적용에 관한 지침[698]을 따라야 한다. 한편, 이러한 SP와 HLAP에 따라 이사회나 각 위원회에서 시행하는 구체적인 작업방법은 이사회나 각 위원회에서 정한 자체 의사규칙(rules of procedure) 및 작업지침(Guidelines on the Organization and Method of Work)[699]에 따라야 한다.

작업방법에 관한 이러한 규정들은 비교적 최근에 마련되었고, 유사한 여러 규정에 산재되어 있는 실정이다. 더욱이 계속적으로 개정이 이루어지다 보니 이에 대한 전문가가 아니고서는 이를 체계적으로 이해하기 어려운 실정에 있다. 따라서 기구의 작업방법에 관하여는 1개의 총회지침(Assembly Guideline)으로 통일하고, 이사회와 위원회의 작업지침 및 의사규칙은 각각의 의사규칙으로 통합하는 것이 바람직하다고 하겠다.

이하에서는 작업계획에 관한 그간의 배경 및 각각의 규정 내용에 대하여 살펴보기로 한다.

---

698) 영문 명칭은 Guidelines on the Application of the Strategic Plan and the High-level Action Plan of the Organization이다.

699) 정확히 번역하면 "작업의 구성 및 방법에 관한 지침"으로 해석될 수 있으나 편의상 "작업지침"으로 사용한다.

2. 배경

2.1 장기작업계획(long-term work plan)

1959년 IMO협약의 발효로 설립된 기구는 처음부터 바쁜 시간을 보내야만 하였다. 그간 다른 국가나 기구가 수행하던 각종 협약업무를 위임받아야 하였으며, 1960년 해상인명안전조약(SLOAS) 협약의 채택 등 긴급한 현안들을 처리하였기 때문이다. 이후에도 기구는 조직과 예산의 확보, 본부건물의 확보 등 현안들을 처리하여야 하였기 때문에 장기적인 목표의 수립이나 일하는 방법에 관하여 검토할 여유가 없었다.

1969년이 되어 기구는 최초로 장기적인 작업방법 등에 대하여 결정하였다.[700] 당시 기구는 총회 결의서를 통하여 목표와 방법에 관한 실무작업반(Working Group on Objectives and Methods)의 보고서를 추인하는 한편, 이사회로 하여금 MSC 등의 의견을 감안하여 우선순위(priorities)와 함께 기구가 수행할 장기(longer term) 작업계획 을 마련하도록 요청하였다. 이에 따라 1971년 제7차 총회에서는 최초로 1974년부터 1978년까지 총 5년간의 장기계획을 마련하였다.[701] 그러나 그 내용은 대체로 구체적이지 못하였고, 다만 2년간의 예산사업이 종료된 이후 기구가 어떤 일을 할 것인지를 구상하는 수준의 계획이었다. 즉, 각종 협약의 제정 또는 개정을 위하여 매년 2회 정도의 국제회의(conference)를 개최하는 것이었다. 1977년부터는 각 위원회별로 장기적으로 추진할 사항을 명시하는 방식으로 변경되었으며,[702] 1997년부터는 MSC와 MEPC 모두 장기작업 중 고우선순위(high priority)작업을 지정하였다.[703] 이와 같은 관행은 2003년까지 지속되다가 2005년부터는 다음에서 설명하는 전략계획 및 고수준행동계획으로 대체되었다.

2.2 업무추진에 관한 기본적인 정책결정(IMO Res. A.500(XII))

기구의 업무 수행과 관련된 가장 중요한 정책결정 중의 하나는 1981년에 이루어졌다. 즉, 기구는 1980년대 기구의 목적을 정하면서 IMO 협약 제27조에 따라 기구의 조직 간 업무를 조정하도록 하는 이사회의 기능을 강화하며, 각 위원회의 업무추진방향을 정하였다.[704] 특히 이 결정은 과거 독자적으로 활동했던 위원회(특히 MSC)가 조직의 목표와 조화를 이루며 활동하도록 하는 촉구하는 의미가 있다. 이 결정은 이후의 정책결정에서 계속 언급되며 그 중요성이 강화되고 있는 바, 그 내용은 다음과 같다.

---

700) IMO Res. A. 195(VI), Review of the Organization's Methods of Work and the Total Financial Burden Falling upon Member States, 29 October 1969.

701) IMO Res. A. 248(VII), Long-term Work Plan of the Organization, 15 October, 1971.

702) IMO Res. A.405(X), Long-term Work Programme of the Organization, 17 November 1977.

703) IMO Res. A.846(20), Long-term Work Programme of the Organization (Up to 2004), 27 November 1997.

704) IMO Res. A.500(XII), Objectives of the Organization in the 1980s, 20 November 1981.

① 이사회는 기구의 목적을 충족시키도록 작업에 대한 우선순위의 배정을 통하여 위원회 및 하부기구의 업무를 조정(coordinate)해야 함(para. 1).
② 이사회는 조정업무를 수행하면서 실질적으로 기술적인 법적인 문제에 대한 우선순위 및 책임에 대한 위원회의 견해를 고려해야 함(para. 2).
③ 이사회와 위원회는 협약을 제정하거나 개정할 경우 시급한 필요성(compelling needs)이 명백하고 문서로 입증된 경우에 한하여야 함. 또 미발효된 협약이나 상당 기간 동안 집행을 통하여 경험이 축적되지 아니한 협약의 개정은 바람직하지 못하다는 점을 감안하여야 하며, 해사산업의 비용과 회원국의 법적, 행정적 자원에 대한 부담도 고려하여야 함.(para. 3).
④ 위원회는 업무를 수행하면서 새로운 협약을 제정하거나 기존 협약을 개정할 경우 선박의 구조에 관한 규정은 협약의 발효일 이후에 건조되는 선박에 적용되어야 한다는 원칙에 따라야 함. 다만, 시급한 필요성이 있거나 조치에 따른 이득이 충분히 검토된 경우에는 그러하지 아니함(para. 4).

2.3 작업방법 및 작업의 구성(IMO Res. A.777(18)).

1993년에 기구는 상기 결의서의 후속으로서 작업방법 및 작업의 구성에 관한 결의서를 채택하였다. 이 결의서의 내용도 매우 중요한 정책적 결정으로 인정되어 이후의 많은 결의서에서 인용되고 있는 바, 주요 내용은 다음과 같다.[705)]

① 모든 위원회는 기구의 목표인 해상안전의 확보와 해양환경 보호를 고려하여 자체의 작업방법과 작업의 구성을 재검토하여, 그 결과에 따른 지침을 발하여야 함(para. 2).
② 모든 위원회는 자체의 작업계획에 우선순위를 매겨 이러한 우선순위 및 자체의 작업방법과 작업의 구성에 관한 지침을 철저히 준수하고, 이러한 지침의 운영에 관한 사항을 이사회에 통보하여야 함(para. 3).
③ 모든 이사회는 IMO 결의서 500(XII)에 주의를 기울여야 하며, 특히 협약의 제·개정 시 시급한 필요성(compelling needs)이 명백하고 문서로 입증된 경우에 한하여야 함. 또 미발효된 협약이나 상당 기간 동안 집행을 통하여 경험이 축적되지 아니한 협약의 개정은 바람직하지 못하다는 점을 감안하여야 하며, 해사산업의 비용과 회원국의 법적, 행정적 자원에 대한 부담도 고려하여야 함(para. 4).
④ 이사회가 위원회의 작업을 조정하며 기구의 전체 목표와 일관성을 유지하도록 하는 IMO 결의서 500(XII)을 재확인함(para. 5).

2.4 2000년대 기구의 목표(IMO Res. A.900(21))

기구는 2000년대 목표를 정하였으며, 특히 이사회의 각 위원회 업무의 조정 및 일관성 유지

705) IMO Res. A.777(18), Work Methods and Organization of Work in Committees and Their Subsidiary Bodies, 4 November 1993.

의 확인을 강조하였다. 또 각 위원회는 이사회의 조정에 따라 작업을 수행하도록 하고 있는 바, 주요 내용은 다음과 같다.706)

① 종래의 정책결정인 Res. A.500(XII) 및 A.777(18)을 재확인함(para. 1).
② 위원회는 이사회의 조정에 따라 해상안전과 해양환경보호에 관하여 전향적 정책(proactive policy)을 수행하기 위한 대책을 마련함. 또 이를 위하여 규정제정 과정에서(rule-making process) 가능한 한도 내에서 공식안전평가(Formal Safety Assessment)707)를 활용하여야 함(para. 2.1).
③ 위원회는 다음 사항에 대해 주의를 기울여야 함(para. 2.2).

- 사람에 대한 강조(shifting emphasis on people)
- 해상안전 및 해양환경보호에 관한 기존 IMO 기준의 효과적이고 통일적인 시행
- 가능한 한 선박의 종류에 따른 안전 및 해양환경 문제 제기
- 기구의 모든 활동에 있어 안전문화(safety culture) 및 환경인식(environmental conscience)의 개발
- 과도한 규제 회피(avoiding of excessive regulation)
- 지속가능한 개발 및 ITCP의 효율적 시행을 위한 기구의 기술협력계획에 우선순위 부여

④ 선박의 보안 및 안전을 위협하는 불법행위(unlawful acts)를 예방하기 위한 각국의 노력을 증진함(para. 2.3).
⑤ 채택 이래 수차례 재확인된 IMO 결의서 A.500(XII) 및 A.777(18)을 계속 준수함(para. 3).

2.5 기구의 정책결정(IMO Res. A.909(22))

IMO는 2000년대 들어 정책과 목표설정에 관한 원칙을 결정하였다. 즉, 정책결정은 이사회에서 이루어지며, 그 절차를 명확하게 정한 것이다. 이 결의서는 비교적 짧지만 전략계획 및 고수준행동계획 관련 문서에서 빈번하게 인용되고 있다. 이 결의서의 내용은 다음과 같다.708)

① 이사회에서 기구의 정책을 설정하기 위하여 개방적이고 투명한 체제를 개발하려는 이사회의 결정을 추인함(para. 1).

---

706) IMO Res. A.900(21), Objectives of the Organization in the 2000s, 16 November 1999.

707) FSA(Formal Safety Assessment)는 위험 요소들을 과거의 경험, 현재의 상태 그리고 미래에 대한 예측 등을 통하여 평가한 후 사고 예방대책을 강구하고, 이 예방대책 중에서 가장 경제적인 것을 선택하는 능동적(Pro-active)인 기법으로 인정되고 있다. 그 구체적인 절차는 ① 목표의 정의(definition of goals, systems, operations), ② 위험의 확인(identification of hazards), ③ 위험분석(risk analysis), ④ 위험통제방법(risk control options), ⑤ 비용편익평가(cost benefit analysis), ⑥ 결정을 위한 권고(recommendations for decision making)로 되어 있다. IMO에 새로운 규정을 제안할 경우 반드시 FSA 보고서를 함께 제출하도록 하고 있다. Guidelines for Formal Safety Assessment (FSA) for Use in the IMO Rule-making Process (MSC/Circ.1023 & MEPC/Circ.392).

708) IMO Res. A.909(22), Policy Making in IMO - Setting the Organization Policies and Objectives, 29 November 2001.

② 기구의 목표를 정할 때 회원국의 의사(wishes)가 목표에 적절히 반영될 수 있도록 최대한 유의하여야 하며, 그 형성과정에 사무총장의 제안과 해운산업계의 필요성도 반영되어야 함 (para. 2(a)).
③ 모든 회원국들은 스스로 정책형성과정에 기여할 수 있는 기회가 있다는 것을 알고 있어야 함(para. 2(b)).
④ 이사회는 기구의 추진방향에 대한 일반적인 비전(vision)에 관하여 검토하고 토의하여야 함 (para. 2(c)).
⑤ 모든 회원국은 건설적으로 정책에 기여할 수 있는 기회가 부여되어 있으며, 이사국 여부에 관계없이 회원국은 이사회에 정책문서를 제출하도록 권장되어야 함(para. 2(d)).

3. 전략계획(Strategic Plan)

3.1 소개

위에서 설명한 바와 같이 전략계획의 전신은 장기작업계획으로서, 여기에 포함된 계획들은 주로 업무를 나열하는 것이었다. 그러나 이러한 계획들이 과연 조직의 목표달성에 도움이 되는지를 평가하기는 쉽지 않았다. 특히 조직의 목표는 IMO 협약 제1조에 규정되고 있었지만 역시 여러 가지가 나열되어 있다 보니 명확한 목표를 찾기 어려웠다. 목표가 다소 불분명하다 보니 계획이 목표와 조화를 이루는지 확인하기가 어려웠고, 또 목표를 평가기준으로 활용하기도 어려웠다. 이에 따라 기구는 전략계획을 채택하면서 여기에 기구의 임무선언(mission statement),[709] 주변 환경의 분석, 전략방향 및 성과지표를 포함시켰다. 특히 기구의 임무선언은 기구의 임무를 명확히 정하고, 이를 달성하기 위한 수단을 구체화함으로써 향후 기구의 발전에 큰 기여를 할 것으로 기대되고 된다.

전략계획이 최초로 채택된 2003년 제23차 총회에서는 경과조치로서 장기작업계획과 전략계획을 동시에 채택하였다. 이후 2005년 제24차 총회부터는 장기작업계획을 완전히 폐지하고 전략계획과 다음에 설명하는 고수준행동계획을 채택하였다. 그러나 이 계획은 아직도 충분히 안정되지 못하여 2년마다 총회에서 대폭적으로 개정되고 있다. 특히 전략방향에 따른 성과지표 및 핵심성과지표의 개발이 쉽지 않기 때문에 안정화에는 상당한 시간이 소요될 것으로 예상되고 있다.[710]

3.2 임무선언(mission statement)

UN 전문기구로서 IMO의 임무는 협력을 통하여 안전하고, 보안이 되어 있으며, 환경적으로

709) mission statement의 번역에는 임무진술, 사명문, 자기사명서, 사명선언서 등이 있다. IMO에서 채택한 mission statement는 전략계획의 일부를 이루는 2개의 문장에 그치고, mission은 사명보다는 임무로 번역되는 것이 더 자연스러운 점을 감안하여 저자는 이를 "임무선언"으로 번역하였다.

710) IMO에서 채택한 전략계획은 우리나라 참여정부에서 시행하였던 균형성과평가제도(Balanced Score Card: BSC)와 유사한 점이 많다. BSC는 당초 기업을 염두에 두고 개발되었던 바, 다양한 목표를 추구하는 공공분야에서는 그 활용에 상당한 제한이 있음을 인식할 필요가 있다.

건전하고, 효율적이며, 지속가능한 해운을 증진하는 것이다. 이러한 임무는 해상안전과 보안, 항해의 효율성, 선박으로부터 오염의 예방과 통제에 관하여 가능한 한 최고의 기준을 채택하는 한편, 세계적으로 통일적인 적용을 목표로 하여 관련된 법적 문제의 토의 및 IMO 협약의 시행을 통하여 달성될 수 있다(para. 1).[711]

그러나 이와 같은 임무선언은 IMO 협약에 규정된 IMO 목표에 비하여 비교적 단순화시켰다고는 하지만 아직도 매우 장황하고, 너무 길어 보인다. 임무선언에 포함된 "as a United Nations specialized agencies"와 같은 군더더기 단어들은 향후 삭제할 필요가 있으며, 전체적으로 보다 포괄적인 언어를 사용함으로써 임무선언을 더 단순화할 필요가 있다고 판단된다.

3.3 동향, 발전 및 도전(trends, developments and challenges)

기구의 전략방향(SD)은 국제적인 동향 및 이에 따른 도전을 극복하기 위하여 마련되었다. 또 전략방향에 따른 구체적인 업무는 추후 평가를 위한 성과지표(performance indicators: PI) 및 핵심성과지표(key performance indicators: KPI)와 연계된다. 특히 국제동향과 이에 따른 도전은 환경변화에 따라 추가되거나 삭제될 수 있는 바, 현재까지는 계속 증가하여 왔다.[712]

전략계획에서 도출된 주요 동향과 IMO에 대한 도전내용은 그 형식, 내용, 심지어 문법에 있어 아직도 개선될 사항이 많은 실정이다. 특히 동향의 선택기준이 무엇이며, 동향에 대한 분석이 어떻게 IMO에 대한 도전과 연계되는지 불분명하다. 예컨대 IMO는 성격상 일종의 규제를 생산하는 기구(rule-making body)인 바, 조장적인 성격의 "해운의 효율성 증진"같은 항목은 잘 어울려 보이지 않는다. 따라서 동향과 도전은 기구의 전체적인 관점에서 재검토가 필요하며, 특히 동향 및 도전항목을 적절히 감축할 필요가 있다고 하겠다.

2011년 채택된 전략계획에 나타난 동향 및 IMO에 대한 도전은 다음과 같다.

3.3.1 세계화(globalization)

- 해운에 영향을 미치는 동향과 발전의 파악에 전향적(proactive)이어야 함
- 해운문제에 대하여 전체적이고 모두를 포함시키는 태도를 채택해야 함.
- 해운의 동향, 발전 및 사고에 따른 효과적인 대응을 해야 하며, 이 때 기구의 규제틀(regulatory framework)과 충돌을 일으키는 지역적 또는 일방적(regional or unilateral) 경향은 배제하여야 함.

711) 임무선언의 원문은 다음과 같다(para. 1 of the Annex, IMO Res. A.1037(27), Strategic Plan for the Organization (For the Six-year Period 2012 to 2017), 22 November 2011).
The mission of the International Maritime Organization (IMO), as a United Nations specialized agency, is to promote safe, secure, environmentally sound, efficient and sustainable shipping through cooperation. This will be accomplished by adopting the highest practicable standards of maritime safety and security, efficiency of navigation and prevention and control of pollution from ships, as well as through consideration of the related legal matters and effective implementation of IMO's instruments, with a view to their universal and uniform application.

712) 2003년 최초로 전략계획이 채택될 당시 동향과 이에 따른 도전항목은 총 8개였으나 2011년의 전략계획에서는 총 10개로 증가되었다.

- 정책의 개발, 형성, 채택 및 시행에는 모든 IMO 회원국이 참여해야 함.

3.3.2 해상안전에 대하여 고조된 우려(heightened maritime safety concerns)

- 기술적, 운항적 및 안전경영기준을 강화하고, 항상 이 기준을 지키지 아니하는 해운은 제거해야 함.
- 안전문화에 영향을 주는 요소를 확인하고 평가하고, 이를 해사사회 전체에 걸쳐 품질과 안전문화(quality and safety culture)를 개발하기 위한 실용적이고 효율적인 수단으로 활용해야 함.

3.3.3 해상보안에 대하여 고조된 우려(heightened maritime security concerns)

- 보안조치의 효율적인 시행을 증진하고, 선박과 항만시설의 운영 상 보안에 대한 경각심(security consciousness)을 인식시키고, 동시에 무역 간소화에 대한 균형이 이루어지고, 해상무역이 원만하고 효율적으로 계속 흘러가도록 해야 함. 여기에서 "무역간소화에 대한 균형"이란 해상보안조치의 강화가 선박 및 항만의 원활한 운영에 불필요한 지연을 가져와서는 안 된다는 의미이다.

3.3.4 해적 및 무장강도에 대하여 고조된 우려(Heightened concerns on piracy and armed robbery against ships)

- IMO 지침의 개발 및 시행의 증진
- 해운산업이 개발한 최적대응방법(Best Management Practice)을 준수하도록 권장함.
- 해적 및 무장강도(armed robbery)에 대한 국제적인 노력의 지휘 및 조정을 증진함.

3.3.5 고조된 환경경각심(Heightened environmental consciousness)

- 환경에 악영향을 미칠 수 있는 해운활동 및 사고의 식별 및 다룸에 있어 전향적이어야 함.
- 대기오염을 감소시키기 위한 국제적인 노력에 기여하고, 기후변화 및 지구온난화를 다루어야함(address).
- 환경에 대한 영향을 최소화할 수 있도록 해운사고에 대한 효과적인 대응책을 개발
- 기존 선박의 재활용(recycling)에 대한 실용적인 해법을 촉진해가면서 '요람에서 무덤까지'의 개념을 시행하여 보다 환경 친화적인(environmentally friendly) 신조선을 건조

3.3.6 해운의 효율성 촉진(promoting efficiency of shipping)

- 장애를 제거하고 해상무역을 촉진시키기 위한 강화된 체제의 창조와 같은 해운촉진조치의 증진 및 개발

3.3.7 사람에 대한 강조(shifting emphasis onto people)

- 안전하고 보안이 되어 있으며 환경 친화적인 해운에 대한 인적요소(human element)의 기여를 강조함
- 해사산업에서 사람의 성과(human performance)를 강화하기 위한 조치를 계속적으로 개선

3.3.8 바다에 있는 사람(people at sea)

- 해상에서 인명안전을 확보하기 위하여 모든 시스템의 적합성을 확인하고 바다로 운송되는 이민, 밀항자, 인도적 측면에서 해적 및 무장강도 등의 문제를 다루기 위한 효과적인 조치의 시행

3.3.9 IMO 협약의 세계적 및 통일적 적용을 위한 능력배양의 중요성(the importance of capacity-building in ensuring universal and uniform application of IMO instruments)

- ITCP를 위한 공평하고(equitable) 지속가능한 자금 확보수단의 확보 및 ITCP의 집행 및 효과성 개선

3.3.10 해상운송분야에서 변화의 주된 추진력으로서 기술(technology as a major driving force for change in the maritime transport sector)

- 기술발전이 해상안전, 보안, 환경보호, 국제해상교통의 촉진을 일어나게 하도록 하여야 하며, 이를 세계적으로 적용하는데 대한 수요를 고려하여야 함.
- 기구 내에서 정보기술(information technology)이 적절히 적용되도록 하여야 하며, 해운산업계 등이 이러한 정보에 접근할 수 있도록 하여야 함.
- 선박에서 사용될 새로운 설비는 모든 사용자의 수요, 기술과 능력을 감안하여 설계되고 제조되어야 함.

3.4 전략방향(strategic directions)

향후 수년간 임무목표를 달성하기 위한 기구의 전략방향은 크게 3가지의 카테고리로 나뉘고, 각 카테고리에는 세부 전략방향이 나타나 있다. 또 각 전략방향에는 관련되는 성과지표(PI), 핵심성과지표(KPI) 등이 명시되어 있다. 다음은 각 카테고리 및 하부 전략방향이다. 관련 PI 및 KPI는 아직 초창기로서 정착이 되지 않았다고 판단되므로 구체적인 내용을 생략한다.

3.4.1 IMO의 지위와 효과성 증진(Enhancing the status and effectiveness of IMO)

(SD1) IMO is the primary international forum for technical matters of all kinds affecting international shipping and legal matters related thereto. An inclusive and comprehensive approach to such matters will be a hallmark of IMO.

(SD2) IMO will foster global compliance with its instruments governing international shipping and will promote their uniform implementation by Member States.

(SD3) With a view to enhancing its contribution to sustainable development, IMO will strengthen its maritime capacity-building programmes.

(SD4) Internally, IMO should be able to respond effectively and efficiently to emerging trends, developments, and challenges. It will strive for excellence in governance and management. Besides the Strategic Plan, it will maintain a risk management framework. The Council will provide visionary leadership, Committees will be optimally structured and will be supported by an effective and efficient Secretariat. Within approved biennial appropriations, the Secretariat will be endowed with sufficient resources and expertise to realize the Organization's work plans, and the Organization will make effective use of information and communication technology in management and administration.

3.4.2 안전하고, 보안이 확보되었으며, 환경적으로 건전한 해운을 위한 종합적인 틀의 개발 및 유지(Developing and maintaining a comprehensive framework for safe, secure, efficient and environmentally sound shipping)

(SD5) IMO's highest priority will be the safety of human life at sea.

(SD6) IMO will seek to enhance the security of the maritime transport network, including vital shipping lanes, and to reduce piracy and armed robbery against ships, as well as the frequency of stowaway incidents.

(SD7) IMO will focus on reducing and eliminating adverse impacts by shipping on the environment.

(SD8) IMO will seek to ensure that measures to promote safe, secure and environmentally sound shipping do not unduly affect the efficiency of shipping. It will also constantly review such measures to ensure their adequacy, effectiveness and relevance, using the best available tools, thereby securing better regulation without unnecessary or disproportionate administrative requirements. The Organization will periodically review administrative provisions of existing conventions and mandatory instruments with the aim of finding improved, more efficient solutions for those administrative requirements that are necessary. Those provisions of existing conventions and mandatory instruments that have become unnecessary and/or burdensome will also be reformed and/or eliminated without compromising safety, security and the protection of the environment.

(SD9) IMO will pay special attention to the shipping needs of small island developing States (SIDS) and the least developed countries (LDCs).

(SD10) IMO will apply goal-based standards for maritime safety and environmental protection.

3.4.3 해운에 대한 사람들의 인식, 품질문화 및 환경경각심의 강화(Enhancing the profile of shipping, quality culture and environmental conscience)

(SD11) IMO, in partnership with other stakeholders, will seek to raise the profile of the safety, security and environmental records of shipping in the eyes of civil society.
(SD12) IMO will take the lead in enhancing the quality culture of shipping.
(SD13) IMO will seek to enhance environmental conscience within the shipping community.

3.5 성과지표, 핵심성과지표 및 성과측정

3.5.1 성과지표(performance indicators)

성과지표는 기구의 임무선언 및 전략방향을 참고하여 다음의 8가지 목표를 달성하기 위하여 개발되었다(para. 4.1). 성과지표의 구체적인 내용은 부록3에 수록되어 있는 바, 구체적인 내용은 아직 개선의 여지가 많아 보인다.

- 안전한 해운(safe shipping)
- 보안이 확보된 해운(secure shipping)
- 환경적으로 건전한 해운(environmentally sound shipping)
- 효율적인 해운(efficient shipping)
- 지속가능한 해운(sustainable shipping)
- 실용적으로 가장 높은 수준의 기준 채택(adoption of the highest practicable standards)
- 조약의 시행(implementation of instruments)
- 능력배양(capacity-building)

3.5.2 핵심성과지표(key performance indicators: KPI)

KPI는 기구의 임무선언 및 특정을 참조하여 개발되었으며(para. 4.2), 상세한 내용은 부록4에 수록되어 있다.

3.5.3 성과측정(measurement of performance)

KPI를 통한 성과측정은 적절한 통계적 방법의 개발에 의하여 보충될 수 있다(para. 4.3). 또 성과측정 시 다음과 같은 질문을 검토하여야 한다.

- IMO의 기준은 어떻게 기대한 효과를 잘 달성할 수 있나?
- 기준을 만들거나 채택하고자 하는 수요는 어떻게 잘 인식될 수 있으며 그에 따른 행동은 어떻게 취해질 수 있는가?
- IMO 회원국은 IMO 기준을 어떻게 잘 이행하고, 따르고, 집행할 수 있는가?
- IMO는 IMO 회원국이 IMO 기준을 이행하고, 따르고, 집행하는데 어떻게 잘 지원할 수 있는가?
- IMO의 SD를 만족시키려면 수행되는 작업이 얼마나 효과적이고 효율적이어야 하는가?
- 공공지원활동(public outreach)과 공공에 대한 의무라는 면에서 IMO는 얼마나 잘 수행하고 있는가?

4. 고수준행동계획(High-level Action Plan)

4.1 소개

고수준행동계획(High-level Action Plan: HLAP)은 전략계획과 함께 기구의 장기계획을 대체하는 계획이다. 최초의 HLAP는 2005년 제24차 총회에서 채택되었다.[713] 이 결의서에서 기구는 장기계획 작성을 중단하기로 결정하고 그 대신 전략계획과 HLAP를 작성하기로 결정하였다(para. 1). 또 이사회와 각 위원회는 다음 총회에서 자체의 작업을 보고할 때 고수준행동(High-level Actions)과 계획과제(planned output)의 틀에 맞추어 기구의 목표를 얼마나 달성하였는지를 보고하도록 요청하였다(para. 3). 또한 모든 위원회는 신규작업을 제안할 경우 해당 문제가 전략계획의 범위 안에 포함된다는 것을 확인하여야 하며(para. 4), 새로운 작업계획 항목을 제출할 경우 이러한 항목이 전략계획의 범위와 어떠한 관련이 있는지 요구할 수 있도록 구성 및 작업방법에 관한 지침을 재검토하도록 요청하였다(para. 5).

이밖에도 기존 협약의 개정과 관련이 있는 HLAP와 관련 과제를 검토할 경우에는 문서화된 시급한 필요성(compelling needs)이 입증되도록 하는 IMO 결의서 500(XII)을 반드시 고려하도록 강조하였다(para. 6). 마지막으로 이사회와 모든 위원회는 전략계획 기간 작업계획에 관한 권고를 할 경우 특별히 예외적인 경우를 제외하고 외교회의의 개최는 1년에 1회 이내로 제한하는 것이 바람직하다고 재확인하였다(para. 7).

2009년의 제26차 총회에서는 상기 결의서의 내용에 사무국도 포함시키는 방향으로 개정하였다.[714] 즉, 이사회, 각 위원회 및 사무국은 비계획과제(unplanned output)에 관한 제안을 검토할 경우 총회결의서 1013(26)[715] 및 각 위원회별로 마련된 작업의 구성 및 방법에 관한 지침에 따라 해당 문제가 전략계획 및 HLAP의 범위에 해당되는지를 확인하도록 권고하였다(para.

---

713) IMO Res. A.971(24), High-level Action Plan of the Organization and Priorities for 2007-2007 Biennium, 30 November 2005.

714) IMO Res. A.1012(26), High-level Action Plan of the Organization and Priorities for 2010-2011 Biennium, 2 December 2009.

715) IMO Res. A. 1013(26), Guidelines on the Application of the Strategic Plan and High-level Action Plan of the Organization, 26 November 2009).

3). 또 각 위원회와 사무국은 비계획과제를 향후 2년간의 HLAP에 포함시키고자 할 경우 이사회의 추인(endorse)을 받아야 하며(para. 4), 이사회에 대하여는 이를 추인할 수 있는 권한이 위임되었다(para. 5).

4.2 HLAP의 내용

HLAP는 2개의 표로 구성되어 있다. 표1은 총 13개의 전략방향(SD)과 이에 관련된 고수준행동(HLAs)을 식별하고 있다. 표2는 표1에서 식별된 HLAs에 따른 세부 작업계획으로서 향후 2년 간 각 위원회 또는 사무국에서 추진할 계획과제를 열거하고 있다. 따라서 계획과제로서 승인을 받지 않았다가 시급한 필요성에 따라 추진하고자 하는 과제는 비계획과제가 되며, 이는 각위원회에서 이사회의 추인을 받아 HLAP에 포함될 수 있다.

2012-2013년 HLAP의 표2 일부 예시내용은 다음의 그림5와 같다.

<그림 5 : HLAP 표2 중 일부 예시>

No.	High-level Action	Planned Outputs (POs) for 2012-2013					
		No.	Description	Parent organ	Coordinating organ	Associated organ	Target completion year
Broad category: Enhancing the status and effectiveness of IMO							
2.0.2	Encourage and support implementation of the Voluntary IMO Member State Audit Scheme	2.0.2.1	Review of the Code for the Implementation of Mandatory IMO Instruments and consolidated audit summary reports, adoption of the new IMO Instruments Implementation (III) Code and making the III Code and auditing mandatory	ASSEMBLY	COUNCIL	MSC, MEPC, FSI	2013
		2.0.2.2	Implementation of approved proposals for the further development of the Audit Scheme	ASSEMBLY	COUNCIL	Committees, SEC	Continuous
		2.0.2.3	Organization, delivery and reporting of State audits	SEC			Annual
		2.0.2.4	Up to 60 auditors trained per year	SEC			Annual
		2.0.2.5	Capacity-building aspects of the Scheme reflected in and implemented through the ITCP	TCC			Continuous
		2.0.2.6	Implementation of pre- and post-audit technical assistance activities	SEC			Continuous
2.0.3	Encourage the worldwide provision of maritime search and rescue services	2.0.3.1	Technical guidance for the establishment of regional MRCCs and MRSCs in Africa, supported by the ISAR Fund	MSC	SEC	COMSAR	Continuous
		2.0.3.2	Further development of the Global SAR Plan for the provision of maritime SAR services, including procedures for routeing distress information in the GMDSS	MSC	COMSAR		Continuous
		2.0.3.3	ITCP programme implemented to contribute to the worldwide provision of maritime SAR services	SEC			Annual
		2.0.3.4	Reports on the Cospas-Sarsat System monitored and the list of IMO documents and publications which should be held by MRCCs updated	MSC	SEC	COMSAR	Continuous
		2.0.3.5	Development of guidelines on harmonized aeronautical and maritime search and rescue procedures, including SAR training matters	MSC	COMSAR		2012
3.1.1	Participate in environmental programmes with UNDP, UNEP, World Bank, etc.	3.1.1.1	Guidance for the Secretariat concerning the environmental programmes and projects to which the Organization contributes or executes, such as GEF, UNDP, UNEP and World Bank projects or programmes, and the IMO/UNEP forum on regional cooperation to address marine pollution	MEPC			Annual

5. SP와 HLAP의 적용에 관한 지침(GAP)

5.1 배경

기구는 2005년부터 전략계획(Strategic Plan: SP)과 HLAP를 동시에 작성하였지만 이들은 각각 별개의 총회 결의서로 구성되어 있고, 또 이를 연계하여 시행하는데 필요한 절차들이 누락되어 있었다. 이에 따라 2006년 제25차 총회는 이사회로 하여금 우선적으로 임시 실무작업반을 구성하여 SP와 HLAP의 적용에 관한 지침을 개발하도록 요청하였다.[716] 이에 따라 이사회는 작업계획의 항목에 대한 평가 및 작업보고서의 형태 및 내용에 관한 안내(guidance)를 포함한 지침을 2009년 제26차 총회에 제출하여 총회결의로 채택되었다.[717] 이후 이 지침은 비계획과제의 평가 시 행정적 요건 및 부담(administrative requirements and burdens)을 확인하도록 하는 체크리스트(checklist)를 부속서 5에 추가하도록 개정되었다.[718]

이 지침은 전체적으로 기구의 일하는 방식을 이해하는데 좋은 문서로 판단된다. 특히 비계획과제의 제출 및 계획과제로의 포함 절차는 각종 의제문서를 제출할 때 반드시 확인해야 할 사항이기도 하다. 다만, 이 지침 또한 최근 제정되어 아직 안정화가 이루어지지 않아 계속적인 개정이 예상되고 있다. 따라서 이 지침의 개정동향을 지속적으로 파악할 필요가 있다고 할 것이다.[719]

5.2 지침의 주요 내용

5.2.1 목적(purpose)

지침의 목적은 기구 전체에 걸쳐 SD 및 HLAP의 적용에 관한 통일적인 근거를 제공하기 위함이다(para. 3.1).

5.2.2 절차

- 모든 기구의 조직은 SP와 HLAP의 현황과 목적, HLAP와 예산과의 엄격한 연계성(strict linkage)을 인식하고 있어야 함(para. 5.3).
- 계획과제를 HLAP에 포함시킬 경우에는 SP와 HLAP에 따라 선정된 SD와 고수준행동에 따라야 하며, 예상되는 업무량(workload), 시급성(urgency), 가용자원 등을 고려하여야 함(para. 5.6).
- 총회에서 HLAP와 관련 예산의 채택은 총회가 양자 간에 잘 부합된다는 것과 가용한 자원과 회의계획이 계획된 과제를 충분히 수행할 수 있다는 것을 의미함(para. 5.7).

5.2.3 SP와 기구의 작업과의 투명한 연계성 원칙(para. 6.2)

- HLAP에 포함된 계획과제는 명확하게 모든 IMO 조직의 작업과 기구의 예산 근거가 되어야 함.

---

716) para. 4, IMO Res. A.990(25), High-level Action Plan of the Organization and Priorities for 2008-2009 Biennium, 29 November 2007.

717) IMO Res. A.1013(26), Guidelines on the Application of the Strategic Plan and the High-level Action Plan of the Organization, 26 November 2009.

718) Amendment to the Guidelines on the application of the Strategic Plan and the High-level Action Plan of the Organization (A.1013(26)), IMO Circular letter No. 3260, 12 March 2012.

719) 당초 이 지침은 총회 결의서의 형태로 채택되었으나 필요 시 이사회에서 최신화한다는 규정에 따라(para. 4.2) 이사회에서 개정되어 회람장(circular letter)의 형태로 공람되고 있다. 따라서 이 지침은 수시로 개정될 수 있는 바, 계속적인 현황파악(follow-up)이 필요하다.

- 모든 IMO 조직의 의제에는 HLAP에 포함된 계획과제만을 포함시킬 수 있음.
- 현재의 2년을 넘어가는 목표완료일(target completion date)을 가진 과제의 경우 HLAP에는 2년이 끝날 때 계획된 잠정실적(planned interim output)을 명시해야 함.
- 계속되는 항목은 바람직하지 않지만 불가피할 경우 현재의 2년이 끝날 때 예상 잠정실적을 명시해야 함.
- 위원회와 전문위원회에 제출되는 문서는 해당 제안과 계획과제 간의 직접적인 관계를 명확하게 입증해야 함.

5.2.4 비계획과제(unplanned outputs)의 처리

- 비계획과제에 포함시키려는 제안을 할 경우 IMO의 조직이 이에 대한 적절한 평가를 하기 위하여 해당 문서에는 최소한 기구의 목적, 시급한 필요성, 문제에 대한 분석, 효과 등 부속서 4의 표에 포함된 사항이 포함되어 있어야 함(para. 8.3).
- 비계획과제에 대하여는 위원회의 위원장이 제안에 대한 일차적 평가(preliminary assessment)를 수행하며, 부위원장과 사무국은 위원장을 보조함(para. 8.4).
- 위원장의 일차적 평가 결과는 해당 IMO 조직에 제출되어 승인이 이루어져야 함(para. 8.5).
- IMO 조직(위원회 등)은 총 11가지 항목에 달하는 검정기준을 포함한 종합적인 평가를 시행함(para. 8.6). 11가지 항목 중 특기할 사항으로서 해당 과제가 SMART(specific, measurable, achievable, realistic, time-bound)에 따라 적절히 설명되어야 함(para. 8.6.9).
- 평가 결과 적합하다고 인정될 경우 제안된 비계획과제는 2년간의 의제에 포함됨. 그러나 현행 2년간의 업무량이 과다할 경우에는 차기 2년 계획에 포함시킬 수 있음. 또 매우 중요한 사항이긴 하나 해당 제안이 전략계획에 포함되지 않아 계획과제로 채택될 수 없을 경우에는 해당 제안을 지지하는 국가들로 하여금 이사회에 전략계획을 조정하도록 하는 제안을 제출하도록 할 수 있음(para. 8.7).
- 하부조직의 2년간 의제에 비계획과제로 포함시키고자 하는 제안에 대하여 IMO의 조직은 해당 제안에 원칙적으로 동의하고 기술적인 문제의 상세한 검토, 실현가능성, 상세한 작업계획 등에 대하여 해당 하부조직에 위임할 수 있음(para. 8.9).
- 비계획과제가 2개 이상 하부조직에 관련될 경우 해당 작업은 모든 하부조직의 의제에 포함되어야 하고, 그중 하나의 하부조직에게 조정기능을 부여함(para. 8.11).
- 각 위원회 및 사무국은 비계획과제를 포함시키고자 하는 결정을 이사회에 대한 정기적인 보고서에 포함시켜 추인을 받아야 함(para. 8.13).
- 비계획과제에 대한 제안은 반드시 위원회에 제출되어야 하며, 전문위원회는 상위조직(parent body)으로부터 지시되거나 위임되지 아니한 경우 작업할 수 없음(para. 8.14).
- 비계획과제에 대한 비정부간 기구의 제안은 반드시 정부와 공동으로 제안되어야 함(para. 8.15).
- 비계획과제를 2년간의 과제에 포함시키기로 결정한 후 관련 IMO 조직은 IMO 결의 A.998(25)에 따라 능력배양 및 기술지원에 관한 평가를 시작해야 함(para. 8.18).

6. 이사회 및 각 위원회의 작업지침

6.1 개요

이사회 및 각 위원회의 작업지침은 당초 이사회로 하여금 자체의 작업지침을 만들도록 한 총회 결의서에 따라 만들기 시작하였다.[720] 이에 따라 속속 위원회는 물론 이사회도 자체의 작업지침을 마련하게 되었다. 따라서 이사회와 모든 위원회는 자체의 작업지침을 가지고 있으나 MSC와 MEPC는 관례적으로 공동의 작업지침을 만들어 운영하고 있다. 이러한 작업지침은 해당 조직의 필요에 따라 수시로 개정되며, 최근에는 SP와 HLAP의 적용에 관한 지침(GAP)의 규정(para. 4.3)에 따라 이를 반영하기 위하여 개정이 이루어졌다.

작업지침은 조직에 따라 내용에 차이가 있으나 이하에서는 IMO에서 가장 중요하다고 할 수 있는 MSC와 MEPC의 공동 작업지침[721] 내용에 대하여 검토해 보기로 한다.

6.2 MSC와 MEPC의 공동 작업지침

6.2.1 목적 및 적용

이 지침의 목적은 MSC, MEPC 및 그 하부조직에 통일적인 기반을 제공함으로써 이들이 작업을 효과적이고 효율적으로 수행하게 하고, 기구의 목적달성을 위하여 기구의 전략, 위원회의 작업 및 향후 2년간(biennial) 예산 사이에 연계성(linkage)을 강화하기 위한 것이다(para. 1.1). 또 이 지침은 위원회와 하부조직은 물론 실무작업반(working group), 초안작업반(drafting group), 통신연락작업반(correspondence)의 작업에도 적용된다. 따라서 각 회의의 위원장은 이 지침이 엄격히 준수되도록 모든 노력을 기울여야 한다(para. 1.3).

6.2.2 작업의 조정

위원회는 정책결정조직(policy-making bodies)으로, 하부조직은 순수하게 기술적인 조직(purely technical bodies)으로 기능하여야 한다(para. 3.1). 위원회는 하부조직의 계획과제, 비계획과제 및 승인과제(accepted outputs)[722]를 점검하며, 회의주(meeting weeks)를 재검토하고, 위원회 및 하부조직 위원장회의의 권고를 고려하여 의제를 승인한다(para. 3.2). 위원회 위원장

---

720) IMO Res. A.777(18), Work Methods and Organization of Work in Committees and Their Subsidiary Bodies, 4 November 1993.

721) Guidelines on the Organization and Method of Work of the Maritime Safety Committee and the Marine Environment Protection Committee and Their Subsidiary Bodies, MSC-MEPC.1/Circ.5/Rev.2, 8 June 2012.

722) 다음 2년에 수행하기로 위원회가 합의한 과제를 승인과제(accepted outputs)라고 한다. Foot note 1, p. 4 of the Annex, Guidelines on the Organization and Method of Work of the Maritime Safety Committee and the Marine Environment Protection Committee and Their Subsidiary Bodies, MSC-MEPC.1/Circ.5/Rev.2, 8 June 2012.

은 작업의 조정과 효율적인 작업운영을 위하여 1년에 1회 하부조직 위원장회의를 개최할 수 있으며, 그 시기는 봄에 개최되는 MSC나 MEPC 회기로 한다(para. 3.4). 또 위원회 위원장은 심의를 위하여 2년의 첫 번째 해가 종료되는 시기에 다음 2년간의 활동, 우선순위 및 회의를 포함하는 공동계획(joint plan)을 위원회에 제출하여야 한다(para. 3.5).

6.2.3 작업의 계획 및 시행 절차

6.2.3.1 계획과제

위원회는 제한된 시간 내에서 향후 2년간 HLAP에 포함될 계획과제를 식별(identify)하여야 하며, 이러한 식별은 향후 2년간 예산안의 근거가 된다(para. 4.1). HLAP에 포함될 계획과제를 검토할 때에는 종전의 2년에서 그 시행이 연기된 계획과제, 현재 진행 중인 과제로서 완성을 위하여 계속적인 작업이 필요한 과제, 향후 2년에 추진할 승인과제 등을 고려하여야 한다(para. 4.2). 또 HLAP에 계획과제를 포함시킬 경우에는 SP 및 HLAP에 따라 정해진 전략방향(SD) 및 고수준행동(HLA)에 따라야 한다(para. 4.3). 또한 계획과제는 위원회의 결정 및 이사회의 추인을 받으면 개정될 수 있다(para. 4.4).

6.2.3.2 비계획과제

① 과제의 제출

2년 중 위원회는 비계획과제의 제안을 받을 수 있으며, 이를 계획과제로 포함시키려면 SP, HLAP 및 GAP의 규정에 따라야 한다(para. 4.6). 회원국은 특정 의제에 비계획과제의 제출을 삼가야 하며, 사무국은 이를 반려하여야 한다(para. 4.8). 또 비계획과제는 전문위원회에 제출하면 아니 되고, 위원회의 승인을 받지 않는 한 전문위원회는 이를 심의해서는 아니 된다(para. 4.9). 비정부간기구가 위원회에 비계획과제를 제출할 경우에는 회원국 정부와 공동제안(co-sponsoring)으로 하여야 한다. 그러나 이미 제출된 비계획과제에 대한 언급이나 추천에 관한 문서제출은 가능하다(para. 4.10).

② 평가

비계획과제에 관한 위원회의 논의를 촉진시키기 위하여 위원장은 부위원장 및 사무국의 지원을 받아 일차적 평가(preliminary assessment)를 시행하고 그 결과를 위원회에 제출하여야 한다(para. 4.12 및 4.13). 이후 위원회는 총 12가지 항목의 검정기준을 포함하는 종합적인 평가를 시행한다.[723] 다만, 위원회는 시행을 하지 않을 경우 기구의 목적달성에 악영향을 미칠 정

723) 이 지침의 검정기준 11항목은 GAP의 비계획과제 검정항목(para. 8.6)과 동일하지만, 10번째 항목으로 인적요소에 관한 사항(MSC-MEPC.7/Circ.1)을 추가함으로써 총 12항목이 되었다.

도의 긴급한 사안에 대하여 즉각적인 조치를 할 수 있다(para. 4.14). 평가 결과 적합하다고 인정될 경우 제안된 비계획과제는 2년간의 의제에 포함될 수 있다. 그러나 현행 2년간의 업무량이 과다할 경우에는 차기 2년 계획에 포함시킬 수 있다. 또 매우 중요한 사항이긴 하나 해당 제안이 전략계획에 포함되지 않아 계획과제로 채택될 수 없을 경우에는 해당 제안의 지지자(proponents)로 하여금 이사회에 전략계획을 조정하도록 하는 제안을 제출하도록 할 수 있다(para. 4.15). 위원회는 비계획과제를 승인하면 그 내용을 이사회에 보고하여 추인을 받아야 한다(para. 4.17 및 4.18).

③ 추가적인 고려사항

위원회는 GAP과 달리 다음과 같은 추가적인 사항을 고려하여야 한다. 즉, 신조선에 대한 구조적 요건이 제안된 경우 위원회와 하부조직은 신조선과 기존 선박(existing ships) 간의 안전기준 격차(gaps in safety standards)를 최소화시키기 위하여 할배조항의 적용지침[724]을 감안하여 기존 선박에도 새로운 요건을 적용하는 방안을 검토하여야 한다(para. 4.26). 또 새로운 요건이 검토되거나 기존 기준이 재검토될 경우에는 인적 요소에 관한 사항을 검토하여야 한다(para. 4.27). 또한 강행적 조약(mandatory instruments)의 개정초안에 대한 실질적인 변경(substantial modifications)은 서면으로 제출되어야 위원회에서 토론이 허용된다. 그러나 중대한 불일치(discrepancies), 누락(omissions) 또는 적용에 있어 중대한 어려움이 예상될 경우 위원회는 문제를 해결하기 위하여 구두제안(oral proposals)에 따른 토의를 허용할 수 있다(para. 4.31).

④ 관리, 통제 및 보고

HLAP를 시행함에 있어 적절한 관리 및 통제체제가 마련되어야 한다. 이 체제에서는 의제가 SP 및 HLAP과 명확하게 연계되어 있는지, SP 및 HLAP에 반영된 항목들은 기구와 회원국은 제한된 자원의 한도 내에서 우선순위가 정해져야 하며, 환경변화에 따른 기구의 대응이 SP 및 HLAP와 일관성을 유지하는지 확인할 수 있어야 한다(para. 4.32). 또 SP와 기구의 작업 간에 투명한 연계성을 제공하기 위하여 HLAP에 포함된 계획과제는 명백하게 위원회와 하부조직의 2년간 작업의 기초가 되어야 하며, 위원회와 하부조직의 의제에 포함된 계획과제는 모두 HLAP에 포함되어야 한다(para. 4.33). HLAP에 포함된 계획과제의 현황보고에는 전문위원회, 위원회 및 이사회의 보고서에 부속서로 포함되어야 하고, 비계획과제로서 승인된 것을 별로도 표시하여야 한다(para. 4.35).

6.2.3.3 작업준비(working arrangement)

① 위원회와 하부조직

724) 이 지침의 영문 명칭은 Interim Guidelines for the Systematic Application of the Grandfather Clauses (MSC/Circ.765-MEPC/Circ.315)이다.

하부조직은 MSC와 MEPC의 지시에 따라 운영되고, 특정 과제의 보고는 직접적으로, 개별적으로 해당 위원회에 하여야 한다(para. 5.1). 또 하부조직은 해당 위원장이 위원회 위원장과 사전에 협의를 하지 않고는 실무작업반(working group)의 개최를 위원회에 권고할 수 없으며(para. 5.4), 위임된 기술적인 사항에 대하여 노력을 집중하고, 특별한 이유가 없는 한 계획과제 또는 비계획과제의 필요성이나 시급한 필요성에 대한 논의를 재개할 수 없다(para. 5.7). 또한 하부조직은 위원회의 승인이 없이 주어진 과제의 범위를 확장할 수 없으며, IMO 협약의 개정안이나 해석을 개발할 수 없다(para. 5.9). 물론 회람을 돌리거나 지침에 대한 통일해석(unified interpretation)을 개발할 수도 없다(para. 5.10 및 5.11). 한편, 위원회는 위원회가 승인한 규정에 대하여 하부조직이 이를 재검토하거나 개선하도록 하는 작업을 시작하도록 승인해서는 아니 된다(para. 5.6).

② 잠정의제에 대한 과제선정 안내

하부조직은 각 회기의 작업일 및 작업반 수를 고려하여 중요하고 시급한 문제 중에서 잠정의제의 과제를 선정하여야 한다(para. 5.13). 이때 계획과제와 비계획과제는 먼저 2년간의 의제에서 선택하고, 다음에는 다음 2년간의 의제로서 승인된 과제에서 선택한다(para. 5.14). 또 고품질의 성과를 확보할 수 있도록 선택된 과제의 총수(total number)와 하부조직의 업무량은 적절하게 관리 가능한 수준을 유지해야 한다(para. 5.15).

③ 실무작업반(working groups)

위원회와 전문위원회는 실무작업반의 수를 최소한도로 유지해야 하지만 최대 3개까지 운영할 수 있다. 또 실무작업반이 작업을 끝냈어도 동일한 회기 중에는 이를 대신한 다른 실무작업반을 설치할 수 없다. 따라서 하부조직은 가급적 본회의(plenary)에서 토의를 진행해야 한다(para. 5.17). 한 회기 중에 다른 주제를 다룰 3개 이상의 실무작업반이 필요할 경우는 우선순위를 정하여 3개만 설치한다(para. 5.18). 실무작업반은 위원회 또는 전문위원회 위원장이 마련한 위임사항(terms of reference: TOR)에 따라 회의의 첫날 오전에 작업을 시작할 수 있다. 이 경우 TOR은 지난 회의에서 미리 결정하거나, 사무국이 회의 시작 전에 TOR을 배부할 수도 있다(para. 5.19). 실무작업반 내에 소작업반(splinter group)을 만들 수 없지만 꼭 필요한 경우 실무작업반 전원의 합의를 얻어야 한다. 소작업반이 구성될 경우 작업은 정상적인 근무시간 외에 모여야 한다(para. 5.20).

④ 초안작업반(drafting groups)

위원회와 전문위원회는 실무작업반에 더하여 초안작업반을 구성할 수 있다. 그러나 전체 작업반의 수는 5개(실무작업반 3개, 초안작업반 2개)를 초과할 수 없다. 추가의 초안작업반이 필요할 경우 이 작업반은 정상 근무시간 외에 모여야 한다(para. 5.24)

⑤ 기타 작업반(other groups)

실무작업반 및 초안작업반에 더하여 위원회와 전문위원회는 관련 협약에 따라 기술작업반(technical group), 재검토작업반(review group) 등의 기타 작업반을 구성할 수 있다. 시급성과 필요성에 따라 기타 작업반은 실무작업반과 초안작업반에 추가하여 구성되거나 이를 대체하여 구성될 수 있다(para. 5.25).

⑥ 통신작업반(correspondence group: CG)

문제의 토의를 촉진시키기 위하여 위원회와 전문위원회는 CG를 구성할 수 있다. CG는 주도국가(lead country)나 사무국이 마련한 종합초안(consolidated draft text)을 중심으로 관심 있는 국가가 통신(주로 이메일)을 통하여 협의하게 된다(para. 5.26). CG의 작업은 상부조직의 공식적인 토의에 우선하지 아니한다(para. 5.28). 통상 CG의 수는 3개를 초과할 수 없으며, 위원회의 사전 승인 없이 CG 참가자의 공식적인 회의는 개최할 수 없다(para. 5.29). CG에의 참가는 모든 국가 및 기구에게 개방된다(para. 5.30). CG의 작업결과는 작업이 완료된 후 최초로 개최되는 상부조직의 회의에 보고되어야 하며, 작업이 마감일까지 완료되지 못한 경우는 진행보고서(progress report)를 제출하여야 한다(para. 5.35).

⑦ 작업반의 위임사항(TOR)

실무, 초안 및 통신작업반이 구성된 경우 해당 의원장과 사무국은 사전협의를 거쳐 위임사항 초안을 만들어 본회의의 승인을 받아야 한다. 사무국은 실무작업반과 초안작업반의 위임사항 초안을 회의시작과 함께 배부하고, 각 작업반이 업무를 개시하기 전 본회의의 승인을 받아야 한다. 이후에는 상부조직의 사전 허락이 없이 TOR을 확대하거나 변경할 수 없다(para. 5.36).

⑧ 회기간 실무작업반(intersessional working groups)

이사회 승인을 조건으로 회기간 실무작업반이 개최될 수 있으며, 이때는 통역서비스가 제공되지 않는다. 회기간 회의는 사안에 따라(case-by-case) 위원회의 신중한 검토를 통하여 절대적으로 필요할 경우에 한하여 개최될 수 있으며, IMO 본부에서 상부조직 회의의 직전 또는 직후에 개최되어야 한다. 회기간 실무작업반과 기술작업반은 위원회나 전문위원회의 회의와 동시에 개최될 수 없다(para. 5.37).

6.3 문서의 준비 및 제출 절차

문서의 준비 및 제출절차의 상세한 내용은 제3장 의사규칙에서 이미 설명하였으므로 생략한다.

6.4 지침의 준수

이 지침은 엄격하게 준수되어야 한다. 이 지침은 대표단의 회의 중 토론과 의사결정에 참여를 강화시키며, 의제의 개별사안에 대한 국가의 입장을 결정하는데 겪을 수 있는 어려움을 예방한다. 작업의 전반적인 효율성을 증진시키기 위하여 위원회에 참석하는 사람은 다른 위원회의 결정사항을 숙지하고 있어야 하며, 하부조직의 각종 회의에 참석하는 전문가들에 대하여 적절한 정보를 제공하고 필요한 지시를 내려야 한다(para. 7).

7. 결과기반 예산(result-based budget)

7.1 연혁

모든 조직의 활동은 예산으로 구체화되기 때문에 예산을 자세히 들여다보면 조직 전체의 활동을 짐작할 수 있다. IMO의 경우 규칙제정 기관(rule-making body)이다 보니 예산의 주요 사용처는 각종 회의의 개최 및 직원에 대한 인건비로 구성된다. 예산에 소요되는 비용은 각 회원국의 분담금으로 충당되며, 구체적인 분담금 내용은 총회에서 정한다(IMO 협약 제60조 (b)). 기구의 예산은 자체의 재무규칙(financial regulation)에 따라 사무국이 준비하며, 이사회의 심의를 거쳐 총회의 표결을 거쳐 확정된다(동 제15조 (g)). 총회는 2년마다 개최되기 때문에 예산 및 각종 계획은 2년 단위로 편성된다.

기구의 초창기에는 아직 직원도 제대로 확보되지 않았고, 각종 기금이 설립되지 않았기 때문에 예산의 내용도 비교적 단순하였다. 기구의 설립 후 개최된 1959년 제1회 총회에서는 이미 1959년이 이미 시작되었기 때문에 예외적으로 1961년까지 총 3개년에 걸치는 예산을 승인하였다. 당시 3년간 예산총액은 726,000 미불로서, 1년 예산은 25만 미불 전후였다.[725] 1963년에는 처음으로 직원정원표(manning table)가 예산에 부속서로 첨부되었다. 1964년 및 1965년의 직원정원표에 따르면 사무총장을 포함한 직원은 총 58명이었다. 또 기술국의 직원은 상대적으로 적은 14명이었고, 행정국장의 직급은 P5, 외부관계 및 법률문제를 담당하는 과장(Head of section)의 P4였다.[726] 1970년에는 연간 예산이 100만 미불을 돌파하였으며, 직원은 총 113명에 달했다.[727] 1976년에는 연간 예산이 500만 미불을 넘었고, 회의주간(meeting weeks)이 총 37.5주에 달했다. 직원의 수도 206명이 되었다.[728]

1988년부터는 운영자본기금과 인쇄기금을 예산에 함께 반영되었다. 또 이때 예산의 단위도 영국 파운드화로 변경되었으며, 연간 예산은 1백만 파운드를 초과하였다.[729]

---

725) IMO Res. A.18(I), Staff Establishment and Adoption of the Budget for the First Financial Period, 19 January 1959.

726) IMO Res. A.65(III), Staff Establishment and Adoption of the Budget for the Third Financial Period 1964/1965, 25 October 1963.

727) IMO Res. A.198(VI), Work Programme and Budget for the Sixth Financial Period 1970/1971, 29 October 1969.

728) IMO Res. A.369(IX), Work Programme and Budget for the Ninth Financial Period 1976/1977, 14 November 1975.

이후 전략계획의 수립 및 재무규칙의 개정에 따라 예산안 작성 시 필요한 자원과 전략계획에 따른 결과를 연계시키기 위하여 예산편성 방법을 변경하였으며, 특히 예산의 명칭을 결과기반 예산(result-based budget)으로 변경하였다. 이에 따라 전략계획에 포함된 13개의 전략방향(SD)을 예산의 관점에서 13개의 전략결과(strategic results: SR)로 변경하여 SR별로 예산을 구분한 표가 예산의 부속서로 추가되었다.[730] 이러한 예산형식은 2011년의 제27차 총회에서도 그대로 유지되었는바, 다음에서는 그 내용에 대하여 검토해 보기로 한다.

7.2 결과기반예산의 주요 내용[731]

7.2.1 정규예산(regular budget)

기구의 2012-2013년 결과기반 예산은 총 £62,206,200이며, 2012년의 경우 £30,520,200이며, 2013년의 경우 £31,686,000이다(para. 1). 이러한 소요 비용은 회원국으로부터 분담금을 받아 충당한다(para. 2). 2012년의 경우 회의주간은 17.6주이며, 2013년의 경우 18.4주이다. 또 정규예산에 의한 직원의 수는 총 298명이다(para. 3).

7.2.2 운영자본기금(Working Capital Fund)

운영자본기금은 현재 £2,006,008 수준인 바, 2012년 1월 1일부터는 환율예비기금(exchange reserve fund)으로도 사용하도록 한다(para. 1). 총회는 예산배정액(appropriations)에 필요한 자금을 충당하기 위하여 운영자본기금에서 필요한 액수를 사용할 수 있으며, 파운드를 미불로 환산하는데 1.65를 사용하며, 또 예외적인 비용이 발생할 경우 이사회의 승인을 얻어 사용하도록 사무총장에게 위임하였다(para. 2).

7.2.3 영업기금(Trading Fund)

2012-2013년 영업기금은 총 £12,363,000이며, 2012년 및 2013년의 영업기금은 각각 £6,168,000 및 £6,195,000이다(para. 1). 또 영업기금에 의한 직원의 수는 총 36명이다(para. 2). 또한 사무총장은 영업기금의 잉여금(net annual cash surplus) 중 80% 이상을 TC Fund에, 10%를 본부자본기금(Headquarters Capital Fund)에, 1.5%를 훈련개발기금(Training and Development Fund)에 이전하고, 남은 자금(8.5%)은 이 기금의 예비비로 보유한다(para. 3).

7.2.4 본부자본기금(Headquarters Capital Fund)

2012-2113년 본부자본기금은 총 £2,312,000이며, 2012년 및 2013년의 본부자본기금은 각각

729) IMO Res A. 633(15), Work Programme and Budget for the Fifteenth Financial Period 1988-1989, 20 November 1987.

730) IMO Res. A.1014(26), Result-based Budget for the 2010-2011 Biennium, 2 December 2009.

731) IMO Res. A.1039(27), Result-based Budget for the 2012-2013 Biennium, 30 November 2011.

£1,118,000 및 £1,194,000이다(para. 1). 본부자본기금의 투자로 인한 수입은 계속 본부자본기금에 둔다(para. 2).

7.2.5 퇴직보조금기금(Termination Benefit Fund)

2012-2013년 퇴직보조금기금은 총 £1,776,000,이며, 이는 2012년 £796,000 및 2013년 £980,000으로 구성된다(para. 1). 퇴직보조금기금의 투자로 인한 수입은 계속 퇴직보조금기금에 둔다(para. 2).

7.2.6 훈련개발기금(Training and Development Fund)

2012-2013년 훈련개발기금은 총 £281,000이며, 이는 2012년 £138,400 및 2013년 £142,600으로 구성된다(para. 1). 훈련개발기금의 투자로 인한 수입은 계속 훈련개발기금에 둔다(para. 2).

7.2.7 기술협력기금(Technical Cooperation Fund: TC Fund)

2012-2013년 TC Fund는 총 £9,939,000(US$16,400,000)이며, 2012년은 £5,294,000, 2013년은 £4,645,000이다(para. 1). TC Fund의 투자로 인한 소득은 계속 TC Fund에 둔다(para. 2). 영업기금의 잉여금으로부터 이전되는 자금의 5%는 세계해사대학(WMU)의 재정지원을 위하여 별도로 지정(ring-fenced)된다(para. 3).

제10절 관련 국제기구, 단체 및 계획

1. 교육기관

1.1 세계해사대학(World Maritime University)

1.1.1 개요

IMO는 개도국의 부족한 해운인력 양성을 목적으로 1983년 6월 스웨덴의 말머(Malmö)에 대학원 과정의 세계해사대학(World Maritime University: WMU)을 설립하였다. WMU는 챈슬러(Chancellor),[732] 이사회(Board of Governors), 집행이사회(Executive Board), 학술이사회(Academic Council), 총장(President), 부총장(Vice-President), 기타 대학의 인사로 구성된다(WMU 헌장[733]

732) Chancellor는 사전에서 영국의 명예부총장으로 번역되기도 하나 정확한 의미로 보기 어렵다. 실제 Chancellor는 대학을 대표하며, 대학의 기본 정책을 결정하고 있는 바, 우리나라 사립대학의 이사장과 유사하다고 할 수 있을 것이다. 따라서 여기에서는 별도로 번역하지 않고 원어 그대로 사용하였다.

제9조). 챈슬러는 해사분야에 국제적으로 저명한 인사로서 IMO 이사회가 임명한다고 규정하고 있으나(동 제10조), 관례적으로 IMO 사무총장이 선임된다. 챈슬러의 임기는 2년이며 연임될 수 있다(동 제 11조).

이사회(Board of Governors)의 이사는 해운과 관련된 다양한 분야에서 충원되며, 이사로 선임되면 해당 정부나 단체의 대표가 아닌 개인자격(in personal capacity)으로 봉사한다(동 제12조 (a)). 이사는 사무총장이 임명하고, 이사회는 챈슬러, 당연직 이사 및 30인 이내의 이사로 구성된다(동 제 13조). 당연직 이사는 사무총장, 스웨덴 정부대표 및 말머시 대표로 한다(동 제14조). 이사의 임기는 2년으로 하며, 연임될 수 있다(동 제15조). 이사회는 대학의 학칙(statute) 채택, 대학의 운영에 관한 정책결정, 매년 대학의 활동에 관한 보고서의 IMO 이사회(Council)에 제출 등의 업무를 행하며(동 제16조), 적어도 1년에 1회 정기적으로 회의를 개최한다(동 제17조).

집행이사회는 대학의 운영에 관한 감독을 하는 기관이며, 사무총장이나 그 대리인, 사무총장이 지명하는 이사회 위원장, 이사회에서 선임한 집행이사 9명의 총 11명으로 구성된다. 이사회에서 선출된 집행이사의 임기는 2년이며, 연임될 수 있다. 집행이사회는 연간 3회 개최된다(동 제19조 내지 제23조). 학술이사회는 대학의 학문적 정책수립 등을 위한 조직으로서, 총장이 위원장이 된다(동 제24조). 총장은 사무총장이 임명하며, 대학의 운영을 담당한다. 총장의 임기는 4년으로서 1회에 한하여 연임할 수 있다(동 제25조). 현재 총장은 스웨덴 출신의 미국인 비욘 셔르버(Björn Kjerfve)로서 2009년부터 재임하고 있다.

WMU는 IMO의 행정적 틀(Administrative Frame) 안에서 운영되며, 전문기구협약에 따라 특권과 면책의 지위를 누릴 수 있다. 또 대학의 공무를 수행하는 자에게는 UN의 여행서류(travel document)가 교부될 수 있다(동 제42조).

1.1.2 중국 대련 및 상해 분교[734)]

WMU 캠퍼스는 말머 외에도 중국 상해(Shanghai) 및 대련(Dailian)에 각각 분교를 두고 있다. 상해 분교의 경우 국제운송 및 물류 석사과정(Master of Science in International Transport & Logistics)으로서 다른 국가의 학생도 이 과정에 입학할 수 있다. 대련 분교는 해사안전 및 환경관리(Maritime Safety and Environment Management) 석사과정을 운영하고 있으며, 경력을 가진 관련 공무원이나 공공기관 근무자들을 주요 대상으로 하고 있다. 입학생은 각각 매년 30-40명 정도로서, 과정을 성공적으로 마치면 WMU의 학위가 수여된다. 분교의 학사관리는 WMU가 직접 담당하고 있으며, WMU는 분교운영으로 연간 40-50만 미불의 순수익을 올리고 있다.

---

733) WMU 헌장의 영문 명칭은 Charter of the World Maritime University이며, 1983.5.1. 최초 제정된 후 2009년 말 개정되어 2010.1.1.부터 시행되고 있다. IMO Res. A.1030(26), Charter of the World Maritime University, 26 November 2009.

734) 상해와 대련의 분교 운영에 관한 사항은 WMU에서 INMARSAT 석좌교수로 재직 중인 문성혁 교수의 정보를 많이 참조 하였다.

1.1.3 우리나라와의 관계

우리나라는 WMU 설립 초창기부터 WMU에 유학생을 계속 파견하였으며, 그간의 졸업생은 총 56명에 달한다.[735] 또 우리나라는 IMO와의 기술협력 프로그램을 통하여 재학생에 대한 장학금도 지속적으로 지원하고 있다.

한편, 우리나라는 오거돈 전 한국해양대학교 총장 및 오공균 전 한국선급 회장이 WMU 이사회의 이사로서 활동하고 있으며,[736] 문성혁 교수가 석좌교수로 재직 중이다.

1.2 IMO 국제해사법연구소(IMO International Maritime Law institute)

1.2.1 개요

IMO는 1989년 10월 지중해의 작은 도서국가 몰타(Malta)의 발레타(Valletta)에 국제해사기구 국제해사법연구소(IMO International Maritime Law institute: IMLI)를 설립하였다. WMU의 경우 주로 해사행정가를 양성하는데 반하여 IMLI는 IMO 각종 협약의 국내 시행이 가능하도록 법률 전문가 양성에 중점을 두고 있다. IMLI는 대학원과정으로서 다른 유럽국가와 마찬가지로 1년간의 집중적인 교육 후 법학석사(LL.M.) 학위를 수여한다.

IMLI는 이사회(Governing Board), 학술위원회(Academic Committee), 재무 및 인적자원위원회(Financial and Human Resources Committee), 학장(Director) 및 기타의 자로 구성된다(IMLI 학칙[737] 제9조). 이사회는 해사법 전문가를 포함한 국제적 저명인사로 구성되며, 이사의 수는 20인 이내의 이사로 한다. 사무총장은 이사를 임명하며, 이사회의 위원장이 된다. 또 몰타 정부의 대표 2명은 당연직 이사가 된다. 당연직 이사를 제외한 이사의 임기는 2년이며, 재임할 수 있다(동 제10조). 이사회는 정책, 예산, 업무계획 등 IMLI의 중요사항을 심의하며, 위원장의 소집에 따라 연 1회 이상 개최된다(동 제11조 및 제12조). IMLI의 연구 등에 관한 사항을 심의하는 학술위원회는 이사회의 결정에 따라 구성되며, 위원장은 학장이 된다(동 제14조). 재무 및 인적자원위원회는 IMLI의 재무 및 행정적 문제를 다루며, 위원장은 사무총장이 임명한 이사로 한다(동 제15조). 학장은 사무총장이 임명하고, 임기는 4년으로 계속 연임할 수 있다. 학장은 사무총장과 이사회의 지휘를 받아 IMLI의 지휘 및 관리에 관한 모든 업무를 담당한다(동 제16조). 현재의 아타드(David Attard) 학장은 몰타 출신으로서, 1989년 설립 이래 계속 학장직을 수행하고 있다.

IMLI는 IMO의 행정적 틀(Administrative Frame) 안에서 운영되며, 전문기구협약에 따라 특권과 면책의 지위를 누릴 수 있다. 또 대학의 공무를 수행하는 자에게는 UN의 여행서류(travel

735) 2012 Yearbook of WMU, http://wmu.se/development/alumni [2013.11.10].

736) Members of the Board of Governors, as at 31 December 2012, Annex of the Report of the Board of Governors, IMO C 110/15(a) - World Maritime University, p. 7.

737) IMLI 학칙의 영문 명칭은 Statute of the IMO International Maritime Law Institute이고, 1988.7.28. 최초 시행되었고, WMU 헌장을 참조하여 개정안을 만들어 2012.11. IMO 제10차 이사회의 승인을 얻어 2013.7.1.부터 시행되고 있다.

document)가 교부될 수 있다(동 제42조).

1.2.2 우리나라와의 관계

몰타는 영어가 공용어이며, IMLI는 해사법에 특화된 교육을 시행하기 때문에 이 분야에 관심이 있는 학생들에게 좋은 유학 환경을 갖추고 있다. 더욱이 IMLI는 지리적 이점을 살려 교육과정 중 법률에 관한 세계적 석학으로부터 초청강의를 들을 수 있는 장점이 있다. 그 결과 이 학교 졸업생들은 자국 및 국제무대에서 높은 성과를 보이고 있다. 그러나 1년 안에 석사학위과정을 마쳐야 하는 어려움 등으로 인하여 2013.11. 현재까지 우리나라 학생이 정식 학위과정을 수료한 경우는 없다.[738] 또 우리나라는 정부 및 선주협회 등에서 장학금 등을 지원한 적이 있으나 정기적인 지원은 없는 실정에 있다.

2. 정부간기구(Intergovernmental Organization)

2.1 국제유류오염보상기금(IOPC Funds)

2.1.1 개요

국제유류오염보상기금(IOPC Funds)은 오염사고 발생 시 선주의 배상책임을 초과하는 손해를 보상하기 위하여 만든 기금으로서, 1971년 유류오염손해보상을 위한 국제기금 설치에 관한 국제협약 (FUND 1971)에 설립 근거를 두고 있다. 이 협약은 1978년 12월 18일 발효하였으며, 1978년 11월 13일 영국 런던의 IMO 본부에서 이 기금의 발족을 위한 제1차 총회가 개최되었다. IOPC Funds는 IMO에서 제정한 협약에 의하여 탄생하였으나 IMO와 달리 UN 전문기구가 아니고 별도의 국제기구이다. 따라서 IMO와는 별도의 사무국을 두고 있다. 그러나 협약의 성격상 IMO 법률위원회와 밀접한 관련을 맺고 있다.[739] 또 기금협약에 대한 가입서 등의 기탁소 업무는 IMO 사무국으로 수행하고 있으며, 기금의 총회 장소도 IMO 회의장을 사용하고 있다. 한편, HNS협약의 발효에 따른 해당 기금의 관리업무도 기존의 기금 사무국을 확대하여 수행할 예정이다.

2.1.2 기금의 운영

기금이 보상해야 할 오염사고가 발생하면 기금은 피해자에 대하여 보상을 행한다(IOPC Funds 협약 제4조 제1항). 기금에 대한 연간 분담금은 연간 15만 톤 이상 해상으로 수송되는

738) IMLI의 아타드(David Attard) 학장이 2012.7. 저자에게 밝힌 바에 따르면 향후 WMU와 연계하여 2년 과정의 학위과정을 개설할 계획이라 한다. 이 경우 1년은 스웨덴에서, 1년은 몰타에서 지내야 하므로 학생의 입장에서는 유학 중 거주이전의 문제가 있어 역시 쉽지 않아 보인다.

739) 유류오염손해는 불법행위에 따른 손해의 특별한 종류로서 보상은 원칙적으로 법원의 확정판결에 따라 이루어진다. 따라서 이 분야의 경우 법률가의 역할이 매우 중요하다.

분담유(contributing oil)를 수령하는 항만이나 터미널 사업자가 부담한다(동 제10조 제1항). 총회는 기금의 지출 및 수입, 충분한 유동자금(liquid funds) 등을 고려하여 예산안을 책정하고, 이를 각국의 항만이나 터미널 사업자에게 나누어 부담토록 한다(동 제12조). 또 IOPC Funds에는 기금의 정책결정을 내리는 총회(Assembly), 기금관리를 위한 사무국(Secretariat) 및 기금의 일상적인 집행에 관한 결정을 내리는 집행위원회(Executive Committee)를 둔다(동 제16조).

2.1.3 총회 등 의사결정 기구(Governing body)

총회는 IOPC Funds 협약 당사국으로 구성되며, 사무국장(Director)의 선출, 매년 예산 및 분담금의 결정, 보상금에 관한 합의, 기금운영에 관한 지시 등을 행한다(동 제17조 및 제18조). 특히 Fund 협약은 개정협약에 따라 보상금액의 한도와 가입국이 다르기 때문에 각각의 개정협약에 각각의 총회가 있다.[740] 따라서 총회가 개최될 경우 1992년 기금 및 추가기금(Supplementary Fund) 총회가 같은 회의장에서 동시에 개최된다.[741] 회의는 의제에 따라 해당 총회가 번갈아 열리며, 총회가 바뀌면 사회를 보는 위원장도 바뀌게 된다. 1992년 기금의 경우 총회의 의결정족수(quorum)가 충족되지 않을 경우는 총회를 대신하여 25개 회원국 이상이 참석하는 행정이사회(Administrative Council)가 개최된다. 최근 회원국 수는 증가하였어도 참석 국가가 적어 행정이사회는 총회를 대신하여 많은 결정을 내리고 있다. 2013년 10월에 개최된 회의의 경우 1992년 기금 행정이사회, 1992년 집행위원회, 추가기금 총회, 1971년 기금 행정이사회가 동시에 개최되었다.

2.1.4 사무국장(Director)

사무국장은 기금의 법적 대표이며, 사무국의 운영을 담당한다(동 제28조 및 제29조). 사무국장은 기금별로 선출하지 않고, 1992년 기금 사무국장이 당연직(*ex officio*)으로 1971년 기금 및 추가기금의 사무국장 역할을 수행한다.[742] 각 사무국의 행정비용은 각각의 기금이 분담한다. 사무국장의 임기는 5년이며, 1회에 한해 연임할 수 있다.[743] 현재의 사무국장은 스페인 출신의 José Maura로서, 2011년 10월 선거를 통하여 취임하였다. 역대 기금 사무국장의 현황은 다음의 표15와 같다.

---

740) 1992년 기금협약에는 총 111개국, 추가기금 의정서에는 총29개국이 가입하고 있다. http://www.iopcfunds.org/about-us/membership/map/ [2013.11.13.]. 추가기금 의정서에 가입하려면 1992년 기금의 당사국이어야 한다.

741) 1971년 기금협약은 종료되었지만 이 기금의 청산을 위한 행정이사회도 이들 총회와 함께 개최된다.

742) para. 16.4, RECORD OF DECISIONS OF THE NINTH SESSION OF THE ASSEMBLY, 92FUND/A.9/31, 22 October 2004.

743) 1992 Fund Resolution No. 9 on the Appointment of the IOPC Funds' Director – Term of service, as amended by the 1992 Fund Assembly at its 16th session held from 24-28 October 2011.

<표15: 역대 기금 사무국장 현황>

연번	성명	국적	임기	처우
1	Reinhard Gorten	Germany	1978.12.16.~ 1984.12.31.	UN의 D2급
2	Måns Jacobsson	Sweden	1985.1.1.~ 2006.12.31.	UN의 사무차장급 (Under Secretary-General) +5%[744]
3.	Willem Oosterveen	the Netherlands	2006.11.1.~ 2011.10.30.[745]	UN의 사무차장급 +10%
4.	José Maura Barandiarán	Spain	2011.11.1~	상동

2.1.5 기타

IOPC Funds는 UN의 기구가 아니므로 기금과 사무국 직원에 대한 특권과 면책은 IMO에 비하여 제한적이다.[746] 또 IMO 직원에게 적용되는 UN의 연금제도도 적용되지 아니 한다. 사무국의 직원은 총 34명이다.[747] 집행위원회는 7개국 이상 15개국 이하로 구성되며, 연 1회 이상 회의를 개최한다(동 제22조 제1항 및 제24조). 기금의 본부는 당초 IMO 건물에 함께 있었으나 장소가 협소하여 2000년 6월 현재의 장소인 Portland House 23층으로 이전하였다. 건물임대료는 다른 외교공관과 마찬가지로 영국정부가 80%를, 기금이 20%를 부담하고 있다. 그러나 2015년 3월 이후 이 건물의 보수공사(refurbishment)가 예정되어 있어 이전이 불가피한 실정이다.

2.1.6 우리나라와의 관계

우리나라는 허베이 스피릿(Hebei Spirit) 오염사고 등 연안에서 발생한 대형 오염사고의 보상에 있어 IOPC Funds의 혜택을 많이 보았다. 선주의 책임한도를 초과하는 오염손해가 발생하였더라도 피해자는 IOPC Funds로부터 손해를 보상받을 수 있었기 때문이다. 이와 관련, 우리나라는 충분하고 신속한 피해보상을 위하여 지속적으로 IOPC Funds 총회 등 관련 회의에 참

---

744) 야콥슨(Jacobsson) 국장은 총 22년을 재직하였으며, 첫 임기(1985년 시작)에는 D2, 두 번째(1990년)에는 UN 사무차장보(Assistant Secretary-General), 세 번째 임기(1995년) 이후에는 UN 사무차장+5%의 연봉을 받았다.

745) 전임 야콥슨 국장의 장기 재직 이후 원활한 인수·인계를 위하여 우스터빈(Oosterveen) 국장은 당선자 신분으로 2006.9.1.부터 사무국 근무를 시작하여 동년 11월 1일 업무를 인수하였다. 야콥슨 국장은 계속 사무국에 근무하면서 업무를 인계하다가 동년 12월 31일에 퇴직하였다.

746) 외교사절에 준한 면책과 특권을 인정받는 것은 사무국장에 한하고, 다른 직원의 경우 소득세를 면제되지만 카운실 세(Council Tax), 자본이득세(capital gains tax), 연료유에 대한 부가가치세(VAT) 등 각종 세금에 대한 면제 혜택이 없다. Headquarters Agreement between the Government of the United Kingdom of Great Britain and Northern Ireland and the International Oil Pollution Compensation Fund 1992, 제16조 내지 제20조.

747) http://www.iopcfunds.org/about-us/structure/secretariat/ [2013.11.10.].

석하는 한편, 피해액이 문서로서 충분히 입증되지 않는 피해에 대한 보상방법 제안등 기금의 보상방법 발전에도 기여하여 왔다.

우리나라의 채이식 교수(고려대)는 1999년에서 2000년까지 1992년 기금집행위원회(Executive Committee) 위원장을 역임하였고, 김성범 과장(해양수산부)이 2011년 10월 동 추가기금협약(Supplementary Fund Convention) 총회 위원장으로 당선되어 활동하고 있다. 또 사무국에는 박은묘(Katrin Park)씨가 2011년부터 외부관계담당관(External Relations Officer)으로 근무하고 있다.

2.2 국제이동통신기구(IMSO)

2.2.1 개요

국제이동통신기구(International Mobile Satellite Organization: IMSO)는 원래 국제해사위성기구협약(Convention on the International Maritime Satellite Organization)의 발효에 따라 1979년 7월 16일 국제해사위성기구(International Maritime Satellite Organization: Inmarsat)라는 명칭으로 런던에 설립되었다. 당시 이 기구의 목적은 자체에서 쏘아 올린 인공위성을 통한 해상통신 및 항공통신을 제공함으로써 위급 시 조난통신을 개선하기 위한 것이었다(Inmarsat 협약 제3조 제1항). 이 협약에 가입한 국가는 2013년 11월 현재 98개국이며, 우리나라는 1985년 9월 16일 이 협약에 가입하였다.[748] 북한은 2013년 10월 15일 기탁소에 가입서를 기탁함으로써 98번째 당사국이 되었다.[749]

1994년 Inmarsat 총회는 이 협약을 개정하여 기구의 명칭을 국제이동통신기구(International Mobile Satellite Organization)로 변경하였다. 이후 1998년에는 상업적 목적의 Inmarsat Ltd.와 비상조난통신체제에 대한 정부간 감독기구인 IMSO의 기능을 분리하는 협약개정안이 채택되었고, 이 개정안은 2001년 7월 31일 발효되었다. 이후 2008년에는 인공위성을 통한 선박장거리위치추적장치(LRIT)[750]의 감독(co-ordination)도 IMSO 업무범위에 포함시키는 협약개정안이 채택되었다.[751]

---

748) IMO, *Status of multilateral Conventions and instruments in respect of which the International Maritime Organization or its Secretary-General performs depositary or other functions*, As at 31 July 2013, p. 340.

749) IMSO/AC/33/3/ADD/1, 23 October 2013.

750) LRIT는 미국에서 9·11테러 발생이후 해상보안 강화 목적으로 제안한 제도로서, 전 세계 해상에서 운항하는 자국 선박 및 연안으로부터 1,000마일 이내에 운항하는 외국 선박의 위치를 추적할 수 있도록 하는 제도이다. 선박은 지정된 LRIT 정보센타에 6시간마다 위성을 통하여 LRIT 정보(①선박ID, ②위치, ③시간)를 자동으로 송신하고, 각 국가는 지정된 LRIT 정보센터에서 자국선박의 위치를 추적하고, 국제정보교환기(IDE)를 통하여 외국선박의 위치도 추적할 수 있다. 각 국가는 선박의 LRIT정보를 수신하고, 타 국가와 정보교환이 가능한 국가정보센터(NDC)를 구축·운영하거나, 지역정보센터(RDC), 협력정보센터(CDC) 또는 국제정보센터(IDC)를 지정·이용하여야 한다.

751) 이 협약 개정안은 2013.7. 현재 가입국이 12개국이지만, 제 20차 IMSO 총회는 협약발효를 조건으로 하여 2008.10.6.부터 잠정적으로 적용하기로 결정하였다. IMO, Status of multilateral Conventions and instruments in respect of which the International Maritime Organization or its Secretary-General performs depositary or other functions, As at 31 July 2013, p. 353.

2.2.2 조직

IMSO는 총회와 사무국(Directorate)으로 구성된다(IMSO 협약 제9조). 총회는 모든 회원국으로 구성되고, 정기적인 총회는 2년마다 1회 개최된다. 총회는 IMSO의 주요 정책, 예산, 협약의 개정, 사무국장의 선임 등 중요한 모든 결정을 담당한다(동 제10조 및 제11조). IMSO는 총회 사이에 기관운영에 관한 결정을 위하여 총회의 결정에 따라 이사회(Advisory Committee)를 두고 있다. 이사회는 IMSO 협약에 규정된 정식 기관이 아니므로 이사회의 결과는 총회에 보고되어야 한다.

2.2.3 사무국장

사무국장(Director General)의 임기는 4년이며, 1회에 한해 연임할 수 있다. 사무국장은 IMSO의 법적 대표이며, 사무국의 CEO이다(IMSO 협약 제12조). 제1대 사무국장(1999.4.15~2007.4.14)은 폴란드(Poland) 출신 Jerzy Vonau씨였으며, 제2대 사무국장(2007.4.15~2015.4.14)은 스페인(Spain) 출신 Captain Esteban Pacha-Vicente이다. 2013년 11월 현재 사무국 직원은 총 7명이나, 향후 차기 사무국장을 포함한 사무국 직원의 직급 하향조정 및 사무국 직원 감축이 예정되어 있다.[752)]

사무국의 운영, GMDSS 서비스 감독에 관한 비용은 해당 서비스 제공자(현재는 Inmarsat Ltd.가 독점 운영 중) 및 IMSO와 LRIT Service 협정을 체결한 기관이 부담하므로, 당사국은 IMSO의 업무수행과 관련하여 전혀 비용을 부담하지 않는다(동 제13조). 특히 사무국의 운영비는 직원의 업무 성격에 따라 GMDSS와 LRIT가 분담한다. 예컨대 사무국장, 사무부국장(Deputy Director General)은 GMDSS 70%, LRIT 30%이고, 재무직원(finance officer)은 각각 50%이다.[753)] 따라서 기구의 운영에 소요되는 비용은 모두 예산에 반영되어 각각 GMDSS 및 LRIT 서비스 제공자에게 직접 청구된다. IMSO의 예산은 대부분 인건비이며, 2014년 예산규모는 1,139,885파운드이다.[754)]

2.2.4 우리나라와의 관계

우리나라는 IMSO의 운영에 비교적 관심이 없었다고 평가할 수 있을 것이다. 종래 INMARSAT로 운영되던 당시 업무 내용이 위성통신과 관련되어 주무부처가 다소 애매하였기 때문이다. 따라서 우리나라는 그간 각종 회의에도 잘 참석하지 않았고, IMSO의 개정협약 및 추가적인 협정에 대한 가입도 충분히 이루어지지 못하였다. INMARSAT가 IMSO로 개편되고,

752) 사무국장의 직급은 현재 UN의 사무차장(Under Secretary-General)급에서 D2급으로 2단계 하향 조정되며, 사무부국장 직이 폐지되어 직원의 총수는 7명에서 6명으로 감축된다. para. 8.27, Record of the Decisions of the Twenty-second Session of the Assembly, IMSO, ASSEMBLY/22/14, 9 July 2012.

753) para. 3.7, IMSO Business Plan 2011-2013, Annex 10, Record of Decisions of the Twenty-first Session of the Assembly, IMSO, ASSEMBLY/21/15, 23 July 2010.

754) para. 4.3.7, Report of the Thirty-third Session of the IMSO Advisory Committee, 4 and 5 November 2013.

LRIT 업무가 신설됨에 따라 우리나라는 IMSO 회의에 참석하기 시작하여 2008년에 처음 이사국이 되었다. 향후 GMDSS의 전면적인 개편, 인공위성을 이용한 AIS의 사용 확대 등 우리나라와 관련된 현안사항이 많이 발생할 예정인 바, IMSO에 대한 적극적인 관심이 필요하다고 하겠다.

2.3 아시아해적퇴치협정 정보공유센타(ReCAPP ISC)

2.3.1 개요

아시아지역 해적퇴치협정(Regional Cooperation Agreement on Combating Piracy and Armed Robbery against Ships in Asia: ReCAPP)은 말라카, 싱가포르 해역에서 출몰하는 해적에 대응하기 위하여 국가 간 협력 및 정보공유를 초진하고자 하는 목적으로 체결한 국제협정이다.[755] 또 협정당사국들은 해적정보를 공유하기 위한 정보공유센터(Information Sharing Center: ISC)를 설립하기로 결정하였다(동 협정 제4조 제1항). ISC는 2006년 11월 29일부터 싱가포르에 본부를 두고 운영을 개시하였으며, 2007년 1월 30일부터 공식적으로 국제기구로 인정되었다. IMO는 ReCAPP ISC의 성공사례를 소말리아 해적퇴치에도 적용하기 위하여 지부티행동강령(Djibouti Code of Conduct)에 따라 소말리아 인근 국가에 ISC 건립을 추진하고 있다.

ReCAPP ISC는 이사회(Governing Council)와 사무국(Secretariat)으로 구성된다(동 제4조 제3항). 이사회는 각 체약국(Contracting Party)의 대표로 구성되며, 1년에 1회 개최된다(동 제4조 제4항). 사무국장(Executive Director)은 이사회에서 선출되며, ICS의 대표로서 ISC의 운영에 대한 책임을 진다(동 제4조 7항 내지 제9항). 관례적으로 사무국장은 분담금을 가장 많이 내는 일본의 추천을 받은 인사가 선출되며, 2013년 11월 현재 일본인 Endo Yoshihisa씨가 근무하고 있다. 또 사무국 직원은 국장을 포함하여 총 16명이다.

2.3.2 우리나라와의 관계

대부분의 원유를 말라카, 싱가포르해협을 통하여 조달받고 있는 우리나라로서 이 해협의 중요성은 아무리 강조해도 지나치지 않을 것이다. 따라서 우리나라는 이 협정의 초기 단계부터 깊숙이 관여해왔다. 또 우리나라의 ISC 분담금은 일본 및 싱가포르에 이은 제3위 수준이며, 우리나라 추천인사가 사무국의 핵심보직인 운항담당 부국장(Assistant Director for Operation)의 직무를 담당하고 있다. 2013년 11월 현재 해양수산부의 박장호 서기관이 근무하고 있다.

2.4 지역 항만국통제위원회(Regional Port State Control Committees)

2.4.1 개요

항만국통제(Port State Control: PSC)는 1978년 네덜란드의 헤이그(the Hague)에서 북해연안

755) 이 협정은 2004.11.11. 체결되어, 2006.9.4. 발효되었다. 2013.9월 현재 이 협정에는 19개국의 협약당사국이 있다. http://www.recaap.org/AboutReCAAPISC.aspx [2013.11.11.]. 우리나라는 이 협정의 초기단계부터 참석하였다.

의 8개국이 체결한 양해각서(Memorandum of Understanding: MOU)에 그 기원을 두고 있다.[756] 이 MOU의 목적은 국제항해를 하는 선박의 기준이 국제노동기구 제147호 협약 및 다른 국제협약의 요건에 적합한지를 감독하는 것이었다.[757] 1978년 3월 아모코 카디즈(Amoco Cadiz)호의 해양오염사고로 223,000톤의 원유가 유출되자 유럽 국가들은 선박의 안전강화를 위하여 헤이그 MOU를 강화하자는 의견이 제시되었다. 이에 따라 1982년 1월 유럽 14개국이 프랑스 파리(paris)에 모여 MOU(Paris MOU)를 체결하였고, 동 MOU는 그 해 7월 1일부터 발효되었다.[758] 이에 따라 이들 국가에 입항한 선박들은 해당 국가의 안전점검을 받았고, 점검결과 국제기준에 미달하는 선박(기준미달선 sub-standard vessel)은 출항정지 등의 불이익처분을 받았다. 1996년 7월 1일에는 항만국통제에 관한 유럽의회 지침(EC Directive)이 발효되면서 유럽연합 회원국은 항만국통제의 시행이 의무화되었다.[759]

Paris MOU의 성공적 시행에 따라 단일 국가에 의한 기준미달선의 규제보다는 지역차원으로 범위를 넓혀 항만국통제를 시행하는 것이 더 효과적이라는 사실이 널리 알려지게 되었다. 이에 따라 라틴아메리카 지역의 비냐델마 협정(The Acuerdo de Viña del Mar)(1992), 아시아태평양 지역의 Tokyo MOU(1993) 등 항만국통제의 지역협력체제가 잇달아 탄생하게 되었다. 2013년 12월 현재 항만국통제에 관한 지역협력체제는 총 9개이며, 그 현황은 다음 표16과 같다.[760]

<표16: 항만국통제 지역협력체제 현황>

명칭	연도	본부 위치	회원국(Authority)
Paris MOU	1982	The Hague, The Netherlands	Belgium, Bulgaria, Canada, Croatia, Cyprus, Denmark, Estonia, Finland, France, Germany, Greece, Iceland, Ireland, Italy, Latvia, Lithuania, Malta, the Netherlands, Norway, Poland, Portugal, Romania, the Russian Federation, Slovenia, Spain, Sweden and the United Kingdom (27)
The Acuerdo de Viña del Mar	1992	Buenos Aires, Argentina	Argentina, Bolivia, Brazil, Chile, Colombia, Cuba, Ecuador, Guatemala, Honduras, Mexico, Panama, Peru, República Dominicana, Uruguay, Venezuela (15)
Tokyo MOU	1993	Tokyo, Japan	Australia, Canada, Chile, China, Fiji, Hong Kong (China), Indonesia, Japan, Republic of Korea, Malaysia, New Zealand, Papua New Guinea, the Philippines, the Russian Federation, Singapore, Thailand, Vanuatu and Viet Nam (18)
Caribbean MOU	1996	Christchurch, Barbados	Antigua and Barbuda, Aruba, Bahamas, Barbados, Belize, Cayman Islands, Cuba, Curaçao, Grenada, Guyana, Jamaica, the Netherlands, St. Christopher and Nevis, Suriname, Trinidad and Tobago (15)

756) Z. Oya Özçayır, *Port State Control*, 2nd Ed., (London: Informa Professional, 2004), p.121.
757) 유럽 국가들이 국제법적으로 강력한 협약이 아닌 MOU를 채택하게 된 것은 협약으로 할 경우 비준 및 개정에 오랜 시간이 걸리기 때문이었다.
758) Paris MOU의 정식 명칭은 the Paris Memorandum of Understanding on Port State Control 이다.
759) 지침(Directive)은 EU 회원국의 목표를 정하므로 회원국을 구속하지만 해당 정부는 국내입법을 통하여 그 이행방법과 형식을 선택적으로 결정할 수 있다. 회원국이 당초 정한 시행일까지 조치를 행하지 않을 경우 유럽연합집행위원회(European Commission)는 해당 국가를 상대로 유럽법원(European Court of Justice)에 제소할 수 있다. 최승환, 「국제경제법」(법영사: 서울, 2002), 928쪽 및 http://en.wikipedia.org/wiki/European_Union_directive [2013.12.10.].
760) 미국은 지역협력체제에 참여하고 있지 않고 독자적으로 항만국통제를 시행하고 있다. 그러나 다른 지역협력체제와 정보를 공유하고 있기 때문에 별개의 지역협력체제로 인정되고 있다.

Mediterranean MOU	1997	Alexandria, Egypt	Algeria, Cyprus, Egypt, Israel, Jordan, Lebanon, Malta, Morocco, Tunisia, Turkey (10)
Indian Ocean MOU	1998	Goa, India	Australia, Bangladesh, Comoros, Eritrea, France, India, Mozambique, Sudan, South Africa, Tanzania. Mauritius, Sri Lanka, Iran, Kenya, Maldives, Oman, Yemen (17)
Abuja MOU	1999	Lagos, Nigeria	Benin, Cape Verde, Congo, Cote d'Ivoire, Gabon, Ghana, Guinea, Liberia, Mauritania, Namibia, Nigeria, Senegal, Sierra Leone, South Africa, The Gambia, Togo (16)
Black Sea MOU	2000	Istanbul, Turkey	Bulgaria, Georgia, Romania, Russian Federation, Turkey, Ukraine (6)
Riyadh MOU	2004	Riyadh, Saudi Arabia	The Kingdom of Bahrain, Kuwait, Sultanate of Oman, Qatar, Kingdom of Saudi Arabia, United Arab Emirates (6)

출처: 해당 지역 MOU의 홈페이지[2013.12.10.].

항만국통제 지역협력체제에는 각각 항만국통제위원회(PSC Committee), 사무국(Secretariat) 및 정보센터(Information Center)를 두고 있다. 항만국통제위원회는 지역에서 통일적인 항만국통제 시행에 관한 주요 정책을 심의하며, 사무국은 항만국통제위원회의 운영에 필요한 사무를 처리하고 있다. 정보센터는 PSC와 관련된 각종 정보를 구축하여 항만국통제관(PSC officers)들이 수시로 확인할 수 있도록 하고 있다.

지역항만국통제위원회는 PSC를 높하여 IMO에서 제정한 각종 국제협약이 실제로 집행되도록 하는 역할을 담당하고 있다. 따라서 태생적으로 PSC 위원회와 IMO의 관계는 매우 밀접하다. IMO는 각 지역 PSC 위원회에 옵서버를 참여하고 있으며, 연1회 정도 각 PSC 사무국과 정보센터 관리자를 초청하여 워크숍(workshop)을 개최하고 있다. 그러나 지역항만국통제위원회는 지역 자체적으로 운영되는 조직이므로 IMO는 이에 관하여 개입할 수 없다.

2.4.2 우리나라와의 관계

우리나라는 Paris MOU 다음으로 영향력이 있는 아시아태평양 항만국통제위원회(Tokyo MOU)에 소속되어 있다. 우리나라 항만국통제관들은 영어구사능력이 있으며, 실제 승선경험을 가지고 있기 때문에 Tokyo MOU 위원회에서도 매우 활발한 활동을 하고 있다. Tokyo MOU는 일본의 주도와 전폭적인 재정적 기여로 수립되었기 때문에 사무국 운영도 일본이 주도하고 있으나 향후 우리나라 인사의 사무국 직원으로 진출이 바람직할 것으로 판단된다.[761)]

3. IMO와 관련된 주요 계획(Programmes)

3.1 GESAMP

3.1.1 개요

761) 현재 Tokyo MOU 사무국에는 나이가 많은 Okada 사무총장 등이 근무하고 있는 바, 조직의 활성화를 위하여 젊은 피의 수혈이 필요하다고 판단된다. 우리나라 직원이 진출하려면 우리의 기여금 증가 등 적절한 조치가 필요할 것으로 예상된다.

해양환경보호의 과학적 측면에 관한 전문가작업반(Group of Experts on the Scientific Aspects of Marine Environmental Protection: GESAMP)은 1969년 이래 해양환경보호를 위하여 UN의 각종 기구에 조언을 하고 있는 전문가집단을 말한다. 현재 GESAMP는 해양환경문제와 관련이 있는 UN 등 총 9개 기구의 지원을 받고 있으며, 특히 IMO는 행정적 서기업무(Administrative Secretary)를 담당하며 GESAMP를 대표하도록 지명되었으며, 각종 조정업무를 위한 GESAMP 사무실을 두고 있다. IMO의 MEPC와 긴밀한 협조관계를 유지하고 있다.

GESAMP에는 총 6개의 실무작업반(working group)이 있으며, IMO는 그중 다음 2개의 작업을 조정하고 있다.

① WG 1(EHS Working Group): 선박으로 운송되는 유해물질(harmful substances)의 환경위험성(environmental hazards)을 평가하는 작업을 하고 있다. 화학공업의 발달로 인하여 새로운 화학물질이 계속 등장하고 있는 바, 작업반은 이에 대한 평가 및 분류를 통하여 안전한 운송방법과 필요한 안전조치를 정하게 된다.

② WG 34(Ballast Water Working Group): 선박평형수 처리장치 중 활성물질(Active Substances)[762]을 사용하는 장치에서 처리된 선박평형수의 잔류독성 등을 검토하기 위한 작업을 진행하고 있다. 처리된 선박평형수가 바다로 배출되면서 여기에 포함된 활성물질이 해양생태계의 생물에 영향을 주면 아니 되기 때문이다. 이 실무작업반의 승인을 받지 않은 선박평형수 처리장치는 해당 국가로부터 형식승인을 받을 수 없다.

3.1.2 우리나라와의 관계

우리나라는 전문가 부족 등으로 인하여 비교적 GESAMP 활동에 대한 참여가 부족하였다. 그러나 최근 우리나라의 선박평형수처리장치 사업이 활성화됨에 따라 이에 대한 관심도 매우 높아졌다. 우리나라의 이기태 교수(경희대)는 2009년 1월부터 WG 34에 계속 참여하고 있는 바, WG 1에도 참여가 시급하다고 하겠다.

3.2 해상전자고속도로(Marine Electronic Highway: MEH) 시범사업

3.2.1 개요

해상전자고속도로 시범사업은 말라카·싱가포르 해협 연안국가의 각종 항행안전정보를 통합함으로써 선박의 안전 확보를 위한 사업이다. 구체적인 내용으로는 전자해도 제작, 선박교통관제시스템(VTS), 선박자동식별장치(AIS) 및 해양기상정보 등의 항행관련 정보를 통합·운영하고 육상과 선박간 항행정보 교환시스템을 구축하는 사업이다. 제1단계는 2004년부터 2012년까지 추진

762) 활성물질은 일반적으로 생물체에 강력하게 작용할 수 있는 화학물질이나 또 다른 생물체를 말하며, 선박평형수 처리를 위해 사용된 활성물질이 해양환경에 유입될 경우 분해되지 않고 먹이사슬을 통하여 생물에 농축될 가능성이 높다.

되었으며, 총사업비는 5,700만 미불이다. 이 사업에 참여하는 국가는 연안국가인 인도네시아, 말레이시아, 싱가포르이며, 해협이용국가인 일본과 우리나라도 참여하고 있다. 이 사업은 IMO가 시행을, World Bank와 GEF는 재정적 지원을 행하는 형태로 진행되었다. 향후 추가 사업을 통하여 계획이 확대될 것으로 기대되고 있다.

3.2.2 우리나라와의 관계

우리나라는 이 사업의 초기단계에서 적극 참여하여 IMO와 기술협력 자금 지원에 관한 합의각서(MOA)를 체결하였으며 그간 기술협력기금으로 총 85만 미불을 기여하였다. 이후 이 사업의 가장 핵심적이라고 할 수 있는 데이터센터(Data Center)의 구축사업을 우리나라의 업체(GMT Cybernetics사)가 담당하였다.[763] 이 사업의 참여경험을 바탕으로 우리의 앞선 해양안전 정보화기술은 향후 중동 및 아프리카 시장에도 진출할 수 있을 것으로 기대되고 있다.

3.3 지부티행동강령(Djibouti Code of Conduct) 사업

3.3.1 개요

지부티행동강령(Djibouti Code of Conduct: DCoC)은 소말리아 해적에 대응하기 위하여 소말리아 인근 국가에게 지원에 관한 기본 틀을 제공하기 위한 협정이다. 이 강령에서 2009년 1월 29일 서명과 함께 발효되었다. 이 강령에 따라 연안 국가들은 해적용의자에 대한 체포 및 기소, 해적 용의 선박의 나포, 나포된 선박 및 선원의 구조, 법집행관의 다른 국가 선박 승선 등 공조체제 확립에 협조하기로 하였다.[764] 또 이 강령의 시행을 위하여 채택한 주요 협력사업은 정보공유(information sharing), 능력배양(capacity building 또는 maritime domain awareness), 관련 법제의 정비(updating legislation), 지역에서의 훈련(regional training)이다.[765] 이 사업의 집행을 위하여 일본을 주도로 2009년 9월 IMO에 지부티행동강령 기금(Djibouti Code of Conduct Trust Fund)이 설치되었다.[766]

이 기금의 집행을 위하여 IMO 해사안전국(MSD)에는 계획집행과(Project Implementation Unit: PIU)가 설치되었고, PIU는 지부티행동강령 서명국(signatories)들과 긴밀한 협조를 통하여 집행계획을 수립하고 있다. 서명국 간의 정보공유를 위하여 예멘(Yemen)의 사나아(Sana'a), 케냐

---

763) 주영 한국대사관에서 근무하던 2010년 초 저자는 IMO에 근무하는 모 인사로부터 IMO가 데이터센터 구축사업을 발주한다는 정보를 듣게 되었다. 저자는 즉시 IMO 담당관을 만나 우리나라는 기금공여국(Donor Country)으로서 우리나라 업체가 수주 받아야 하는 당위성 및 우리업체의 우수성에 관하여 설명하였다. 이후 이에 대한 공감대가 확대되어 결국 최종적으로 우리 업체가 수주를 하게 되었다. 물론 수주의 성공에는 여러 분들의 기여가 있었지만 저자도 상당한 기여를 하였다고 자부하고 있다.

764) IMO, Djibouti Code of Conduct, http://www.imo.org/OurWork/Security/PIU/Pages/DCoC.aspx [2013.11.10.].

765) Phil Holihead, Djibouti Code of Conduct: Implementation Update, http://www.imo.org/OurWork/Security/PiracyArmedRobbery/Presentations_Piracy/IMO-PIU.pdf [2013.11.10.].

766) 일본은 이 기금에 약 1,350만 미불을 기여하였고, 덴마크, 프랑스, 노르웨이, 네덜란드, 우리나라는 10만 미불 내외의 금액을 기여하였다.

(Kenya)의 몸바사(Mombasa), 탄자니아(Tanzania)의 Dal es Salaam)에 각각 정보공유센타(ISC)를 건설하기로 하였다.[767] 또 지부티에 지역훈련센터(regional training center)를 설립하였다. 이외에도 연안국의 능력배양을 위하여 해안경비대(coast guard)의 설립, 레이더감시소(radar site)의 설치 등 여러 가지 사업을 추진하고 있다.

3.3.2 우리나라와의 관계

우리나라는 지부티행동강령의 서명국은 아니지만 해적근절을 위한 국제적 노력에 적극 동참하고 있다. 지부티행동강령기금에 자발적으로 기여하였고, 예멘(Yemen)의 해안경비대(Coast Guard) 창설에 필요한 각종 지원사업을 벌이고 있다.[768]

4. 비정부간 기구

IMO의 자문지위를 획득한 비정부간 기구(Non-governmental International Organization: NGIO) 중 특히 활발한 활동을 하고 있는 기구의 개요는 부록5와 같다.

767) 2011년 2월 경 저자는 당시 세끼미즈 IMO 해사안전국장(현 사무총장)에게 정보공유센터는 1개로 집중하는 것이 바람직하지 않느냐는 질문을 하였던 바, 그는 지부티행동강령 서명국들이 저마다 ISC 유치를 고집하여 결국 정치적 절충을 통하여 3곳에 나누어 설치하는 것으로 결정되었다고 설명하였다.

768) 우리나라 퇴역 해양경찰청 함정의 이관, 연료공급용 부선(barge)의 공급 등을 추진하였으나 2013.11. 현재 예멘의 정정불안으로 인하여 사업이 지연되고 있다.

제 V 장

IMO 국제협약

KOREA MARITIME RESEARCH INSTITUTE

제5장 IMO 국제협약

제1절 소개

국제해사기구(IMO)는 설립 이래 수많은 국제협약의 제정 또는 개정에 주도적인 역할을 담당하고 있다. 그 결과 IMO의 주도로 만들어진 협약은 60여 개에 달하고 있다. 이러한 국제협약은 그 수도 많을뿐더러 해양안전, 해양환경보호, 제3자에 대한 피해보상 등 다양한 내용을 포함하고 있기 때문에 이에 익숙하지 않은 사람들은 이해하기가 쉽지 않다. 더욱이 해사협약의 특징 상 기술적인 용어와 약어가 많이 사용되다 보니 일반인에게는 마치 암호와 같아 전체적인 맥락을 파악하기가 쉽지 않다. 따라서 이하에서는 IMO와 관련된 협약(이하 IMO 국제협약"이라 한다)의 내용을 간략하게 소개하고자 한다.

IMO 국제협약은 통상 해사안전, 해양환경보호, 선주의 민사책임, 기타의 4개 분야로 분류한다. 해양안전 분야에서 가장 중요한 협약은 해상인명안전협약(SOLAS 협약)이라고 할 수 있다. 이 협약은 그 역사도 길 뿐만 아니라 과학기술의 발전에 따라 수많은 개정을 거쳐 오늘에 이르고 있다.[769] 또 해양오염방지 분야에서 가장 중요한 협약은 해양오염방지협약(MARPOL 협약)일 것이다. 비록 그 시작은 SOLAS 협약에 비하여 늦었지만 해양환경에 대한 사람들의 경각심이 높아짐에 따라 이 협약 역시 수많은 개정이 이루어졌다.[770] 특히 처음에는 규제대상 오염물질이 기름에 국한되었지만 유해액체물질, 하수(sewage), 선박에서 발생하는 쓰레기, 선박으로부터 발생되는 가스물질로 확대되었다. 더욱이 최근에는 선박에서 배출되는 이산화탄소(CO2)로까지 규제대상이 확대되었다.[771] 한편, 민사책임 분야는 당초 기름의 대량오염사고에 따른 어민, 지역민들에 대한 선주의 피해보상으로 시작되었으나 적용대상 물질이 유독유해물질 및 난파선(wreck) 등으로 확대되었다. 기타의 분야는 위의 3가지 분류에 해당되지 않는 협약으로서 국제해상교통간소화협약(FAL 협약), 선박톤수측정협약(Tonnage 협약) 등이 있다.

이러한 IMO 국제협약의 특징은 국제간에 적용될 최저기준을 정하고 있다는 점이다. 따라서 협약 당사국은 IMO 국제협약에서 정하는 기준보다 강화된 기준을 자국의 선박이나 선원에 적

769) 해상인명안전의 바이블(bible)이라고 할 수 있는 1974년 SOLAS 협약은 2013.7 말까지 총 123회에 걸쳐 개정되었다. IMO, *Status of Multilateral Conventions and instruments in respect of which the International Maritime Organization or its Secretary-General performs depositary or other functions*, As at 31 July 2013, p. 5. 이에 따라 이러한 개정사항을 모두 포함한 협약을 통상 "개정된 SOLAS 협약(SOLAS, 1974, as amended)"이라고 부른다..

770) 73/78 MARPOL 협약은 2013.7 말까지 총 64회의 개정이 이루어졌다. IMO, *Status of Multilateral Conventions and instruments in respect of which the International Maritime Organization or its Secretary-General performs depositary or other functions*, As at 31 July 2013, p. 6.

771) 과연 CO_2가 MARPOL 협약에서 규정하는 오염물질인가에 대하여는 IMO에서도 매우 치열한 논쟁이 있었다. 그렇지만 지구 온난화에 대응하기 위하여 CO2 규제에 대한 사람들의 관심이 높아짐에 따라 2011년 일단 선박에 에너지효율설계지수(EEDI)를 도입하는 관련 개정안이 채택되었다. Resolution. MEPC.203(62), Amendments to the Annex of the Protocol of 1997 to Amend the International Convention for the Prevention of Pollution from Ships, 1973, as Modified by the Protocol of 1978 Relating Thereto (Inclusion of Regulations on Energy Efficiency for Ships in MARPOL Annex VI), 15 July 2011.

용할 수 있다. 그러나 자국의 항만에 입출항하는 외국 선박에 대하여는 자국의 강화된 기준을 요구할 수는 없고, IMO 국제협약의 기준에 만족하면 족하다. 한편, 일반적인 국제법의 원칙 상 국제협약의 기준은 이를 비준한 국가에 한하여 적용된다. 그러나 많은 IMO 협약은 해당 협약을 비준하지 아니한 국가의 선박에 대하여도 국제적으로 발효된 IMO 국제협약의 기준을 적용한다. 이와 같이 국가의 협약을 비준하지 아니한 국가의 선박에 대하여 미비준의 혜택을 부여하지 않는 관행을 우대금지(no more favorable treatment)처분이라고 한다. 따라서 모든 국가는 국제협약의 비준 여부에 관계없이 IMO 국제협약에서 정하는 최저기준을 준수해야 한다. 이와 같이 IMO 국제협약에서 우대금지의 원칙이 정립된 것은 해운의 경우 편의치적(flag of convenience) 제도의 정착으로 인하여 국가를 기준으로 한 규제제도가 거의 실효성이 없기 때문이다.

참고로 IMO 협약에는 의정서(protocol), 협정(agreement) 등 그 명칭에 관계없이 협약 당사국이 기속되는 것이면 모두 포함된다.[772] 협약은 해사안전, 해양환경보호, 선주의 책임제한, 기타의 분야 순서로 설명하되, 동일한 분야라도 그 우선순위는 IMO에서 발간하는 국제협약현황[773]의 순서에 따랐다. 아울러 IMO 협약에 대하여는 본서의 제4장에서 충분히 다루었기 때문에 그 설명을 생략한다.

제2절 해사안전 분야

1. 1974년 해상인명안전협약 (SOLAS 1974)

1.1 개요

○협약원명 : International Convention for the Safety Of Life At Sea, 1974
○채택(발효) : 1974.11. 1 (1980. 5.25)
○목 적
- 국제적으로 통일된 원칙과 그에 따른 규칙의 설정에 의하여 해상에서의 인명안전 증진
- 선박의 안전을 위한 선박의 구조, 설비 및 운항에 관한 최저기준의 설정

○관련 국내법 : 선박안전법, 국제항해선박 및 항만시설의 보안에 관한 법률(ISPS Code 관련), 해사안전법(ISM Code 관련), 전파법(선박의 무선통신 관련)
○적용대상 : 각 장별로 별도의 명문규정이 없는 한 모든 여객선 및 총톤수 500톤 이상의 선박으로서 국제항해에 취항하는 선박

772) 조약이란 단일의 문서이건 2 이상이건 그 명칭에 관계없이 서면으로 작성되어 국제법의 규율을 받는 국제적 합의이다. 비에나협약 제2조 1(a).

773) 이 현황의 정확한 명칭은 *Status of Multilateral Conventions and instruments in respect of which the International Maritime Organization or its Secretary-General performs depositary or other functions*, As at 31 July 2013이다.

1.2 채택 배경

19세기말에서 20세기 초에 이르는 기간은 여객의 해상운송이 절정을 이루는 때였다. 아직 항공기가 출현하지 않았던 시기이므로 수많은 이민자들이 선박으로 유럽에서 아메리카 및 기타지역으로 이주하였다. 이에 따라 여객선의 운항횟수도 지금보다 훨씬 더 빈번하였으며 이로 인한 대형 해양사고도 자주 발생하였다. 이 기간 영국국적의 여객선사고에 의한 인명손실만 하더라도 연간 700-800명에 이르렀다. 1912년 4월에는 영국의 호화여객선 타이태닉(Titanic)호가 처녀항해 중에 북대서양에서 빙산과 충돌하여 1,500여명의 여객과 선원이 사망하는 참사가 발생하였다. 이 사고를 조사하는 과정에서 해상안전 확보에 관한 여러 가지 문제점이 노출되었고 이를 계기로 런던에서 총 13개국이 참가한 국제회의(International Conference)가 개최되어 1914년 최초로 SOLAS 협약이 채택되었다.[774] 이 협약은 모든 상선의 항해안전문제, 여객선에 대한 수밀구획 및 방화격벽, 구명설비, 소화설비에 관한 사항 등에 관하여 규정하였다. 특히 타이태닉호 침몰당시 부근을 항해 중이던 다른 선박에 조난신호를 보냈으나 상호간 의사소통이 잘 안되어 인명구조가 지연되었던 점을 감안, 선박에 무선설비의 비치 의무를 규정하였다(동 협약 제5장). 이 협약은 1915년 7월 1일 발효를 목표로 하였으나(동 협약 제69조) 제1차 세계대전의 발발로 인하여 발효되지 못하였다.

그 후 1929년 런던에서 또 한 차례의 국제회의가 개최되었다. 총 18개국이 참가하였던 이 회의에서는 새로운 SOLAS 협약이 채택되었다.[775] 이 협약의 내용은 기본적으로 1914년 SOLAS 협약과 크게 다를 바 없었다. 즉, 몇 개의 새로운 규정을 신설하고 기존규칙을 일부 개정한 것에 불과했다. 1929년 협약에는 2개의 부속서가 있었는데 그 중 하나는 선박의 구조기준 등 선박의 안전에 관한 사항이었으며, 다른 하나는 해상충돌예방에 관한 규칙이었다.

1948년 영국은 세 번째로 SOLAS 협약을 채택하기 위하여 국제회의를 소집하였다. 이는 1929년 SOLAS가 그 동안 선박기술발전과 더불어 시대적 변화에 뒤떨어져 있었기 때문이었다. 1948년 협약도 이전의 협약과 비교하여 기본내용은 크게 바뀌지 아니하였으나 적용선박을 확대하고 더욱 세분하여 규정한 것이 특징이다. 즉, 여객선의 방수격벽과 방화기준을 강화하는 한편, 총톤수 500톤 이상의 화물선에 대하여 화물안전설비 증서를 비치하도록 규정하였다. 이 협약은 1952년에 발효되었다.

IMCO가 설립된 후 최초로 소집한 국제회의가 1960년 SOLAS 국제회의였으며, 이 회의에서 1960년 SOLAS 협약이 채택되었다.[776] 1960년 협약은 산업계의 신기술과 절차를 반영하기 위하여 채택되었다. 그러나 예상과 달리 각국의 비준지연으로 이 협약의 발효에는 상당한 시간이 소요되었다.

1974년 SOLAS는 1974년 10월 21~11일 중 영국 런던에서 총 71개국이 참가한 국제회의에

---

774) 이 국제회의에 참석한 국가는 전통적 해운국가인 Germany, Austria, Belgium, Denmark, Spain, USA, French, UK, Italy, Norway, Netherlands, Russia, Sweden이 참석하였으며, 협약은 2014.1.20. 채택되었다.

775) 이 국제회의에는 1914년 협약 채택 시의 13개국에 Canada, Ireland, Finland, India, Japan이 더하여 총 18개국이 참가 하였으며, 협약은 1929.5.31. 채택되어 1933년 발효되었다.

776) 이 협약은 총 45개국이 참가한 가운데 1960.6.17. 런던에서 채택되어 1965.5.26. 발효되었다. 협약채택을 위한 회의에 우리나라의 주영 한국대사관 박동진 참사관 외 1명이 최초로 참가하였다.

서 채택되었다. 이 국제회의의 목적은 종래 협약의 개정, 시행에 있어 절차상 지연문제를 해결하고, 그간 미발효 상태에 있었던 6차례의 1960년 SOLAS 협약 내용을 수용하는 새로운 협약을 제정하기 위한 것이다. 종래 1960년 SOLAS 협약까지는 협약을 개정하고자 할 때 체약국 정부의 만장일치 또는 총회에서 전체 체약국의 2/3이상이 수락한 후 12개월 후 개정효력이 발생토록 하는 소위 명시적 수락(explicit acceptance) 절차를 취했었다. 이에 따라 개정안의 제안에서부터 발효까지 빨라도 6~7년이 소요되었으며 심지어는 발효요건 미비로 인하여 끝내 사장되는 개정안도 많았다. 1974 SOLAS에서는 묵시적 수락절차(tacit acceptance procedure)를 도입하여, 규정된 기간 내에 3분의 1을 넘는 당사국 또는 상선선복량의 합계가 총톤수로 세계상선선복량의 50퍼센트 이상이 되는 당사국이 반대하지 아니하는 한 발효하도록 규정하였다. 또한 당사국의 3분의 2이상이 참가하는 확대해사안전위원회(Expanded Maritime Safety Committee)를 총회로 간주할 수 있도록 함으로써 개정안 심의를 위한 총회소집의 번거로움을 줄일 수 있게 되었다. 한편, 그때까지 SOLAS 협약의 부속서로 되어있던 국제해상충돌예방규칙이 1972년 국제회의에서 별도의 협약으로 채택됨에 따라 동 부속서를 삭제하였다.

1.3 주요 내용

1974년 SOLAS 협약은 협약 본문 및 13개장의 부속서[777]로 이루어져 있으며 주요 내용은 다음과 같다.

■ 협약 본문

이 협약 및 부속서의 실시 및 이에 필요한 국내법의 정비 등 당사국의 의무사항(제1조), 비상시 인원수송을 할 경우 이 협약적용의 일시 적용제한(제5조), 1960년 SOLAS 협약의 폐지(제6조), 이 협약의 개정방법(제8조) 등이 포함되어 있다. 또한 이 협약의 기탁은 IMO 사무총장에게 하도록 하였으며(제12조), 협약문은 다 같이 정본인 중국어, 영어, 프랑스어, 러시아어 및 스페인어로 작성되며 아랍어, 독일어, 이탈리아어에 의한 번역문이 작성되도록 하였다(제13조).

협약 본문에서 특기할 사항으로서는 개정된 협약의 발효를 촉진하기 위하여 묵시적 수락절차(tacit acceptance procures)[778]를 도입한 점과 할배조항(grandfather clause)을 규정하고 있는 점이다. 즉, 이 협약에서는 협약개정의 방법으로서 국제회의(conference) 또는 확대해사안전위원회(expanded MSC)[779]에서 출석하고 투표한 당사국 2/3 이상의 찬성을 필요로 한다. 협약 본문 및 부속서 제I장의 경우 당사국 정부의 2/3이 수락한 날짜에 수락된 것으로 간주한다. 또, 제I장 이외의 부속서는 개정사항이 수락을 위하여 당사국 정부에 송부된 날로부터 2년이 경과한 날 또는 해당 회의에서 2/3의 찬성에 의해 채택된 경우에는 채택된 날로부터 1년이 경과한

777) 부속서는 제I장부터 XII장까지 있으며, 제XI장은 XI-1 및 XI-2의 2개 장(chapter)로 나뉘어져 있다.

778) IMO에서는 이러한 절차의 채택으로 인하여 수많은 협약의 개정안들이 신속하게 발효되고 있다. 묵시적 수락절차는 당시 IMO 사무국에 근무하던 일본의 사사무라(Sasamura) 씨가 고안한 것으로 알려져 있다.

779) 확대 MSC는 IMO 회원국 여부를 불문하고 협약 당사국 정부가 협약 개정안의 심의 및 채택을 위하여 참석한 MSC를 말한다. 1974년 SOLAS 협약 본문 제8조 (b)(iii).

날에 수락된 것으로 간주한다.[780] 다만, 규정된 기간 내에 1/3을 넘는 당사국 정부 또는 세계 상선선복량의 50% 이상이 되는 당사국들이 사무총장에게 반대를 통지한 경우에는 그 개정이 수락되지 아니한 것으로 본다(제8조 (b)(vi)). 이후 협약 본문 또는 부속서 제I장은 이미 수락한 당사국 정부에 대하여 개정이 수락되었다고 간주된 날로부터 6개월 후, 그 날짜 이후 개정을 수락하는 각 당사국에 대하여는 그 당사국 정부의 수락일로부터 6개월 후에 발효된다. 또 제I장 이외의 부속서는 반대국가를 제외하고 개정이 수락되었다고 간주된 날로부터 6개월 후에 발효된다(제8조 (b)(vii)). 이와 같은 절차에 따라 개정된 협약은 채택된 날로부터 최단 1년 6개월 만에 발효될 수 있게 되었다.

한편, 선박의 구조와 관련된 이 협약의 개정은 별도의 명문 규정이 없는 한 기존 선박에는 적용되지 않고 이 협약이 발효하는 날 이후에 건조를 시작한 선박에 한하여 적용된다(제8조 (e)). 선박의 구조를 바꿀 경우 선주에게 과도한 비용이 발생될 수 있으며, 실제 기존 선박의 경우 구조를 바꿀 수 없는 경우도 있을 수 있기 때문이다. 이와 같이 특별한 경우가 아니면 개정협약은 기존 선박에는 적용하지 않도록 하는 규정을 할배조항이라고 한다.[781] IMO에서는 기존 선박에 새로운 안전조치(safety measures)를 적용할 경우에는 소요비용, 관련 설비의 공급가능성(availability), 해당 조치의 강행가능성(enforceability), 시행시기 등을 종합적으로 고려하도록 결정하도록 하고 있으며, 필요 시 공식안전평가(formal safety assessment)나 위험평가(risk assessment) 및 사건나무(event trees) 기법을 사용하도록 하고 있다.[782]

▣ 부속서 제Ⅰ장 총칙(General Provisions)

이 협약의 적용에 관한 일반적인 원칙을 규정하고 있다. 여객선은 12인 이상을 운송하는 선박을 말하며, 화물선은 여객선이 아닌 선박을 말한다(제2규칙 (f) 및 (g)). 또 별도의 규정이 없는 한 군함, 총톤수 500톤 미만의 소형 선박, 유람요트(pleasure yacht), 어선 등에는 이 협약을 적용하지 않는다(제3규칙).[783] 또한 각종 선박의 검사 및 선박이 협약요건에 적합하다는 것을 확인하는 검사 및 증서의 교부에 관한 규정 등이 수록되어 있다(제6 내지 제18규칙). 이밖에도 항만국통제(Port States Control, 제19규칙) 및 해양사고 시 당사국 정부의 조사 및 IMO 통보에 관한 사항(제21규칙)도 포함되어 있다.

▣ 부속서 제Ⅱ-1장 건조(Construction - Structure, subdivision and stability, machinery and electrical installations)

---

780) 실무에 있어 협약은 확대 MSC에서 개정하는 것이 일반적이며, 국제회의를 통한 개정은 새로운 장(chapter)의 채택이나 심각한 해양사고 발생 시 이에 대한 대책 마련의 일환으로 사용될 뿐 그 사용빈도가 비교적 낮다.

781) 할배조항의 원조는 19세기 후반 미국의 남부 주에서 가난하고 문맹인 아프리카 노예의 후손의 투표권을 제한하기 위한 입법이다. 그러나 문맹인 백인에게는 투표권을 줄 수 있도록 남북전쟁 이전에 투표권을 행사한 조상(grandfather)이 있을 경우는 예외로 하였다. 이런 입법들은 추후 모두 위헌판결을 받았다. Wikipeidia, http://en.wikipedia.org/wiki/Grandfather_clause [2013.11.10.].

782) 자세한 내용은 Interim Guidelines for the Systematic Application of the Grandfather Clauses (MSC/Circ. 765-MEPC/Circ. 315) 참조.

783) 제5장(항해의 안전)의 경우 별도로 정하는 경우를 제외하고는 모든 선박에 적용된다.

제II-1장은 선체구조(structure of ships), 구획(subdivision), 복원성(stability), 기관 및 전기설비에 관하여 규정하고 있다. 즉, 산적화물선 및 유조선의 평형수(ballast water) 탱크는 해수에 부식되지 않도록 부식방지조치를 하여야 하며(제3-2규칙), 화물구역에 접근로(access)를 확보해야 한다(제3-6규칙). 또 여객선은 선체손상 시에도 안전성이 확보되도록 수밀구획으로 구분되어야 하며(제8 내지 제8-3규칙), 여객선의 수밀 완전성(watertight integrity, 제20규칙), 빌지(bilge)[784) 배출장치(제21규칙)는 각각의 요건을 따라야 한다. 선박의 구획 및 복원성 요건은 화물선 및 여객선으로 나뉘어 규정되어 있으며(B편 및 B-1편), 여객선에 대한 규정이 상대적으로 더 엄격하다. 기관장치(C편) 및 전기설비(D편)에 관한 규정은 비상시에 이러한 기관 및 전기설비 등이 선박 및 여객과 선원의 안전을 위하여 필수적인 기능이 계속 유지될 수 있도록 하기 위한 기준이다. 또 최근에는 자동화설비의 발전에 따라 야간 등에는 기관실에 당근근무 인원이 없는 경우도 많은 바, 이러한 경우에 대비하기 위한 규정도 따로 두고 있다(E편). 아울러 이 장 C, D 및 E편에서 정하는 바와 다른 대체적 설계 및 배치에 대하여도 별도로 규정하고 있다(제55규칙). 이와 같이 대체적 설계 및 배치를 인정하는 이유는 기존의 전통적인 방식에서 벗어나 기술혁신의 가능성을 열어두기 위함이다.

■ 부속서 제Ⅱ-2장 건조(Construction - Fire-protection, fire detection and fire extinction)

제II-2장은 방화(fire protection), 화재탐지(fire detection) 및 소화(fire extinction)에 관한 사항을 규정하고 있다. 선박의 경우 화재가 발생하면 선원들이 대피할 곳이 없기 때문에 화재예방에 각별한 주의를 기울여야 하고, 화재가 발생하면 신속히 탐지하여 소화할 수 있어야 한다. 또 화재가 완전히 소화될 때까지 다른 구역으로 번지지 않도록 각 구역은 격벽(bulkheads)과 갑판으로 분리되고, 벽면은 불연성 재료(non-combustible material)로 건조되거나 단열(insulate)되어야 한다. 이에 따라 이 장에서는 여객선, 화물선, 유조선 등 선박 종류별로 선박의 방화구조, 소방설비 등에 대한 전반적인 규정을 하고 있다. 특히 기관구역의 경우 고온이며, 인화성이 높은 기름을 연료로 사용하기 때문에 화재발생의 위험성이 높다. 따라서 기관구역에는 많은 소화설비를 비치하도록 규정하고 있다. 선박에서 사용되는 소화설비로는 소화전(hydrants) 및 소화호스(fire hoses), 휴대식 소화기(portable extinguisher), 고정식 소화장치(fixed fire-extinguishing systems), 스프링클러장치(sprinkler system), 고정식 갑판포말장치(fixed deck foam systems) 등이 있다. 또 화재를 진압할 수 없어 구명정 등을 타고 탈출해야 하는 최악의 경우를 대비하여 선박에는 적절한 탈출설비(means of escape)가 제공되어야 한다(제13규칙). 또한 제II-1장과 마찬가지로 방화구조 및 소방설비에 대하여도 대체설계 및 배치를 인정하고 있다(제17규칙).

■ 부속서 제Ⅲ장 구명설비(Life-saving appliances and arrangements)

제Ⅲ장은 구명설비(life-saving appliances) 및 장치(arrangements)에 관한 내용을 규정하고 있

784) 빌지(bilge)는 원래 선박 내부에서 가장 낮은 부분의 공간을 의미하기도 하고, 여기에 모인 액체를 의미하기도 한다. 빌지에는 추진기 축(shaft)을 통해 들어온 해수, 각종 기계의 작동 중 흘러내린 윤활유, 연료유 등이 포함되어 있다. 빌지수(bilge water)라고 표현하기도 한다.

으며, A편, B편 및 C편으로 구분되어 있다. A편은 일반규정으로서 용어의 정의(제3규칙), 구명설비의 평가, 시험 및 승인(제4규칙) 등 여객선 및 화물선 공통으로 적용되는 사항을 규정하고 있다. 특히 이 장에서 규정하는 구명설비 및 장치의 세부요건(specifications)은 국제구명설비규칙(LSA Code)에서 별도로 정하며, 주관청(Administration)은 승인 전 그 적합여부를 확인하여야 한다. B편은 여객선과 화물선에 공통적인 요건(제6규칙 내지 제20규칙), 여객선(제21규칙 내지 제30규칙) 및 화물선의 추가요건(제31규칙 내지 제33규칙) 등이 규정되어 있다. 여객선의 경우 많은 여객이 승선하고 있는 점을 감안하여 구명설비 비치기준이 화물선에 비하여 강화되어 있다. C편의 경우 대체설계 및 배치를 규정하고 있다(제38규칙).

▣ 부속서 제Ⅳ장 무선통신(Radiocommunications)

제IV장은 무선통신에 관한 사항을 규정하고 있다. 즉, 선박에 탑재하여야 할 무선설비의 종류, 기술요건, 당직, 무선통신 담당자, 무선일지의 기록에 관한 규정이 포함되어 있다. 전세계 해상조난 및 안전제도(GMDSS)의 시행과 관련, 선박은 항해하는 해역[785]에 따라 필요한 무선설비(radio equipment)를 비치해야 한다(제8규칙 내지 제11규칙). 또 선박은 보유하고 있는 무선설비의 조난신호를 수신하기 위하여 계속적인 당직을 유지해야 한다(제12규칙).

▣ 부속서 제Ⅴ장 항해의 안전(safety of navigation)

이 장은 항해안전에 관한 사항으로서 당사국 정부가 준비해야 할 항해안전업무와 모든 선박에 전반적으로 적용되는 운항(operation) 측면의 규정이 수록되어 있다. 즉 당사국 정부는 유빙의 발견 등 항행 상의 위험을 인지하였을 경우 항해경보(navigational warnings)를 발해야 하며(제4규칙), 해상인명의 안전, 항해의 안전 및 효율성, 해양환경의 보호를 위하여 선박의 항로(ships' routeing) 및 선박보고제도(ship reporting systems)를 강제화할 수 있다(제10규칙 및 제11규칙). 또 당사국 정부는 선박의 운항에 충분한 인원이 승무할 수 있도록 확인해야 한다(제14규칙). 안전한 항해를 위하여 선박에는 필요한 항해장치 및 설비가 탑재되어야 하고(제19규칙), 선박 장거리 식별 및 추적장치(LRIT)도 설치되어야 한다(제19-1규칙). 또 선박에는 해도 및 해사 간행물(nautical charts and publications)이 최신화되어 비치되어야 한다(제27규칙). 또한 선박의 안전항해에 관한 책임은 최종적으로 선장에게 있는 점을 감안하여 선주, 용선자(charterers), 선박을 운항하는 회사, 기타의 자는 해상에서 인명안전과 해양환경보호를 위하여 전문적인 판단 하에 내리는 선장의 결정을 방해하거나 제한하여서는 아니 된다(제34-1규칙).[786]

---

785) GMDSS 체제에서는 무선통신설비의 통달거리에 따라 해역을 A1에서 A4로 구분한다. A1해역은 VHF 무선통신이 가능한 있는 해역(약 육지에서 20-30해리 이내)을, A2해역은 중파가 도달할 수 있는 해역(100 해리 이상)을, A3해역은 INMARSAT 정지궤도위성의 통신범위 내의 해역(대략 북위 및 남위 60도 이내), A4해역은 A1, A2 및 A3해역 밖의 해역을 말한다.

786) 경제적 이해관계자의 개입으로 인하여 선박의 운항에 관한 선장의 전문적 판단이 흔들리는 것을 방지하기 위하여 이 규칙은 다음과 같이 선박안전법 제31조에 수용되었다. 제31조(선장의 권한) 누구든지 선박의 안전을 위한 선장의 전문적인 판단을 방해하거나 간섭하여서는 아니 된다.

■ 부속서 제VI장 화물과 연료유의 운송(Carriage of cargoes and oil fuels)

이 장은 당초 곡물운송(carriage of grain) 시 안전 확보에 관한 사항을 규정하고 있었으나 고체산적화물(solid bulk cargoes)에 관한 사항 등이 추가되었다. A편의 경우 일반규정으로서, 용어의 정의(제1-1규칙), 화주(shipper)의 화물정보 제공(제2규칙), 항해의 전 기간에 걸친 화물의 적부(stowage) 및 고박(securing)의 필요성(제5규칙) 등을 규정하고 있다. B편은 고체산적화물에 관한 특별규정으로서, 자세한 요건에 관하여는 IMSBC Code[787]에서 별도로 정하고 있다. 또 고체산적화물의 적화, 양화 및 적부에 관한 사항을 규정하고 있으며(제7규칙), 산적화물선의 안전한 적화 및 양화에 관한 사항은 산적화물선의 안전한 적화 및 양화를 위한 실무코드(BLU Code)[788]에서 별도로 규정하고 있다.[789] C편에서는 곡물운송의 안전 확보를 위한 사항이 규정되어 있다(제8규칙 및 제9규칙). 여기에서 곡물이라 함은 밀, 옥수수, 호밀, 보리, 쌀, 콩 등을 말한다(제8규칙 제2항). 이들 화물은 운송중 선박의 동요에 따라 선창 내에서 마치 액체와 같이 이동하며 선박의 무게중심을 이동시켜 선박의 복원성을 위협할 우려가 있기 때문이다. 곡물을 운송하는 선박의 요건, 운송 상의 안전조치는 별도로 규정된 국제곡물규칙(International Grain Code)[790]에 적합해야 한다.

■ 부속서 제VII장 위험물의 운송(Carriage of dangerous goods)

이 장은 위험물의 운송에 관한 사항을 규정하고 있다. 위험물은 크게 포장된 형태(in packaged form, A편)와 산적고체형태(in solid form in bulk, A-1편)로 분류하며, 위험액체화학물(dangerous liquid chemicals in bulk, B편), 산적액화가스(liquified gases in bulk, C편), 포장된 형태의 사용 후 핵연료(irradiated nuclear fuel), 플루토늄 및 고준위 방사성 폐기물(D편)을 운송하는 선박의 요건을 별도로 정하고 있다. 포장된 위험물의 운송에 관한 사항은 별도로 정하는 국제위험물운송규칙(IMDG Code)[791]에 따라야 하고(제3규칙), 위험물을 산적(bulk)으로 운송할 경우는 안전하게 선적 및 적부 되어야 하고(제7-3규칙), IMSBC규칙에도 적합하여야 한다(제7-5규칙).

---

787) IMSBC Code의 영문 명칭은 International Maritime Solid Bulk Cargoes Code로서, 기구의 제85차 MSC에서 결의서(MSC.268(85))로 채택되었다(SOLAS 협약 부속서 제VI장 제1-1규칙 제1항).

788) BLU Code의 정식 영문 명칭은 the Code of Practice for the Safe Loading and Unloading of Bulk Carriers, 기구의 제20차 총회에서 결의서(IMO Res. A.862(20))로 채택되었다.

789) 철광석이나 석탄과 같이 무거운 산적화물은 선적과정에서 일부 선창(cargo holds)에만 하중이 집중될 경우 과도한 응력에 의하여 선체가 절단될 수 있다. 따라서 선체의 일부분에 과도한 응력이 발생되지 않도록 화물을 골고루 선창에 나누어 적재하는 주의가 필요하다.

790) International Grain Code는 기구의 제59차 MSC에서 결의서(MSC.23(59))로 채택되었다.

791) IMDG Code는 포장형태의 위험물 운송에 관한 안전조치를 상세하게 규정하고 있다. 여기에서 위험물은 크게 제1급 화약류(explosives), 제2급 고압가스(gases), 제3급 인화성 액체(flammable liquids), 제4급 가연성물질(flammable solids), 제5급 산화성 물질(oxidizing substances and organic peroxides), 제6급 독물(toxic and infectious substances), 제7급 방사성물질(radioactive material), 제8급 부식성 물질(corrosive substances), 제9급 기타 유해성 물질(miscellaneous dangerous substances and articles)로 분류된다. 화학공업의 발전에 따라 계속하여 새로운 물질이 탄생되고 있어 IMDG Code는 꾸준히 개정되고 있다.

위험액체 화학물질을 산적으로 운송하는 선박은 국제산적화학물규칙(IBC Code)[792]에 적합하여야 하며(제10규칙), 액화가스를 산적으로 운송하는 선박은 국제가스운송선규칙(IGC Code)[793]에 적합하여야 한다(제13규칙). 포장된 형태의 사용 후 핵연료, 플루토늄 및 고준위 방사성 폐기물을 운송할 경우는 INF규칙(INF Code)[794]을 따라야 한다(제16규칙).

▣ 부속서 제Ⅷ장 원자력선(Nuclear ships)

이 장은 원자력선의 안전에 관한 기본적인 요건을 정하고 있다. 원자력선의 원자로 장치(reactor installation)는 주관청의 승인을 받아야 하고(제4규칙), 주관청은 원자력선에 의하여 불필요한 방사선 또는 핵 위험으로부터 안전을 확보하기 위한 조치를 하여야 한다(제6규칙). 또 원자력선은 항구에 입항하기 전 및 입항한 후 특별통제(special control)를 받아야 한다(제11규칙).

▣ 부속서 제IX장 선박안전운항관리(management for the safe operation of ships)

이 장은 선박에 안전관리체제를 도입하기 위하여 1994년의 협약개정을 통하여 추가되었다. 즉, 선사 및 선박은 국제안전관리규약(ISM Code)[795]에 적합함을 증명하는 적합증서(DOC) 및 선박안전관리증서(SMC)를 각각 교부받아야 한다(제4규칙). 여객선 및 유조선은 1998년 7월 1일부터, 총톤수 500톤 이상의 화물선 및 이동식굴착선(mobile drilling units)은 2002년 7월 1일부터 적용된다(제2규칙).

ISM Code에서 "회사(Company)"는 하여금 안전관리제도(Safety Management System)를 확립하도록 하고 있으며(para. 1.4), 여기에서의 회사는 선주, 나용선자 등 그 명칭에 관계없이 선박운항에 책임이 있는 자를 말한다(para. 1.1.2). 이러한 목적을 위하여 회사는 이에 관한 정책을 수립, 시행하여야 한다(para. 2.1). 정책에는 필요한 물자의 공급 및 육상의 지원이 포함된다. 또 모든 회사는 선박의 안전관리에 관한 회사와 선박과 연계(link)를 위하여 고위 경영층과 직접 연결되는 육상의 사람을 지명하여야 한다(para. 4). 선장의 책임과 권한은 명확히 문서화되어야 하고(para. 5.1), 회사는 선박내의 중요한 운항절차를 안전관리지침서(Safety Management Manual)에 문서화시켜 선박에 비치하여야 한다(para. 7).

▣ 부속서 제X장 고속정의 안전조치(Safety measures for high-speed craft)

이 장은 고속선의 안전기준을 정하고 있으며, 역시 1994년 협약개정을 통하여 추가되었다.

792) IBC Code의 정식 영문 명칭은 International Code for the Construction and Equipment of Ships Carrying Dangerous Chemicals in Bulk로서, 기구의 제48차 MSC에서 결의서(MSC.4(48))로 채택되었다.

793) IGC Code의 정식 영문 명칭은 International Code for the Construction and Equipment of Ships Carrying Liquified Gases in Bulk로서, 기구의 제48차 MSC에서 결의서(MSC.5(48))로 채택되었다.

794) INF Code의 정식 영문 명칭은 International Code for the Safe Carriage of Packaged Irradiated Nuclear Fuel, Plutonium and High-Level Radioactive Wastes on Board Ships이며, 기구의 제71차 MSC에서 결의서(MSC.88(71))로 채택되었다.

795) ISM code의 정식 영문 명칭은 International Management Code for the Safe Operation of Ships and for Pollution Prevention 이며, 기구의 제18차 총회에서 결의서(IMO Res. A.741(18))로 채택되었다.

즉, 고속선에는 건조된 해에 따라 각각 1994년 또는 2000년 고속선규칙(HSC Code)[796]이 적용되어야 한다(제2규칙 및 제3규칙). 고속선규칙의 당초 목표는 고속선이 SOLAS 및 LL 협약에서 규정하는 안전수준과 동일한 안전을 확보하도록 하기 위한 것이었다. 따라서 고속선규칙에서는 설비, 운항 및 보수정비 등 고속선의 운항에 관한 종합적인 규정을 포함하고 있다.

▣ 부속서 제XI-1장 해상안전을 강화하기 위한 특별조치(Special measures to enhance maritime safety)

이 장은 앞의 부속서에 규정된 사항에 추가하여 해양안전을 증진시키기 위하여 1994년에 제XI장으로 추가되었다. 이후 2001년 9/11 사태 이후 해상보안에 관한 사항이 제XI-2장으로 추가되면서 이 장은 제XI-1장이 되었다. 즉, 주관청(Administration)에 의해 검사를 대행하도록 지정된 조직(정부대행기관, recognized organizations: RO)은 IMO 결의서 제739호(18) 및 제789(19)[797]에 적합하여야 하며(제1규칙), 선령 5년 이상의 산적화물선 및 유조선에는 강화된 검사계획(Enhanced Survey Program[798])이 적용된다(제2규칙). 또 100톤 이상의 여객선 및 300톤 이상의 화물선은 IMO 선박식별번호를 부여받아야 하며(제3규칙), 모든 회사 및 등록된 선주는 2009년 1월 1일 이후 식별번호를 부여받아야 한다(제3-1규칙).

기존의 항만국통제(PSC) 검사항목에 더하여 일종의 소프트웨어(software)인 운항요건도 검사할 수 있다(제4규칙). 즉, 항만국통제관(PSCO)은 외국선박의 선장 또는 선원이 선박의 안전에 관하여 필수적인 선내 절차(essential shipboard procedures)를 숙지하지 못하고 있다고 믿을만한 확실한 이유가 있을 때에는 운항요건을 확인할 수 있다. 또 모든 선박은 선박의 이력(history)을 기록한 선박이력기록부(continuous synopsis record)를 유지하여야 하며(제5규칙), 각 주관청은 해양사고가 발생한 경우 사고조사규칙(Casualty Investigation Code)[799]에 따라 조사를 수행하여야 한다(제6규칙).

▣ 부속서 제XI-2장 해상보안 강화를 위한 특별조치(Special measures to enhance maritime security)

2001년 9/11 사태 이후 테러는 세계인의 관심사가 되었고, 해양 분야에서도 테러방지를 위한 해상보안의 중요성이 강조되었다. 이에 따라 2002년 12월 12일 SOLAS 협약 당사국 국제회의에서 국제 선박 및 항만시설 보안규칙(ISPS Code)[800]이 채택되었으며, 2004년 7월 1일

796) HSC Code의 정식 명문명칭은 High Speed Craft Code이다. 1994년 규칙은 MSC.36(63)으로, 2000년 규칙은 MSC.907(73)으로 각각 채택되었다.

797) 해당 결의서는 IMO Res. A.739(18), Guidelines for the authorization of organizations acting on behalf of the Administration 및 IMO Res. A.789(19), Specifications on the survey and certification functions of recognized organizations acting on behalf of the Administration을 말한다.

798) 강화된 검사는 산적화물선 및 유조선에 대하여 정밀검사(close-up survey)를 행하고, 철판두께를 측정하는 등 선박의 부식상태 및 구조적 결함여부를 확인하는 검사로서, 선령이 오래된 선박일수록 강화된 검사를 행하는 부분이 많아지게 된다.

799) 이 규칙의 정식 영문 명칭은 Code of the International Standards and Recommended Practices for a Safety Investigation into a Marine Casualty or Marine Incidents이며, 기구의 제84차 MSC에서 결의서(MSC.255(84))로 채택되었다.

신설된 부속서 제XI-2장과 함께 발효되었다. ISPS Code는 정부, 항만, 선박회사, 선박에 대하여 강행적으로 적용되는 A편(Part A) 및 권고적 성격의 지침이 포함된 B편(Part B)으로 구성되어 있다. 그러나 미국 및 유럽지역, 많은 선급(classification societies)은 B편도 강행규정으로 취급하고 있다.[801)]

주관청은 보안등급을 책정하고, 자국 선박 및 자국의 영해 및 항만에 입항한 선박에게 보안등급 정보를 제공하여야 한다(제3규칙). 또 국제항해에 취항하는 선박 및 회사는 ISPS Code B편의 지침을 고려하여 A편의 관련 요건을 준수하여야 한다(제4규칙). 선박의 안전 및 보안을 위한 선장의 전문적 판단에 의한 재량권은 보장되며(제8규칙), 모든 선박은 입항 전 및 입항 후 항만국의 통제에 따라야 한다(제9규칙). 항만시설도 ISPS Code에서 정하는 보안요건에 적합하여야 한다(제10규칙).

▣ 부속서 제XII장 산적화물선의 추가적인 안전조치(Additional safety measures for bulk carriers)

이 장은 산적화물선에 대한 추가적인 안전조치를 규정하고 있으며, 1997년 11월 27일 협약당사국 국제회의에서 채택되어 1999년 7월 1일 발효되었다. 즉, 산적화물선은 손상복원성 요건에 적합하여야 하며(제4규칙), 한 구역이 침수되더라도 견딜 수 있는 구조강도(structural strength)를 가져야 한다(제5규칙). 또 선체의 전단력(shear force)과 굽힘 모멘트(bending moments)에 관한 정보를 제공할 수 있는 적화지침기기(loading instrument)를 설치하여야 한다(제11규칙). 또한 침수되었을 경우 이를 확인할 수 있도록 화물창, 평형수탱크(ballast water tanks), 최전방 화물창 앞쪽에 있는 창고 등에는 수위감지기(water ingress alarms) 및 경보장치를 설치하여야 한다(제12규칙).

1.4 주요 개정내용

해상안전 확보에 관한 다양한 내용을 포함하고 있는 이 협약은 과학기술의 변화 등을 반영하여 꾸준히 개정되어 왔다. 특히 이 협약에서 각종 기술적인 내용을 포함하고 있는 많은 규칙(Code)을 강제적으로 적용하도록 규정하고 있으며, 이에 따라 이 규칙들도 계속 개정되어 왔다. 그 결과 2013년 7월 말까지 협약 및 규칙의 강제규정 개정은 총 123회에 이르고 있다.[802)] 이 중 중요한 협약규정의 개정내용은 다음과 같다.

1.4.1 1988년 개정

ㅇ채택(발효) : 1988.4.21. (1989.10.22.)

---

800) ISPS Code의 정식 영문 명칭은 International Code for the Security of Ships and of Port Facilities로서, 당시 국제회의의 결의서 2로 채택되었다.

801) International Marine Contractors Association, Introduction to The International Ship & Port Facility Security Code (ISPS Code), January 2007, p. 2.

802) IMO, *Status of Multilateral Conventions and instruments in respect of which the International Maritime Organization or its Secretary-General performs depositary or other functions*, As at 31 July 2013, p. 5.

○개 요

1987년 3월 발생한 "Herald of Free Enterprise" 호 침몰사고[803]와 관련하여 부속서 제Ⅱ-1장의 선수문(bow door) 개폐지시기, 예비조명등 및 감시장치 등에 관한 개정을 채택하였다. 문제의 시급성을 고려하여 이번의 개정에서는 묵시적 수락방식을 사용함으로써 협약개정안은 채택 후 불과 18개월 만에 발효되었다.

1.4.2 1988년 GMDSS 개정

○채택(발효) : 1988.11.9. (1992.2.1.부터 1999.2.1.까지 단계적으로 발효)

○개 요

1988년 11월 해사안전국제회의에서 채택한 것으로서 전세계 해상조난 및 안전제도(GMDSS)를 1974년 SOLAS 협약에 도입하기 위하여 부속서 제Ⅳ장을 전면 개정하였다. 이 제도는 선박에 대하여 해상안전항행에 대한 각종 정보를 제공하는 동시에 해상에서 조난사고가 발생한 경우 지구상의 어느 해역이라도 신속· 정확한 수색 및 구조(search and rescue) 활동이 이루어지도록 하기 위한 것이다. 이에 따라 종래 모스 부호(Morse Code)[804] 위주의 선박 간 송수신기 조작도 자동화 설비에 의한 간단한 조작으로 개선되었고, 조난경보도 자동적으로 발·수신되어 수색구조활동의 기능이 비약적으로 향상되게 되었다. GMDSS의 개요는 다음 그림7과 같다.

<그림7: GMDSS의 개요>

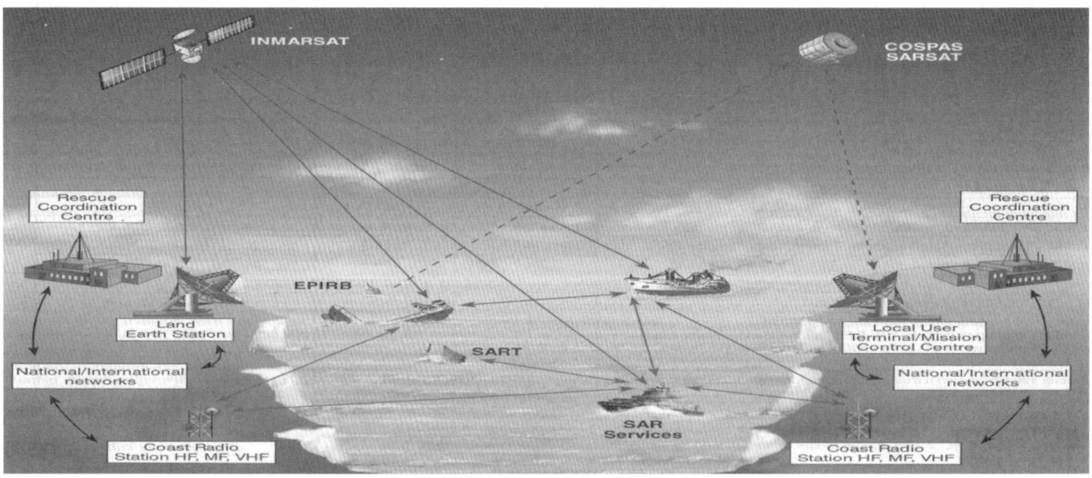

출처: http://www.icselectronics.co.uk/support/info/gmdss [2013.11.10.].

803) 영국 로로페리(roro ferry) Herald of Free Enterprise 호는 1987.3.6. 선수 문을 미처 닫지 않은 상태로 벨기에의 Zeebrugge항을 출항하자마자 앞에서 들이치는 파도에 의하여 침수되어 침몰하였다. 이 사고로 193명의 선원과 승객이 사망하였다. Wikipedia, http://en.wikipedia.org/wiki/MS_Herald_of_Free_Enterprise [2013.9.19]. 이 사고 직후 오닐(O'Neil) IMO 사무총장은 사고의 재발방지를 위하여 신속하게 국제회의를 개최하여 SOLAS 협약의 관련 규정을 개정하였다.

804) 모스 부호(Morse Code)는 장음과 단음의 조합으로 문자와 숫자를 표시하는 시스템으로서, 이를 이용할 경우 통신사(radio operators)가 필요하였다. GMDSS의 도입으로 인하여 모스 부호로 통신을 하던 통신사가 불필요해짐에 따라 선박에서 통신사 직종이 사라지게 되었다.

1.4.3 1992년 개정

ㅇ채택(발효) : 1992.4.10. (1994.10.1.)

ㅇ개 요

Scandinavian Star호 화재사고[805]와 관련, 제60차 MSC는 현존 여객선의 화재방지조치를 향상시키기 위하여 부속서 제Ⅱ-2장 41-1 및 41-2규칙을 신설하게 되었다. 즉, 연기탐지장치, 경보장치 및 스프링클러장치를 거주시설, 폐위된 계단, 복도 등에 설치하도록 하였다. 또한, 비상조명등, 일반비상경보장치, 통신장치의 요건도 개선하였다.

이번의 개정은 종래의 개정과 달리 기존 선박에도 소급하여 적용한다는 점이 특이하다. 종래 SOLAS 협약 개정은 소위 할배조항(Grandfather clause)이라고 하여 협약 발효일 이후에 건조되는 신조선에만 적용되었었다. 즉, 과거 IMO는 협약개정안을 기존 선박에 적용할 경우 대대적인 개조공사가 필요하고 따라서 선주에게 과도한 부담이 간다는 이유로 소급적용은 기피해왔었다. 그러나 사안이 중대할 경우에는 기존 선박이라도 협약개정안을 적용해야한다는 선례를 남기게 되었다.

1.4.4 1994년 개정

ㅇ채택(발효예정) : 1994.5.24. (개정항목에 따라 1996.1.1. 또는 1998.7.1.)

ㅇ개 요

SOLAS 협약 당사국회의에서는 협약 부속서 제IX장(선박의 안전운항을 위한 관리), 제X장(고속정의 안전조치) 및 제XI장(해상안전의 강화를 위한 특별조치)을 신설하였으며, 묵시적 수락절차에 따라 발효시키기로 결정하였다. 특히 동 회의에서는 협약을 신속히 개정할 수 있도록 협약의 개정절차에 관한 협약 본문 제8조를 개정하였다. 협약 본문의 상세한 개정 내용은 다음과 같다.

1.4.4.1 협약본문 제8조 개정

본래 이 조문은 협약개정절차를 다루고 있다. 즉, 개정안은 채택 전 적어도 6개월 전까지 각국 정부에 회람되어야 하며, 채택 후 적어도 18개월 후 발효하도록 하고 있다. 한편, 제 62차 MSC에서는 사무총장의 제안에 따라 예외적인 경우에 회람기간은 3개월, 발효기간은 12개월로 축소할 수 있도록 합의된 바 있다. 따라서 협약개정에 필요한 총 소요기간이 24개월에서 15개월로 축소되었다.

그러나 협약 당사국회의에서는 상기 결정에 대한 의문이 제기되었다. 그 결과 예외적인 경우

805) 바하마스(Bahamas) 선적의 여객선 Scandinavian Star호는 1990년 4월 7일 노르웨이 연안에서 발생한 화재로 인하여 159명의 인명손실을 가져왔다. 이 사고에서 많은 인명손실이 발생한 것은 승객들이 비상벨 소리를 듣지 못하였으며, 짙은 연기로 인하여 승객들이 탈출로(escape routes)를 찾지 못하였으며, 유독가스가 승객들을 바로 질식시켰고, 선원들 간의 의사소통이 원활하지 못하였기 때문이었다. Wikipedia, http://en.wikipedia.org/wiki/MS_Scandinavian_Star [2013.9.19.].

에는 회의에 참가하여 투표한 체약국 정부 4분의 3의 찬성으로 신속한 개정절차(accelerated amendment procedure)를 활용할 수 있도록 하는 결의문을 채택하였다(결의문 4호). 즉, 제8조 (c)(iii)의 규정에 따라 "회의에서 별도 결정이 없는 한(unless the Conference decides otherwise)" 규정된 절차에 따라 협약개정을 행하나 이번 회의에서는 별도로 결정하는 예외적인 상황을 정한 것이다. 동 결의문에 따라 체약국정부 국제회의(Conference of Contracting Governments)는 협약의 본문과 부속서 제 1장을 제외한 기술적인 사항의 개정을 위한 묵시적 수락 기간(제8조 (vi)(2)(bb))을 1년에서 6개월로 감축시킬 수 있게 되었다. 이에 따라 회람기간 6개월, 수락으로 간주되는 기간 6개월(국제회의의 결정으로 6개월로 단축 가능) 및 수락일로부터 발효일까지의 기간 6개월을 더하여 협약개정에 필요한 총 소요기간은 총 18개월이 되었다.

1.4.5 1995년 개정

ㅇ채택(발효) : 1995.11.29. (1997.1.1.)

ㅇ개 요

이번 개정은 Estonia호의 침몰사고[806]후 IMO에 임시로 설치된 로로선[807] 안전전문가위원회(Panel of Experts on Ro-Ro Ferry Safety)의 작업을 기초로 로로선의 복원성을 크게 강화하였다. 당초 1990년에 채택된 SOLAS 협약의 손상복원성기준은 신조선에만 적용되도록 되었으나 이번 개정으로 기존 선박에도 단계적으로 확대 적용되게 되었다. 즉, 복원성 기준에 85%가 적합한 선박은 1998년 10월 1일까지, 97.5%가 적합한 선박은 2005년 10월 1일까지 완전히 적합하여야 한다.

제 II-1장에는 제8-2규칙이 신설되어 400명 이상을 운송하는 여객선에 대한 특별요건을 정하였다. 이 규정은 1구획실 기준에 맞추어 건조된 선박을 퇴장시키기 위한 것이며, 또 선박이 손상 후 2개의 구획실이 침수된 경우에도 전복 및 침몰되지 않도록 하기 위한 것이다. 제III장에서는 로로선의 특별요건으로서 선내방송장치(public address system)를 추가하였으며, 구명설비의 요건도 개선하였다. 또한 모든 여객선은 선내 여객에 관한 자세한 정보를 보유하고 있어야 하는 요건 및 헬리콥터의 착륙장소에 대한 요건도 추가되었다.

1.4.6 2002년 개정

ㅇ채택(발효) : 2002.12.12. (2004.7.1.)

ㅇ개 요

2002년에는 총 4회의 협약개정이 이루어졌는바, 그 중 특기할만한 사항은 협약당사국 국제

806) 에스토니아(Estonia)의 탈린(Tallin)항을 출발하여 스톡홀름으로 항해하던 로로선 Estonia 호는 1994.9.28. 기상악화로 인하여 발틱해(Baltic Sea)에서 침몰하였다. 이 사고로 총 852명이 사망하였다. Wikipedia, http://en.wikipedia.org/wiki/MS_Estonia [2013.9.19.].

807) ro-ro 선박은 roll-on/roll-off 즉, 화물이 바퀴에 의해 굴러서 선적 및 양화가 될 수 있도록 설계된 선박을 말한다(통상 카페리가 여기에 속한다). 이러한 선박은 화물의 하역시간을 감축시키는 장점이 있으나 모든 갑판이 연결되어 있기 때문에 선체의 손상 등으로 인하여 선박 내부의 갑판에 침수가 시작되면 선박의 복원성 확보가 어려운 단점이 있다.

회의에서 ISPS Code를 채택하고, 이를 반영할 수 있도록 SOLAS 협약에 제XI-2장(해상보안 강화를 위한 특별조치)을 신설한 점이다. 사안의 시급함을 감안하여 이 개정사항도 채택 후 불과 18개월여 만에 발효되었다.

2. 1978년 SOLAS 의정서 (SOLAS PROT 1978)

2.1 개요

○ 협약원명 : Protocol of 1978 Relating to the International Convention for the Safety of Life at Sea, 1974
○ 채택(발효) : 1978.2.17. (1981.5.1.)
○ 목적 : 1974년 SOLAS 협약의 개정방법으로서 의정서를 선택함.
○ 관련 국제법 : 선박안전법
○ 적용대상 : 1974년 SOLAS 협약의 경우와 동일

2.2 채택 배경

1978년 2월 6일부터 17일까지 영국 런던에서 개최된 유조선의 안전 및 오염방지에 관한 국제회의(International Conference on Tanker Safety and Pollution Prevention)에서 채택된 1974년 SOLAS 협약의 개정을 위한 의정서이다. 이 의정서는 주로 1974년 SOLAS 협약 부속서의 내용을 개정하였다. 즉, 불시 점검(unscheduled inspection)과 강제연차검사(mandatory annual survey)의 도입 및 항만국통제요건의 강화를 골자로 하여 부속서 제Ⅰ장, 제II-1장, 제Ⅱ-2장 및 제V장이 개정되었으며, 주요 내용은 다음과 같다.

- 주관청은 선박검사증서의 유효기간 불시점검을 행할 수 있도록 하여야 하며, 이러한 검사는 자체의 검사기관, 지명된 검사원(nominated surveyor), 대행검사기관(RO) 또는 다른 당사국이 행할 수 있음(부속서 제I장 제6규칙 (b))
- 항만국통제(PSC) 절차를 상세하게 규정함(부속서 제I장 제19규칙)
- 10,000 GRT 이상의 모든 탱커에는 조타장치 및 그 동력장치를 2중으로 설치하고, 타(rudder)를 그중 아무 동력장치로도 조작할 수 있어야 함(제II-1장 제29규칙 (d))
- 20,000 DWT 이상의 신조 탱커에 갑판포말장치 및 불활성가스(inert gas) 장치의 설치(제II-2장 제60규칙 (a))
- 기존 유조선(oil tanker)로서 70,000 DWT 이상은 1983년 5월 1일부터, 20,000-70,000 DWT는 1985년 5월 1일부터 불활성가스장치를 설치(제II-2장 제60규칙 (d))
- 1,600 GRT 이상의 선박의 경우 레이더(radar)설비 1대를 갖추도록 하는 요건에 부가하여 10,000 GRT 이상의 선박에는 레이더설비 1대를 추가 설치(제V장 제12규칙)

2.3 주요 개정내용

2.3.1 1981년 개정

○ 채택(발효) : 1981.11.20. (1984.9.1.)
○ 개 요

1981년 11월에 개최된 제45차 MSC에서는 1978년 의정서에 대한 개정안을 채택하였다. 개정 내용은 이중으로 설치된 조타장치의 전기(electric) 통제장치는 별도의 회로로 되어 있어야 하며, 비상시 조타기실에서 선교로부터의 제어장치를 절단할 수 있도록 하는 것이었다(부속서 제II-1장 제29규칙),

2.3.2 1988년 개정

○ 채택(발효) : 1988.11.10. (1992.2.1.)
○ 개 요

1988년 11월에 개최된 1978년 의정서 당사국회의에서 GMDSS 도입과 관련된 내용을 개정하였다. 즉, 선박에서 무선전신(radiotelegraphy) 시설이 없어짐에 따라 종래 화물선안전무선전신증서와 화물선안전무선전화증서를 화물선안전무선증서(Cargo Ship Safety Radio Certificates)로 통일하였다(부속서 제I장 10규칙 및 제14규칙). 또 관련 국제협약증서의 서식도 대폭 개정하였다(동 부록).

3. 1988년 SOLAS 의정서(SOLAS PROT 1988)

3.1 개요

○ 협약원명 : Protocol of 1988 Relating to the International Convention for the Safety of Life at Sea 1974
○ 채택(발효) : 1988.11.11. (1992.2.3.)
○ 목적 : 검사 및 증서교부의 통일제도 도입
○ 관련 국제법 : 선박안전법
○ 적용대상 : 1974년 SOLAS 협약의 경우와 동일

3.2 채택 배경

각국의 선박검사 규정이 상이하여 항만국통제(PSC)의 효율적인 시행이 곤란함에 따라 해사안전국제회의에서는 검사의 기간 및 증서양식을 통일하기 위하여 검사 및 증서교부의 통일제도(Harmonized System of Survey and Certification: HSSC)를 1974년 SOLAS 협약에 도입하였

다(주로 부속서 제Ⅰ장 개정).

HSSC의 골자는 화물선의 경우 정기검사 5년 간격, 연차검사 1년 간격이라는 원칙을 두고 제2 또는 제3의 연차검사(annual survey) 중 하나를 선정하여 이를 중간검사를 한다는 것으로서, 4년 간격으로 시행하는 정기검사의 중간에 중간검사를 시행하던 종래의 원칙을 변경하였다. 또 사정상 새로운 증서를 교부받을 수 없어 증서의 유효기간이 연장될 경우 30개월 간격의 선저검사(bottom survey)도 최대 36개월 간격으로 연장할 수 있도록 하였다(부속서 I 제10규칙). 또한 종래에는 검사증서를 선박에 게시(posting up)하도록 하였으나 선박에서 항상 제시할 수 있도록(readily available on board) 변경하였다(동 제16규칙). 아울러 각종 서식의 내용도 대폭적으로 개정하였다(동 부록).

3.3 주요 개정내용

2013년 10월 1일 현재까지 총 11회에 걸쳐 이 의정서에 대한 개정이 이루어졌다. 개정의 대부분은 협약증서 서식에 개정에 관한 사항으로서, 특히 새로운 설비의 도입에 따라 이러한 검사사항을 검사증서의 서식에 추가하는 것이었다. 즉, 2006년 개정의 경우 장거리 위치추적장치(LRIT)와 선박자동식별장치(AIS)를 추가하였으며,[808] 2008년의 경우 수색구조 레이더 송수신기(Search and Rescue Radar Transponder: SART), AIS 수색구조 송신기(AIS Search and Rescue Transmitters: AIS-SART) 등을 추가하였다[809]. 또 2009년에는 선교항해당직경보시스템(bridge navigational watch alarm system)을 추가하였다.[810]

4. 북유럽 및 발틱해를 정기적으로 항해하는 로로여객선의 복원성요건에 관한 협정

4.1 협정의 개요

ㅇ협약원명 : Agreement Concerning Specific Stability Requirements for Ro-Ro Passenger Ships Undertaking Regular Scheduled International Voyages Between or To or From Designated Ports in Northwest Europe and the Baltic Sea[811]

ㅇ채택(발효) : 1996.11.27-28.[812] (1997.4.1.)

ㅇ목 적 : 북유럽 및 발틱해를 운항하는 로로여객선의 안전향상

808) MSC 결의서 MSC.227(82), 8 December 2006.

809) MSC 결의서 MSC.258(84), 16 May 2008.

810) MSC 결의서 MSC.283(86), 5 June 2009.

811) 조약이라 함은 그 명칭에 관계없이 국제법에 의하여 규율되는 국제적 합의를 의미하는바(비에나협약 제2조 제1항 (a)), 이 협정의 경우 명칭은 Agreement이지만 실질적으로 조약으로 해석될 수 있다.

812) 각종 조약은 국제회의의 마지막 날 또는 특정 날짜에 채택하는 것이 일반적이나 이 협정의 경우 국제회의 기간 모두를 채택일로 하고 있다. IMO, *Status of Multilateral Conventions and instruments in respect of which the International Maritime Organization or its Secretary-General performs depositary or other functions*, As at 31 July 2013, p. 84. 아마도 채택된 날이 명확하지 않아 국제회의의 기간 모두를 포함시킨 것으로 추정된다.

○관련 국내법 : 선박안전법
○적용대상 : 체약국 정부에 등록되어 북유럽 및 발틱해를 정기적으로 항해하는 로로여객선

4.2 채택 배경

1994년 9월 28일 발생한 로로여객선 에스토니아(Estonia) 침몰 사고 이후 1995년 IMO는 SOLAS 협약을 개정하여 로로여객선의 복원성을 대폭 강화시켰다. 그럼에도 불구하고 북유럽 국가들은 로로여객선의 안전을 보다 더 강화하기 위하여 1996년 1월 및 2월에 각각 스웨덴의 스톡홀름(Stockholm)에서 국제회의를 개최하여 복원성 강화에 관한 협의를 진행한 후 이 협정을 체결하였다.813)

4.3 주요 내용

체약국 정부(Contracting Government)는 북유럽 및 발틱해의 항구를 정기적으로 운항하는 로로 여객선에 대하여 특정한 복원성 요건을 적용한다(협정 제2조). 그러나 정기운항이 아니고 단 1회의 운항을 하는 경우에는 모든 요건을 면제한다(동 제4조). 또 체약국 정부는 모든 로로 여객선에 이 요건을 적용하며, 이 협정의 당사국이 아닌 국가의 선박에 대하여는 우대금지(no more favorable treatment)처분을 하여야 한다(제5조 제1항). 강화된 복원성기준은 1997년 4월 1일부터 단계적으로 시행하여 늦어도 2002년 10월 1일까지는 모든 선박에 대하여 적용한다(부속서 2).

5. 1972년 국제해상충돌예방규칙(COLREG 1972)

5.1 개요

○협약원명 : Convention on the International Regulations for Preventing Collisions at Sea, 1972 (COLREG 1972)
○채택(발효) : 1972.10.20. (1977.7.15.)
○목 적 : 선박충돌방지를 위한 국제적 통일규칙의 제정
○관련국내법 : 해상교통안전법, 선박안전법 (선박설비기준)
○적용대상 : 원양 항행선이 항행할 수 있는 해양과 이에 접속한 모든 수역의 수상에 있는 모든 선박에 적용

813) SOLAS 협약의 기준에 불구하고 협약 당사국은 전부 또는 일부의 합의에 따라 특별규칙을 정할 수 있으며, 이 경우 동 규칙은 모든 국가에게 알리기 위하여 IMO 사무총장에게 송부되어야 한다(1974년 SOLAS 협약 제7조).

5.2 채택 배경

19세기 중반 증기기관이 선박에 도입된 후 그간 범선위주로 운행되어 왔던 선박의 항해규칙은 큰 변화를 가져오게 되었다. 범선은 속도가 느리고, 바람의 방향 및 세기에 따라 조종성능에 제약을 받기 때문에 운행방향을 예측하기 쉬워 충돌회피가 비교적 용이하였다. 그러나 기관을 설치한 선박은 바람과 무관하게 아무 쪽으로나 방향전환이 가능하기 때문에 선박간 충돌의 위험이 높아졌기 때문이다. 이에 따라 1840년 영국 런던의 등대협회(London Trinity House)는 항법에 관한 규칙을 제시하였으며, 1986년에는 이 규칙이 증기항해법(Steam Navigation Act of 1846)으로 채택되었다.[814] 이 법에서는 마주치는 선박이 좌현 대 좌현(port-to-port)로 항해하도록 규정하였고, 이후 개정된 1848년 법에서는 증기선박의 등화(lights)의 표시에 관한 사항이 추가되었다.[815]

제대로 체계적인 충돌예방규칙으로는 1863년 영국의 무역위원회(British Board of Trade)가 프랑스 정부와 협의를 거쳐 제정한 해상에서의 충돌예방을 위한 규칙(Regulations for Preventing Collisions at Sea)을 들 수 있다. 이 규칙은 종래의 단편적인 규칙들을 정비하고 선박의 정의, 등화(light), 무중신호(Fog signal), 항법규칙 및 제재조치의 다섯 가지 항목을 포함하는 것이었다. 1984년까지 이 규칙은 프랑스를 비롯한 30여개 국가가 이를 자국의 규칙으로 채택하여 국제적인 성격을 띠게 되었다.[816] 그러나 이 규칙은 시행과정에서 여러 가지 문제점이 발견되었고, 이에 따라 영국은 이 규칙을 자주 개정하게 되었다. 각국은 영국의 개정에 따라 자국의 규칙을 계속하여 개정하였으나 이에 따르지 아니하는 국가도 있어서 통일법 제정의 필요성이 절실하게 되었다.

1889년 미국은 워싱턴디씨(Washington D.C.)에서 최초의 국제해사회의(International Maritime Conference)가 개최하였고, 여기에 참석한 28개국의 대표는 새로운 해상충돌예방규칙을 검토하였다. 이후 이 규칙은 1890년에 채택되었고, 1897년에 발효되었다.

1912년 4월 15일 여객선 타이태닉(Titanic)호의 침몰사고에 따라 1913년에서 1913년에 걸쳐 대서양연안의 국가들은 해상인명안전회의(International Conference for the Safety of Life at Sea)를 개최하여, 1914년 SOLAS 협약을 채택하였다. 이 협약에서는 제3장(항해의 안전)에 충돌예방규칙에 관한 사항을 구체적으로 정하고 각국은 국내법으로 수용할 것을 약속하였으나 그 후 곧 제1차 세계대전이 발발하여 실제로는 실시하지 못하였다. 또 1929년에는 제2차 해상인명안전회의가 개최되어 이 규칙은 총13개조로 확대되어 SOLAS 협약의 부속서2로 채택되었다. 이 규칙은 1931년 7월 1일부터 시행될 예정이었으나 그 동안 각국의 준비가 되지 아니하였고, 그 후 제2차 세계대전이 일어나 실현을 보지 못하였다.

1948년 영국의 런던에서는 다시 국제해상인명안전회의가 개최되었고 이 회의에서 1948년 SOLAS 협약 및 국제해상충돌예방규칙이 채택되었다. 범세계적으로 채택된 최초의 충돌예방규칙이라고 할 수 있는 이 새로운 규칙은 1954년 1월 1일부터 발효되었다. 이후 이 규칙은 1960년에 SOLAS 협약과 함께 개정되었으며, 1972년에는 SOLAS 협약에서 분리시켜 별도의 협약으로 채택되었다.

---

814) Wikipedia, http://en.wikipedia.org/wiki/International_Regulations_for_Preventing_Collisions_at_Sea [2013.10.2.].
815) A Short History of the Rules, http://navruleshandbook.com/History.html [2013.10.2.].
816) Wikipedia, http://en.wikipedia.org/wiki/International_Regulations_for_Preventing_Collisions_at_Sea [2013.10.2.].

5.3 주요 내용

COLREG 1972는 협약본문 및 4개의 부속서로 구성되어 있으며 주요 내용은 다음과 같다.

▣ 본 문

제1장 총칙(제1조 : 적용범위, 제2조 : 책임, 제3조 : 일반정의)

제2장 항법 (제4~19조)
○ 모든 시계 내에서의 선박의 운항
○ 상호 시계 내에 있는 선박의 운항
○ 제한 시계 내에서의 선박의 운항

제3장 등화 및 형상물 (제20~31조)

제4장 음향 및 발광신호 (제32~37조)

제5장 경과 규정 (제38조)

▣ 부속서 I : 등화 및 형상물의 배치와 기술상의 명세 (13개절)

▣ 부속서 II : 근접하여 어로작업을 하고 있는 어선의 부가신호(additional signal)

○ 일반원칙
○ 트로올 어선(trawlers)의 부가신호
○ 건착망 어선(purse seiners)의 부가신호

▣ 부속서 III : 음향신호장치의 기술적인 명세 (기적, 호종 또는 징)

▣ 부속서 IV: 조난신호

5.4 주요 개정내용

5.4.1 1981년 개정

○ 채택(발효) : 1981.11.19. (1983.6.1.)
○ 개 요

이 개정안은 제12차 총회에서 결의서 제464호로 채택되었다. 즉, 통항분리수역 내에서 항해안전을 위한 공사, 수중케이블의 부설작업 등으로 인하여 조종성능이 제한되는 선박에 대하여는 이 규칙의 요건을 면제받을 수 있도록 하였다. 또 부분적으로 물에 잠긴 선박 또는 물체의 등화 및 형상물에 대하여 규정하였으며, 주의환기 신호로서 스트로브등화(갑자기 반짝하는 등화)와 같은 고광도의 간헐적인 등화 또는 회전등 등의 사용을 금지하였다.

5.4.2 1987년 개정

○ 채택(발효) : 1987.11.19. (1989.11.19.)

○ 개 요

이 개정안은 제15차 총회에서 결의서 제626호로 채택되었다. 주요 내용으로는 통항분리대 또는 항계 내에서 소형선박의 조기 피항동작을 신설하고, 흘수제약선박에 대한 정의를 명확하게 하였으며, 부속서Ⅳ의 조난신호로서 무선통신에 의한 신호를 추가하였다.

5.4.3 1989년 개정

○ 채택(발효) : 1989.10.19. (1991. 4.19)

○ 개 요

이 개정안은 제16차 총회에서 결의서 제678호로 채택되었다. 개정내용으로는 연안교통대(inshore traffic zone)에서 항해할 수 있는 선박대상에 20미터 미만의 어로에 종사하는 어선을 포함시키고, 연안교통대 안의 항구 등을 출입하거나 긴박한 위험을 피하고자 할 경우 등 연안교통대를 이용할 수 있는 조건을 규정하였다(제10규칙 (d)).

5.4.4 1993년 개정

○ 채택(발효) : 1993.11.4. (1995.11.4.)

○ 개 요

이 개정안은 제18차 총회에서 결의서 제736호로 채택되었다. 주요 개정내용으로는 길이 20미터미만의 어선에 대한 특례조치로서, 종래 2개의 원추형 정점을 포개서 수직으로 달은 형상물 대신 바구니를 달 수 있던 규정을 삭제하였다(제26규칙 (b)(i) 및 (c)(i)). 또 동력선이 마스트(mast) 등화 1개만을 표시할 경우는 선박중앙 또는 그 앞쪽에 달도록 하였고(부속서Ⅰ 제3항(d)), 고속정의 마스트등 표시에 대하여는 특례를 인정하였다(동 제13항).

5.4.5 2001년 개정

○ 채택(발효) : 2001.11.29. (2003.11.29.)

○ 개 요

이 개정안은 제22차 총회에서 결의서 제910호로 채택되었다. 주요 내용으로는 WIG선을 선박의 정의에 포함시켜 이 규정에 따른 항법을 지키도록 하였다(국제충돌예방규칙 제3조 (a) 및 (m)). 또 WIG선은 주변의 다른 선박의 항해를 방해하면 아니 되고(동 제18조 (f)(i)), 표면에서 뜨거나 내릴 경우 깜박거리는 강한 홍색의 전주등(a high intensity all-round flashing red light)을 표시하도록 하였다(동 제23조(c)).

5.4.6 2007년 개정

○채택(발효) : 2007.11.29. (2009.12.1.)

○개 요

2007년 11월 제25차 총회는 이 협약의 개정안을 결의서 제1004호로 채택하였다. 주요 내용은 조난신호의 내용을 개정하거나 신설하는 것이었다. 즉, 종래 무선전신과 무선전신으로 행하던 조난경보(distress alert)를 VHF 채널 70, 중단파 비상주파수 및 Inmarsat에 의한 것으로 변경하였다(부속서 IV 1(l) 및 (m)). 또 생존정의 레이더 트랜스폰더(radar transponder)등 무선통신에 의한 신호를 추가하였다(동 (o)).

6. 1966년 국제만재흘수선협약(LL 1966)

6.1 개요

○협약원명 : International Convention on Load Lines, 1966

○채택(발효) : 1966.4.5. (1968.7.21.)

○목 적

- 선박의 풍우밀(weathertight) 및 수밀(watertight) 보전성의 확보
- 만재흘수선의 지정에 의한 선박의 최대적재량 제한
- 상기에 대한 국제적인 통일규칙 확립

○관련 국내법 : 선박안전법

○적용대상 : 국제항해에 취항하는 길이 24미터 이상의 선박. 다만, 군함, 유람요트 및 어선 제외

6.2 채택 배경

선박의 화물적재에 대한 제한을 하기 시작한 것은 약 4,500년 전이라고 한다. 특히 기원전 2,500년경에 크레타(Crete) 섬에서는 해사법령으로 선박의 적재 및 유지보수에 대하여 검사에 합격하도록 정하였으며, 로마의 해법에서도 유사한 규정을 가지고 있었다.[817] 이 법령은 다시 10-16세기 이탈리아 도시국가의 상선관련 법령에 도입되었다. 예컨대 베니스(Venice) 법에서는 적재 가능한 최대 깊이를 선체측면에 고정된 선으로 표시하도록 정하였다. 이와 같이 선박이

817) Wikipedia, http://en.wikipedia.org/wiki/Ship%27s_load_line#Load_line [2013.10.1.].

최대한 적재할 수 있는 한도를 선박에 표시한 선을 만재흘수선(load line)이라고 한다. 그러나 그 표시의 형상 및 표시방법은 각 도시국가별로 약간의 차이가 있었다. 베니스에서는 십자가(cross), 제노아(Genoa)에서는 세 개의 수평선을 사용하였다. 13세기까지 독일의 루베크(Lübeck) 시에 본부를 둔 한자동맹(Hanseatic League)은 라인 강 동부에서 발틱해(Baltic Sea) 북부까지의 무역을 지배하고 한자무역법에 의하여 특별한 흘수선규칙을 정하고 선박과 무역상을 보호하였다.

19세기 후반 영국에서 만재흘수선에 대한 규정이 생길 때까지 선장은 오로지 경험에 의하여 적당량의 건현(freeboard)[818]을 남겨두고 출범을 하였다. 실제 만재흘수선은 선박의 위치 및 계절에 따라 다르다. 위도가 높은 지역과 겨울철은 바람이 세고 파도가 높기 때문에 선박에는 더 많은 복원성이 필요하므로 더 많은 건현이 필요하다. 반면에 선박이 강에 있을 경우에는 물의 비중이 낮아 바다를 항해할 때보다 더 깊이 잠겨 있으므로 이를 감안하여 다소 적은 건현도 허용될 수 있다. 그러나 선박의 안전에 중대한 매우 요소인 최소건현을 선장의 경험에만 맡기는 것은 위험한 일이었다. 더구나 건현의 대소는 선박에 적재하는 화물량을 결정하는 요소가 되므로 선주나 용선자의 요구에 의하여 과적하게 되는 경우도 많았을 것이다.

선박의 과적이 계속되는 해양사고의 원인이 된다는 것을 알게 된 영국 상무성(Board of Trade)은 1875년 선박의 과적을 막기 위하여 모든 선박에 최대적재허용선(The deepest loading permit line)을 선체의 양쪽에 표시하도록 의무를 지우는 법률안을 의회에 제출하였다. 이 법률안을 통과시키기 위하여 당시 하원의원이고 석탄판매상인 Mr. Samuel Plimsoll이 크게 공헌을 하였다. 그는 Lloyd's 또는 Liverpool 해사협회의 선급이 없는 선박의 검사를 규정하고, 과적방지를 위하여 만재흘수선의 규정을 정하고, 모든 선박에 대하여 선가의 3분의 2 이상의 보험부보를 금지하도록 주장하였다. 이러나 Plimsoll씨의 공헌을 인정하여 오늘날 만재흘수선 표시를 Plimsoll Mark라고도 한다.

그 후 1875년 영국 상무성은 만재흘수선에 관한 업무를 집행하면서 법 개정의 필요를 느끼게 되어 만재흘수선위원회(Load Line Committee)를 구성, 연구를 거듭하였다. 그 결과 원형에 수평선만이 있는 만재흘수선 표시에 계절과 담수(fresh water)에 대한 만재흘수선 표시도 추가하도록 규정을 개정하였다. 이 후 영국 이외에도 많은 주요 해운국가들이 비슷한 규정을 제정하게 되자 이에 대한 국제적인 통일이 필요하게 되었다.

1930년 London에서 개최된 국제만재흘수선회의(International Load Line Conference)에서는 만재흘수선에 관한 규정을 국제협약으로 채택하였고 그 후 세계 여러 국가가 속속 이 협약에 가입하였다.

만재흘수선의 표시방법은 다음 그림8과 같다.

818) 건현(freeboard)은 선체 길이의 중앙부 수면에서 선박의 상갑판 상단까지의 길이로서, 통상 항해 중 물에 잠기기 않는 선측의 외판부분을 말한다.

<그림8: 만재흘수선의 표시방법>

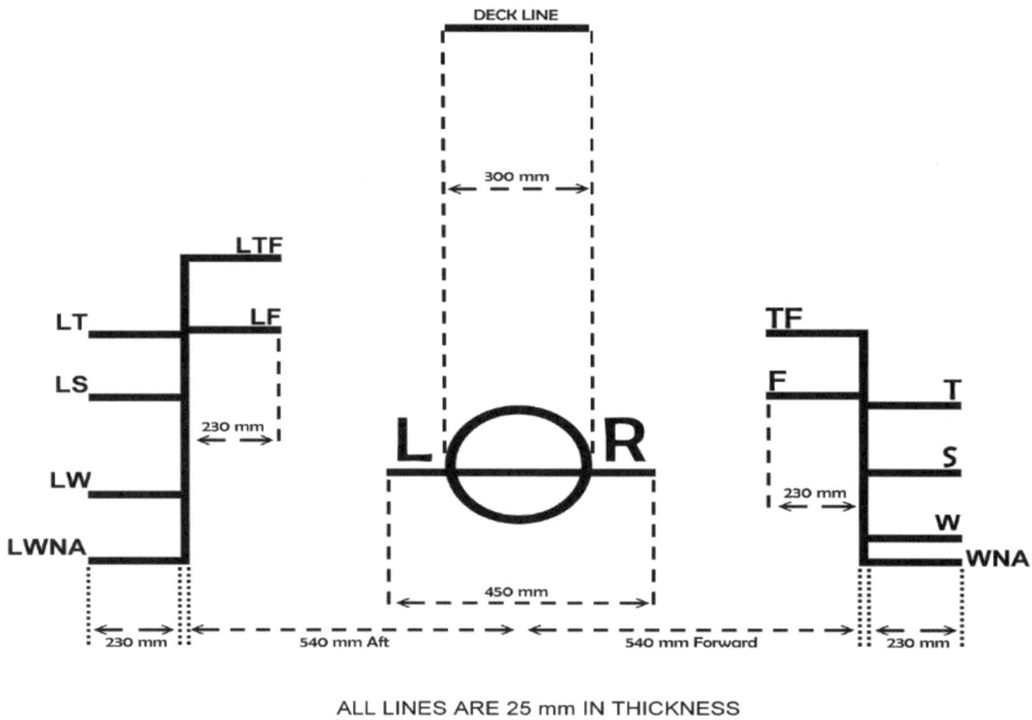

출처: Wikipedia, http://en.wikipedia.org/wiki/File:Load_line.jpg [2013.11.11.].

그러나 조선기술의 발달과 선박의 대형화, 선박구조의 변화 등에 따라 1930년 조약은 다음과 같은 문제점을 노출시켰다.

- 종래 조약은 길이가 화물선 750ft, 유조선 600ft까지밖에 규정하지 않았다. 이에 따라 이를 초과하는 대형 선박에 확대 적용한 결과 건현이 지나치게 크게 산출됨.
- 유조선과 갑판적 목재운반선(Lumber Carrier)은 기준이 너무 과하다고 판단되었다. 즉, 많은 선박들은 조약 기준보다 더 많은 화물을 적재하여도 안전하다는 것을 경험하게 됨.

이에 따라 1966년 4월 영국의 런던에서 만재흘수선에 관한 국제회의가 개최되었고, 총 52개국의 대표(한국대표도 참가)는 새로운 국제만재흘수선협약(1966년 LL 협약)[819]을 채택하였다. 이후 대부분의 국가가 이에 가입하였으며,[820] 이 협약은 선박의 안전확보에 관한 기본적인 국제기준이 되었다.

---

819) 이 협약의 영문 명칭은 International Convention on Load Lines, 1966이다.

820) 2013.7.31. 현재 이 협약에 가입한 국가는 총 161개국에 달하고, 이들 국가의 선박 보유량은 세계 전체의 99.19%에 달하고 있다. IMO, *Status of Multilateral Conventions and instruments in respect of which the International Maritime Organization or its Secretary-General performs depositary or other functions*, As at 31 July 2013, p. 195.

6.3 주요 내용

1966년 LL 협약은 협약본문 및 부속서로 구성되어 있으며 주요 내용은 다음과 같다.

▣ 협약본문

협약본문은 협약의 시행을 위한 일반적인 사항을 규정하고 있다. 즉, 당사국정부의 협약준수 의무, 용어의 정의, 적용범위 및 검사에 관한 사항이 포함되어 있다. SOLAS 협약과 마찬가지로 이 협약도 전함, 길이 24미터 미만의 소형선박, 요트(pleasure yacht), 어선 등은 적용이 제외된다(제5조). 또한 협약의 가입, 발효요건 및 개정방법 등 조약자체의 성립에 관한 사항도 규정하고 있다.

▣ 부속서Ⅰ 만재흘수선을 결정하기 위한 규칙

제1장 총칙(제1～9규칙)
- ㅇ갑판선 및 만재흘수선표의 규격 및 색상, 표시방법

제2장 건현지정의 조건 (제10～26규칙)
- ㅇ선장에 대한 복원성자료의 제공
- ㅇ현측문의 강도 및 풍우밀 확보
- ㅇ창구, 출입구 및 통풍통의 위치
- ㅇ창구, 개구의 규격 및 폐쇄방법

제3장 건현 (제27～40규칙)
- ㅇ선박의 길이에 따른 건현의 지정(표)
- ㅇ방형계수, 깊이 및 갑판선의 위치에 따른 수정건현
- ㅇ선수의 최소높이 및 최소건현

제4장 목재건현을 지정받는 선박에 대한 특별요건 (제41～45규칙)
- ㅇ선루(superstructure), 이중저(double bottom)탱크 및 불워크(bulwarks)의 규격
- ㅇ갑판적 목재화물(timber deck cargo)의 적재높이 제한 및 적재방법
- ㅇ목재적재에 따른 수정건현 산정

▣ 부속서Ⅱ 구역, 지역 및 계절기간(zones, areas & seasonal areas) (제46～52규칙)

- ㅇ 세계의 바다를 크게 동계계절구역 및 지역(winter seasonal zones and areas), 하계대역(summer zones), 열대구역(tropical zones), 계절열대구역(seasonal tropical areas)의 4 구역

으로 분류

ㅇ 동계계절구역과 계절열대구역의 계절별 구역 적용시기를 정함[821]

※ 1966년 LL 협약에 따른 구역 및 지역을 세계지도에 표시한 것은 다음의 그림9와 같다.

<그림9: 만재흘수선 구역 및 지역도>

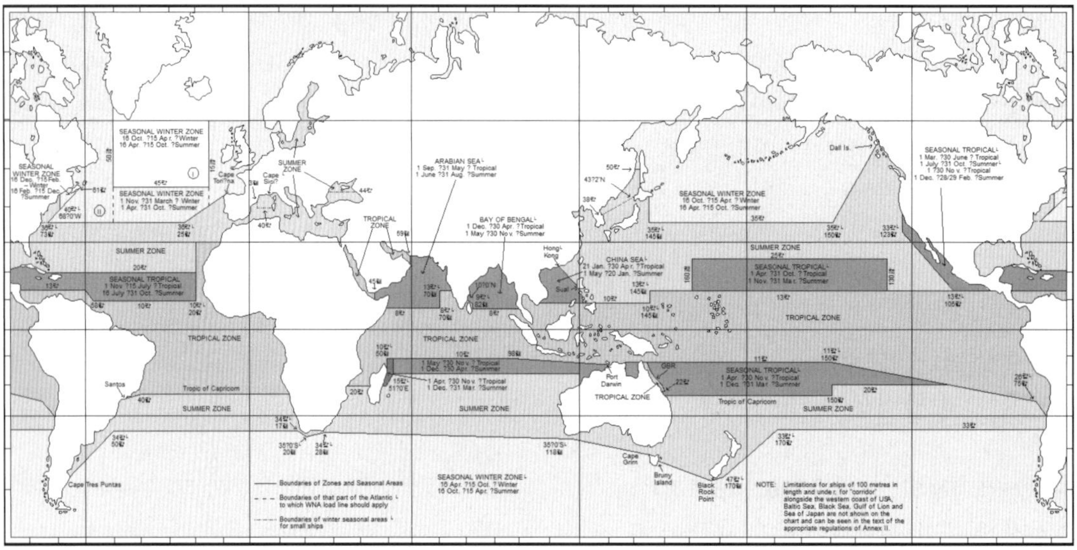

출처: 2013.9. 경 저자가 인터넷에서 Google을 이용하여 찾아 저장하였으나 2013.11.11. 현재 찾지 못하였음.

▣ 부속서Ⅲ 증서의 양식

6.4 주요 개정내용

이 협약의 채택 이후 총 6회의 개정이 있었다.[822] 그러나 2005년 개정을 제외하고는 모두 협약의 발효요건을 채우지 못하여 미발효 상태에 있으며, 앞으로 발효될 전망도 낮다. 2005년 개정의 경우 국제만재흘수선 증서 및 국제만재흘수선 면제증서의 서식을 변경하는 내용으로서 2010년 2월 3일 발효되었다. 2005년 개정이 발효된 것은 국제만재흘수선협약의 1988년 의정서 발효(2000년 2월 3일)로 묵시적 수락절차가 도입되어 발효요건이 단순해졌기 때문이다.

821) 동계계절구역과 계절열대구역은 여름과 겨울의 날씨 차이가 크기 때문에 연중 날짜를 정하여 각각 다른 기준이 적용된다. 즉, 동계계절구역에서는 하계만재흘수선과 동계만재흘수선이, 계절열대구역에는 하계만재흘수선과 열대만재흘수선이 각각 계절에 따라 번갈아 적용된다.

822) 1966년 LL 협약 개정안이 채택된 연도 및 관련 IMO 총회 결의서의 내용은 각각 다음과 같다. 1971 Amendments (A.231(VII)), 1975 Amendment (A.319(IX)), 1979 Amendment (A.411(XI)), 1983 Amendments (A.513(13)), 1995 Amendment (A.784(19)), 2005 Amendments (A.972(24)).

7. 1966년 LL 협약의 1988년 의정서 (LL PROT 1988)

7.1 의정서의 개요

○ 협약원명 : Protocol of 1988 Relating to the International Convention on Load Lines, 1966 (LL PROT 1988)
○ 채택(발효) : 1988.11.11. (2000.2.3.)
○ 목적 : 1966년 LL 협약의 효율적인 적용
○ 관련 국제법 및 적용대상: 1966년 LL 협약과 동일

7.2 채택 배경

1966년 LL 협약에는 협약개정안의 묵시적 수락절차가 포함되어 있지 않아 개정안 발효에 상당한 문제가 발생하였다. 즉, 협약이 발효되려면 체약국의 2/3가 비준하여야 하나 각 국가의 관심부족으로 인하여 이를 달성하기가 매우 어려웠다. 따라서 기술적 발전사항을 적시에 협약에 포함시키려면 협약에 묵시적 수락절차를 포함시켜야 한다는 공감대가 형성되었다. 그러나 협약규정에 따라 협약을 개정할 경우 그 개정안도 역시 발효되기 어렵다는 현실을 감안하여 발효요건을 완화시킨 의정서를 통하여 협약을 개정하기로 결정하였다. 이에 따라 새로운 의정서는 15개국 이상, 이들 국가의 상선대 선박 보유량의 합이 전체의 50%를 넘을 경우 발효하도록 하였다(동 의정서 제5조 제1항).

7.3 주요 내용

1988년 11월 IMO에서 주최한 해사안전국제회의에서는 검사 및 증서교부의 통일제도(HSSC)를 1966년 LL 협약에 도입하기 위한 1988년 LL 의정서를 채택하였으며, 이 때 그 동안 미발효상태에 있었던 LL협약의 4차례 개정사항을 동 의정서에 포함시켰다. 즉, 1971년 개정(규칙문구의 수정, 해역 및 계절대역의 개선), 1975년 개정(묵시적 수락절차 도입), 1979년 개정 (호주 연안해역의 변경) 및 1983년 개정(칠레남부 연안의 하기대역 및 열대대역의 변경) 및 다수의 기술규칙개정이 그것이다. 동 의정서는 명시적 수락절차(explicit acceptance procedure)에 의하여 발효되며, 전세계 상선대 선박 보유량의 50% 이상을 차지하는 국가가 수락한 날로부터 12개월 후 (1988년 SOLAS 의정서의 발효요건이 동시 충족되어야 함)에 발효하도록 규정되었다. 이에 따라 발효에 많은 시간이 소요되어 채택일로부터 11년 이상이 경과한 2000년 2월 3일에 발효되었다. 그러나 이 의정서의 발효로 인하여 향후의 개정사항은 묵시적 수락절차에 따라 신속하게 발효되게 되었다.

7.4 주요 개정내용[823)]

7.4.1 2003년 개정

○ 채택(발효) : 2003.6.5. (2005.1.1.)
○ 개 요

2003년 6월에 개최된 제77차 MSC는 결의서 채택[824)]을 통하여 부속서 B의 부속서 I을 전면적으로 개정하였다. 즉, 주관청은 선박이 지정된 건현에 적절한 일반적인 구조강도(general structural strength)를 가지도록 확인하여야 하며(제1규칙), 바지선(barge) 등 추진기관이 없는 선박, 범(sail)을 가진 선박, 예선(tug boat), 목재 또는 복합재(composite)로 건조된 선박들도 건현을 지정받아야 한다(제2규칙). 또 갑판선(deck line) 및 만재흘수선표(load line mark)를 표시하는 방법을 정하였다(제4규칙 및 제5규칙). 이외에도 1966년 LL 협약의 1995년 개정사항(미발효)인 계절열대구역(seasonal tropical areas)을 개정하였다(부속서 II, 제49규칙). 즉, 최근의 기상정보를 근거로 하여 호주 Gladstone 항 부근 해역으로서 남회귀선(남위 23도 27분)에서 남위 24도에 이르는 해역(호주 동안으로부터 동경 154도까지)을 종래의 하기대역에서 계절열대구역으로 변경하였다. 이에 따라 이 구역은 매년 4월 1일부터 11월 30일까지는 열대구역(tropical zone)이 되고 그 이후 다음해의 3월 31일까지는 하기대역(summer zone)이 된다.

7.4.2 2008년 개정

○ 채택(발효) : 2008.12.4. (2010.7.1.)
○ 개 요

2008년 12월에 개최된 제85차 MSC는 결의서 채택[825)]을 통하여 선박의 복원성을 강화시켰다. 즉, 2010년 7월 1일 이후 건조된 선박은 2008년 국제 비손상복원성규칙(International Code on Intact Stability, 2008: 2008 IS Code)에 적합해야 한다(부속서 B, 부속서 I 제1규칙 1(3)(b)).

7.4.3 2012년 개정

○ 채택(발효) : 2012.5.24. (2014.1.1. 예정) 및 2012.11.30. (2014.7.1. 예정)
○ 개 요

2012년에는 총 2회의 개정이 이루어졌다. 첫 번째는 제90차 MSC에서, 두 번째는 제91차 MSC에서 각각 결의서 채택[826)]을 통하여 부속서의 내용을 일부 개정하였다. 첫 번째는 남부동

---

823) LL PROT 1988은 2013.7.까지 총 6차에 걸쳐 개정이 이루어졌으나 2004년 개정(MSC.172(79)) 및 2006년 개정(MSC.238(82))은 검사보고서의 서식 개정, 부속서의 참조규정 변경 등의 경미한 사항으로서 설명을 생략한다.

824) MSC.143(77), 5 June 2003.

825) MSC.270(85), 4 December 2008.

826) MSC.329(90), May 24 2012 및 MSC.345(91), 30 November 2012.

계계절대(Southern Winter Seasonal Zone)의 범위를 변경하는 것이며(부속서 B, 부속서 II), 두 번째는 건현(freeboards)의 계산과 관련된 방법 등을 개정하는 것이다(부속서 B, 제27규칙).

8. 1971년 특수상용여객선 협정 (STP 1971)

8.1 협정의 개요

ㅇ협약원명 : Special Trade Passenger Ships Agreement, 1971
ㅇ채택(발효) : 1971.10.6. (1974.1.2.)
ㅇ목 적 : 인도양 부근의 제한된 해역 내에서 순례자 운송과 같이 침대가 설치되지 아니한 채 많은 수의 여객 운송시 SOLAS 협약을 완화 적용
ㅇ관련국내법 : 관련 없음.
ㅇ적용대상 : 다음 그림10의 줄친 부분의 특수운송구역에서 다수의 특수상용여객을 운송하는 선박

<그림 10: 특수운송구역>

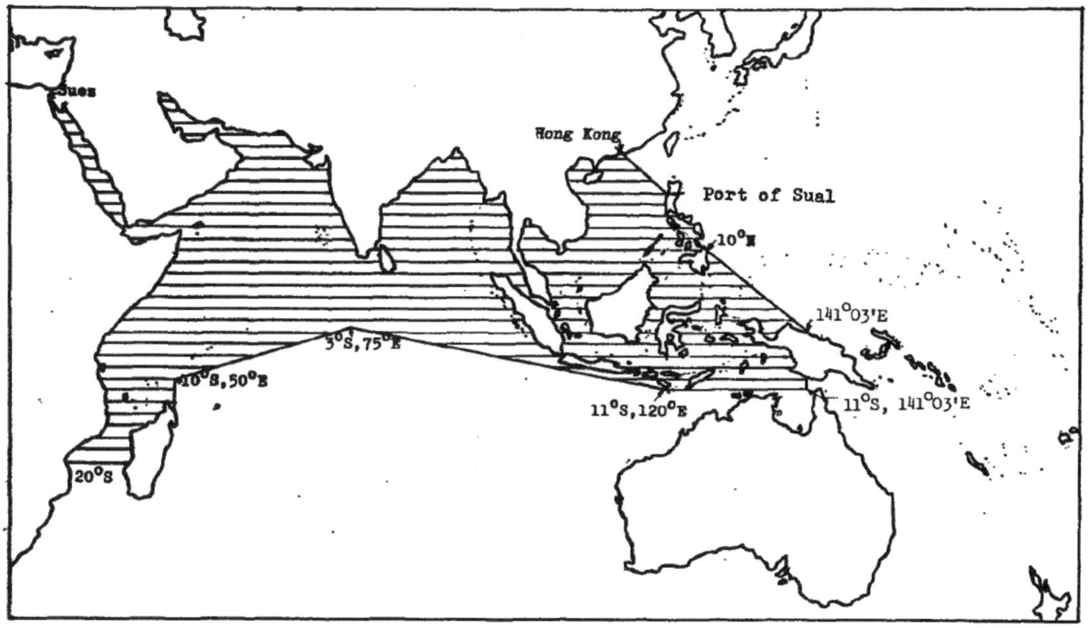

8.2 채택 배경

인도양부근의 제한된 해역 내에서 순례자와 같이 침대가 없이 많은 수의 여객을 운송하는 특수상용여객선(special trade passenger ships) 문제는 이러한 특정항로와 관련된 몇몇 국가에만 해당된다. 종래 특수여객운송문제는 1931년 심라규칙(Simla Rule)[827]에 의하여 규제되어 왔

다. 그러나 1960년 SOLAS 협약은 자국에 등록되고 순례자운송(pilgrim trade)과 같이 다수의 무침대여객(unberthed passengers) 운송에 취항하는 여객선의 경우 주관청이 각 장에서 정한 요건을 면제할 수 있도록 허용하였다. 다만, 이러한 면제에 관한 일반규정(general rules)을 정하기 위한 조치를 취해야 하며, 일반규정이 발효되기 전까지는 종래의 심라규칙이 적용되도록 하였다 (제2장 제1규칙(e)항과 제3장 제3규칙(b)항). 이에 따라 IMO는 1971년 특수여객운송에 관한 국제회의를 개최하여 특수상용여객선의 안전요건을 협정으로 따로 제정하였다. 이 협정은 실제적으로 1960년 SOLAS 협약의 제Ⅱ장(구조)과 제Ⅲ장(구명설비 등)의 규정을 완화시킨 것으로서, 이로써 심라규칙을 대체하게 되었다.

8.3 주요 내용

1971 STP는 본문 및 이에 따른 부속서(특수상용여객선규칙)로 구성되어 있다.

▣ 협정본문

협정본문은 다른 협약본문과 마찬가지로 시행을 위한 일반적인 사항을 규정하고 있다. 즉, 협정당사국정부의 협정이행의무, 적용범위, 협정가입, 발효요건, 개정방법이 포함되어 있다. 특기할 사항은 이 협정의 적용범위가 제한되어 있음을 감안하여 3개국이 가입한 후 6개월 후에 발효하도록 그 발효요건을 완화시켜 두고 있다.[828)]

▣ 부속서 : 특수상용여객선 규칙

제1편 : 일반사항 (제1～9규칙)

ㅇ용어의 정의, 적용범위 선박 등 일반사항

ㅇ증명서의 교부, 선내게시 및 타당사국에 의한 인정

제2편 : 구조 (제10～14규칙)

ㅇ선박내 구획의 허용길이, 구획만재흘수선

ㅇ기관 및 전기설비, 방화, 화재탐지 및 소화설비

제3편 : 구명설비 등 (제15～18규칙)

---

827) 심라규칙(Simla Rules)은 1929년 SOLAS 협약에 근거를 두고 홍해(Red Sea) 항구를 취항하는 여객선에 적용하기 위하여 1931.6.11. 심라에서 채택되었다. 이 규칙의 핵심은 여객 정원의 50%에 해당하는 구명설비만 비치하면 되었다. 심라는 인도 북부 Himachal Pradesh주의 주도(capital)이며, 인도가 영국으로부터 독립하며 그 명칭이 쉼라(Shimla)로 변경되었다. The SIMLA rules 1931, http://fjallkonanerblind.blogspot.kr/2007/07/simla-rules-1931.html [2013.10.2.].

828) 협정 당사국은 2013.7 현재 17개국에 불과하다. IMO, *Status of Multilateral Conventions and instruments in respect of which the International Maritime Organization or its Secretary-General performs depositary or other functions*, As at 31 July 2013, p. 270.

ㅇ구명정, 구명뗏목 및 구명부기의 비치기준 및 취급

제4편 : 위험물의 운송 (제19규칙)

제5편 : 국제보건규칙의 적용 (제20규칙)

9. 1973년 특수상용여객선의 면적요건에 대한 의정서(SPACE STP 1973)

9.1 의정서의 개요

ㅇ협약원명 : Protocol on Space Requirements for Special Trade Passenger Ships, 1973
ㅇ채택(발효) : 1973.7.13 (1977.6.2.)
ㅇ목 적 : 특수상용여객선 객실의 면적요건 도입
ㅇ관련국내법 : 관련 없음.
ㅇ적용대상: STP 1973과 동일

9.2 채택 배경

1971년 IMO는 세계보건기구(WHO)와 공동으로 특수상용여객선의 여객실 배치와 관련된 안전측면의 기술규칙을 제정하고, 1973년 이를 의정서 형태로 채택하였다. 특히 특수상용여객선의 면적요건은 특수운송여객의 안전운송에 직접적으로 관련된 것인 바, 실질적으로 추가적인 안전요건으로 1971년 협정을 보완하는 것이다.

9.3 주요 내용

SPACE STP 1973도 STP 1971과 마찬가지로 본문 및 부속서로 구성되어 있다.

▣ 본 문

의정서의 시행을 위한 사항으로 STP와 대동소이 함.

▣ 부속서 (1973년 특수상용여객선(구역요건) 규칙)

제1편 : 일반사항 (제1~8규칙)
ㅇ용어의 정의, 적용범위, 면제요건
ㅇ증명서의 교부, 선내게시 및 타당사국에 의한 인정

제2편 : 구역요건 (제9～21규칙)
- ㅇ여객의 수송에 적합하지 아니한 구역의 지정
- ㅇ침상(bunks)의 유무여부에 따른 각각의 정원 산정 기준
- ㅇ여객구역의 계단의 폭, 조명 및 통풍

제3편 : 기존 선박에 대한 제2편의 완화적용 (제22규칙)

제4편 : 1969년 국제보건규칙(International Health Regulations)의 적용 (제23규칙)

10. 1972년 안전한 컨테이너에 관한 국제협약(CSC 1972)

10.1 개요

ㅇ협약원명 : International Convention for Safe Containers, 1972
ㅇ채택(발효) : 1972.12.2. (1977.9.6.)
ㅇ목 적
- 컨테이너의 구조 등에 관한 시험절차 및 강도요건을 마련함으로써 컨테이너의 운송 및 취급시 인명의 안전 확보
- 모든 운송형태에 동일하게 적용될 수 있는 통일된 국제안전기준을 마련함으로써 컨테이너의 안전하고 편리한 국제운송 도모

ㅇ관련국내법 : 선박안전법
ㅇ적용대상 : 국제간 수송에 사용되는 컨테이너. 다만, 항공운송용은 제외

10.2 채택 배경

컨테이너를 사용한 화물의 운송은 18세기 말 영국의 탄광지대에서 시작되었다고 한다. 또 이를 실제 상업용으로 도입한 것은 1955년 미국의 Malcom McLean이었다.[829] 이후 컨테이너는 항만에서 선박의 하역시간을 획기적으로 단축시킬 수 있어 그 사용이 계속 확대되었다. 그러나 컨테이너는 그 규격과 안전관리체제가 통일되지 않아 운송, 보관 및 하역과정에서 잦은 사고가 발생하였다. 이에 따라 1972년 11월 말 IMO는 UN과 공동으로 스위스의 제네바(Geneva)에서 국제회의를 개최하여 이 협약을 채택하였다.

10.3 주요 내용

이 협약은 협약본문 및 2개의 부속서로 구성되어 있으며 그 내용은 다음과 같다.

829) Wikipedia, http://en.wikipedia.org/wiki/Containerization [2013.10.2.].

▣ 협약본문

협약의 시행에 필요한 기본적인 사항이 협약본문에 포함되어 있다. 즉, 협약당사국의 협약시행의무, 적용범위, 컨테이너 검사기관의 지정 및 IMO통보, 통제, 발효요건, 개정방법 등이 바로 그것이다. 특히 이 협약은 부속서 개정안의 발효를 위한 특별절차를 두고 있다. 즉, 부속서 개정안이 체약국 2/3 다수로 채택되고, 발효일이 체약국 2/3 다수로 결정된 경우 당사국의 1/5 또는 5개국이 반대하지 않는 한 발효일에 발효하도록 정하고 있다(제X조 제3항). 따라서 이 협약 부속서에 대한 개정안은 채택 후 통상 1년 전후에 발효되는 것이 보통이다.

▣ 부속서Ⅰ : 컨테이너의 시험, 검사, 승인 및 정비규칙

제1장 승인 시스템에 공통된 규칙 (제1~2규칙)

○승인된 컨테이너에 CSC 안전승인판(safety approval plate)을 부착
○컨테이너의 소유자는 컨테이너의 안전에 관한 책임부담

제2장 설계형식에 의한 신조 컨테이너의 승인규칙 (제3~7규칙)

○신조 컨테이너는 부속서Ⅱ에 의한 요건 충족 필요
○주관청에서는 원형(prototype) 컨테이너에 대한 설계형식 및 시험결과 확인
○주관청은 제작 중인 형식승인된 컨테이너를 필요한 수만큼 직접 검사할 수 있음

제3장 개별 컨테이너의 승인 및 CSC 안전승인판 부착 (제8규칙)

※ CSC 안전승인판의 규격 및 내용은 다음 그림11과 같다.

<그림11: CSC 안전승인판의 규격 및 내용>

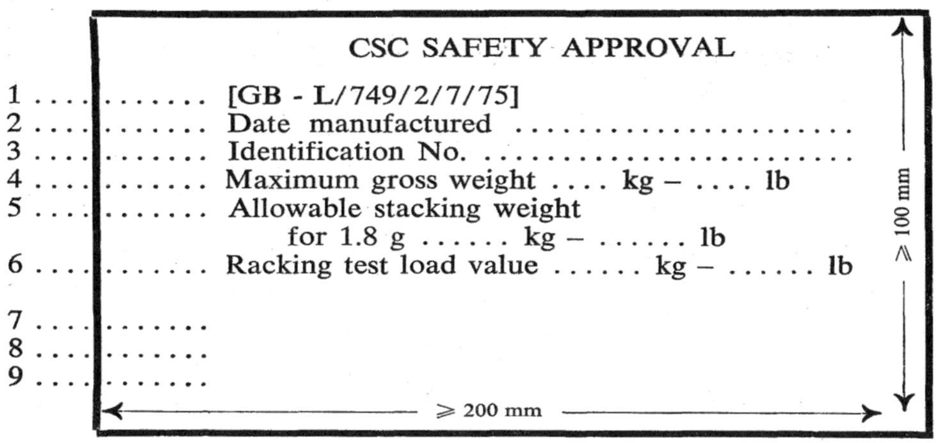

출처: http://wetten.overheid.nl/BWBV0003233/geldigheidsdatum_04-10-2013 [2013.11.11.].

제4장 기존 및 형식승인을 받지 아니한 신조 컨테이너 (제9규칙)

○기존 컨테이너의 소유자는 주관청에 컨테이너의 정보 제공
○주관청은 기존의 컨테이너에 검사의 요건을 완화 가능

▣ 부속서Ⅱ : 구조상 안전요건 및 검사기준

10.4 주요 개정내용

10.4.1 1981년 개정

○채택(발효) : 1981.4.2. (1981.12.1.)
○개 요

1981년 제44차 MSC는 협약부속서Ⅰ의 개정안을 채택하였다. 개정의 주요 내용으로서 기존의 컨테이너는 1985년 1월 1일까지 안전승인판을 부착하도록 하고, 협약시행 이후 제작된 컨테이너로서 주관청의 승인을 받지 아니한 것에 대하여는 컨테이너 표시사항을 1987년 1월 1일까지 유예하기로 하였다. 또 국내법상 승인절차가 미비된 국가의 컨테이너 소유자는 자국의 승인절차가 준비될 때 까지는 외국에서도 승인을 받을 수 있도록 하였다.

10.4.2 1983년 개정

○채택(발효) : 1983.6.13. (1984.1.1.)
○개 요

198년 제48차 MSC에서는 결의서 제48호[830]로 협약부속서Ⅰ 및 Ⅱ를 개정하였다. 부속서Ⅰ에서는 1984년 1월 1일 이후 제작된 컨테이너에 표시된 최대 gross weight는 안전승인판의 최대 gross weight와 일치하여야 하며, 1984년 1월 1일전에 제작된 컨테이너에 표시된 최대 gross weight는 1989년 1월 1일까지 안전승인판의 그것과 일치하도록 하는 유예규정을 신설하였다(제1규칙 para. 1). 또 컨테이너의 소유자는 당사국의 승인을 받아 컨테이너의 운항조건에 따라 5년 이내의 주기마다 계속 검사를 하도록 하였으며, 이러한 컨테이너는 안전승인판 옆에 “ACEP”라는 표시를 하도록 하였다(제2규칙 및 제3규칙).

부속서Ⅱ에서는 탱크컨테이너의 경우 겹침적재시험(stacking test)시 빈 컨테이너(in the tare condition)로 시험할 수 있도록 하였으며, 길이방향의 구속시험(restraint test)시 내부하중과 빈 컨테이너의 무게(tare weight)가 최대 순중량(maximum gross weight)에 미달할 경우에는 보조하중 R을 추가로 적용하도록 하였다.

830) MSC.3(48), 13 June 1983.

10.4.3 1991년 개정

ㅇ채택(발효) : 1991.5.17. (1993.1.1.)
ㅇ개 요

제59차 MSC는 결의서 제20호[831]로 협약부속서Ⅰ 및 Ⅱ의 개정안을 채택하였다. 부속서Ⅰ에서는, 컨테이너가 개조되거나 협약요건에 미달하게 될 경우 소유자가 안전승인판을 제거하여야 하는 의무규정을 신설하였다(제1규칙 (c)). 또, 컨테이너의 구조에 변경을 가져오는 개조를 한 경우 선박소유자는 주관청에 알려 재승인을 받을 수 있도록 하였다(제11규칙).

부속서Ⅱ에서는 탱크컨테이너의 들어올림(lifting) 시험 시 탱크컨테이너에 대한 기준을 신설하였다(para 1(A) 및 1(B)).

10.4.4 1993년 개정

ㅇ채택(발효) : 1993.11.4. (미발효)
ㅇ개 요

제18차 총회에서는 결의서[832]로 협약본문, 부속서Ⅰ 및 Ⅱ를 개정하였다. 종래 MSC에서의 부속서 개정과는 달리 이번 개정은 총회에서 협약본문을 함께 개정하였기 때문에 체약당사국의 2/3가 이 개정안을 수락한 날로부터 12개월 후에 발효하도록 되어 있다. 따라서 개정안 채택 후 20여년이 지났지만 협약요건 충족은 쉽지 않을 전망이다.[833]

협약본문에서는 용어의 정의에서 종래 사용하던 weight 대신에 mass를 도입하였으며, load, loading 및 가속도 g에 대한 용어의 정의를 신설하였다. 부속서Ⅰ 및 Ⅱ에서는 협약본문 개정에 따라 부속서 규정 중에 있는 weight를 모두 mass로 바꾸었다. 또, Transverse racking test load value를 Transverse racking test force로 용어를 바꾸고, 그 단위로 kg 또는 lbs에서 Newton으로 바꾸었다.

11. 1978년 선원의 훈련, 자격증명 및 당직근무의 기준에 관한 국제협약(STCW 1978)

11.1 개요

ㅇ협약원명 : International Convention on Standards of Training, Certification and Watchkeeping for Seafarers, 1978

831) MSC.20(59), 17 May 1991.
832) IMO Res A.737(18), Amendments to the International Convention for Safe Containers, 1972, 4 November 1993.
833) 개정안 발효를 위하여 수락문서를 기탁한 국가가 52개국 이상 이어야 하나 2013.7말 현재 기탁국가는 9개국에 그치고 있다. IMO, *Status of Multilateral Conventions and instruments in respect of which the International Maritime Organization or its Secretary-General performs depositary or other functions*, As at 31 July 2013, p. 317.

ㅇ채택(발효) : 1978.7.7. (1984.4.28.)
ㅇ목　적 : 선원의 훈련, 자격증명 및 당직근무의 기준을 국제적으로 통일함으로써 해상에서의 인명·재산의 안전과 해양환경의 보전
ㅇ관련국내법 : 선박직원법, 선원법
ㅇ적용대상 : 체약국의 국기를 게양할 권리를 가진 항해선(Ocean-going ships)에 근무하는 선원에 적용. 다만, 군함, 어선, 유람용 요트, 원시적 목선에 근무하는 선원에는 미적용

11.2 채택 배경

1967년 3월 Dover 해협에서 발생한 Torrey Canyon호의 좌초로 엄청난 해양오염이 발생함에 따라, 당시 IMCO는 동년 5월에 특별이사회를 개최하여 유류에 의한 오염의 법적책임의 검토와 선원의 훈련 및 자격기준에 관하여 조사할 것을 결정하였다. 이 조사를 위임받은 MSC는 선원의 훈련 및 자격에 관한 기준의 제정작업을 개시하였으나 국제적으로 해기사 면허제도는 복잡하기 때문에 통일할 필요가 없다는 결론을 내렸다. 그러나 1970년 5월 UN 무역개발회의(UNCTAD)의 해운위원회는 IMCO 및 ILO에게 선원의 훈련에 관한 국제기준을 조사할 것을 요청하였다. 이에 따라 IMCO는 MSC에 재검토를 명하였고, MSC는 1971년 9월 산하에 훈련·당직기준 전문위원회(STW)를 신설하여 이 문제를 집중적으로 처리토록 하였다.

1972년 12월 STW는 인명·재산의 안전 및 환경의 보호라는 목적 하에 최초로 개최된 후 매년 2회씩 개최되었으며, 주로 다음 사항을 심의하였다.

- 관계직원의 최저기준을 포함하여 안전한 당직을 유지하기 위하여 준수되어야 할 기본원칙을 규정
- 선장, 항해사, 기관사 및 통신사의 훈련과 면허증에 관한 최적 국제기준을 정하고 강제적 적용에 관하여 연구하여 이에 대한 제안을 준비
- 훈련에 관한 IMCO의 입장을 정리

1977년 9월에 개최된 제10회 STW에서는 STCW 협약 초안이 완성되었으며, 1978년 6월 14일부터 7월 7일까지 약 3주간에 걸쳐 개최된 국제회의에서 우리나라를 포함한 72개국 460명의 대표는 동 협약을 채택하였다.

11.3 주요 내용

STCW협약은 본문(17개조) 및 부속서(6개장, 25개 규칙)로 구성되어 있다.

▣ 협약본문

협약본문은 전문과 17개조로 이루어져 있으며, 전문에서는 협약의 목적이 선원의 훈련·자격

증명 및 당직의 국제기준을 설정함으로써 해상에서의 인명 및 재산의 안전과 해양환경의 보호를 증진시키는데 있다고 정하고 있다. 또 조문에서는 적용범위, 면허증서, 항만국통제 등에 대하여 규정하였다.

▣ 부속서

제1장 : 일반규정

○면허증에 기재되어야 할 내용과 배서(endorsement)의 양식

○체약국이 입항선박에 대하여 감독권을 행사할 경우의 절차

제Ⅱ장 : 선장 및 갑판부

○항해당직, 정박당직의 기본원칙

○선박의 크기(G/T)에 따른 선장 및 항해사의 강제적 최저요건

제Ⅲ장 : 기관부

○항해중 또는 정박중 기관당직 기본원칙

○선박의 추진력(KW) 구분에 따른 기관장 및 기관사의 강제적 최저요건

제Ⅳ장 : 통신부

○무선부의 당직요건은 국제무선규칙과 SOLAS 협약 규정 준수

○통신사는 국제무선규칙에 의한 면허증 소지

제Ⅴ장 : 탱커에 관한 특별요건

○유조선, 화학약품 운송선에 처음으로 승선하는 선원은 육상에서 소방훈련 수료 필요

○선장, 기관장, 1등 항해사 및 1등 기관사는 직무에 적합한 경험이 있고 특별훈련과정 수료 필요

제Ⅵ장 : 생존정에서의 기능

11.4 주요 개정내용

11.4.1 1991년 개정(부속서 제Ⅰ, Ⅱ, Ⅳ 및 Ⅵ장)

○채택(발효) : 1991.5.22. (1992.12.1.)

○개　요

제59차 MSC에서는 결의서 제21호로 이 협약의 부속서를 개정하였으며, 주요 개정내용은 다음과 같다.

- 제Ⅰ장에서는 용어의 정의에서 종래의 Radio officer 대신에 Radio operator를 사용키로 했으며 그 업무내용에 GMDSS 관련 업무를 포함시킴. 또 자동화선박으로서 시험 운항하는 선박에 대한 STCW협약 규정의 면제 및 각 주관청에의 통보 등에 관한 규정을 신설함.
- 제Ⅱ장에서는 선장 및 항해사의 최저기준 지식으로서 비상시 조난신호를 보낼 수 있는 능력을 포함시킴.
- 제Ⅳ장에서는 기존의 통신사에 관한 규정을 전면 개정하여 GMDSS에 관한 규정을 포함시킴. 또 통신사는 무선규칙에 의한 자격증 소지에 부가하여 퇴선, 소화, 구급조치, 국제신호서의 사용 등에 관한 지식을 갖도록 함.
- 제Ⅵ장에서는 생존정 및 구조정에서의 선원기능 향상을 목적으로 생존정 및 구조정 표시사항의 이해, 구명신호장치, 방수복 등의 사용방법을 생존정 및 구조정 기능면허증 최저기준에 포함시킴.

11.4.2 1994년 개정(부속서 제V장)

○채택(발효) : 1994.5.23. (1996.1.1.)
○개　요
제63차 해사안전위원회에서는 결의서 제33호로 제V장(탱커승무원에 대한 특별요건)의 개정 및 관련 부록을 신설하였는바, 주요 내용은 다음과 같다.

- 탱커의 선장, 사관 및 일반선원의 훈련 및 자격에 관한 최저기준으로서 탱커에서 최소한 3개월간 실습을 하도록 하고 탱커기초훈련을 이수하도록 함.
- 선장, 기관장, 일등항해사, 일등기관사 등 화물의 적재, 양하 또는 취급에 관하여 직접 책임을 지는 사람은 자기가 근무할 종류의 유탱커, 케미컬 탱커 또는 액화가스탱커에서의 적절한 경험을 가지고 있도록 함.
- 탱커기초훈련 내용으로서 화물의 성질, 독성, 위험성, 위험의 통제, 안전장비, 오염방지 등을 정함.
- 유탱커, 케미컬탱커 및 액화가스탱커에 승선할 자가 알아야 할 실무지식을 각 선박종류별로 명확히 정함.

11.4.3 1995년 개정(부속서 전면개정 및 STCW Code 채택)

○채택(발효) : 1995.7.7. (1997.2.1.)
○개　요
1978년 STCW 협약은 자동화선박의 출현 등 선박 및 선박운항기술의 발전에 따라 선내조직 및 선원의 기능 및 역할에 많은 변화가 있어 왔음에도 불구하고 1991년의 GMDSS 제도의 도입에 따른 일부개정 및 1993년 탱커선 승무원에 관한 규정의 개정 이외에는 이렇다 할 규정의 개정이 없어 변화하고 있는 해운환경 및 해사기술의 추세에 부응하지 못하고 있다는 지적이 있었다. 또 선박의 고속화 및 대형화 추세에 따라 인적요인(human element)에 의한 사고가 발생하면 엄청난 인명과 재산의 피해는 물론 심각한 해양오염 사고를 일으킬 수 있는 개연성 때문에 이러한 인적요인을 동 협약에 반영시키고자 하는 필요성이 절실하게 되었다.

이에 따라 1991년 1월에 개최된 제22차 STW에서는 현 협약을 개정하기로 방침을 정하였으며, 1992년 2월에 개최된 제23차 STW에서는 본격적인 검토를 시작하였다. 그 뒤 제61차 MSC에서는 개정의 범위를 협약부속서 전체로 확대하기로 결정하였고, 제24차 STW에 검토를 의뢰하였다. 제24차 STW는 해양사고가 계속 증가 추세에 있다는 점을 고려하여 협약개정을 서둘러야 할 필요성을 인식, 1995년까지 개정작업을 완료하기로 결정하였다. 그 후 자문단에 의해 마련된 예비초안은 1994년 7월의 제26차 STW 및 1995년 2월의 제27차 STW 토의를 거쳐 1995년 6월 26일부터 7월 7일까지 개최된 외교회의에서 최종안이 협약으로 채택되었다.

특히 이번의 개정에서는 STCW Code를 별도로 채택하여 부속서의 내용을 보다 상세하게 규정할 수 있도록 하였다. 이 코드는 강행적 성격을 지닌 A편과 임의적 성격의 B편으로 구성되며, 부속서의 조문배열과 동일한 순서로 부속서 조문의 규정을 보다 상세하게 규정하였다. 따라서 부속서의 조문과 코드 A편의 조문은 동일한 수준의 강행규정으로서 파악되어야 하며, 코드 B편의 내용은 지침(Guideline)의 성격을 지니고 있다고 보아야 한다. 한편, 이 외교회의에서는 어선선원에 관한 사항을 별도의 STCW-F 협약으로 채택하였다. (다음의 항에서 설명)

11.4.4 1997년 개정(부속서 제V장 및 STCW Code)

○ 채택(발효) : 1997.6.4. (1999.1.1.)

○ 개　요

1995년 외교회의에서 STCW 협약의 개정안을 채택하면서 IMO는 선박에서 여객을 다루는 선원에 대하여 특별교육 검토를 요청하는 결의서[834)]를 채택한 바 있다. 이에 따라 1997년 6월 제68차 MSC는 결의서[835)]를 통하여 부속서 V장 및 관련 STCW Code를 개정하였다. 즉, 비상시 여객을 지원하는 선원은 군중관리훈련(crowd management training), 위기관리 및 인간행동훈련(crisis management and human behavior training)을, 처음 선박에 승선하는 선원은 친숙훈련(familiarization training)을 받도록 하였다(부속서 V/3규칙). 또 STCW Code에서는 부속서의 개정에 따라 해당 훈련의 구체적인 내용을 정하였다(코드 A-V/2.5 및 A-V/3).

11.4.5 2006년 개정(부속서 제I장, VI장 및 STCW Code)

○ 채택(발효) : 2006.5.18. (2008.1.1.)

○ 개 요

2002년 12월 12일 채택된 국제 선박 및 항만시설 보안규칙(ISPS Code)의 발효와 관련하여 STCW 협약에서도 이를 담당하는 직원에 대한 훈련에 관한 내용을 보완할 필요가 생겼다. 이

834) Conference Resolution 6, Training of personnel on passenger ships.

835) 해당 결의서는 각각 MSC.66(68), 4 June 1997 및 MSC.67(68), 4 June 1997이다.

에 따라 2006년 5월 제81차 MSC에서는 관련 부속서 및 코드를 개정하는 결의서[836]를 각각 채택하였다. 즉, STCW 협약에 ISPS Code 관련 용어정의를 추가하고(부속서 I/1.26 및 27), 선박에서 ISPS Code 업무를 담당하는 선박보안담당관(ship security officer)에게 숙련증명서(certificate of proficiency) 교부에 관한 사항을 정하였다(동 VI/5규칙). 또 STCW Code에서는 개정된 부속서 규정에 따라 훈련의 내용 등 상세내용을 정하였다(A편 VI/5).

11.4.6 2010년 마닐라 개정[837](협약 부속서 및 STCW Code)

○ 개정안의 명칭 : The Manila Amendments to the annex to the International Convention on Standards of Training, Certification and Watchkeeping for Seafarers (STCW), 1978.
○ 채택(발효) : 2010.6.25. (2012.1.1.)
○ 개 요

2010년 6월 필리핀의 마닐라(Manila)에서는 필리핀 정부의 초청으로 STCW 협약 당사국 회의가 개최되었다. 이 회의에서는 기술이 발전된 선박에서 근무하는 선원의 훈련 및 자격증명에 관한 국제적 기준을 정립할 수 있도록 협약 부속서 및 STCW Code 개정안을 채택하였다. 마닐라 개정은 종래의 1995년 협약에 비하여 많은 변화가 있는 바, 주요한 사항은 다음과 같다.[838]

- 자격증의 위조를 막기 위하여 당사국의 규정적용 여부를 감독
- 근무 및 휴식시간을 변경하고, 약물 및 알코올의 남용에 관한 요건 신설
- 부원선원(able seafarers)의 자격증명 요건 신설
- 전자해도(ECDIS) 등 최신기술에 대한 훈련요건 신설
- 해양환경에 대한 교육, 리더십 및 팀워크(leadership and teamwork) 교육 요건 신설
- 전기기술사관(electro-technical officers)에 대한 교육 및 자격증명 요건 신설
- LPG 탱커를 비롯하여 모든 탱커에 근무하는 선원에 대한 요건 최신화
- 보안훈련 요건 신설 및 해적으로부터의 공격 시 대응 규정 신설
- 원격지 교육 및 인터넷 기반의 교육 등 최신의 훈련방법 도입 등

12. 어선선원의 훈련·자격증명 및 당직유지의 기준에 관한 협약(STCW-F)

12.1 개요

○ 협약원명 : International Convention on Standards of Training, Certification and Watchkeeping

836) 해당 결의서는 각각 MSC.203(81), 18 May 2006 및 MSC.209(81), 18 May 2006이다.
837) 2010년 국제회의는 세계적으로 가장 많은 선원을 송출하고 있는 필리핀 정부의 요청에 따라 필리핀의 마닐라에서 개최되었다. 따라서 이를 기념하기 위하여 이 개정안을 마닐라 개정이라고 한다. 또 이 회의에서는 마닐라 개정이 채택된 6월 25일을 기념하기 위하여 매년 이날을 선원의 날(Day of Seafarers)로 결정하고, 각국 정부는 이날을 의미 있게 기념하도록 요청하였다(동 국제회의 결의서 19).
838) IMO, *STCW Manila seafarer training amendments enter into force on 1 January 2012*, http://www.imo.org/MediaCentre/PressBriefings/Pages/67-STCW-EIF.aspx [2013.10.4].

for Fishing Vessel Personnel, 1995

ㅇ채택(발효) : 1995.7.7. (2012.9.29.)

ㅇ목적 : 길이 24미터 이상의 어선에 승무하는 선원의 훈련, 자격증명 및 당직근무의 기준 정립

ㅇ관련국내법 : 선박직원법, 선원법

12.2 채택 배경

어선에서의 안전 확보 문제는 IMO 설립 이후 관심사가 되어 왔다. 그러나 어선의 설계와 운항방법은 일반 선박과 달라 어선에 대한 안전기준을 SOLAS 협약과 LL 협약에 포함시키기는 쉽지 않았다. 어선의 사고로 인한 선원의 인명손실은 세계적으로 연간 24,000명 이상으로 추정되고 있다.[839] IMO는 어선의 안전문제에 대한 수산업계의 요청에 부응하여 어선의 안전에 관한 많은 개선방안을 제기하였으며, 그중 가장 중요한 것이 어선선원의 훈련·자격증명 및 당직유지의 기준에 관한 협약(STCW-F) 및 어선안전을 위한 토레몰리노스국제협약의 채택이다.

IMO 회원국들은 1995년 STCW 개정을 위한 수차례의 전문가 회의 및 위원회 활동을 통하여 어선근무의 특수성을 인정하여 어선선원에 대하여는 STCW 협약과는 별도의 협약을 제정키로 합의하였다. 이후 1995년 6월 26일부터 7월 7일까지 런던에서 개최된 STCW협약 개정 및 STCW-F 제정을 위한 국제회의에서 회원국들은 STCW협약을 토대로 약간의 수정을 거쳐 STCW-F 협약을 채택하였다. 그러나 어선의 안전강화에 대하여는 비용증가 등의 이유로 인하여 많은 국가들이 협약의 비준에 소극적이다. 따라서 발효요건(15개국 비준)으로 매우 약화되어 있음에도 불구하고 채택 이후 협약발효에 15년 이상이 소요되었다.

12.3 주요 내용

이 협약은 15개조의 본문 및 기술적 사항을 규정하고 있는 부속서로 구성된다.

▣ 협약본문

어선 또는 선박이라 함은 생선 또는 기타의 해양 생물자원을 포획하기 위하여 상업적으로 사용되는 일체의 선박을 말하며, 항해어선(Seagoing fishing vessel)이란 전적으로 내해(inland waters)나 차폐수역(sheltered waters) 내 또는 항만규정이 적용되는 지역 내의 수역이나 이에 근접한 수역을 항해하는 선박이외의 선박을 말함(제2조). 또 이 협약은 당사국의 국기를 게양할 권리를 가진 항해어선에 승무하는 선원에게 적용됨(제3조). 또한 항만국통제(제8조) 및 개정협약에 대한 묵시적 수락절차(제10조)가 포함되어 있음.

839) IMO, *STCW-F Background*, http://www.imo.org/OurWork/HumanElement/Pages/STCW-F-Convention.aspx [2014.10.7.].

▣ 부속서

제I장 : 일반규정

ㅇ증명서는 IMO의 공식 언어나 혹은 교부국 언어로 교부되어야 하고 영어가 사용되지 않을 경우 영어번역을 포함하여야 함(제3규칙)
ㅇ항만국 통제를 시행하는 국가는 위조되거나 증명서와 본인이 일치하지 않는다는 명확한 근거(clear ground)가 없는 한 이를 인정하여야 함(제4규칙).
ㅇ이 협약이 발효한 후 24개월 이내에 사무총장에게 정보를 제공하지 않는 국가는 정보를 제공할 때까지는 이 협약의 특권을 주장할 권리가 부여되지 않음(제5규칙).

제II장 : 선장, 항해사, 기관사 및 통신사의 자격증명

ㅇ무제한 구역 길이 24미터 이상의 어선선장(skipper)은 길이 12미터 이상 항해사로 1년 이상의 경력을 가져야 하며(제1규칙 para. 2.2), 당직항해사는 길이 12미터 이상 어선의 갑판부에서 경력 2년 이상 경력을 가져야 함(제2규칙, para. 2.3).
ㅇ750 Kw 이상의 출력을 가진 어선의 2등기관사는 기관실 근무 12개월 이상, 기관장은 2등기관사로서 2년 이상을 경력을 가져야 함(제5규칙 para. 2.3 및 2.4).

제III장 : 모든 어선종사자를 위한 기초 안전훈련

ㅇ모든 어선 선원은 승선 전 개인생존기술, 화재방지 및 소화, 비상절차, 기초응급처치, 해양오염의 방지 및 선박사고의 방지에 관하여 훈련을 받아야 함(제1규칙 para. 1).

제IV장 : 당직근무

ㅇ어선선장은 당직근무가 적절하게 이루어지도록 확인하여야 함(제1규칙 para. 2.)
ㅇ항해당직을 담당하는 사관에게 선박의 안전항해를 방해하는 책임을 맡겨서는 아니 됨(제1규칙 para. 4.3.4)

13. 1979년 해상수색 및 구조에 관한 협약(SAR 1979)

13.1 개요

ㅇ협약원명 : International Convention on Maritime Search and Rescue, 1979
ㅇ채택(발효) : 1979.4.27. (1985.6.22.)
ㅇ목 적 : 국제적인 수색 및 구조(SAR)체제를 확립함으로써 SAR 작업에 참여하는 전세계 수색 및 구조기관 간의 협력 촉진
ㅇ관련국내법 : 수난구호법

ㅇ적용대상 : 수색 및 구조업무를 수행하는 각국의 정부

13.2 채택 배경

역사적으로 바다를 항해하다가 조난을 겪는 일은 아주 흔한 일이었으며, 부근을 지나가는 선박이 조난선박(ships in distress)을 지원하는 일은 관행적으로 아주 당연하게 여겨졌다. 항해하는 모든 선박은 언제라도 조난선박이 될 가능성이 상존하였기 때문이다. 따라서 조난선박을 지원할 수 있는 위치에 있는 선박이 이를 지원하라는 규정은 자연스럽게 SOLAS 협약에 수용되었다(SOLAS 협약 제V장 제33규칙).

그러나 실제 조난선박의 지원에 관한 체제는 지역에 따라 많은 편차가 있었다. 따라서 유럽이나 미국 연안과 같이 수색 및 구조체제가 발달한 지역의 경우 아주 먼 바다까지도 효율적으로 구조지원을 받을 수 있는 반면, 다른 지역의 경우 연안에서 멀리 떨어지지 않은 지역조차도 제대로 지원을 받을 수 없었다. 이에 따라 각국의 수색 및 구조활동을 개발하는 한편, 이들을 연계하여 효율성을 높일 필요성이 제기 되었다. 이에 따라 IMO의 주도로 1979년 4월 독일의 함부르크(Hamburg)에서 개최된 국제회의에서 국제적으로 수색 및 구조체제를 확립하는 국제협약이 채택되었다.

13.3 주요 내용

SAR협약은 협약 본문 및 부속서로 구성되어 있다.

▣ 협약 본문

협약 본문은 SAR 협약의 목적을 규정한 전문(preamble)과 협약시행을 위한 일반규정으로 되어있다. 일반규정에는 협약시행에 필요한 당사국의 의무(제1조), 이 협약의 개정 및 발효절차(제3조 및 제5조), 기탁절차(제7조) 등이 포함되어 있다.

▣ 부속서

부속서에는 SAR 시행을 위한 당사국의 구체적 의무사항이 규정되어 있다. 즉 당사국은 자국의 연안해역에서 SAR업무를 수행할 수 있는 적절한 조치(SAR조직, 장비 비치 등)를 취하여야 하며(para. 2.1.1) 인접국가와 SAR 구역의 설정, 시설의 상호이용, 요원에 대한 훈련에 관하여 협정을 체결하도록 권고되고 있다(para. 2.1.3). 또 당사국은 효율적인 SAR 업무수행을 위하여 SAR 업무 조정을 위한 국가기관, 구조조정본부(Rescue Coordination Center: RCC) 및 구조지부(Rescue Sub-Center : RSC)를 설치하여야 한다(para. 2.3). 또한 RCC 및 RSC에서는 필요시 즉각 SAR 업무를 개시할 수 있도록 구조대(Rescue Unit: RU), 연안감시기관, SAR용 통신수단, 구역 내 선박의 위치 등에 관한 최신 정보를 확보하고 있어야 한다(para. 4.1.1).

당사국은 지속적으로 조난신호를 받을 수 있는 체제를 유지해야 하며, 조난신호를 받으면 이를 RCC 등 해당 기관에 통보하여 SAR업무가 시행되도록 하여야 한다(para. 4.2.1). 아울러 당사국은 조난선의 조기위치파악 및 구조세력의 조기투입을 위하여 자국의 SAR 구역 내에서 선위통보제도(Ship Reporting System)를 실시할 수 있다(para. 5.1). 현재 운영 중인 선위통보제도로는 일본의 JASREP, 미국의 AMVER 및 호주의 AUSREP 등이 있다.

SAR 협약의 발효됨에 따라 IMO는 세계의 해역을 총 13개의 수색 및 구조해역으로 분할하였으며, 각 해역에서는 협정을 통하여 국가별로 수색 및 구조범위를 정하였다.[840] 전세계적인 SAR 해역의 정비는 1998년 호주의 프리맨틀(Freemantle)에서 개최된 국제회의에서 인도양의 SAR 해역이 정비됨으로써 마무리되었다.[841] 우리나라는 북서태평양(North-West Pacific)해역에 포함되어 있다.

13.4 주요 개정내용

13.4.1 1998년 개정(부속서)

ㅇ채택(발효) : 1998.5.18. (2000.1.1.)

ㅇ개 요

1998년 5월에 개최된 제69차 MSC는 결의서[842]로 부속서에 대한 개정안을 채택하였다. 종래의 부속서는 각 국가에 수색 및 구조에 관한 의무부담이 많아 비준에 소극적이라는 지적을 받아왔다. 이에 따라 부속서에 대하여 대폭적인 개정을 한 개정안에서는 각국 정부의 의무를 명확히 정하는 한편, 각 SAR 지역에서 국가 간의 협력을 강조하였다. 또 해상과 항공(aeronautical) 수색구조작업의 조정(coordination)의 중요성도 강조하고 있다.[843]

13.4.2 2004년 개정(부속서 제II, 제III 및 제IV장)

2004년 5월에 개최된 제78차 MSC에서는 결의서[844]로 부속서에 대한 개정안을 채택하였다. 이 개정안은 당초 탬파(MV Tampa)호 사건[845]과 관련, 구조된 조난자의 처리에 관한 문제를

---

840) SAR 협약에는 불필요한 국가 간 논쟁을 줄이기 위하여 SAR 지역의 경계획정은 국가 간 국경의 획정에 무관하며, 영향을 미치지 아니한다는 조항을 두고 있다. SAR 협약 부속서 para. 2.1.7.

841) IMO, *International Convention on Maritime Search and Rescue (SAR)*, http://www.imo.org/About/Conventions/ListOfConventions/Pages/International-Convention-on-Maritime-Search-and-Rescue-(SAR).aspx [2013.10.7.].

842) MSC.70(69), 18 May 1998.

843) IMO, *International Convention on Maritime Search and Rescue (SAR)*, http://www.imo.org/About/Conventions/ListOfConventions/Pages/International-Convention-on-Maritime-Search-and-Rescue-(SAR).aspx [2013.10.7.].

844) MSC.155(78), Adoption of Amendment to the International Convention on Maritime Search and Rescue, 1979, as Amended, 20 May 2004.

845) 탬파호 사건은 2001년 8월 호주 정부가 아프간 난민을 구조한 노르웨이 선박의 입항 및 영해진입을 거부한 사건이다. 이로 인하여 선주는 경제적으로 큰 손실을 입었으며, 국제법의 빈틈이 발견되었다. 즉,

해결하기 위한 것이었다. 따라서 개정안에서 기국과 연안국은 조난자를 구조한 선장을 신속하게 지원하여야 한다(para. 3.1). 또 선장은 조난자를 인도적으로 대우하여야 하며, 계속적으로 RCC와 연락을 유지하며, 안전한 장소(place of safety)가 아닌 곳에서는 이들을 하선시키지 않아야 한다(para. 5.1). 또한 연안국은 조난자를 구조한 선박이 부당하게 지체(undue delay)되지 않도록 신속하게 지원하여야 한다(para. 6.3)

14. 1977년 어선안전을 위한 토레몰리노스 국제협약에 관한 1993년 의정서(SFV PROT 1993)

14.1 개요

○ 협약원명 : Torremolinos Protocol of 1993 Relating to the Torremolinos International Convention for the Safety of Fishing Vessels, 1977
○ 채택(발효) : 1993.4.2. (미발효)
○ 목 적 : 어선의 안전확보
○ 관련국내법 : 어선법, 전파법
○ 적용대상 : 각 장별로 별도의 명문규정이 없는 한 어획물 가공선을 포함한 길이 24미터 이상의 원양어선에 대하여 적용. 다만, 전적으로 어획물운반, 스포츠 또는 레크리에이션, 해양생물자원의 가공, 연구 및 훈련에 사용하는 선박은 제외

14.2 채택 배경

IMO는 어선의 안전에 대하여도 많은 관심을 기울여 왔으나, 어선과 다른 종류의 선박사이에는 설계 및 운항측면에서 많은 차이가 있었기 때문에 어선에 대하여 SOLAS 또는 LL협약을 그대로 적용하는 데에는 많은 장애요인이 있었다. 그 결과 스페인의 휴양도시 토레몰리노스(Torremolinos)에서 개최된 국제회의에서 1977년 4월 2일 어선안전에 관한 최초의 국제협약(1977년 어선안전을 위한 토레몰리노스 국제협약: 1977년 SFV 협약)을 채택하였다.

이 협약의 가장 중요한 점은 어선의 복원성 요건을 규정하고 있다는 것이며, 이 밖의 규정들은 SOLAS 협약과 유사하게 구성되어 있다. 이 협약은 길이 24미터 이상 원양어선의 구조 및 설비에 대한 안전요건을 규정하고 있었으며, 무선설비규정은 현존어선에도 적용토록 하였다. 또한 협약이 발효하려면 길이 24미터 이상 전세계 어선선복량의 50% 이상을 소유하는 15개국 이상의 국가들이 비준하여야 하였다. 그러나 다수의 어선선단을 보유한 아시아지역 국가들은 소형어선에 대한 적용요건이 너무 엄격하다는 이유로 협약비준에 동의하지 아니하여 결국 국제적으로 발효되지 못하였다.

국제협약에서 선장에게는 조난자의 구조 의무가 있으면서 연안국에는 이들을 받아들일 의무가 없다는 점이다. 이 사건의 자세한 논의는 박영선, "해상에서 구조된 난민의 처리에 관한 법률적 검토," 한국해법학회지, 제30권 제2호, 2008.11.

이후 어선의 사고가 증가함에 따라 일부 국가들은 어선의 안전에 관한 최소한도의 국제적 안전기준 마련이 필요하다고 주장하였다. 이에 따라 IMO는 1986년부터 이들 국가의 주장을 수용하여 기존 협약의 규정을 완화하기 위한 개정작업을 진행하였다. 그 결과 1977년 SFV 협약의 제Ⅳ장(기관·전기), 제Ⅴ장(방화·화재탐지·소화), 제Ⅶ장(구명설비 및 장치) 및 제Ⅸ장(무선통신)의 설비요건에 대하여 적용범위를 길이 45미터 이상의 어선으로 완화하였다. 이러한 개정내용은 스페인 토레몰리노스에서 다시 개최된 외교회의에서 "1977년 어선안전을 위한 토레몰리노스 국제협약에 관한 1993년 토레몰리노스 의정서"라는 이름으로 채택되었다. 그럼에도 불구하고 각국의 비준지연으로 향후 이 의정서가 발효될 전망은 매우 낮기 때문에 다음에 설명하는 2012년 케이프타운 협정을 통하여 안전기준과 발효요건을 다시 완화시켰다.

14.3 주요 내용

SFV PROT 1993은 본문 및 기술적인 내용을 규정하는 부속서로 이루어져 있다.

▣ 의정서 본문

당사국의 의무사항, 용어의 정의, 적용범위, 검사증서 및 어선에 대한 항만국통제, IMO에 대한 정보의 전달 등 의정서 시행에 필요한 사항이 규정되어 있다.

▣ 부속서 제Ⅰ장 (총칙)

어선은 최초검사를 받아야 하며 선체 및 기관에 관하여는 4년마다, 구명·소화설비 등에 관하여는 2년마다, 무선설비 및 RDF(무선방향탐지기)에 관하여는 1년마다 주관청 또는 주관청이 지명한 단체에 의한 검사를 받아야 한다(제6규칙). 또 주관청은 검사결과 적합한 선박에 대하여 국제어선안전증서(International Fishing Vessel Safety Certificate)를 교부하여야 하며, 이에 대하여 책임을 진다(제7규칙). 또 어선은 검사할 경우 선박에 이 증서를 비치하고 있어야 한다(readily available on board)(제10규칙).

▣ 부속서 제Ⅱ내지 Ⅹ장

이 협약은 SOLAS 협약과 비슷한 순서로 SOLAS 협약의 요건을 완화하여 규정하고 있는바, 그 구체적 내용은 다음과 같다.

ㅇ제Ⅱ장 : 구조·수밀성 및 설비
ㅇ제Ⅲ장 : 복원성 및 이에 관련된 내항성
ㅇ제Ⅳ장 : 기관·전기설비 및 정기적으로 무인이 되는 기관구역
ㅇ제Ⅴ장 : 방화·화재탐지·소화·소화작업

ㅇ제VI장 : 선원의 보호
ㅇ제VII장 : 구명설비 및 장치
ㅇ제VIII장 : 비상조치·소집 및 훈련
ㅇ제IX장 : 무선통신
ㅇ제X장 : 선박용 항해설비 및 장치

15. 1977년 어선안전을 위한 토레몰리노스 국제협약에 관한 1993년 의정서 규정의 시행에 관한 2012년 케이프타운 협정

15.1 개요

ㅇ협약원명 : Cape Town Agreement of 2012 on the Implementation of the Provisions of the Torremolinos Protocol of 1993 Relating to the Torremolinos International Convention for the Safety of Fishing Vessels, 1977.
ㅇ채택(발효) : 2012.10.11 (미발효)
ㅇ목 적 : 어선의 안전확보
ㅇ관련 국내법 및 적용대상 : SFV PROT 1993과 동일

15.2 채택 배경

어선안전에 관한 SFV PROT 1993의 발효가 계속 지연되고 있는 와중에 IMO는 어선사고로 인한 선원들의 인명손실에 우려를 표시하고, 이에 대한 대응책으로서 각국은 SFV PROT 1993 및 STCW-F 협약의 조속한 가입을 촉구하는 한편, MSC로 하여금 이 문제를 검토하도록 결정하였다.[846] 이후 MSC에서는 SFV PROT 1993의 발효지연의 원인 및 해법에 대하여 검토하였으며, 2004년 9월 중국의 베이징(Beijing)에서 개최된 지역 세미나에서는 해법으로서 의정서에 많은 국가가 가입할 수 있도록 문제가 되는 부속서 기준을 일부 완화하고, 발효요건도 완화하는 것이었다. 그러나 아직 발효되지 아니한 국제조약을 개정할 경우 이미 비준한 국가들은 새로운 조약을 다시 비준해야 하는 법적·정치적 절차문제가 발생할 수 있었다. 이에 따라 IMO의 의뢰를 받은 컨설턴트(consultant: Dr. T. Mensah)는 해결방안으로서 현행 의정서의 개정을 위하여 성명서/MOU의 채택 또는 협정의 채택이라는 2가지 대안을 제시하였다.[847] 2007년 IMO는 다시 한번 각국의 SFV PROT 1993의 비준을 촉구하는 한편, 이를 발효시키기 위한 방안을 MSC가 검토하도록 요청하였다.[848] 이후 IMO는 종래에 수행하였던 미발효 조약의 개정사

846) IMO Res. A.925(22), Entry into Force and Implementation of the 1993 Torremolinos Protocol and the 1995 STCW-F Convention, 29 November 2001.
847) Legal Study to Facilitate the Entry into Force of the 1993 Torremolinos Protocol Relating to the 1977 Torremolinos convention on the Safety of Fishing Vessels, 4 August 2007.
848) IMO Res. A.1003(25), Entry into Force and Implementation of the 1993 Torremolinos Protocol, 29 November 2007.

례849)를 참조하여 이번에는 협정채택이라는 방식을 채택하기로 결정하였다. 이에 따라 남아공 정부의 초청에 따라 2012년 10월 케이프타운에서 개최된 국제회의에서 이 협정이 최종 채택되었다.

15.3 주요 내용

이 협정은 협정 본문과 부속서로 구성되어 있다.

▣ 협정 본문

1977년 협약, 1993년 의정서, 이 협정의 규정은 하나의 문서로 보며, 부속서도 이 협정의 통합부분(integral part)을 구성한다(제1조). 또 이 협정 이전에 의정서를 비준한 국가의 재비준 절차를 생략시키기 위하여 협정 채택 전 SFV PROT 1993에 대하여 비준 등을 행하고, 이 협정에 서명한 국가는 협정 채택 후 12개월이 지나면 이 협정에 기속동의를 표시한 것으로 간주하도록 하였다(제3조). 또 협정의 용이한 발효를 위하여 어선 총 3,600 척 이상에 달하는 22개국이 기속동의를 표시하면 이후 12개월 후에 발효하도록 하였다(제4조).

▣ 부속서

부속서는 어선의 기술적인 사항을 다루고 있으며, 일부 개정된 사항을 제외하면 종래 SFV PROT 1993 부속서의 내용과 동일하다. 개정된 사항의 주요 내용은 다음과 같다.

- 별도의 규정이 없으면 부속서의 규정은 신조선에 적용되며(제1규칙 1(1)), 주관청은 제 VII장(구명설비), 제VIII장(비상절차 및 훈련) 및 제X장(선박항해설비)은 5년, 제IX장 (무선통신)은 10년 이내에 걸쳐 연차적으로 기존 선박에 적용할 수 있음(동 1(4)).
- 주관청은 선박의 종류, 기상상태 등을 감안하여 현행 부속서의 규정적용이 불합리하거나 부적절할 경우 일정한 요건에 적합하면 적용을 면제할 수 있음(제3규칙 3(3)).
- 대행검사기관의 인정(제6규칙), 구명설비에 대한 검사(제7규칙), 무선설비에 대한 검사(제8규칙), 선체구조 및 기관설비에 대한 검사(제9규칙)를 SOLAS 협약 검사체제와 유사하게 정비함.
- 국제어선안전증서 및 면제증서의 서식을 변경함(부록).

849) MARPOL 협약 부속서 IV의 경우 MEPC 결의서(MEPC.115(51), 2004.4) 채택의 형태를 취했고, 2002년 Athens 협약 및 1996년 HNS 협약의 경우 각각 의정서(protocol) 채택의 형태를 취했다. SLF 52/12, Development of an Agreement on the Implementation of the 1993 Torremolinos Protocol, 24 March 2009.

제3절 해양오염방지관련

1. 해양오염방지협약 (MARPOL PROT 1978)

1.1 개요

○ 협약원명 : Protocol of 1978 Relating to the International Convention for the Prevention of Pollution from Ships, 1973.
○ 채택(발효) : 1978.2.17. (1983.10.2.)
○ 목적 : 선박으로부터의 해양오염방지
○ 관련 국내법 : 해양오염방지법
○ 적용대상 : 협약 당사국의 국기를 게양할 자격이 있는 선박 또는 그 권한에 운항되고 있는 선박에 적용되나 각 부속서 별로 적용대상에 다소 차이가 있다. 군함, 국가소유의 선박으로서 비상업용 목적에만 사용되는 선박에는 적용하지 아니하나, 각 당사국은 합리적이고 실행 가능한 한 이 협약에 합치하도록 조치하여야 한다.[850)]

1.2 채택 배경

해양에 유출된 기름은 증발하거나 용해되거나 가라앉지 않으며, 박테리아에 의한 분해에는 많은 시간이 소요된다. 따라서 대량으로 유출된 기름은 지속적으로 해수를 오염시켜 연안수산생물의 생태환경을 파괴하는 한편 해류와 바람에 밀려 광대한 범위로 해안에 피해를 확대시킨다. 따라서 영국과 유럽대륙의 국가들은 육지로부터 제법 멀리 떨어진 앞바다에서 배출된 기름일지라도 해류에 따라 해안을 오염시키는 경험을 가지고 있어 일찍부터 선박에 의한 해양오염에 대하여 심각하게 생각하여 왔다.

선박으로부터 기름유출로 인한 오염방지에 관한 최초의 국제회의는 1926년에 미국의 주도로 워싱톤 디씨(Washington D.C.)에서 개최된 국제회의(International Conference on Oil-pollution)이다. 이어서 1934년에는 영국이 이 문제를 국제연맹에 제의하였으며, 1935년 전문가위원회는 국제회의에 상정할 협약초안을 작성하였다. 그러나 독일, 이탈리아, 일본 등 3국이 참석하지 않아 회의가 열리지 못하고 제2차 세계대전을 맞이하였다.

제2차 세계대전 이후 영국정부는 UN과 협의를 거쳐 1954년 4월 26일부터 5월 12일까지 런던에서 기름에 의한 해양오염에 관한 국제회의를 개최하였고, 이 회의에서는 유조선에 의한 해양오염방지를 위한 최초의 국제협약인 1954년 기름에 의한 해양오염방지를 위한 국제협약(International Convention for the Prevention of Pollution of the Seas by Oil, 1954: OILPOL 1954)이 채택되었다. 당시의 관행으로 유조선은 화물 선적 전 유창(cargo tanks)을 해수로 청소한 후 그 기름과 섞인 물을 바로 바다로 배출하고 있었다. 이 협약은 기름과 물의 혼합수를 연

850) 이러한 규정에 따라 당사국은 군함 등에 대하여 이 협약을 적용할 법적 의무가 있다고는 할 수 없다. 그러나 실질적으로 대부분의 국가는 이 협약에 의한 협약의무를 충실하게 준수하고 있다.

안에서 일정한 거리 이상 떨어져 배출하거나 배출금지구역(prohibited zones)을 두어 배출을 금지하는 것이었다. 이후 이 협약은 1958년 7월 26일에 발효하였다.

많은 국가들은 이 협약의 규제만으로는 불충분하다고 하여 1962년 1954년 협약의 개정안이 채택되었다. 즉, 규제대상인 탱커를 총톤수 150톤 이상으로 확대하고(종전에는 500톤 이상), 기름의 배출금지해역을 확대하는 등 전반적인 규제를 강화하였다. 이 개정은 1967년 5월에 발효하였다. 이후 1967년 3월 토리 캐년(Torrey Canyon)호 오염사고가 발생하였다. 이 사건에서 보듯이 대량의 기름유출사고가 발생하면 오염은 급속하고 광범위하게 진행하여 이제까지의 국제협약만으로는 해양의 오염을 방지하기가 불가능하게 되었다. 이에 따라 1969년 10월에 OILPOL 1954의 개정협약[851] 및 1969년의 기름오염사고의 경우에 있어서의 공해상의 개입에 관한 국제협약(The International Convention relating to Intervention on the High Seas in cases of Oil Pollution Casualties, 1969)이 각각 제정되었다. 또 1971년에는 호주의 대보초(Great Barrier Reef)를 보호하기 위한 개정과 해양사고가 발생했을 경우 선박으로부터 유출되는 기름의 양을 최소한도로 줄이기 위하여 탱크의 크기를 제한하는 전자의 개정이 이루어졌다.[852]

OILPOL 1954에 대한 개정이 거듭되는 동안에도 유조선과 이를 이용한 기름의 해상물동량은 엄청나게 증가하였다. 또 해상으로 운송되는 화학물질도 계속 늘어나 OILPOL 1954만으로는 해양오염을 방지하기에 부적당하다는 인식이 점차 확산되었다. 이에 따라 1969년의 IMCO 총회에서는 새로운 협약을 심의하기 위한 1973년의 국제회의에 각국을 초청하였다.[853]

이 결의에 따른 회의가 1973년 10월에 런던에서 개최되어, 1973년의 선박으로부터의 오염방지를 위한 국제협약(International Convention for the Prevention of Pollution from Ships, 1973 : MARPOL 1973)이 채택되었다. 이 협약은 해양오염 방지에 관한 가장 야심적인 국제협약으로서, 기름뿐만 아니라 선박에서 발생되는 모든 형태의 오염물질에 대하여 규제를 도입하였다.[854]

당초 MARPOL 1973은 신속하게 시행될 것으로 전망되었으나 몇 가지 기술적인 이유와 재정적인 부담 때문에 이 협약을 비준한 나라가 극소수에 불과하였고 가까운 장래에도 발효될 전망이 보이지 않았다. 이에 따라 1978년에 개최된 유조선의 안전과 오염방지에 관한 국제회의(International Conference on Tanker Safety and Pollution Prevention: TSPP)에서는 MARPOL 1973에 대규모 수정을 가하여 1978년 MARPOL 의정서(MARPOL PROT 1978)를 채택하였다. 이 의정서는 MARPOL 1973의 일부를 수정하는 한편, 수정하지 아니한 부분도 모두 받아들임으로서 결과적으로 1973년 MARPOL 협약을 흡수한 1개의 문서로 보아야 한다. 따라서 이 의정서를 흔히 MARPOL 73/78이라고 부른다.

---

851) 정식 명칭은 1969 Amendments to the International Convention for the Prevention of Pollution of the Sea by Oil, 1954이다.

852) 1971년의 개정은 끝내 발효되지 못하였다.

853) IMO Res. A. 176(VI), Marine Pollution, 21 October 1969.

854) 다만, 육상에서 발생한 폐기물의 해양투기에 대하여는 1972년 해양투기방지협약(LC 1972)에 의하여 규제된다.

1.3 주요 내용

MARPOL PROT 1978은 당사국 정부의 일반적 의무 등을 규정하는 9개 조문의 본문과 오염물질 별로 구분한 총 6개의 부속서로 되어 있으며, 기술적인 사항은 모두 부속서에 규정되어 있다.

▣ 본문

당사국의 의무사항으로서 MARPOL PROT 1978, 부속서 및 MARPOL 1973의 효과를 인정해야 함을 밝히고 있으며, 각각의 규정은 단일문서로서 간주되고 해석되어야 함을 규정하고 있다(제1조). 따라서 MARPOL 1973에 의한 적용범위, 항내에 있어서의 선박검사, 사고의 보고의무 등의 규정이 자동적으로 MARPOL PROT 1978에 흡수되었다. 또 부속서 Ⅱ의 시행을 의정서의 발효일로부터 3년까지 연기할 수 있도록 허용하였다(제2조). 한편, 부속서 III, IV 및 V는 선택부속서(Optional Annexes)로서 국가는 이들을 수락하지 않는다고 선언할 수 있으며(MARPOL 1973 제14조 제1항), 언제라도 문서를 기탁함으로써 수락할 수 있다(동 제2항).

▣ 부속서 Ⅰ : 기름에 의한 오염방지를 위한 규칙

ㅇ부속서 원명 : Regulations for the Prevention of Pollution by Oil
ㅇ채택(발효) : 1978.2.17. (1983.10.2.)
ㅇ목 적 : 선박에서 배출되는 기름에 의한 해양오염방지
ㅇ관련 국내법 : 해양환경관리법
ㅇ적용대상 : 별도의 명문 규정이 없으면 모든 선박(국제기름오염방지증서 및 기름기록부는 총톤수 150톤 이상의 유탱커 및 총톤수 400톤 이상의 모든 선박)
ㅇ개 요

73/78 MARPOL에서 가장 중요한 부분이 선박으로부터 기름의 배출을 규제하고 있는 부속서 Ⅰ이다. 규제대상은 모든 형태의 석유류로서 원유, 중유, 슬러지(sludge), 폐유 및 정제유를 말한다.

이 부속서에 따라 특별해역[855] 외에서 유탱커(oil tanker)의 화물구역으로부터 기름 또는 유성혼합물(oily mixtures)의 바다로의 배출은 다음의 모든 조건이 충족되는 경우를 제외하고 금지된다(제34규칙 1). 다만, 특별해역 내에서는 유탱커의 화물구역으로부터 기름 또는 유성혼합물의 바다로의 배출은 금지된다(제34규칙 3).

① 탱커가 특별해역 내에 있지 아니할 것

855) 특별해역 (Special Area)이라 함은 그의 해양학상 및 생태학상의 조건과 교통의 특수한 성격으로부터 인정되는 기술적인 이유로 기름에 의한 해양오염의 방지를 위한 특별한 강제조치의 채택이 요구되는 해역을 말한다. 특별해역으로서는 지중해해역, 발틱해해역, 흑해해역, 홍해해역, 걸프해역, 아덴만해역, 남극해역, 북서유럽수역 및 아라비안해의 오만해역이 지정되어 있다(부속서 Ⅰ 제1규칙 11).

② 탱커가 가장 가까운 육지로부터 50해리 이상 밖에 있을 것
③ 탱커가 항행중일 것
④ 유분의 순간배출율이 1해리 당 30리터 이하일 것
⑤ 해역에 배출되는 기름의 총량이 현존 탱커에 대하여는 최종적으로 운송한 화물량의 15,000분의 1 이하이고, 신조 탱커에 대하여는 30,000분의 1 이하일 것
⑥ 탱커가 기름배출감시제어 장치 및 슬롭탱크(slop tank) 장치를 작동시키고 있을 것

한편, 각 당사국 정부는 선박의 유성잔류물 및 유성혼합물을 수용하기 위한 수용시설(reception facilities)을 확보하여야 한다. 수용시설은 이를 이용하는 선박이 부당하게 지연되는 일이 없도록 적절한 용량의 것이어야 하며, 수용시설이 필요한 항구의 유형과 수용시설의 능력이 별도로 규정되어 있다(제38규칙).

또한 선박의 구조, 설비, 장치가 이 부속서에 적합한지 여부를 확인하기 위하여 총톤수 150톤 이상의 모든 유탱커와 총톤수 400톤 이상의 모든 선박은 주관청의 초기검사 및 정기검사를 받고 국제기름오염방지증서(IOPP Certificate)를 교부받아야 한다(제6규칙 1.1 및 제7규칙). 기름배출 감시 및 제어장치, 원유세정설비, 유수분리장치, 기름필터링장치 및 이와 관련된 펌프와 파이프 시스템에 대하여는 중간검사를 받은 뒤 IOPP증서에 배서를 받아야 한다(제6규칙 1.3). 정기검사는 5년을 넘지 않는 간격으로 시행한다(제6규칙 1.2).

총톤수 150톤 이상의 모든 유탱커와 총톤수 400톤 이상의 모든 선박에는 기관구역에서의 작업내용을 기재하는 기름기록부(oil record book) 제I부(Part I)와 화물유 및 평형수 작업내용을 기록하는 기름기록부 제II부(Part II)를 각각 선내에 비치하여야 한다(제17규칙 1 및 제36규칙 1). 기름기록부는 선박 내에 보관하며, 3년간 보존하여야 한다. 협약 당사국 정부의 권한 있는 당국은 선박이 자국의 항구 또는 터미널에 있는 경우 그 선박의 기름기록부를 점검할 수 있으며, 기재내용에 대하여 선장에게 그 사본이 당해 기재의 진정한 사본임을 증명하도록 요청할 수 있다(제17규칙 2.7 및 제36규칙 2.8).

▣ 부속서 Ⅱ : 산적된 유해액체물질에 의한 오염규제를 위한 규칙

○부속서 원명 : Regulations for the Control of Pollution by Noxious Liquid Substances in Bulk
○채택(발효) : 1978.2.17. (1987.4.6.)
○목 적 : 선박에서 배출되는 유해액체물질에 의한 해양오염방지
○관련 국내법 : 해양환경관리법
○적용대상 : 별도의 명문 규정이 없으면 유해액체물질을 산적 운송하는 모든 선박
○개 요

부속서 Ⅱ는 유해액체물질(noxious liquid substances)을 산적으로(in bulk) 운송하는 선박에 대하여 적용된다. 유해액체물질이라 함은 해양생물 혹은 인간의 건강에 위해 또는 해독을 미치는 물질로서, X류(category X), Y류(category Y) 및 Z류(category Z)로 분류된다. 해양에 배출된

경우 X류는 해양자원이나 인체에 막대한 위해를 미치는 유해액체물질이며, Y류는 해양자원이나 인체에 위해를 미치거나 해양의 쾌적성 또는 기타의 적법한 이용에 해를 야기하는 유해액체물질이다. 또 Z류는 해양자원이나 인체에 경미한 위해를 미치는 유해액체물질을 말한다. 기타물질(other substances)은 X류, Y류 및 Z류 범주를 벗어난 물질을 말한다(제6규칙 1).

X, Y 또는 Z류로 지정된 물질, 그러한 것으로 잠정 평가된 물질의 잔류물 또는 이들 물질을 함유하는 선박평형수, 탱크세정수, 기타의 이들 혼합물의 해양배출이 허용되는 경우 다음의 배출기준이 적용된다(제13규칙 2.1).

① 선박이 자항선인 경우는 7노트 이상, 비자항선의 경우는 4노트 이상의 속력으로 항행중일 것.
② 수면하 배출이 설계된 최대배출율을 넘지 아니하며, 수면하 배출구를 통하여 수면 하에서 배출할 것.
③ 가장 가까운 육지로부터 12해리 이상 떨어진 수심 25미터 이상의 장소에서 배출할 것.

이 부속서는 그밖에도 X류 물질이 양하된 탱크의 예비세정(prewash), 세정수의 수용시설에의 배출기준에 관하여 규정하고 있으며(제13규칙 6.1.1), 화물 및 선박평형수 작업을 실시한 경우 화물기록부에 기재 및 비치에 관하여 규정하고 있다(제15규칙). 또한 유해액체물질을 산적운송하는 선박은 정기검사 또는 중간검사를 받아야 하고(제8규칙 1), 적합할 경우 「유해액체물질의 산적운송을 위한 국제오염방지증서」(NLS증서)가 교부되어야 한다(제9규칙 1). NLS 증서의 유효기간은 최대 5년이다(제10규칙 1).

▣ 부속서 Ⅲ : 포장된 형태로 선박에 의하여 운송되는 유해물질에 의한 오염방지를 위한 규칙

ㅇ부속서 원명 : Regulations for the Prevention of Pollution by Harmful Substances Carried by Sea in Packaged Form
ㅇ채택(발효) : 1978.2.17. (1992.7.1.)
ㅇ목　적 : 선박에서 포장된 형태로 운송되는 유해물질에 의한 해양오염방지
ㅇ관련 국내법 : 해양환경관리법
ㅇ적용대상 : 별도의 명문 규정이 없으면 포장된 형태로 유해물질을 운송하는 모든 선박
ㅇ개 요

이 부속서는 포장된 형태(in packaged form)로 또는 화물컨테이너, 포터블탱크(portable tanks) 또는 도로용 또는 철도용 탱크차에 넣어서 해상으로 운송되는 유해물질(harmful substances)에 의한 오염을 방지하기 위한 규칙이다. 여기에서는 유해물질의 포장(제2규칙), 표시 및 표찰(제3규칙), 서류(제4규칙), 적재(제5규칙), 적재량의 제한(제6규칙)에 관한 일반적 요건을 규정하고 있다. 그러나 포장된 형태의 유해물질은 실질적으로 국제해상위험물규칙(IMDG Code)에 따라 규제되기 때문에 내용이 간략하게 구성되어 있다.

■ 부속서 Ⅳ : 선박으로부터의 오수에 의한 오염방지를 위한 규칙

ㅇ부속서 원명 : Regulations for the Prevention of Pollution by Sewage from Ships
ㅇ채택(발효) : 1978.2.17. (2003.9.27.)
ㅇ목 적 : 선박에서 배출되는 오수에 의한 해양오염방지
ㅇ관련 국내법 : 해양환경관리법
ㅇ적용대상 : 국제항해에 취항하는 총톤수 400톤 이상의 선박 및 15인 이상이 승선하는 선박
ㅇ개 요

이 부속서는 선원, 여객, 살아있는 동물 등이 선박에서 생활하며 발생하는 오수(sewage)를 규제하는 규칙이다. 모든 선박에는 오수처리장치(sewage treatment plant) 또는 저장탱크 등을 비치하여야 한다(제9규칙 1). 선박이 오수를 배출하려면 선박이 4노트 이상의 속력으로 항해중이며, 일정한 배출율에 따르는 등의 요건을 지켜야 한다. 즉, 마쇄하고 소독한 오수를 배출하기 위해서는 선박이 가장 가까운 육지로부터 3해리 이상 떨어져 있어야 하며, 마쇄하지 아니하거나 소독하지 아니한 오수를 배출하려면 12해리 이상 떨어져 있어야 한다(제11규칙 1.1). 규제대상 선박은 설비, 비품 등에 대하여 초기검사와 정기검사를 받아야 하며,(제4규칙) 요건에 적합할 경우 국제오수오염방지증서(ISPS증서)가 교부되어야 한다(제5규칙 1).

■ 부속서 Ⅴ : 선박으로부터의 폐기물에 의한 오염방지를 위한 규칙

ㅇ부속서 원명 : Regulations for the Prevention of Pollution by Garbage from Ships
ㅇ채택(발효) : 1978.2.17. (1988.12.31.)
ㅇ목 적 : 선박에서 배출되는 폐기물에 의한 해양오염방지
ㅇ관련 국내법 : 해양환경관리법
ㅇ적용대상 : 별도의 명문규정이 없는 한 모든 선박
ㅇ개 요

이 부속서는 합성로우프(synthetic ropes), 플라스틱, 음식찌꺼기 등 각종 쓰레기에 의한 해양오염을 방지하기 위한 규칙이다. 지중해, 발틱해, 흑해, 홍해 등의 특별해역에서는 선박이 항해중이며, 육지로부터 12해리 이상 떨어진 곳에서 일정한 요건에 따라 음식찌꺼기(food wastes)를 배출할 수 있다((제6규칙 1.1). 또 일반적으로 이용 가능한 하역방법을 통하여 회수될 수 없는 화물잔류물(cargo residue)은 특별한 요건에 적합하여야 하며, 갑판 및 선체외부를 세척한 세정수에 포함된 세정제 또는 첨가제(cleaning agent or additives)는 유해물질이 아니면 배출이 가능하다(제6규칙 1.2 및 2). 특별해역 외에서 음식찌꺼기는 육지에서 12해리 이상, 분쇄기 또는 연마기를 통하여 배출할 경우에는 육지에서 3해리 이상 떨어진 곳에서 버려야 한다(제4규칙 1.1 및 1.2). 한편, 협약 당사국 정부는 항구 및 터미널에 폐기물 처리를 위한 수용시설을 갖추어야 한다(제8규칙 1).

▣ 부속서 Ⅵ : 선박으로부터의 대기오염방지를 위한 규칙

○부속서 원명 : Regulations for the Prevention of Air Pollution from Ships
○채택(발효) : 1997.9.26. (2005.5.19.)
○목 적 : 선박으로부터 대기오염의 방지
○관련 국내법 : 해양환경관리법
○적용대상 : 별도로 정하는 경우를 제외하고 모든 선박
○개 요

이 부속서는 MARPOL PROT 1978을 개정하는 1997년 의정서(MARPOL PROT 1997)에 의하여 뒤늦게 추가되었다. 이 규칙은 주로 선박에서 배출되는 오존 파괴물질(ozone depleting substances), 질소산화물(NOx), 황산화물(SOx) 및 휘발성 유기화합물(VOCs)의 배출규제를 목적으로 하고 있다. 오존 파괴물질은 선박의 소화장비, 냉동장치 등에 많이 사용되고 있으며, NOx와 SOx는 선박의 디젤기관에서 연료유를 연소시키는 과정에서 많이 발생된다. 또 VOCs는 유탱커나 케미컬탱커가 화물의 운송이나 하역과정에서 배출된다.

선박에 오존파괴물질을 내장한 설비를 설치할 수 없고, 고의적인 오존파괴물질의 배출은 금지된다(제12규칙 1.2 및 1.3). 선박용 디젤기관은 NOx 배출기준에 적합하여야 한다(제13규칙 2.3). 또 SOx의 배출억제를 위하여 선박에 사용되는 연료유는 포함된 황 함유량이 일정기준치 이하이어야 한다(제14규칙 1).[856] VOCs를 억제하는 항구에 입출항하는 선박은 유증기배출제어 시스템을 설치하여야 한다(제15규칙 5). 또 선내소각은 소각기에 의해서만 가능하고, 폴리염화비페닐(PCBs), 중금속이 많이 함유된 쓰레기, 할로겐 호합물질을 함유하고 있는 정제된 석유제품 등은 선내소각이 금지된다(제16규칙 1 및 2). 또 선박의 에너지효율을 증진시키기 위하여 신조선은 에너지효율설계지수(EEDI)를 계산하여야 하며(제20규칙), 선박은 선박에너지효율관리계획서(SEEMP)를 선박에 비치하여야 한다(제22규칙).

황해를 청정해역으로 가꾸기 위한 제안

황해는 우리나라, 북한 및 중국으로 둘러싸인 반폐쇄해(semi enclosed seas)로서 역사적으로 우리 삶의 터전이었다. 그러나 최근 중국의 공업화로 인하여 점차 오염이 심해지고 있다. 따라서 중국 연안의 해양환경은 점차 황폐화되어 중국 어선들이 우리나라의 연안으로 불법조업을 서슴지 않고 있다. 특히 발해만(Bohai Wan)의 경우 공장폐수의 배출 및 유전사고로 인한 해양오염이 극심한 것으로 알려져 있다. 중국과 우리나라의 거리는 매우 가깝기 때문에 이러한 오염은 우리에게도 막대한 피해를 주고 있다.

국제적으로 특정 지역의 해양환경을 보호하기 위한 제도로는 특별해역(special area)과 특별민감해역(Particularly Sensitive Sea Areas: PSSA)이 있다. 전자의 경우 해양오염방지협약(MARPOL)의 규정에 따라 기름(부속서 I), 유해성액체물질(II), 하수(IV) 및 쓰레기(V)의 배출이

856) 배출규제해역이 아닌 곳을 운항하는 선박은 2012.1.1. 이후 3.50% m/m 이하, 2020.1.1. 이후 0.50% m/m 이하이어야 한다. 한편, 배출규제해역을 운항하는 선박은 2010.1.1. 이후 1.00% m/m 이하, 2015.1.1. 이후 0.10% m/m 이하이어야 한다.

금지되는 해역이다. 후자의 경우 국제해운활동에 따라 피해를 입을 수 있어 특별한 IMO의 보호를 필요로 하는 해역을 말한다.[857] 이 해역에서는 IMO의 승인을 받아 보호조치(protective measures)를 취할 수 있으며, 이러한 조치에는 특별해역에 적용되는 조치에 더하여 선위통보제도(Ship Reporting System)의 운영, 통항금지구역(area to be avoided)의 지정, 단일선체유조선 등 오염우려 선박의 운항금지 등이 포함될 수 있다. 현재 PSSA로 지정받은 곳으로는 호주의 Great Barrier Reef, 미국의 Florida Keys, 프랑스와 이태리의 The Strait of Bonifacio 등 총 14곳이다.

황해가 특별해역이나 PSSA로 지정되려면 그 타당성을 입증할 수 있는 충분한 자료를 IMO에 제출하고, 다른 국가의 지지를 받아야 한다. 이러한 자료를 만들려면 구체적인 추진방향에 대하여 관련 국가인 우리나라, 북한, 중국의 합의가 있어야 하며, 장기적인 용역이 수행되어야 한다. 이러한 작업은 여러 국가가 걸려 있어 추진이 쉽지는 않지만 황해를 청정해역으로 가꾸는 첫걸음이 될 것으로 기대한다.[858]

1.4 주요 개정 내용

1.4.1 1984년 개정 (부속서 Ⅰ)

○채택 (발효) : 1984.9.7. (1986.1.7.)

○개 요

제20차 MEPC에서는 결의서 제14호(20)로 부속서Ⅰ에 대한 대폭적인 개정안을 채택하였다. 주요 개정내용은 다음과 같다.

- 선박의 충돌 등의 사고로 인한 해양오염 방지를 위하여 1982년 7월 1일 이후 건조된 총톤수 400톤 이상의 선박은 선수탱크(forepeak tank) 또는 충돌격벽(collision bulkhead)의 전방에 기름을 적재할 수 없도록 함.
- 기름배출 감시 및 제어장치는 기구에 의하여 개발된 지침서 및 사양서에 따라 설계되고 설치되도록 함.
- 기름기록부를 유조선용과 화물선용으로 분리하였으며, 그 양식도 개정함
- 종래 유조선, 화물선, 면제선박별로 교부되던 IOPP증서 서식을 한가지로 통일하였고, 여기에 추록(supplement)을 추가하여 이 협약에 의한 각종의 요건을 일일이 확인할 수 있도록 함

857) para. 1.2. A PSSA is an area that needs special protection through action by IMO because of its significance for recognized ecological, socio-economic, or scientific attributes where such attributes may be vulnerable to damage by international shipping activities. IMO Res. A.982(24), REVISED GUIDELINES FOR THE IDENTIFICATION AND DESIGNATION OF PARTICULARLY SENSITIVE SEA AREAS, n 1 December 2005.

858) 중국 연안오염의 주범은 육상기인(land-based) 오염물질이기 때문에 해운활동에 대한 규제가 당장에 큰 효과를 거둘 수는 없을 것이다. 그러나 저자는 이러한 작은 활동이 모여 결국 황해의 해양환경의 보호라는 큰 목표를 달성하게 될 것으로 기대한다.

1.4.2 1985년 개정 (부속서 Ⅱ)

ㅇ채택 (발효) :1985.12.5. (1987.4.6.)
ㅇ개 요

제22차 MEPC에서는 결의서 제16호(22)로 부속서 Ⅱ에 대한 개정안을 채택하였다. 주요 개정내용은 다음과 같다.

- 탱크를 세정하고 난 후 투입된 물은 요건에 적합할 경우 그 양에 관계없이 해양에 배출할 수 있도록 허용함
- 이 협약의 당사국정부는 화물양화 터미널에 유해액체물질을 운송하는 선박의 화물탱크 스트리핑(stripping)을 용이하게 하는 장치를 설치하도록 함
- 각국의 검사관은 기구가 작성한 통제절차에 따라야 하며, 선박의 선장은 유해물질의 관리 및 탱크세정에 관한 사항을 화물기록부에 기재하도록 함.
- 각 주관청은 검사관에게 선박 수리를 요구하거나 항만국의 요청에 따라 검사를 행할 수 있는 권한을 부여하여야 하고, 검사관은 선박의 상태가 증서의 기재사항과 실질적으로 일치하지 아니하다고 인정할 경우 시정조치를 취할 수 있도록 함
- 국제산적화물규칙(IBC Code) 또는 산적화학물규칙(BCH)에 따라 교부된 증서는 NLS증서와 동일한 것으로 간주되도록 함
- 1986년 7월 1일 이후 건조된 케미컬탱커는 IBC Code에 적합하도록 함

1.4.3 1985년 개정 (별도합의서Ⅰ)

ㅇ채택 (발효) : 1985.12.5. (1987.4.6.)
ㅇ개 요

제22차 MEPC에서는 결의서 제21호(22)로 MARPOL 73/78의 별도합의서 I(Protocol I)[859]에 대한 개정안을 채택하였다. 즉, 보고할 경우로서 종래의 배출시 뿐만 아니라 배출가능성이 있어도 보고하도록 하였으며, 포장된 형태로 운송되는 유해액체물질도 배출대상으로서 포함시켰다. 또 사고 당시 바람 및 해상상태, 선박의 상태, 포장 및 식별기호 등 별 실효가 없는 사항을 대폭 삭제하여 보고내용을 간소화 시켰다. 또한 보고방법으로서 종래의 무선통신방법(Reports made by radio)만을 지정하지 않고 가장 가까운 연안국에 대하여 이용 가능한 가장 빠른 전기통신로(fastest telecommunication channel)를 활용하도록 하였다.

---

859) Protocol은 여러 가지 의미를 가지고 있는 바, 통상적으로 조약의 성질을 가진 문서에 대하여 대부분 의정서로 번역된다. 그러나 Protocol에는 조약이나 국가 간 합의의 상세한 내용을 기록한 문서(a document that describes the details of a treaty or formal agreement between countries)라는 의미도 있다. http://www.merriam-webster.com/dictionary/protocol [2013.10.10.]. 저자는 여기에서 Protocol을 의정서로 해석할 경우 통상의 의정서로 오해할 소지가 있어 "별도합의서"로 번역하였다. MARPOL 73에는 Protocol I Provisions Concerning Reports on Incidents Involving Harmful Substances (in accordance with Article 8 of the Convention) 및 PROTOCOL II Arbitration (in accordance with Article 10 of the Convention)이 있다.

1.4.4 1990년 개정 (부속서Ⅰ,Ⅱ 및 HSSC 관련)

○채택 (발효) : 1990.3.16. (2000.2.3.)
○개 요
제29차 MEPC에서는 결의서 제39호(29)로 검사 및 증서교부의 통일제도(HSSC)를 부속서Ⅰ 및 Ⅱ에 도입하기 위한 개정안을 채택하였다. 즉 선박은 5년을 초과하지 아니하는 간격으로 구조, 설비, 장치, 부착물, 배치 및 재료에 대하여 정기검사 (renewal survey)를 받아야 하며, IOPP 증서의 2번째 연차일 전후 3개월 이내 또는 3번째 연차일 전후 3개월 이내에 기름배출감시 및 제어장치, 원유세정설비 등에 대한 중간검사를 받아야 한다. 또한 주관청은 인정된 단체(recognized organizations: RO)에게 선박의 수리, 검사의 실시에 대한 권한을 반드시 부여하도록 하였으며, 인정된 단체의 책임 및 위임된 권한의 조건에 관하여 IMO에 통보토록 하였다.

1.4.5 1991년 개정 (부속서Ⅰ)

○채택 (발효) : 1991.7.4. (1993.4.4.)
○개 요
제31차 MEPC에서는 결의서 제47호(31)로 MARPOL 부속서 Ⅰ을 개정하였다. 주요 사항으로는 총톤수 150톤 이상의 모든 유탱커 및 총톤수 400톤 이상의 다른 선박은 주관청의 승인을 받은 선박기름오염비상계획(shipboard oil pollution emergency plan)을 선내에 비치토록 하였으며, IOPP증서 추록의 양식을 개정하였다.

1.4.6 1992년 개정 (부속서Ⅰ)

○채택 (발효) : 1992.3.6. (1993.7.6.)
○개 요
제32차 MEPC에서는 결의서 제51호(32)로 부속서 Ⅰ에 대한 개정안을 채택하였다. 개정사항으로는 종래 유탱커의 1해리 당 60리터 이하인 순간배출률을 1해리당 30리터 이하로 강화하였으며, 유탱커 이외의 빌지유출액 중 유분을 100 PPM에서 15 PPM으로 강화하였다. 아울러 기름배출감시 및 제어장치, 유수분리장치 및 기름필터링장치의 기준도 강화하였으며, IOPP증서 문구를 개정하였다.

1.4.7 1992년 개정 (부속서Ⅰ)

○채택 (발효) : 1992.3.6. (1993.7.6.)
○개 요
미국의 알라스카에서 발생한 엑슨 발데즈(Exxon Valdez) 오염사고[860] 이후 대형 해양오염사

860) 미국 국적의 유조선 Exxon Valdez 호는 1989.3.24. 알라스카(Alaska)의 Prince William Sound에서 좌

고에 대한 사람들의 경각심이 높아졌으며, 이를 예방하기 위하여 유조선에 대한 기준강화의 필요성이 제기되었다. 이에 따라 제32차 MEPC에서는 결의서 제52호(32)로 MARPOL 부속서 Ⅰ에 대한 개정안을 채택하였다. 주요 개정사항으로는 선박의 충돌 또는 좌초로 인한 오염사고를 방지하기 위한 조치로서 이중선체구조(double hull) 유조선을 도입하는 제13F 및 제13G 규칙을 신설하였다.

제13F 규칙에서는 1993년 7월 6일 이후 건조계약이 체결된 신조유조선의 모든 화물탱크는 평형수탱크에 의해 보호되도록 규정하였다. 평형수탱크로 분리된 외판과 탱크 사이의 거리는 최대 2미터에 달한다(5,000 dwt 미만인 선박은 최소 0.76미터).

제13G 규칙에서는 기존의 20,000 DWT 이상의 원유운반선 및 30,000 DWT 이상의 석유제품운반선에 대하여 검사강화제도(enhanced programme of inspections)를 적용하여야 하며, 선체구조에 따라서 인도일 이후 25년 또는 30년까지는 제13F규칙에 따라 이중저(double bottom)와 이중외판을 설치하여야 한다. 또 선령 5년 이상의 유조선은 기국이 확인(endorse)한 상태평가보고서(condition evaluation report)와 함께 모든 검사보고서를 선박에 비치하여야 한다.

1.4.8 2001년 개정(부속서 I)

○채택 (발효) : 2001.4.27. (2002.9.1.)
○개 요

상기의 1992년 개정에도 불구하고 많은 단일선체의 기존 선박들은 여전히 운항되고 있어 대형 해양오염의 위험이 상존하고 있었다. 이에 대한 대책으로서 제46차 MEPC에서는 결의서 제95호(46)를 채택하여 부속서 I 제13G규칙을 개정하였다. 이에 따라 기존 선박은 선박의 규모, 적재화물, 선체구조의 상태 등에 따라 선박을 범주(category) 1 내지 3으로 분류하고, 선박의 건조일에 따라 2003년부터 2015년까지 연차적으로 제13F규칙(이중선체 구조기준)에 적합하도록 하였다. 또 주관청은 매우 세밀한 검사인 상태평가검사(condition assessment scheme)[861]를 받은 범주 1(category 1)선박은 2005년, 범주 2(category 2) 선박은 2010년 이후까지 운항할 수 있도록 허용하였다. 또 협약당사국은 경과규정에 따라 운항하는 단일선체유조선에 대하여는 항구 및 터미널에 입항을 금지할 수 있도록 하였다.[862]

초되어 이후 수일간에 걸쳐 약 41,000 내지 119,000 m^3의 원유를 유출하였다. 이 사건은 많은 사람들에게 유류오염의 심각성을 인식시키는 계기가 되었으며, 이후 미국에서는 기름오염방지 및 보상체제에 관한 기준을 대폭 개선한 1990년 기름오염법(OPA 1990)이 제정되었다. 특히 OPA 1990은 충돌이나 좌초 시 기름유출이 최소화될 수 있도록 유조선에 이중선체(double hull) 구조를 의무화하였다. Wikipedia, http://en.wikipedia.org/wiki/Exxon_Valdez_oil_spill [2013.10.10.].

861) 상태평가검사(CAS)는 단일선체유조선의 선체상태가 허용가능한지, 선체정비는 제대로 유지되었는지를 확인하기 위한 제도이다. 주요 검사사항은 주요 선체부분에 대한 정밀검사(close-up survey) 및 외판에 대한 두께계측으로서, 선박의 선령이 높을수록 검사의 범위가 확대된다. MEPC.94(46), Condition Assessment Scheme, 27 April 2001.

862) 선박의 입항을 거부하는 것은 전통적인 출입항자유의 원칙에서 벗어난 대단히 강력한 조치로서, 실제 유럽국가를 비롯한 많은 국가는 단일선체 유조선에 대하여 이 조치를 시행하였다.

1.4.9 2003년 개정(부속서 I)

○채택 (발효) : 2003.11.4. (2005.4.5.)
○개 요

기존 단일선체 유조선의 안전기준을 강화하는 2001년 개정내용이 너무 약하다는 비판이 제기됨에 따라 제50차 MEPC는 결의서 제111호(50)로 부속서 I 제13G규칙을 다시 개정하였다. 즉, 범주1의 단일선체 유조선은 2005년까지, 범주 2 및 범주 3의 단일선체 유조선은 2010년까지 연차적으로 제13F규칙에 적합하도록 하였다. 또한 범주 2 및 3의 선박은 CAS를 받더라도 선령 25년 또는 2015년 중 빠른 날짜까지만 운항할 수 있도록 제한하였다. 이 개정에 따라 강화된 기준이 더욱 강력하게 기존 선박에 소급하여 적용됨에 따라 많은 노후 단일선체 유조선들이 해체되었다.

1.4.10 2011년 개정(부속서 IV)

○채택 (발효) : 2011.7.15. (2013.1.1.)
○개 요

2011년 7월 제62차 MEPC는 결의서 제200호(62)로 부속서IV의 일부 규정을 개정하였다. 즉, 부속서 IV에도 특별해역의 개념을 도입하면서, 발틱해역(Baltic Sea area)을 특별해역으로 명시하였다. 또 특별해역 내에서 신조 여객선은 2016년 1월 1일, 기존 여객선은 2018년 1월 1일 이후 오수의 배출이 금지된다. 또한 특별해역에 접하고 있는 각 당사국은 여객선이 사용하기 적합한 오수 수용시설(reception facilities)을 설치해야 한다.

1.4.11 2012년 개정(부속서 I, II, IV 및 V)

○채택 (발효) : 2012.3.2. (2013.8.1.)
○개 요

종래 소도서 개발도상국가(Small Island Developing States)들은 국가의 규모가 작고, 설치 및 운영에 많은 비용이 소요되어 아 협약에서 요구하는 수용시설의 설치에 어려움을 겪어 왔다. 이에 따라 이들은 이러한 국가들이 연합하여 지역에 수용시설을 설치할 경우 이를 협약의무 이행으로 볼 수 있어야 한다고 주장하여 왔다. 이에 따라 제63차 MEPC는 결의서 제216호(63)로 이와 같은 특례규정을 부속서 I, II, IV 및 V에 각각 신설하였다. 이에 따라 해당 국가들의 지역적 합의가 수용시설 요건 만족을 위한 유일한 현실적인 수단인 경우 이를 인정할 수 있도록 하였으며, 이러한 합의에 참여하는 각 당사국 정부는 그 구체적 방법, 지역선박폐기물 수용센터의 상세, 제한된 시설을 갖추고 있는 항만들의 상세에 관하여 기구와 협의하여야 한다.

2. 해양오염방지협약의 개정을 위한 1997년 의정서(MARPOL PROTO 1997)

2.1 개요

○ 협약원명 : Protocol of 1997 to Amend the International Convention for the Prevention of Pollution from Ships, 1973, as Modified by the protocol of 1978 Relating Thereto
○ 채택(발효) : 1997.9.26. (2005.5.19.)
○ 목적 : 해양오염방지
○ 관련 국내법 및 적용대상 : 해양오염방지협약의 경우와 동일

2.2 채택 배경

바다는 비교적 공기가 깨끗하기 때문에 대기오염으로 인한 문제는 거의 발생하지 않았다. 따라서 MARPOL 1973을 채택할 당시 대기오염의 규제에 관한 논의가 있었으나 이에 관한 규칙은 협약의 부속서에 포함시키지 않기로 결정하였다. 이후 1970년대 및 1980년대에 걸쳐 대기오염에 대한 사람들의 관심을 계속 높아졌다. 이에 따라 1988년 MEPC는 노르웨이의 제안에 따라 처음으로 대기오염을 작업계획에 포함시켰다. 또 오존층 파괴물질, SOx 및 NOx의 규제에 대한 국제협약들이 속속 등장함에 따라 선박에서도 이들을 규제할 필요성이 점점 높아지게 되었다. 이에 따라 IMO 총회는 MEPC로 하여금 MSC와 협의하여 이러한 물질들의 규제에 관한 새로운 부속서 초안을 준비하도록 요청하였다.[863] 이에 따라 MEPC는 6년에 걸쳐 이러한 작업을 진행하였으며, 1997년 MARPOL PROT 1978 당사국 국제회의에서 기존의 기존 부속서에 새로운 부속서 VI을 추가하는 의정서를 채택하였다.

2.3 주요 내용

의정서 본문의 내용으로 특기할 사항은 이 의정서가 기존의 MARPOL PROT 1978과 단일 문서로 이해되고 해석되어야 한다는 것이다(제3조). 또 부속서의 주요 내용에 대하여는 위에서 이미 설명하였으므로 생략한다.

2.4 주요 개정 내용

2.4.1 2008년 개정(부속서 VI)

○ 채택 (발효) : 2010.10.10. (2010.7.1.)
○ 개 요

863) IMO Res. A.719(17), Prevention of Pollution from Ships, 6 November 1991.

2008년 10월 제57차 MEPC는 결의서 제176호(57)로 부속서 VI를 전면적으로 개정하였다. 주요 내용으로는 이 부속서에 대한 예외 및 면제에 관한 경우로서 배출감축 및 통제기술의 연구를 할 경우 및 해저(sea-bed) 광물자원의 개발 및 처리과정을 들고 있다. 또 부속서에서 정하는 각종 설비 등의 동등물을 인정할 경우 기구가 개발하는 지침을 고려하여야 하며, 또 환경, 사람의 건강, 재산 및 자원에 피해가 가지 않도록 노력해야 한다.

2.4.2 2011년 개정(부속서 VI)

ㅇ채택 (발효) : 2011.7.15. (2013.1.1.)
ㅇ개 요

온실가스(greenhouse gases)는 지구온난화의 주범으로 인식되어 왔으며, 국제사회는 이를 감축하기 위하여 1997년 12월 11일 일본의 쿄토(Kyoto)에서 교토의정서를 채택하였다.[864] 이 의정서에서는 선진국(industrialized countries)의 감축목표를 강제적으로 정하고 있다. 아울러 항공기나 선박의 연료유로부터 발생되는 온실가스에 대하여는 각각 ICAO 및 IMO를 통하여 배출의 제한이나 감축을 행하여야 한다(교토의정서 제2조 제2항).

이에 따라 유럽을 중심으로 한 선진국들은 온실가스 감축을 위한 IMO의 강력한 조치를 희망하였다. 그러나 중국, 이란, 브라질, 남아공 등 개도국들은 이러한 IMO 차원에서의 온실가스 감축에 대하여 반대하는 입장을 취하였다.[865] 양측의 치열한 논쟁 끝에 제62차 MEPC는 결의서 제203호(62)로 부속서 VI을 개정하였다. 즉, 선박의 에너지효율에 관한 규칙인 제4장(Chapter 4)을 신설하여, 선박에 에너지효율설계지수(EEDI)를 도입하기로 결정하였다. 아울러 개도국들을 위한 일괄타결(package deal)로서 개도국에 대한 기술협력의 증진 및 기술협력에 관한 규정도 함께 신설하였다.

3. 1969년 유류오염사고시 공해상 개입에 관한 국제협약 (INTERVENTION 1969)

3.1 개요

ㅇ협약원명 : International Convention Relating to Intervention on the High Seas in Cases of Oil Pollution Casualties, 1969
ㅇ채택 (발효) : 1969.11.29. (1975.5.6.)
ㅇ목적 : 공해상에서 기름에 의한 유출이 발생한 경우 해양오염이 더 이상 확산되지 아니하도록 연안국이 예외적인 조치를 시행할 수 있는 법적 근거 마련
ㅇ관련 국내법 : 미수용

864) 정식 명칭은 The Kyoto Protocol to the United Nations Framework Convention on Climate Change (UNFCCC)이며, 2005.2.16. 발효되었다.
865) 개도국들은 UNFCCC 협약에 따라 국가의 능력에 따라 이행책임이 다른 공동의 차별적인 책임(common but differentiated responsibility)을 주장하는 한편, 선진국들은 선박의 국적에 차별이 없이 동일한 기준을 적용해야 한다는 우대금지(no more favorable treatment)를 주장하였다.

3.2 채택 배경

1967년 3월 영국 남서해상에서 좌초된 토리 캐년(Torrey Canyon)호의 좌초사고로 인하여 발생한 대량의 기름유출사고는 전세계에 큰 충격을 주었다. 당시 좌초된 선박으로부터 기름 유출이 계속됨에 따라 영국정부는 기름의 확산방지를 위하여 총54대의 항공기를 동원, 토리 캐년호에 폭격을 가하여 선체에 남아있던 기름을 모두 연소시켰다. 그러나 영국의 이러한 조치는 자국 선박도 아니며, 개인의 재산에 대한 강제조치로서 초법적인 행위라는 논란이 있었다. 이에 따라 이 사건 이후 대량의 기름오염사고 시 공해상의 개입조치에 관한 법령의 정비를 서두르게 되었다. 즉, 환경보호를 위한 연안국의 조치가 선주, 화주 및 기국(flag states)의 법적인 권리는 물론 공해자유의 원칙과 조화를 이루어야 하기 때문이었다. 그 결과 1969년 11월 벨기에의 브뤼셀(Brussels)에서 개최된 해양오염손해에 관한 국제법률회의(International Legal Conference on Marine Pollution Damage)에서 이 협약이 채택되었다.

3.3 주요 내용

이 협약은 17개조의 본문 및 1개의 부속서로 이루어져있으며 자세한 내용은 다음과 같다.

▣ 협약본문

○공해상의 조치를 취할 수 있는 경우 (제1조)

체약국은 현저하게 유해한 결과를 가져올 것이 합리적으로 예측되는 해양사고 또는 이와 관련된 행위의 결과로 기름에 의한 해양의 오염 또는 그 위협으로부터 생기는 자국의 연안 또는 관계이익에 대한 중대하고도 급박한 위험을 방지, 경감 또는 제거하기 위하여 공해상에서 필요한 조치를 취할 수 있음. 여기에서 기름은 원유, 연료유, 디젤유, 윤활유의 4가지 종류에 한정됨(제2조 제3항). 또 군함 또는 국가가 소유하거나 운항하는 선박, 정부가 비상업용 목적으로 사용하는 선박에 대해서는 이 협약에 의거한 조치를 취할 수 없음

○기국, 관계인과의 협의 (제3조)

연안국은 조치를 취하기전에 해양사고에 의하여 영향을 받는 다른 나라, 특히 선박의 기국과 협의하여야 함. 또한 개인 또는 회사가 영향을 받는다고 예상될 경우에는 그 개인 또는 법인에 대하여 취하려고 하는 조치를 통지해야 하며, 그들의 의견을 고려하여야 함.

○조치의 내용 (제5조)

연안국이 취하는 조치는 실제로 입은 손해 또는 입을 우려가 있는 손해와 균형을 유지하여야 함. 이러한 조치는 목적을 달성하기 위하여 합리적으로 필요한 한도를 넘어서는 아니 되며 그 목적을 달성하는 즉시 중지되어야 함. 또한 그 조치는 기국, 제3국 또는 관계인이나 회사의 관리 및 이익을 필요 이상으로 침해하여서는 아니 됨.

○ 보상 (제6조)

협약의 규정에 위반하는 조치를 위한 당사국은 목적달성을 위하여 합리적으로 필요로 하는 한도를 넘는 조치에 의하여 발생한 손해에 대하여 보상할 책임이 있음

■ 부속서 (조정 및 중재)

① 조정(Conciliation)

○ 1개 당사국으로부터 다른 당사국에 대하여 협약 제8조(취한 조치가 협약위반, 보상요청, 보상금액에 대한 이견 등)의 적용에 대한 요청이 있을 경우 조정위원회(Conciliation Commission)가 설치됨(제2조 제1항)
○ 조정위원은 연안국이 1명, 연안국의 조치로 영향을 받은 국민 또는 재산이 소속된 국가가 1명, 두 위원의 합의에 의하여 1명을 각각 지명하되, 두 위원의 합의에 의해 지명된 자가 위원회를 주재함(제3조 제1항).
○ 당사국이 달리 합의하지 아니하는 한 조정위원회의 결정은 다수결에 의함(제6조).
○ 조정위원회는 사건을 조사하고 당사국에 대하여 권고를 행하는 바, 당사국이 수락하지 아니할 경우 조정은 성공하지 못한 것으로 봄(제10조).

② 중재(Arbitration)

○ 중재는 조정이 실패한 날로부터 180일 이내에 요청 가능(제13조 제2항).
○ 중재재판소(Arbitration Tribunal)는 연안국이 지명한 1인, 당해 조치에 의해 영향을 받은 국민 또는 재산이 소속된 국가가 지명한 1인 및 두 중재인의 합의에 의해 지명된 1인으로 구성하되 두 중재인의 합의에 의해 지명된 자가 위원장이 됨(제14조).
○ 중재재판소의 결정은 구성원의 과반수의 표결로 행하며, 가부동수인 경우 위원장의 표결에 따라 결정됨(제18조 제1항).
○ 중재의 재결은 최종적이며, 당사국은 즉시 재결에 따라야 함(제19조 제1항).

4. 1969년 유류오염사고시 공해상 개입에 관한 국제협약의 1973년 의정서(INTERVENTION PROT 1973)

4.1 개요

○ 협약원명 : Protocol Relating to Intervention on the High Seas in Cases of Pollution by Substances Other than Oil, 1973
○ 채택 (발효) : 1973.11.2. (1983.3.30.)
○ 목적 : 공해상에서 기름이외의 물질에 의한 오염이 발생한 경우 오염이 더 이상 확산되지 아

니하도록 연안국이 예외적인 조치를 시행할 수 있는 법적 근거 마련
○관련 국내법 : 미수용

4.2 채택 배경

INTERVENTION 1969를 채택할 당시 이 협약의 적용대상은 기름으로 인한 오염에 한정되었었다. 그러나 그 당시부터 화학물질(chemicals)의 해상운송은 계속 증가하고 있었고, 이들이 바다로 유출될 경우 해양환경에 상당한 피해를 줄 수 있다는 점이 인식되었다. 더욱이 맹독성의 화학물질은 기름보다도 더 심한 피해를 줄 수 있다는 점이 지적되었다. 이에 따라 1969년의 국제회의 참석자들은 향후 기름 이외의 물질까지 이 협약을 확장하도록 하는 결의서를 채택하였다. 이후 1973년 런던에서 개최된 해양오염에 관한 국제회의(Conference on Marine Pollution)에서 INTERVENTION 1969를 기름 이외를 물질로 확대하는 의정서를 채택하였다.

4.3 주요 내용

이 의정서는 협약 본문과 부속서로 구성되어 있다. 협약 본문에서 협약당사국은 기름 이외의 물질의 오염이 발생하였을 경우 INTERVENTION 1969와 마찬가지로 적절한 조치를 취할 수 있도록 하고(제1조 제1항), "기름 이외의 물질(Substances other than oil)"의 의미는 기구가 지정하는 조직에서 의정서 부속서로 정하는 물질 및 인간의 건강, 해양생명에 대한 위협을 주는 기타의 물질로 정하였다(제1조 제2항). 이에 따라 기구는 기구가 지정하는 조직으로 MEPC를 지정하였고,[866] MEPC는 1974년 11월 21일 결의서 제1호(II)로 부속서의 내용을 정하였다. 특히 INTERVENTION 1969에서 "기름"은 원유, 연료유, 디젤유, 윤활유의 4종에 국한되므로 여기에 해당하지 않는 기름도 부속서에 포함되게 되었다. 이에 따라 부속서에는 휘발유, 납사(naphtha), 각종의 유독물질, 액화가스, 방사성 물질의 목록이 열거되어 있다.

4.4 주요 개정내용

4.4.1 1991년 개정

○채택 (발효) :1991.7.4. (1992.7.24.)
○개 요

제31차 MEPC에서는 의정서 부속서 (유류이외의 오염물질 목록)에 대한 개정안을 결의서 제49호(31)로 채택하였다. 주요 개정내용으로는 기름류, 산적으로 운송되는 유해액체물질, 포장된 형태의 유해물질, 방사성물질, 액화가스류를 각각 별도의 부록(Appendix)에 포함시켰다.

866) IMO Res. A.296(VIII), International Conference on Marine Pollution 1973, 23 November 1973.

4.4.2 1996년 개정

ㅇ채택 (발효) :1996.7.10. (1997.12.19.)
ㅇ개 요

1996년 7월 제38차 MEPC는 의정서 부속서에 대한 개정안은 결의서 제72호(38)로 채택하였다. 주요 내용은 부속서 부록을 대폭적으로 개정하는 것이었으며, 특히 IBC Code 및 IMDG Code의 개정에 따라 그 기준을 적용함으로써 산적으로 운송되는 유해액체물질 및 포장된 형태의 유해물질 종류가 대폭적으로 증가하였다.

5. 기름오염의 대비·대응 및 협력에 관한 국제협약 (OPRC 1990)

5.1 개요

ㅇ협약원명 : International Convention on Oil Pollution Preparedness, Response and Co-operation, 1990
ㅇ채택 (발효) : 1990.11.30. (1995.5.13.)
ㅇ목적 : 해양오염사고 시 신속한 방제 및 해양환경보전
ㅇ관련 국내법 : 해양환경관리법
ㅇ적용대상 : 모든 선박

5.2 채택 배경

1989년 엑슨 발데즈(Exxon Valdez)호 오염사고 이후 미국은 유류오염에 관한 법률(OPA 1990)을 제정하여 신조유조선의 이중선체구조(Double Hull)를 의무화하였으며, IMO는 MARPOL 부속서Ⅰ의 개정안을 채택하여 600 DWT 이상의 모든 유조선이 이중선체 또는 이와 동등 이상의 구조를 갖추도록 의무화시켰다. 그러나 이러한 법령의 개정을 통하여 선체구조의 개선으로 모든 유류유출문제가 해결될 수 있는 것은 아니었다. 현존하는 유조선이 모두 이중선체구조로 대체되는 데에는 상당한 시간이 필요하고, 또 이중선저가 모든 형태의 사고예방에 효과가 있는 것은 아니기 때문이다. 예컨대 유조선 선체의 손상이 클 경우에는 오염예방의 효과가 현저하게 줄어들게 된다.

따라서 이중선체가 의무화되더라도 유조선 사고의 위험은 여전히 남아 있으며, 일단 사고가 발생하면 역시 심각한 해양오염피해를 초래할 수 있다. 대형 유출사고가 발생할 경우 일부 지역이나 단일 국가의 능력으로는 방제가 역부족일 수밖에 없다는 사실에도 불구하고 언제 발생할지 모르는 이러한 위험에 대처하기 위하여 모든 국가가 막대한 투자를 한다는 것 역시 경제적 측면에서는 큰 부담일 수밖에 없다.

IMO에서는 사고발생 후 신속하고 효과적인 방제조치를 하지 못할 경우 그 오염피해가 더욱 확산된다는 사실과 이를 위한 범국가적, 범세계적인 대비, 대응 및 협력이 필요하다는 인식이

확산되었다. 이에 따라 1989년 10월 IMO 제16차 총회에서는 미국의 제안에 따라 결의서를 채택하여,[867] MEPC로 하여금 대형 유류오염사고에 대비하기 위한 협약안을 작성토록 요청하였다. 또한 미국 정부의 비용부담으로 1990년에 동 협약채택을 위한 준비회의 및 외교회의를 개최키로 합의하였다. 이에 따라 IMO는 1990년 5월 준비회의를 가졌으며 동년 11월 OPRC협약을 채택하였다.

5.3 주요 내용

이 협약은 19개조의 본문과 1개의 부속서로 구성되어 있으며 자세한 내용은 다음과 같다.

▣ 협약 본문

ㅇ각 당사국은 선박, 해양시추선, 유류취급시설 및 항만당국이 유류오염비상계획(oil pollution emergency plan)을 수립 및 비치하도록 하여야 함(제3조).
ㅇ선장, 항만 및 유류취급시설의 책임자 등은 오염사고를 당사국 또는 연안국에 보고하도록 함(제4조)
ㅇ각 당사국은 유류오염사고에 신속하고 효과적으로 대체할 수 있는 국가적 방제체제를 구축하여야 함 (제6조)
ㅇ중대한 오염사고로 인해 영향을 받을 수 있는 국가의 지원요청 시 각 당사국은 방제에 협력하고 기술이나 장비지원에 동의하여야 함(제7조)
ㅇ각 당사국은 양자 및 다자간 협정을 체결하여 유류오염사고에 관한 지역방제체제 구축에 노력하여야 함 (제10조)

▣ 부속서 (원조비용의 변제)

ㅇ유류오염사고 전 원조요청국과 원조국 간에 재정조치에 관한 협정이 체결된 경우 그에 따름
ㅇ이러한 협정이 없는 경우, 명시적으로 원조를 요청한 국가는 원조국에서 방제조치에 대한 비용을 상환하여야 하고, 자발적으로 원조한 국가는 스스로 비용을 부담하여야 함

6. 유해·유독물질의 오염사고에 대한 대비·대응 및 협력에 관한 의정서(OPRC-HNS 2000)

6.1 개요

ㅇ협약원명 : Protocol on Preparedness, Response and Co-operation to Pollution Incidents by Hazardous and Noxious Substances, 2000

867) IMO Res. A.674(16), International Co-operation on Oil Pollution Preparedness and Response, 19 October 1989.

ㅇ채택 (발효) : 2000.3.15. (2007.6.14.)
ㅇ목적 : 해양오염사고 시 신속한 방제 및 해양환경보전
ㅇ관련 국내법 : 해양환경관리법
ㅇ적용대상 : 모든 선박

6.2 채택 배경

INTERVENTION 1969와 마찬가지로 OPRC 1990은 그 적용대상이 유류오염사고로 제한되어 있었다.[868] 따라서 1969년의 국제회의에서는 INTERVENTION 1969를 채택하면서 향후 적용대상을 유해, 유독물질로까지 확대하도록 하는 결의서를 채택하였고, 특히 IMO로 하여금 이에 관한 적절한 문서를 개발하도록 요청하였다.[869] 이에 따라 2000년 3월 런던에서 국제회의가 개최되어 OPRC-HNS 2000이 채택되었다.

6.3 주요 내용

이 의정서는 조약 본문만으로 구성되어 있으며, 그 내용은 OPRC 1990 체제와 매우 유사하다. 다만, 적용대상이 기름에 의한 오염사고가 아닌 유해유독물질(hazardous and noxious substances)에 의한 사고라는 점이 다르다. 이 의정서에서 유해유독물질은 기름이 아닌 물질로서 해양환경에 유입될 경우 인간의 건강, 해양생명에 위해를 주며, 해양의 합법적인 사용을 방해하는 물질로 정의하고 있다(제2조 제2항).[870]

7. 선박의 유해방오시스템의 통제에 관한 국제협약(AFS 2001)

7.1 개요

ㅇ협약원명 : International Convention on the Control of Harmful Anti-fouling Systems on Ships, 2001
ㅇ채택 (발효) : 2001.10.5. (2008.9.17.)
ㅇ목적 : 선박표면에 부착물을 방지하기 위한 방오도료(anti-fouling paint)에서 유기주석(organotins) 물질의 사용을 규제
ㅇ관련 국내법 : 해양환경관리법

868) OPRC 1990에서 기름은 다음과 같이 정의하고 있다(제2조 제1항). "Oil" means petroleum in any form including crude oil, fuel oil, sludge, oil refuse and refined products.
869) Conference Resolution 10, Expansion of the Scope of the International Convention on Oil Pollution Preparedness, Response and Cooperation, 1990, to Include Hazardous and Noxious Substances.
870) 정확한 원문은 다음과 같다. Hazardous and noxious substances means any substance other than oil which, if introduced into the marine environment is likely to create hazards to human health, to harm living resources and marine life, to damage amenities or to interfere with other legitimate uses of the sea.

ㅇ적용대상 : 모든 선박(고정식 및 부유식 플랫폼, 부유식 저장설비(floating storage units: FSUs) 및 부유식 생산·저장 및 적재설비(Floating Production Storage and Offtake units : FPSOs) 포함)

7.2 채택 배경

역사적으로 선박의 정박 중 선체 하부에 달라붙는 해초, 조개는 큰 골칫거리였다. 이들 부착물들은 선박의 운항 중 마찰저항을 증가시켜 선박의 속도를 감소시킬 뿐만 아니라 연료 소비량을 증가시킨다. 또 선박의 무게를 무겁게 해 선박에 적재할 수 있는 양을 줄이게 된다. 이러한 부착물을 감소시키기 위하여 범선시대에는 석회(lime)와 맹독성의 비소(arsenic)를 사용하였으며, 화학공업이 발달한 이후에는 금속 화합물(metallic compound)이 포함된 방오도료(anti-fouling paint)를 선박의 물에 잠긴 부분에 도장하였다. 이러한 화합물질은 강한 독성을 가지고 있어 바닷물에 조금씩 녹아 나오며 선체에 달라붙는 생명체를 죽일 수 있었다. 그러나 물에 녹은 화합물질은 물에 잔류하면서 수중생물을 죽이며, 환경에 피해를 주며, 결국 먹이사슬에도 유입되어 인간의 건강에도 위해를 미칠 수 있는 것으로 밝혀졌다. 특히 도료에 포함된 유기주석 트라이부틸주석(tributyl tin: TBT)은 굴(oyster)의 기형(deformations)과 쇠고둥(whelks)의 암수전환(sex change)을 가져온다고 한다.

이에 따라 1990년 IMO의 MEPC는 TBT 화합물의 해양환경에 대한 피해를 줄이기 위하여 각국 정부에게 TBT의 사용을 규제하는 조치를 취하도록 하였으며, 그전에 잠정적으로 길이 25미터 미만의 요트에는 TBT 화합물이 포함된 도료의 사용을 금지하도록 권고하였다.[871] 이후 1999년 IMO는 MEPC로 하여금 조속히 방오시스템의 규제에 관한 협약문서를 개발하도록 요청하였으며, 이 협약에 따라 2003년 1월 1일까지 세계적으로 유기주석이 포함된 방오도료의 사용을 금지하도록 하겠다는 목표를 정하였다.[872] 2001년 10월 IMO는 런던에서 국제회의를 개최하여 선박의 유해방오시스템의 통제에 관한 국제협약을 채택하였다.

7.3 협약의 주요 내용

협약은 21개 조문의 본문 및 총 4개의 부속서로 구성되어 있으며, 각각의 주요 내용은 다음과 같다.

▣ 협약 본문

ㅇ각 당사국은 방오시스템이 사람의 건강과 환경에 미치는 악영향을 제거하거나 감축하기 위하여 이 협약의 규정이 완전한 효력을 가지도록 하고, 부속서도 이 협약의 중요한 부분을 구성함(제1조 제1항 및 제2항).

871) MEPC.46(30), Measures to control Potential Adverse Impacts Associated with Use of tributyl Tin Compounds in Antifouling Paints, 16 November 1990.
872) IMO Res. A.895(21), Anti-fouling Systems Used on Ships, 22 November 1999.

ㅇ방오시스템이라 함은 원치 않는 유기체(organisms)를 통제하거나 예방하기 위하여 선박에서 사용되는 칠(coating), 도료(paint), 표면처리(surface treatment), 표면 또는 도구를 말함(제2조 제2항).
ㅇ이 협약은 군함이나 보조함, 정부가 비상업용 목적을 위하여 소유하거나 운항하는 선박에는 당분간 적용하지 않으나 각 당사국은 해당 선박이 가능한 한 이 협약에 일관성을 유지할 수 있도록 행동하도록 하여야 함(제3조 제2항).
ㅇ부속서 1에 규정된 요건에 따라 당사국은 선박에서 유해한 방오체제의 적용, 설치 및 사용을 금지하여야 함(제4조 제1항).
ㅇ통제되는 방오시스템의 적용 또는 제거로부터 발생되는 폐기물은 안전하고 환경적으로 건전한 방법으로 수집, 처리 및 조치되어야 함(제5조).
ㅇ당사국은 자국 선박에 대하여 부속서 4의 규칙에 따라 검사하고 증서를 교부해야 함(제10조).

▣ 부속서

① 부속서 1 (방오시스템의 통제: 협약 제4조 제1항 관련)

방오시스템에서 생명파괴제(biocides)로 작용하는 유기주석은 2001년 1월 1일부터 모든 선박에 대하여 사용 금지되고, 이미 사용 중인 경우 2008년 1월 1일 이후 모든 선박(2003.1.1. 이전에 건조되고, 이후 건선거(dry-dock)에 들어가지 아니한 고정식 및 부유식 플랫폼, FSUs 및 FPSOs는 제외)에서 더 이상 사용할 수 없음.

② 부속서 2 (AFS 최초 개정안 제안절차의 요건: 협약 제6조 제2항 관련)

기존의 AFS을 개정안을 제안하고자 할 경우 개정이 필요한 AFS의 명칭, 특성 등 이에 관한 상세한 정보를 문서화 하여 기구의 의사규칙에 따라 제출되어야 함.

③ 부속서 3(종합제안의 요건: 협약 제6조 제3항 관련)

종합제안(Comprehensive proposal)에는 최초 제안에 포함된 자료보다 더 상세한 자료 필요

④ 부속서 4(AFS의 검사 및 증서교부 요건: 제10조 관련)

- 총톤수 400톤 이상으로서 국제항해에 취항하는 선박(고정식 및 부유식 플랫폼, FSUs 및 FPSOs 제외)은 최초검사 및 AFS를 변경하거나 대체한 경우 검사를 받아야 함(제1규칙 (1)).
- 주관청은 검사가 성공적으로 완료된 경우 방오시스템검사증서(International Anti-fouling System Certificate)를 교부하여야 함(제2규칙 (1)).
- 주관청은 총톤수 400톤 미만으로서 길이 24미터 이상이며 국제항해에 취항하는 선박에 대하

여 선주 또는 선주의 대리인이 서명한 AFS 선언서(Declaration)를 소지하도록 하여야 함(제5규칙 (1)).

8. 선박평형수관리협약(BWM 2004)

8.1 개요

ㅇ협약원명 : International Convention for the Control and Management of Ships' Ballast Water and Sediment, 2004
ㅇ채택(발효) : 2004.2.13. (미발효)
ㅇ목적 : 선박평형수(ballast water)에 대한 통제를 통하여 유해수중생물(harmful aquatic organisms)의 확산 방지
ㅇ관련 국내법 : 선박평형수관리법
ㅇ적용대상 : 국제항해를 하는 모든 선박

8.2 채택 배경

1988년 캐나다와 호주는 IMO의 MEPC에 대하여 선박평형수에 포함된 외래생물종의 악영향에 대하여 처음으로 보고하였다. 이 문제는 이 위원회에서 계속 거론되다가 1991년에는 선박평형수에 포함된 생물종의 이동을 방지하기 위한 자발적 지침서를 채택하였다.[873] 1993년 IMO 총회는 이 지침서를 재검토하여 결의서로 채택하였다.[874] 또 1997년의 제20차 총회에서는 보다 포괄적인 내용의 결의서를 채택하여 종래의 결의서를 대체하였다.[875] 이 결의서는 각국 정부가 이 지침서를 적용하도록 요구하는 한편, MEPC에게 선박평형수 관리에 관한 법적 강행력을 가진 규정을 개발하도록 요청하였다.[876]

한편, 2002년 남아공의 요하네스버그(Johannesburg)에서 개최된 「지속가능한 개발에 관한 정상회의(World Summit on Sustainable Development)」에서는 선박평형수에 들어있는 침입외래종(invasive alien species)에 대한 각국의 조치를 촉구하는 한편, IMO는 선박평형수관리협약의 최종안을 마무리하도록 요청하였다.[877] IMO는 MEPC에서 이에 대한 작업을 서둘렀으며, 2003년 2월 선박평형수관리 외교회의를 개최하여 선박평형수관리협약을 채택하였다.

873) MEPC.50(31), International Guidelines for Preventing the Introduction of Unwanted Aquatic Organisms and Pathogens for Ships' Ballast Water and Sediment Discharges, 4 July 1991.

874) IMO Res. A.774(18), Guidelines for Preventing the Introduction of Unwanted Aquatic Organisms and Pathogens from Ships' Ballast Water and Sediment Discharges, 4 November 1993.

875) Res. A. 868(20), Guidelines for the Control and Management of Ship's Ballast Water to Minimize the Transfer of harmful Aquatic Organisms and Pathogens. 27 November 1997.

876) 당시의 계획으로는 MARPOL 73/78의 새로운 부속서 형태로 추진하도록 결정하였으나 선박에서 배출되는 선박평형수는 오염물질이 아니라는 판단에 따라 별도의 협약을 채택하기로 정책방향을 변경하였다.

877) para. 34(b), *Plan of Implementation*, United Nations, Report of the World Summit on Sustainable Development, Johannesburg, South Africa, 26 August-4 September 2002.

8.3 협약의 주요 내용

협약은 협약 본문과 부속서로 구성되어 있으며, 주요 내용은 다음과 같다.

■ 협약 본문

○ 협약은 모든 선박에 적용되나 선박평형수를 적재하지 않도록 설계된 선박, 선박평형수 탱크가 밀봉된 선박 등은 제외됨(제3조).
○ 각 당사국은 협약적용 대상 선박에 대하여 부속서에 규정된 기준을 준수하도록 해야 함(제4조 제1항).
○ 각 당사국은 선박의 평형수탱크를 청소하거나 수리하는 항구와 터미널에 탱크 내의 침전물을 수용할 수 있는 시설을 설치해야 함(제5조 제1항).
○ 각 당사국은 협약적용선박에 대하여 검사를 행하고 증서를 교부해야 함(제7조 제1항).
○ 선박이 협약을 위반한 것을 발견한 당사국은 해당 선박에게 경고하거나, 억류하거나, 추방(exclude)할 수 있으며, 선박평형수의 배출을 금지할 수 있음(제10조 제2항 및 제3항).

■ 부속서

부속서는 A편 일반규정, B편 선박의 관리 및 통제요건, C편 일정 지역에서의 특별요건, D편 선박평형수 교환기준, E편 검사 및 증서교부의 총 5개 편(section)으로 구성되어 있다. 그중 선박평형수의 관리에 관한 내용은 주로 B편과 D편에 있는 바. 주요 내용은 다음과 같다.

○ 모든 선박은 선박평형수관리계획(Ballast Water Management plan)을 비치하고 이를 시행하여야 함(B-1규칙).
○ 모든 선박은 선박평형수기록부(Ballast Water record book)를 비치하여야 하며, 최종 기록 이후 2년, 이후 회사에서 추가로 3년간 보존해야 함(B-2규칙 1 및 2).
○ 기존 선박[878]의 경우 탱크의 용량에 따라 연차적으로 2017년까지 선박평형수 처리설비를 설치하여야 함. 신조선의 경우 탱크의 용량이 5,000 ㎥ 미만인 경우 2009년부터 설치하여야 함. 5,000 ㎥ 이상인 경우 2011년까지 건조된 선박은 2017년, 2012년 이후 건조된 선박은 그 해부터 바로 설치하여야 함(B-3규칙).
○ 선박평형수를 교환할 수 있는 해역으로는 수심 200 미터 이상이고 영해기선으로부터 200 해리 이상 떨어진 곳을 기본으로 함. 그러나 이를 만족할 수 없을 경우, 수심 200 미터 이상이고 영해기선으로부터 50 해리 이상 떨어진 곳 또는 항만당국이 IMO의 지침서를 고려하여 적당한 곳에 교환가능해역을 지정할 수 있음(B-4규칙).
○ 선박평형수의 교환을 행하는 선박은 선박평형수 체적의 95% 이상이 교환되어야 함. 펌프를

878) 이 협약은 2009년 1월 1일을 기준으로 하여 그 이전에 건조된 선박은 기존 선박(existing ships)으로, 그 이후에 건조된 선박은 신조선(new ship)으로 본다.

이용하여 주입된 해수가 탱크를 지나는 방법에 의한 교환방법(pumping-through method)을 사용할 경우는 각 선박평형수 탱크 용량의 3배를 보냈을 경우 기준에 만족하는 것으로 함(D-1규칙).

ㅇ 선박평형수 처리시설을 거쳐 배출되는 해수에 포함된 생물은 최소크기(minimum dimension) 기준으로 50 마이크로미터(micrometer) 이상의 생존가능생물(viable organisms)이 1 세제곱미터 당 10개체 미만이 되어야 하며, 10~50 마이크로미터인 생존가능생물이 1 밀리리터 당 10개체 미만이 되어야 함(D-2규칙 1).

ㅇ 선박평형수 처리설비는 주관청의 형식승인을 받아야 선박에 설치될 수 있으며, 선박평형수 처리설비에 활성물질(active substance)을 사용할 경우는 이에 대한 형식승인도 함께 받아야 함(D-3규칙 1 및 2).

9. 선박재활용에 관한 홍콩 국제협약(Hong Kong Convention)

9.1 개요

ㅇ 협약원명 : The Hong Kong International Convention for the Safe and Environmentally Sound Recycling of Ships, 2009

ㅇ 채택(발효) : 2009.5.15. (미발효)

ㅇ 목적 : 선박이 재활용될 때 사람의 건강, 안전 및 환경에 대한 위해를 방지

ㅇ 관련 국내법 : 미수용

ㅇ 적용대상 : 당사국 선박 및 당사국 관할 하의 선박, 당사국의 선박재활용 시설

9.2 채택 배경

노후한 선박의 해체는 자원의 재활용을 위하여 꼭 필요한 작업이다.879) 그러나 선박해체는 가장 위험한 작업 중의 하나이다. 선박의 외판이나 설비를 분리하는 과정에서 화재나 폭발의 위험이 있으며, 선박에 잔류하는 연료유나 화물유는 해양오염을 일으킬 위험도 있다. 또한 근로자는 작업 중 낙하물에 의하여 부상을 입을 수도 있으며, 석면(asbestos), 분진, 용접가스나 잔류가스는 근로자의 건강에 큰 위협이 되고 있다. 그러나 실제에 있어 이러한 작업은 안전, 환경 및 인간건강에 대한 충분한 고려 없이 이루어지고 있다. 이러한 작업과정을 개선하기 위하여 2002년 12월 스위스 제네바에서 개최된 제6차 바젤협약880) 당사국회의는 환경적으로 건전한 선박의 해체에 관한 기술기준을 채택하였다.881) 또 2003년 10월 국제노동기구(ILO)의

879) 1970-80년대에 선박의 해체는 우리나라, 대만 등 동아시아 지역에서 활발히 이루어졌으나 현재는 인도, 파키스탄, 스리랑카, 중국 등 저임금 국가에서 주로 이루어지고 있다.

880) 바젤협약(Basel Convention)의 영문 명칭은 The Basel Convention on the Control of Transboundary Movements of Hazardous Wastes and Their Disposal이며, 그 목적은 위해폐기물의 국가 간 이동, 특히 선진국에서 개도국으로의 이동을 규제하기 위한 것이다

881) Technical guidelines for the environmentally sound management of the full and partial dismantling of

주도로 태국의 방콕에서 개최된 회의에서는 선박해체의 안전과 건강이라는 지침을 채택하였다.[882] 이 지침의 목적은 해체업자 및 정부당국이 직장안전, 건강 및 작업조건에 관한 ILO의 기준시행을 지원하기 위함이었다.

다른 국제기구의 활동에 부응하여 IMO는 2003년 12월 권고적 성격의 선박재활용 지침을 채택하였다.[883] 특히 이 지침에서는 선박의 건조 시부터 재활용 할 때까지 선박에 사용된 위해물질은 녹색여권(Green Passport)에 모두 기록하도록 하고 있다(para. 5.1). 또 선박은 설계단계에서부터 재활용에 용이하도록 위해물질의 사용을 최소화하도록 하고 있다(para. 6.1 및 6.2). 이후 2005년 IMO는 선박의 정의에서 모든 형태의 선박으로 확대하는 등 이 지침의 내용을 보다 명확히 하는 결의서[884]를 채택하는 한편, MEPC로 하여금 법적으로 강행력 있는 문서를 개발하도록 요청하였다. 이에 따라 MEPC는 협약안을 계속 개발하였으며, 2009년 5월 15일 홍콩에서 개최된 국제회의에서 Hong Kong Convention이 채택되었다.[885]

9.3 협약의 주요 내용

협약은 협약 본문과 부속서로 구성되어 있으며, 주요 내용은 다음과 같다.

▣ 협약 본문

ㅇ각 당사국은 자국 선박, 자국의 통제를 받는 선박, 자국의 선박재활용시설이 이 협약의 요건을 준수하도록 효과적인 조치를 하여야 함(제4조).

ㅇ협약이 적용되는 선박은 검사를 받고 증서를 교부받아야 하고, 선박 재활용시설은 적절한 허가를 받아야 함(제5조 및 제6조).

ㅇ선박이 이 협약을 위반한 경우 당사국은 이 선박에 대해 경고, 억류, 추방 등의 조치를 취할 수 있으며, 이러한 조치를 취한 국가는 이 선박이 등록된 국가에 이 내용을 통보하여야 함(제4조 제3항)

▣ 부속서

ㅇ별도의 명문규정이 없는 한 총톤수 500톤 이상의 선박은 설계, 건조, 검사, 증서교부, 운항 및 재활용은 이 부속서를 따라야 함(제2규칙).

---

ships, Decision VI/24, Sixth Meeting of the Conference of Parties to the Basel Convention.

882) Safety and health in shipbreaking: Guidelines for Asian countries and Turkey, Interregional Tripartite Meeting of Experts on Safety and Health in Shipbreaking for Selected Asian Countries and Turkey Bangkok, 7-14 October 2003.

883) IMO Res. A.962(23), Guidelines on Ship Recycling, 5 December 2003.

884) IMO Res. A.980(24), Amendments to the IMO Guidelines on Ship Recycling, 1 December 2005.

885) 이 협약은 관계국가의 관심부족으로 2013.8말 현재 비준한 국가는 1개국에 그치고 있는 바(IMO, *Status of Multilateral Conventions and instruments in respect of which the International Maritime Organization or its Secretary-General performs depositary or other functions*, As at 31 July 2013, p. 508), 발효에는 많은 시일이 소요될 것으로 예상된다.

ㅇ당사국은 협약적용선박에 대하여 부록에 포함된 유해물질(hazardous materials)의 설치와 사용을 금지하고 이를 이행하기 위한 조치를 하여야 함(제4규칙).
ㅇ모든 신선은 위해물질목록을 비치해야 하고, 기존 선박들도 협약 발효 5년 이내에 실행 가능한 한 이를 지켜야 함(제5규칙).
ㅇ재활용하고자 하는 선박은 반드시 선박재활용시설에서 행해야 함(제8.1규칙).
ㅇ선박재활용시설은 선박의 재활용 전에 선박재활용계획(Ship Recycling Plan)을 수립하여야 함(제9조).
ㅇ각 당사국은 선박재활용시설이 이 부속서의 규정을 준수할 수 있도록 허가에 관한 체제를 확립하여야 함(제15.2규칙).
ㅇ선박재활용시설은 선박재활용시설계획(Ship Recycling Facility Plan)을 수립하여야 함(제18규칙).

10. 1972년 폐기물의 투기에 의한 해양오염방지에 관한 협약(LC 1972)

10.1 개요

ㅇ협약원명 : Convention on the Prevention of Marine Pollution by Dumping of Wastes and Other Matter, 1972
ㅇ채택(발효) : 1972.12.29. (1975.8.30.)
ㅇ목적 : 해양투기에 의한 해양오염방지
ㅇ관련국내법 : 해양환경관리법
ㅇ적용대상 : 선박, 항공기 및 해상구조물 (platform)

10.2 채택 배경

영국, 서독, 미국, 벨기에 등 선진공업국가들은 산업발전과 도시화과정에서 발생하는 막대한 양의 산업폐기물(Industrial Wastes), 하수오니(Sewage Sludge), 준설폐기물(Dredged Material), 방사성폐기물(Radioactive Wastes) 등을 처리하기 위한 수단으로서 1940년대부터 이들 폐기물을 해양에 투기하여 왔다. 그러나 해양은 이러한 폐기물들을 무제한으로 수용할 수 없을 뿐만 아니라 궁극적으로는 먹이사슬을 통하여 폐기물이 인체에 미치는 악영향을 고려하여 폐기물의 해양투기에 대한 국제적 관심이 점차 고조되었다.

1971년 6월 IMO는 유엔 인간환경회의의 권고에 따라 "해양오염에 관한 정부간 작업반(IWGMP)"을 설치하고 런던에서 제1차 회의를 개최하였다. 여기에서는 육상으로부터 수송되는 폐기물의 투기를 규제하는 국제적 협정의 필요성이 주창되었다. 특히 이 회의에서 미국대표는 해양투기에 대한 조약안을 제출하여 유엔회원국의 의견을 요청하였다. 1972년 4월 아이슬란드 정부는 수도인 레이캬비크(Reykjavik)에서 제3차 작업반회의를 조약안을 정비하였다. 1972년 4월에 IMO로 하여금 동 조약안을 1972년에 스톡홀름에서 개최가 예정되어 있던 유엔 인간환경회의에 제출토록 요청하였다.

1972년 6월 스웨덴의 스톡홀름(Stockholm)에서 개최된 유엔 인간환경회의(United Nations Conference on the Human Environment)에서는 상기 조약안을 심의하고 ① 각국 정부는 자국 및 관할하의 구역의 해양투기를 규제하기 위한 작업을 신속히 진행할 것, ② 특히 오염도가 높은 폐쇄·반폐쇄 해역에서의 투기를 규제하는 지역협정이 필요하다는 것을 권고하였다.

영국정부는 1972년 10월 30일부터 11월 13일까지 런던에서 "해양에서의 폐기물의 투기에 관한 협약의 정부간 회의"를 개최하여 82개국의 대표와 IAEA 등 각종 유엔전문기구 등이 참석한 가운데 LC 1972(통상 London Convention이라고 함)를 채택하였다. 1975년 8월 30일에는 이 협약이 발효되었으며, 1975년 12월의 제1차 협약당사국 회의에서는 IMO가 동 협약의 사무국 업무를 담당하도록 결정되었다.[886] 또 1977년 12월 IMO 총회는 사무총장과 이사회로 하여금 LC 1972의 사무국 업무 수행에 필요한 조치를 취하도록 결정하였다.[887]

10.3 주요 내용

1972 LC는 총 22개 조문의 협약본문 및 3개의 부속서로 구성되어 있으며 주요 내용은 다음과 같다.

▣ 협약 본문

ㅇ각국은 폐기물의 투기에 의한 해양오염방지를 위하여 실행가능한 모든 조치를 취해야 하며, 이를 위해 과학적, 기술적, 경제적 능력에 따라 적절한 정책을 취하여야 함(제1조 및 제2조)
ㅇ전면적으로 해양투기가 금지되는 폐기물의 종류 (부속서Ⅰ)와 해양투기 시 사전에 특별허가를 요하는 물질(부속서Ⅱ)을 구분하여 규정하고 있음.[888] 또 해양투기 시 고려할 사항(부속서Ⅲ)도 별도로 규정하였음(제4조)
ㅇ지역국가 간의 협정체결, 기술지원, 분쟁발생시의 해결방향(제8조-12조)

▣ 부속서Ⅰ (해양투기금지물질)

ㅇ유기할로겐화합물, 수은 및 그 화합물, 카드뮴 및 그 화합물
ㅇ플라스틱류, 어망, 로우프 등 항행방해물질 또는 지속성 부유물질
ㅇ원유, 석유류 제품 및 고준위방사성물질
ㅇ부록 : 폐기물의 해양소각을 관리하기 위한 규칙 (9개조로서 1978년 개정 시 신설)

---

886) 당초 협약에서 비준서의 기탁 등 사무국 업무는 멕시코, 소련, 영국 및 미국이 공동으로 담당하도록 규정하였다(제17조).
887) IMO Res. A.395(X), Acceptance of Duties under the Convention on the Prevention of Marine Pollution by Dumping of Wastes and Other Matter, 1972, 14 November 1977.
888) 이러한 규제방식을 통칭 "블랙 및 그레이리스트 접근방식(black- and grey-list approach)"라고 한다. 즉, black list에 오른 물질은 해양투기가 전면 금지되고, grey list에 오른 물질은 요건에 적합할 경우 엄격한 통제를 받아 해양투기가 허용될 수 있다. http://www.imo.org/blast/mainframemenu.asp?topic_id=1508 [2013.10.16.].

▣ 부속서Ⅱ (특별허가를 요하는 물질)

ㅇ비소, 납, 동, 아연, 유기실리콘, 시안화물, 불화물, 부속서Ⅰ에 포함되지 아니한 살충제
ㅇ베릴륨, 크롬, 니켈, 바나듐 및 그 화합물이 함유된 산 및 알칼리
ㅇ컨테이너, 고철 및 기타 부피가 큰 폐기물로 어업 및 항해에 장애가 있는 물질
ㅇ부속서Ⅰ에 포함되지 않는 방사성 폐기물

▣ 부속서Ⅲ (투기 허가 시 고려사항)

ㅇ물질의 특성 및 성분 : 총량, 형태, 독성, 지속성 등
ㅇ투기장소의 특성과 처분방법 : 위치, 처분률, 포장방법, 희석도, 물의 특성 등
ㅇ일반적인 고려사항 : 쾌적성에 대한 영향, 어패류 및 해양생물에 대한 영향, 해양의 이용에 대한 영향 등

10.4 주요 개정내용

10.4.1 1978년 개정 (분쟁해결)

ㅇ채택(발효) : 1978.10.12. (미발효)
ㅇ개 요

제3차 당사국 자문회의(Consultative Meeting)에서 체약당사국은 LDC 결의서 제6호(3)로 분쟁의 해결절차(협약 제11조) 등에 대한 개정안을 채택하였다. 즉, 당사국가의 분쟁은 협상이나 다른 수단에 의하여 해결토록 하되 그러하지 못할 경우는 분쟁당사국간의 동의에 의하여 국제사법재판소 또는 그들 중 한쪽의 요청에 의하여 중재 재판절차를 따르도록 하였다. 그러나 이 개정안은 발효에 필요한 가입국가의 부족으로 인하여 발효되지 못하고 있으며, 이러한 내용이 1996년 의정서 부속서 3 채택 시 기본문서가 되었으므로 향후 발효될 가능성이 거의 없다.[889)]

10.4.2 1978년 개정 (소각)

ㅇ채택 (발효) : 1978.10.12. (1979.3.11.)
ㅇ개 요

제3차 당사국 자문회의에서 체약당사국은 LDC 결의서 제5호(3)로 폐기물의 소각에 의한 오염방지(부속서 I 및 II)에 대한 개정안을 채택하였다. 주요 개정사항으로는 해상에서의 폐기물 소각은 사전에 특별허가를 받도록 하였으며, 당사국은 부속서Ⅰ 부록에 소각장치의 승인 및 검

889) 2013.8말 현재 필요한 가입국은 52개국이나 실제 가입국은 20개국에 불과하며, 가장 최근에 가입한 국가의 가입시기가 1996.10.이다. IMO, *Status of Multilateral Conventions and instruments in respect of which the International Maritime Organization or its Secretary-General performs depositary or other functions*, As at 31 July 2013, p. 515.

사, 작동요건, 소각장치기록 등 폐기물 소각관리 규칙을 적용토록 하였다.

10.4.3 1980년 개정 (물질목록)

○채택 (발효) : 1980.9.24. (1981.3.11.)
○개 요
제5차 당사국 자문회의에서 체약당사국은 LDC 결의서 제12호(5)로 부속서Ⅰ 및 부속서Ⅱ에 나오는 물질목록을 개정하였다. 부속서Ⅰ에서는 원유 및 그 폐기물, 정제된 석유제품, 석유증류 찌꺼기 및 이를 함유하는 혼합물을 추가시켰으며, 부속서Ⅱ에서는 무독성분임에도 불구하고 투기되는 양에 기인하여 주위환경의 쾌적함을 감소시키는 물질을 추가시켰다.

10.4.4 1989년 개정 (부속서 Ⅲ)

○채택 (발효) : 1989.11.3. (1990.5.19.)
○개 요
제12차 당사국 자문회의에서 체약당사국은 LDC 결의서 제37호(12)로 부속서 Ⅲ에 대한 개정안을 채택하였다. 개정내용으로는 체약당사국이 해양투기를 허가할 경우 해양생물 및 사람의 건강에 대한 영향을 평가할 수 있도록 폐기물의 특성 및 성분에 대한 과학적 근거를 고려토록 하는 조항을 신설하였다.

10.4.5 1993년 개정 (산업폐기물)

○채택 (발효) : 1993.11.12. (1994.2.20.)
○개 요
제16차 당사국 자문회의에서 체약당사국은 LDC 결의서 제49호(16)로 산업폐기물의 해양투기금지에 관한 개정안을 채택하였다. 즉, 제조 또는 가공과정에서 생기는 산업폐기물을 부속서Ⅰ에 추가하고 1996년 1월 1일부터 적용토록 하였다.

10.4.6 1993년 개정 (소각)

○채택 (발효) : 1993.11.12. (1994.2.20.)
○개 요
제16차 당사국 자문회의에서 체약당사국은 LDC 결의서 제50호(16)로 해상소각에 관한 개정안을 채택하였다. 즉, 현행 부속서Ⅰ의 제10항을 전면 개정하여 산업폐기물 및 하수오니에 대하여는 해상소각을 금지토록 하였으며 기타 물질에 대한 해상소각은 특별허가가 필요토록 하였다.

10.4.7 1993년 개정 (방사성 폐기물)

○채택 (발효) : 1993.11.12. (1994.2.20.)
○개 요
제16차 당사국 자문회의에서 체약당사국은 LDC 결의서 제51호(16)로 방사성폐기물의 해양투기에 관한 개정안을 채택하였다. (부속서 I 및 II). 주요 개정사항으로서 종래 고준위 방사성물질만 해양투기가 금지되었으나, 모든 방사성폐기물의 해양투기를 금지하기로 하였다. 또 동 개정안 채택 후 25년 이내 그리고 그 후 매 25년마다 동 금지조항을 재검토키로 하였다.

11. 1972년 폐기물의 투기에 의한 해양오염방지에 관한 협약의 1996년 의정서(LC PROT 1996)

11.1 개요

○협약원명 : 1996 Protocol to the Convention on the Prevention of Marine Pollution by Dumping of Wastes and Other Matter, 1972
○채택(발효) : 1986.11.7. (2006.3.24.)
○목적 : 해양투기에 의한 해양오염방지
○관련국내법 : 해양환경관리법
○적용대상 : 선박, 항공기 및 해상구조물 (platform)

11.2 채택 배경

1972년의 런던협약 채택 이후 해양환경보호에 대한 사람들의 관심은 더욱 높아졌다. 이에 따라 제14차 당사국 자문회의는 환경문제에 대하여 의문이 있을 경우 예방적 조치를 하자는 소위 예방적 접근(precautionary approach)방식을 LC 1972의 시행에 적용하기로 결정하였다.[890] 1993년부터 당사국들은 아직 그 위험성이 충분하게 검토되지 아니한 폐기물의 해양투기를 근본적으로 재검토하기 시작하였으며, 1996년 종래의 해양투기제도를 개선하는 의정서(통상 London Protocol이라고 함)를 채택하게 되었다. 즉, 종래 LC 1972에서는 해양투기가 금지되는 물질과 조건에 적합할 경우 허용되는 물질로 나누었으나, 이 의정서에서는 모든 물질의 해양투기를 금지하고, 허용될 수 있는 물질을 부속서 I에 정하였다. 또 이 의정서는 향후 발효되면 LC 1972를 대체하게 된다.

890) Resolution LDC.44(14), The application of a precautionary approach in environmental protection within the framework of the London Dumping Convention, 1991. 여기에서 예방적 접근방식에 관한 문구는 다음과 같다. a precautionary approach to environmental protection whereby appropriate preventive measures are taken when there is a reason to believe that substances or energy introduced in the marine environment are likely to cause harm even when there is no conclusive evidence to prove a causal relation between inputs and their effects.

11.3 의정서의 주요 내용

이 의정서는 본문과 3개의 의정서로 구성되어 있으며, 주요 내용은 다음과 같다.

▣ 의정서 본문

- ○당사국은 이 의정서를 시행하면서 예방적 접근방식을 취하고, 오염자가 오염에 따른 비용을 부담하여야 하는 관행을 확립하도록 노력하여야 함(제3조 제1항 및 제2항).
- ○당사국은 부속서 1에 포함된 물질 이외에는 해양투기를 금지하여야 하며, 부속서 1에 포함된 물질 이외의 것을 투기하려면 허가를 받아야 함(제4조 제1항 및 제2항).
- ○당사국은 바다에서 폐기물 등의 소각을 금지시켜야 하며, 바다에 투기나 소각을 위한 수출을 허용해서는 아니 됨(제5조 및 제6조).
- ○이 의정서의 발효 후 2년 이내에 당사국회의는 이 의정서의 준수여부를 평가하고 증진시키기 위한 절차와 방법을 마련해야 함(제11조 제1항).
- ○이 의정서의 사무국 업무는 IMO가 담당하며, IMO 회원국이 아닌 이 의정서 당사국은 사무국 업무 수행으로 인한 비용에 적절한 금액을 IMO에 기여하여야 함(제19조 제1항).
- ○이 의정서 및 LC 1972 모두가 당사자인 국가 사이에는 이 의정서가 적용됨(제23조).

▣ 부속서 1 : 해양투기가 고려될 수 있는 물질 목록

① 준설한 물질(Dredged material)
② 오수찌꺼기(Sewage sludge)
③ 물고기 폐기물 또는 물고기 가공작업에서 발생하는 물질
④ 선박, 플랫폼 또는 해양의 인공구조물
⑤ 불활성, 무기물 지질물질(Inert, inorganic geological material)
⑥ 자연적인 유기물질(Organic material of natural origin)
⑦ 강, 철, 콘크리트 등 무해하며 거대한 물질
⑧ 이산화탄소(CO2)의 포집과정(capture processes)에서의 CO2 분출(streams)[891]

▣ 부속서 2 : 해양투기가 고려될 수 있는 폐기물의 평가

▣ 부속서 3 : 분쟁발생 시 중재절차

891) 2006년 개정으로 추가되었으며, 2007년 발효되었다.

제4절 오염손해에 대한 제3자 보상책임 관련

1. 1969년 유류오염손해에 대한 민사책임에 관한 국제협약 (CLC 1969)

1.1 개요

ㅇ협약원명 : International Convention on Civil Liability for Oil Pollution Damage, 1969
ㅇ채택 (발효) : 1969.11.29. (1975.6.19.)
ㅇ목적 : 유조선의 기름유출사고 시 손해에 대한 배상의 실시
ㅇ관련국내법 : 유류오염손해보상보장법
ㅇ적용대상 : 기름을 운송하는 선박 (유조선)

1.2 채택 배경

1967년 3월 토리 캐년(Torrey Canyon)호 오염사고로 발생한 이후 국제 해운계는 대형의 유류사고가 발생했을 때 피해자 보상체제가 제대로 갖추어지지 않았음을 인식하게 되었다.[892] 이에 따라 IMO는 긴급히 법률위원회(LEG)로 하여금 피해보상에 관한 법적 문제에 대하여 검토하도록 하였다. 법률위원회는 만국해법회(CMI)의 협조를 받아 보상체제 수립에 관한 협약 초안을 마련하였으며, IMO는 1969년에 벨기에(Belgium)에서 협약채택을 위한 국제회의를 개최하기로 결정하였다.[893] 이에 따라 벨기에 정부는 각국을 초청하여 1969년 해양오염손해에 대한 국제법률회의(International Legal Conference on Marine Pollution Damage)를 1969년 11월 10일부터 29일까지 브뤼셀(Brussels)에서 개최하였고, 이 회의에서 최초로 오염피해 시 제3자 피해보상에 관한 국제협약이 채택되었다.

1.3 주요 내용

이 협약은 유류오염사고의 피해보상 및 책임문제를 해결하기 위하여 국제적으로 통일적인 규정 및 절차를 정하고 있다. 이 협약은 총 21개조의 협약 본문 및 CLC증서 양식의 부속서로 구성되어 있으며 주요 내용은 다음과 같다.

▣ 협약 본문

ㅇ이 협약은 체약국의 영해를 포함한 영토 내에서 발생한 오염피해 및 이 피해를 줄이기 위한

892) 토리 캐년호 사건에서 노출된 문제로는 이 밖에도 ① 오염방지를 위한 선박의 설비가 미흡하며, ② 오염확산을 방지하기 위하여 폭격 등 특별한 조치를 취할 수 있는 체제가 미흡하다는 점이었다. 그 결과 ①에 대하여는 MARPOL 73/78이 마련되었고, ②에 대하여는 INTERVENTION 1969가 각각 채택되었다.
893) IMO Res. A.171(ES.IV), Convening of a Conference on 'Torrey Canyon' Matters, 28 November 1968.

예방조치에만 적용됨(제2조).

○ 기름에 의한 오염이 발생하면 사고 당시의 선주는 보상책임이 있음(제3조 제1항). 따라서 선주의 고의 또는 과실이 없어도 보상하여야 함.[894)]

○ 선주의 책임한도는 선박 1톤당 2,000 프랑[895)]이며 최고액은 2억1천만 프랑을 초과할 수 없음(제5조 제1항).

○ 손해배상 소송이 제기되면 선주는 보상한도에 해당하는 금액의 기금을 소송이 제기된 국가의 법원에 공탁하여야 하고, 피해자는 이 기금으로부터 제한채권액의 비율에 따라 변제를 받음(제5조 제3항 및 제4항).

○ 총톤수 2,000 톤 이상의 유조선 소유자는 선주책임한도에 해당하는 보험 또는 기타 재정보증 형태로 유지하고 이를 증명하는 증서(부속서)를 선박에 비치하여야 함(제7조)

○ 손해배상청구권은 유류오염손해가 발생한 날부터 3년 이내 또는 유류오염손해의 원인이 되었던 최초의 사고가 발생한 날부터 6년 이내에 재판상 청구가 없는 경우에는 소멸함(제8조).

○ 관할권이 있는 법원이 유조선에 의한 유류오염 손해배상청구 소송에 관하여 한 확정판결은 해당 국가는 물론 다른 체약국에서도 그 효력이 있음(제10조).

▣ 부속서 : 유류오염피해에 관한 민사책임을 위하여 보험 또는 재정보증에 가입했다는 증명서 서식

2. 1969년 유류오염손해에 대한 민사책임에 관한 국제협약의 1976년 의정서 (CLC PROT 1976)

2.1 개요

○ 협약원명 : Protocol [of 1976] to the International Convention on Civil Liability for Oil Pollution Damage, 1969

○ 채택 (발효) : 1976.11.19. (1981.4.8.)

○ 목적 : 책임한도액의 금액단위 변경

○ 관련 국내법 및 적용대상 : CLC 1969와 동일

2.2 주요 내용

1976년 11월 런던에서 "1969년 유류오염손해에 대한 민사책임에 관한 국제협약의 계산단위에 관한 규정을 개정하기 위한 회의"가 개최되었다. 종래 금본위제에 바탕을 둔 프랑(Franc

894) 일반적인 불법행위(torts) 책임에는 고의 또는 과실의 요건을 필요로 하나 이와 같이 원인과 관계없이 책임이 발생하는 것을 엄격책임(strict liability)라고 한다.

895) 프랑이라 함은 순도 1,000분의 900인 65.5 밀리그램의 금으로 구성된 단위로서 기금이 설치되는 국가의 통화로 환산된 금액을 말한다.

Poincaré)은 금의 시장가격에 따라 결정되는 것이 아니고, 정부가 정하는 공식가격에 따라 결정되기 때문에 국가 별로 큰 차이가 있었기 때문이다. 동 회의에서는 선박소유자의 책임한도를 선박 1톤당 133 SDR (국제통화기금의 특별인출권)로 정하고 한 사고 당 책임한도는 최대 1,400만 SDR로 제한토록 하는 상기 의정서를 채택하였다.

3. 1969년 유류오염손해에 대한 민사책임에 관한 국제협약의 1992년 의정서 (CLC PROT 1992)

3.1 개요

○ 협약원명 : Protocol of 1992 to the International Convention on Civil Liability for Oil Pollution Damage, 1969
○ 채택 (발효) : 1992.11.27. (1996.5.30.)
○ 목적 : 보상한도 및 보상의 지리적 범위 확대
○ 관련 국내법 및 적용대상 : CLC 1969와 동일

3.2 채택 배경

CLC 1969의 보상범위가 지나치게 좁다는 지적에 따라 1984년에는 이를 개정하는 의정서를 채택하였다. 즉, 선박의 총톤수 5,000톤까지는 300만 SDR을 한도로 하고, 이를 초과 시에는 톤당 420 SDR을 더한 금액을 한도로 하였다. 또 한 사고 당 최대 책임한도는 5,970만 SDR로 정하였다. 지리적 범위로는 종래 체약국의 영토와 영해에 추가하여 배타적 경제수역(Exclusive Economic Zone)까지 확대하였으며, 유류오염손해의 범위로는 종래의 오염손해, 오염방제조치 비용, 오염방제조치로 인한 추가적 손해에 부가하여 유류오염이 발생하지 않았더라도 오염을 일으킬 수 있는 중대하고도 긴박한 위협을 제거하는 비용도 포함되도록 하였다. 한편, 발효요건으로는 10개국 이상이 비준하고 그 가운데 100만 총톤이상의 유조선을 보유한 국가가 6개국 이상이 되도록 하였다.

그러나 실질적으로 가장 많은 선대를 보유하고 있는 국가 중의 하나인 미국이 이 의정서에 가입하지 아니함에 따라 결국 발효될 수 없었다. 즉, 1989년 엑슨 발데즈(Exxon Valdez)호의 좌초로 인한 대형 오염사고가 발생하자 미국은 유류오염법(OPA 90)을 제정하여 독자적인 유류오염 배상책임체계를 마련하였다. 특히 미국은 이 법에 의한 보상한도가 의정서 기준보다 훨씬 높기 때문에(최대 무제한), 향후 이 의정서에 가입하지 않을 것이라고 선언하였다.

이에 따라 유럽의 여러 국가들은 미국이 참가하지 않아도 발효될 수 있도록 발효요건을 완화하는 새로운 의정서를 제안하였다. 결국 1992년 11월의 1984년 의정서의 발효요건으로서 10개국 이상의 비준국가 중 100만 총톤 이상의 유조선을 보유한 국가를 6개국에서 4개국으로 완화하는 의정서를 채택하였으며, 향후 1984년 의정서를 발효시키지 않기로 결정하였다.

3.3 주요 내용

위에 설명한 사항 이외에도 이 의정서로 인한 변화는 다음과 같다.

- 선박과 기름의 정의를 확대하여 유조선이 화물을 운송하지 않더라도 연류유, 윤활유 등의 유출로 인한 오염손해도 보상할 수 있도록 함
- 종래 선주의 실제 과실이나 고의로 행한 경우에 책임제한을 할 수 없었으나, 선주의 부작위(omission), 손해를 일으킬 의도를 가지고 행한 경우, 무모하게 행한 경우, 손해가 발생할 것을 알고 행한 경우가 추가됨.
- 강제폐기 방식에 따라 1998년 5월 16일부터 1992년 의정서 당사국은 CLC 1969의 당사국 지위가 종료됨.

3.4 개정사항

3.4.1 2000년 개정(책임제한 한도)

○채택 (발효) : 2000.10.18. (2003.11.1.)
○개 요
2000년 10월 제82차 법률위원회는 책임제한 한도를 변경하는 결의서 LEG.1(82)호를 채택하였다.[896] 즉, 선박의 톤수 별로 책임제한 한도를 증가시켰으며, 총톤수 14만 톤 이상의 경우 총 8.977만 SDR이 되었다.

4. 1971년 핵물질 해상운송의 민사책임에 관한 협약 (NUCLEAR 1971)

4.1 개요

○협약원명 : Convention Relating to Civil Liability in the Field of Maritime Carriage of Nuclear Material, 1971
○채택(발효) : 1971.12.17. (1975.7.15.)
○목적 : 해상운송 중 핵물질로 인한 사고발생시 민사책임에 관한 각종 협약 간의 관계 정립 및 어려움 해결
○관련국내법 : 미수용

4.2 채택 배경

핵에너지분야에 있어서 제3차 책임에 관한 1960년 파리협약,[897] 1964년의 추가의정서 및

896) LEG.1(82), Adoption of amendments of the limitation amounts in the protocol of 1992 to amend the International Convention on Civil Liability for Oil Pollution Damage, 1969, 18 October 2000.

1963년 핵 피해에 대한 민사책임에 관한 비엔나협약[898]은 핵물질의 해상운송과정에서 일어나는 핵사고(nuclear incident)에 따라 피해가 발생하는 경우 핵시설(nuclear installations)의 운영자가 그 피해에 대하여 배상을 하도록 규정하고 있다. 그러나 국제협약 또는 국내법에 의하여 핵물질을 해상운송을 하는 자가 책임을 져야 하는 경우도 있었다. 이에 따라 이 문제를 법률적으로 정리하기 위하여 1971년 벨기에의 브뤼셀(Brussels)에서 국제회의가 개최되어 해상운송분야의 핵사고 시 핵시설의 운영자가 전적으로 책임을 지도록 하는 협약을 채택하였다.

4.3 주요 내용

이 협약은 12개의 조문으로 구성되어 있으며 주요 내용은 다음과 같다.

ㅇ국제협약 또는 국내법에 의하여 해상운송분야의 핵사고로 인하여 책임을 져야 하는 사람은 파리협약 또는 비엔나협약에 따라 핵 운영자가 책임을 지는 경우 면책됨 (제1조)
ㅇ이 협약의 규정은 핵 선박(nuclear ship)의 핵연료, 그 선박에서 생산된 방사성 물질 등에 기인한 손해에 대하여 핵 선박 운항자의 책임에 영향을 주지 아니함 (제3조)
ㅇ이 협약은 해상운송에 관한 국제협약으로서 이 협약과 상충되는 부분에 한하여 해당 국제협약을 대체함(제4조).

5. 1971년 유류오염손해보상을 위한 국제기금 설치에 관한 국제협약 (FUND 1971)

5.1 개요

ㅇ협약원명 : International Convention on the Establishment of an International Fund for Compensation for Oil Pollution Damage, 1971
ㅇ채택 (발효) : 1971.12.18. (1978.10.16.)[899]

897) 이 협약의 명칭은 Paris Convention on Third Party Liability in the Field of Nuclear Energy이며, 1860.7.29. 채택되어 1968.4.1. 발효되었다. 이 협약은 핵에너지를 생산하는 과정에서 피해가 발생할 경우 핵시설 운영자(operator)에게 엄격책임을 부과하고 있으며, 운영자는 책임을 제한할 수 있으며, 그 금액에 해당하는 보험에 가입하도록 규정하고 있다. Wikipedia, http://en.wikipedia.org/wiki/Paris_Convention_on_Third_Party_Liability_in_the_Field_of_Nuclear_Energy [2013.10.20.].

898) 이 협약의 명칭은 Vienna Convention on Civil Liability for Nuclear Damage이며, 1963.5.21. 채택되어 1977.11.12. 발효되었다. 이 협약은 핵사고시 핵시설의 운영자가 절대적으로 피해에 대한 책임을 져야 하며, 이 경우 책임을 제한할 수 있으며, 보험에도 가입하도록 규정하고 있다.

899) 1971년 유류오염손해보상을 위한 국제기금 설치에 관한 국제협약의 2000년 의정서(FUND PROT 2000) 제2조의 규정에 따라 2002.5.24. 체약국이 24개국이 되어 이 협약은 종료되었다. 이에 따라 이 협약은 당사국 사이에 효력이 없으며, 이 날 이후 발생한 사고에 적용되지 않는다. IMO, *Status of multilateral Conventions and instruments in respect of which the International Maritime Organization or its Secretary-General performs depositary or other functions*, As at 31 July 2013, p. 276.

○ 목적 : 유류화주에 의한 유류오염손해보상 (CLC협약의 보충)
○ 관련국내법 : 유류오염손해보상보장법
○ 적용대상 : 유류화주 (정유업체, 화력발전소 등)

5.2 채택 배경

CLC 1969에 의하여 유류오염손해에 따른 보상제도를 마련하였음에도 불구하고 실제 그 보상한도가 적어 대형 오염사고의 경우 모든 피해자에게 충분한 보상을 하지 못하였다. 이러한 현실을 감안하여 CLC 1969를 채택한 국제회의에서는 유류오염손해에 대한 국제보상기금의 설치에 관한 결의서를 채택하였었다. 즉, CLC 1969를 보충하기 위하여 유류화주의 분담금에 의해 조성되는 국제기금을 설치하기로 한 것이었다. 유류오염 사고에는 기본적으로 운송업자인 선주에게 책임이 있지만 유류운송에 따른 이익을 향유하는 화주도 얼마간의 책임이 있기 때문이다. 이에 따라 당시 IMCO의 법률위원회는 협약 채택 후 국제기금을 창설하는 협약안 작성을 시작하였다. 이후 1971년 벨기에 브뤼셀(Brussels)에서 개최된 협약채택을 위한 국제회의에서 FUND 1971이 채택되었다. 이 협약에 의한 기금이 창설됨에 따라 유류오염손해가 발생한 경우 선주에 의한 1차적인 책임(first tier)과 화주에 의한 2차적인 책임(second tier)으로 나누어 공동으로 부담하게 되었다.

5.3 주요 내용

협약은 48개의 조문으로 이루어져 있으며 주요 내용은 다음과 같다.

○ 국제유류오염보상기금(IOPC Fund, 이하 "기금"이라고 함)은 체약국의 법에 의하여 법인격이 인정되며 소송에서 당사자의 지위가 인정됨(제2조).
○ 체약국의 영토와 영해 내에서 발생한 유류오염손해(이를 예방하거나 최소화시키기 위한 비용 포함)의 피해자에 대하여 CLC 협약에 따라 보상이 충분히 이루어지지 못할 경우 기금은 보상할 의무를 짐(제4조 제1항).
○ 기금은 한 사고에 대하여 CLC협약에 의한 책임액과 FUND협약에 따른 보상액의 합계가 4억 5천만 프랑의 범위 내에서 보상(제4조4항).
○ 유류오염에 따른 손해배상청구권은 유류오염손해가 발생한 날부터 3년 이내 또는 유류오염손해의 원인이 되었던 최초의 사고가 발생한 날부터 6년 이내에 재판상 청구가 없는 경우에는 소멸함(제6조 제1항).
○ CLC 협약에 따라 오염손해에 관한 소송이 제기된 경우 해당 법원은 기금에 대한 어떠한 보상소송에도 전적인 관할권을 가짐(제7조 제3항).
○ 관할권이 있는 법원이 행한 확정판결은 해당 국가는 물론 다른 체약국에서도 그 효력이 있음(제8조).
○ 피해자에 대하여 유류오염손해에 대하여 보상을 한 경우 기금은 피해자가 가지고 있던 보상

을 받을 권리에 대하여 대위권(subrogation)을 행사할 수 있음(제9조 제1항).

ㅇ연간 15만 톤을 초과하는 분담유(contributing oil)를 수령하는 항만, 터미널 운영자 등은 분담금 납부의무를 부담하여야 함(제10조 제1항).

ㅇ분담금 납무의무자가 연간 부담해야 하는 금액은 기금의 수입과 지출을 감안하여 총회에서 결정됨(제12조 제1항 및 제2항).

ㅇ기금에는 총회, 사무국 및 집행위원회(Executive Committee)를 둠 (제16조)

6. 1971년 유류오염손해보상을 위한 국제기금 설치에 관한 국제협약의 1976년 의정서 (FUND PROT 1976)

6.1 의정서의 개요

ㅇ협약원명 : Protocol [of 1976] to the International Convention on the Establishment of on International Fund for Compensation for Oil Pollution Damage, 1971

ㅇ채택 (발효) : 1976.11.19. (1994.11.22.)

ㅇ목적 : 책임한도의 계산단위 변경

ㅇ관련 국내법 및 적용대상 : Fund 1971과 동일

6.2 주요 내용

1976년 영국 런던에서 "1971년 FUND의 계산단위 규정을 개정하기 위한 회의"가 개최되었다. 동 회의에서는 FUND의 책임한도를 선박의 톤당 1 SDR (IMF의 특별인출권)로 변경하고, 한 사고 당 책임한도를 6,000만 SDR로 제한토록 하였다. 한편, FUND협약의 비가입국에 대하여는 계속 프랑을 사용하기로 하였다.

7. 1971년 유류오염손해보상을 위한 국제기금 설치에 관한 국제협약의 1992년 의정서 (FUND PROT 1992)

7.1 의정서의 개요

ㅇ협약원명 : Protocol of 1992 to Amend the International Convention on the Establishment of an International Fund for Compensation for Oil Pollution Damage, 1971

ㅇ채택 (발효) : 1992.11.27. (1996.5.30.)

ㅇ목적 : 보상한도 및 보상의 지리적 범위 확대

ㅇ관련 국내법 및 적용대상 : Fund 1971과 동일

7.2 주요 내용

FUND 1971이 채택되고 10여년이 흐르자 운영상의 문제점이 노출되었다. 즉, 그간의 인플레이션으로 화폐가치가 감소하였고, 1978년 3월 아모코 카디즈(Amoco Cadiz)호의 오염사고 등 대형사고 발생 시 현행의 보상한도로는 피해자 보상이 충분히 이루어질 수 없었다. 이에 따라 1984년 FUND 협약 당사국은 이를 개정하는 의정서를 채택하였다. 즉, 기금에 의한 보상금액을 CLC협약에 따라 지급한 금액을 포함하여 최대 1억 3,500만 SDR로 인상시킨 것이다. 또 보상에 대한 지리적 범위도 1984년 CLC 의정서와 마찬가지로 배타적경제수역(EEZ)까지 확대하였고, 손해보상 범위로 유류오염예방조치까지 확대하였다.

한편, 발효요건으로는 비준국의 총 분담유 수령량이 6억 톤 이상이 되고 8개국 이상이 가입하도록 하였다. 그러나 석유의 최대수입국인 미국이 이 의정서에 가입하지 아니함에 따라 결국 발효될 수 없었다. 이에 따라 1992년 11월 발효요건으로서 총분담유 수령량을 4억5천만 톤으로 완화시키는 의정서를 채택하였으며, 미발효된 1984년 의정서는 발효시키지 않기로 결정하였다.

7.3 개정 내용

7.3.1 2000년 개정(보상한도)

○채택 (발효) : 2000.10.18. (2003.11.1.)

○개 요

현행의 보상금액이 너무 적다는 지적에 따라 2000년 10월 제82차 LEG는 보상한도를 증액시키는 결의서를 채택하였다.[900] 이에 따라 기금이 최대로 보상할 수 있는 한도가 2억 300만 SDR로 증가되었다.

8. 1971년 유류오염손해보상을 위한 국제기금 설치에 관한 국제협약의 2000년 의정서 (FUND PROT 2000)

8.1 의정서의 개요

○협약원명 : Protocol of 2000 to the International Convention on the Establishment of an International Fund for Compensation for Oil Pollution Damage, 1971

○채택 (발효) : 2000.9.27. (2001.6.27.)

○목적 : FUND 1971의 폐지

○관련 국내법 및 적용대상 : Fund 1971과 동일

900) LEG.2(82), Adoption of amendments of the limits of compensation in the protocol of 1992 to amend the international convention on the establishment of an international fund for compensation for oil pollution damage, 1971, 18 October 2000.

8.2 주요 내용

당초 FUND 1971에는 체약국의 수가 3개국 미만으로 줄어드는 날로부터 협약을 폐지한다고 규정되어 있었다(제43조 제1항). 그러나 FUND 1971 체약국들이 점차 FUND PROT 1992로 전환함에 따라 체약국 수가 계속 줄어들고 있었다. 이와 같은 경우 사고가 발생하면 남아 있는 체약국의 부담이 너무 커지게 되고, 심지어 피해자들이 기금으로부터 충분한 보상을 받지 못할 수도 있었다. 이에 따라 협약의 폐지 요건을 완화하여 FUND 71 체제가 조기에 폐지될 수 있도록 하였다. 즉, 체약국가의 수가 25개국 미만이 되거나, 분담유 수량이 1억 톤 미만이 되는 날 중 빠른 날에 협약이 폐지되도록 하였다. 이에 따라 FUND 1971 체약국이 25개국 미만이 된 2002년 5월 24일 FUND 1971은 폐지되었다.

9. 1992년 유류오염손해보상을 위한 국제기금 설치에 관한 국제협약의 2003년 의정서(FUND PROT 2003)

9.1 의정서의 개요

ㅇ협약원명 : Protocol of 2003 to the International Convention on the Establishment of an International Fund for Compensation for Oil Pollution Damage, 1992
ㅇ채택 (발효) : 2003.5.16. (2005.3.3.)
ㅇ목적 : FUND 92 보상한도를 초과하는 손해에 대한 보상을 위하여 추가기금 설치
ㅇ관련 국내법 및 적용대상 : Fund 1971과 동일

9.2 주요 내용

기존의 1992년 FUND 협약으로는 대형의 유류오염사고에 대하여 충분한 보상이 어렵다는 지적에 따라 2003년 체약국들은 이에 대비하기 위한 추가기금을 설치하기 위한 의정서를 채택하였다. 이에 따라 추가기금(International Oil Pollution Compensation Supplementary Fund, 2003)을 별도로 설립하였으며(제2조 제1항), 추가기금은 1992년 FUND로부터 충분한 보상을 받지 못한 피해자에 대하여 보상을 시행하게 된다(제4조 제1항). 추가기금의 보상한도는 최대 7억 5천만 SDR이다(제4조 제2항). 1992년 FUND의 보상한도를 초과할 것이 예상되는 경우 추가기금의 보상여부에 대하여는 먼저 1992년 FUND 총회에서 논의된 후 추가기금 총회가 보상금액을 최종 결정한다(제5조). 또 동일한 사람이 1992년 FUND에 대한 손해배상 청구는 추가기금에 대한 손해배상 청구로 본다(제6조 제2항). 또한 추가기금에는 총회와 사무국을 두지만, 1992년 FUND의 사무국이 해당 사무를 행한다(제16조 제1항 및 제17조 제1항).

10. 위험 · 유독물질 해상운송책임협약(HNS 1996)

10.1 협약의 개요

○ 협약원명 : International Convention on Liability and Compensation for Damage in Connection with the Carriage of Hazardous and Noxious Substances by Sea, 1996
○ 채택 (발효) : 1996.5.3. (미발효)
○ 목적 : 위험·유해물질(HNS)의 운송과정에서 발생하는 피해에 대한 손해배상제도 확립
○ 관련 국내법 : 미수용
○ 적용대상 : 유해·위험물질(HNS)을 운송하는 모든 형태의 항해선 및 해상 주정(단, 체약국의 군용선, 비상업적 선박은 제외)

10.2 채택 배경

대형 유조선 등에 의한 해양사고가 계속 발생함에 따라 기존의 유류오염 민사책임협약(CLC)에서 제외되는 물질에 의한 오염손해에 대하여도 보상제도를 마련할 필요성이 제기되었다. CLC 협약은 당시 MARPOL 73/78 부속서 Ⅰ에 규정되어 있는 지속성 유류[901](persistent oil : 원유, 연료유, 중유 등)에 의한 오염손해에 대해서만 보상하였기 때문이다. 따라서 비지속성 유류(non-persistent oil : 휘발유, 경유, 등유 등)나 위험·유독물질(HNS)이 누출되어 제3자에게 손해를 입혔을 경우 보상을 받기가 쉽지 않았다. 이에 따라 기존의 FUND협약 체제와 같이 하주의 분담금을 바탕으로 추가적인 피해보상이 가능한 국제보상제도를 마련할 필요성이 제기되었다.

이에 따라 1984년에는 HNS협약의 채택여부를 묻기 위한 제1차 외교회의가 개최되었으며, 다수 국가가 이를 지지함에 따라 향후 협약안을 제정하기로 결정하였다. 이 문제는 법률위원회에서 계속적으로 검토하게 되었으며, 1990년 제62차 법률위원회에서는 HNS협약 초안을 마련하였다. 그러나 초안의 내용에 대한 각국의 이해관계가 대립되어 작업은 느리게 진행되었다. 이후 1995년 10월의 제73차 법률위원회에서는 최종안이 확정되었으며, 1996년 4월 15일부터 5월 3일까지 개최된 외교회의에서 마침내 HNS 1996이 채택되었다.

HNS 1996의 보상체제는 기존의 CLC 협약 및 FUND 협약의 보상체제와 매우 유사하게 되어 있다. 즉, HNS로 인하여 피해가 발생하면 1차적으로 선주가 손해배상책임을 지고, 2차적으로 화주의 분담금으로 설치되는 HNS 기금이 보상한다. 다만, HNS 1996은 선주의 책임과 HNS 기금에 의한 보상체제를 하나의 협약에서 모두 수용하고 있다는 차이가 있다.

10.3 주요 내용

이 협약은 본문 및 2개의 부속서로 이루어져 있으며, 주요 내용은 다음과 같다.

---

901) 지속성 유류란 해면상에 엷은 유막을 형성하여 해안까지 이동하는 점성이 큰 기름으로 해양오염손해가 큰 유류를 지칭한다.

▣ 협약 본문

○ 체약국의 영해 및 배타적경제수역 내에서 발생한 환경오염손해에 대하여 적용됨(제3조)
○ 사고 당시 HNS를 운송하는 선박의 소유자는 손해에 대하여 보상할 책임이 있음(제7조 제1항)
○ 선박소유자는 2,000 톤 이하 선박의 경우 1,000만 SDR, 2001톤에서 50,000톤까지는 톤당 1,500 SDR, 50,000 톤 이상에 대하여는 톤당 360 SDR을 더한 금액을 한도로 책임을 제한할 수 있으며, 총액으로 1억 SDR을 한도로 함(제9조 제1항).
○ HNS를 운송하는 선주는 사고로 인한 손해배상책임을 부담하기 위하여 책임한도에 해당하는 재정보증을 유지하여야 하며, 당사국으로부터 강제보험증명서(Compulsory Insurance certificate)를 교부받아 선박에 비치하여야 함(제12조 제1항 및 제4항).
○ 선주의 보상이 부적합하거나 완전하지 않을 경우 HNS에 의한 피해에 대한 보상을 위하여 HNS 기금을 설립하며(제13조 제1항), HNS 기금은 피해를 입은 자에게 보상을 행함(제14조 제1항). 이 때 보상의 최대한도는 1개 사고 당 2억 5천만 SDR임(제14조 제5항).
○ HNS 기금은 일반계정(general account), 유류계정(oil account), LNG 계정, LPG 계정으로 분리할 수 있으며(제16조 제1항 및 제2항), 각 계정에서 정하는 기준에 따라 분담화물(contributing cargo)을 수령하는 자가 각각 부담함(제18조 및 제19조).
○ 연간 산적화물을 2만 톤, 지속성 유류를 15만 톤, 기타의 유류를 2만 톤, LNG는 양에 관계없이 하역 전 소유자, LPG는 2만 톤 이상 수령하는 자는 각각의 계정에 총회에서 정하는 바에 따라 분담금을 납부해야 함(제18조 및 제19조).
○ HNS FUND는 총회와 사무국으로 조직하고(제24조), 총회는 의장단 선출, 사무국장의 임명, 예산승인, 보상금 청구의 승인, 청구권자간의 배분 결정 주요 정책을 결정함(제26조).
○ 선박소유자의 손해배상책임에 대한 청구권과 HNS FUND에 대한 보상청구권은 각각 3년 이내에 소송을 제기하지 않으면 소멸되며, 10년이 지나면 소송을 제기할 수 없음(제37조).

▣ 부속서 I : HNS 보험가입증서

▣ 부속서 II : 일반계정에 대한 연간 분담금 계산규칙(Regulations For The Calculation Of Annual Contributions To The General Account)

11. 위험 · 유독물질 해상운송책임협약의 2010년 의정서(HNS PROT 2010)

11.1 협약의 개요

○ 협약원명 : Protocol of 2010 to the International Convention on Liability and Compensation for Damage in Connection with the Carriage of Hazardous and Noxious Substances by Sea, 1996
○ 채택 (발효) : 2010.4.30. (미발효)
○ 목적 : HNS 1996의 조기발효를 위한 발효요건 완화

○관련 국내법 : 미수용
○적용대상 : 유해·위험물질(HNS)을 운송하는 모든 형태의 항해선 및 해상 주정(단, 체약국의 군용선, 비상업적 선박은 제외)

11.2 채택 배경

1996년에 채택된 HNS의 발효가 10여 년 이상 계속 지연됨에 따라 IMO는 이를 발효시키기 위하여 LEG를 중심으로 논의를 시작하였다. 발효를 지연시키는 문제점으로는 포장된 HNS의 종류가 너무 많아 행정적 처리가 쉽지 않으며, LNG의 경우 다른 화물과 달리 수출자가 분담금을 부담하기 때문에 개도국들이 비준에 소극적이었다. 또 체약국가가 보고를 이행하지 않거나 분담금을 납부하지 아니할 경우 벌칙을 가할 수 없다는 점이 지적되었다. 이에 따라 IMO는 문제가 되는 조항을 개정하기로 하였다. 이에 따라 2010년 5월 IMO 본부에서 국제회의가 개최되어 HNS PROT 2010이 채택되었다.

11.3 주요 내용

이 의정서의 주요 내용은 다음과 같다.

○포장된 HNS를 분담화물의 대상에서 제외함(제3조).
○포장된 HNS가 분담화물의 대상에서 제외됨에 따라 산적 HNS 화주의 부담을 덜어주기 위하여 선주책임의 한도액을 15% 인상함(제7조).
○LNG 계좌에 대한 분담금 납부자를 수출자에서 수령자로 변경하였으며, 협상에 따라 수출자로 변경할 수 있도록 함(제11조).
○수입화물에 대한 보고와 분담금 납부를 하지 않는 국가의 경우 사고가 발생해도 보상금을 지급하지 않도록 규정함(제14조).

12. 연료유 오염 손해에 대한 민사책임협약(BUNKERS 2001)

12.1 협약의 개요

○협약원명 : International Convention on Civil Liability for Bunker Oil Pollution Damage, 2001
○채택 (발효) : 2001.3.23. (2008.11.21.)
○목적 : 선박 연료유의 해양오염으로 인한 손해배상
○관련 국내법 : 유류오염피해배상보장법
○적용대상 : 모든 선박

12.2 채택 배경

CLC 협약, FUND 협약 및 HNS 협약은 해양에 누출된 기름 등으로 인한 오염피해에 대하여 보상하는 체제를 수립하였으나, 이러한 기름 등이 운송되는 화물일 경우로 한정되는 한계를 가지고 있었다. 따라서 화물이 아닌 선박의 연료유에 의한 해양오염이 발생할 경우 피해자는 적절한 보상을 받기가 어려웠다. 특히 선박의 대형화 및 고속화에 따라 대형선박이 운송하는 선박 연료유 양은 계속 증가함에 따라 이에 시급히 대처할 필요가 생기게 되었다. IMO는 이러한 법률적 공백을 없애기 위하여 1996년부터 LEG로 하여금 이 문제를 계속 검토하도록 하였다. 이러한 검토를 바탕으로 2001년 3월 IMO는 국제회의를 개최하여 BUNKERS 2001을 채택하였다.

12.3 주요 내용

이 협약은 본문 및 부속서로 이루어져 있으며, 본문은 CLC 1969의 체제와 유사하게 오염보상체제를 정하고 있다. 따라서 유조선이 아닌 선박에서 연료유의 오염사고에 따른 피해를 발생하면 그 보상책임은 선주가 진다(제3조). 또 선주는 책임제한을 할 수 있으며(제6조), 1,000톤 이상 선박의 소유자는 개정된 1976년 해사채권의 책임제한에 관한 협약(LLMC 1976)에서 정하는 금액 이내에서 책임제한액에 해당하는 보험을 강제적으로 들어야 한다(제7조 제1항). 재판관할권, 강제집행 등도 CLC 1969와 동일하다. 다만, 이 협약에서는 CLC 1969와 달리 피해자가 보험자에게 직접청구권을 행사할 수 있다(제7조 제10항).

부속서는 보험가입증명서 서식을 정하고 있다.

13. 2007년 난파물 제거에 관한 나이로비 국제협약(Nairobi WRC 2007)

13.1 협약의 개요

○ 협약원명 : Nairobi International Convention on the Removal of Wrecks, 2007
○ 채택 (발효) : 2007.5.18. (미발효)
○ 목적 : 난파물의 신속하고 효과적인 제거를 위한 국제적 기준 마련
○ 관련 국내법 : 미수용
○ 적용대상 : EEZ 내에 있는 난파물(당사국은 협약에 기속동의를 표시할 때 자국의 영해도 포함시킬 수 있음)

13.2 채택 배경

해양사고 등으로 인하여 방치된 난파물(wrecks)은 해양오염은 물론 선박의 안전항해에 위험을 초래할 수 있으므로 연안국은 이에 대하여 제거 등 적절한 조치가 필요한 경우가 많다. 만일 난파물이 영해 내에 있을 경우에 연안국은 영해에서의 주권(sovereignty)을 행사할 수 있으므로(UN해양법협약 제2조 제3호), 난파물의 소유자로 하여금 제거하도록 하거나 직접 제거할

수 있다. 그러나 난파물이 배타적경제수역(EEZ)에 존재할 경우에는 누구에게 난파물의 제거의무가 있는지 다소 불분명하다. EEZ는 천연자원의 이용, 경제적 개발과 탐사에 관한 연안국의 주권적 권리(UN해양법협약 제56조 제1항)를 제외하고는 공해와 마찬가지이기 때문이다. 따라서 이 문제는 법률적 사각지대에 있는 것으로 지적되어 왔다.

배타적경제수역에 존재하는 난파물의 제거에 관한 의제가 처음 제출된 것은 1990년 제63차 법률위원회(LEG)라고 한다.902) 그러나 필요성에도 불구하고 다른 협약에 우선순위가 밀려 협약으로의 제정작업은 다소 지연되었다. 이후 1995년의 제73차 LEG에서 각국의 협약초안 제시로 협약화 작업이 처음 시작되었으며, 초안은 INTERVENTION 1969, 해난구조협약(SALVAGE 1989), CLC 1969, MARPOL 73/78, 해사채권제한협약(LLMC), OPRC 1990 등의 각종 협약을 기초로 하여 만들어졌다.903) 따라서 이 협약초안은 다른 협약과의 저촉문제로 검토에 상당한 시간이 소요되었다. 더욱이 이슈가가 되었던 것은 IMO가 EEZ 내의 난파물 제거에 관한 협약을 제정할 권한이 있는가 하는 것이었다.

이에 대하여 사무국은 UN의 해양문제 및 해양법률국(Division for Ocean Affairs and the Law of the Sea: DOALOS)과 자문을 통하여 IMO는 이를 추진할 권한이 있다는 의견을 제시하였다. 즉, 항해와 해양오염방지라는 IMO의 위임사항(mandate)과 이러한 목적을 위하여 EEZ 내 난파물 제거에 관한 협약을 제정할 수 있는 IMO 능력이 일치하고 있으며, IMO가 제정하려는 새로운 협약이 UN해양법협약의 규정과 상충되지 않는 한 UN해양법협약이 이를 방해하지 않는다는 것이었다.904) 이에 대하여 LEG에 참석한 국가는 압도적으로 사무국의 의견을 지지하였다.905)

이후 계속 작업을 추진하여 2007년 5월 케냐(Kenya)의 나이로비(Nairobi)에서 개최된 국제회의에서 이 협약이 채택되었다.

13.3 주요 내용

이 협약은 본문 및 부속서로 이루어져 있으며, 주요 내용은 다음과 같다.

▣ 협약 본문

- ㅇ당사국은 자국 선장 등에게 난파물과 관련된 사고가 발생한 경우 관련 정보를 가장 가까운 연안국에 보고하도록 해야 함(제5조 제1항).
- ㅇ보고를 받은 국가는 시급하게 선박 및 관련 국가에게 난파물의 성질과 위치를 알려야 하며, 난파물의 정확한 위치를 확인하고 표시를 해야 함(제7조 및 제8조).

902) 정대율·정영석, “2007년 난파물제거협약의 주요 내용 및 채택의의,” 「해사법연구」, 제19권 제2호(1997.10), 79쪽.

903) 정대율, 「난파물제거협약안에 대한 연구」, 한국해양대학교 법학석사학위논문(2005.8), 11쪽.

904) IMO LEG 86/4/1, DRAFT CONVENTION ON WRECK REMOVAL, The mandate of IMO to regulate the coastal State intervention powers in the EEZ, 27 March 2003.

905) para. 25, IMO LEG 86/15, 2 May 2003, Report of the Legal Committee on the Work of its Eighty-sixth Session, p. 8.

ㅇ선주(registered owner)는 난파물의 위치확인, 표시 및 제거에 대한 민사상 책임이 있음(제10조 제1항).
ㅇ총톤수 300 톤 이상의 선주는 개정된 LLMC 1976의 선주책임제한액 이내로 난파물 제거에 관한 보험을 유지하여야 함(제12조 제1항).
ㅇ난파물의 제거비용에 관하여 누구든지 보험자에게 직접 청구권을 행사할 수 있음(제12조 제10항).

▣ 부속서 : 난파물 제거에 관한 보험가입증명서 서식

제5절 해상운송인의 책임제한에 관한 협약

1. 1974년 여객 및 수하물 운송에 관한 아테네협약 (PAL 1974)

1.1 개요

ㅇ협약원명 : Athens Convention Relating to the Carriage of Passengers and Their Luggage by Sea, 1974
ㅇ채택(발효) : 1974. 12. 13 (1987. 4. 28)
ㅇ목적 : 국제항해 선박에서 운송인의 여객 및 수하물에 대한 책임제한
ㅇ관련 국내법 : 상법 (해상편)[906)]

1.2 주요 내용

통상 아테네협약이라고 부르는 이 협약은 1974년 그리스(Greece)의 아테네(Athens)에서 개최된 해상에서의 여객과 여객수하물의 운송에 관한 국제법률회의에서 채택되었다. 이 협약의 목적은 해상운송 중 발생하는 여객과 수하물의 피해에 대하여 운송인의 책임을 제한함으로써 운송인을 보호하려는 것이다. 이 협약은 총 28개의 조문으로 구성되어 있으며, 주요 내용은 다음과 같다

ㅇ이 협약은 국제운송 (international carriage)에 대하여 적용 (제2조).
ㅇ운송 중 운송인 또는 그 사용인의 과실 또는 부주의로 발생한 여객의 사망, 신체상해 및 수하물의 멸실이나 손상에 대하여 운송인은 책임이 있음 (제3조 제1항).

906) 이하에서 관련 국내법으로 상법을 거론하는 경우 이는 국제협약을 수용한 국내법을 의미하는 것이 아니라 관련 규정이 포함된 국내법을 말한다. 우리나라는 선박소유자의 책임제한 관련 규정을 개별법에서 수용하지 않고 상법에 수용함으로써 개정에 많은 시간이 소요되고, 수용되더라도 최신의 협약이 아닌 다소 오래 된 규정을 수용하고 있다. 최신 협약의 수용을 위하여 일본의 "선박소유자의 책임제한에 관한 법률"과 같이 개별법의 제정방안을 적극 검토해야 할 것으로 판단된다.

○별도로 운송인에게 기탁된 경우를 제외하고 운송인은 화폐, 유가증권, 보석 등 귀중품의 멸실 또는 손상에 대해 책임이 없음 (제5조).
○여객의 사망 혹은 신체상해에 대한 운송인의 책임은 운송(carriage) 당 70만 프랑[907]을 한도로 함 (제7조)
○수하물의 멸실 혹은 손상에 대한 운송인의 책임은 실내 수하물(cabin luggage)의 경우 1인당 12,500 프랑, 자동차 1대당 5만 프랑, 기타의 경우 18,000 프랑을 한도로 함 (제8조).
○여객의 사망, 수하물의 멸실 등에 대한 손해배상 소송은 2년이 경과하면 제척됨 (제16조 제1항).

2. 1974년 여객 및 수하물 운송에 관한 아테네협약의 1976년 의정서(PAL PROT 1976)

2.1 개요

○협약원명 : Protocol to the Athens Convention Relating to the Carriage of Passengers and Their Luggage by Sea, 1974
○채택(발효) : 1976.11.19. (1989.4.28.)
○목적 : 책임제한 금액의 화폐단위 변경
○관련 국내법 : 상법 (해상편)

2.2 주요 내용

PAL 1974는 계산단위를 금프랑(gold franc)으로 하였으므로 실제 책임제한 액수는 해당 국가의 환율에 따라 환산되어야 하였다. 그러나 각 국가별 금 가격에 차이가 있었기 때문에 국제적인 통일방식을 보장할 수 없었다. 이에 따라 PAL 협약당사국들은 1976년 11월 런던에서 회의를 개최하여 선주책임제한의 화폐단위를 국제통화기금(IMF)의 특별인출권(SDR)으로 변경하였다. 이에 따라 선주의 책임한도는 다음과 같이 변경되었다.

○여객의 사망 또는 신체상해에 대한 책임 : 운송 당 46,666 SDR
○실내수하물은 1인당 833 SDR, 자동차 1대당 3,333 SDR, 기타의 경우 1,200 SDR

3. 1974년 여객 및 수하물 운송에 관한 아테네협약의 1990년 의정서 (PAL PROT 1990)

3.1 개요

○협약원명 : Protocol of 1990 to Amend the Athens Convention Relating to the Carriage of Passengers and Their Luggage by Sea, 1974
○채택(발효) : 1990.3.29. (미발효)
○목적 : 운송인 배상책임 한도액의 인상

907) 프랑이라 함은 순도 1000분의 900인 금의 65.5 밀리그램으로 이루어지는 단위를 말한다.

○ 관련 국내법 : 상법 (해상편)

3.2 주요 내용

PAL 협약 채택 당시부터 미국을 비롯한 선진국들은 운송인의 배상책임 한도액 46,666 SDR이 불충분하다고 주장하였으며, 이에 따라 이들의 무관심으로 인하여 발효도 지연된 바 있다. 이에 따라 PAL협약 개정회의가 1990년 3월 26일부터 30일까지 런던 IMO본부에서 개최되어 PAL 협약의 책임한도액을 인상시키기 위한 1990년 의정서를 채택하였다. 이 의정서에 따른 운송인의 책임한도액은 다음과 같다.

○ 여객운송인의 책임한도액이 종래의 4배에 가까운 17만 5천 SDR로 인상됨
○ 실내 수하물은 1인당 1,800 SDR, 자동차 1대당 10,000 SDR, 기타의 경우는 2,700 SDR로 인상

4. 1974년 여객 및 수하물 운송에 관한 아테네협약의 2002년 의정서 (PAL PROT 2002)

4.1 개요

○ 협약원명 : Protocol of 2002 to the Athens Convention Relating to the Carriage of Passengers and Their Luggage by Sea, 1974
○ 채택(발효) : 2002.11.2. (2014.4.23. 예정)
○ 목적 : 보상강화 및 간소화된 배상책임 한도액 인상절차 도입
○ 관련 국내법 : 상법 (해상편)

4.2 주요 내용

종래의 PAL 협약은 피해를 입은 사람에 대한 배상이 부족하다는 지적이 계속 되어왔고, 또 책임한도액을 인상시키고자 할 경우 의정서 등을 통하여 개정해야 하는 절차상의 어려움이 지적되어 왔다. 이러한 문제점을 해결하기 위하여 2002년 11월 PAL 협약 당사국은 국제회의를 개최하여 새로운 의정서를 채택하였다. 이 의정서의 발효에 따라 1990년 의정서는 실질적으로 이 의정서로 대체되었다. 이 의정서의 주요 내용은 다음과 같다.

○ 사고로 인한 여객의 사망 또는 신체상해에 대한 운송인의 책임한도액을 25만 SDR로 인상하고, 추가로 운송인의 과실 또는 부주의로 인한 손해에 대한 배상의무도 규정함(제4조).
○ 운송인은 강제적으로 상기 금액에 해당하는 보험을 들어야 하고, 피해자는 보험자에게 직접 배상을 청구할 수 있도록 함(제5조).

ㅇ여객의 사망 또는 신체상해로 인한 운송인의 책임은 어떠한 경우에도 각각의 경우 1인당 40만 SDR를 초과할 수 없음(제6조).
ㅇ실내 수하물은 여객당, 운송당 2,250 SDR, 소하물을 포함한 차량은 차량당, 운송 당 12,700 SDR, 기타의 물건은 1인당, 운송당 3,375 SDR을 초과할 수 없음(제7조).
ㅇ이 의정서는 10개국이 기속동의를 표시한 후 18개월 후에 발효하도록 함(제20조).
ㅇ운송인의 책임한도의 개정안에 대하여 묵시적 수락절차(tacit acceptance procedure)를 도입함으로써 간편하게 개정할 수 있도록 함(제23조).

5. 1976년 해사채권의 책임제한에 관한 협약 (LLMC 1976)

5.1 개요

ㅇ협약원명 : Convention on Limitation of Liability for Maritime Claims, 1976
ㅇ채택(발효) : 1976.11.19. (1986.12.1.)
ㅇ목적 : 해사채권에 대한 선주 등의 책임제한
ㅇ관련 국내법 : 상법(해상편), 선박소유자등의 책임제한절차에 관한 법률
ㅇ적용대상 : 상행위나 그 밖의 영리를 목적으로 항해에 사용하는 선박

5.2 채택 배경

선주책임제한 제도는 중세의 모험항해 시대로부터 유래된 해법 고유의 제도로서, 선주가 일정한 요건아래 그의 책임을 일정한 범위로 한정할 수 있도록 하는 법률상의 책임제한 제도이다. 원래 과실책임의 원칙에 따라 고의 또는 부주의로 다른 사람에게 손해를 입힌 사람은 손해액 전액에 대한 책임을 져야 한다. 그러나 선박의 항해활동은 지나치게 높은 위험에 노출된 점을 감안하여 선주를 두텁게 보호하여 국가의 해운을 발전시키고자 이 제도를 도입하였다. 이후 각국은 이러한 제도를 앞 다투어 도입함으로써 현재는 거의 모든 국가에서 이와 같은 제도를 운영하고 있다.

그러나 각국의 선주책임제한 제도는 국가에 따라 상당한 차이가 있었다. 이에 따른 해상거래의 불편을 해소코자 국제 해운계는 몇 개의 통일조약을 완성되었다. 즉, 1924년에는 선주책임제한조약(International Convention for the Unification of Certain Rules Relating to the Limitation of Liability of the Owners of Sea-going Vessels)이 채택되었으며, 1957년에는 1924년 조약의 폐기를 전제로 새로운 선주책임제한조약(International Convention Relating to the Limitation of Liability of the Owners of Sea-going Ships)이 채택되었다. 그러나 이 협약은 책임한도가 너무 낮다는 비판에 따라 당시 IMCO는 만국해법회(Comité Maritime International: CMI)의 협조를 받아 1972년부터 1957년 조약의 개정작업을 추진하였다. 이를 바탕으로 IMCO는 1976년 11월 벨기에의 브뤼셀(Brussels)에서 국제회의를 개최하여 LLMC협약을 채택하였다.

5.3 주요 내용

LLMC협약은 총 23개조로 구성되어 있으며, 주요 내용은 다음과 같다.

- ㅇ책임제한의 주체로서 종래 1957년 조약의 선주, 용선자, 관리인 및 운항자에 해난구조자(salvor)를 추가로 포함시킴(제1조).
- ㅇ책임제한 채권의 범위로서 사람의 사망, 신체의 상해 또는 선박이외의 물건의 멸실 또는 훼손으로 인하여 생긴 손해에 관한 채권, 운송물·여객 또는 수하물의 운송지연으로 생긴 손해에 관한 채권 등을 정함(제2조). 특히 1957년 조약은 주로 직접적인 손해에 한정되었으나 이 협약에서는 침몰된 선박과 화물의 인양 등으로 인한 손해 등으로 그 범위를 확장하였음.
- ㅇ책임제한의 한도액을 정하였으며, 여객운송계약에 의한 여객의 사상에는 여객정원에 46,666 SDR을 곱한 금액 (2,500만 SDR 한도) 등을 정함(제6조 내지 제8조). 이러한 한도액들은 종래 1957년 조약의 경우보다 대폭 인상된 것이며, 경우에 따라 250-300% 증가된 경우도 있음.[908]

6. 1996년 해사채권의 책임제한에 관한 협약의 1996년 의정서(LLMC PROT 1996)

6.1 개요

- ㅇ협약원명 : Protocol of 1996 to Amend the Convention on Limitation of Liability for Maritime Claims, 1976
- ㅇ채택(발효) : 1996.5.2. (2004.5.13.)
- ㅇ목적 : 선주 등의 책임제한 한도액 인상
- ㅇ관련 국내법 및 적용대상 : LLMC 1976과 동일

6.2 주요 내용

1996년 5월 3일 런던의 IMO 본부에서 HNS 협약 및 '96 LLMC 협약 개정의정서의 채택을 위한 외교회의를 개최되었으며, 여기에서 1996 LLMC를 개정하는 의정서가 채택되었다. 이 회의에서는 소형선박의 책임을 강화시키는 것이 주로 논의되었으며, 동 의정서의 주요 내용은 다음과 같다.

- ㅇ선주의 책임제한금액이 1976년 협약에 비하여 약 2.5배 인상되었음. 특히 여객에 대한 책임제한금액이 1인당 175,000 SDR로 인상되면서 최대책임한도가 삭제되었음(제4조).
- ㅇHNS 협약이 제정됨에 따라 각국은 이 의정서에 가입할 때 HNS 협약에 의한 손해의 클레임

908) http://www.imo.org/About/Conventions/ListOfConventions/Pages/Convention-on-Limitation-of-Liability-for-Maritime-Claims-(LLMC).aspx [2013.11.11.].

을 배제할 수 있도록 하는 조항을 신설함(제7조).
○ 선주의 책임제한금액을 인상할 경우 묵시적 수락절차가 도입됨(제8조).
○ 10개국이 기속 의사를 표현한 후 90일이 경과하면 이 의정서가 발효되도록 함(제11조 제1항)

6.3 주요 개정내용

6.3.1 2012년 개정(책임제한금액 인상)

○ 채택(발효) : 2012.4.19. (2015.6.8. 예정)
○ 개요

LLMC PROT 1996에 의한 선주의 책임제한금액 인상에도 불구하고 그 금액이 적다는 지적이 계속되었다. 이에 따라 2012년 4월 IMO 본부에서 국제회의가 개최되어 그간의 물가인상률 등을 감안하여 여객의 사망 또는 상해의 경우 및 기타의 경우 기존 책임제한금액의 약 50%를 인상하였다. 이에 따라 2,000 톤 이하인 선박의 경우 기존의 2백만 SDR이 3.02백만 SDR이 되었다.

제6절 기타의 협약

1. 1965년 국제해상교통간소화협약 (FAL 1965)[909)]

1.1 개요

○ 협약원명 : Convention on Facilitation of International Maritime Traffic, 1965
○ 채택(발효) : 1965.4.9. (1967.3.5.)
○ 목적 : 입출항 서류의 간소화를 통한 선박의 신속한 입출항 도모
○ 관련국내법 : 개항질서법, 관세법, 출입국관리법, 검역법 등
○ 적용대상 : 국제항행선박

1.2 채택 배경

선박은 그 속성상 여러 국가를 입출항하기 때문에 각국마다 다른 입출항 관련 서류 및 수속절차는 선원들에게 커다란 부담이 되었으며, 이로 인하여 선박이 지연되는 경우도 많았다. IMO는 설립 이후 이러한 문제를 해결하기 위하여 사무총장으로 하여금 전문가를 소집하여 향

909) 종래 이 협약은 입출항 시 서류 등의 간소화를 주목적으로 하였으므로 이 협약의 "facilitation"을 "간소화"로 번역하여 오고 있다. 그러나 facilitate는 손쉽게 하다(make easer), 덜 어렵게 하다(make less difficult)는 의미를 가지고 있는 바, 저자는 "촉진"이 보다 더 정확한 표현이라고 생각한다.

후 개선방향에 대하여 연구를 하도록 위임하였다.[910] 1963년에는 국제회의를 개최하여 이에 관한 협약을 채택하라는 권고가 포함된 전문가작업반의 보고서를 승인하였다.[911] 이후 예정대로 1965년 봄 런던에서 국제회의가 개최되어 FAL협약을 채택하게 되었다. 이 협약에서는 국제항해에 취항하는 선박의 입항, 정박 및 출항에 필요한 서류요건, 절차 등을 단순화하고 최소화 함으로써 원활한 해상교통을 도모하고 있다.

1.3 주요 내용

협약은 16개 조문으로 구성된 본문 및 선박입출항 등 구체적 내용에 관한 부속서로 구성되어 있으며, 주요 내용은 다음과 같다.

▣ 협약 본문

- ㅇ체약국 정부는 형식상 절차(formalities), 서류요건 및 절차가 실질적으로 가장 높은 통일성을 이루기 위하여 다른 정부 상호 또는 IMO를 통하여 협력하기로 함(제3조 및 제4조).
- ㅇ협약과 부속서에서 정하는 기준(standards)은 체약국 정부가 통일적인 적용을 해야 하는 조치를 말하며, 권고된 관행(recommended practices)은 체약국 정부가 따른 것이 바람직한 조치를 말함(제6조).
- ㅇ이 협약의 기준에 따라 형식상 절차, 서류요건 및 절차를 이행하는 것이 불합리한(impractical) 체약국은 그 차이점을 사무총장에게 통보하여야 함(제8조 제1항)

▣ 부속서

- ㅇ입항 및 출항 시 제출되어야 할 서류의 종류, 부수 및 각 서류에 포함되어야 할 구체적인 항목을 정함(para. 2.10 내지 2.11).
- ㅇ공공당국(public authorities)은 선박의 입출항절차를 수시로 재검토하여 정박시간을 단축할 수 있는 조치를 강구하여야 함(para. 2.12).
- ㅇ여권은 선박의 입출항시 개별 여행자에 대한 기본서류가 됨(para. 3.1).
- ㅇ승선원의 보호에 대한 입증자료가 필요할 경우 공공당국은 국제건강규칙(International Health Regulation)에 따른 국제예방접종증명서(International Certificate of Vaccination) 등을 인정해야 함(para. 3.7).
- ㅇ여객과 선원에 대하여 입국심사가 필요한 경우 지체 없이 심사를 행해야 하며, 그들의 서류가 부적합할 경우에도 선박소유자를 처벌해서는 아니 됨(para. 3.14 및 3.15).
- ㅇ공공당국은 외국의 선박이 정박해 있는 동안 입항에 관한 공식 절차가 종료되고, 공공의 건강, 안전 및 질서에 관한 이유가 아니면 상륙(shore leave)을 허가해야 함(para. 3.19).

---

910) IMO Res. A.29(II), Facilitation of travel and transport, 13 April 1961.
911) IMO Res. A.63(III), Facilitation of travel and transport, 25 October 1963.

ㅇ공공당국은 선박내에서 질병 발생 시 선주가 입항예정인 항구의 보건당국에 무선으로 보고하도록 협력을 촉구해야 함(para. 4.4.1).
ㅇ서류에 착오(error)가 발견된 경우 공공당국은 해명할 기회가 주어지기 전까지 벌금을 부과하여서는 아니 됨(para. 5.3).
ㅇ정규 근무시간 중의 근무에 대하여는 비용을 청구할 수 없으며(para. 5.4), 정규근무시간 외의 근무에 대하여 실비만을 청구 가능(para. 5.4.3).
ㅇ화물의 통관수속과 관련, 수출입업자가 제출한 서류의 정확성에 대하여 선박소유자에 책임을 물을 수 없음(para. 5.10)
ㅇ공공당국은 자연재해에 대한 구호작업을 위한 선박의 입항 및 출항을 간소화하여야 하며, 이 선박의 사람과 화물에 대하여도 가능한 한 입출항수속을 간소화하여야 함(para. 5.11 및 5.12).

1.4 주요 개정내용

1.4.1 1973년 개정 (협약 본문)

ㅇ채택(발효) : 1973.11.19. (1984.6.2.)
ㅇ개 요

1973년 11월 런던에서 개최된 체약국 정부회의에서는 FAL 협약 본문중 제7조(부속서 개정방법) 개정안을 채택하여 묵시적 수락절차에 의한 부속서 개정방법을 도입하였다. 종래는 어느 당사국의 개정안을 사무총장이 이를 전 당사국에 통보하고 과반수 당사국의 수락에 의하여 개정하였었다. 새로운 개정방법에 따르면 개정안은 간소화위원회(FAL)에서 심의되며, 3분의 2 이상의 찬성에 의해 채택될 경우 사무국은 이를 전 당사국에 통보한다. 통보 후 12개월 이내에 당사국의 3분의 1 이상의 반대통보가 없을 경우 개정안은 15개월 후에 자동적으로 발효하도록 하였다.

1.4.2 1977년 개정 (부속서)

ㅇ채택(발효) : 1977.11.10. (1978.7.31.)
ㅇ개요

1977년 11월 영국 런던에서 개최된 체약국정부 회의에서는 협약 부속서에 대한 대폭적인 개정안을 채택하였다. 주요 개정내용으로는 통과여객(Passenger in transit) 및 상륙허가(Shore leave)에 대한 정의를 신설하였으며, 9개의 권고된 관행(Recommended Practices)을 표준(standards)으로 승격시켰다. 또한 도난방지, 컨테이너에 대한 임시수입 허용, 응급의료조치가 필요한 선박에 대한 편의제공, 통과여객 및 과학조사선에 대한 간소화조치 등 많은 규정을 신설하였다.

1.4.3 1990년 개정 (부속서)

ㅇ채택(발효) : 1990. 5. 3 (1991. 9. 1)

ㅇ개 요

제19차 FAL위원회에서는 FAL결의서 제2호(19)로 부속서에 대한 개정안을 채택하였으며, 주요 개정사항은 다음과 같다.

- 체약국 정부는 보안 또는 마약단속을 위한 수단으로써 자동데이터처리(ADP)와 같이 발전된 기술을 사용토록 권고됨(para. 1.3).
- 밀항자(stowaway)가 적절한 서류를 가지고 있지 아니한 경우 공공당국은 사진이 첨부된 증서(covering letter)를 발부하여 밀항자를 송환할 책임이 있는 선주 또는 운항자에게 교부하도록 권고됨(para. 2.7.6.1).
- 보안 및 입국을 위한 신원확인의 목적 이외에 출입국 당국은 크루즈여객에 대하여 개별적인 검사를 해서는 아니 됨(para. 3.16.7).
- 선박에 남아있다 떠나는 통과여객(passenger in transit)에 대하여 공공당국은 보안목적의 경우를 제외하고 일상적인 통제를 할 수 없음(para. 3.17.1)
- 체약국 정부는 간소화조치의 채택 및 시행을 위하여 국가해상교통간소화위원회(national maritime facilitation committee)를 설립하도록 권고됨(para. 5.14).

1.4.4 1996년 개정 (부속서)

ㅇ채택(발효) : 1996.1.11. (1997.5.1.)

ㅇ개 요

1996년 1월 제24차 간소화위원회는 결의서 FAL.5(24)로 부속서에 대한 개정안을 채택하였으며, 주요 내용은 입국거부자의 송환에 관한 사항을 신설하는 것이었다.

- 체약국 정부는 하선지(point of disembarkation)에서 입국이 거부된 자가 당초 자국에서 승선하였다면 이 사람을 받아들여야 하며, 또 체약국 정부는 이 사람을 입국이 거부된 국가로 송환해서는 아니 됨(para. 3.3.2).
- 사람을 송환해야 하는 국가의 의무는 이 사람이 영구적으로 입국이 승인된 순간부터 종료됨(para. 3.3.3).
- 가능한 한 체약국 정부와 선주는 여권과 비자(visa)의 유효성과 진본(authenticity)을 확립하여야 함(para. 3.3.4).
- 공공당국은 항만에 정기적으로 취항하는 선박의 선원이 임시 상륙허가를 받을 수 있도록 입항 전 입항수속을 완료할 수 있는 시스템을 제공해야 함(para. 3.49).

1.4.5 1999년 개정 (부속서)

ㅇ채택(발효) : 1999.9.9. (2001.1.1.)
ㅇ개 요
1999년 9월 제27차 간소화위원회는 결의서 FAL.6(27)로 부속서에 대한 개정안을 채택하였으며, 주요 내용은 다음과 같다.

- 입출항 절차를 간소화하기 위하여 EDI 기술을 도입할 경우 체약국 정부는 공공당국과 선주 등 다른 관계 당사자이 UN 기준에 따라 정보를 교환하도록 촉구하여야 하며, 이 내용을 권고된 관행에서 표준으로 상향 조정함(para. 1.4).
- 불법마약거래(Illicit drug trafficking)에 관한 사항을 신설하였으며, 마약밀수(drug smuggling)를 방지하기 위한 협력의 일환으로 공공당국과 선주 등에게 상업적으로 민감한 정보들이 제공될 경우 이 정보들은 비밀로 취급되어야 함(para. 1.10).
- 여객과 선원의 입국에 대한 심사가 허용되기 전까지 그들의 관리와 보호(custody and care) 책임은 선주에게 있음(para. 3.3.3).
- 입국이 불허되는 사람이 있을 경우 공공당국은 지체 없이 이 내용을 선주에게 알려 이 사람의 퇴거에 관한 문제를 협의하여야 하며, 선주는 이에 관한 비용을 부담할 책임이 있으며, 그를 신속하게 퇴거시킬 의무가 있음(para. 3.3.6).
- 입국이 거부되어 퇴거되어야 하는 사람이 있을 경우 선주가 이 사람으로부터 관련비용 청구를 금지하지 못함(para. 3.15.2).

1.4.6 2002년 개정 (부속서)

ㅇ채택(발효) : 2002.1.10. (2003.5.1.)
ㅇ개 요
2002년 1월 제29차 간소화위원회는 결의서 FAL.7(29)로 부속서에 대한 개정안을 채택하였으며, 주요 내용은 밀항자(stowaway)의 처리에 관한 다음의 규정들을 부속서에 신설하는 것이었다.

- 모든 관계자는 밀항자 사건의 예방, 신속한 해결 및 송환에 노력하여야 하며, 밀항자가 장기간 선박에 머무는 상황을 방지할 수 있는 적절한 조치가 취해져야 함(para. 4.2).
- 체약국 정부는 밀항을 시도하지 못하도록 항만시설이나 선박으로의 접근로(access)에 필요한 시설, 운영 및 보안장치를 갖추어야 함(para. 4.3.1.1).
- 체약국 정부는 밀항자가 선박에 승선할 수 없으며, 승선해도 출항 전에 발견할 수 있도록 선주, 선장 등에게 보안장치를 갖추도록 해야 함(para. 4.3.2.1).
- 밀항자 사건은 항상 인도주의 원칙에 따라 처리되어야 함(para. 4.4.1).
- 공공당국은 선장이 밀항자를 신고하고, 밀항자가 선박에 접근할 수 없도록 합리적인 예방조치를 취한 경우 벌금을 경감할 수 있도록 고려하여야 함(para. 4.15.3).

- 공공당국은 송환된 밀항자가 자국의 시민이거나 영주권을 가지고 있는 경우 받아 들여야 함 (para. 4.11.1).

2. 1969년 톤수측정협약 (TONNAGE 1969)

2.1 개요

ㅇ협약원명 : International Convention on Tonnage Measurement of Ships, 1969

ㅇ채택(발효) : 1969.6.23. (1982.7.18.)

ㅇ목적 : 세계 선박톤수측정제도의 통일

ㅇ관련국내법 : 선박법

ㅇ대상선박 : 국제항해에 취항하는 선박

2.2 채택 배경

선박크기의 기준이 되는 톤수는 각종 과세의 기준이 될 뿐만 아니라 선박의 가격, 용선료의 산정, 안전설비의 설치기준 등에 사용되고 있다. 그러나 각국별로 톤수의 산정방식이 상이함에 따라 산정된 톤수가 선박의 크기나 수익능력을 정확히 나타내지 못하고 있으므로 국제적으로 통일된 톤수측정기준이 필요하게 되었다.

UN은 종래 추진하던 톤수측정의 통일업무에 대하여 이 문제는 해사문제이므로 IMCO 협약이 발효되기 전부터 IMCO로 이관하도록 결정하였다.[912] 이에 따라 IMCO는 제1회 총회에서 UN으로부터 이 업무를 인수하여 톤수측정제도의 통일을 위한 전문가작업반을 구성하기로 결정하였다.[913] 이에 따라 해사안전위원회(MSC)의 첫 번째 보조기관으로서 톤수측정소위원회(Sub-Committee on Tonnage Measurement)가 구성되어, 1959년 6월부터 기술적 검토를 진행하였다. 1965년에는 톤수측정의 국제적 통일을 위하여 새로운 협약을 제정하기로 결정하였고, 사무총장으로 하여금 이를 위한 국제회의를 개최하도록 요청하였다.[914] 그 결과 1969년 5월부터 6월 사이에 열린 국제회의에서 마침내 TONNAGE 1969 협약이 탄생하게 되었다.

2.3 주요 내용

이 협약은 정부 간 약정에 관한 본문 및 2개의 부속서로 구성되어 있다.

▣ 협약 본문

912) ECOSOC Resolution 687(XXVI), Transfer of the functions from the United Nations to the Inter-governmental Consultative Organization, 28 July 1958.

913) IMO Res. A.4(I), Acceptance of Duties in Connexion with the Establishment of the Group of Experts on the Unification of Maritime Tonnage Measurement, 9 January 1959.

914) IMO Res. A.87(IV), Convening of an International Conference On Tonnage Measurement, 27 September 1965.

○이 협약은 군함 및 길이 24미터 미만을 제외한 국제항해에 취항하는 선박에 적용(제3조 및 제4조).
○총톤수 및 순톤수의 산정은 주관청(Administration)이 행하되 주관청은 그가 인정하는 자에게 그 권한을 위탁할 수 있음(제6조).
○이 협약의 규정에 따라 톤수가 산정된 선박에 대하여는 국제톤수증서(International Tonnage Certificate)가 교부되며, 주관청은 이 증서에 책임을 짐(제7조).
○체약국 정부는 다른 체약국 정부의 요청에 따라 선박의 총톤수와 순톤수의 산정을 하고, 국제톤수 증서를 교부할 수 있으며, 이 증서의 효력은 체약국 정부가 자국의 선박에 대해 발행한 것과 동일하게 인정됨(제8조).
○증서는 개조 등 톤수변경이 생기거나 국적이 변경된 경우 그 효력을 상실함(제10조).

▣ 부속서 Ⅰ (톤수산정에 관한 규칙)

▣ 부속서 Ⅱ : 국제톤수증서의 서식

3. 국제이동위성기구협약(IMSO C 1976)

3.1 개요

○협약원명 : Convention On The International Mobile Satellite Organization
○채택(발효) : 1976.9.3. (1979.7.16.)
○목적 : 국제이동위성기구(IMSO)를 설립하고, 이 기구가 해사통신을 개선하기 위하여 필요한 우주부분(space segment)[915]을 각국에 제공함으로써 해상에서의 인명안전과 선박의 운항효율 증진
○적용대상 : 서명 당사국 및 당사국의 지정을 받아 서명한 사업체 (우리나라는 당시 한국통신)

3.2 채택 배경

1957년 10월 4일 당시 소련은 최초로 인공위성 스푸트닉 1호(Sputnik 1)를 쏘아 올렸고, 이는 미국과 우주경쟁의 시작이 되었다.[916] 이후 우주개발과 통신기술의 발전에 따라 원거리 통신(telecommunication)을 위한 수단으로서 통신위성이 개발되었다. 이런 가운데 UN은 우주공간의 평화적인 이용은 인류의 공동 관심사이며, 위성을 이용한 통신은 가능한 신속하게 모든 국가에게 차별 없이 제공되어야 한다고 결정하였다.[917] 또한 1966년에 체결된 우주조약[918]에서

915) 우주부분은 인공위성뿐만 아니라 이를 운용, 관제하는 지상 관계 설비를 포함한다(이 조약 제1조 d).
916) Wikipedia, http://en.wikipedia.org/wiki/Satellite#History_of_artificial_satellites [2013.10.22.].
917) UNGA Resolution 1721(XVI), International Co-operation in the Peaceful Uses of Outer Space, 20 December 1961.
918) 이 조약의 정확한 명칭은 Treaty on Principles Governing the Activities of States in the Exploration

우주의 탐사와 사용은 경제적 또는 과학적 발전 정도에 관계없이 모든 국가의 이익을 위하여 수행되어야 한다고 규정하고 있다(제1조).

선박은 국제무역물자의 대부분을 운송하고 있으며, 일반적인 중장파 주파수가 도달할 수 없는 먼 곳까지 항해하고 있다. 따라서 선박이 위성통신을 이용할 경우 해상조난 및 안전제도는 물론 선박과 선박, 선박과 회사 등의 통신을 현저하게 개선할 수 있는 것으로 판단되었다. 물론 그 당시 인텔새트(INTELSAT)라는 위성통신기구가 이미 존재했지만 여기에는 러시아 등 일부 국가가 참여하지 않았고, 해사분야에서 정책에 깊이 참여하기가 어려웠다.[919] 이에 따라 위성통신을 모든 국가의 선박에게 제공하고, 위성궤도에서의 주파수를 공평하게 이용하기 위하여 1976년 IMO의 주도하에 국제회의가 개최되어 IMSO 협약(채택 당시에는 INMARSAT 협약)을 채택하게 되었다.

3.3 주요 내용

이 IMSO C는 협약본문 및 부속서로 구성되어 있다.

■ 협약본문

○IMSO를 설립하며, 이 협약 채택과 동시에 운영협정(operation agreement)을 체결함(제2조 제1항 및 제2항).
○각 당사국은 운영협정에 직접 서명하거나 자국 내 민간 또는 공공의 권한 있는 기관(competent entity)을 지정하여 서명하도록 함(제2조).
○기구(IMSO)는 해사통신 및 항공통신 개선을 위하여 필요한 모든 지역에 우주부분을 제공하며, 전적으로 평화적 목적을 위하여 활동함 (제3조).
○기구의 재원은 서명당사자(signatories)의 분담금에 의하여 조성되며, 각 서명당사자는 출자율에 비례하여 기구 내 재정상 이해관계를 가짐 (제5조).
○기구의 우주부분은 해사통신 및 항공기의 사용을 위하여 개방되며, 이사회는 선박이 아닌 해상 구조물(structures operating in the marine environment)의 지구국(earth stations)에도 사용을 허가할 수 있음(제7조).
○총회는 모든 당사국으로 구성되고(제10조), 기구의 목적, 일반정책 및 장기목표를 심의하고 이 협약 및 운영협정의 개정에 관하여 결정 (제12조).
○이사회는 육상, 선박 또는 해상 구조물의 지구국 승인, 우주부분의 사용료 결정, 재정보고서 총회제출 등 업무담당 (제15조 및 제19조).

---

and Use of Outer Space, Including the Moon and Other Celestial Bodies이며, 통상 우주조약(Outer Space Treaty)이라고 한다. 이 조약은 1966.12.19. 제21차 UN총회에서 결의서(resolution 2222 (XXI))로 채택되어 1967.10.10. 발효되었다. 이 조약은 우주활동의 국제적인 규제에 기초를 마련하였다.

919) N Jasentaliyana, 'The Establishment of an International Maritime Satellite System' (1977) 2 Annals of Air and Space L 327을 George Huang, International Satellite Organizations Facing the Challenge: INTELSAT and INMARSAT, Singapore Journal of International & Comparative Law Singapore Journal of International & Comparative Law (1999) 3, p. 218에서 재인용.

▣ 부속서 (당사국 상호간 또는 당사국과 기구와의 분쟁해결 절차)

○분쟁은 3인으로 구성하는 중재재판소에서 다룸 (제1조)
○중재회부를 원하는 자는 사무국에 신청하고 사무국은 그 내용을 각 당사국 및 서명당사자에게 송부 (제2조)
○중재인은 신청인이 1명, 상대방이 1명, 또 각각 선정된 2명의 중재인 합의에 의하여 제3의 중재인 1명을 선정하며, 제3의 중재인이 중재재판소의 위원장이 됨 (제3조)
○중재재판소의 판정은 모든 분쟁당사국에 대하여 구속력을 가짐 (제11조)

3.4 주요 개정내용

3.4.1 1985년 개정

○채택(발효) : 1985.10.16. (1989.10.13.)
○개요

1985년 10월 제5차 IMSO 총회에서 협약개정안이 채택되었고, 그 내용은 1985년 12월 9일 회람문서로 각국에 송부되었다. 그 결과 전체 당사국의 3분의 2가 가입하여 120일이 경과한 1989년 10월 13일에 발효되었다. 협약 제34조에 의거, 발효된 개정협약은 수락하지 아니한 당사국에 대하여도 구속력을 가진다. 주요 개정내용으로는 통신위성을 항공통신에도 활용할 수 있도록 관련규정 전체에 걸쳐 항공기(aircraft)라는 용어를 추가하였으며, 협약의 기탁소(depository)를 IMCO에서 IMO로 변경하였다.

3.4.2 1989년 개정

○채택(발효) : 1989.1.19. (1997.6.26.)
○개요

1989년 1월 제6차 임시총회에서 협약개정안이 채택되었다. 개정내용으로는 업무내용에 종래의 해사통신 및 항공통신에 육상이동통신(land mobile communication)을 추가하였다. 또한 선박의 개념에 air-cushioned vessel, hydrofoil, 동적지지선박(dynamically supported craft), 잠수함, 해상구조물 등을 포함시켰다.

3.4.3 1994년 개정

○채택(발효) : 1994.12.9. (미발효)
○개요

1994년 12월 제10차 임시총회에서는 협약의 제명과 협약 본문의 “Maritime” 및 “INMARSAT”를 각각 “Mobile” 및 “Inmarsat”으로 변경하였다. 이는 종래의 해사통신 위주에서 다른 교통수단까지 업무영역을 확대하기 위한 것이었다. 그러나 관련 국가의 관심 부족으로 인하여 이 협약은 계속 미발효 상태에 있다가 다음에 설명하는 1998년 협약 개정안이 발효됨에 따라 대체되었다.

3.4.4 1998년 개정

ㅇ채택(발효) : 1998.4.24. (2001.7.31.)

ㅇ개요

1998년 4월 제18차 총회는 기구의 명칭을 변경하고 그 기능을 대폭적으로 변경하는 협약개정안을 채택하였다. 그 배경으로는 이동위성서비스(mobile satellite service)의 경쟁이 심화됨에 따라 종래 직접 수행하던 우주부분의 서비스 제공업무를 별도의 회사(Inmarsat Ltd.)로 이관하는 것이 바람직하다는 정책적 판단이었다. 이에 따라 기구는 보유하고 있던 자산, 상업 활동 등을 이 회사로 넘기고, 이 회사가 공공서비스 제공에 관한 기본원칙에 따라 운영하는지를 감독하는 체제로 바뀌었다. 이 개정안의 주요 내용은 다음과 같다.

- 기구의 목적은 회사가 GMDSS 통신서비스를 계속 공급하고, 국가별 무차별, 평화목적의 활동, 공정한 경쟁 등의 기본원칙을 준수하는지 감독하는 것임(제3조).
- 기구는 회사와 공공서비스협정(Public Service Agreement)을 체결하고, 회사가 기본원칙을 지키는지 확인하기 위한 수단(arrangement)을 마련해야 하고, 기구의 본부가 있는 당사국은 자국 법에 따라 회사가 GMDSS 서비스를 계속 제공하고, 기본원칙을 지키는 것에 관하여 적절한 조치를 취해야 함(제4조).
- 사무국장의 임기는 4년이며, 사무국장은 기구의 법적 대표이며, 사무국의 수석행정관(Chief Executive Officer)이 됨(제9조 제1항 및 제2항).
- 공공서비스협정에 따라 사무국의 운영, 총회의 개최 등에 필요한 경비는 회사가 부담함(제10조).

3.4.5 2006년 개정

ㅇ채택(발효) : 2006.9.29. (미발효: 2007.3.7.부터 잠정 적용[920])

ㅇ개요

2006년 9월에 개최된 제18차 총회에서는 복수의 GMDSS 공급자 출현에 대비한 협약 개정안을 채택하였다. 그간 위성통신을 이용한 GMDSS 서비스 제공은 Inmarsat가 독점적으로 운영

920) SOLAS 협약의 발효에 따라 LRIT 관련 규정이 2008.1.1.부터 시행되는데 2006년 개정안의 발효가 지연됨에 따라 2007년의 제19차 임시총회에서는 협약 발효 전이라도 이 개정안을 협약 발효를 조건으로 2007.3.7.부터 잠정적으로 적용하기로 결정하였다. para. 7.5, IMSO Assembly/19/8, Record of Decisions of the Nineteenth (Extraordinary) Session of the International Mobile Satellite Organization, 8 March 2007. 그러나 협약개정안을 "잠정적으로 적용한다(provisionally apply)"는 것은 국제조약법 상 법적 안정성이 떨어지기 때문에 미국을 비롯한 많은 국가가 이에 유보하는 입장을 표시하였다. 참고로 비에나협약에서 교섭국은 합의를 통하여 잠정적으로 조약을 적용할 수 있으나(제25조 제1항), 분쟁발생 시 조약의 법적 효력을 주장하기는 쉽지 않다.

해 왔으나 각국은 서비스의 품질향상을 위하여 다른 경쟁자의 진입을 허용해야 한다고 주장하였다. 이에 따라 IMO는 각국이 새로운 GMDSS 서비스 제공자의 등장에 대비하여 GMDSS를 공급할 수 있는 이동위성통신제도의 기준을 마련하였다.[921] 이와 관련, 기구는 IMO의 요청에 따라 향후 GMDSS 서비스 제공자가 늘어날 것에 대비하여 모든 GMDSS 제공자까지 감독을 확대하는 규정을 도입하였다(제3조 제1항). 또 기구의 소요되는 비용은 GMDSS 제공자간에 나누어 분담하도록 하였다(제12조 제2항). IMO의 결정에 따라 당사국의 부담 없이 선박장거리위치추적장치(LRIT)의 조정자(coordinator) 역할을 담당하기로 하였다(제4조). 그러나 이 협약은 이후 미발효된 상태에서 2008년 개정안이 채택됨으로써 실질적으로 대체되었다.

3.4.6 2008년 개정

ㅇ채택(발효) : 2008.10.2. (미발효: 2008.10.6.부터 잠정 적용[922])
ㅇ개요

2008년 9월에서 10월에 걸쳐 몰타(Malta)에서 개최된 제20차 총회는 미국의 제안으로 미발효된 2006년 협약 개정안을 정비하는 개정안을 채택하였다. 이 개정안의 주요 내용은 다음과 같다.

- 기구는 총회의 결정에 따라 LRIT 조정자 역할을 계속 수행하며, 이 역할은 공정하고 지속적으로 수행해야 함(제4조 제2항).
- 기구가 회사의 감독내용을 기본원칙에서 GMDSS에 대한 감독으로 바꾸고, 그 내용을 구체적으로 정함(제5조).
- 당사국은 자국 법에 따라 GMDSS 제공자가 서비스를 제공하도록 적절한 조치를 취하기로 함(제6조 제1항).
- LRIT 조정자로서의 역할을 수행하기 위하여 기구는 LRIT 데이터센터(Data Center), LRIT 데이터 교환소(Data Exchanges) 등과 비용에 관한 문제를 포함한 LRIT 서비스협정 등의 계약을 체결하도록 함(제7조).
- 기구는 GMDSS감독에 관한 계좌 및 LRIT 조정자서비스에 관한 계좌를 별도로 운영해야 하며, 당사국은 기구의 LRIT 조정자 업무수행으로 인하여 비용을 지불하지 아니함(제13조).

4. 국제해사위성기구 운영협정 (INMARSAT OA)

4.1 개요

921) IMO Res. A.888(21), Criteria for the provision of mobile satellite communication systems in the global maritime distress and safety system (GMDSS), 25 November 1999.

922) 2008년의 제20차 총회에서는 협약 발효 전이라도 이 개정안을 협약 발효를 조건으로 2008.10.6.부터 잠정적으로 적용하고, 종래 2006년의 개정안 및 잠정발효에 대한 결정을 종료시키기로 결정하였다. para. 13.2.13, IMSO Assembly/20/16, Record of Decisions of the Twentieth Session of the International Mobile Satellite Organization, 20 October 2008.

ㅇ협정원명 : Operating Agreement on the International Maritime Satellite Organization
ㅇ채택(발효) : 1976.9.3. (1979.7.16.)[923]
ㅇ목　적 : INMARSAT의 운영에 관한 세부사항 규정
ㅇ적용대상 : 협정의 서명당사자 (한국통신: Korea Telecom)

4.2 주요 내용

국제해사위성기구운영협정은 19개 조문의 협정본문 및 최초 투자분담율에 관한 부속서로 이루어져 있다. 협정 본문의 내용은 다음과 같으며, 이미 협정은 효력을 잃은 점을 감안하여 부속서의 구체적인 내용은 생략한다.

▣ 협정본문

ㅇ각 서명당사자(Signatory)는 투자분담율에 비례하여 기구의 자본소요액을 분담함(제3조).
ㅇ서명당사자의 최대 자본분담금(Capital ceiling)은 2억 미불로 함(제4조).
ㅇ투자분담율은 모든 서명당사자가 사용한 INMARSAT 우주부분의 총사용량에 대한 자신의 백분율에 따르며, 1년마다 재결정됨(제5조).
ㅇ사용료(utilization charges)는 서명당사자 또는 공인된 전기통신 사업체가 지불함(제7조).
ㅇ기구의 수입은 운영비, 운영기금, 서명당사자의 투자비율에 따른 상환 등의 순서로 사용함(제8조 제1항).
ㅇINMARSAT 우주부분을 사용하기 위한 모든 지구국(earth stations)은 기구의 승인을 받아야 함(제14조 제1항).
ㅇ협정 개정안은 협약 채택 당시 2/3 이상의 투자지분을 가진 2/3 이상의 서명당사가가 승인하여야 함(제18조 제2항).

4.3 주요 개정내용

4.3.1 1985년 개정

ㅇ채택(발효) : 1985.10.16. (1989.10.13.)
ㅇ개정내용
IMSO 제5차 총회에서는 제20차 IMSO 이사회에서 승인된 운영협정 개정안 채택을 확인하였다. 개정내용은 1985년의 IMSO C 개정과 마찬가지로 비행기를 적용대상으로 추가하고, 협정 수탁기관을 IMCO에서 IMO로 변경하였다.

923) 기존 INMARSAT의 상업적 활동을 Inmarsat Ltd.로 이관하며 IMSO의 기능을 조정하는 1998년 IMSO 협약개정안이 2001.7.31. 발효됨에 따라 이 날짜로 이 협정은 효력을 잃었다.

4.3.2 1989년 개정

○채택(발효) : 1989.1.19. (1997.6.26.)
○개정내용

IMSO 제6차 임시총회에서는 제30차 IMSO 이사회에서 승인된 운영협정 개정안 채택을 확인하였다. 개정내용은 1989년의 IMSO C 개정에서 Ship의 개념에 동적지지선박 등을 포함시킨 것처럼 투자율 결정시 선박 대신 이동지구국(mobile earth station)을 사용하였다.

4.3.3 1994년 개정

○채택(발효) : 1994.12.9. (미발효)[924)]
○개정내용

1994년 12월 IMSO 제10차 임시총회에서는 제47차 IMSO 이사회에서 승인된 운영협정 개정안 채택을 확인하였다. 개정내용으로는 협정제목 및 협정본문에 있는 International Maritime Satellite Organization (INMARSAT)을 International Mobile Satellite Organization (Inmarsat) 로 바꾸었다.

4.3.4 1998년 개정

○채택(발효) : 1998.4.24. (2001.7.31.)[925)]
○개정내용

1998년 4월 IMSO 제12차 총회에서는 제71차 이사회에서 승인된 운영협정 개정안 채택을 확인하였다. 특히 IMSO와 Inmarsat의 기능조정(new structure)과 관련된 개정 내용은 다음과 같다.[926)]

- 영국 법에 따라 회사는 각각 유한책임회사(limited Liability company)인 지주회사인 Inmarsat plc 및 운영회사인 Inmarsat Ltd를 설립함.
- IMSO는 INMARSAT 명칭과 로고를 계속 소유하되, 이를 회사에게 사용할 수 있게 함(license).
- 회사는 기존의 이사회(Council) 대신 새로운 이사회(Board of Directors)에 의하여 통제되며, 영국 법은 이사들에게 회사 운영에 관한 의무를 부과함.
- 운영협정은 개정된 IMSO C에서 관련 규정이 삭제됨에 따라 개정안의 발효에 따라 종료됨.

---

924) 이러한 내용을 포함하는 1998년 IMSO C 협약 개정안이 2001.7.31. 발효됨에 따라 이 날짜로 이 협정은 대체되었다.

925) 이 협정은 2001.7.31. 발효되었으나 1998년 IMSO C 협약에서 이 협정에 관한 사항이 폐지됨에 따라 이 날짜로 자동적으로 폐지되었다.

926) George Huang, International Satellite Organizations Facing the Challenge: INTELSAT and INMARSAT, Singapore Journal of International & Comparative Law Singapore Journal of International & Comparative Law (1999) 3, p. 227-30.

- 현재의 서명당사자는 기존의 투자주식을 새로운 회사의 동등한 일반주식으로 교환할 수 있으며, 주식의 보유한도는 현행 22%인 미국을 제외하고 15%로 함.
- IMSO는 GMDSS 및 다른 공공적 의무에 관한 내용을 변경하고자 할 때 거부권을 행사할 수 있도록 지주회사의 특별주(special shares)를 보유할 수 있음.

5. 1988년 항해안전에 관한 불법행위억제협약 (SUA 1988)

5.1 개요

○ 협약원명 : Convention for the Suppression of Unlawful Acts Against the Safety of Maritime Navigation
○ 채택(발효) : 1988.3.10. (1992.3.1.)
○ 목적 : 해상에서 선박에 대한 무장강도 행위 및 테러억제
○ 관련국내법 : 선박 및 해상구조물에 대한 위해행위의 처벌 등에 관한 법률
○ 적용대상 : 해상에서 선박과 관련하여 이 협약에서 정하는 범죄행위 피의자

5.2 채택 배경

1985년 10월 7일 수에즈운하 부근의 공해(high seas)에서 팔레스타인해방기구(PLO)의 분파에 의해 납치된 이탈리아 유람선 아킬레 라우로(Achille Lauro)호 해상테러 사건은 세계의 관심을 집중시켰다. 이후 UN은 1985년 12월 총회에서 테러리즘을 비난하는 결의서를 통과시켰고,[927] UN은 IMO로 하여금 선박 및 해상테러문제를 연구하도록 요청하였다. 이에 따라 1986년 9월 IMO 제53차 MSC는 미국의 주도로 선상의 승객과 승무원에 대한 불법행위방지조치(Measures to Prevent Unlawful Acts Against Passengers and Crews on Board Ships)를 MSC 결의서 제433호로 채택하였으며, 이는 다시 제14차 총회에서 결의서로 채택되었다.[928]

한편, 아킬레 라우로호 사건에 관련되었던 이탈리아, 이집트 및 오스트리아의 3개국은 상기 IMO의 조치에 만족하지 못하고 해상테러에 대한 협약제정을 촉구하며, 민간항공기의 납치방지 관련 협약을 기초로 한 협약초안을 IMO에 제출하였다. 1986년 11월 IMO 제57차 이사회는 동 협약의 기초작업을 위한 특별준비위원회를 구성하고 연구·검토를 시작하였다. 이후 동 위원회는 2차에 걸쳐 회의를 갖고 협약최종안을 마무리하였으며, 대륙붕상에 위치한 고정플랫폼의 불법행위억제에 관하여는 별도의 의정서로 채택하기로 하였다.

927) UNGA Resolution 40/61, Measures to prevent international terrorism which endangers or takes innocent human lives or jeopardizes fundamental freedoms and study of the underlying causes of those forms of terrorism and acts of violence which lie in misery, frustration, grievance and despair and which cause some people to sacrifice human lives, including their own, in an attempt to effect radical changes, 9 December 1985.

928) IMO Res. A.584(14), Measures to prevent unlawful acts which threaten the safety of ships and the security of their passengers and crews, 20 November 1985.

이에 따라 1988년 3월 1일부터 10일까지 이탈리아의 로마(Rome)에서 열린 동 협약 채택을 위한 외교회의에서 우리나라를 비롯한 76개 참가국의 만장일치로 이 협약 및 『대륙붕상에 위치한 고정플랫폼의 안전에 대한 불법행위 억제를 위한 의정서』를 채택하였다.

5.3 SUA의 주요 내용

이 협약은 부속서 없이 본문만으로 되어 있으며, 주요 내용은 다음과 같다.

○ 처벌대상 범죄행위를 명확히 규정함(제3조)
○ 당사국은 범죄행위를 규정하여 적절한 형벌(appropriate penalties)을 가할 수 있도록 해야 함(제5조).
○ 기국(flag State) 선박의 선장은 이 협약의 처벌대상 범죄를 행했다고 믿을 근거가 있을 경우 해당자를 당사국의 관계당국에 인도할 수 있음(제8조 제1항)
○ 범죄 피의자를 발견한 국가는 그를 관할권이 있는 국가에 인도하거나 자국 법에 따라 소추할 의무를 짐(제10조 제1항)
○ 당사국은 범죄예방을 위한 국제협력과 사법공조체제를 갖추어야 함(제12조 내지 14조).

6. 1988년 항해안전에 관한 불법행위억제협약의 2005년 의정서(SUA 2005)

6.1 개요

○ 협약원명 : Protocol of 2005 to the Convention for the Suppression of Unlawful Acts Against the Safety of Maritime Navigation
○ 채택(발효) : 2005.10.14. (2010.7.28.)
○ 목적 : 해상에서 선박에 대한 무장강도 행위 및 테러억제
○ 관련국내법 : 미수용
○ 적용대상 : SUA 1988과 동일

6.2 채택 배경

2001년 9월 11일 테러(terror)단체 알카에다(Al-Qaeda)에 의한 미국 본토에 대한 공격은 국제사회에 큰 충격을 주었다. 이 사건의 경우 무차별 공격으로 인한 민간인의 인명피해가 컸으며, 비교적 안전하다고 인식되어온 미국이 공격대상이 되었다. 또 종래의 테러무기와 달리 항공기 자체가 테러도구로 사용되었다. 이에 따라 국제사회는 테러에 대한 공포가 확산되었으며, 테러방지를 위한 각종의 방안이 등장하였다. 특히 선박의 경우 테러단체가 대량살상무기(WMD)의 운송수단으로 사용할지도 모른다는 우려가 제기되었다.

이에 따라 9·11 테러사건 직후 개최된 제22차 IMO 총회에서는 해상부문에서 테러방지를 위

하여 기존의 조치 및 절차를 재검토 하도록 결정하였다.[929] 또 2004년 UN 안전보장이사회(UNSC)는 생물·화학·핵무기(biological, chemical or nuclear weapons: BCN 무기)의 확산과 그 운송수단을 예방하기 위하여 모든 국가는 추가의 유효한 조치를 시급히 취할 필요가 있다고 결정하였다.[930] 또 UN 총회는 각국이 SUA 1988에 조속히 가입하도록 하고, 테러 등 불법행위를 예방하기 위하여 IMO의 법률위원회에서 진행되는 개정작업에 참여하도록 촉구하였다.[931] 이에 따라 IMO 법률위원회에서는 대량살상무기의 확산저지에 관한 내용을 SUA 1988에 포함시켜 개정안을 논의하였다. 이후 2005년 10월 영국 런던의 IMO 본부에서 국제회의가 개최되어 SUA 1988의 의정서가 채택되었다.

6.3 의정서의 주요 내용

이 의정서는 테러로 피해를 입은 미국의 강력한 주도로 비교적 단시간 내에 채택되었으며, 여러 가지 특징을 가지고 있다. 즉, 각종 조약에 의하여 확산이 금지된 물질의 해상운송을 범죄로 규정하여 당사국이 관련자를 처벌하도록 규정하고 있다. 따라서 종래 국가 간의 책임관계가 개인으로 확대됨으로써 규범력이 강화되었다. 또 이 의정서에서는 공해(high seas) 범죄위반 혐의 선박에 승선 및 검색을 실시할 수 있도록 규정하고 있는 바, 이는 전통적인 공해상 자유원칙에 대한 예외가 된다. 또한 또 이 의정서는 12개국이 비준 등을 통하여 기속된다는 의사를 표시한 후 90일 후에 발효하도록 규정하고 있는 바(18조 제1항), 이러한 완화된 발효요건도 매우 예외적이라고 할 수 있다.

대량살상무기에 대하여 민감한 반응을 보이고 있으며, 공해에서 외국 선박에 대하여 실질적으로 검색을 할 수 있는 나라는 미국 밖에 없다고 할 수 있다. 또 이 의정서에 가입할 경우 자국 선박이 미국의 선박검색에 노출될 확률이 더욱 높아지게 되므로 전통적인 해운국가들은 이 의정서의 가입에 소극적이다.[932] 따라서 우리나라로서는 공해에서의 관할권에 큰 변화를 가져오는 이 의정서 가입을 서두를 이유가 없다고 할 것이다.

이 의정서는 의정서 본문과 부속서로 구성되어 있는 바, 주요 내용은 다음과 같다.

▣ 의정서 본문

○ 처벌 대상 범죄를 확대하여 아래의 행위를 범죄로 규정함(제3조 *bis*).

- 선박에 대하여 또는 선박에서 인명을 살상하거나 재산을 파괴하기 위하여 폭발물, 방사성

---

929) IMO Res. A.924(22), Review of measures and procedures to prevent acts of terrorism which threaten the security of passengers and crews and the safety of ships, 20 November 2001.

930) UNSC S/RES/1540 (2004), Non-proliferation of weapons of mass destruction, 28 April 2004.

931) para. 50, UNGA A/RES/59/24, Oceans and the law of the sea, 17 November 2004.

932) 2013.7말 현재 이 협약에 가입한 국가는 24개국이며, 이들 국가에 등록된 선박의 총톤수는 세계 전체의 30.74%이다. 가입한 국가는 소국이나 파나마, 쿡 제도, 마샬 아일랜드 등 편의치적 국가이다(미국도 미가입). IMO, *Status of multilateral Conventions and instruments in respect of which the International Maritime Organization or its Secretary-General performs depositary or other functions,* As at 31 July 2013, pp. 433-434.

물질 또는 BCN무기를 사용하는 행위
- 심각한 인명피해나 손해를 미치기 위하여 선박에서 유류, 액화천연가스 등을 방류하는 행위
- 선박을 이용하여 국제법상 금지된 대량살상무기(WMD), 원료물질(source material), 특수 핵분열물질(special fissionable material) 등을 운송하는 행위
- 선박을 이용하여 WMD의 설계, 제조, 운반 등에 중대하게 기여하는(significantly contribute) 물자, 장비, 소프트웨어 또는 관련기술 등을 운송하는 행위

○ 형사소추를 회피시킬 목적으로 이 협약 또는 부속서에 규정된 협약에 규정된 범죄를 행한 자를 운송하는 행위를 범죄로 추가함(제3조 *ter*).

○ 이 협약에 의한 범죄를 저지르기 위하여 사람을 살상한 자, 미수범, 공범, 교사범, 범죄집단의 구성원 등을 범죄에 포함시킴(제3조 quater).

○ 각 당사국은 이 협약의 범죄를 저지른 단체의 책임자를 처벌할 수 있도록 조치하여야 함(제5조 *bis* 제1항).

○ 이 협약의 범죄혐의가 있는 선박에 대하여 당사국의 법집행기관은 승선 및 검색(boarding and searching)을 할 수 있으며, 이때 선박의 기국(flag State)로부터 명시적인 위임(express authorization)이 없으면 조치를 할 수 없음(제8조 *bis* 제5항).

○ 이 협약에 규정된 범죄는 범죄인 인도에 있어 정치적인 범죄로 간주될 수 없음(제11조 *bis*).

■ 부속서

부속서는 테러관련 범죄를 규정한 총 9개의 국제협약을 열거하고 있는 바, 그 내용은 다음과 같다.

1. Convention for the Suppression of Unlawful Seizure of Aircraft, done at The Hague on 16 December 1970.
2, Convention for the Suppression of Unlawful Acts against the Safety of Civil Aviation, done at Montreal on 23 September 1971.
3. Convention on the Prevention and Punishment of Crimes against Internationally Protected Persons, including Diplomatic Agents, adopted by the General Assembly of the United Nations on 14 December 1973.
4. International Convention against the Taking of Hostages, adopted by the General Assembly of the United Nations on 17 December 1979.
5. Convention on the Physical Protection of Nuclear Material, done at Vienna on 26 October 1979.
6. Protocol for the Suppression of Unlawful Acts of Violence at Airports Serving International Civil Aviation, supplementary to the Convention for the Suppression of Unlawful Acts against the Safety of Civil Aviation, done at Montreal on 24 February 1988.
7. Protocol for the Suppression of Unlawful Acts against the Safety of Fixed Platforms

Located on the Continental Shelf, done at Rome on 10 March 1988.
8. International Convention for the Suppression of Terrorist Bombings, adopted by the General Assembly of the United Nations on 15 December 1997.
9. International Convention for the Suppression of the Financing of Terrorism, adopted by the General Assembly of the United Nations on 9 December 1999.

7. 대륙붕 위 고정플랫폼의 안전에 대한 불법행위억제를 위한 의정서 (SUA PROT)

7.1 개요

ㅇ협약원명 : Protocol for the Suppression of Unlawful Acts Against the Safety of Fixed Platforms Located on the Continental Shelf
ㅇ채택(발효) : 1988.3.10. (1992.3.1.)
ㅇ목적 : 대륙붕 위 고정플랫폼에 대한 무장강도 행위 및 테러억제
ㅇ관련국내법 : 선박 및 해상구조물에 대한 위해행위의 처벌 등에 관한 법률
ㅇ적용대상 : 대륙붕 위 고정플랫폼에서 이 의정서에서 정한 범죄 피의자

7.2 채택 배경

당초 SUA 1988이 검토될 때 대륙붕상에 고정된 플랫폼에도 이 협약에서 함께 적용하는 방안도 검토되었다. 그러나 선박이 아닌 플랫폼에 직접 적용하기에는 여러 가지 기술적인 어려움이 노출되어 이를 별도의 의정서로 채택하기로 결정하였다. 이에 따라 이 의정서를 별도의 문서로 독립시켜 1988년 3월 10일 이탈리아의 로마에서 SUA 1988과 함께 채택되었다. 따라서 이 의정서에서 규정하는 불법행위의 의의 등은 SUA 1988에서 규정하고 있는 바와 같으며, 이 의정서의 당사국도 대체로 SUA 1988 당사국과 일치한다.

7.3 의정서의 주요 내용

이 의정서는 간단하게 총 10개조의 본문으로 구성되어 있으며, 주요 내용은 다음과 같다.

ㅇ이 의정서에서 규정하는 범죄가 고정플랫폼에서 또는 고정플랫폼에 대하여 행해진 경우 SUA 1988의 규정에 적절한 변경을 가하여(mutatis mutandis) 적용(제1조 제1항).
ㅇ고정플랫폼은 자원의 개발 및 탐사 또는 다른 경제적 목적을 위하여 해저에 영구적으로 설치된 인공 섬(artificial islands), 설비 또는 구조물을 말함(제1조 제3호).
ㅇ관할 대륙붕상에 고정플랫폼이 위치한 당사국 또는 범죄인의 국적국은 관할권을 행사하기 위한 조치를 취해야 함(제3조 제1항).

8. 대륙붕 위 고정플랫폼의 안전에 대한 불법행위억제를 위한 의정서의 2005년 의정서 (SUA PROT 2005)

8.1 개요

○ 협약원명 : Protocol of 2005 to the Protocol for the Suppression of Unlawful Acts Against the Safety of Fixed Platforms Located on the Continental Shelf
○ 채택(발효) : 2005.10.14. (2010.7.28.)
○ 목적 : 대륙붕 위 고정플랫폼에 대한 무장강도 행위 및 테러억제
○ 관련국내법 : 미수용
○ 적용대상 : 대륙붕 위 고정플랫폼에서 이 의정서에서 정한 범죄 피의자

8.2 주요 내용

SUA 1988 당사국들은 SUA 2005를 채택하면서 이러한 내용이 고정플랫폼에도 확대 적용되는 것이 바람직하다고 판단하여 이 의정서를 채택하게 되었다. 의정서의 주요 내용은 다음과 같다.

○ 이 의정서에서 규정하는 범죄가 고정플랫폼에서 또는 고정플랫폼에 대하여 행해질 경우 SUA 2005의 규정에 적절한 변경을 가하여 적용(제1조 제1항).
○ 고정플랫폼에서 또는 고정플랫폼에 대하여 인명을 살상하거나 재산을 파괴하기 위하여 폭발물, 방사성 물질 또는 BCN무기를 사용하는 행위나 심각한 인명피해나 손해를 미치기 위하여 선박에서 유류, 액화천연가스 등을 방류하는 행위를 범죄행위로 규정함(제2조 *bis*).
○ 이 의정서에서 규정하는 범죄를 저지르기 위하여 사람을 살상한 자, 미수범, 공범, 교사범, 범죄집단의 구성원 등을 범죄에 포함시킴(제2조 *ter*).
○ 이 의정서는 3개국이 기속의사를 표시한 후 90일 후에 발효하나, SUA 2005가 발효하지 않으면 그때까지 발효하지 아니 하도록 함(제9조 제1항).

9. 국제코스파스사르새트계획협정(COS-SAR 1988)

9.1 개요

○ 협약원명 : The International COSPAS-SARSAT Programme Agreement
○ 채택(발효) : 1988.7.1. (1988.8.30.)
○ 목적 : 조난항공기 등의 비상표지장치(emergency beacon) 위치 파악 및 지원
○ 관련국내법 : 수난구호법,
○ 적용대상 : 위성조난장치를 활용하는 국가

9.2 채택 배경

국제코파스사르새트계획(International Cospas-Sarsat Program)은 인공위성을 기반으로 하는 수색구조체제로서, 캐나다, 프랑스, 미국 및 소련은 상호 협력을 위하여 1984년 10월 5일 양해각서(MOU)를 체결하였고, 1985년 7월 8일 발효되었다. 이 계획의 개요는 선박, 항공기 또는 원거리에서 조난을 당한 경우 현장에서 비상표지를 작동시키면 인공위성이 이 신호를 받아 구조기관에게 그 위치를 통보함으로써 신속한 수색구조활동이 이루어지도록 하는 것이다. 당초에는 406 MHz를 사용하는 선박으로부터의 비상위치지시용 무선표지장치(EPIRB) 및 항공기의 비상위치송신기(emergency locator transmitter: ELT)만을 탐지대상으로 하였으나 이후 개인용 위치신호기(personal locator beacon: PLB)까지 확대되었다.

한편, IMO의 GMDSS가 도입되며 위성을 이용한 조난구조체제가 수립됨에 됨에 따라 이들 국가는 이러한 시스템이 장기적으로 유지되고, 무료로, 모든 국가까지 확대될 수 있도록 1988년 7월 프랑스 파리(Paris)에서 협정을 체결하였다. 이에 따라 이를 이용하는 많은 국가가 여기에 참여하게 되었다.

9.3 협정의 주요 내용

이 협정의 주요 내용은 다음과 같다.

ㅇ각 당사국은 이 협정을 시행할 협력기관(Cooperating Agency)을 지정하고, 다른 당사국에게 이를 통보해야 함(제4조).
ㅇ각 당사국은 우주부분이 유지될 수 있도록 기여해야 하고, 기여는 적어도 1개 단위의 우주부분(one of the basic units of the Space Segment)이어야 함.
ㅇ각 당사국은 우주부문 유지에 관한 비용을 부담해야 하고, 이사회와 사무국 활동에 관한 비용은 모든 당사국이 공동으로 부담함(제6조 제1항 및 제2항). 조난신호의 송수신자료는 무료임(동조 제3항).
ㅇ이 협정은 모든 당사국이 참가하는 이사회와 이 협정 시행을 위한 항구적인 행정조직인 사무국을 둠(제7조 내지 제10조).
ㅇ모든 국가는 이 시스템을 이용한 장치를 사용할 수 있으며, 사용국가(user State)가 되려면 해당 기기의 등록유지, 회의의 참가 등 일정한 의무를 다해야 함(제12조)
ㅇ이 협정의 기탁소는 IMO와 ICAO의 사무총장임(제19조).

10. 1989년 해난구조에 관한 국제협약 (1989 SALVAGE)

10.1 개요

ㅇ협약원명 : International Convention on Salvage, 1989

ㅇ채택(발효) : 1989. 4. 28 (1996. 7. 14)
ㅇ목적 : 구조자에 대한 유인책 제공 및 구조작업의 신속한 개시
ㅇ관련국내법 : 상법 해상편 (미수용)

10.2 채택 배경

해난구조에 관한 최초의 통일규정은 1910년 해난구조협약 (Convention for the Unification of Certain Rules of Low Relating to Assistance and Salvage at Sea, 1910) 이다. 이 협약의 설립당시에는 세계적으로 가동되는 선박 보유량이나 해난의 발생규모가 오늘날과는 비교가 안 될 정도로 작았기 때문에 이 협약은 비교적 단순한 국제조약으로 성립·시행되었다. 즉, 재판관할 및 당사자 간의 구조계약에 관한 규정이 없는 등 대부분의 문제해결을 국내법에 위임하였고, 불성공 무보수(No cure, no pay) 원칙을 채택하여 해양사고 시 구조자에 대한 유인책(incentive)이 약했었다.

1910년 협약은 오랫동안 해난구조에 관한 국제적인 통일법규로 수용되었으며 (현행 우리나라 해상법도 1910년 협약수용), 세계적으로 널리 이용되는 영국의 "로이드구조계약표준서식(Lloyd's Standard Form of Salvage Agreement)"에 반영되어 1970년대에 이르기까지 통일구조법규로서의 역할을 수행하였다.

그런데 아모코 카디즈(Amoco Cadiz)호 사건을 계기로 1910년 협약의 불성공무보수 원칙으로는 해양오염피해에 적절히 대처할 수 없다는 점이 노출되었다. 즉, 선박사고에 의한 기름유출사고가 발생한 경우 구조자가 기름의 유출방지 등 오염방지활동을 하여도 구조자는 선체 또는 적하에 대한 구조에 성공한 경우에만, 또한 구조된 물건의 가액을 한도로 하여 보수의 지급을 받을 수 있을 뿐이므로 구조자의 해양환경보호를 위한 적절한 구조활동을 기대할 수 없게 되었다.

이러한 문제점을 보완코자 1980년에는 해난구조에 관한 Lloyd's Open Form을 제정, 불성공무보수 원칙 및 유한책임의 원칙에 대한 예외를 두어 해양환경보호를 위한 일정한 경우에는 구조의 성공여부를 묻지 않고, 또한 피구조재산의 존부나 그 가액의 대소에 관계없이 구조자가 지출한 비용을 받을 수 있도록 하였다.

한편, 1981년에 국제해법회(CMI)는 1910년 협약의 문제점을 개선코자 해난구조에 관한 신국제협약초안을 작성하여 대규모화하는 해양환경피해에 대처하고 해난에 보다 신속히 구조할 수 있도록 구조자에 대한 유인책을 강화하였다. CMI에서는 협약안을 IMO에 송부하였으며, IMO에서는 산하의 법률위원회에서 심의하도록 하였다. 그 후 여러 차례의 심의를 거쳐 마침내 1989년 4월 런던에서 개최된 해난구조에 관한 국제회의(International Conference on Salvage)에서 SALVAGE 협약을 채택하게 되었다.

4.3.3 주요 내용

이 협약은 전문 및 34개 조항으로 구성되어 있으며 주요 내용은 다음과 같다.

ㅇ구조자, 선박소유자 및 선장에게 구조작업을 수행할 때와 이 작업에 협력할 때 각기 환경손해를 방지 또는 경감시키기 위하여 상당한 주의 (due care)를 하도록 함 (제8조)
ㅇ환경피해방지 및 최소화조치에 대하여 피구조자는 구조자에게 그 대가로 지출비용의 30~100%까지 특별보상금을 지급할 수 있도록 함 (제14조)
ㅇ선장이 직접 해난구조계약을 체결할 수 있도록 하고 구조보수의 중간지급을 가능하도록 등 해난구조작업을 간소화할 수 있도록 함 (제6조 및 제22조)
ㅇ구조자의 요청이 있을 시 보수지급의무자는 담보를 제공토록 하여 구조의욕 고취 (제21조)
ㅇ선박, 재산 및 지급에 대한 개념을 확대하여 이 협약의 적용범위를 넓힘 (제1조)
- Oil Rig, Floating dock, 부표 등도 구조대상에 포함
- 보수란 이 협약에 의한 보수, 급식 또는 보상을 의미토록 함

참고문헌

1. 동양서

국회운영제도개선 자문위원회 [편]. 「"국회의사규칙 및 국회의원 윤리규칙"활동결과 보고서 2」. 2009.5.

김대순. 「국제법론」. 제12판. 서울: 삼영사, 2007.

김인현. 「해상법」. 서울 : 법문사, 2003.

김종길. 「되돌아 본 해운계의 사실들」. 서울: 도서출판 동재, 2005.

김철수. 「헌법학개론」. 제19전정신판. 서울: 박영사, 2007.

박영선. 「IMO 업무해설」. 부산 : 해인출판사, 1996.

박희권. 「회의 현장에서 바로 쓰는 전문 국제회의영어」. 서울: 넥서스, 2005.

법무부. 「조약의 국내적 수용 비교연구」.1996.

외교통상부. 「알기 쉬운 조약 업무」. 2006.

임홍순·이원택·노병호. 「한국과 일본에서의 근대적 회의 방식의 출현과 의사규칙의 형성과정」, 서울: 한국의정연구회, 2012.

임홍재. 「국제회의 참가와 협상」. 서울: 지식산업사, 2000.

정대율 「난파물제거협약안에 대한 연구」. 한국해양대학교 법학석사학위논문. 2005.8.

최재천. 「최재천의 한미 FTA 청문회」. 서울: 향연, 2009.

칸 로스 지음, 강혜정 옮김. 「독립외교관(Independent Diplomat)」. 서울: 에이지21, 2008.

2. 서양서

Abass, Ademola. Complete International Law. Oxford: Oxford University Press, 2012.

Aust, Anthony. Modern Treaty Law and Practice. 2nd ed., Cambridge: Cambridge University Press, 2007.

Baehr, Peter R. & Leon Gordenker. The United Nations: Reality and Ideal. 4th ed. Palgrave Macmillan, 2006.

Gardiner, Richard. Treaty Interpretation. Oxford: Oxford University Press, 2008.

Glahn, Gerhard von. Law Among Nations: An Introduction to Public International Law. Boston: Allyn & Bacon, 1996.

Harris, DJ. Cases and Materials on International Law. 6th ed. London: Sweet & Maxwell, 2004.

Brownlie, Ian. Principles of Public International Law. 7th ed. Oxford: Oxford University Press, 2008.

IMO. Status of Multilateral Conventions and instruments in respect of which the International Maritime Organization or its Secretary-General performs depositary or other functions, As at 31 July 2013.

International Commission on Intervention and State Sovereignty. The Responsibility to Protect: Report of the International Commission on Intervention and State Sovereignty. Ottawa, Canada: International Development Research Centre, 2001.

Kaczorowska, Alina. Public International Law, 4th ed. Oxon, UK: Routledge, 2010.

Kennedy, Paul M. The Parliament of Man: The United Nations and the Quest for World Government. Allen Lane, 2006.

McCorquodale, Robert & Martin Dixon. Cases and materials on International Law. 4th ed. Oxford: Oxford University Press, 2003.

Muller, A. Sam. International Organizations and Their Host States: Aspects of Their Legal Relationship. Leiden, The Netherlands: Martinus Nijhoff Publishers, 1995.

O'Brien, John. International Law. London: Cavendish Publishing Limited, 2001.

Robert, Henry M. et al. Robert's Rules of Order Newly Revised. 11th ed. Philadelphia: Da Capo Press, 2011.

Sabel, Robbie. Procedure at International Conferences. 2nd ed. Cambridge: Cambridge University Press, 2006.

UNCTAD. Review of Maritime Transport. 2012.

United Nations. Draft articles on Responsibility of States for Internationally Wrongful Acts, with commentaries. 2001.

United Nations. Final Clauses of Multilateral Treaties Handbook. 2003.

United Nations. Guide to Practice on Reservations to Treaties. 2011.

United Nations. Handbook on the Peaceful Settlement of Disputes between States, New York, 1992.

United Nations. Multilateral Treaties Deposited With the Secretary-General. 2009.

United Nations. Report of the Committee on the Elimination of Discrimination against Women (Eighteenth and nineteenth sessions). 1998.

United Nations. Summary of the Practice of the Secretary-General as Depositary of Multilateral Treaties. 1999.

United Nations. Treaty Handbook, 2012

United Nations. Yearbook of the International Law Commission. 1966. Vol. II.

US Government Printing Office. Oversight of the US Role in the International Maritime Organization. Hearing before the Subcommittee on Coast Guard and Maritime Transportation of the Committee on Transportation and Infrastructure, House of Representatives, 105th Congress, 2nd Session, June 25, 1998.

Villiger, Mark E. Commentary on the 1969 Vienna Convention on the Law of Treaties. Leiden, the Netherlands: Martinus Nijhoff Publishers, 2009.

Özçayır, Z. Oya. Port State Control, 2nd ed. London: Informa Professional, 2004.

부 록

1. THE BASIC RULES OF PARLIAMENTARY PROCEDURE
2. IMO의 자문지위를 보유한 비정부간 국제기구 현황
3. IMO 성과지표
4. IMO 핵심성과지표
5. 주요 비정부간 기구
6. 약어모음

<부록 1: 제3장 제2절 2.3.3 관련>

THE BASIC RULES OF PARLIAMENTARY PROCEDURE[933)]

1. THE RIGHTS OF THE ORGANIZATION SUPERSEDE THE RIGHTS OF INDIVIDUAL MEMBERS

- The organization has the right to make its own rules which then must be observed by all members. Should a conflict arise between the rights of a member and the right of the organization to do its business, the rights of the organization prevail.

2. ALL MEMBERS ARE EQUAL AND THEIR RIGHTS ARE EQUAL

- Those rights are:
    to attend meetings;
    to make motions and speak in debate;
    to nominate;
    to vote;
    to hold office.

3. A QUORUM MUST BE PRESENT TO DO BUSINESS

- A quorum is the number of members who must be present to legally transact business. The number is usually stated in the bylaws. In a committee or a small board, the quorum is the majority of its members. The purpose of a quorum is to prevent an unrepresentative group from taking action in the name of the organization.

4. THE MAJORITY RULES

- This rule is basic to the democratic process. The minority has the right to be heard, but once a decision has been reached by a majority of the members present and voting, the minority must then respect and abide by the decision.

5. SILENCE IS CONSENT

- Those members who do not vote agree to go along with the decision of the majority by their silence.

6. TWO-THIRDS VOTE RULE

- A two-thirds vote is necessary whenever you are limiting or taking away the rights of members or whenever you are changing something that has already been decided.

933) MISSISSIPPI COUNCIL OF THE BLIND, http://www.acb.org/mcb/index.html[2013.11.9.].

7. ONE QUESTION AT A TIME AND ONE SPEAKER AT A TIME
- No motion is in order which does not directly relate to the question under consideration. In addition, once a member has been recognized, he has been granted "the floor" and another member may not interrupt him.

8. DEBATABLE MOTIONS MUST RECEIVE FULL DEBATE
- The presiding officer may not put a debatable motion to vote as long as members wish to debate it. Debate can only be suspended by a two-thirds vote of the members present.

9. ONCE A QUESTION IS DECIDED, IT IS NOT IN ORDER TO BRING UP THE SAME MOTION OR ONE ESSENTIALLY LIKE IT AT THE SAME MEETING
- Such motions should be ruled out of order. (Note: There is a special class of motions which do bring a motion back to the group, called restorative motions.)

10. PERSONAL REMARKS IN DEBATE ARE ALWAYS OUT OF ORDER
- The presiding officer must rule all personal remarks out of order. Debate must be directed to motions and not motives; principles and not personalities.

***Note: This excerpt is from, "ROBERT'S RULES IN PLAIN ENGLISH" Copyright 1997, DORIS P. ZIMMERMAN, Professional Registered Parliamentarian

〈부록 2: 제4장 제3절 5.4 관련〉

IMO의 자문지위를 보유한 비정부간 국제기구 현황

연번	비정부간 국제기구명	연도
1	INTERNATIONAL CHAMBER OF SHIPPING (ICS)	1961
2	INTERNATIONAL ORGANIZATION FOR STANDARDIZATION (ISO)	
3	INTERNATIONAL SHIPPING FEDERATION (ISF)	
4	INTERNATIONAL ELECTROTECHNICAL COMMISSION (IEC)	
5	INTERNATIONAL UNION OF MARINE INSURANCE (IUMI)	
6	INTERNATIONAL CHAMBER OF COMMERCE (ICC)	
7	INTERNATIONAL ASSOCIATION OF MARINE AIDS TO NAVIGATION AND LIGHTHOUSE AUTHORITIES (IALA)	
8	COMITÉ INTERNATIONAL RADIO-MARITIME (CIRM)	
9	PIANC, THE WORLD ASSOCIATION FOR WATERBORNE TRANSPORT INFRASTRUCTURE (PIANC)	1967
10	COMITÉ MARITIME INTERNATIONAL (CMI)	
11	INTERNATIONAL ASSOCIATION OF PORTS AND HARBORS (IAPH)	
12	BIMCO	1969
13	INTERNATIONAL ASSOCIATION OF CLASSIFICATION SOCIETIES (IACS)	
14	ICHCA INTERNATIONAL LIMITED	
15	EUROPEAN CHEMICAL INDUSTRY COUNCIL (CEFIC)	1971
16	OIL COMPANIES INTERNATIONAL MARINE FORUM (OCIMF)	
17	INTERNATIONAL MARITIME PILOTS' ASSOCIATION (IMPA)	1973
18	FRIENDS OF THE EARTH INTERNATIONAL (FOEI)	
19	INSTITUTE OF INTERNATIONAL CONTAINER LESSORS (IICL)	1975
20	INTERNATIONAL ASSOCIATION OF DRILLING CONTRACTORS (IADC)	
21	INTERNATIONAL ASSOCIATION OF INSTITUTES OF NAVIGATION (IAIN)	
22	INTERNATIONAL COUNCIL OF MARINE INDUSTRY ASSOCIATIONS (ICOMIA)	
23	INTERNATIONAL FEDERATION OF SHIPMASTERS' ASSOCIATIONS (IFSMA)	
24	INTERNATIONAL LIFE-SAVING APPLIANCE MANUFACTURERS' ASSOCIATION (ILAMA)	
25	INTERNATIONAL SALVAGE UNION (ISU)	
26	INTERNATIONAL ASSOCIATION OF OIL AND GAS PRODUCERS (OGP)	
27	COMMUNITY OF EUROPEAN SHIPYARDS' ASSOCIATIONS (CESA)	1979
28	INTERNATIONAL ASSOCIATION OF INDEPENDENT TANKER OWNERS (INTERTANKO)	
29	INTERNATIONAL GROUP OF P & I ASSOCIATIONS (P & I Clubs)	
30	THE INTERNATIONAL TANKER OWNERS POLLUTION FEDERATION LTD (ITOPF)	1981
31	INTERNATIONAL UNION FOR CONSERVATION OF NATURE (IUCN)	
32	ADVISORY COMMITTEE ON PROTECTION OF THE SEA (ACOPS)	1983
33	SOCIETY OF INTERNATIONAL GAS TANKER AND TERMINAL OPERATORS LIMITED (SIGTTO)	
34	INTERNATIONAL MARITIME RESCUE FEDERATION (IMRF)	1985
35	INTERNATIONAL ROAD TRANSPORT UNION (IRU)	1987
36	INTERNATIONAL SHIPSUPPLIERS & SERVICES ASSOCIATION (ISSA)	1989
37	DANGEROUS GOODS ADVISORY COUNCIL (DGAC)	

38	GREENPEACE INTERNATIONAL	1991
39	CRUISE LINES INTERNATIONAL ASSOCIATION (CLIA)	1993
40	INTERNATIONAL ASSOCIATION OF DRY CARGO SHIPOWNERS (INTERCARGO)	
41	INTERNATIONAL MARITIME LECTURERS ASSOCIATION (IMLA)	
42	WORLD WIDE FUND FOR NATURE (WWF)	
43	THE EUROPEAN ASSOCIATION OF INTERNAL COMBUSTION ENGINE MANUFACTURERS (EUROMOT)	
44	INTERNATIONAL PETROLEUM INDUSTRY ENVIRONMENTAL CONSERVATION ASSOCIATION (IPIECA)	1995
45	INSTITUTE OF MARINE ENGINEERING, SCIENCE AND TECHNOLOGY (IMarEST)	
46	IBEROAMERICAN INSTITUTE OF MARITIME LAW (IIDM)	
47	INTERNATIONAL SHIP MANAGERS' ASSOCIATION (InterManager)	
48	INTERNATIONAL PARCEL TANKERS ASSOCIATION (IPTA)	1997
49	INTERNATIONAL SAILING FEDERATION (ISAF)	1999
50	THE INTERNATIONAL MARINE CONTRACTORS ASSOCIATION (IMCA)	
51	INTERNATIONAL OCEAN INSTITUTE (IOI)	
52	WORLD NUCLEAR TRANSPORT INSTITUTE (WNTI)	
53	INTERNATIONAL HARBOUR MASTERS' ASSOCIATION (IHMA)	2001
54	INTERNATIONAL BULK TERMINALS ASSOCIATION (IBTA)	
55	INTERNATIONAL CHRISTIAN MARITIME ASSOCIATION (ICMA)	
56	THE ROYAL INSTITUTION OF NAVAL ARCHITECTS (RINA)	
57	INTERNATIONAL VESSEL OPERATORS DANGEROUS GOODS ASSOCIATION, INC. (IVODGA)	
58	INTERFERRY	2003
59	INTERNATIONAL MARITIME HEALTH ASSOCIATION (IMHA)	
60	INTERNATIONAL TOWING TANK CONFERENCE (ITTC)	2005
61	INTERNATIONAL BUNKER INDUSTRY ASSOCIATION (IBIA)	
62	THE FEDERATION OF NATIONAL ASSOCIATIONS OF SHIP BROKERS AND AGENTS (FONASBA)	2007
63	INTERNATIONAL ASSOCIATION OF MARITIME UNIVERSITIES (IAMU)	
64	INTERNATIONAL TRANSPORT WORKERS' FEDERATION (ITF)	
65	INTERNATIONAL PAINT AND PRINTING INK COUNCIL (IPPIC)	
66	INTERNATIONAL FUND FOR ANIMAL WELFARE (IFAW)	
67	INTERNATIONAL SPILL CONTROL ORGANIZATION (ISCO)	
68	GLOBAL MARITIME EDUCATION AND TRAINING ASSOCIATION (GlobalMET)	2009
69	WORLD SHIPPING COUNCIL (WSC)	
70	NACE INTERNATIONAL	
71	ASSOCIATION OF AIRPORT AND SEAPORT POLICE (IAASP)	
72	THE NAUTICAL INSTITUTE (NI)	
73	SUPERYACHT BUILDERS ASSOCIATION (SYBAss)	2013
74	PACIFIC ENVIRONMENT	
75	CLEAN SHIPPING COALITION (CSC)	
76	BUREAU INTERNATIONAL DES CONTAINERS ET DU TRANSPORT INTERMODAL (BIC)	
77	INTERNATIONAL IRON METALLICS ASSOCIATION (IIMA)	

〈부록 3: 제4장 제9절 3.5.1 관련〉

IMO 성과지표

	Performance Indicators	Definition
1	Accessions to conventions	Percentage of IMO Member States that have ratified each IMO convention and protocol
2	Entry into force	Percentage and number of conventions adopted but which have not entered into force
3	Implementation and compliance	(a) Number and percentage of Member States that have volunteered for audit (b) Number and percentage of Member States that have been audited (c) Number and percentage of Member States that have nominated auditors (d) Number and percentage of nominated auditors that have carried out audits (e) Number of technical assistance activities carried out following audits
4	Lives lost	(a) Number of lives lost (seafarers, fishers and passengers) due to safety-related* accidents and incidents on ships subject to IMO conventions and other instruments (b) Ratio of lives lost (seafarers, fishers and passengers) due to safety-related* accidents and incidents on ships subject to IMO conventions and other instruments, to total number of lives at risk
5	Ships lost	(a) Number of ships subject to IMO conventions lost for any safety-related* reason other than those declared constructive total losses for insurance purposes (b) Ratio of ships subject to IMO conventions lost for any safety-related* reason, other than those declared constructive total losses for insurance purposes, to total number of ships subject to IMO conventions
6	Security failures	Number of ships and lives lost due to security failures and number of terrorist incidents on ships subject to SOLAS chapter XI-2
7	Piracy and armed robbery	Number of ships and lives lost due to piracy and armed robbery and number of such incidents against ships engaged on international voyages
8	Ship-generated water pollution	(a) Tonnes of oil discharged into the sea operationally or accidentally from ships subject to IMO instruments (b) Number of spills occurring from ships subject to IMO instruments (c) Ratio of oil (cargo and bunkers) discharged into the sea to total quantities carried by sea
9	Ship-generated air pollution and CO_2 emissions	(a) 3-year rolling average of the sulphur content of fuel oil delivered to ships (b) Tonnes of NO_x, SO_x and CO_2 released from ships subject to IMO instruments (c) Ratio of estimated tonnage of SO_x, NO_x and CO_2 released annually per tonne-mile of cargo carried by sea
10	Environmental conscience	(a) Mobilization by IMO of donor funds for environmental programmes (b) Number of projects sponsored, initiated and funded by IMO (c) Number of collaborative agreements with regional groups responding to pollution such as: REMPEC, ROCRAM, Barcelona Convention
11	PSC detention rate	Port State control detention rates as analysed by the various bodies of the Organization on the basis of data submitted by Member States
12	PSC non-compliance rate	Port State control non-compliance rates as analysed by the various bodies of the Organization on the basis of data submitted by Member States
13	Fraudulent certificates	Number of fraudulent certificates and endorsements of any type reported to IMO

Performance Indicators		Definition
14	Delivery of technical assistance	(a) Percentage of planned activities delivered (b) Activities delivered: number of advisory missions and number of training events (c) Number of partnerships with governments, organizations and industry (d) Number of trainees in IMO institutions and IMO-sponsored workshops (e) Person-days allocated to training under the following categories: long term (6 months and over); medium term (4 weeks to 6 months); and short term (up to 4 weeks) (f) Responses, both qualitative and quantitative, from maritime authorities who have received technical assistance in the period under review
15	Sustainability of ITCP	Proportion and value of external and internal funding
16	Cycle time	Time taken to develop IMO conventions and other instruments compared to planned time
17	IMO's role	(a) Size of IMO membership compared to UN membership (b) Level of participation of IGOs and approved NGOs at IMO meetings
18	Goal-based standards	Progress towards the application of goal-based standards for maritime safety and environmental protection
19	Work of other UN bodies	(a) Incorporation of specific policy input provided by IMO organs within the policy and programme decisions of other UN bodies (i.e. in their treaty instruments, codes, resolutions, guidelines, etc., work programmes and technical activities) (b) Number of joint working groups established (c) Number of partnerships (MoUs or other agreements) established (d) Number of joint technical co-operation programmes
20	Efficiency of shipping – facilitation of international maritime traffic	(a) Number and percentage of Member States that are party to the FAL Convention (b) Number and percentage of Contracting Governments to the FAL Convention that have registered differences between their practices and the Standards of the FAL Convention (c) Number and percentage of Contracting Governments to the FAL Convention that have notified that their practices are in accord with the Recommended Practices of the FAL Convention

<부록 4: 제4장 제9절 3.5.2 관련>

IMO 핵심성과지표

Area of measurement and related long-term goal	Related Key Performance Indicators
Safety Long-term goal: decrease in loss of lives and ships subject to IMO conventions	A Lives lost (seafarers and passengers) due to safety-related accidents and incidents on ships subject to IMO conventions and other instruments, to total number of lives at risk (per million lives) B Ships subject to IMO conventions lost for any safety-related reason, other than those declared constructive total losses for insurance purposes, to total number of ships subject to IMO conventions (per 1,000 vessels)
Pollution Long-term goal: decrease tonnes of oil discharged and grams of CO_2 released from international shipping	C Tonnes of oil discharged per tonne-mile (per million tonne-miles) D Grams of CO_2 released per tonne-mile of cargo carried by sea
Security Long-term goal: minimize security incidents on ships and contribute towards decreasing piracy incidents	E Number of security-related incidents on ships subject to SOLAS chapter XI-2 F Number of piracy incidents to total number of vessels engaged on international voyages (per 1,000 vessels)
Implementation and enforcement of legislation Long-term goal: promote increased ratification, compliance and enforcement of IMO conventions	G Average ratification rate for all MS and all conventions (percentage rate) H Average ratification rate for world tonnage and all conventions (percentage rate) I Average PSC detention rate for all PSC regimes (percentage rate) J Average PSC non-compliance rate for all PSC regimes (percentage rate)
Technical co-operation and capacity-building Long-term goal: respond to technical assistance needs of IMO Member States and increase cooperation with relevant stakeholders and donor partners	K Number of advisory missions L Number of training events M Number of trainees in IMO institutions and IMO-sponsored training events N Number of partnerships with governments, organizations and industry O Total expenditure

Area of measurement and related long-term goal	Related Key Performance Indicators
Financial performance and position Long-term goal: provide income stream and ensure healthy financial status for the work of IMO	P Member State collection rate (percentage of current year assessments received from all Member States) Q Assets less liabilities in the General Fund, Headquarters Capital Fund, Trading Fund, Working Capital Fund, Training & Development Fund, Termination Benefit Fund and Technical Co-operation Fund
Outreach to the public Long-term goal: public understanding of the role of IMO as set out in its mission statement and its achievements in this regard	R Publications aimed at public education – numbers and languages S Media activities – interviews, press releases, campaigns and advertising T IMO websites – number of pages and information, by topic, available to the public and number of hits U Annual expenditure on public outreach activities

<부록 5: 제4장 제10절 5. 관련>

주요 비정부간 기구934)

기구명	설립	본부	주요 업무	회원	연도
International Chamber of Shipping (ICS)	1921	영국 런던	각국의 선주협회를 대표하고, 국제정책 자문	-	1961
International Organization for Standardization (ISO)	1947	스위스 제네바	국제기준의 표준화	165	1961
International Shipping Federation (ISF)	1909	영국 런던	선원 고용주(선주)를 대표하여 국제정책 자문	-	1961
International Electrotechnical Commission (IEC)	1906	스위스 제네바	전기, 전자기술의 국제표준화	82	1961
International Union of Marine Insurance (IUMI)	1874	스위스 쮸리히	해상보험업의 이익 보호	-	1961
International Association of Marine Aids to Navigation and Lighthouse Authorities (IALA)	1957	프랑스 파리	항해보조시설의 기술적 조정, 정보교환 등	-	1961
Comite International Radio Maritime (CIRM)	1947	영국 런던	전자기술의 해운분야 적용 등	-	1961
PIANC, The World Association for Waterborne Transport Infrastructure (PIANC)	1885	벨기에 부르쉘	수상운송 기반시설에 관한 전문가 안내 및 기술자문	-	1967
Comité Maritime International (CMI)	1897	벨기에 앤트워프	해사법의 통일을 통한 해운발전 도모	-	1967
International Association of Ports and Harbors (IAPH)	1955	일본 동경	항만산업계의 목소리 대변	-	1967
BIMCO	1905	덴마크 박스바드	해운활동의 표준화 등 선주, 브로커 등의 상업활동 촉진	-	1969
International Association of Classification Societies (IACS)	1968	독일 함부르크	선급간의 기술협력, IMO 협약규정의 통일해석 제공 등	13	1969
International Federation of Shipmasters' Association (IFSMA)	1974	영국 런던	승선하는 선장의 국제적 이익 대변	-	1975
International Association of Independent Tanker Owners (INTERTANKO)	1970	영국 런던	독립된 유조선주, 기름 및 케미컬 탱커 운항자의 국제적 이익 대변	-	1981
International Assocation of Dry Cargo Shipowners (INTERCARGO)	1980	영국런던	건화물의 소유자, 운항자의 국제적 이익 대변	-	1993

934) 주요 비정부간 기구는 IMO의 자문지위를 받은 기구 중 저자의 개인적 평가에 따라 IMO에서 적극적으로 활동하는 10여 개 국제기구를 선정하였다.

<부록 6>

약어모음

ABS : American Bureau of Shipping 미국선급
ACOPS : Advisory Committee on Protection of the Sea
AIP : Aeronautical Information Publication
AIS : Automatic Identification System 선박위치식별장치
AMVER : Automated Mutual-assistance Vessel Rescue System
APEC : Asia-Pacific Economic Cooperation 아시아태평양경제협력 각료회의
APELL : Awareness and Preparedness for Emergencies at Local Level
API : American Petroleum Institution 미국석유협회
ARPA : Automatic Radar Plotting Appliance 자동충돌예방보조장치
ASEM : Asia Europe Meeting
AWES : The Association of Western European Shipbuilders 서구조선공업협회

B2C (Project) : Barrier to Compliance 준수장애물
BAF : Bunker Adjustment Factor 유류할증료
BBC : Bare Boat Charter 나용선계약
BC : Code of Safe Practice for Solid Bulk Cargoes
BCH : Code for the Construction and Equipment of Ships Carrying Dangerous Chemicals in Bulk
BIMCO : The Baltic and International Maritime Council 발틱국제해운동맹
BLU Code : Code of Practice for the Safe Loading and Unloading of Bulk Carriers 산적화물선의 안전한 적양화 실행규칙
BMP : Best Management Practice 위험해역을 항해하는 선박에서 해적방지를 위하여 실시하는 최적대응방법
BV : Bureau Veritas 프랑스선급협회

CAF : Currency Adjustment Factor 통화할증료
CATS : Cost to Avert one Tonne of oil Spilled 1톤의 유류오염 방지 비용
CBM : Cubic Meter 세제곱미터
CBDR : Common But Differentiated Responsibility 공동의 차별화된 책임
CBT : Clean Ballast Tank 클린밸러스트탱크
CCIR : International Radio Consultative Committee 국제무선자문위원회
CCS : Carbon Capture and Storage(Carbon Sequestration) 탄소포집 및 저장
CCS : China Classification Society 중국선급
CDM : Clean Development Mechanism

CDS : Construction Differential Subsidy 건조차액보조

CEFIC : European Council of Chemical Manufacturers Federations
유럽화학품 제조자 연맹 이사회

CES : Coast Earth Stations 해안지구국

CFCs : Chlorofluorocarbons 염화불화탄소

CFR : Code of Federal Regulation 미연방 규정집

CFS : Container Freight Station 컨테이너작업장

CIF : Cost, Insurance and Freight 원가 및 보험료를 포함한 운임

CIRM : International Radio-Marine Committee

CIRR : Commercial Interest Reference Rates 상업표준금리(장기국채 통상 5년 수익률 + 1%)

CLC : The International Convention on Civil Liability for Oil Pollution Damage, 1969 민사 책임 협약

CMI : Committee Maritime International 만국해법회

COA : Contract of Afreightment 장기운송계약

COBSEA : Coordinating Body on the Seas of East Asia

COFR : Certificate of Financial Responsibility 재정책임 증명서

COGSA : Carriage of Goods by Sea Act 미국해상운송법

COLREG : International Regulations for Preventing Collisions at Sea, 1972 국제해상충돌예방규칙

COW : Crude Oil Washing 원유를 이용한 유조선 선창 세정방법

CQD : Customary Quick Dispatch 관습적 조속하역

CRISTAL : Contract Regarding an Interim Supplement to Tanker Liability for Oil Pollution

CSD : Commission of Sustainable Development

CSR : Common Structure Rules 선급공동의 선박구조규칙

CSS : Co-ordinator Surface Search 해상수색조정선

CT : Container Terminal 컨테이너터미널

CTU : Cargo Transport Unit 화물운송단위(컨테이너 등 화물운송도구)

CY : Container Yard

DGPS : Differential GPS

DNV : Det Norske Veritas : 노르웨이 선급

DOC : Document of Compliance (for a Company) 안전경영적합증서

DSC : Digital Selective Call 디지털선택호출

DSC : Dynamically Supported Craft

EC : European Commission 유럽집행위원회

ECDIS : Electronic Chart Display and Information Systems 전자해도표시 및 정보시스템

EDI : Electronic Data Interchange : 전자교환자료

EEDI: Energy Efficiency Design Index 에너지효율설계지수
EGC : Enhanced Group Calling 고급집단호출
ELT : Emergency Locator Transmitter 비상위치송신기
EMSA : European Maritime Safety Administration 유럽해사안전청
EPIRB : Emergency Position Indicating Radio Beacon : 비상위치지시용 무선표지설비
ESCAP : Economic and Social Commission for Asia and Pacific 아시아·태평양 경제사회위원회
ESSD : Environmentally Sound and Sustainable Development
ETA : Estimated Time of Arrival 도착예정시간
ETD : Estimated Time of Departure 출항예정시간
EU : European Union 유럽연합

FAO : (United Nations) Food and Agriculture Organization 유엔식량농업기구
FIATA : International Federation of Freight Forwarders Associations(Fédération Internationale des Associations de Transitaires et Assimilés) : 국제복합운송협회
FMC : Federal Maritime Commission : 미국연방해사위원회
FOC : Flag of Convenience : 편의치적
FPSO : Floating, Production, Storage and Offloading (vessel)
FSA : Formal Safety Assessment 공식안전평가
FSUs : Floating Storage Units

GAP : Guidelines on the Application of the Strategic Plan and the High-level Action Plan of the Organization
GATS : General Agreement on Trade in Services 서비스교역에 관한 일반협정
GBS : Goal-Based (New Ship Construction) Standards 목표기반(신조선건조)기준
GEF : Global Environment Facility 지구환경기금
GESAMP : IMO/FAO/Unesco-IOC/WMO/WHO/IAEA/UN/UNEP Joint Group of Experts on the Scientific Aspects of Marine Pollution 해양환경보호를 위한 합동전문가그룹
GHS : Globally Harmonized System (화학물질 분류·표지에 관한) 세계조화시스템
GIS : Geographic Information System 지리정보시스템
GISIS : Global Integrated Shipping Information System 세계종합해운정보시스템
GMDSS : Global Maritime Distress and Safety System 세계 해상조난 및 안전제도
GNSS : Global Navigation Satellite System 세계항해위성시스템
GOC : General Operator's Certificate : 일반통신기능사증서
GPS : Global Positioning System 세계적 위치측정체제

HLAP : High-level Action Plan 고위급 행동계획
HNS : International Convention on Liability and Compensation for Damage in Connection

with the Carriage of Hazardous and Noxious Substance by Sea 유해.유독물질의 해상 운송과 관련한 손해배상과 책임에 대한 국제협약

HSC : High Speed Craft 고속정

HSSC : Harmonized System of Survey and Certification 검사와 증서발급의 조화제도

IA : Independent Action 독립행동권

IACS : International Association of Classification Societies 국제선급연합회

IADC : International Association of Drilling Contractors 국제석유시추계약자 협회

IAEA : International Atomic Energy Agency 국제원자력기구

IALA : International Association of Light House Authorities 국제항로표지협회

IAPH : International Association of Ports and Harbors 국제항만협회

IBS : Integrated Bridge System 통합선교장치

ICAO : International Civil Aviation Organization 국제민간항공기구

ICC : International Chamber of Commerce 국제상공회의소

ICD : Inland Container Depart 내륙콘테이너기지

ICHCA : International Cargo Handling Co-Ordination Association 국제화물취급조정협회

ICS : International Chamber of Shipping 국제해운회의소

IFRS : International Financial Reporting Standards 국제재정보고기준

IFSMA : International Federation of Ship Masters Association 국제선장협회

IG P& I: International Group of P&I Clubs

IGS : Inert Gas System 불활성개스방식

IHO : International Hydrographic Organization 국제수로기구

III Code : Code for the Implementation of IMO Mandatory Instruments

ILO : International Labour Organization 국제노동기구

IMDG Code : International Maritime Dangerous Goods Code 국제해상위험물운송규칙

IMF : International Monetary Fund 국제통화기금

IMLI: International Maritime Law Institute 국제해사법연구소(대학원)

IMO : International Maritime Organization 국제해사기구

IMPA : International Marine Pilots Association 국제도선사협회

IMSBC : International Maritime Solid Bulk Cargo (Code)

IMSSEA : International Maritime Safety, Security and Environment Academy

IMSO : International Mobile Satellite Organization 국제이동위성기구

INF : The Code for Sate Carriage of Irradiated Nuclear Fuel, Plutonium and High-Level Radioactive Waste

INMARSAT : International Maritime Satellite 국제해사위성(운영회사)

INTERTANKO : International Association of Independent Tankers Owners 국제독립탱커선주 협회

IOC : International Oceanographic Commission 정부간 해양학위원회
IOPC FUND : International Oil Pollution Compensation Fund 국제유류오염보상기금
IPSAS : International Public Sector Accounting Standards 국제공공분야회계기준
IPIECA : International Petroleum Industry Environmental Conservation Association
ISF : International Shipping Federation 국제해운연맹
ISID : International Ship Information Database 국제선박정보데이타베이스
ISM CODE : International Safety Management Code 국제안전관리규약
ISO : International Standardization Organization 국제표준화기구
ITF : International Transport Workers Federation 국제운수노동자연맹
ITOPF : International Tanker Owners Pollution Federation 국제유조선선주오염연맹
ITU : International Telecommunication Union 국제전기통신연합
IUMI : International Union of Marine Insurance 국제해상보험연합

KPI : Key Performance Indicators 핵심성과지표
KR : Korean Register of Shipping 한국선급

LDC : Less Developed Countries 저개발국가
LAN : Local Area Network 근거리통신망
LIBO RATES : London Inter-Bank Offered Rates 런던 일류운행간 자금운용(대출)시 적용되는 금리
LMIS : Lloyd Maritime Information Services 로이드 해사정보 서비스
LOA : Length Overall 선박의 전장
LOF : Lloyd's Open Form: 로이드 해난구조계약서
LPG : Liquified Petroleum Gas 액화 석유가스
LR : Lloyd's Register 영국선급
LRIT : Long Range Identification & Tracking (선박)장거리 위치추적(장치)
LUT : Local User Terminal 육상수신국

MARAD : Maritime Administration 미국연방해사청
MARPOL : International Convention for the Prevention of Pollution from Ships 국제해양오염방지협약
MAS : Member States Audit Scheme 회원국감사제도
MBM : Market-Based Measures 시장기반조치
MCC : Mission Control Centre 위성조난통신소
MDG : Millenium Development Goal
MEP : Member of European Parliament 유럽의회의원
MEPC : Marine Environment Protection Committee IMO의 해양환경보호위원회

MIDS : Maritime Identification Digits 해사식별숫자
MMSI : Maritime Mobile Service Identity
MSC : Maritime Safety Committee IMO의 해사안전위원회
MSDS : Material Safety Data Sheets 물질안전보건자료
MSI : Maritime Safety Information 해사안전정보
MTO : Multi-modal Transport Operator 복합운송인

NBDP : Narrow-Band Direct-Printing 협대역 직접인쇄
NCS : Network Coordination Station
NDC : National Data Center (LRIT) 국가데이터센터
NIS : Norwegian International Ship-Register
NMFT : No More Favorable Treatment (Principle) 우대금지 (원칙)
NOWPAP : Northwest Pacific Action Plan Action Plan for the Protection, Management and Development of the Marine and Coastal Environment of the Northwest Pacific Region 북서태평양 해양보전 실천계획
NOx : Nitrogen Oxide 질소산화물
NVG : Night Vision Goggles
NVOCC : Non-Vessel-Operating Common Carrier

OCA/PAC : Oceans and Coastal Areas Programme Activity Center
OCIMF : Oil Companies International Marine Forum 유류회사국제해양포럼
ODA : Overseas Development Aid 해외개발원조
ODS : ozone-depleting substances 오존(층) 파괴물질
OECD : Organization for Economic Cooperation and Development 경제협력개발기구
OEM : Original Equipment Manufacturer 주문자 상표부착생산
OPA : Oil Pollution Act 미국의 기름오염법
OPRC : International Convention on Oil Pollution Preparedness, Response and Co-operation, 1990 기름 오염 대비대응 및 협력에 관한 협약
OSC : On-Scene Commander SAR 현장지휘관

P & A : Procedures and Arrangements (for the discharge for Noxious Liquid Substances)
P & I : Protection and Indemnity 선주상호보험
PANAMAX : 파나마운하 통과가능선박(통상 60,000DWT 내외). 최대선폭 32.2M , 길이 294.13M, draft 12.04M, air draft 57.91M 이내
PCC : Pure Car Carrier 자동차 전용선
PFSP : Port Facility Security Plan 항만시설보안계획
PI : Performance Indicators 성과지표

PIANC : Permanent International Association of Navigation Congress 국제상설항해협회
PICES : North Pacific Marine Science Organization
POO : Point of Order 의사규칙위반지적
POPs: Persistent organic pollutants 잔류성 유기화합물
Port-MIS : Port Management Information System 항만관리 정보체계
PREP : National Preparedness for Response Exercise Program
PSC : Port State Control 항만국통제
PSSA : Particularly Sensitive Sea Areas 특별민감해역
PTP : Prevention Through People : 사람을 통한 예방

RCC : Rescue Coordination Center 구조조정본부
RCU : Regional Coordination Unit
RDF : Radio Direction Finder (- finding Apparatus) 무선방향탐지기
ReCAAP : Regional Cooperation Agreement on Combating Piracy and Armed Robbery against ships in Asia
ReCAAP ISC : ReCAAP Information Sharing Center ReCAAP의 정보공유센터
REMPEC : Regional Marine Pollution Emergency Response Centre for the Mediterranean Sea : 지중해 지역해양오염비상대응센터
RIRS : Regional Information Referral System
ROC : Radio Operator's Certificate 제한전자급통신사
RO : Response Organization 대응조직
RO Code : Code for Recognized Organizations
ROP : Rules of Procedure 의사진행규칙
RSC : Rescue Sub-center 구조지부
RU : Rescue Unit 구조대

SAP : Systeme, Anwendungen und Produkte in der Datenverarbeitung (Systems, Applications and Products in Data Processing) 기업용 소프트웨어를 판매하는 SAP 또는 이 회사의 제품
SAR : Search and Rescue 수색구조
SART : Search and Rescue Radar Transponder
SBT : Segregated Ballast Tank
SC : SAR Coordinator 수색구조조정관
SC : Service Contract 대량하주 우대계약
SCR : Selective Catalytic Reduction (System) 선택적 환원촉매
SD : Strategic Directions 전략방향
SEEMP : Ship Energy Efficiency Management Plan 선박에너지효율관리계획

SES : Ship Earth Stations 선박지구국
SIDS : Small Island Developing States 소도서 개발도상국가
SLB : Siberian Land Bridge 시베리아 랜드브리지
SMRT : Specific, Measurable, Achievable, Realistic and Time-bound
SMC : Safety Management Certificate (for a ship) 선박안전경영증서
SMC : Search & Rescue Mission Coordinator 수색구조담당관
SMS : Safety Management System 안전경영체제
SOPEP : Shipboard Oil Pollution Emergency Plan 선상기름오염비상계획서
SOP : Standard Operating Procedure 표준운영절차
SOLAS: International Convention for the Safety of Life at Sea 해상인명안전협약
SOx : Sulfur Oxide 황산화물
SPI : Port and Ship Interface
SPOC : Search and Rescue Point of Contact
SSB : Single Side Band 단파대(무전기)
SSI : Ship Station Identification
SUEZMAX : 적재상태로 수에즈(Suez)운하를 항해할 수 있는 규모의 선박(약 160,000 DWT). 폭 50M, draft 20.1M, air draft 68M, 길이제한 없음.
SWATH : Small Waterplane Area Twin Hull

TBT : Tributyltin(유기주석화합물) in anti-fouling paints
TEU : Twenty-feet Equivalent Unit 20피트 컨테이너 단위
TOC : Terminal Operation Company 부두운영회사
TOR : Terms of Reference (하부기구 등에 대한) 위임사항
TOVALOP : Tanker Owners Voluntary Agreement Concerning Liability for Oil Pollution
TRPs : Technical Review Panels
TSR : Trans-Siberian Railroad 시베리아 횡단열차
TSS : Traffic Separation Scheme 통항분리제도
TVR : Time Volume Rates 기간 물량별 할인운임

UNCED : United Nations Conference on Environment and Development 유엔환경개발회의
UNCOLS : United Nations Convention on the Law of the Sea 유엔해양법협약
UNCTAD : United Nations Conference on Trade and Development 유엔무역개발협의회(회의)
UNDP : United Nations Development Program 유엔개발계획
UNEP : United Nations Environment Programme 유엔환경계획
UNESCO : United Nations Educational, Scientific and Cultural Organization 유엔교육과학문화기구
UNHCR : United Nations High Commissioner for Refugees 유엔난민고등판무관

UNIDO : United Nations Industrial Development Organization 유엔공업개발기구
UNODC : United Nations Office on Drug and Crime 유엔마약범죄사무소
UNPOS : United Nations Political Officer for Somalia
UPU : Universal Postal Union 만국우편연합
UTC : Co-ordinated Universal Time 세계표준시

VAN : Value Added Network 부가가치 통신망
VDR : Voyage Data Recorder 항해자료기록기
VHF : Very High Frequency 초단파대(통신기)
VLCC : Very Large Crude-oil Carrier 초대형원유운반선
VMF : Very High Frequency : 초단파 (30-300MHz)
VOCs : Volatile Organic Compounds 휘발성 유기화합물
VPD : Vessel Protection Detachment (해적으로부터 선박보호를 위한) 해군파견대
VTS : Vessel Traffic System : 해상교통관제제도

WARC : World Administrative Radio Conference
WFP : World Food Program 세계식량계획
WHO : World Health Organization 세계보건기구
WIG : Wing-in-Ground Effect Ship
WMO : World Meteorological Organization 세계기상기구
WMU : World Maritime University 세계해사대학
WRC : World Radio-Communication Conference 세계무선통신국제회의
WWNWS : World-Wide Navigational Warning Service

YAR : York-Antwerp Rules 공동해손에 관한 규칙

찾아보기

(ㅌ)

(ㅍ)

(ㅎ)

국제기구 연구

2014년 1월 15일 인쇄
2014년 1월 15일 발행

지은이: 박 영 선
발행처: 재단법인 한국해사문제연구소
펴낸곳: 도서출판 Moonwon

등록번호 사 108호
대전광역시 동구 태전로 43
TEL: (042)242-0897~8 FAX: (042)253-0898

ISBN 978-89-88650-09-7 93330

정가 45,000원